अभिराजराजेन्द्रमिश्रस्य नवनाट्यसंरचनकौशलम्

डॉ० मौसुमी दास
आचार्यः अरुणरञ्जनमिश्रः

शिवालिक प्रकाशन
दिल्ली भारत

प्रथम संस्करण : 2022

मूल्य : 1295.00 रुपये

ISBN : 978-93-91214-33-3

प्रकाशक :
शिवालिक प्रकाशन
4648/21, अंसारी रोड, दरियागंज
नई दिल्ली-110002
फोन : 011-42351161
ई-मेल : shivalikprakashan@yahoo.com

शाखा कार्यालय
प्लॉट सं. 394, संजय नगर कालोनी
पहरिया, रामदत्तपुर, वाराणसी (उत्तर प्रदेश)

International Branch :
64, Grant Boulevard, Dundas
Ontario, Canada L9H 4MI

भारत में प्रकाशित

विरेन्द्र तिवारी द्वारा शिवालिक प्रकाशन 4648/21, अन्सारी रोड, दरियागंज नई दिल्ली-110002 के लिए प्रकाशित। शब्द संयोजन : एस०के० ग्राफिक्स, दिल्ली और आर० के० ऑफसेट प्रिंटर्स, दिल्ली द्वारा मुद्रित।

अभिराजराजेन्द्रमिश्रस्य नवनाट्यसंरचनकौशलम्

डॉ० मौसुमी दास और आचार्यः अरुणरञ्जनमिश्रः

Dedicated to -

My two renerable patemal personalities

Sri Naba Kumar Das

and

Sri Chintamani Das

Whose blessings have steered

my life

towards a brighter direction.

–Mousumi

आमुखम्

महामहोपाध्यायाः अभिराजराजेन्द्रमिश्रवर्याः साम्प्रतिकसंस्कृतसाहित्ये सवश्रेष्ठसर्जनपराकाष्ठां प्रतिपादयन्ति। भारतीयसाहित्यसंस्कृतिं प्रति तेषामनन्यमवदानमाकलय्य भारतसर्वकारेण ते 'पद्मश्री'-उपाधिविमण्डिता-स्सन्ति। सम्पूर्णानन्दसंस्कृतविश्वविद्यालयस्य (वाराणस्यां) कुलपतिचरा एते संस्कृतसाहित्यस्य महाकाव्य-खण्डकाव्य-कथा-नाटक-गलज्जलिका-गीतिकाव्यादि-विभागेषु निरन्तरलेखनीसञ्चालनमाध्यमेन भारतीयसाहित्यस्य सीमानं प्रसारितवन्तः। एतेषां चतुदर्शनाट्यग्रन्थानामध्ययनपूर्वकमस्माभिः संस्कृत- नाट्यसाहित्ये एतेषां महनीययोगदानं नव्यपथाविष्करणञ्च प्रदर्शितम्।

ग्रन्थस्यास्य निर्माणे डॉ० कल्याणसिन्हा (अध्यापक; गणितविभागः, आचार्य ब्रजेन्द्रनाथ शील महाविद्यालयः, कोचविहारम्, पश्चिमवङ्गम्), केन्द्रीयग्रन्थागारः, विश्वभारती, शान्तिनिकेतनम्, संस्कृत-पालि-प्राकृतविभागः, विश्वभारती, बहवश्चाध्यापकबन्धवः सहायभूता आसन्। तेषां कृते विनम्रकृतज्ञतां ज्ञापयामः। येषां पण्डितवर्याणां ग्रन्थाः अस्माभिर्लेखनकाले व्यवहृताः, ते सूचीपत्रस्थाने ससम्मानं स्वीकृताः।

शिवालिकप्रकाशन (दिल्ली)स्य सञ्चालकबन्धुवर्याः श्री वीरेन्द्र तिवारी महोदयाः अस्माक्, लेखं, पुस्तकाकारेण प्रकाशयन्ति। अतः तेषां कृतेऽस्माकं हार्दं धन्यवादवचनमभिव्यज्यते।

अन्ते नीललोहितं परमेश्वरं चन्द्रचूडमाशुतोषं देवाधिदेवं कलेशनाथं प्रणमामः।

शान्तिनिकेतनम्,

रास-पूर्णिमा (19/11/2021)

-मौसुमी दास

अरुणरञ्जन मिश्रः।।

नान्दीवाक्

विश्वभारतीशान्तिनिकेतनस्थसंस्कृतविभागाध्यक्षाणां विद्वन्मूर्द्धन्यानां **श्रीमतामरुणरञ्जनमिश्राणां** निर्देशने लिखितः शोधच्छात्र्या **मौसुमीदासस्य** शोधप्रबन्धःसम्प्रति ग्रन्थविग्रहेण प्राकाश्यमानीयत इति विज्ञाय मनो मे प्राभातिक-पारिजातायते। तत्र वर्तते कोऽपि आत्मसंस्पर्शात्मको हेतुः। आत्मा कस्य न प्रियः योगेश्वरो गोविन्दोऽपि व्याहरति- **मद्भक्ता यत्र गायान्ति तत्र तिष्ठामि नारद** इति। सुयशा महस्विनी **मौसम्यपि** शोधप्रबन्धेऽस्मिन् मामेव शारदानुचरं कमपि गायति गुणोद्भासनेन, दोषतिरस्करणेन च, इतः परं सुखकरं किं स्यान्मत्कृते?

मौसुमी **अभिराजराजेन्द्रमिश्रस्य नवनाट्यसंरचन कौशलम् इत्याख्ये** शोधप्रबन्धे समीक्षते सूक्ष्मेक्षिकया मदुपज्ञं नाट्यवाङ्मयम्। यद्यपि विवेचनमिदं सङ्कीर्णमेव वरीवर्ति। यतो हि पुष्कलं मया प्रणीतं, तत्सर्वमत्र न समीक्षितमनु-सन्धात्र्या। तथापि यत्किमपि निर्व्यूढं तद्वर्तते गुणानुबन्धि रहस्योद्भेदप्रचुरं प्रशस्तञ्च।

किञ्च, आत्मन एव शोधप्रबन्धविषये किञ्चिद्विवक्षुरपि सङ्कोचमनुभवामि यतो हि **इन्द्रोऽपि लघुतां याति** स्वयंप्रख्यापितैर्गुणैः। तथापि शोधप्रबन्धोऽयं मम नाट्यपारङ्गततां सम्यक्तया परीक्षते इति सानन्दं प्रमाणयामि। इलाहाबाद विश्वविद्यालयीये संस्कृतरङ्गमञ्चे 1967 तः प्रारभ्य 1987 यावत् पूज्यचरण-गुरुवर्याणामपरभरताचार्याणां प्रो० चण्डिकाप्रसादशुक्लचरणानां निर्देशने निरन्तरमेव मयाऽभिनयो विहितः। शाकुन्तलतापसधनञ्जय-मृच्छकटिक-रत्नावली - नागानन्दोत्तररामचरितादि-रूपकेषु जीवन्तमभिनयं कुर्वता मया लक्षमितानां प्रेक्षावतां हृदयानि जितानि। असावासीत् दूरदर्शनारम्भकालः। तथापि लखनऊदूरदर्शनेन समग्रमेवोत्तरचरितं प्रसारितम्।

किञ्च, **पद्मभूषण डॉ० रामकुमारवर्मप्रणीतेष्वेकाङ्केष्वपि** हिन्दीभाषायां मया नैकधा नायकस्य भूमिका निर्व्यूढा। पश्चाच्चोज्जयिन्यां **हबीबतनबीर-**

विजयामेहता-गोवर्धनपाञ्चालकारन्तादिनिर्दिष्टनाटकानां प्रत्यक्षदर्शनेन ममानुभवः प्रौढिं गतः। तत एव मया स्वोपज्ञनाट्येषु बहूनि नवनवानि संभावनाद्वाराणि समुद्घाटितानि। परम्परया नाट्यावतरणस्य **एक एव विधिः** सम्प्राप्तः नटनटीपारिपार्श्विकमाध्यमेन। **परन्तु मया स्वानुभवेन बहवः नव्योपाया आविष्कृताः**। तद्यथा- स्वप्नविधिः (स्वप्नाज्जागरणं वरम्) दूरदर्शनविधिः (समर्चितमृत्तिकम्) भैक्ष्यवृत्तिः (क्रीतानन्दम्) प्रतियोगिता (को विजयते नैव ज्ञातम्) साक्षात्कारः (प्रतिभापरीक्षणम्) निरीक्षणविधिः (प्रत्यक्षरौरवम्) न्यायालयविधिः (वादनिर्णयनम्) एवमादि।

एवमेव प्रायशः पञ्चाशन्मिताः प्रतिक्रियाः (Actions) अर्थोपोक्षेपककाणि च नव्यानि मया प्रारब्धानि। तत्सर्वं डॉ० मौसुमीदासः अन्तर्निगूढमर्मोद्भेदपुरस्सरं समीक्षते इति ममाशिषं साधुवादं जयजीवशब्दाश्चार्हत्येव। वस्तुतः तत्सर्वं वर्तते महानुभावो डॉ० अरुणरञ्जनमिश्रमहोदयस्य। **अच्छायात् तालात् सान्द्रिच्छायो न्यग्रोधो महीयत एव।**

विश्वसिमि यत् मौसुमीदासस्य ग्रन्थोऽयं भविता महदुपकाराय विपश्चितां नव्यशोधार्थिनाञ्च! एभिरेव शब्दैर्ग्रन्थस्य ग्रन्थकर्त्र्याश्च भूयो भूयोऽभिनन्दनं विदधे।

शिमला

12.8.2021

सप्रश्रयम्

मिश्रोऽभिराजराजेन्द्रः, पद्मश्रीः,

कुलपतिचरः,

सम्पूर्णानन्द संस्कृत

विश्वविद्यालय; वाराणसी

उपक्रमः

आधुनिकभारतीयनाट्यसाहित्यं स्पष्टतया विंशशताब्द्याः प्रारम्भादेव दृश्यते। राष्ट्रजागरणस्य मुहूर्ते पण्डित–मथुराप्रसाददीक्षितद्वारा रचितं नाटकं "मेवारप्रतापम्", "भारतीयविजयम्" च आधुनिकनाट्यसाहित्यस्य जययात्रां प्रारम्भयत्। महाभारतविषयाद् वस्तु संगृह्य आधुनिकराजनीतिकस्पर्शयुक्तं च तत् कृत्वा पण्डितेन महालिङ्गशास्त्रीमहोदयेन 'प्रतिराजसूयम्' (1928 A.D) लिखितम्। आन्ध्रकविः पुल्लेलरामचन्द्रद्वारा रचितं 'सुसंहतभारतम्' वङ्गीयनाट्यकार–हरिदास सिद्धान्त–वागीश–द्वारा रचितानि नाटकानि 'वङ्गीयप्रतापम्', मिवारप्रतापम्, शिवाजीचरितम् च तस्मिन् समये आधुनिकनाटकस्य दिङ्निर्देशं कृतवन्तः। वयं जानीमः स्वर्गता क्षमाराव एका विशिष्टा संस्कृतलेखिका आसीत्। तस्य पुत्री श्रीमती लीलाराव दयालु स्वमातुः लेखनमाधारीकृत्य 'स्वर्णपुरकृषीवलः', 'वीरभा', 'कटुविपाकम्' इत्यादीनि रूपकाणि लिखितवती। राष्ट्रजागरणस्य उद्देश्येन वि० आर० शास्त्रिमहोदयेन रचितं नाटकं 'विक्रान्तभारतम्', निपार्जे – भीमभट्टेन रचितं 'काश्मीरसन्धान–समुद्यमम्' इदानीमपि स्मर्यते। वङ्गीय–नाट्यकारः विष्णुपदः भट्टाचार्यः 'काञ्चनकुञ्चिकम्' इति नाटकं लिखित्वा अनुद्योग (unemployment) स्य वैवाहिकसमस्यायाः चोपरि प्रकाशं सिञ्चितवान्। कालीपदतर्काचार्यस्य नाटकं 'दस्युरत्नाकर' उच्चकोटिकमासीत्। श्रीधरप्रसादपन्तद्वारारचितः 'एकस्य कृते भारतस्य प्रयत्नः' हरिजनसमस्यायाः उपरि आधारित आसीत्। सामाजिकसंस्कारं चिन्तयित्वा गणेश–शङ्कर–पण्डा 'विषमपरिणयम्' इति नाटकं रचितवान्। तथैव लीलाराव दयालु 'बालविधवा' इति नाटकं रचितवती। तस्या एकाङ्किका अपि प्रसिद्धा आसन्। 'कटुविपाकः' 'मिथ्याग्रहणम्', 'क्षणिकविभ्रमः', 'गणेशचतुर्थी', 'फलिकोत्सव', 'गिरिजायाः प्रतिज्ञा' इति नामधेया एकाङ्किका सामाजिक–समस्याधारिता आसन्।

राजेन्द्रमिश्रस्य सारस्वताविर्भावात् पूर्वं भारते संस्कृतनाट्यपरम्परा सुदीर्घा

आसीत्। विभिन्नेषु प्रदेशेषु पण्डिताः पुराणेतिहासविषयान् आधारीकृत्य रूपकाणि रचितवन्तः। यद्यपि संस्कृते मौलिकरचनासु उत्कलप्रदेशस्य अवदानं सर्वै स्वीकृतं तथापि राजेन्द्रमिश्रात् पूर्वं उत्कले संस्कृतनाट्यधारा क्षीणा आसीत्। राजेन्द्रमित्रस्य पूर्ववर्ती उत्कलीय पण्डितः रमानाथ-मिश्रः (1904-1981) स्वस्य अङ्कपञ्चकसमन्वित-चाणक्यविजयनाटकर्थं प्रसिद्ध आसीत्। इदं नाटकं उत्कलप्रदेशे बहुत्र मञ्चस्थीकृतमासीत्। चाणक्यविजयम् 1952 सम्वत्सरे रचितमासीत्।

उत्कलप्रदेशस्य अनन्तत्रिपाठीशर्मणः (1904-1988) कतिपयानि अनुदितनाटकानि जनप्रसिद्धा आसन्। सर्वाणि च तानि नाटकानि पाश्चात्यनाट्य-कारस्य शेक्सपीयरमहोदयस्य आङ्गलनाटकानि। तानि यथा द्वादशी रात्रिः (Twelveth (Night), बह्वारम्भे लघुक्रिया (Much Ado About Nothing), वेनिशसार्थवाह (the Merchant of Venice), यथा ते रोचते (As you like it), हेमलातः (Hamlet) च।

राजेन्द्रमिश्रस्य पूर्ववर्ती उत्कलीयसंस्कृतनाट्यकारेण नारायणरथशर्मणा (1931) नवनाट्यग्रन्था रचिता आसन्। ते भवन्ति (1) श्रीशङ्कराचार्यः (2) भगवान् वादरायणः (3) अत्याश्रमः विश्वप्रणवः (4) निष्ठुरमारीषः (5) रत्नाकर-वाल्मीकीयम् (6) अतिबडी जगन्नाथदाशः (7) कालिदासः (8) महात्मा त्रैलिङ्गस्वामी (9) एकाङ्किका संचयनम् च।

लक्ष्मणचरणविश्वाल (1959) स्य नाटकद्वयं 'मुक्तियज्ञम्', 'पार्थविजयम्' च उत्कलीयमञ्चेषु प्रसिद्धमासीत्। तत्र 'मुक्तियज्ञम्' आङ्गलशासनेन सह क्षुरधाराज्यस्य संघर्षमधिकृत्य रचितम्। 'पार्थविजयम्' महाभारतस्य अर्जुनवीरत्वमधिकृत्य रचितमस्ति । वरोदाविश्वविद्यालयस्य आचार्यः रवीन्द्रकुमारपण्डामहोदयः (1963) वालानां कृते 'यो मद् भक्तः स मे प्रियः' इति नाटकं रचयामास।

दिवंगतः प्रख्यातः संस्कृतपण्डितः वैकुण्ठविहारीनन्दः पौराणिक-विषयानाधारीकृत्य त्रिंशदधिकानि रूपकाणि रचितवान्। तस्य रूपकेषु न केवलं प्राचीनभारतीयपरम्परा अपि तु साधारणजनजीवनं विपुलतया चित्रितमासीत्। अतः सः संस्कृतनाट्यजगति गणकविरूपेण परिचित आसीत्।

राजेन्द्रमिश्रस्य आविर्भावाद् प्राक् वङ्गदेशे बहवः रचयितारः विविधविषयान् अवलम्ब्य रूपकाणि रचितवन्तः आधुनिकसंस्कृतसाहित्यं समृद्धं कृतवन्तश्च। स्वाधीनतायाः प्राक् अविभक्तवङ्गे वहवः नाट्यकाराः आविर्भूताः । चन्द्रकान्त-तर्कालङ्कारः (1836–1908) काल्पनिकविषयमाधारीकृत्य पञ्चाङ्कसमन्वितं कौमुदीसुधाकरप्रकरणम् रचितवान्। ललितमोहनस्मृतितीर्थः (1854–1960) नाटकद्वयं रचितवान् (क) राज्ञः सुरथस्य इतिवृत्तात्मकं सप्ताङ्कं नाटकम् 'देवप्रशस्तिनाटकम्' (ख) महाभारतस्य कचवृत्तमाधारीकृत्य 'उज्ज्वलकचम्' इति नाटकञ्च। संस्कृतसाहित्यस्य एकः उल्लखयोग्यः लेखकः पञ्चाननतर्करत्नः (1866–1940) 'अमरमङ्गलम्' (1937) 'कलङ्कमोचनम्' चेति नाटकद्वयं रचयित्वा आधुनिकसंस्कृतसाहित्यं समृद्धं कृतवान्।'अमरमङ्गलम्' मेवाराधिपतेः राणाप्रतापस्य पुत्रस्य अमरसिंहस्य जीवनीमाधारीकृत्य रचितम् अष्टाङ्कं नाटकम् । नाटकेऽस्मिन् मानसिंह–अमरसिंहयोः युद्धः कविना वर्णितः। वीरानामिकायाः एकस्याः महिलायाः परिचयः नाटकेऽस्मिन् प्राप्यते। रजनीकान्तसाहित्याचार्यः (1869–1929) 'मङ्गलोत्सवम्', 'विबुधविनोदनम्' इति नाटकं रचितवान्। हरिदाससिद्धान्तवागीशः (1873–1961) ऐतिहासिकविषयं पौराणिकविषयमाधारीकृत्य च वहुनि नाटकानि रचितवान्। तानि यथा (क) कंसवधम् (ख) जानकीविक्रमम् (ग) वङ्गीयप्रतापम् (घ) मिवारप्रतापम् (1945) (ङ) शिवाजीचरितम् (1943) (च) विराजसरोजिनी च। तस्य नाटकेषु हिन्दुत्वाभिमानस्य राष्ट्रियपुनरुत्थानस्य भावाः प्रवलाः सन्ति। मिवारप्रतापे नाटके प्रतापसिंहस्य देशप्रेममयं काहिनीमुपस्थापितम्। मोगलैः सह राजपुतानां भीषणं युद्धं नाटके कविना वर्णितम्। ''शिवाजीचरितम्'' एकम् ऐतिहासिकं दशाङ्कं नाटकम्। ''वङ्गीयप्रताप''मिति अष्टाङ्कं नाटकं प्रतापादित्यस्य वीरत्वकथामवलम्ब्य रचितम्। अस्मिन् नाटकेऽपि प्रतापादित्येन सह मुगलशासकस्य आकवरस्य युद्धं वर्णितवान् कविः । हरिदाससिद्धान्त-वागीशस्य सर्वेषु नाटकेषु भारतवर्षस्य गौरवं नायकानां देशभक्तिगुणं च सगर्वमुच्चारितम्।

कालीपदतर्काचार्यः (1888–1972) नलदमयन्त्योः कथामवलम्ब्य 'नलदमयन्तीयम्', धौम्योपमन्य्वोः कथाम् अवलम्ब्य 'माणवकगौरवम्',

कृत्तिवासस्य रामायणवृत्तान्तमाश्रित्य 'प्रशान्तरत्नाकरम्' (1988) इति नाटकम् रचितवान्। 'स्यमन्तकोद्धरः' तेन रचितः एकः व्यायोगः। योगेन्द्रमोहनचक्रवर्ती (1889-1976) 'संयुक्तापृथ्वीराज' मिति संस्कृतनाटकं रचितवान्।

श्रीजीवन्यायतीर्थः (1893) एकादश-संख्यकानि नाटकानि रचयित्वा आधुनिकनाट्यसाहित्यं समृद्धं कृतवान्। तेन विरचितानि नाटकानि (1) महाकविकालिदासम् (2) साम्यसागरकल्लोलम् (3) श्रीशङ्कराचार्यवैभवम् (4) नागनिस्तारम् (5) स्वातन्त्र्यसन्धिक्षणम् (6) विवेकानन्दचरितम् (7) निगमानन्दचरितम् (8) सिन्धुसौवीरसंग्रामम् (9) श्रीकृष्णकौतुकम् (10) रघुवंशम् (11) कुमारसम्भवम् च। तेन रचितानि वहूनि प्रकरण-भाण-व्यायोग-प्रहसनान्यपि प्राप्यन्ते। 'महाकविकालिदासम्' इति पञ्चाङ्के नाटके महाकवेः कालिदासस्य जीवनचरितं विधृतम्। 'साम्यसागरकल्लोल' मिति एकाङ्कं रूपकं स्वाधीनभारतवर्षस्य युवसमाजस्य पथप्रदर्शनार्थं कविना रचितम् । रूपकेऽस्मिन् साम्यवादस्य महिमा, अर्थः, प्रचारः परिलक्ष्यते। "श्रीशङ्कराचार्यवैभवम्" श्रीशङ्कराचार्यस्य जीवनवृत्तान्ताश्रितं नाटकम् । नाटकेऽस्मिन् आवाल्यात् सन्यासग्रहणपर्यन्तं श्रीशङ्कराचार्यस्य जीवनं वर्णितं कविना। भारत-पाकिस्तानसमस्यामाधारीकृत्य 'सिन्धुसौवीरसंग्राम' मिति एकाङ्कं रूपकं प्रणीतं कविना। नाटकेऽस्मिन् सिन्धुः भारतस्य सौवीरः पाकिस्तानस्य प्रातिनिध्यं कुरुतः । अतः श्रीजीवन्यायतीर्थस्य नाटकेषु भारतमातरं प्रति तस्य श्रद्धा चित्रिता। 'रघुवंशम्', 'कुमारसम्भवम्' कविना विरचितं पौराणिकनाटकद्वयम्। 'अन्धैरन्धस्य यष्टिः प्रदीयते' क्षितीशचन्द्रचट्टोपाध्यायेन (1896) विरचितं हास्यरसात्मकं नाटकम्। पञ्चाननरायमहोदयः (1902-1976) रुरुप्रमद्वरयोः प्रणयकथामवलम्ब्य 'प्रमद्वरा' नाटिकां रचितवान् या आधुनिकसाहित्यस्य सम्पदस्वरूपम्।

'दस्युरत्नाकरम्', 'वाल्मीकिसंवर्द्धनम्', 'चाणक्यविजयम्', 'प्रबुद्धहिमाचलम्', 'उत्तरकुरुक्षेत्रम्', 'मातृपूजनम्', 'काशीकोशलेशम्', 'विष्णुमाया', 'ओङ्कारनाथमङ्गलम्', 'द्वारावती', 'उमातपस्विनी' इति नाटकानि रचयित्या विश्वेश्वरविद्याभूषणकाव्यतीर्थ (1903) आधुनिकनाट्यपरम्परां अग्रे नीतवान्। 'चाणक्यविजय'मिति ऐतिहासिके नाटके क्षात्रशक्त्याः माहात्म्यं, मन्त्रिणां

महिमा, चाणक्यस्य उपदेशं वर्णितवान् कविः।'प्रबुद्धहिमाचलम्' देशात्मबोधकं सप्ताङ्कं नाटकम्। वाल्मीकिसंवर्द्धनम् 'उत्तकुरुक्षेत्र' मिति नाटकद्वयं पौराणिक-विषयाश्रितम्। यतीन्द्रविमलचौधुरी (1909–1964) झान्सीराज्ञीलक्ष्मीबाई-चरित्राधारितं 'भारतलक्ष्मीनाटकम्' (1967) विश्वकवेः आद्यजीवनमुपाश्रित्य 'भास्करोदयम्' (1969), भारतदेशस्य महिमाविस्ताराय 'महिममयभारतम्' (1969) चेति नाटकानि रचयित्वा आधुनिकसंस्कृतनाट्यरचयितॄणां प्रेरणामवर्धयत्।

लक्ष्मीकान्तपञ्चतीर्थः (1916) 'गणेशोत्पत्तिः' इति नाटिकां प्रणीतवान्। भगवतः गणेशस्य उत्पत्तिः, गणेश–शिवगणयोर्युद्धं, देवैः सह गणेशस्य युद्धं कविना वर्णित नाटिकायामस्याम्। 'कविकालिदासम्', 'सिद्धार्थचरितम्', 'शार्दूलशकटम्','शरणार्थिसंवादः' वीरेन्द्रकुमारभट्टाचार्यस्य (1917–1982) नाट्यकृतयः। कवेः कालिदासस्य जीवनाधारितं काल्पनिकं नाटकं 'कविकालिदासम्'। हिंसोन्मत्तानां जनानां चेतनावोधनाय बुद्धदेवकथिताना-मार्यसत्यानाम् आवश्यकता कविना अनुभूता। अतः समाजस्य उद्धाराय कविना 'सिद्धार्थचरितम्' विरचितम्। सिद्धेश्वरचट्टोपाध्यायः (1918–1993) 'धरित्रीपतिनिर्वाचनम्', 'अथ किम्', 'ननाविताडनम्', 'स्वर्गीयहसन' मिति नाटकानि रचयित्वा संस्कृतनाट्ये आधुनिकातायाः स्पर्शं दत्तवान्। नित्यानन्द-मुखोपाध्यायस्मृतितीर्थः (1923–2010) षडधिककशतं नाटकानि रचयित्वा आधुनिकसंस्कृतसाहित्यस्य भण्डारं समृद्धं कृतवान्। नित्यानन्दमुखोपाध्याय-महोदयः विविधविषयान् अवलम्ब्य नाटकानि रचितवान्। तेषु कतिपयानि उदाहरणरूपेण प्रस्तौमि, यथा ऐतिहासिकविषयाश्रितानि नाटकानि 'सभाषविजयम्', 'अमरवीरवृत्तान्तम्', 'बालेश्वरमहायुद्धम्' इत्यादीनि । जीवनचरिताधारितनाटकानि – 'श्रीसीतारामवीरभावम्', 'सिद्धसीतारामम्', 'तैलङ्गवन्दनम्', 'भक्तहरिदासम्', 'धर्मसंस्थापनम्', 'श्रीजानकिनाथवन्दनम्' इत्यादीनि।

आधुनिकविषयाश्रितानि नाटकानि 'विषयकाङ्क्षणम्', 'मातृहननम्', 'जननीश्राद्धवासरम्। अर्धैतिहासिकविषयाधारितनाटकानि 'श्रीवाल्मीकित्वलाभः','कालिदासः','भर्तृहरिवैराग्यलाभम्','नृपपुरप्रवेशम्','देशरक्षणम्' इत्यादीनि।

एतदतिरिच्य तस्य अनूदितानि नाटकानि, पौराणिकविषयाश्रितानि नाटकानि अपि प्राप्यन्ते। तानि यथा- 'गुप्तधनम्', 'सम्पत्तिसमर्पणम्', 'पुत्रयज्ञम्', 'पुत्रप्रत्यावर्त्तनम्', 'श्रीरघुजन्मवृत्तान्तम्', 'श्रीकृष्णाविर्भावम्', 'कर्णजीवनम्', 'घटोत्कचवधम्', 'जयद्रथवधम्', 'अकालबोधनम्', 'मातृपूजनम्', 'चन्द्रमाहात्म्यकीर्त्तनम्' इत्यादीनि। नित्यानन्दमुखोपाध्याय महोदयः बहूनां वङ्गीयलेखकानां रचनायाः कथावस्तुमवलम्ब्य अपि नाटकानि रचितवान्। यथा कविगुरोः रवीन्द्रनाथस्य 'कावुलिवाला' इति कथामवलम्ब्य 'रहमतखान-वृत्तान्तम्' इति नाटकं कविना विरचितम्। वङ्किमचन्द्रचट्टोपाध्यायस्य देशभक्तिपूर्णोपन्यासस्य 'आनन्दमठ' 'स्य कथावस्तु अवलम्ब्य' 'आनन्दमठ' मिति नाटकं रचितम्।

आधुनिकनाटकरचनायां सुखमयमुखर्जीमहोदय (1923-1994)स्य नाम अपि उल्लेखनीयः। तस्य नाट्यकृतयः सन्ति - 'दिनार्कराजकुमारहेमलेखम्', 'कविसहृदयसंवादः', 'संस्कृतोद्धारणम्', 'अभिज्ञानकवीश्वर' मित्यादिनि । 'दिनार्कराजकुमारहेमलेखम्' शेक्सपीयररचित 'Hamlet' इति नाटकस्य संस्कृतानुवादरूपम्। 'कविसहृदयसंवादे' आनन्दवर्धन-अभिनवगुप्त-महिमभट्ट-कुन्तक-वामन-क्षेमेन्द्रकालिदासादयः पात्ररूपेण गृहीताः। 'मेघनादवधम्', 'सम्भवामि युगे युगे', 'श्रीकृष्णचैतन्यम्', 'हरिनामामृतम्', 'धर्मराज्य'मिति नाटकानि रचयित्वा अमियनाथचक्रवर्तीमहाभागः (1930) आधुनिकनाट्यविश्वस्य परिसरं बर्धयति।

रमाचौधुरीमहोदया (1911-1992) आधुनिकसंस्कृतनाट्यसाहित्ये नवदिगन्तमुन्मोचयति। प्रथमवङ्गीयमहिलानाट्यकाररूपेण सा प्रसिद्धा। सा विंशत्यधिकसंस्कृतनाटकानि रचितवती। महाकवेः कालिदासस्य जीवनचरिताश्रितं तस्याः नाटकद्वयं वर्तते। यथा- 'कविकुलकोकिलम्', 'कविकुलकमलम्'। भगिन्याः निवेदितायाः जीवनमवलम्ब्य सा 'निवेदिता-निवेदितम्', श्रीरामकृष्णस्य जीवनचरितमवलम्ब्य 'युगजीवन' मिति नाटकं व्यरचयत्। भारतवर्षस्य मनीषिणां जीवनं विषयवस्तुरूपेण गृहीत्वाऽपि नाटकं रचितवती एषा विदुषी। यथा सर्वपल्लीराधाकृष्णस्य जीवनचरिताश्रितं नाटकं 'भारताचार्यम्', 'महात्मागान्धी' इति मणीषिणः जीवनचरिताधारितं नाटकं

'भारततातम्'। एतदतिरिच्य रासमणिदेव्या जीवनमवलम्ब्य नाटकं रसमयरासमणि:', साधकरामप्रसादस्य जीवनाश्रितं नाटकं 'प्रसन्नप्रसादम्', ब्राह्मसमाजस्य प्रतिष्ठाता राजाराममोहनं नायकरूपेण गृहीत्वा रचितं नाटकं 'भारतपथिकम्' प्रसिद्धं जातम् । अपि च 'मेघमेदूरमेदिनीयम्', 'शङ्करशङ्करम्', 'देशदीपम्', 'नगरनपुरम्', 'पल्लीकमलम्', 'संसारामृतम्', 'अभेदानन्दम्', 'रामचरितमानसम्', 'चैतन्यचैतन्यम्', 'गणदेवतानाटकम्', 'अग्निवीणानाटकम्', 'यतीन्द्रयतीन्द्र' मिति नाटकानि रचितवती रमाचौधुरीमहोदया। ब्रह्मचारिणी बेलादेवी (1919) कठोपनिषदो विषयमवलम्ब्य 'नचिकेतश्चरितम्', वृहदारण्य-कोपनिषदो विषयं नीत्वा 'महीयसी गार्गी', महाभारतस्य विषयमवलम्ब्य 'विराड्गृह 'मिति नाटकानि रचयित्वा आधुनिकनाट्यरचयितृरूपेणात्मानं प्रतिष्ठापितवती। माता अर्चनापुरी (1928) 'कर्षकस्य इच्छाप्राबल्यम्', 'उन्मादस्य चिन्ता' 'कपटसाधु:', 'कौतुकप्रदा परीक्षा' इति नाटकानि रचितवती। तस्या: सर्वेषु नाटकेषु रामकृष्णभावधारा प्रतिफलिता।

ईदृशा: वहव: नाट्यकारा: वङ्गभूमौ आविर्भूय आधुनिकनाट्यसम्पद्भि: संस्कृतसाहित्यं समृद्धं कृतवन्त:।

कर्णाटकप्रदेशे वहव: संस्कृतनाट्यकारा: राजेन्द्रमिश्रस्य पूर्ववर्तीनाट्य-साहित्यं समृद्धमकुर्वन्। जग्गु शृङ्गरार्य (1891) यक्षप्रश्ननाटकम्' (1968) 'शीविवैभवम्' (1968) 'शौरीशौर्यम्' (1968) 'धर्मव्याधदर्शनम्' (एकांकिका 1968) च विलिख्य आधुनिकसंस्कृतनाट्यपरम्पराम् अग्रे नीतवान्। जग्गु वकुलभूषण (1902) वेणीसंहारविषयाश्रितं नाटकम् 'उद्धूतांशुकम्' मुद्राराक्षसविषयमाधारीकृत्य 'प्रतिज्ञाकौटिल्यम्', अभिज्ञानशाकुन्तलस्य परवर्तीघटनामाधारीकृत्य 'प्रसन्नकाश्यपम्', भासस्य ऊरुभङ्गकथामाश्रित्य 'मणिहरणम्' अपि च 'मञ्जुलमञ्जीरम्' 'वालीविजयम्' 'अङ्गुल्यमाल्यम्' 'यौवराज्यम्' इत्यादिनां पञ्चविंशत्यधिकनाट्यानां रचनामकरोत्। अनेन भावेन कर्णाटकप्रदेशे प्राक्राजेन्द्रमिश्रयुगे बहव: नाट्यकारा: आसन्।

अत: आधुनिकसंस्कृतसाहित्ये नाट्यसाहित्यस्य परिपुष्टि: विंशशताव्द्याम् देशस्वाधीनतां समाजसंस्कारञ्च आधारीकृत्याभवत्। तत: परमेतत् पर्यन्तं भारते वहव: संस्कृतनाट्यकारा अभवन्। तेषु अभिराजराजेन्द्रमिश्र: अन्यतम: अग्रगण्य:

नाट्यकारः । अस्मिन् शोधनिबन्धे तस्य द्वादशनाटकानामनुशीलनं अस्माभिः कृतम्।

संस्कृतसाहित्ये एकाङ्कस्याधुनिकरूपं राजेन्द्रमिश्रेण बहुधा परीक्षितम्। अतः एकाङ्कसाहित्यं प्रति तस्यावदानं संस्कृते सुविपुलमेव। 2006 खीष्टाब्दे राजेन्द्र-मिश्रस्य अभिराजयशोभूषणं प्रकाशतां गतम्। अस्मिन् ग्रन्थे आधुनिक-काव्यशास्त्रोक्तं विविधकाव्यप्रकाराणां लक्षणोदाहरणविश्लेषणमाध्यमेन परिचयः कारितः। तस्मिन्नेवाधुनिके काव्यशास्त्रे आधुनिकसंस्कृतभाषया निर्मितस्य एकाङ्कस्य लक्षणं विधाय उदाहरणञ्च स्वरचनासु प्रदर्शयन् कविर्वदति –

हिन्दीप्रभृतिभाषासु भारतीयासु साम्प्रतम्।
लघुनाट्यं यदेकाङ्कि सर्वाभीष्टं महीयते।।
देववाच्यपि तन्नूनं तद्वदेव प्रतिष्ठितम्।
नियन्त्रितं न तद्ज्ञेयमुपरूपकलक्षणैः।।
नायकोऽत्र भवेद्भूपः पण्डितः पामरोऽथवा,
दिव्योऽदिव्योऽथवाऽन्योऽपि शिक्षको भिक्षुको यतिः।
योऽपि कश्चिद्भवेन्नेता पुरुषो महिलापि वा,
यादृशञ्चापि वृत्तं स्यान्नाट्यकृत्प्रतिभाश्रितम्।।
एकाहचरितञ्चैव लघुनाट्ये प्रयोजयेत्।
संवादबहुला भाषा व्यङ्ग्यगर्भाऽत्र सम्मता।।
रसः कोऽपि भवेदङ्गी नाट्यवृत्त्यानुगुण्यतः।
लक्ष्यमेकं परं तस्य भवेद्रङ्गप्रसादनम्।।
नाट्यशिल्पादिसम्बद्धं वैलक्षण्यं नवं नवम्।
एकाङ्केऽस्मिन् प्रयोक्तव्यं नाट्यकर्त्रा यथामति।।

(अभिराजयशोभूषणम्, अभिराजराजेन्द्रमिश्रः, पृष्ठम् –203–204)

एतत्सर्वमप्येकांकिवैशिष्ट्यं पूर्वोक्तनाट्यकाराणां लघुनाट्येषु यत्नतोऽन्वेष-णीयम्। भूपनायकं यथा मम नवरसप्रहसनम्। शिक्षकनायकं यथा ममैव वाणीघटकमेलकम्। पण्डितनायकं यथा मम मण्डूकप्रहसनम्। पामरनायकं यथा

ममैवेन्द्रजालम्। महिलानायकं यथा स्वयंवरकेन्द्रम् स्वप्नाज्जागरणं वरञ्चेति (पृ-203-205)।''

एकाङ्कानां मञ्चस्थीकरणसौकर्य्यविषये डॉ० रमाकान्त शुक्लो वदति- ''प्राय: प्रत्येक एकांकी 15-20 मिनट में सफलतया अभिनीत किया जा सकता है। इसके घटनास्थल मेला, मरघट, मठ, यजमान का घर, दफतर, कोठी का गैराज तथा बाजार आदि हैं जिनका प्रदर्शन आसानी से अल्प धनव्यय से किया जा सकता है। नाटककार द्वारा प्रदत्त नाट्य-निर्देशों को सूत्रधार या कोई भी नैरेटर बोलकर नाटक को और सरलता से अभिनीत करा सकता है। पात्रों की वेशभूषा के लिए भी अधिक व्यय अपेक्षित नहीं है। सभी पात्र सहज संभव हैं।'' (प्रस्तावना, रमाकान्त शुक्ल, नाट्यनवार्णवम्, राजेन्द्रमिश्र:, वैजयन्त प्रकाशन, इलाहावाद, 2010, पृष्ठम् - 7)।

अतएव क्षुद्रसमयखण्डाभिनय एकाङ्क: यत्र कुत्रापि प्रेक्षकाणां समर्दे मञ्चयोग्यो भवति। अत्र यत्रकुत्रापि इति शब्दस्य इङ्गीतं जनवसत्यभ्यन्तरे कुत्रापि केन्द्रस्थानमित्यवगन्तव्यम्। आचार्य्य राधावल्लभत्रिपाठी अस्य स्थानस्य विषये यन्निर्दिशति तद् रमाकान्तशुक्लमहोदयेन स्मारितम्- ''इस युग के श्रेष्ठ समीक्षक एवं प्रतिभापटिष्ठ कवि आचार्य राधावल्लभ त्रिपाठी जी ने प्रो. मिश्र प्रणीत इन्द्रजालम् (चतुष्पथीयम् में संकलित, 1983) को संस्कृत का प्रस्थानप्रवर्तक नुक्कडनाटक माना है। 'नुक्कड' का अर्थ है किसी भी जनावास (बस्ती) का गर्भस्थल जहाँ प्रतिक्षण गतागतजनों की भीड़ बनी रहे। ऐसे ही स्थानों को पेन्द्रजालिक, आहितुण्डिक (संपेरे) अथवा मार्कटिक (मदारी) चुनते हैं। अभिराज प्रणीत ये लघुनाट्य भी अवतारणा स्थल की दृष्टि से विशुद्ध ''नुक्कडनाट्य'' ही है। इन एकांकियों को मंच नहीं, बस दर्शक (भीड़) चाहिये। तो वे स्वयं बना लेते हैं। जहाँ कहीं भी शुरू हो गये, वहीं इनका मंच बन् जाता है। वस्तुत ये एकांकी मञ्चीय साजसज्जा तथा उनकी तकनीकियों की अपेक्षा नहीं करते। इन्हें अपेक्षा होती है तो केवल दर्शकों के साथ साक्षात् हृदय-संवाद की। (प्रस्तावना रमाकान्त शुक्ल नाट्यनवार्णवम् पृष्ठम् 7)।

राजेन्द्रमिश्रस्य नायकलादक्षताविषये शुक्लमहोदय: निर्दिशति यत्- ''डॉ

मिश्र शिल्प और हृदयसंबाद–दोनों में विलक्षण हैं। अपने विद्यार्थी एवं प्राध्यापकीय जीवन में एक कुशल अभिनेता तथा रंगनिर्देशक रहे हैं। फलतः उन्हें आधुनिक संस्कृत रंगमंच की उपेक्षाओं का भरपूर ज्ञान है। यही कारण है कि वह समसामयिक नाटयकारों में अग्रगण्य तथा नूतनता प्रवर्तक है।'' (प्रस्तावना, रमाकान्त शुक्ल, नाट्यनवार्णवम्, पृ० – ७)।

राजेन्द्रमिश्रस्य नाटयकलाविषये सः स्वयं सूचयति यद् तस्य काव्यद्रुमस्य मूलं भवति कालिदासकविताशिल्पः तद्द्रुमस्य शरीरं भवति नाट्यकारस्य श्रीहर्षस्य शब्दार्थसौन्दर्यम्। कवेः जयदेवस्य काव्योक्तयः भवन्ति राजेन्द्र-काव्यवृक्षस्य पत्राणि। चौरपञ्चाशिकाकवेः विल्हणस्य सुभाषितानि तस्य काव्यसुमनानि। पण्डितराजजगन्नाथस्य काव्यगौरवं तद्द्रुमस्य पुण्यं फलम्। अभिराजराजेन्द्रमिश्रस्य स्वतःस्फूर्तः प्रेरणापल्लवितः काव्यद्रुमः एतादृश एव भवति। नाट्यपञ्चामृतग्रन्थस्य प्रारम्भे राजेन्द्रमिश्रः स्वस्य काव्यकलायाः नाट्यकलाया वा विषये एवं संसूचयति–

मूलं श्रीकविकालिदासकविता श्रीहर्षवाणी तनुः।
पत्रं श्रीजयदेववचनं श्रीविल्हणोक्तं सुमम्।।
श्रीमत्पण्डितराजकाव्यगरिमा यस्यैकपुण्यं फलं।
जीवाद्धन्त निसर्गजोऽयमभिराड्राजेन्द्रकाव्यद्रुमः।।

(नाट्यपञ्चामृतम्, अभिराजराजेन्द्र मिश्रः, पृ० – 1)।

अस्मिन् निबन्धे प्रथमे अध्याये 'कविकाव्यपरिचयः आलोचितोऽस्ति। द्वितीये अध्याये 'राजेन्द्रमिश्रस्य रूपकेषु श्लोकसंरचनाकौशलम्', तृतीये चाध्याये 'राजेन्द्रमिश्रस्य रूपकेषु वाचिकप्रयोगकौशलम्' चर्चितम्। 'राजेन्द्रमिश्रस्य रूपकेषु आङ्गिकाभिनयाः' आकलिता भविष्यन्ति अस्य निबन्धस्य चतुर्थे अध्याये। अस्मिन् निबन्धे पञ्चमे अध्याये 'राजेन्द्रमिश्रस्य रूपकेषु आहार्य-सात्त्विकाभिनयौ' अनुशीलितौ भविष्यतिः। 'राजेन्द्रमिश्रस्य रूपकेषु प्रायोगिकशब्दानां संकलनम्' आलोचयिष्यते अस्य निबन्धस्य षष्ठे अध्याये। नाट्यकारस्य नाट्यानां विशदाध्ययनात् परम् अस्माकमाविष्कृतानि तथ्यानि एकत्रीकृत्य भारतीयनाट्यसाहित्यं तस्य नाट्यपुस्तकैः कथं सम्बर्धितं पुष्पितञ्च भवति तत् निष्कर्षे प्रदर्शयितुकामा वयम्।

विषय-सूची

प्रथमोऽध्यायः

कविकाव्यपरिचयः

(क) कविपरिचयः

कविवरोऽभिराजराजेन्द्रमिश्रः आधुनिकसंस्कृतसाहित्ये एको मूर्धन्यः कविः। सः 1943 सम्वत्सरे जानुयारीमासे द्वितीय दिवसे उत्तरप्रदेशस्य जौनपुर जिल्लायां द्रोणीपुरग्रामे जन्म लब्धवान्। तस्य पिता पण्डितः दुर्गाप्रसादमिश्रः जौनपुराञ्चले स्वपाण्डित्यकारणात् प्रसिद्ध आसीत्। इलाहावाद - विश्वविद्यालये 1964 सम्वत्सरे संस्कृताचार्यपरीक्षायां सः प्रथमस्थानमधिकृत्य प्रशांसितोऽभवत्। तस्मिन्नेव विश्वविद्यालये डि. फिल् उपाधिं प्राप्य 1966 सम्वत्सरे अध्यापकरूपेण नियुक्तोऽभवत्।

1981 सम्वत्सरे सः प्राध्यापकरूपेणोन्नीतो भूत्वा इन्दोनेशियादेशस्य वालीद्वीपे उदयन - विश्वविद्यालये अतिथि आचार्यरूपेण 1987 सम्वत्सरे कार्यं प्रारब्धवान्। 1989 सम्वत्सरपर्यन्तं कार्यं कृत्वा सः इलाहावादविश्वविद्यालयं प्रत्यावर्तितवान्। 1991 सम्वत्सरे शिमलायां हिमाचलप्रदेशविश्वविद्यालये सः संस्कृतविभागस्य आचार्यपदेन अध्यक्षपदेन च नियुक्तोऽभवत्। ततः परं 2002 सम्वत्सरे स वाराणस्यां सम्पूर्णानन्दसंस्कृतविश्वविद्यालये 2005 सम्वत्सरपर्यन्तं कुलपतिपदमलंकृतवान्। आचार्य राजेन्द्रमिश्रः उन्नतगवेषकरूपेण सर्वत्र प्रशंसितः। त्रिशताधिक शोधनिबन्धानां स्रष्टा अयं विद्वान्। 1988 सम्वत्सरे साहित्य अकादमी पुरस्कारम्, 1993 सम्वत्सरे के. के. विडला फाउण्डेसन - अनुष्ठानस्य वाचस्पतिसम्मानम्, कालिदाससम्मानम् (1988, 1996), कल्पवल्ली सम्मानम् (1998), राष्ट्रपतिसम्मानम् (1999) प्राप्तवान्। एतदतिरिच्य दिल्ली-मध्यप्रदेश-राजस्थान-महाराष्ट्र-आन्ध्रप्रदेश-उत्तरप्रदेशादीनां साहित्य-अकादमीषु पञ्चविंशत्यधिकवारं साहित्यिकपुरस्कारेण सम्मानितोऽभवत्।

तस्य महाकाव्यद्वयं भवति–

1. जानकीजीवनम् (1988) 2. वामनावतरणम् (1994) च।

तस्य खण्डकाव्यानि भवन्ति –

1. आर्यान्योक्तिशतकम् (1975) 2. नवाष्टकमालिका (1976)
3. पराम्बाशतकम् (1981) 4. शताब्दीकाव्यम् (1987)
5. अभिराजसप्तशती (1987) 6. धर्मानन्दचरितम् (1992)
7. पञ्चकुल्या (1993) 8. करशूलनाथमाहात्म्यम् (1996)
9. कस्मै देवाय हविषा विधेम (1996) 10. अरण्यानी (1999)
11. संस्कृतशतकम् (1999) 12. अभिराजसहस्रकम् (2000)
13. मृगाङ्कदूतम् (2003) 14. चर्चरी (2004) च।

तस्य नवगीतसंग्रहाः भवन्ति –

1. वाग्वधूटी (1978) 2. मृद्वीका (1985)
3. श्रुतिम्भरा (1989) 4. मधुपर्णी (2000)
5. मत्तवारणी (2001) 6. शालभञ्जिका (2006)
7. कौमारम् (2006)

तस्य एकाङ्की – रूपकाणि भवन्ति–

1. नाट्यपञ्चगव्यम् (1971) 2. अकिञ्चनकाञ्चनम् (1974)
3. नाट्यपञ्चामृतम् (1977) 4. चतुष्पथीयम् (1983)
5. रूपरुद्रीयम् (1986) 6. नाट्यसप्तपदम् (1996)
7. नाट्यनवरत्नम् (2006) 8. नाट्यनवग्रहम् (2006)
9. नाट्यनवार्णवम् (2010)

तस्य नाटिका–नाटकानि च भवन्ति–

1. प्रमद्वरा (1984) 2. विद्योत्तमा (1992)
3. लीलाभोजराजम् (2006) 4. प्रशान्तराघवम् (2006)

5. रूपविंशतिका

तस्य कथा संकलनानि भवन्ति -

1. इक्षुगन्धा (1986) 2. राङ्गडा (1992)

3. चित्रपर्णी (2000) 4. पुनर्नवा (2006)

5. अभिनवपञ्चतन्त्रम् 6. कान्तारकथा

तस्य समीक्षा - साहित्यानि भवन्ति-

1. शास्त्रालोचनम् (1994) 2. समीक्षा-सौरभम् (2003)

3. बालीद्वीपे भारतीया संस्कृतिः (2006) च।

अभिराज-राजेन्द्रमिश्रः स्वरचिते वहुषु ग्रन्थेष्वपि आत्मपरिचयं निबद्धवान्। तस्य वामनावतरण-महाकाव्ये स्ववंशपरिचयः षड्विंशतिश्लोकैः वर्णितोऽस्ति। साऽपि वर्णना कविवंशवर्णनम् इति नाट्यपञ्चगव्यस्य आद्यभागेऽपि प्राप्यते। तस्य पूर्वजाः ब्राह्मणाः गोरक्षपुर इति स्थाने निवसन्ति स्म। एते ब्राह्मणा गौतमगौत्रीया आसन्। यजुर्वेदस्य शुक्लमाध्यन्दिनशाखायाः उपासकाः एते दुर्गादिव्या पूजका आसन्। कविना उक्तम् -

सुकृतनिचयभूतं गौतमाख्यं सुगोत्रं
प्रवरवहुलशाखा शुक्लमाध्यन्दिनी सा
अभवदमृतनेत्री चण्डमुण्डादिहन्त्री
प्रभवनिधनमूलं वंशपूज्या नु तेषाम्।[1]

एतेषु ब्राह्मणेषु भोजराजनामकः ब्राह्मणः तीर्थाटनं कृत्वा उत्तरप्रदेशस्य जौनपुरग्रामे न्यवसत्। तस्य भोजराजस्य शीतलनामधेयः कोऽपि पण्डितः ब्राह्मणः जन्मितः। तस्य शीतलस्य त्रिषु सुतेषु कनिष्ठः आसीत् काशीरामनामधेयः वैद्यप्रवरः। काशीरामस्य पुत्र आसीत् श्रीदुलारः। श्रीदुलारस्य पुत्रः रामानन्दमिश्र महान् देवीभक्तः आसीत्। दुर्गामातृप्रसादात् पाण्डित्यप्रगल्भः सः दुर्गाप्रसादनामधेयं विविधविद्याविलासिनं पुत्रमलभत्। किन्तु अयं दुर्गाप्रसादः षडविंशतिवर्षतमे वयसि महाप्रयाणं प्राप्तः। तस्य पत्नी अभिराजी पतिविरहविधुरा येन केन प्रकारेण स्वपुत्रान् पालयामास। तेषु पुत्रेषु मध्यम आसीत् अस्माकं नाट्यकारो राजेन्द्रमिश्रः। नाट्यपञ्चगव्यस्य आद्यभागे विंशतितमे श्लोके कविना उक्तम्-

ध्वज इव सुकृतानां व्योम्नि दोधूयमानः
निखिलविभवपुञ्जं पार्थिवञ्चानुयातः
प्रयतननिरतोऽभूद्वामनं गातुकामो
विकलविधिरिदानीं पश्य राजेन्द्रमिश्रः।।[2]

कविः श्रीराजेन्द्र मिश्रः प्रयागविश्वविद्यालये स्नातकोत्तरपरीक्षायाम् उत्तीर्णः लव्धस्वर्णपदकञ्चासीत्। तस्मिन्नेव विश्वविद्यालये संस्कृतविभागे तस्य शोधनिबन्धः परिपूर्णतां गत आसीत्। अतः राधामाधवीयम् इति एकाङ्के कविः कथयति "वाणीवीणानिक्वाण–क्वणितवैखरिकः एम्०ए० परीक्षोत्तीर्णः लव्धवहुस्वर्णपदकः सद्यः समाप्तशोधकार्यः अस्यैव प्रयागविश्वविद्यालयीय–संस्कृतविभागस्य प्रसूतिः वालकविः मिश्रोपाह्वः राजेन्द्रमिश्रः।"[3]

नवरसप्रहसनमिति एकाङ्किकायां कविः राजेन्द्र मिश्रः स्वस्य काव्यनाट्यानां रसपरताम् अभिव्यनक्ति। हल्लीशनृत्यात् परं माधवेन राधायाः याम् अधरमदिरां पीतवान् सा एव रसमयी मदिरा कोटिधारया दिशि दिशि विगलितास्ति। राजेन्द्रमिश्रः तामेव धारां स्वकाव्येन अभिव्यक्ति इति कवेर्मतम्। सरस्वत्याः यद् वीणानादं कोकिलानां भ्रमराणाञ्च यद् सुप्रगानं तत् सर्वं राजेन्द्रमिश्रस्य काव्यानि प्रकटयन्तीति कविः सूत्रधारमुखेन आत्मपरिचयं प्रददाति –

हल्लीसान्ते निपीता यदधरमदिरा माधवेन प्रियायाः
उच्छिष्टायाश्च तस्याः दिशिदिशि गलिता याऽनघा कोटिधारा
तन्त्रीनादं बिपञ्ची सरसविलसितं कोकिलोऽलिः प्रगीतं
राजेन्द्रश्चापि काव्यं रसरसनपटु प्राप किञ्चित्तयैव।।[4]

राजेन्द्रमिश्रस्य परिचयं प्रदाय 'कचाभिशापम्' इति एकाङ्किकायाः सूत्रधारो वदति यद् अयं कविः स्वस्य ललितप्रतिभामाध्यमेन सौन्दर्यविग्रहिण्याः अम्बिकायाः सीत्कारः इव अङ्गनानां चञ्चलहार इव काव्यनगर्य्याः प्राकार इव चन्द्रकुन्दपुष्पादीनां प्रमोद इव भवति। स्वल्पेऽपि वयसि अल्पीयसा च कालेन तेन कविना वहवः काव्यप्रवन्धाः वद्धाः। सूत्रधारस्य एतेभ्यः वाक्येभ्यः राजेन्द्र–मिश्रस्य प्रतिभा संक्षेपेण समीहिता –

यस्सीत्कारोऽम्बिकायास्तरलितमतिकश्चापि हारोऽङ्गनायाः[5]
प्राकारः काव्यपुर्यास्सुललितगलकश्चेन्दुकुन्दप्रमोदः।
वद्धाः काव्यप्रवन्धा विविधरसयुताः स्वल्पकाले हि येन
तस्यैव प्राञ्जलाङ्कं प्रणयनकुसुमं दीयतेऽस्माभिरद्य।।

तस्य पुनर्जन्मकर्मादीनां सूचनां प्रदाय स एव सूत्रधारो वदति– ''अयि सरसनाट्यदर्शनरसिकाः सहृदयबन्धवः सोऽयं गोरक्षपुरीयरापतपुरभभया-ग्रामस्थगौतमगोत्रीयद्विजान्वयोत्पन्नः दिवङ्गतानां सुगृहीतनामधेयानां श्रीदुर्गाप्रसाद-शर्मणामात्मजः देव्या चाभिराज्या स्वजनन्योपलालितः पितृव्यप्रवरश्रीमदाद्या-प्रसादमिश्रसरणिरेणुपरिपूतान्तरः जौनपुरमन्डलान्तर्गतद्रोणीपुरग्रामवास्तव्यः साम्प्रतञ्च प्रयागविश्वविद्यालयीये संस्कृतविभागे प्रवक्तृपदमलङ्कुर्वाणः सप्तविंशतिवर्षदेशीयो युवाकविः मिश्रोपाह्वो राजेन्द्रो यस्येदं पञ्चमं लघुनाटक-मद्यास्माभिस्समुपायनीक्रियते कचशापं नाम।।''[6]

अभिराजराजेन्द्रमिश्रः भवयाख्ये मिश्रवंशे जातोऽस्तीति प्रशान्तराघव-नाटकस्य प्रथमाङ्के सूचितं दृश्यते। तत्र सूत्रधारः सूचयति– ''सरयूतटवर्ति-मइलग्रामस्थश्रीब्रह्मर्षिदेवरहाबाबाऽश्रमसदस्यैः ब्रह्मर्षिपदवीसम्भूषितः हिन्दीसाहित्यसम्मेलनोभयपीठाधीश्वर–श्रीस्वरूपानन्दपादैश्च पृथङ्महा-महोपाध्यायालङ्करणसभाजितः काव्यनाट्यकथासमीक्षाख्य–चतुश्शाखेऽर्वाचीन-संस्कृतकर्मणि शताधिकप्रवन्धैर्नेतृत्वं विदधानोऽसौ सरयूपारीणद्विजसम वायमुकुटमणिर्भभयाऽऽस्पदः शुक्लयजुर्वेदीयमाध्यन्दिनसंहिताकः पञ्चप्रवरो गौतमगोत्रोत्पन्नो महाभागवतपण्डितश्रीरामानन्दमिश्रपौत्रो दुर्गाप्रसादाऽभिराजी-मध्यमसूनुः कोविदधुरीणश्रीमदाद्याप्रसादमिश्रभ्रात्रीयस्त्रिवेणीकविर्मिश्रोऽभिराज-राजेन्द्ररसम्प्रत्याकेरलात्कश्मीरं यावदाच पञ्चनदादसमं यावत्सुष्ठु प्रकाशते।''[7]

रूपरुद्रीये रूपकग्रन्थे अन्तिमायामेकाङ्किकायाम् 'एकं सद् विप्रा वहुधा वदन्ति' इत्यभिधायां सूत्रधारः राजेन्द्रमिश्रस्य परिचयं नूतनशैल्या उपस्थापयति। समग्रे भारतवर्षे यः यः पण्डितैः सह नाट्यकारस्य घनिष्ठः सम्वन्धः आसीत् तेषां नामानि उचार्य्य राजेन्द्र–मिश्रस्य महाभारतीयमहत्त्वं प्रकटयति। सूत्रधारो वदति– ''मान्याः सहृदया अभिराजडॉक्टरराजेन्द्रमिश्रविरचितेन नवेन लघुनाट्येन भवतां मनोरञ्जनमद्य क्रियते। सुगृहीतसत्यव्रतं सम्प्राप्तरेवाप्रसादं प्रमोदितगणपतिं

मोहितव्रजमोहनं कलितकृष्णकान्तं विपूजितविश्वनाथं भावितभास्करं शंसितश्रीनिवासं राधितराधावल्लभं कम्रीकृतकमलेशं समीहितविद्यानिवासं वन्दितसुन्दरमूर्तिं रञ्जितरुद्रदेवं प्रह्वीकृतकमलारत्नं समर्चितशिवशेखरं लालितलक्ष्मीकान्तं वन्दितचण्डिकं प्रगीतप्रभातं कलितकरुणेशं जनकीकृताद्या-प्रसादं वशीकृतकमलाकान्तं सम्प्राप्तारुणोदयं कविकुलमण्डनं सहृदयाशीर्वर्धित-महर्निशं देववाणीसपर्यापर्याकुलं राजेन्द्रमिश्रं सम्प्रति को न जानाति संस्कृतपक्षधरः?''[8]

प्रमद्वरा-नाटिकायाः प्राक्कथने कविः वाराणसीस्थं कविपण्डितप्रवरं रेवाप्रसाद द्विवेदिनं पत्रमेकं लिखित्वा स्वस्य काव्यव्यापारप्रयोजनविषये यद् सूचयति तस्य निवेदनं प्राप्यते। राजेन्द्रमिश्रः महद्प्रतिभाधरो भूत्वाऽपि विनयभावं परिप्रकट्य द्वीवेदिमहोदयं लिखति-

नाहं करोमि कवितामिह शारदैव[9]

आत्मानमञ्जयति मत्कवनच्छलेन।।

विद्योत्तमा-नाटिकायां प्रस्तावनाप्रसङ्गे नटी नाट्यकारस्य राजेन्द्रमिश्रस्य परिचयं सामाजिकानां समक्षं प्रस्तौति। तदनुसारे सा राजेन्द्रमिश्रस्य पुस्तककतिपयानां नामानि उदाहृत्य तस्य सारस्वतजीवनं प्रतिपादयति। गौतमगोत्रीयः भवयमिश्रवंशीयः पितुः दूर्गाप्रसादस्य मातुः अभिराज्या आनन्दमूर्तिस्वरूपः वहुभाषाविद् काव्य-काव्यशास्त्रनिष्णातः हिमाचलप्रदेश-विश्वविद्यालयस्य संस्कृतमुख्यः संस्कृतजगति प्रसारितख्यातिमान् रेवाप्रसादादि पण्डितै सभाजितः भास्कराचार्यादिभिः पण्डितैश्च प्रशंसितः श्रिनिवासरथ-वचुरालवस्थी-इत्यादीनां काव्यसौशब्दसमन्वितविग्रहः माधुर्यसुकुमारतादीनां काव्यपल्लवकोऽयम् अभिराज-राजेन्द्रमिश्र इति सा उद्घोषयति।[10]

नाट्यकारो राजेन्द्रमिश्रः त्रिवेणीकवि इति नाम्ना ख्यातः। तस्य तात्पर्यं भवति तिसृषु भाषासु तस्य प्रतिभाविकाशः। हिन्दी-भोजपुरी-संस्कृतभाषाभिः तेन काव्यनाटकगद्यानां रचना कृता। अतः सः त्रिवेणीकविरित्याख्यया प्रसिद्धोऽस्ति। तस्य नाट्यसप्तपदम् इत्येकाङ्कसंकलने देहलीपरिदेवनं नामधेये एकाङ्के स्वयमेव सूत्रधारः सामाजिकेभ्यः नाट्यकारस्य परिचयं पुरस्कृत्य वदति-

''भोः भोः सहृदया राजधानीप्रतिभाधनिका एषोऽहमद्याभिराजराजेन्द्रविरचितेन

प्रत्यग्रनाट्येन एकाङ्केन भवतः समाराधयितुमीहे भारतराजधान्यामस्यामेव स्पृहणीयैः सर्वोच्चशासनपुरस्कारैस्साहित्यअकादमीतिप्रख्यैस्सम्मानितं सर्वजनकण्ठोपकण्ठीकृतमधुरसंस्कृतगीतकम् अभिराजराजेन्द्रं प्रायागीयं सम्प्रति श्यामलापीठस्थं को न जानाति? किञ्च –

हिन्दीभोजपुरीदेववाणीत्रय्या समन्वितः।।
काव्यनाट्यकथात्रय्या त्रिवेणीकविरेव सः।।3।।[11]

स्वजीवनविषये वंशकथामाधारीकृत्य स्वप्रतिभापाण्डित्यञ्च इङ्गितयित्वा राजेन्द्रमिश्रः स्वस्य 'वामनावतरण' महाकाव्ये अभिराजसप्तशत्यां जानकीजीवन-महाकाव्ये च स्वपरिचयं प्रददाति। तस्य संक्षेपश्लोकाः 'नाट्यनवरत्न' इति ग्रन्थस्य प्रारम्भे संकलिताः। तान् श्लोकान् वयमत्र यथा प्राप्तान् उद्धरामः-

यं देवी सुषुवे कवित्वशिखरं दुर्गाप्रसादान्निजे[12]
क्रोडे शुक्तिनिभे विमौक्तिकतनुं वन्द्याऽभिराजी सुतम्।
श्री देवेन्द्रसुरेन्दमध्यममणी राजेन्द्रमिश्रोऽनघ-
स्सोऽयं कम्बुहिमावदातसुयशाः ख्यातस्त्रिवेणीकविः।।

–वामनावतरणमहाकाव्यम्

संसारेऽजनि कालिदाससुकविर्भूत्वा य आदो ध्रुवं
श्रीहर्षस्य ततोऽभिधामुपययौ वैदर्भवाचस्पतेः।
पश्चाद्यो जयदेवविग्रहधरोऽभूद्बिल्हणोऽनन्तरं
सोऽयं पण्डितराजदेहिनिलयो राजेन्द्रमिश्रोऽधुना

–अभिराजसप्तशती।

मूलं श्रीकविकालिदासकविता श्रीहर्षवाणी तनुः
पत्रं श्रीजयदेवदेववचनं श्रीविल्हणोक्तं सुमम्।
श्रीमत्पण्डितराजकाव्यगरिमा यस्य प्रभूतं फलं
जीव्याद्धन्त निसर्गजोऽयमभिराड्राजेन्द्रकाव्यद्रुमः।।

जानकीजीवनमहाकाव्यम्

(ख) अजिराज-राजेन्द्रमिश्रस्य नाट्यजगतः परिचयः

अध्यायेऽस्मिन् राजेन्द्रमिश्रस्य नाटकानां संक्षिप्तपरिचयं समुपस्थापयितुकामा

वयम्। अनेन कविवरस्य कल्पनालोकः कथागुम्फन–चातुर्थं विषयचयनकला च अध्ययनार्थं विशदीभविष्यति।

1. नाट्यपञ्चगव्यम् (1971)

नाट्यपञ्चगव्यम् भवति युवजनोचितपञ्चलघुरूपकसंकलनम्। अस्मिन् संकलने 'कविसम्मेलनम्', 'राधामाधवीयम्', 'फण्टूसचरितभाणः', 'नवरसप्रहसनम्', 'कचाभिशापम्' च पञ्चलघुनाट्यानि विलसन्ति।

(क) **कविसम्मेलनम्** - कविसम्मेलन–एकांकिकायां कालिदास–अश्वघोष–शूद्रक–भवभूत्यादयः अभिराजराजेन्द्रमिश्र–पर्यन्ताः कवयः नाट्यचरित्ररूपेण आविर्भूताः भवन्ति। एते कवयः स्वेषां कविकालानां प्रतिनिधित्वं कुर्वन्ति। निजसमये घटितानां घटनानां प्रभावान् स्वस्य काव्यानामुपरि प्रदर्श्य एते स्वस्वात्मपरिचयं परिष्कुर्वन्ति।

(ख) **राधामाधवीयम्**- 'राधामाधवीयम्' इति एकांकिकायां भागवतपुराणमधिकृत्य कृष्णस्य कंसनिमन्त्रणेन मथुरा–गमनकाले राधायाः या विरहवेदना सा कलात्मकतया चित्रिता अस्ति

(ग) **फण्टूसचरितभाणः**- फण्टूसचरितभाणे फण्टूस नामधेय एकः छात्रः नायकरूपेण प्रदर्शितोऽस्ति। तस्य उत्शृङ्खलं जीवनं प्रेमविरहादिकं सूक्ष्मतया चित्रयित्वा कविः आधुनिक–छात्राणां मनोवैज्ञानिकमेकं विश्लेषणं करोति।

(घ) **नवरसप्रहसनम्** - नवरसप्रहसने सर्वैव रसाः पात्रीभूताः। रौद्रपाणेः कन्या शृङ्गारवल्ली शत्रुराज्ञा वीरभद्रेणापहृता। उभयपक्ष–कुलगुरुः शान्तदर्शनः उभयकुलयोर्मध्ये शान्तिं स्थापयति। रौद्रपाणिश्च स्वयं वीरभद्राय वैदिकरीत्या कन्यादानं करोति। प्रहसनोचितं घटनानामग्रेगमनमत्र पाठकान् दर्शकान् वा आह्लादयति।

(ङ) **कचाभिशापम्** - 'कचाभिशापम्' इति एकांकिका कचदेव–यान्योः प्रेमकथामाधारीकृत्य रचितमस्ति।

2. अकिञ्चनकाञ्चनम् (1974)

'अकिञ्चनकाञ्चनम्' राजेन्द्रमिश्रस्य एका सुप्रसिद्धा एकांकिका। अस्याम् एकांकिकायाम् कामिनीकाञ्चनासक्तः एकः नरेशः प्रभूतस्वर्णराशिप्राप्त्यर्थं दिवारात्रं कामयते। एकदा रात्रौ एकः दिव्यपुरुषः स्वप्ने आविर्भूय तम् उपदिशाति यद् परस्मिन् प्रभाते स्नानं कृत्वा सः यत् प्रक्षति तत् सर्वं सुवर्णं भविष्यति। तदनुसारं परस्मिन् प्रभाते राज्ञः करस्पर्शेण समग्रः राजप्रासादः स्वर्णमयोऽभूत्। किन्तु राज्ञः भोजनमपि स्वर्णमयं भूत्वा तम् क्षुत्पिपासायां क्षिपति। अन्ततो गत्वा स्वस्य स्नेहितां कन्यां भ्रमेण स्पृष्ट्वा सः स्वर्णमयीं प्रतिमाम् अकारयत्। सर्वां घटनां दृष्ट्वा तस्य बन्धुः नवनीतकः मन्दिरे उपविश्य देवमुर्तिसमक्षं स्वमस्तकं वलिरूपेण यदा प्रदातुकामोऽभवत् तदा सः दिव्यपुरुषः आविर्भूय तं नरेन्द्रस्य विपदरक्षाविधिं निरदिशत्।

नवनीतकः अभिमन्त्रितजलेन राज्ञः शरीरमार्जनमकरोत्। तेन राजा स्वर्णकामात् मुक्तोऽभवत्। समग्र राजप्रासादः सुवर्णरूपत्यक्तोऽभूत्। कन्या च प्रकृतशरीरं प्राप्तवती। धनस्य मोहः जीवने कीदृशं विपज्जनकं भवति तस्य सुष्ठु चित्रणमत्र प्राप्यते।

3. नाट्यपञ्चामृतम् (1977)

अस्मिन् पुस्तके पञ्चानामेकांकिकानां समाहारः प्राप्यते। ताः यथा –

(क) **दास्यापनोदनम्** – अस्यामेकाङ्किकायां पुत्रेण गरुडेन माता विनता यथा दासत्वमुक्ताऽभवत् तत् चित्रितमस्ति। ऋषः कशपस्य पत्नीद्वयं कद्रु विनता च। कदाचित् विद्याविवादे पराजिता विनता सपत्न्याः दासत्वं स्वीचकार तदा स्वस्य स्वमातुश्च नागलोके लाञ्छनां दृष्टा तां मोचयितुं गरुडः उद्यतोऽभूत्। कद्रुमातुः शर्त आसीत् यत् यदि गरुडः स्वर्गात् अमृतमानीय नागलोके वितरिष्यति तर्हि सपत्नी विनता दासीभावात् मुक्ता भविष्यति। यद्यपि कार्यमिदम् असम्भवम् आसीत् तथापि नारायणशक्तिमयो गरुडः देवराज्ञः इन्द्रात् अमृतमानीय नागेभ्य अर्पितवान्। स्वमातरं विनताञ्च स्वाधीनां कृतवानासीत्। इयम् एकाङ्किका मातृवात्सल्यं सम्यक् चित्रयित्वा सामाजिकानां हृदये मातृसम्मानं वर्धयति।

(ख) **अर्जुनोर्वशीयम्** - अस्याम् एकाङ्किकायाम् अर्जुनः निवातकवच-कालिकेय-नामधेयदानवद्वयं विनिपात्य स्वर्गसुन्दरीम् उर्वशीं स्वाधीनां करोति। तद्वशात् उर्वशी अर्जुनस्य कृते प्रणयदग्धा भवति। परन्तु स्वर्गे सर्वा अप्सरसः इन्द्रस्य प्रेमिकारूपाः। यतः स्वयं इन्द्र अर्जुनस्य पितृभूतः, अतः अर्जुनः उर्वशीम् मातृरूपेण पश्यति। अनेन उर्वशी क्षुब्धा भूत्वा शापेन तं पौरुषत्वहीनां वृहन्नलां कारयति। अस्यामेकांकिकायाम् अभिशप्तोऽपि अर्जुनः स्वचरित्रपराकाष्ठया सम्मानितो भवति।

(ग) **प्रीतिनिर्यातनम् - अस्मिन् नाटके मोगलसम्राट्** औरङ्गजेवो नर्तकी जौनावादी च यां प्रीतिकथां प्रदर्शितवन्तौ तां सुचारुरूपेण विलिख्य नाट्यरूपं च प्रदाय नाट्यकारः राजेन्द्रमिश्रः प्रीतेः पराकाष्ठां चित्रयति।

(घ) **समर्चितमृत्तिकम्** - अस्यामेकांकिकायाम् 1965 भारत-पाकिस्तान-युद्धसमये मेजर आशारामत्यागिनः वीरत्वं प्रदर्शितम्। देशस्य मृत्तिकायाः मूल्यं स्वजीवनादपि अधिकमिति योद्धवरेण यत् प्रदर्शितं तत् दर्शकहृदयान् देशप्रेमस्पर्शेण प्रचोदयति।

(ङ) **छलिताधमर्णम्** - अस्यां काल्पनिकायामेकांकिकायाम् आलोकः एकः सच्चरित्रो युवा। तस्य विवाहकाले तस्य पिता शिरोमणिः यौतुकरूपेण प्रभूतं धनं प्राप्तुमिच्छति। परन्तु स्वविवाहे धनप्रसङ्गं स्वीकर्तुमालोकः नेच्छति। अन्ततो गत्वा पिता शिरोमणिः स्वस्य हृदयरोगव्याजेन स्वस्य धनलोभकूपे स्वपुत्रं पातयति। यौतुकप्रथया कीदृशं योग्ययुवानः वलीभूता भवन्ति तस्य रेखाङ्कनं नाट्यकारेण सुष्ठु कृतम्।

4. चतुष्पथीयम् (1983)

चतुष्पथीयम् राजेन्द्रमिश्रेण विरचितः एकः हास्यरसात्मको नाट्यग्रन्थः। चतुर्णां पथानां समाहारः मिलनस्थलं यत्र इति चतुष्पथः। तदधिकृत्य कृतः ग्रन्थः चतुष्पथीयम्। परन्तु अधुना प्रायशः चतुष्पथः दुष्टप्रवृत्त्याः केन्द्रस्थलरूपेण

ज्ञातः। कविः राजेन्द्रमिश्रः अस्मिन् पुस्तके स्वतन्त्रनाट्यकौशलेन सामाजिककुप्रथानामवगुण्ठनस्य उन्मोचनं कृतवान्। ग्रन्थेऽस्मिन् चतस्त्रः व्यङ्ग्प्रधाना हास्य-एकांकिकाः वर्णिताः। ताः चतस्त्रः एकांकिकाः भवन्ति -

(क) इन्द्रजालम् (ख) निर्गृहघट्टम् (ग) वैधेयविक्रमम् (घ) मोदकं केन भक्षितम् च। वयमिदानीं प्रत्येकस्य संक्षिप्तकथां समुपस्थापयामः

(क) इन्द्रजालम् - अस्यामेकांकिकायां वर्णितः मुख्यः चरित्रविशेषः एकः ऐन्द्रजालिक यः जम्बूर नाम्नः एकस्य वटोः साहाय्येन समाजस्य गर्हिततमपुरुषाणां जीवनस्य यथार्थपरिचयं नग्नसत्यं च जनानां समक्षे प्रकाशयति। माफिया-सेठ-विधायक-तस्कर-अध्यापक यन्त्रविदादिजनानां वास्तवपरिचयस्य साधारणजनानामवधारणार्थं परिवेषणं भवति ऐन्द्रजालिकस्य मुख्य उद्देश्यः।

एकांकिकेयं सामाजिक-दुर्वव्यस्था दूरीकरणाय, जनानामात्मसचेतनतां वर्धयति। जनतायाः समक्षं सामाजिक-कुकर्मसु लिप्त-दुष्टजनानां परिचयोन्मोचनमाध्यमेन लाञ्छन-समालेचना-माध्यमेन च तेषां आत्मशुद्धिर्भवति पाठकानाञ्च आत्मसचेतनता वर्धते अनेन एकाङ्किकोपस्थापनेन।

(ख) निर्गृहघट्टम् - अस्यां हास्यरसात्मिकायाम् एकाङ्किकायाम् कस्मिंश्चित्कार्यालये नियुक्तस्य एकस्य लिपिकस्य जीवन-बिडम्वना वर्णिता। लिपिकस्य नाम गिरीशः। पत्नी मङ्गला अतिशया कर्कशा। अतः गृहे गिरीशस्य शान्तिर्नास्ति। न केवलं गृहे अपि तु कार्यालयेऽपि तस्य मनसि शान्तिर्नासीत्। गिरीशस्य वयस्याः यथा विनोद-सालिम-भवेश - बालचन्द्र-हंसनाथ प्रभृतिजनानामपि तथैव अवस्था। गिरिशस्य जीवने सत्यामपि एतादृशायां बिडम्बनायां कार्यालयाधिकारिणः संक्षेपलेखिकया सह मित्रता तथा सहानुभूतिस्तस्य जीवने शान्तिमानयति।

(ग) बैधेयविक्रमम् - बैधेयविक्रमम् इति एकांकिकायां मध्यमश्रेणी-परिवारस्य एकस्य दैनन्दिनीकथा परिवेषिता। गृहे सन्तानानां संख्या समधिका। अतः अर्थाभावः गृहस्वामिनः आलस्यमयं जीवनं पत्न्या उपरि गृहकार्याणां सामयिकार्थोपार्जनस्य च चापः।

सर्वं सम्मेल्य परिवारस्य वास्तवजीवनं हास्यरसेन रेखांङ्कितम्।

(घ) **मोदकं केन भक्षितम्** – लोककथाश्रितायां हास्यरसात्मक एकाङ्किकायां ब्राह्मण–तुरष्क (मुसलिम) – गौराङ्ग (अंग्रेज) नामकेभ्यः सम्प्रदायत्रयेभ्य आगतानां मनुष्याणां माध्यमेन एका रुचिशीला प्रतियोगिता वर्णिता। अस्यां प्रतियोगितायां तुरष्क–गौराङ्गयोः पराजयो भवति। घनघटानन्द नामको ब्राह्मणः स्वस्य वाक्प्रगल्भतया प्रत्युत्पन्नमत्या वास्तवबुद्ध्या प्रतियोगितायां विजयी भवति।

5. प्रमद्वरा (1984)

राजेन्द्रमिश्रमहोदयेन विरचिता प्रमद्वरा एका अङ्कचतुष्टयमयी नाटिका। महाभारतमहाकाव्यस्य आदिपर्वान्तर्गतां पोष्य इति उपपर्व अस्याः नाटिकायाः उत्सः। महाभारतस्य कथांशात् अस्याः नाटिकायाः किञ्चित् भिन्नता विद्यते। नाट्यशास्त्रस्य नियमरक्षार्थम् अस्यां नाटिकायां कविकल्पनाया आरोपोऽभवत्। नाट्यशास्त्रस्य नियमानुसारेण नायकः अवश्यमेव धीरललितो भवेत्। नायकस्य जीवने घात–प्रतिघातमानयनार्थं ज्येष्ठ–पत्न्या अस्तित्वमावश्यकम्। अतः अस्यां नाटिकायां नायकः एकः ऋषिपुत्रः। परन्तु आनर्तनामधेयस्य कन्यां सुवर्णां विवाहं कृत्वा स राज्यं लभते।

विवाहितो भूत्वापि राजा रुरु अनिन्द्यसुन्दरी–प्रमद्वरायाम् ऋषिकन्यायां प्रणयासक्तः आसीत्। प्रमद्वरा अपि राजानं रुरुं प्रति आसक्ता। राजा मित्रस्य डुण्डुभकस्य साहाय्येन प्रणयनिवेदनं कृतवान्। एतत् संवादं श्रुत्वा सुवर्णां (राजपुत्री) अत्यन्ता कुद्धा जाता। प्रथमाङ्के राज्ञः रुरोः प्रणयाङ्कुरं वर्णितम्। द्वितीयाङ्के सुवर्णायाः रोषः वर्णितः। सुवर्णारोषेण राज्ञः प्रणयः वाधाप्राप्तः। प्रथमाङ्क प्रणयरागाङ्कुराभिध, द्वितीयाङ्कः रागाङ्कुरसंघर्षाभिधः।

'प्रणयाभिसार'–नामके तृतीयाङ्के रुरु–प्रमद्वरयोः प्रणयो वर्णितः। राजपत्न्याः सुवर्णायाः सत्यपि विरोधे डुण्डुभकसाहाय्येन प्रमद्वरासख्याः मदालसायाः सहायतया च उभयोर्दर्शनं सम्भवति।

'प्रणयपोषण' नामके चतुर्थाङ्के प्रमद्वराविरहे रुरुः अतिशयः शोकार्तः जातः।

प्रमद्वरा सर्पदंशिता इति संवादं श्रुत्वा राजा विललाप। राजा प्रमद्वराया जीवन-प्राप्तर्थं यमेन सह आलापं करोति। प्रीतो यमः राज्ञो जीवनार्धकेन प्रमद्वरायाः पुनर्जीवनं कारयति। राज्ञी सुवर्णाऽपि उभयोर्प्रेम दृष्ट्वा प्रमद्वरां सपत्नीरूपेण स्वीकरोति।

6. रूपरुद्रीयम् (1986)

अस्मिन् एकाङ्किकासंकलने एकादशानामेकांकिकानां समाहारः प्राप्यते। अत्र वहुत्र विषयाः सामाजिकाः पौरणिकाश्च। एकाङ्किकानां नामानि भवन्ति- **(क) अभीष्टमुपायनम् (ख) नात्मानवसादयेत् (ग) स्वप्नाज्जागरणं वरम् (घ) पुनर्मेलनम् (ङ) कन्थामाणिक्यम् (च) कुटुम्बरक्षणम् (छ) राजराजौदार्यम् (ज) को विजयते नैव ज्ञातम् (झ) रक्ताभिषेकम् (ञ) काश्यपाभिशापम् (ट) एकं सद् विप्रा बहुधा वदन्ति।**

7. विद्योत्तमा (1992)

अभिराजराजेन्द्रमिश्रेण विरचिता विद्योत्तमा एका चतुरङ्किका नाटिका नाटिकायाम् अस्याम् महाकवेः कालिदासस्य जीवनवृत्तान्तं वर्णितम्। नाटिकायाः नायकः देवदत्तः केन प्रकारेण कालिदासरूपेण परिचितो भवति स वृत्तान्तः, नायिकाया विद्योत्तमायाः वृत्तान्तः, देवदत्तं प्रति राज्ञः पुष्यमित्रस्य वात्सल्यः, अग्निमित्रमालविकयोः वृत्तान्तः दर्शकानां हृदयम् आह्लादयति।

8. नाट्यसप्तपदम् (1996)

ग्रन्थेऽस्मिन् सप्त एकांकिकाः वर्णिताः। ताः भवन्ति- **(क) पञ्च सी न मी (ख) वाणीघटकमेलकम् (ग) बधिरप्रहसनम् (घ) साक्षात्कारः (ङ) रूपमती (च) देहलीपरिदेवनम् (छ) द्विसन्धानम्।** सप्तसु एकांकिकासु विविधविषयाः आलोचिताः नाट्यकारेण। अस्मिन् नाट्यसंकलने वर्णिताः हास्यरसात्मकाः ऐतिहासिकविषयसमन्विताः, व्यङ्ग्यप्रधाना-विषयाः पाठकानां दर्शकानाञ्च ज्ञानभाण्डारं ऋद्धिमन्तं कुर्वन्ति।

9. नाट्यनवरत्नम् (2006)

अस्मिन् एकाङ्किकासंकलने सामाजिकविषयान् अभिमुखीकृत्य नाट्यकार: एकाङ्किकानवकानि समुपस्थापयति। अत्र विषया: हास्यरसात्मका: सामाजिक-दोषोद्घाटका: नूतनदृष्टिसम्पन्नाश्च नाटिकानां नामानि भवन्ति- **(क) मण्डूक-प्रहसनम् (ख) प्रतिभापरीक्षणम् (ग) वादनिर्णयम् (घ) बधिरप्रहसनम् (ङ) संवाददातृसम्मेलनम् (च) प्रत्यक्षरौरवम् (छ) स्वयंवरकेन्द्रम् (ज) क्रीतानन्दम् (झ) शारदावमाननम्।**

10. नाट्यनवग्रहम् (2006)

अस्मिन् एकाङ्किकासंकलने नवनाटिकानां समाहार: प्राप्यते। पौराणिक-चरित्राणि नाटिकासु बहुभावेन आत्मप्रकाशं कुर्वन्ति। वालानं कृते एव एता: नाटिका रचिता: सन्ति। तासाम् नामानि भवन्ति- **(क) ईश्वरान्वेषणम् (ख) गुरुदक्षिणा (ग) दास्यमुक्तिः (घ) श्वेतोद्धारः (ङ) सत्यकामजाबालः (च) रत्नप्रत्यभिज्ञानम् (घ) नामकरणम् (ज) सिंहजम्बुकीयम् (झ) गुणाः पूजास्थानम्।**

11. प्रशान्तराघवम् (2008)

अस्मिन् सप्ताङ्कविशिष्टे नाटके रामायणविषयं नीत्वा प्रशान्तचरित्रम् दर्शाकानां मानसभूमौ समारोपितम्। नाट्यकारस्य कल्पनानुसारमत्र रामायणचरित्राणि पुन: निर्मितानि भवन्ति।

12. नाट्यनवार्णवम् (2010)

अस्मिन् एकाङ्किग्रन्थे नवप्रहसनानि संकलितानि सन्ति। कौतूहलोद्दीपकानां चरित्राणामाविष्कार: अस्मिन् संकलने प्राप्यते। तानि चरित्राणि दर्शाकानां कौतुहलमानन्दञ्च वर्धयन्ति। प्रहसनानां नामानि भवन्ति- **(क) मुण्डितमण्डन-प्रहसनम् (ख) खोंखीप्रहसनम् (ग) विद्यालयनिरीक्षणप्रहसनम् (घ) कलिकौतुकप्रहसनम् (ङ) उपनेत्रप्रहसनम् (च) वेतालप्रहसनम् (छ) द्विजच्छागीयप्रसहनम् (ज) अद्भुतज्यौतिषप्रहसनम् (झ) मृदङ्गदासप्रहसनम्।**

अनेन भावेन अभिराजराजेन्द्रमिश्रस्य नाट्यसंसारो विविधदिगन्तस्पर्शी। तत्र घटनानामाधुनिकता, चरित्राणां वैचित्र्यं, पौराणिकेष्वपि कथासु नव्यनाट्योपचारश्च पाठकानां दर्शकानाञ्च समक्षं मिश्रमहोदयस्य परिचयं संस्कृतनव्यनाट्यविप्लवस्य नेतृरूपेणोपस्थापयति। मिश्रमहोदयस्य रचनानां संक्षिप्तसूचितः इदं ज्ञायते यद् महद् प्रतिभाधरोऽयं कविः। तस्य रूपकाणामध्ययनं कृत्वा तत्रत्यां तस्य नाट्यकलाञ्च आविष्कृत्य आधुनिकसंस्कृतसाहित्यरसिकानां समक्षं प्रस्तोतुमस्माकम् अयं यत्नः।

पाटीका

1. नाट्यपञ्चगव्यम् (कविवंशवर्णनम्), अभिराजराजेन्द्रमिश्रः, वैजयन्त प्रकाशन, इलाहावाद, 1984, श्लोकः–2, पृ० 5।
2 तत्रैव, श्लोकः 20, पृ० 8।
3. राधामाधवीयम्, नाट्यपञ्चगव्यम्, पृ० 30।
4. नवरसप्रहसनम्, तत्रैव, पृ० 52।
5. कचाभिशापम्, तत्रैव, श्लोकः–3, पृ० 62।
6. तत्रैव, पृ० 63।
7. प्रशान्तराघवम्, अभिराजराजेन्द्रमिश्रः, वैजयन्तप्रकाशन, इलाहाबाद, 2008, अङ्कः 1, पृ०–26।
8. एकं सद् विप्रा बहुधा वदन्ति, अभिराजराजेन्द्रमिश्रः, वैजयन्तप्रकाशन, इलाहाबाद, 1986, पृ० 119।
9. प्रमद्वरा, अभिराजराजेन्द्रमिश्रः, वेजयन्त प्रकाशन, इलाहावाद, 1984, My poetry my dream, पृ० 15।
10. नटी (सस्मितम्)भो भो सहृदयाः वितरितेक्षुगन्धं परिणीतवाग्वधूटिकं समशितमृद्वीकं निपीतनाट्यपञ्चामृतम् अकिञ्चनकाञ्चन दृष्टचतुष्पथीयं समर्चितपराम्बं निरूपितरूपरुद्रीयं सम्भृतश्रुतिम्भरं संस्तुतजानकीजीवनं गौतमगौत्रीयभभयाख्यमिश्रवंशावतंसं दुर्गाप्रसादाभिराजीदाम्पत्यामृतसमुच्छ्वसितभूतं समनुभूतद्वीपान्तरवसतिसौख्यं संस्कृतहिन्दीभोजपुरीहिन्देशियाऽऽङ्गलभाषाविद्योतिततधिषणं प्रतिक्षणमेव काव्यशास्त्रप्रणयनचिन्तनव्यापृतमानसं गौरीगुरुत्सङ्गस्थहिमाचलप्रदेशविश्वविद्यालयीयसंस्कृतविभागाध्यक्षम् उपाध्यायोत्तमं मिश्रोपाह्वं श्रीमदभिराजराजेन्द्रं संस्कृतजगति सम्प्रति को न सुष्ठु जानाति यमधिकृत्य वाचं व्यतानीत्प्रतिवादिभयङ्करः पाण्डितीपटिष्ठशश्रेष्ठाचार्यस्सनातनो रेवाप्रसादः–

दुष्यन्तरामोदयनाः सकृष्णा
येनैक्यभाजः कविनाट्ययोक्त्रा
सङ्गीतिशुद्धस्वरसंस्कृतोऽयं
राजेन्द्रमिश्रो बत शिल्पिराजः।।

यश्च निरर्गलं सामोदभरं प्रस्तवीति भोजपालपत्तनस्थसंस्कृताकादमीसचिवस्सुर-भारतीपीयूषवर्षो भास्कराचार्यः-

दिव्या वाणी वलितमधुरा स्वर्धुनी भूतलेऽस्मिन्
हिन्दी भाषा नवलकलया पावनी भानुकन्या।
अन्तर्नीरं प्रवहति च या रागरम्या कवि श्री-
किग्ध रुत्सङ्गे ताः सुखयति समं तीर्थराजोऽभिराजः।।
वैदग्धीं तनुते सनातनकविर्लोकव्यथां श्रीरथः
प्राचार्यस्य च बच्चुलाल उभयीं वृत्ति समं श्लाघते।
सौशब्द्यं कविभास्करश्शावलतां गुम्फत्यलं वल्लभो
माधुर्यं सुकुमारतां पुनरहो युङ्क्तेऽभिराजीसुतः।।6।।

तदलमतिविस्तरेण तस्यैव विश्रुतयशसश्शारदासूनोरभिनवां नाट्यकृतिं विद्योत्तमाख्यामद्य वयं प्रयोक्तुं व्यवसिताः।

विद्योत्तमा, अभिराजराजेन्द्रमिश्र, Eastern Book Linkers, Delhi, 1992, अङ्क 1, पृ० 6।

11. देहलीपरिदेवनम्, नाट्यसप्तपदम्, अभिराजराजेन्द्रमिश्रः, पृ० - 107
12. नाट्यनवरत्नम्, अभिराजराजेन्द्रमिश्रः, वैजयन्तप्रकाशन, इलाहावाद, 2007, पृ० 6।

द्वितीयोऽध्यायः

राजेन्द्रमिश्रस्य रूपकेषु श्लोकसंरचन-कौशलम्

संस्कृतरूपकेषु क्वचित् श्लोकं विना नाट्यचरित्राणामुन्मेषः नाट्यसौन्दर्यस्य पल्लवनं रूपकपटे काव्यप्रतिभायाः प्रदर्शनं वा न भवति। अतः रूपके यद्यपि चतुर्विधानामभिनयानां प्रसङ्गः प्रदत्तोऽस्ति, यद्यपि च पाठयस्य प्राध्यान्यं दरीदृश्यते तथापि श्लोकानां संयोजनमेव नाट्यमञ्चे नूतनं लास्यमुपादयति। कथामेतां मनसि कृत्य अस्माभिः अस्मिन्नध्याये राजेन्द्रमिश्रस्य रूपकेषु श्लोकसंरचनाकौशलं तस्य नाट्यकलायां प्रधानाङ्गत्वं प्राप्नोतीति प्रदर्शयितुं प्रकल्पयामः।

(क) नाट्यपञ्चामृतम्

राजेन्द्रमिश्रः प्रथमतः कविः। अतः तस्य नाटकेषु श्लोकाः रुचिसम्पन्नाः रसपेशलाः शब्दसौन्दर्यसम्पन्नाः वैदर्भीगौडीयादिशैलीमया भवितुमर्हन्ति। **नाट्यपञ्चामृत**-ग्रन्थान्तर्गतायाः **दास्यापनोदन**-एकाङ्किकायाः प्रारम्भे शिवस्य या वन्दना क्रियते सा अत्यन्तां कलासूक्ष्मतां प्रदर्शयति। शिवस्य जटासु स्वर्णदी गङ्गा पथहीना भ्रमति। राहोः भयात् चन्द्रः शिवस्य शीर्षं संलग्नस्तिष्ठति। शिवस्य त्रिशूलस्योपरि आश्रिता काशीनगरी सर्वेभ्यः संसारपाशमोक्षपरेभ्यः मुक्तिं ददाति। शिवः भारतभूमिजनितानां सर्वेषां सत्पुरुषाणां योगक्षेममावहति। अतः राजेन्द्रमिश्रः वदति-

पन्थानं नाप्नुवाना भ्रमति सुरनदी यज्जटासु प्रमुग्धा
यच्छीर्षे सैंहिकेयप्रकटतरभिया भाति लग्नेन्दुलेखा
काशी मुक्तिप्रदात्री प्रभवति नितरां यत् त्रिशूलाधिरूढा।
योगक्षेमं समेषां भरतभुवि सतां चिन्तयेत्सः पिनाकी।।[1]

शिवस्य ताण्डवनृत्यं समुद्रेषु तरङ्गानां संक्षोभं कारयति। नृत्यकाले शिवस्य पादाघातेन क्षितितलधारकस्य शेषनागस्य फणः नितरां क्लेशितो भवति। नृत्यकाले शिवस्य मुखात् अग्ने यः फुत्कारः तस्य भयङ्करः शब्दः दिशः सम्पूरयति। शिवस्य ताण्डवनृत्यं सर्वान् रक्षतु इति कवेः मङ्गलाचरणम् पाठकानां हृदयं प्रभावयति–

क्षुभ्यत्पाथोधिरिङ्गत्तरलतरतरङ्गोच्छलद्वारिराशि
पादाघातप्रमुह्यत् क्षितिभरविनमत्प्रौढशेषास्यतुण्डम्।।
धुत्कुर्वन्नेत्रजाग्निप्रकटचिटचिटारावसम्पुरिताशं
शम्भोस्तत्ताण्डवाख्यं कलितनवयुगं पातु वो भीमनृत्यम्।।[2]

श्लोकस्यास्य भावना कला च विशाखदत्तस्य मुद्राराक्षसनाटके प्रदत्तस्य नान्दीश्लोकस्य प्रभावेन प्रभाविता इति दृश्यते।[3]

गरुडेन सह नागशिशूनां यः कलहः गरुडस्य च यः अधिक्षेपः तस्य मूलं शास्त्रार्थे पराजितायाः विनतायाः सपत्त्याः कद्रोः समीपे दास्यभावः। तस्य दास्यभावस्य दौर्भाग्यं दर्शकाणां मनसि अनुभावयितुं नाट्यकारः सूत्रधारमुखेन तत् चित्रयति –

कान्तारे हरिणोऽपि जीवति सुखं दूर्वाङ्कुरैः प्रत्यहं
कासारे ननु कच्छपोह्यऽपि तनुते मोदं ह्यनातङ्कितः।
स्वाधीने निजजीविते भुवि न किं सौख्यं भवेत्प्राणिनो
नो कार्तस्वरपञ्जरेऽपि विहगो लोलां विधत्ते पुनः।।3।।[4]

यथा भासः वारम्वारं भाग्यं दौर्भाग्यं स्वनाटकेषु व्याख्याति, यथा वा शूद्रकः मृच्छकटिके दारिद्रस्य कारुण्यं चित्रयति तथैवात्र कवेः राजेन्द्रमिश्रस्य प्रयासः प्रसङ्गोचितः। प्रस्तावनायाः अन्तिमे क्षणे सूत्रधारमुखे कलात्मकतया नाट्यकारः आत्मनः कविभावमपि प्रस्तावयति।[5]

सुपर्णस्य प्रवेशेन धवलशरीरा स्वर्गङ्गा तस्य पादाघातेन तरङ्गिता विभिन्न–सलीलखण्डः भिन्ना च सञ्जाता। तस्य नाम श्रुत्वा इन्द्रजयन्त्यादयः मानसकुशलतां परित्यजन्ति। सुपर्णस्य प्रवेशः यस्मिन् श्लोके वर्ण्यते सोऽपि शाकुन्तले प्रथमाङ्कस्य दृश्यं स्मारयति –

पादाघातैश्चलितसलिला भूरिरिङ्गत्तरङ्गा
स्वर्गङ्गेयं धवलधवलैर्भाति डिण्डीरखण्डैः।।
नाम श्रुत्वा प्रगुणितभिया वैजयन्तो जयन्तो
वर्तते नो कुशलपरिघौ सोऽवतीर्णस्सुपर्णः।।17।।[6]

अत्र प्रथमः पादः शाकुन्तलस्य- "तीव्राघातप्रतिहततरुः स्कन्धलग्नैकदन्तः" इत्यभिव्यक्तिं स्मारयति।[7]

राजेन्द्रमिश्रस्य नाट्यान्तर्गताः श्लोकाः सर्वथा मनोमुग्धकराः। सुपर्णं दृष्ट्वा इन्द्रः तस्य वलपराक्रमं हेयत्वेन गृहीत्वा वदति यद् हे कीटविशेष! त्वं न वृत्रासुरः, न नमुचि नैव पुलोमा न च पणिः न वा तारकासुरः येषां वलेन कदाचिद् स्वर्गग्रामः भीतः आसीत्। अथ कथं स्वर्गाभ्यन्तरे उत्पातं नाटयितुं चेष्टसे? -

न चासि वृत्रो नमुचिर्बलो वा न चापि मायानिपुणः पुलोमा।
पणिर्न वा त्वं न च तारकोऽसि प्लवङ्गमीभूय खमेव धत्से।।[8]

कदाचित् नाट्यकारस्य श्लोकाः जगतः गूढसत्यं व्यञ्जयन्ति। इन्द्रहस्तात् पीयूषकुम्भं गृहीत्वा कृतज्ञः सुपर्णः वदति यद् जगति तदैव कारणम् सहजेन साधितं भवति यत् ईश्वरेण कल्पितमस्ति। तत् कारणात् भिन्नमन्यं किमपि सांसारिकं कारणम् ईश्वरप्रकल्पितकारणात् न विशिष्यते। सुपर्णः इन्द्रसम्मुखे भगवतः सर्वकारणवशित्वं स्मारयति-

समीहते साधयितुं यदीश्वर-
स्तथाविधं कारणमाशु कल्पते
न कारणं क्वापि महीयते ततोऽ
खिलं जगत्कार्यवशानुगं ध्रुवम्।।18।।[9]

'अर्जुनोर्वशीयम्' इत्येकाङ्कस्य नान्दीश्लोके गोपिकानां शकटिका-क्रीडालोलुपः श्रीकृष्णः यथा स्वस्य स्मितहासेन लोकत्रयाय शान्तिं ददाति, यथा अपाङ्गच्छटामाध्यमेन त्रिभुवनं प्रकाशयति, यथा वा स्वस्य चैत्यन्यशक्त्या लोकसमग्रं चेतनामयं करोति तस्य संस्मरणं कलात्मकतया क्रियते-

त्रैलोक्यस्फुटनिर्वृत्तिं विदधते यस्य स्मितं केवलं
प्राकाश्यं गमयत्यहो त्रिभुवनं यन्नेत्रविद्युच्छटा।
यच्चैतन्यमथोल्वणं वितनुते लोकं स्फुरच्चेतनं
पायाद् वो व्रजवल्लरीशकटिकाक्रीडामुकुन्दश्चिरम्।।9।।[10]

अस्मिन्नेकाङ्के सुत्रधारः नाट्यकारं राजेन्द्रमिश्रं रसरागनिर्भरवचसा सामजिकानां समक्षं समुपस्थापयति। यस्याः कलायाः सम्बर्धनं सरस्वत्याः रागमयी वीणा अकरोत्, यत् काव्यकलायाः परिपोषणं मामल्लपुत्रेण श्रीहर्षेण सुरुचिरं कृतम्, तस्य सारस्वतकलायाः उपासकः निष्पापः राजेन्द्रमिश्रः दर्शकान् अभिनन्दयति इत्युक्त्वा सूत्रधारो वदति –

यं रागामृतनिर्झरं वृतवती सारस्वती कच्छपी।
श्रीहर्षश्च ततान यत्सुरुचिरं काव्यं नु मामल्लजः
तद्रागामृत-काव्य-कुम्भ-विलसज्जीवातु चञ्चत्तनुः
भूयाद् वो नुतयेऽभिराजपदभाग्राजेन्द्रमिश्रोऽनघः।।4।।[11]

ऊर्वश्याः नृत्यस्य प्रशंसां कृत्वा इन्द्र यद् वदति, तदुद्घोषयति यद् कलायाः प्रशंसा वाग्व्यापारेण न सुष्ठु भवति। कलायाः औत्कर्षं केवलं हृदयेनानुभूयते। यथा प्रेम्णः पराकाष्ठा गाम्भीर्यं वा कदाचित् जिह्वया न पूर्णतया सम्यक्तया वा प्रकटिता भवति तथा कलायाः सूक्ष्मता उच्चता वा शब्देन सम्यक्तया वक्तुं न शक्यते। उभयत्र हृदयस्य हि माहात्म्यं तत्तदास्वादे प्रतिष्ठितं वर्तते। सूर्यः पद्मिन्याः सौन्दर्यं कदाचित् शब्देन न प्रकटयति। नाट्यकारः कथयति–

कलयति यदि भानुः पद्मिनीनां प्रशंसां
प्रभवति न विशेषस्तेन तस्याः कदाचित्।
विगलितयुगभावे प्रीतिबन्धे विरूढे।
भवति हृदयमेव व्यक्तवाहो न जिह्वा।।11।।[12]

अर्जुनः वदति यद् कलासु नृत्यं रत्नसदृशम् – नृत्यमपि नाम चित्तहरणक्षम-कलारत्नम्।''[13] स्वर्गरमणीनां नृत्यलास्यस्य दास्यं सर्वैव स्वीकुर्वन्ति इत्यर्जुनस्य चिन्तनम्। तासाम् कटीदेशस्य काञ्चीशेण्या कलात्मकक्कणनेन, पादयोः मञ्जीरयुगलस्य झणत्कारेण मणिवन्धपर्यन्तं निस्सारितैः गलत्केयुरैश्च सर्वैव दर्शकाः आह्लादसमुद्रावगाहना भवन्तीति अर्जुनस्य मतम् –

क्वचित्तारं रौति द्रुतजघनकाञ्ची कलरूता
झणत्कारं सूते क्वचिदपि च मञ्जीरयुगलम्।
गलत्केयूराणां भवति मणिबन्धोऽधिकरणं
न के लास्ये दास्यं विबुधरमणीनां विदधत।।13।।[14]

अस्य नृत्यदर्शनस्य मूलस्थानं वस्तुतः कालिदासस्य मालविकाग्निमित्रे प्रथमाङ्कद्वये प्राप्यते। नाटकेऽस्मिन् द्वितीयाङ्के नृत्यविरतां मालविकां दृष्ट्वा राजा चिन्तयति यद् तस्याः चारुता सर्वासु अवस्थासु नूतनं सौन्दर्यं विदधाति। तस्याः दण्डायमानावस्थायाः निरीक्षणं कृत्वा राजा वदति –

वामं संधिस्तिमितवलयं न्यस्य हस्तं नितम्बे
कृत्वा श्यामाविटपसदृशं स्त्रस्तमुक्तं द्वितीयम्।
पादाङ्गुष्ठालुलितकुसुमे कुट्टिमे पातिताक्षं
नृत्तादस्याः स्थितमतितरां कान्तमृज्वायतार्धम्।।6।।[15]

तस्मिन्नेवाङ्के परिव्राजिका मालविकायाः नृत्यसौष्ठवं प्रशंस्य यद् वदति तद् नृत्यकलायाः महत्त्वं विशदयति –

अङ्गैरन्तर्निहितवचनैः सूचितः सम्यगर्थः।
पादन्यासो लयमनुगतस्तन्मयत्वं रसेषु।
शाखायोनिर्मृदुरभिनयस्तद्विकल्पानुवृत्तौ।
भावो भावं नुदति विषयाद्रागबन्धः स एव।।8।।[16]

नारीसौन्दर्य्यस्य वर्णने यथा कालिदासस्य प्रकृतिसौन्दर्यस्य तुलनात्मकं समुपस्थापनं तथैव राजेन्द्रमिश्रस्य। स्वर्गवृक्षाणां कुसुमानि अत्यन्तं सुन्दराणि भवन्ति। उर्वश्याः अङ्गानि तेषां सौन्दर्यमपि अतिक्रमते। तस्याः मुखपद्मस्य हास्यं शेफालिकायाः सौन्दर्यमपि अधरीकरोति। वेतसलतायाः या वक्रता नूतनं सौन्दर्यं तनोति सा उर्वश्याः कटिमेखलायाः सौन्दर्यमनुकरोति। अतः उर्वशी सप्तलोकेषु सौन्दर्येण अनन्या एव–

अङ्गानि त्वतिशेरते सुरतरोश्चञ्चत्सुमानि ध्रुवं।
हास्यं त्वद्वदनाम्बुजाग्रनिलयं ह्यत्येति शेफालिकाम्।
चक्रीभूततटी कटी वितनुते यद्वेतसीवक्रतां
तेनैव प्रतिभासि भूरिविभवे! त्वं लोकलोकाधिका।।14।।[17]

श्लोकोऽयं कालिदासस्य शकुन्तलासौन्दर्यवर्णनप्रसङ्गं स्मारयति। –

अधरः किसलयरागः कोमलविटपानुकारिणौ वाहू।

कुसुममिव लोभनीयं यौवनमङ्गेषु सनंद्धम्।।22।।[18]

राजेन्द्रमिश्रस्य उपमाप्रयोगः वहुत्र नूतनताया आजृम्भणं प्रदर्शयति। उर्वश्या नर्तनमुद्रां दृष्ट्वा अर्जुनः मोहित आसीत्। तस्य दृष्टौ या स्निग्धता सा अनुराग इति चिन्तयित्वा उर्वशी अर्जुनस्य समक्षमेकान्ते स्वानुरागं अभिव्यनक्ति। परन्तु अर्जुनः विश्लेषणपूर्वकं वोधयितुं चेष्टते यद् यथा कोऽपि शिशुः स्वस्याः जनन्या असाधारणं सौन्दर्यं विलोलदृष्ट्या अनुशीलयति तथैव सत्ययुगे इयं सा उर्वशी पुरुरवस्य अर्धाङ्गिनी चन्द्रवंशस्य प्रथमजननी चासीदिति स्मृत्वा सः मुग्ध आसीदिति वदति। अत्र उपमारूपेण शिशोः समुपस्थापनमुपमा प्रयोगपरम्परायां नूतनत्वमावाहयति–

यथार्भकः कोऽपि निरीक्षते स्वां विलोलदृष्टिं जननीं पिपासुः

तथैव साक्षीकृतपूर्वभाव स्मृतिप्रमुग्धेन मयाऽसि दृष्टा।।21।।[19]

नान्दीश्लोकेषु स्वदक्षतां प्रतिपादयन् राजेन्द्र–मिश्रः **प्रीतिनिर्यातनम्** इत्येकाङ्किकायां शिवस्य अनुरागरञ्जितायाः पार्वत्याः जयगानं विधत्ते। तत्र शिवस्य प्रीतिः पार्वत्या प्रेमशङ्का च सूक्ष्मतया पाठकानां पार्वतीपरमेश्वरध्यानं प्रचोदयति–

देवि प्रेयसि वल्लभे प्रियतमे प्राणेश्वरि प्रेमिणि।

मज्जन्मान्तरसङ्गिनीति वहुशो हृद्यं समाराधिता।

तत्तच्छब्दसमुत्थभावविकसत्सापत्न्यशङ्कालस

त्प्रीत्यप्रीतितरङ्गरिङ्गणसहा हेरम्बधात्री जयेत्।।2।।[20]

राजेन्द्रमिश्रस्य काव्यकला कालिदास–श्रीहर्ष–जयदेव–विल्हणादिनां काव्यकलाभिः पुष्पिता समृद्धाश्च। नाट्यकारः स्वयमेतेषां नामोच्चारणं ससम्मानं करोति। राजेन्द्रकाव्यद्रुमे कालिदासीया कविता मूलं, श्रीहर्षस्य वाणी शरीरं, जयदेव–वाक्कला पत्राणि, विल्हणस्य च वक्रोक्तयः पुष्पाणि एव। अतः आत्मनः काव्यकलायाः प्रेरणाभूतानां पूर्वकवीनां नामानि उच्चार्य कविर्वदति –

मूलं श्रीकविकालिदासकविता श्रीहर्षवाणी तनुः

पत्रं श्रीजयदेवदेववचनं श्रीविल्हणोक्तं सुमम्।

श्रीमत्पण्डितराजकाव्यगरिमा यस्यैकपुण्यं फलं
जीव्याद्धन्त निसर्गजोऽयमभिराड्राजेन्द्रकाव्यद्रुमः ॥4 ॥[21]

युद्धवर्णनायामपि राजेन्द्रमिश्रः समुचितानां शब्दानां प्रयोगं कृत्वा वीररसस्य व्यञ्जनां साधयति। प्रीतिनिर्यातनमिति एकाङ्किकायाम् औरङ्गजेवजसवन्त-सिंहयोर्मध्ये युद्धं वर्णयित्वा कविना लिख्यते –

ज्वालामालां वमन्ती शतशतसुभटान् घातयन्ती शतघ्नी
शुण्डादण्डान् गजानां हयकरभगलान्दारयन्ती बभासे
भिन्दन् वक्षास्यरीणां सुभटकरतले चन्द्रहासो व्यलोकि
भूतं नो वा भविष्यत्यथ भवति न वा तादृशं घोरयुद्धम्।।7 ।।[22]

श्लोकेऽस्मिन् वहूनामक्षराणामनुप्रासः युक्ताक्षराणां प्रयोगः महाप्राणवर्णा-नाञ्चावाहनम् वीरत्वव्यञ्जकं भवति। कलामाध्यमेन मानवहृदयस्य काठिन्यमपि तरलितं भवति।

समर्चितमृत्तिकमेका देशप्रेमभावोज्ज्वला एकाङ्किका। 1965 ख्रीष्टाब्दस्य समये भारतपाकयुद्धकाले मेजर-आशाराम-त्यागिनः वीरत्वं सफलताम् आत्मवलिदानञ्च नाट्यकलया विशदीकृत्य इयमेकाङ्किका पाठकानां हृदयं देशप्रेमोच्छलं करोति। तत्र नान्दीश्लोके भारतजनन्याः वर्णनं नमनञ्च दर्शकाणां शरीरं कण्टकितं करोति। भारतजनन्याः मुखं भवति काश्मीरम्। हिमालयो भवति मुक्ताहारसदृशः। पञ्चनद्यः जनन्याः वाहुद्वयं प्रतीकीकुर्वन्ति। विन्ध्यपर्वतः तस्याः पादद्वयम्। तस्याः भारतजनन्याः पदद्वयक्षरितेन अम्बुराशिना समुद्राः जलभरिताः। गङ्गायमुने तस्याः सुन्दरनयनद्वयम्। एवंविधां तां भारतजननीं नान्दीश्लोकेन नमति नाट्यकारः।

काश्मीरं मुखमण्डलं नगपतिर्नीहारहारावली
वाहू पञ्चनदासमौ प्रविततौ विन्ध्यो नु वक्षःस्थलम्।
पादौ केरलवानिलो जलनिधिर्यस्याश्च पाद्याम्बुभृत्।
कालिन्दीसुरसिन्धुहृद्यनयनां तां जन्मभूमिं नमः ॥2 ॥[23]

(ख) अकिञ्चनकाञ्चनम्

अकिञ्चनकाञ्चनम् इति एकाङ्किका राजेन्द्रमिश्रस्य नाट्यकलायाः अपूर्वमेकं

निदर्शनम्। लोकोक्तिसम्भृता सा कथा नाट्यकारेण नाट्यरूपं दत्ता। सुवर्णकाङ्क्षि कोऽपि राजा कामपि देवतां स्वपूजया प्रसाद्य प्रातरुत्थाय स्नानान्तरं यत् किमपि प्रक्ष्यति तत् सर्वं किमपि स्वर्णमयम् सञ्जातम्। परन्तु राज्ञः स्पर्शेण पेयजलानि भोज्यवस्तूनि च सुवर्णितानि जातानि। अज्ञातेन स्पृष्टा राजकन्यकापि सुवर्णत्वं गता। समस्यायाः निराकरणाय राज्ञः वयस्यः नवनीतकः कृच्छ्रसाधनां कृत्वा देवीशकत्या राज्ञः सुवर्णात्मिकां स्पर्शशक्तिमुत्सादयामास। एकाङ्किकायां संस्कृतभाषायाः गाम्भीर्यं दर्शकानां चित्तमावर्जयति। दैवपुरुषेण राज्ञः शयनकक्षे रात्रौ तृतीये प्रहरे आविर्भूय राज्ञे यथा नूतनां शक्तिं दत्तवान् तस्य वर्णना परिचारिकायाः कपर्दिकायाः मुखे कारयित्वा कविः स्वस्य श्लोकसंरचनाकौशलं प्रतिपादयति-

न्यक्कुर्वञ्छयनप्रदीपममलं कुड्याविटङ्कस्थितं
सौरभ्यं मकरन्दविन्दुकलितं विस्तारयन्सर्वतः।
वाद्यं दिव्यमदं लसाद्यविषदां चर्यानुकूलं किम-
प्यातन्वन्प्रकटीबभूव पुरुषः कोऽप्युज्ज्वलाभो महान्।।7।।[24]

तथैव राज्ञः निद्राभञ्जनाय प्रातःकाले वैतालिकैः यत् गीतमासीत् तदपि महत्कवित्वं प्रकटयति राजेन्द्रमिश्रस्य। राज्ञः स्नाने महत्वं संस्थापयन्तः वैतालिकाः गायन्ति -

धन्या सा रम्यवापी विहरति नितरां यत्र मत्तो मरालः
क्षोणीयं सैव धन्या नलिनवलयिनी यत्र वापी निखाता
धन्यं कीलालजालं मृदितमृगपदं धौति यत्ते शरीरं
राजस्ते स्नानमानं कलयितुमधुना वर्ततेऽलं न पाशी।।10।।[25]

राज्ञः स्पर्शेण राजकन्या सुवर्णमूर्तिः सञ्जाता। तदनुशोचनया राजा यद् वदति तद् राजेन्द्रमिश्रस्य कालिदासीयां वैदर्भीरीतिं समातनोति। मृणाल इव कोमलाङ्गी मृगशिशुनयना चन्द्रलेखेव क्रमशः शरीरसौन्दर्योज्ज्वला सा कन्या स्वपितुः सुवर्णलोभात् नष्टतां गता। राज्ञः मुखेन उच्यते-

मृणालमृद्वी मृगशावकाक्षी
शशाङ्कलेखेव विवर्द्धमाना

ममैव पापस्य सुवर्णलोभात्
सुतानघा हन्त बभूव नष्टा।।11।।[26]

नाटकस्य अन्तिमपर्याये विधिरेव पुरुषाणां बुद्धिव्यामोहस्य कारणमिति प्रदर्श्य राजपुरोहितः रामचन्द्रस्य स्वर्णमृगलोभं नलस्य द्यूतकपटगतं दौर्भाग्यञ्च उदाहरणरूपेण स्मारयति –

रघुपतिर्लुलुभे मृगपोतके ननु दुरोदरके छलितो नलः।
प्रभवति प्रथितं नहि पौरुषं बलवती खलु सा भवितव्यता।।13।।[27]

नाटके भरतवाक्यमपि भारतदेशे देवगुरोः वृहस्पतेः उपदेशसारं भृशं समुच्चार्य पूर्वऋषीणां पापहराणि चरित्राणि संस्मरन् अन्येन सह शत्रुतां संत्यजन् निखिलभारतजनः गणतन्त्रस्य सुप्रसारं साधयतु इति उच्चारितमस्ति। अत्रापि न केवलं देशभक्तिः अपि तु हृदयस्य निर्मलीकरणेच्छा कवेः समुचितशब्दविन्यासे परिस्फुटिता–

कण्ठे कण्ठे निकामं विबुधगुरुगिरं यत्नतः स्थापयित्वा
चित्ते चित्ते चरित्रं दुरितदरहरं पावनं पूर्वजानाम्।
विद्वेषाग्निञ्च हत्वा निखिलजनमनः कामनां कल्पयित्वा
राष्ट्रेऽस्मिन्भारताख्ये विलसतु नितरां लोकतंत्राधिकारः।।14।।[28]

(ग) नाट्यपञ्चगव्यम्

नाट्यपञ्चगव्यपुस्तके पञ्च एकाङ्काः प्राप्यन्ते। संस्कृतनाट्यसाहित्ये प्रसिद्धो भवति अस्य पुस्तकस्य प्रथम एकाङ्कः **कविसम्मेलनम्** इति शीर्षकाख्यः। अस्य एकाङ्कस्य प्रसिद्धिः अस्मिन् प्रकटितानां चरित्राणां कृते भवति। अत्र कालिदासः, अश्वघोषः, शुद्रकः, भवभूतिः, वाणभट्टः, माघः, जयदेवः, जगन्नाथः अभिराजराजेन्द्रमिश्रः चरित्ररूपेण मञ्चे आविर्भूय राजेन्द्रमिश्रस्य नाट्यकलायाः नूतनत्वं प्रतिपादयन्ति। न केवलं तत् स्वयं नाट्यकारः अभिराजनाम्ना परिचितः कविरत्र नवमकविरूपेण विलसति। कुत्रापि नाटके स्वयं नाट्यकारः चरित्ररूपेण नाविर्भवति। परन्तु आत्मानं चरित्ररूपेण अस्यामेकाङ्किकायामाविष्कृत्य राजेन्द्रमिश्रः स्वस्य नाट्यशिल्पस्य दिगन्तं प्रदर्शयति। कविसम्मेलने एते कवयः आविर्भूय विविधेन भावेन सूत्रधारेण सह संलापलग्ना भूत्वा स्व-स्व-प्रतिभां

प्रकटयन्ति। अस्मिन्नेकाङ्के प्रथमप्रसङ्गात् अन्तिमप्रसङ्गपर्यन्तं सूत्रधारः क्रियाशीलः दृश्यते। नान्यत्र कुत्रापि एतादृशः प्रयोगः पण्डितैः प्राप्यते। कविसम्मेलनदृश्ये यदिदं प्रकल्पितं सः एकः सारस्वतसाहसः इति स्वयं सूत्रधारः वदति। तथापि नूतनं नाट्यप्रकल्पनमिदं सहृदयैः दर्शकैः सभाजितं भविष्यतीति सूत्रधारस्य आशा। नाट्यशिल्पस्यास्य नूतनप्रकारस्योपरि सूत्रधारो वदति – "आकालिदासात् पण्डितराजजगन्नाथपर्यन्तानां कवीन्द्राणां युगपदेव सम्मेलनमुपस्थापयितुकामेन मया यत्साहसमनुष्ठितं तत्तु सर्वथा अपूर्वमेव वर्तते इत्यहमाशङ्के। तथापि सहृदयजगति तस्य सभाजनमेव भविष्यतीत्यत्र सन्देहलेशोऽपि नास्ति।"[29]

अस्मिन्नेकाङ्के कवयः पात्ररूपेण प्रयागविश्वविद्यालयस्य नाट्यशालायाम् मञ्चे आविर्भवन्ति। ततः स्व-स्व-कृतिविशेषान् अभिव्यज्य नवीनसमस्याया अनुभूतिं प्रकटयन्ति। प्रयागक्षेत्रं भवति कालिदासस्य रघुवंशे त्रयोदशसर्गे वर्णितस्य गङ्गायमुनासंङ्गमस्य मूलाधारः। अतः कालिदासः मञ्चे तत् प्रसङ्गं स्मरति। विगतकालस्य नदीनां संस्मरणे महाकालमन्दिरसमन्वितस्य उज्जयिनीनगरस्य रामगिरिपर्वतस्य विदिशानगर्या देवतात्मकस्य हिमालयस्य स्मरणे कालिदासस्य देशप्रीतिः जागरिता भवति। अतः स्वमातृभूमेः जयजयकारमुद्घोष्य कविर्वदति-

हिमालयालङ्कृतरम्यभालः पयोधिप्रक्षालितपादपद्मः।
सूनीतिविज्ञानकलावलम्बी जयत्यहो कोऽपि मदीयदेशः।।5।।[30]

ऋतुसंहारे खण्डकाव्ये कालिदासेन षट्ऋतूणामुदारता कोमलता च वर्णिता। परन्तु आधुनिककाले शैत्यस्य प्रावल्यमनुभूय कालिदासः मञ्चे वदति –

कम्पं विधाय हृदयेऽखिलभावभाजां दग्ध्वा निकाममधुना हरिताभशस्यम्।
सत्यं विभाति कुलटेव निजप्रयाणे दुर्दान्तशीतलहरीयमतिप्रचण्डा।।8।।[31]

नाट्यपञ्चगव्यम् इति ग्रन्थान्तर्गते **कविसम्मेलनम्** इत्येकाङ्के वाणभट्टस्य परं माघस्याविर्भावो भवति। माघः शिशुपालवधस्य चतुर्थे सर्गे रैवतकपर्वतवर्णनाप्रसङ्गे सायंकाले पर्वतोऽयं हस्तिसदृशः, तस्य प्राच्यां पश्चिमायाञ्च दिशि चन्द्रसूर्ययोरूपस्थितिः, तद्गलायां दोलायितस्य घन्टाद्वयस्य चित्रं विदधाति। अनया विलक्षण-पर्वतवर्णनया माघः घन्टामाघरूपेण ख्यातः-

उदयति विततोर्ध्वरश्मिरज्जावहिमरुचौ हिमधाम्नि याति चास्तम्।
वहति गिरिरयं विलम्बिघण्टाद्वयपरिवारितवारणेन्द्रलीलाम्।।20।।[32]

श्लोकमेतत् संस्मयं राजेन्द्रमिश्रस्य सूत्रधारः उदयाचलस्य प्राच्यां पश्चिमायाञ्च दिशोः चन्द्रसुर्ययोः वर्णनां विधाय मञ्चे माघकविं स्वागतीकरोति –

चण्डांशुभिर्निखिलमेव भवं प्रदाह्य
बिम्वः प्रयाति तरणेदिशि पश्चिमायाम्।
प्राच्यां निशाकृदुदयाचलचूडचुम्बी
माद्यन्नहो निखिललोकमुदेति रम्यम्।।16।।[33]

माघस्योदये भारवेः काव्यप्रतिभा मलिना जाता इति पण्डितानां मतम्। माघकवेः पाण्डित्यवैदग्धयोः समन्वयं प्रदर्श्य सामान्यतया पण्डिताः प्रकारान्तरेण भारवेः प्रतिभामधः कुर्वन्ति। निम्नोक्ता श्लोकाः तदर्थं प्रसिद्धाः –

(क) तावद् भा भारवेर्भाति यावन् माघस्य नोदयः।
उदिते तु पुनर्माघे भारवेर्भा रवेरिव।।

(ख) कृत्स्न प्रबोधकृद् वाणी भा रवेरिव भारवेः।
माघेनैव च माघेन कम्पः कस्य न जायते।।

(ग) माघेन विघ्नोत्साहा नोत्सहन्ते पदक्रमे।
स्मरन्तो भारवेरेव कवयः कपयो यथा।।

(घ) उपमा कालिदासस्य भारवेरर्थगौरवम्।
दण्डिनः पदलालित्यं माघे सन्ति त्रयो गुणाः।।

(ङ) अवयः केवलकवयः केवलकीरास्तु केवलं धीराः।
पण्डितकवयः कवयः तानवमन्ता तु केवलं गवयः।।[34]

किन्तु पण्डितानां मतानि अविगणय्य माघः पूर्वजनभारविं प्रति स्वकार्तज्ञ्य मभिव्यक्ति। सः चिन्तयति यद् भारविरेव तस्य पथप्रदर्शकः। कीरातार्जुनीयं विना शिशुपालवधस्य सम्भावना दुष्करा एव, यतः भारविः तस्य माघस्य प्रेरणायाः मूलभूतः।

माघरूपेण कवेः राजेन्द्रमिश्रस्य माघानुरूपाः श्लोकाः अवश्यं द्रष्टव्याः। कविमनुश्रुत्य ते श्लोकाः अनुप्राससुन्दराः यैः न केवलं माघस्य अपि तु नाट्यकारस्य कवित्वं प्रख्यापितं भवति। स्वप्रतिभाद्योतनाय कौशलमिदम् अनन्यं सहृदयहृदयावर्जकञ्च। भारतवर्षे सुखसौन्दर्ययोः आविष्करणे माघो वदति –

धरा सावलेपं हसत्यद्य सस्यैः वियद्याति गोविन्दसोदर्यताञ्च।
तुरङ्गा विहङ्गाः प्लवङ्गा भुजङ्गा कुरङ्गा सग्ङ्गा मुदं यान्ति सर्वे।।22।।[35]

तथैव कविजयदेवः मञ्चे आविर्भूय वसन्तमाधारीकृत्य श्लोकं गायति राजेन्द्रमिश्रेण कृतः सः श्लोकः अवश्यमेव जयदेवः सरस्वत्यनुरूपं दृश्यते -

गृहवनपुञ्जे सघननिकुञ्जे प्रतिदिशमिव विलसन्तम्।
भूवि विहरन्तं मधु रसयन्तं कलयति सुखदवसन्तम्।।
रौति पिकोऽपि सपुष्परसाले को न भवति मधुरोऽस्मिन्
काले जनयति चेतसि विलसितरेतसि मन्त्रमहोतिदुरन्तम्!!
किसलयनिवहे भ्रमरविलसितम्। स्फुटमनुसृत्य
सकलकलरणितम् हृदि परितोषो भवति विशेषो
वातमवाप्य वहन्तम्। यामुनगाङ्गे पुरप्रयागे बुधजनचेतसि
सत्यनुरागे मदिदं गीतं भवतु सुनीतं कल्याणवतु पठन्तम्।।23।।[36]

अस्य श्लोकस्य प्रशंसां कृत्वा सूत्रधारो वदति- ''अहो मधुरकोमल कान्तपदावलीं श्रावयन्नेव निष्क्रान्तो महाकविः जयदेवः? पारिषदाः दृष्टं श्रुतञ्च भवद्भिः कृष्णानुरागिणः विस्मृतलोकस्य च कवीन्द्रस्य काकलीकदम्बकम्?'' सूत्रधारस्य वचनमिदं गीतगोविन्दस्य श्लोकमेकं स्मारयति-

यदि हरि स्मरणे मनो यदि विलासकलासु कुतूहलम्।
मधुरकोमलकान्तपदावलीं शृणु तदा जयदेवसरस्वतीम्।।3।।[38]

पण्डितराजजगन्नाथस्य मञ्चाविर्भावे सूत्रधारः तस्य प्रशंसायां गायति-

मधुरं गगनं मधुरं कुसुमं धरणी मधुरा भ्रमरी मधुरा।
मधुरा मधुमाधवमासकथा क्षणदा रतिदा सुखदा मधुरा।
निखिलं नवसम्बलदं मधुरं जगति प्रथितं करुणायतनम्।
ननु पण्डितराजकृते मधुरं विमलं यवनीरमणीवदनम्।।24।।[39]

श्लोकोऽयं श्रीमत्वल्लभाचार्यकृतं मधुराष्टकं कलात्मकतया अनुकरोति। तद्यथा-

अधरं मधुरं वदनं मधुरं नयनं मधुरं हसितं मधुरम्।
हृदयं मधुरं गमनं मधुरं मधुराधिपतेरखिलं मधुरम्।।1।।[40]

अत्र अन्तिमे पादे पण्डितराजजगन्नाथस्य यवनीरमण्यां पत्नीत्वाभिलाषः व्यञ्जितः।

एकाङ्कस्य अन्तिमे पर्याये स्वयम् अभिराजराजेन्द्रमिश्रः नाटयचरित्ररूपेण मञ्चे आविर्भवति यस्य वर्णना नेपथ्याञ्चलात् लहरिता भवति। सः कृष्णभक्तः कोमलहृदयः। तस्य दृष्टिः गङ्गासलिलमिव पवित्रा यस्य कण्ठे वीणायाः सङ्गीत-चरी सरस्वत्याः लालित्यं, सः कविराजः राजेन्द्रमिश्रः -

हृद्यं हारि हरिप्रियं हितकरं हेयङ्गवीनं हृदि
प्रीतं पूततमञ्च गाङ्गसलिलं नेत्रद्वये राजते
वीणानादझरी यदीयवदने भ्रान्तेव विश्राम्यति
सोऽयं वागुपलालितो विजयते राजेन्द्रमिश्रोऽन्तिमः।।28।।[41]

राजेन्द्रमिश्रस्य काव्यचेतनायां स्वजनन्याः चित्रं स्पष्टम्। तद्विषये वयं इतः पूर्वं सूचितवन्तः। एकाङ्कस्य कविसम्मेलनाभिधस्य अन्तिमे क्षणे सः श्लोकद्वयेन स्वमातुः स्मरणं करोति।[42] तथैव सरस्वतीमपि स्वमातृरूपेण सन्चिन्त्य सः ज्ञानं करुणां समभावञ्च याचते।[43]

'राधामाधवीयम्' इत्येकाङ्के कविना श्रीराजेन्द्रमिश्रेण विरहस्य प्रभावमयं चित्रणं विहितम्। प्रमुखतः राधिकायाः विरहवेदना कविना सुचित्रिता। विरहस्यानुभवः विविधेन चित्रकल्पेन रेखाङ्कितः। भ्रमरः रात्रौ कमलपुष्पौ निवद्धो भूत्वा प्रभाते मुक्तिं प्राप्यापि यदि भ्रमरीं त्यक्त्वा अन्यत्र गच्छति तर्हि सा प्रणयविधुरा भ्रमरी किम्वा करिष्यतीति राधिकाया विलापः दर्शकाणां हृदयं स्पृशति-

निबद्धं यं दृष्ट्वा कमलकलिकायां मधुकरी
निशि भ्रान्ता नान्तं विरहविपदो हा गतवती।
प्रभाते मुक्तोऽसौ यदि मधुकरोऽन्यत्र गमनं
समाकाङ्क्षत्यालि! प्रणयविधुरा सा चरतु किम्।।7।।[44]

माधवस्य विरहः किन्तु न केवलं राधायाः कृते परन्तु समग्रस्य ब्रजग्रामस्य विविधेभ्यः दृश्येभ्यः दूरीभूय तस्यावस्था यादृशी भवेत् तस्याः वर्णना कविना विमुग्धशब्दैः कृता। यथा तरलगरलं शरीरे विस्तारितं भवति यथा वा आकाशः

दुर्दिनमेघेन विलीनः, यथा वा कोमलं हृदयं कठोरभावैराक्रान्तं तथैव मधुपुरगमनकाले व्रजपुरस्य चिन्तनं माधवस्य हृदयं दुनोति –

तरलगरलैर्मन्दं मन्दं तनुः प्रविशीर्यते
विरलजलदैर्यद्वत्तारापथश्च विलीयते।
हृदयपदवी स्निग्धा सेयं प्रसह्य विभाविता।
व्रजधरणिजैर्भावश्चेतो दुनोति तथैव मे।।12।।[45]

पिता नन्ददेवः कोटिशम् तुरग–गौ–गज–धनजातम् कंसाय प्रदाय किम्वा कंसस्य कारागारे आत्मानं निक्षिप्य स्वस्य नयनयोः चन्द्रस्वरूपं माधवं रक्षितुमिच्छति। विरहव्यथया पितृहृदयस्य यच्चित्रं तस्य शाब्दिकसमुपस्थापने राजेन्द्र मिश्रः विशिष्यते –

कंसोऽसौ यदि याचतेऽथ तुरगं गावं गजं वा धनं
तेषां कोटिमपि प्रदातुमधुना सोऽहं भवाम्युत्सुकः।
कारागारनिषेवणं विदलनं सर्वं सहे किन्तु भोः
मन्नेत्राञ्चलचक्रचारुचरितं चन्द्रं न दूरीकुरु।।14।।[46]

मथुरागमनकाले माधवः स्वमातरं यशोदाम् अभिमुखीभूय तामेव घटनां स्मरति स्मारयति च यस्यां मृद्भक्षण–व्यापृतस्य तस्य मुखे माता समग्रं ब्रह्माण्डमाविष्कृतवती। माता सदैव चिन्तयति यद् तस्य सन्तानः दुर्बलः। प्रसङ्गेऽस्मिन् श्रीकृष्णः स्वशक्तिविषये प्रकारान्तरेण मातरं स्मारयित्वा आश्वासयति यद् मधुपुरगमने तस्य न कापि क्षतिर्भविष्यति। प्रबोधनाकरः माधवः स्वमातरं यशोदां कथयति–

व्यादाय प्रसभं मुखं मम यदा ब्रह्माण्डखण्डं महत्
पश्यन्ती सभयं जडेव रहिताऽऽसीस्त्वं मुदा चेष्टया।
मां संश्लिष्य त्वया तदा यदुदितं मृद्भक्षणे शैशवे।
अद्यापि स्मृतिमेति चेष्यति सदा मातश्शपेऽहं त्वया।।15।।[47]

तथैव राधिकां प्रवोध्य माधवः तां स्मारयति यद् सा यमुनातटे वहुवारं उक्तवती, यद् तस्य समृद्धिः ख्यातिश्च सर्वथा तस्या अपि समृद्धिः ख्यातिश्च भवतः। तर्हि मथुरागमनेन माधवस्य या समृद्धि या वा ख्यातिः भविष्यति तत्

सञ्चिन्त्य अपि राधा कथं विरहविधुरा भवति। माधववाण्यां राधिका प्रबोधना अत्यन्तं हृदयस्पर्शिणी –

तवैव वृद्धिर्मम वृद्धिरिन्दुजा स्तुतिस्तवैव प्रिय! मेऽस्ति वैभवम्।
इतीरयित्वाऽपि कलिन्दजातटे प्रियेऽधुना मोहमुपागता कथम्।।17।।[48]

वलरामेन सह मथुरागमनकाले ब्रजधाम्नः धेनवः तृणसमूहम् अर्धं भुक्त्वाऽपि दुःखेन मुखात् त्यजन्ति। मयूरी अपि सकवलपुञ्जं चञ्चुतः पातयति, कदम्बवृक्षाऽपि रक्तवर्णान् नवपल्लवान् अपसृत्य शोकवह्निं प्रकटयन्ति। राधिकायाः सखी चन्द्रकला व्रजग्रामस्य माधवविरहविधुरावस्थां संकेतयति–

हरिततृणसमूहं भुक्तमर्धं हि धेनुस्त्यजति कवलपुञ्जं चञ्चुसंस्थं मयूरी।[49]
नवकिसलयमालां रक्तवर्णां निपात्य प्रकटयति कदम्बश्शोकवह्निं स्वकीयम्।।19।।

तस्याः इयं वर्णना पतिगृहगमनकाले शकुन्तलाविरहिताः आश्रमजीवाः यथा दुःखदग्धा आसन् तस्य चित्रं प्रतिबिम्बयति। शाकुन्तले चतुर्थाङ्के प्रियंवदा सूचयति–

उद्गलितदर्भकवला मृगयः परित्यक्तनर्तना मयूराः।
अपसृतपाण्डुपत्रा मुञ्चन्त्यश्रूणीव लताः।।11।।[50]

राधामाधवीये राजेन्द्रमिश्रस्य विरहचित्रणकला बहुधा कालिदासीय–परम्परामनुकरोति। राधिकायाः यशोदायाश्च वारम्बारं मुर्छा अश्रुमोचनञ्च भवभूतेः उत्तररामचरिते करुणरसप्लावनकलामनुकरोति। कदाचित् श्लोकाः गौडीयां शैलीं स्वीकृत्य भवभूतेः सघनसमस्तपदाङ्कितान् श्लोकान् स्मारयन्ति –

दर्शं दर्शं यदेन्दुं सजलजलधराच्छन्नतारापथीयं
क्षामक्षामा सखी ते विरहमतिघनं मद्गतञ्चाप्यसोढ्वा।
उन्मत्तेव प्रमुग्धा यदि हि जिगमिषेत्तीरमादित्यजायाः
सख्यौ! सङ्गं विहाय क्वचिदपि गमनं मा भवेत्तद्भवत्योः।।18।।[51]

तथापि वैदर्भी एव राजेन्द्रमिश्रस्य स्वीकृता शैली इति सर्वैरनुभूयते।

राजेन्द्रमिश्रस्य **फण्टूसचरितभाणः** शास्त्रदृष्ट्या लिखितः दृश्यते। श्रीकृष्णस्य लास्यमयं चरित्रं सुन्दरतया नान्दीश्लोकद्वये वयं प्राप्नुमः। श्रीकृष्णस्य प्रसंगं नान्दीश्लोकद्वये समुपस्थाप्य भाणेऽस्मिन् प्रेमव्यापारस्य हास्योच्छलं चित्रणं

भविष्यतीति सूचितं भवति। श्रीकृष्णः परमप्रेमिकचौराग्रगण्यश्च इति प्रदर्श्य श्लोकद्वयं दर्शकाणां मनोहरति–

स जयति पीतदुकूलः प्रथमाचार्यो हि नागरगणानाम्।
भर्ता ब्रजयुवतीनां सत्स्वपि भर्तृषु गृहे तासाम्।।1।।

अपि च

मातुश्चित्तं प्रभाते सुललितवपुषा चोरयित्वा यथेष्टम्।
आसन्ध्यं चोरयन्यः प्रतिगृहमटति क्षीरतक्रादिपेयम्।
सूर्यास्ते नारीणां हरति पुनरहो योऽङ्गरागं निकुञ्जे
चौराचार्यो मुरारिः स भवतु भवतां भव्यभावाय नित्यम्।।2।।[52]

युवतीनां नेत्रवाणैः भाणस्य नायकः फण्टूसः सदा जर्जरितः। तदेव तस्य चरित्रस्य दर्शकाह्लादवैशिष्ट्यम्। अतः सः वदति–

बाला बलाकरुचिबालमृणालहस्ता
चन्द्रानना कलितदीपशिखेव दीप्ता।
काकोदराभचिकुरा मृगशावकाक्षी
लक्ष्यीकरोति हृदयं मम नेत्रवाणैः।।8।।[53]

सोऽपि परीक्षासु प्रथमश्रेणीप्राप्तानां युवानां कृते ईर्षान्वितो। यतः सर्वापि वालिका तान् अनुसरन्ति किन्तु तादृशां फण्टूसानां कृते सर्वदा वालिकानां गालि चपेटकम् इत्यादयः पारितोषिकरूपेण प्राप्यन्ते। अतः सः अखिलभारतीय-फण्टूससंघं निर्मातुं प्रस्तुतो भवति। सो वदति –

प्राप्स्यामि शान्तिमधुना किल विश्वविद्यास्थानेऽपहाय ललनाजनसम्प्रदायम्।
इत्थं विचार्य हृदि येन धृतं पदं हा सोऽयं मनोमधुकरो जडतामुपैति।।12।।[54]

चिन्तयामि कीदृशास्ते विद्यार्थिनः ये खल्वाजीवनं प्रथमां श्रेणीं लभन्ते टापन्ते च। प्रतीयते यत्तेषां हृदि नूनं कामदुर्भिक्ष एव (सरोषम्) किन्तु दास्याः पुत्र्यः एता अपि किञ्जल्काकृष्टा मधुकर्य इव तानेवानुवर्तन्ते! अपरतश्च मादृशां 'दीनफण्टूसानां' सम्प्रदायो वराकाः खलु ये आदिवसं लानाल्लानं गैलरीतः गैलरी पर्यटन्ति। 'रेस्त्रांकैफटेरियादिकानां तु का कथा! हन्त तथापि गालीम् अपशब्दं

चपेटकं 'पुलिसहथकडी' वा विहाय न किमपि पारितोषिकं भवति तेषाम्। तदधुनाऽऽखिलभारतीयफण्टूससंघनिर्माणमन्तरेण न कापि सिद्धिः।''[54]

'कचाभिशापम्' नामिकायामेकाङ्किकायां नान्दीश्लोके श्रीकृष्णस्य अर्चनां विधाय कवि अनुप्रासमयं यं श्लोकं विरचयति सः तस्य कवित्वस्य पराकाष्ठां प्रकटयति। तत्रापि नाट्यप्रसङ्गपरिसरे अद्यकवित्वस्य सौन्दर्याधारकत्वं प्रतिपादयति –

आकाशाभा दिगाभा त्रितयभुवनाभाः पार्वणाभा मुदाभा
कारुण्याभा कृपाभा विजयशमनभा मानसाभा मुखाभा।
देदीप्यन्ते यदाभाममृतलहरिकां प्राप्य नित्यं प्रकामम्
दिव्याभं तं नमामः कमपि नटवरं कान्तवृन्दावनेशम्।।1।।[55]

कचाभिशाप- एकाङ्किकायां देवगुरोः वृहस्पतेः पुत्रः कचः सञ्जीवनीविद्यामाहर्तुं दैत्यगुरोः शुक्राचार्यस्य समीपमागच्छति। शुक्राचार्यस्य कन्या देवयानी कचस्य गुणैः समाकृष्टा भवति। किन्तु गुरोः कन्यारूपेण देवयानीं स्वभगिनीभावेन कचः स्वीकरोति। स्वर्गं प्रत्यावर्तनसमये देवयान्याः प्रेमनिवेदनमवमत्य कचः तस्याः अभिशापेन सञ्जीवनीविद्यां विस्मरति तथैव कचस्य प्रत्यभिशापवलेन देवयानी ब्राह्मणकन्या भूत्वाऽपि क्षत्रियपतिं स्वीकरिष्यति। प्रसङ्गेऽस्मिन् शुक्राचार्यस्याश्रमं त्यक्त्वा स्वर्गगमनसमये कचस्य हृदयं महत् दुःखेन दुनोति यथा रज्जुछिन्नः घटः कूपजलभ्यन्तरे विशीर्णो भवति तथैव कचस्य हृदयं शुक्राचार्याश्रमात् दूरं गमनोद्यतं भूत्वा दुःखजले निमग्नं भवति–

त्रुटितसरससूत्रं कूपगर्भे निमग्नं
भवति सलिलपात्रं यद्वदेव प्रकामम्।
अयमपि तव वन्धुस्तद्वदेव प्रभिन्नो
गणयति निजभाग्यं जीर्णजीर्णं विशीर्णम्।।10।।

अतः राजेन्द्रमिश्रस्य श्लोकाः नाट्याभ्यन्तरे भावसान्द्रतां समुपजनयन्तीति प्रमाणितं भवति। विदायसमये कचोऽपि वदति यद् सः स्वर्गे स्थित्वा आरण्यकजीवनस्य मधुरं स्मृतिं रोमन्थयिष्यति –

दृष्ट्वा मृगाङ्कवदनं वदनाम्बुजानि
इन्द्रायुधं समवलोक्य वनान्तराणि!
वृन्दारकेषु निवसन्नपि संस्मरामि
आरण्यकं निखिलमेव सुवृत्तजातम्।।12।।[57]

तथैव यदा देवयानी कचे स्वस्य प्रणयं प्रकटयति तदा रचितः श्लोकः दर्शकाणां हृदयमपि विगलितं करोति। देवयान्याः मनः कचचिन्तायां नक्तन्दिवमासक्तं कचस्य समक्षं तदुक्त्वा सा वदति–

स्वप्ने जागरणे वितर्कजनितप्राक्कल्पने जल्पने
गानेऽकारणरोदने प्रहसने सन्नर्तनावर्तने।
सर्वं बन्धुजनं विहाय निखिलं स्वार्थं खलीकृत्य च
त्वामेकं नितरामुपासितवती प्राणेश्वरकाङ्क्षया।।14।।[58]

देवयान्याः प्रणयवचनं श्रुत्वा क्षुब्धः कचः वदति यद् तस्याः प्रणयस्वीकरणेन सः स्वपितुः कीर्तिं सनातनधर्ममात्मानञ्च पातयिष्यति। अतः एतादृशः गर्हितः सम्बन्धः न स्वीकर्तव्यः। वक्तव्यमेतद् सम्प्रकट्य तस्य श्लोको भवति –

कीर्तिं हरामि जनकस्य दिगन्तगन्त्रीं
धर्मं सनातनमुत प्रथितं जहामि।
आत्मानमेव गलितं पतितं करोमि
त्वां देवयानि! यदि दारपदं नयामि।।15।।[59]

चरित्रानुसारमत्र श्लोकाः प्रसङ्गानुकूलाः। कचस्य निर्मलं चरित्रमत्र शब्दे शब्दे ध्वनितं भवति। पुनः कचस्य दृष्टौ देवयानी कामपरित्यक्ता रूपमोहदग्धा साधारणयुवतीभावापन्ना साहचर्यमात्रेण अनङ्गतप्ताधर्मचित्तं कचं पापकूपे पातयितुं प्रवृत्ता। कचमुखे देवयान्याः कामदग्धं चरित्रमपि कविना सुन्दरतया प्रकटितम्–

मनसिजपरितापाद्रूपमोहात्प्रमादात्
सहजयुवतिभावात्साहचर्यादुताहो
कथमपि परिपूतं धर्मचित्तं सुवृत्तं
जनमिममघकूपे पातयन्तीं विशङ्के।।17।।[60]

अस्यामेकाङ्किकायां यथा कचः स्वधर्ममनुसृत्य महीयान् तथैव देवयानी निर्मलप्रेम्णा महीयसी दृश्यते। अतएव तस्याः प्रेम्णः महत्त्वं न कुत्रापि कविना अधरीकृतम्। अतएव एकाङ्किकायाः अन्तिमभागे तस्याः प्रेम्णः महानता उद्गीता। परन्तु कचस्य प्रेमप्रत्याख्यानं न स्वागतीकृतम् –

पूतप्रणयनिष्ठत्वं देवयान्याः महीयते
यद्वा धर्मः कचस्येति देवानामपि संशयः।।20।।[61]

अनेन भावेन राजेन्द्रमिश्रस्य श्लोकानां नाट्याङ्गता प्रतिपादिता भवति।

(घ) प्रशान्तराघवम्

सप्ताङ्कविशिष्टे **प्रशान्तराघवनाटके** नाट्यकारेण राजेन्द्रमिश्रेण वहवः नूतना प्रयोगाः प्रदर्शिताः। प्राचीनभारतीयसंस्कृतनाटकेषु विविधानां प्राकृतभाषाणां प्रयोगो भवति स्म। किन्तु अस्मिन् नाटके कविना अवधी–भोजपुरी–व्रजभाषा–स दृशानामाधुनिकप्राकृतभाषाणां पात्रानुरूपः प्रयोगः संस्कृतभाषया सह कृतः। द्वितीयतः मर्यादापुरुषोत्तमस्य रामस्य प्रसङ्गे विदूषकचरित्रस्य अन्तर्भावः कुत्रापि रामनाटकेषु भासभवभूत्यादिभिः न कृतः। किन्तु प्रशान्तराघवनाटके विदूषकचरित्रस्य नूतनप्रयोगः प्राप्यते। परन्तु अयं विदूषकः न रामस्य वयस्यः नापि समवयस्कः। महाराजस्य जनकस्य प्रियसखा पिण्डोदकनामधेय अयं विदूषकः सीतादिभिः नवविवाहिताभिः राजकन्याभिः मिथिलातः तासां संरक्षकरूपेण दशरथपुरीमागतः। तृतीयतः अस्मिन् नाटके रामायणवर्णितः सीतानिर्वासनप्रसङ्गः कलात्मकतया उपेक्षितः। कवेः जानकीजीवनमहाकाव्ये सीता रजकनिन्दिता भूत्वापि न वनं प्रेषिता। स्वयं रजकः जनसभायां क्षमां याचते, वैदेहीनिन्दां प्रत्याहरति च। अतः अयोध्यावासिनां इच्छानुसारं सीता निर्वासिता न भवति। प्रशान्तराघवनाटके तस्य महाकाव्यस्य कथा अनुसृता दृश्यते। अतः राजेन्द्रमिश्रस्य नाट्यकलायां या नूतनता दृश्यन्ते तासां समीकरणमस्मिन् नाटके पाठकाः प्राप्नुवन्ति।

प्रत्येकेषु नाटकेषु प्रारम्भे राजेन्द्रमिश्रस्य नान्दीश्लोकाः भक्त्युत्पादकाः भवन्ति। नान्दीश्लोकेषु कवेः सान्द्रशब्दगुम्फनचातुर्यं समुचिते स्थाने समुचितशब्दस्य व्यवहारसामर्थ्यमनुप्रासयमकादीनां स्वतःस्फुरणं दैवप्रार्थनानुरोधेन पुराणपरिवेशस्य सारस्वतमावाहनञ्च कवेः नाट्यकलायाः सूक्ष्मतां प्रदर्शयन्ति। प्रशान्तराघवेऽपि प्रथमे नान्दीश्लोके गौर्य्याः ध्यानं द्वितीये च शिवस्य स्मरणं दर्शकाणां मनसि

प्रेक्षालयपरिवेशे च आध्यात्मिकपरिवेशं कलयति। तत्र प्रथमे आशीर्वादात्मकमङ्गलश्लोके गौरीप्रार्थना –

दीप्यच्छम्भुकपर्दसान्द्रसरणिस्तोमभ्रमन्त्योत्कया
सापत्न्यप्रदहद्धिया कुटिलया दृष्टा चिरं गङ्गया।
फुत्कारैः फणिभिर्मुधा तरलिता मातङ्गकृत्याऽऽकुला
गौरी शम्भुसमागमप्रशिथिला दोलायिता पातु वः ।।1 ।।[62]

द्वितीये च आशीर्वादात्मके मङ्गलश्लोके शिवस्य ध्यानम् –

गङ्गाकैतवगुप्तये डमरुणा स्फूर्जज्जटाश्छादयन्
उन्मोच्योरगसन्ततिञ्च वपुषो दूरे क्षिपन् भूतिभिः।
सायासं गजचर्मशोणितलवान् श्यानान् प्रकुर्वन् हरो
गौरीराधनतत्परश्शबलिते रत्युत्सवे पातु वः ॥2 ॥[63]

अतः राजेन्द्रमित्रस्य श्लोकरचनाकौशलं पण्डितैः प्रशंसितम्। नाट्यशाला-यामुपस्थिताः दर्शकाः तथैव निःशब्दाः निश्चलाश्च उपविष्टा सन्ति यथा रात्रिकाले वटवृक्षशाखासु खगाः वसन्ति–

रङ्गभूमिसमासीना निश्शब्दाः खलु दर्शकाः।
लक्ष्यन्ते वटशाखायां स्थिता नैशखगा इव ।।7 ।।[64]

अभिज्ञानशाकुन्तलेऽपि दर्शकाः रङ्गशालायां चित्रसमूह इव निश्चला उपविष्टा सन्तीति नटीं प्रशंस्य सूत्रधारः कथयति–

"आर्ये, साधु गीतम्। अहो रागवद्धचित्तवृत्तिरालिखित इव सर्वतो रङ्गः"।[65]

तथापि राजेन्द्रमिश्रस्य नैशखगात्मकमुपमानं सर्वथा अतिशेते।

रजकेन सीता निन्दिता। गुप्तचरमुखात् तत् श्रुत्वा सीता लोकस्य सन्देहास्पदा इत्यनुभवति रामः। विषयमेतत् ज्ञात्वाऽपि यदि रामः लोकमतमवज्ञाय सीतां स्वीकरोति तर्हि लोको निन्दितो भविष्यति। पक्षान्तरे लोकमतं स्वीकृत्य यदि सः सीतां त्यजति तर्हि स्वस्य अन्तरात्मा तं धिक्करिष्यति। अतः यं पक्षं स अनुसरतु वहिर्निन्दा अन्तर्निन्दा वा तस्य भाग्ये अवसम्भाविनी। अतः दोलायितस्य रघुपतेः मनस्थितिः अस्थिरा–

लोको निन्दति चेद् विदेहदुहितामङ्गीकरोम्यञ्जसा

निर्दोषां विजहामि चेदवनिजां स्वात्मैव मां निन्दति।
निन्दाऽन्तश्च बहिश्च हा प्रभवति प्राणोत्ससन्तापिनी
संघर्षे पतिभूपयो रघुपतिः कस्यैकपक्षं श्रयेत्।।13।।[66]

उत्तररामचरितेऽपि भवभूतिः रामस्य प्रारम्भिकद्वैधीभावं प्रकटयति। सीता तीर्थोदकमिव वह्निरिवश्च उत्पत्तिकालात् परिपूता। अतः तस्याः पवित्रताविषये रामस्य सन्देहो नास्ति। तस्याः विषये अशिवसम्भाषणं न युक्तियुक्तम्। यद्यपि कुलाभिमानिनः प्रजानुरञ्जने उत्साहं प्रदर्शयन्ति तथापि सुरभितानां कुसुमानां यथा न चरणे, मस्तके एव स्थानम्, तथैव सीतायाः सम्माननीयता। उत्तररामचरिते रामो वदति –

उत्पत्तिपरिपूतायाः किमस्याः पावनान्तरैः।
तीर्थोदकञ्च वह्निश्च नान्यतः शुद्धिमर्हतः।।13।।
कष्टो जनः कुलधनैरनुरञ्जनीय-
स्तन्नौ यदुक्तमशिवं न हि तत्क्षमं ते।
नैसर्गिकी सुरभिणः कुसुमस्य सिद्धा
मूर्ध्नि स्थितिर्न चरणैरवताडनानि।।14।।[67]

किन्तु अन्यत्र प्रजानुरञ्जकराजारूपेण रामः सीतामपि त्यक्तुं प्रस्तुत इति इङ्गितयति–

स्नेहं दयाञ्च सौख्यञ्च यदि वा जानकीमपि।
आराधनाय लोकानां मुञ्चतो नास्ति मे व्यथा।।[68]

उत्तररामचरिते रामस्य य मानसिकद्वन्द्व एकाधिकेषु श्लोकेषु वर्णितं तद् राजेन्द्रमिश्रः उपरि एकस्मिन्नेव श्लोके प्रदर्शयति। सीतायाः निन्दां श्रुत्वा रामः विचलितः। लङ्कायुद्धे स्ववीरत्वेन दशमुखः रावणः हतः। किन्तु सीतानिन्दा-शतमुखं केनोपायेन सो हन्यादिति चिन्तयति। रावणस्य दशमुखानि निन्दायाः शतमुखानि च एकत्र स्थापयित्वा कविः रामस्य किंकर्तव्यविमूढतां ध्वनयति

विक्रमेण मया युद्धे दशास्यो रावणो हतः।
निन्दाशतमुखं हन्यां कथमेतं हि रावणम्।18।।[69]

राजेन्द्रमिश्रस्य श्लोकलिखनकला सदैव गभीरभावमयी। सीतापवादं श्रुत्वा

यदा रामः एकान्ते आत्मानं गोपयति लक्ष्मणमपि स्वमनोव्यथां कथयति तदा दुःखितो लक्ष्मण आत्मनः परिचयं स्मारयति। अयं स एव लक्ष्मणः येन वनवासिनः ज्येष्ठभ्रातुः शूश्रुषया पितरं मातरं भ्रातरौ बन्धुवर्गं, प्रेमार्थिनीं, पत्नीं राजवैभवञ्च त्यक्तं स एव लक्ष्मण इदानीं रामेणोपक्षितः। लक्ष्मणस्य वाक्यमिदं स्नेहमयस्य रामस्य कृते दुःसहं भवति –

सन्त्यक्ता जननी पिताऽथ यमजो बन्धुश्च नाऽपेक्षित
स्त्यक्ता यौवनदेहलीधृतपदा कान्ताऽपि रत्यर्थिनी
सन्त्यक्तं गृहवैभवं रघुपते! येनाऽऽर्यसुश्रूषया
सोऽप्यद्य प्रघुणीकृतो नु भवता स्वाधिं दृढं गूहता।।19।।[70]

श्लोकरचनाकाले नाट्यकारः नाट्यचरित्रस्य गभीरमनुध्यानं करोति। अतः तस्य श्लोकाः सर्वथा नाट्यचरित्रचित्रणे समुल्लसिताः भवन्ति। रामस्य दैनन्दिनकार्यक्रमे किं भवति तस्य चित्रांशः कविना प्रदत्तः। रामः प्रत्यहं प्रभाते धर्मसभायामासीनो भूत्वा राजकार्यं करोति। धर्मसभाविसर्जनमनन्तरं सः राजप्रासादं गत्वा जननीनां दर्शनं करोति। तदनन्तरमासन्नप्रसवां सीतां प्रति आदरं प्रकटयति। तदनन्तरमाग्रहपूर्वकं तद्दर्शनोत्कण्ठितान् शूकसारिकापक्ष्यादीन् स्वहस्तेन किञ्चित् भोजनं ददाति। सानन्दस्मितकटाक्षेण वारम्वारं दृष्ट्वा स्वभृत्यानपि नन्दयति। एतादृशः उदारहृदयः श्रीरामः दूर्मुखमुखात् लोकेषु सीतानिन्दाप्रसङ्गं श्रुत्वा राजसभायाः विश्रामकक्षे आत्मानं निरुध्य तिष्ठति। राजसभान्तरं तस्य उपर्युक्तानि कार्याणि न सम्पादितानि भवन्तीति लक्ष्मणः उर्मिलामुखात् शृणोति तत्र रामस्य दैनन्दिनकार्यकलापः चारुतरेण वर्णितः –

नाऽर्येणाद्य यथोचितं स्वभवने दृष्टा जनन्यो न वा
नेदिष्टप्रसवा विदेहतनया वर्धापिताऽनामयैः
सोत्कण्ठः शुकसारिकाश्च पशवो नो भोजिताः साग्रहं
भृत्याश्चापि न वक्त्रकोणविलसत्स्मेरैः सकृन्नन्दिताः।।5।।[71]

लक्ष्मणेनापि सीतानिन्दाप्रसङ्गो भयङ्करः कालमेघ इव प्रतिभाति इत्युच्यते।

निदाघानन्तरं यस्मात्सलिलं हन्त याचितम्।
कालमेघः प्रतीतोऽसावश्मवर्षी भयङ्करः।।7।।[72]

यथा अभिज्ञानशाकुन्तले दुर्वाससोऽभिशापः भयङ्करो भवति समग्रं विषयञ्च प्रभावयति तथैव प्रशान्तराघवे रजकवचनं कुत्रापि रात्रिं नीत्वा यदा रजकी गृहं समागच्छति तदा रजकः क्रुद्धो भूत्वा स राम इव सीतां न स्वीकरिष्यतीति वदति। रजकमुखोच्चारितस्य श्लोकस्यास्य प्रसङ्गसौन्दर्यं भावगाम्भीर्यञ्च अनन्यं वर्तते। रजकः रजकीं वदति-

यत्राध्युष्य समागतासि कुलटे! कालेऽत्र हीनोत्तरे
तत्रैव व्रज कुम्भदासि। वदनं द्रक्ष्यामि नो तेऽधुना।
नाऽहं दाशरथिर्य आत्मरुचये रक्षोगृहे रक्षितां
भूयोऽङ्गीकुरुते विदेहतनयां सन्दिग्धशीलाम्पुनः।।9।।[73]

एतादृशः निन्दाश्लोकः उत्तररामचरिते न संयोजितः। सितानिन्दाविषयिणी वार्ता गुप्तचरेण दुर्मुखेन रामस्य कर्णे एव कथिता। सीता स्वाविर्भावेन यं लोकं पवित्रीकरोति स एव लोकः ताम् अपुण्याम् अनाथाञ्च अकरोदिति रामवचने सीतानिन्दा केवलं सूक्ष्मतया ध्वनिता-

त्वया जगन्ति पुण्यानि त्वय्यपुण्या जनोक्तयः।
नाथवन्तस्त्वया लोकास्त्वमनाथा विपत्स्यसे।।43।।[74]

स्वप्नवासवदत्तस्य प्रथमाङ्के सन्ध्यावर्णना प्रभावमयी। तत्र वासवदत्ता माश्रमपदे विदायं दत्त्वा तापस्या सह प्रत्यागमनकाले काञ्चुकीय सन्ध्यादृश्यं वर्णयति-

खगा वासोपेताः सलिलमवगाढो मुनिजनः
प्रदीप्तोऽग्निर्भाति प्रविचरति धूमो मुनिवनम्।
परिभ्रष्टो दूराद् रविरपि च संक्षिप्तकिरणो
रथं व्यवर्त्यासौ प्रविशति शनैरस्तशिखरम्।।16।।[75]

तथैव प्रशान्तराघवस्य द्वितीयाङ्के लक्ष्मणमुखेन सन्ध्यावर्णना प्राप्यते। अत्र यद्यपि भासस्य सूक्ष्मप्रभावः उपलभ्यते तथापि चन्द्रसूर्ययोः उदयास्तवर्णनायां पृथिव्याः प्रस्खलत् कृष्णवस्त्ररूपत्वं भल्लुकवानराणां हुङ्काररवं वत्सानुरक्तानां गृहाभिमुखानां गवां हम्बारावं पादपपरिसरेषु सुरभितानां धूमलेखानां प्रसारश्च सर्वं किमपि सायंकालिकदृश्यं कविना विमुग्धदृष्ट्या वर्णितम् -

लीयन्ते स्वे कुलाये विविधखगकुलान्यात्तभोज्यान्युदीर्णं
सन्तोषं चुङ्कृतीभिर्मधुरलयवतीभिर्वितन्वन्ति सायम्।
अस्तं प्रेक्ष्याऽर्कबिम्बं वरुणदिगुदधौ शर्वरी नष्टकान्ता
क्लान्ता दान्ता धरित्रीमवतरति शनैः प्रस्खलत्कृष्णवस्त्रा ।।13।।

पीयन्ते धूमलेखाः मधुरसुरभयः पादपस्कन्धनद्धै-
भल्लुकैर्वानरश्च प्रकृतिकुतुकिभिः कल्कलानि क्रियन्ते।
गोभिर्हम्भारवाभिर्गहनतरुतले वत्सकाः क्षुत्तृषार्ता धावं
धावं ध्रियन्ते शिथिलपरिचयाः प्रस्तुतोर्ध्वस्तनीभिः ।14।।[76]

प्रशान्तराघवस्य तृतीयाङ्के जनसभायां प्रजाः सीतायाः निष्कलङ्कत्वम् उद्घोषयन्ति। सभामानीतः रजकः स्वस्य निन्दावाक्यार्थम् अनुतप्तो भवति। क्रोधमयेन हृदयेन तेन सीताविषये यदुक्तं तद् वस्तुतः तस्य हृदये नासीदिति प्रकटयति। पत्नीं प्रति तस्य क्रोधः निष्कारणं सीताप्रसङ्गमुत्थापितवान् इत्युक्त्वा सः श्रीरामम् विष्णोः सीतां लक्ष्म्याश्च रूपत्वेनानुभवतीति वदति। यथा तिमिङ्गिलो गङ्गानद्यां स्थित्वापि स्वदुष्टबुद्ध्या क्लेशं लभते तथैव सः विष्णुमये अयोध्यापुरे स्थित्वाऽपि स्वस्य अज्ञानवशतः विष्णुच्युतः तिष्ठतीति अनुभवति। जनसभायां रजकस्यानुतापवचनं नाट्यकारेण शोभनश्लोकैः समाकलितम् –

तिमिङ्गिलो गाङ्गजलैकपायी भवन्नपि क्लिश्यत एव यद्वत्
जीवामि हा विष्णुमये पुरेऽस्मिन् विष्णुच्युतोऽहं रजकस्तथैव ।।52।।

अवादिषं क्रोधविनष्टबुद्धिर्मुखेन यद्देव! निशि स्वभार्याम्।
न तस्य मूलं हृदये ममाऽसीन्न वर्तते नाथ! शपामि धर्मैः ।।53।।

ब्रह्मर्षिवाण्या अमृतं निपीय किन्तु प्रलीनं मम बुद्धिजाड्यम्।
विलोकये सम्प्रति विष्णुरूपं श्रीराघवं भूमिसुताञ्च लक्ष्मीम् ।।54।।[77]

प्रसङ्गानुरोधेन कदाचित् राजेन्द्रमिश्रस्य श्लोकाः ग्रामिणं वृन्दगानमनुकरोति। संस्कृतनाटके Folk-song–इत्यस्य शैल्या प्रचलनं तेनैव सुष्ठुतया कृतम्। एतेन संस्कृतनाटकं लोकस्य निकटतरं भवति। लवकुशयोः जन्मप्रसङ्गे पुरुषमहिलानां दलद्वयं पर्यायेण यद् गानं कुर्वन्ति तद् भारतस्य विभिन्नेषु अञ्चलेषु सन्तानजन्म-कालिकं आनन्दवृन्दगानं संस्कृतनाटके प्रयोजयति –

अद्य रघुपतिसदने लसति सुदिनम्
देवी सीता सूतवतीह तनययुगलम्।।
प्रवहति शिशिरो मलयगिरिपवनः
विधुरिव सुखयति दिवसेऽपि तपः
अद्य सुरपुरमिव विलसति भवनम्
देवी सीता सूतवतीह तनययुगलम्।।
कौसल्या चुम्बति सुतवधूमिह सीताम्
कैकेयी नन्दति मधुवचनभरैस्ताम्
अद्य तनुते सुमित्रा सूतगृहगायनम्
देवी सीता सूतवतीह तनययुगलम्।।
क्वापि वेदगानमिन्द्रजालमथ मायिनाम्
क्वापि विरुदावली चारणव्यवसायिनाम्
क्वापि विटचेटभण्डगणिकादिनर्तनम्।
देवी सीता सूतवतीह तनययुगलम्।।
वितरति भरतो विविधविधदानम्
सोऽपि रिपुसूदनो विशदयति मानम्
रामस्सेवते सलक्ष्मणो वसिष्ठचरणम्।
देवी सीता सूतवतीह तनययुगलम्।।8।।[78]

अतः राजेन्द्रमिश्रस्य नाट्यकलाया वृन्दगानस्य प्रयोगः नूतना एका परीक्षा।

रामायणस्य वालकाण्डप्रसङ्गानुसारं क्रोञ्चवधदर्शनजनितः शोकः वाल्मीके श्लोक-रचयितृत्वमसृजदिति प्रशान्तराघवस्य पञ्चमाङ्के स्वयं रामो वदति -

निषादविद्धमालोक्य प्रेयसीरतिसंश्रितम्
क्रौञ्चमेकं नु यच्छोकः श्लोकतां स्वयमागतः।।9।।[79]

तथैव षष्ठाङ्के लवकुशयोः वाल्मीकाश्रमगमनकाले अयोध्यागतं महामुनिवाल्मीकिं कुलगुरु वशिष्ठो वदति-

शास्त्रे शस्त्रे प्रवीणो निखिलजगति का श्रीमदन्यो वदान्यः
क्रौञ्च्याक्रन्दोत्थशोको नवरसमधुरां काव्यतां यस्य यातः।
वैहेदीयुग्मसून्वोस्स खलु यदि भवान् देशिकस्तर्हि नूनं
तकण्ठेरादिकाव्यं प्रचरति भुवने तावकीनं समन्तात्।।9।।[80]

प्रसङ्गोऽयं रामायणस्य वालकाण्डे द्वितीयेऽध्याये प्राप्यते। क्रोञ्चवधं दृष्ट्वा व्याधं प्रति यत् शापवचनं शोकार्तः वाल्मीकिः उच्चारितवान् तस्य श्लोकत्वं सः स्वयमेवोद्घोषयति-

पादबद्धोऽक्षरसमस्तन्त्रीलयसमन्वितः
शोकार्तस्य प्रवृत्तो मे श्लोको भवतु नान्यथा।।18।।[81]

रघुवंशमहाकाव्यस्य चतुर्थे सर्गे प्रसङ्गमेतदुद्दिश्य महाकविः कालिदासो वदति-

तामभ्यगच्छत् रुदितानुसारो कविः कुशोध्माऽऽहरणाय यातः
निषादविद्धाण्डजदर्शनोत्थ श्लोकत्वमापद्यत यस्य शोकः।।70।।[82]

अस्यापि प्रसङ्गस्य अवतारणा रसध्वनिरूपकस्य काव्यात्मनः व्याख्याप्रसङ्गे ध्वन्यालोककारेण आनन्दवर्धनेन कृता दृश्यते-

काव्यस्यात्मा स एवार्थस्तथा चादिकवेः पुरा।
क्रोञ्चद्वन्द्ववियोगोत्थः शोकः श्लोकत्वमागतः।।5।।[83]

राजेन्द्रमिश्रस्य वहवः श्लोकाः नाट्यचरित्राणां समकालिकं समाजं प्रदर्शयन्ति। तेन यः सामाजिक परिवेशः विस्तारितो भवति, तस्मिन् नाट्यविषयस्य नाट्यचरित्राणाञ्च सम्यक् परिपोषणं भवति। लवकुशयोः ब्रह्माचर्याश्रमार्थं वाल्मीक्याश्रमगमनकाले राजप्रासादे यत् शोभनं सज्जीकरणं विधीयते तत् आर्यपरिवारेषु माङ्गलिकविधानस्य चित्रं प्रदर्शयति। लवकुशयोः गमनार्थं द्वारे पुण्यजलकुम्भः स्थापितोऽस्ति। राजमार्गपार्श्वयोः कुसुमानि खचितानि सन्ति। राजद्वारस्य दक्षिणस्यां दिशि स्ववत्ससहिता श्यामाधेनुः दण्डायमाना अस्ति। प्रमोदोद्याने कोकिलाः मधुरं गायन्ति, तेन च मङ्गलगानं प्रसारयन्ति। भारतीयसमाजे मङ्गलविधानस्य चित्रमिदमिदानीमपि कदाचित् प्राप्यते।[84] पुत्रयोः गुरुगृहगमनसमये स्वयमपि रामः कपोतमयूरकोकिलानां गानस्य शुभङ्करतां विनिर्दिशति

तैर्यत्रिकं पथि कपोतयुवा विधत्ते
प्रोड्डीय चुङ्कृतमुपार्च्छति नीलकण्ठः।
कारञ्जकुञ्जविनिगूढकलेबरोऽयं
पुंस्कोकिलो गमनमङ्गलमातनोति।।11।।[85]

राजेन्द्रमिश्रस्य श्लोकाः गभीरार्थमयाः। तस्य काव्यप्रतिभा वस्तुतः तस्य अर्थवैमल्यसामर्थ्यो अधितिष्ठति। लवकुशयोः वाल्मीकिगृहगमनकाले सीतया अभिवन्दितो वसिष्ठः तान् आशीर्वचांसि वदति यथा उभयोकुलद्वारा गङ्गा लोचनद्वयद्वारा शरीरं वा सार्थकतां प्राप्नोति तथैव लवकुशाभ्यां सीता सार्थवती भविष्यतीति तस्याशीर्वचनम् -

पुलिनाभ्यां यथा गङ्गा लोचनाभ्यां यथा तनुः।
तनयाभ्यां तथा सीते! वत्से! सार्थवती भव।।6।।[86]

नाटकाभ्यन्तरे वहवः श्लोकाः नाट्यरसानां परिपोषणाय सुप्रयुक्ताः दृश्यन्ते। प्रशान्तराघवस्य सप्तमाङ्के लवकुशाभ्यां सह वाल्मीकाश्रममं गता सीता तत्रस्थां सखीं ललिताम् स्वस्वप्नवार्तां वदति। अयोध्याराजप्रासादस्य गृहसारिका स्वप्ने आगत्य सीतां पत्नीपुत्रविरहविधुरस्य रामस्य उन्निद्रां रजनीं वर्णयति। रामः राजपलङ्क्यतल्पशयितो भूत्वा अर्धनिद्रायामनुभवति यत् तस्य पार्श्वे लवकुशौ अपि शयितौ स्तः। पुनः तत्रापि पत्नी सीता शयिताऽस्ति। तदनुभवेन भग्ननिद्रो भूत्वा यदा तेषामनुपस्थितिं गंभीरमनुभवति तदा समग्रं रजनीमुन्निद्रः क्षपयति। विप्रलम्भशृङ्गारस्य परिपोषणं स्वप्नस्यालौकिकपरिवेशे कविना सम्यक् कृतम्-

पल्याङ्कतल्पशयिते रघुवंशभानुः
पूर्वप्रतीतिवशगस्तनुजौ स्वपार्श्वे।
सम्मार्गयन् निशि न तौ समवाप्य विद्ध
उन्निद्र एव रजनीं क्षपयाञ्चकार।।1।।
भार्यां क्वचित्प्रहितबाहुलतोऽङ्कपाशे
नोऽवाप्य भग्नहृदयो हतगाढनिद्रः।
उत्थाय भूरिविरहार्दितकान्तकायो
रात्रौ जजागर सहायपरोऽधिशय्यम्।।2।।[87]

तथैव सम्भोगशृङ्गारस्य परिपूर्णतां प्रदर्शयितुं नाट्यकारः लवकुशरूपकं फलं प्रदर्श्य वृक्षरूपके रामे लतासदृशायाः सीतायाः चिरमाश्रयग्रहणं वर्णयति। पुष्पफलैः परिपूर्णाऽपि लता कदाचित् वृक्षस्याश्रयं न त्यजति। तथैव लवकुशसदृशौ पुत्रौ प्राप्य सीता रामस्याश्रये जीवनस्याधिकां सार्थकतां प्राप्नोति। रामेण सह सीतायाः आत्मिक : सम्पर्कः सम्भोगशृङ्गारस्य शीर्षदेशं स्पृशति। सीता स्वयं रामं वदति-

कुशलवौ रघुनाथ! तवात्मजौ मम पुनर्वपुरात्मधरौ च तौ।
ननु विभज्य निजं त्रिषु विग्रहं त्रितयमेव कृतं मम सौहृदम्।।10।।
तदपि नाथ! विदेहसुताऽश्रयस्त्वमसि केवलमत्र परत्र च।
सुमफलप्रसवाऽपि लताऽनघा त्यजति नैव तरुं दयिताश्रयम्।।11।।[88]

श्लोकानां सौन्दर्य्यपरिपोषणे नाट्यकारः सर्वत्रैव समर्थो भवति।

चरित्राणां मुखात् सुन्दरश्लोकाः उच्चारिता भूत्वा न केवलं तेषां चारित्रिकं वैशिष्ट्यं नाटकीयपरिवेशस्य औदार्यम्वा प्रतिपादयन्ति, तदुपरि नाट्यकारस्य कवित्वमपि दृढं प्रतिष्ठापयन्ति। प्रशान्तराघवस्य सप्तमाङ्के यदा रामः सीतामयोध्यां प्रत्यावर्तयितुं वाल्मीक्याश्रमं गच्छति तदा दुर्जयेन रामेण यथा अयोध्या रक्षिता तथैव अयोध्यया समग्रं जगत् रक्षितं भवतीति वाल्मीकिर्वदति। वाल्मीकेः मुखोच्चारितः श्लोकः उदारयमकालङ्कारेण उत्प्रेक्षया च समलङ्कृता दृश्यते -

अयोध्येनाऽविताऽयोध्या भवता भूभुजाम्पते
अयोध्यया जगत्कृत्स्नं भाति सम्प्रति रक्षितम्।।17।।[89]

तथैव प्रसङ्गेऽस्मिन् वाल्मीकिः श्रीरामचन्द्रस्य गुणगानं कृत्वा स्वस्य पारमार्थिकं मङ्गलं वाञ्छति। तत्रापि वीप्सायाः अनुप्रासस्य च सौन्दर्य्यं दर्शनीयम्-

ब्रह्मक्षत्रपते जगत्त्रयपते सोदन्वदुर्वीपते!
मर्यादाऽधिपते धनुर्धरपते सद्धर्मचर्यापते!
दिव्यज्ञानपते प्रजाजनपते वाचस्पते श्रीपते!
दीनाऽनाथसुहृत्पते रघुपते! सीतापते! पाहि माम्॥22।।[90]

श्रीरामस्य कीर्तिपर्वतं संसूच्य तं हिमालयसदृशमिति वाल्मीकिः उद्घोषयति। यथा हिमालयेन सह पवित्रायाः गङ्गायाः संयोगः जनमानसं पवित्रीकरोति तथैव सीता-संयुक्तस्य रामस्य प्रभावः। वाल्मीकेर्वचने नाट्यकारस्य तुङ्गमुपमासामर्थ्यं सुदृश्यम् -

तीरद्वयोपमसुतद्वयपूतकुक्षि-
गंगेव मैथिलसुता यमवाप्य धन्या।
तं व्योमचुम्बिजनवन्दितकीर्तिसानुं
त्वां नौमि राघव! हिमालयनिर्विशेषम्।।20।।[91]

(ङ) नाट्यनवग्रहम्

नाट्यनवग्रहम् इति ग्रन्थे श्वेतोद्धार इति एकाङ्किकायां श्लोकाः पाण्डित्यपूर्णाः दृश्यन्ते। तत्र शवभक्षकं दिव्यशरीरधारिणं श्वेतमगस्त्यस्य परिचयपृच्छाऽपि सुन्दरा पाण्डित्यपूर्णा च-

पणवमुरजवीणारम्यनादोपपन्नः
विबुधयुवतिवृन्दैर्वन्दितो देवतुल्यः।
समशितशवभक्ष्यो भैरवो गर्हणीयः
प्रघसविकृतकर्मन्! को भवान् मे ब्रवीतु।।9।।[92]

रामस्य प्रशंसायाम् अगस्त्य तं वदति-

सर्वदेवाभिवन्द्योऽसि त्वं सनातनपुरुषः।
त्वया नाथवती पृथ्वी त्वयि सर्वं प्रतिष्ठितम्।।7।।[93]

अयं श्लोकः उत्तररामचरितस्यैकस्य श्लोकस्य क्षीणप्रतिध्वनिरूपेण पण्डितैः गृह्यते। तत्र सीताविषये रामः सप्रशंसं वदति सीतायाः दोषाविष्करणे जनोक्तिं निन्दति च-

त्वया जगन्ति पुण्यानि त्वय्यपुण्या जनोक्तयः।
नाथवन्तस्त्वया लोकास्त्वमनाथा विपत्स्यसे।।43।।[94]

श्वेतोद्धारनामिकायामेकाङ्किकायां रामायणकथायाः धर्मशास्त्रस्य च व्यवहारः नाट्यकारेण कलात्मकतया कृतः। अत्र श्वेतः नूतननाट्यचरित्ररूपेण पाठकानां दृष्टिमाकर्षति।

सत्यकामजावाल इत्येकाङ्किकायामाश्रमस्य शान्तः पवित्रश्च परिवेशः मातुः जवालायाः पुत्रस्य सत्यकामस्य च चरित्रे सात्त्विकौदार्यं प्रकटयति। सत्यकामः वस्तुतः वालवयस्यपि सत्यस्यानुसर्ता। यदा कुलपतेः गौतमस्य गुरुकुलाश्रमं

सः जरठेन सह गच्छति तदा सत्यभाषणाय स्वस्योत्साहं परिप्रकट्य गच्छति। सत्यस्यानुसरणे स्वेच्छामभिव्यज्य सः गीतमेकं गीत्वा प्रचलयति। गीतमिदं प्राचीनबौद्धसन्यासिनां जैनसन्न्यासिनां वा सत्यभावनोपदेशमिव श्रूयते। अतः आश्रमानुकूलं मनोभावं प्रचोदयितुं गीतमिदं नाट्यकारेण सफलकौशलतया प्रयुक्तम्–

सत्यं हिमावदातं बन्धो! सत्यं हिमावदातम्!!
सत्यमेव परिचयस्समेषाम्
सत्यमेव बन्धुर्नहि केषाम्
सत्यमेव जननी जनकोऽपि प्रथितं नवप्रभातम्!!
सत्यं श्रद्धा सत्यं भक्तिः
सत्यमेव तत्प्रियाऽनुरक्तिः
सत्येनैव विभाति जीवनं देवकरुणया त्रातम्!!
सत्यमेव रक्षति सुरक्षितम्
सत्यमेव हि ददाति लक्षितम्
लक्षकोटिमितधनं भूतले सत्यमेकमिह जातम्!
काममहं मलिनाम्बरवेषी
कृतो जनन्या सत्यान्वेषी
एष उपैमि कुलपतिं पूज्यं विद्यातपोनिशातम्
सत्यं हिमावदातम्।।5।।[95]

यदा महर्षिः गौतमः सत्यकामस्य पितुः परिचयं ज्ञातुमिच्छति तदा सत्यकामः परिष्कारतया वदति यद् तस्य पिता न निर्दिष्टतया ज्ञातः। सः वदति यत् पितरमज्ञात्वा सः सत्यस्य शरणे अस्ति। सः मातुः वचनं सामान्यमपि अपरिवर्त्य अवदत् –

''एवं मम जनन्याऽभिहितम्। यदि नामाचार्यो निर्बन्धपरो भवेत् पितृनाम ज्ञातुं, तर्हि निवेदय तस्मै यत् बहुषु महर्षिगृहेषु सेवाकार्यं कुर्वत्या मे सम्पर्कः सञ्जातः। निश्चेतुं न शक्यते यत् कस्यांशभूतोऽसि त्वम्। इदं सत्यभाषणमेव ते पिता भविष्यति। वत्स! सत्यकाम! सत्यमेव ते शरणं, सत्यमेव ते गतिः इति।'[96]

स्वस्य जन्मदातारमज्ञात्वा लोकप्रतिष्ठमूलं कुलमपि न ज्ञात्वा सः किन्तु

मिथ्यायाः शरणं न गच्छति। तस्य माता एव तस्य पिता, कुलम्, गुरुः, सत्यमन्त्रदात्री चेति सः उद्घोषयति–

न जानामि तातं स्वजन्मैकहेतुं
कुलञ्चापि लोकप्रतिष्ठैकमूलम्।
जबालाऽस्ति सा जन्मदात्री प्रशस्ता
गुरो! सैव सर्वं भणाम्येष सत्यम्।।7।।

जबालैव पिता ख्यातो जबालैव कुलं मम।
जबालैव गुरुश्चाद्यो जबाला सत्यमन्त्रदा।। 8।।[97]

नामकरणमित्येकाङ्किकायां रावणः भ्रातरं कुवेरं हिमालयस्य अमरावत्यां परित्यज्य तस्य बन्धून् मणिभद्र–सम्योधकण्टकसूर्यभान्वादीनपि उपदृत्य कुवेरस्य पुष्पकविमाने कैलासाभिमुखमभियाति। परन्तु कैलासप्रापणाद् पूर्वमाकाशे पुष्पकविमानं स्तम्भ्नाति। तदा शिवस्यानुचरः नन्दी आविर्भूय तम् अवरून्धते तमवज्ञाय रावणः कैलासपर्वतमुत्खातुं प्रयतते। तस्य गर्वखण्डनाय शिवः पादाङ्गुष्ठेन कैलासशिखरं पीडयति। तदा रावणः कैलासशिखरमूले यन्त्रितवाहुसकलः पीडया उच्चैः रोदिति। तस्य प्रहस्त–धूम्राक्ष–मारीच–महोदर–शुक–सारणादयः षट् सचिवाः किंकर्तव्यविमूढाः भवन्ति। तदा प्रहस्तः महादेवनाम्ना नूतनं स्तोत्रं गातुं रावणमुपदिशति। किंवदन्त्या ज्ञायते शिवताण्डवनाम्ना स्तोत्रमिदम् गात्वा रावणः शिवं तोषयति। अस्यामेकाङ्किकायामपि शिवताण्डवस्तोत्रस्य छायया कविः रावणमुखेन द्विपदविशिष्टं स्तोत्रं प्रकटयति–

ज्वलल्ललाटलोचनोद्गिरत्कृशानुसञ्चयैः–
र्विकीर्णचिट्चिटारवैर्ज्वलत्त्रिलोकमण्डलम्।
प्रदाहयन्तमीश्वरं युगान्तसान्ध्यनायकं
दधत्पिनाकसायकं भजे मदिष्टदायकम्।।10।।

जटासु गाङ्गमम्बु कम्बुर्निर्मलं निरन्तरं
ललाटपट्टके च धारयन्तमैन्दवीं कलाम्।
गले विषं गजाजिनं कटीतटे महोरगं
दधानमद्रिजापतिं विचित्रदम्पतीं भजे ॥11।।[98]

तुलनां कृत्वा ज्ञायते यद् शिवताण्डवस्य झङ्कारं व्यवहृत्य कविना क्षुद्रमिदं स्तोत्रं रचितम्। तत्रापि कतिपयाः शब्दाः शिवताण्डवात् संगृहीताः सन्ति। रावणः क्षमां याचते। शङ्करः तस्य स्तोत्रेण सन्तुष्टो भूत्वा तं नूतनं रावण इति नाम ददाति। कैलासयन्त्रितः वाहुसकलः रावणः यथा स्वस्य वीरावणेन (क्रन्दनेन) दशदिशः अपूरयत्। अतः इतः प्रभृत्ति दशास्याभिधेयस्य तस्य नाम रावणो भविष्यतीति शिवेनोद्घोषितम्–

त्रिलोककम्पं जनयन् सुदारुणैः
विरावणैः शैलशिलार्तिनिर्गतैः
इतः प्रभृत्येष्यसि रावणाभिधां
दशास्य! पौलस्त्य! सुरासुरालये।।12।।[99]

अतः रावणस्य नामकरणघटनामधिकृत्य इयमेकाङ्कि सञ्चलिता भवति। रामायणग्रन्थस्य सम्यगनुध्यानं कृत्वा कविना वहुनि ज्ञेयानि तथ्यानि अत्र संयोजितानि। पुष्पकविमानस्य निर्माणकथायाः सूचना कैलासवनस्य वर्णना अत्र शास्त्रानुरूपा प्राप्यते–

''प्रहस्त! पुष्पकाधिरोहणसुखं तावत् प्राप्नुयाम। एतत् त्वष्टृनिर्मितं विमानं वैदुर्यमाणिक्यस्तम्भं रत्नसुवर्णगवाक्षं सर्वर्तुभोग्यं महानन्दकरं प्रतीयते। मुहूर्तं तावद् रूक्मप्रभां शरवणनिचितां लतातरु–समाच्छादितां कैलासवनिकामिमां पश्यामः।[100]

तथैव शिवस्यानुचरः नन्दी स्वभावोक्ति– अलङ्कारमाध्यमेन वर्णितः –

करालवेषो लघुहस्तपादः सुवामनः पिङ्गलनेत्रयुग्मः।
ज्वलत्तनू रोषचयैश्च कृष्णप्रभोऽस्ति कोऽयं कपितुण्डयुक्तः।।6।।[101]

कैलासपर्वतस्य यक्षपुरस्य च परिवेशमाधारीकृत्य इयमेकाङ्किका प्रयुक्ताऽस्ति। अतः संस्कृतकाव्यविदग्धहृदयः राजेन्द्रमिश्रः मेघदूते वर्णितस्य कैलासाञ्चलेन अवश्यं प्रभावितो भवितुमर्हति। मेघदूते सूचितमेतदस्ति यद् अलकापुर्य्याः वहिर्भागे वैभ्राजाख्यमुपवनं विद्यते यत्र यक्षिण्यः धनपतियशः गायन्ति। मेघदूते उच्यते–

अक्षय्यान्तर्भवननिधयः प्रत्यहं रक्तकण्ठे
रुद्गायद्भिर्धनपतियशः किंनरैर्यत्र सार्धम्।
वैभ्राजाख्यं विबुधवनितावारमुख्या सहाया।
बद्धालापा बहिरुपवनं कामिनो निर्विशन्ति।।10।।[102]

अस्यामेकाङ्क्षिकायां नाट्यकारोऽपि वदति –

वैभ्राजनाम धनदस्य वनं सलीलं
तच्चापि नन्दनवनं रुचिरं मघोनः।
गान्धर्वसौख्यभृतचैत्ररथं विचित्रं
लीलास्थलं सकलमेव भवादृशानाम्।।5।।[103]

रावणेन कैलासपर्वतोत्पाटनसम्बन्धी या कथा नाट्यकारेण सूचिता–[104] साऽपि मेघदूते प्राप्यते। कैलासपर्वतः तुषारेणावृतः। अतः देवकन्यानां दर्पणस्य भूमिकामयं निर्वहति। अस्य धवलतायाः हेतोः अयं शिवस्य दैनन्दिनहासानाम् स्तूपेव इति कालिदासेनोत्प्रेक्ष्यते। अस्य पर्वतस्य प्रस्तरसन्धयः रावणस्य भुजाकर्षणेन उच्छ्वासिता इति मेघदूते सूच्यते–

गत्वा चोर्ध्वं दशमुखभूजोच्छ्वासितप्रस्थसंधेः।
कैलासस्य त्रिदशवनितादर्पणस्यातिथिः स्याः।
शृङ्गोच्छ्रायैः कुमुदविशदैर्यो वितत्य स्थितः खं
राशीभूतः प्रतिदिनमिव त्र्यम्बकस्याट्टहासः।।61।।[105]

शिवस्य पादाङ्गुष्ठेन अवदमितः कैलासपर्वतः। तत् पर्वतोत्पाटनचेष्टायां रावणस्य भुजाः तत्मूले यन्त्रिताः। यन्त्रणापीडितः सः स्वस्य षट् सचिवानाक्रन्दति– "आः निहतोऽस्मि। असह्यमिदं कष्टम्। प्रहस्त! धूम्राक्ष! मारीच! महोदर! शुक! सारण! यूयं रक्षत माम्। प्राणा मे नश्यन्ति। भुजा मे विदीर्यन्ते। आः किं करवाणि?[106]

सचिवानां नामानि मूलतः रामायणस्योत्तरकाण्डे चतुर्दशसर्गे रावणस्य यक्षपुराक्रमणप्रसङ्गे संसूचितानि सन्ति –

ततः स सचिवैः सार्धं षड्भिर्नित्यबलोद्धतः।
महोदरप्रहस्ताभ्यां मारीचशुकसारणैः।।1।।

धूम्राक्षेण च वीरेण नित्यं समरगर्द्धिना।
वृतः सम्प्रययौ श्रीमान् क्रोधाल्लोकान् दहन्निव।।2।[107]

कुवेरस्य सेनापतयः मणिभद्रः सम्योधकण्टकः, सूर्यभानुश्चेति नाट्यकारेण सूचितमस्ति। एते रावणस्य वीरत्वसमक्षं पराजिताः सन्ति।[108]

एतेषां सेनापतीनां नामान्यपि रामायणस्योत्तरकाण्डे प्राप्यन्ते।[109]

(च) रूपरुद्रीयम्

रूपरुद्रीयमिति ग्रन्थे **स्वप्नाज्जागरणं वरम्** इति एकाङ्किरूपकम् प्रतीकधर्मित्वमावहन् नव्यनाट्यप्रयोगे राजेन्द्रमिश्रस्य नूतनतरां परीक्षां दर्शकानां समक्षं समुपस्थापयति। इयमेकाङ्किका प्रतीकधर्मिणी इति सूचयितुं कविना सूत्रधारमुखेन प्रतीकात्मकं मङ्गलाचरणं विहितम् –

पितरं सच्चिदानन्दं मातरं ज्ञानदेवताम्।
प्रणमत्येष राजेन्द्रः सोदरं नर्मदेश्वरम्।।3।।
मनोवाक्कर्मसम्भिन्नं ख्यातिदृष्ट्याऽधमाधमम्।
प्रत्यूहपरिहारार्थं वन्देऽभिनवशूद्रकम्।।4।।[110]

अत्र पिता सच्चिदानन्दः विष्णुं प्रतीकीकरोति। माता ज्ञानदेवता सरस्वतीं प्रतीकमाध्यमेन संसूचयति। सोदरः नर्मदेश्वरः शिवं प्रतीकीकरोति।[111] अनेन श्लोकेन एकाङ्किकायाः प्रतीकमयत्वमभिव्यक्तं भवतीति स्वयं नाट्यकारोऽपि सूत्रधारवाचा स्पष्टं वदति– "स्वाभिधानोच्चारणसमकालमेव नाट्यकर्त्रा यथाऽत्मपरिचयः प्रस्तुतस्तेन स्फुटं प्रतीयते यत्प्रतीकावलम्वि नाट्यमिदम्। यतो हि कविः नारायणं सरस्वतीं शङ्करञ्च पितरं मातरं भ्रातरञ्च निगदति। प्रत्यवायभूतं पिशुनञ्चापि प्रणमति कविर्निर्वीनया पदशय्यया।[112]

अयं श्लोकः कविपरिचयात्मकः। अत्र पुनः कवेः परिचयं तथा प्रदाय सूत्रधार : राजेन्द्रमिश्रमभिनवशूद्रकरूपेण परिचाययति। यतः राजेन्द्रमिश्रः नाट्यकलामाध्यमेन मृच्छकटिककार इव सामाजिकानि चित्राणि दर्शकाणां मनसि प्रतिफलयति तथैव स्वस्य नाट्यसंसारे राजेन्द्रमिश्रेण सम्पादितम्। अतः सूत्रधारः तम् अभिनवशूद्रक इति नाम्ना सूचयति। **स्वप्नाज्जागरणं वरम्** इति

एकाङ्किकाया: प्रागेव चौरचरित्रमाश्रित्य नाट्यकारेण या एकाङ्किका प्रस्तुता सा मृच्छकटिकस्य नाट्यावेदनं प्रस्तौति। अत: एकेन तेनापि रूपकेण कवे: अभिनवशूद्रकत्वं सिद्धं भवति।

स्वप्नाज्जागरणं वरम् इत्येकाङ्किकायां वलाका नाम्नी कापि विश्वविद्यालयस्य प्राध्यापिका स्वप्ने भिन्नानि चरित्राणि पश्यति ये तया सह तस्या: जीवनस्य विषये संसूच्य बन्धुत्वहस्तं प्रसारयन्ति। समग्रायामेकाङ्किकायां सा स्वप्नाभिभूता। एतादृशं नाट्यचरित्रं राजेन्द्रमिश्रस्य सूक्ष्मकलाया: फलभूतम्। नाट्ये चरित्राणां सीमितस्वप्नदर्शनं प्रदर्शितम् वहुभि: नाट्यकारै:। स्वप्नवासवदत्ते उदयनस्य, मृच्छकटिके विदूषक-मैत्रेयस्य वा एतादृशं सीमितस्वप्नदर्शनमस्माभि: प्राप्यते। किन्तु समग्रे रूपके वलाका स्वप्नाभिभूता भूत्वा स्वप्नजल्पनञ्च कृत्वा संस्कृतनाट्यसाहित्ये नूतनस्तस्य स्पर्शमातनोति।

एषा बलाका विश्वविद्यालये प्राध्यापिका-पदव्याम् नियुक्ताऽस्ति। मञ्चे सा सुप्ता अस्ति। तस्या अनन्यं सौन्दर्यं वर्णयित्वा सूत्रधार: नाट्यकारस्य सौन्दर्यदृष्टिं समुचितशब्दसंयोजनशक्तिञ्च प्रदर्शयति। वलाकाया: वर्णने स: दर्शकान् तां प्रति अभिमुखीकृत्य वदति यौवनप्रासाददेहलीदत्तचरणेयं बाला मुखेन न्यूनं समधिकञ्च पाठयति कटाक्षच्छटाभि:। शिक्षत्वापेक्षया सेवकत्वमस्या: सम्पादयितुं समधिकतरं धृतलालसा वर्तन्तेऽधीतिनश्छात्रा: पश्यन्तु तावत्। प्रातर्दशवादनात् सायं चतुर्वादनं यावत् महता श्रमेण माणवकानध्याप्येदानीं सुखं शेते सरस्वती सुषमेयम्।।[113]

तस्या: सौन्दर्यवर्णने सूत्रधारोऽपि श्लोकमुखरो भवति-

नेत्रे सम्पुटिते कुवेललिते स्वप्नश्रियं विभ्रती
विस्तीर्णञ्च कपोलमण्डलमिदं पूर्णेन्दुशोभावहम्।
अव्यक्ताक्षरबन्धुरोऽयमधरो मन्ये सुषुप्तावपि
लोकं शिक्षयति प्रमोहविकलं सौन्दर्यशास्त्रं नवम्।।5।।[114]

वलाकाया: स्वप्नावस्थायां सर्वाणि चरित्राण्यागत्य तया सह आलापं कुर्वन्ति। तेषामाविर्भावानुसारं वलाकामाध्यमेन नारीविमर्ष: नारीसौन्दर्यविमर्षञ्च प्रचलति। समग्रे रूपके वस्तुत: नारीं प्रति समाजस्य य: दृष्टिकोण: स एव अङ्कित दृश्यते। स्वप्नावस्थायाम् वलाका कक्षामध्ये संस्कृतव्याकरणं पाठयति। तत्रैव तस्या: गुरु: सप्तर्षि: आविर्भूय प्रमाणयति यद् नारीसौन्दर्यमेव स्वपरिचयरूपेण प्राप्नोति।

तस्याः ज्ञानं दक्षता उद्योगो वा परिचयरूपेण न गृह्यते। स्वसौन्दर्यवलेन सा सर्वत्र परिचिता भवति।[115]

को विजयते नैव ज्ञातम् इत्येकाङ्के दृश्यद्वयं वर्तते। अत्र प्रथमदृश्ये द्वितीयदृश्यस्य उपक्रमः समाकलितोऽस्ति। द्वितीयदृश्ये अन्तर्नाटकद्वयम् एकाङ्कमिदं नूतनशैल्या परिपोषयति। राजेन्द्रमिश्रस्य नाट्यशिल्पे अन्तर्नाटकस्य प्रयोगः संस्कृतनाटके नव्यत्वस्य स्वागतं व्यहरति। भवभूतेः उत्तररामचरिते नाटकाभ्यन्तरे छायानाटकस्य प्रयोगः संस्कृतनाट्यसंसारे क्वचिदेव दृश्यते। किन्तु राजेन्द्रमिश्रेण एकस्मिन्नेकाङ्के अन्तर्नाटकद्वयं प्रयुज्य संस्कृतनाटकपरम्परायां नूतनपरीक्षणपूर्वकमाधुनिकतायाः आवाहनं विदधाति।

अस्मिन्नेकाङ्के प्रथमदृश्ये चोलदेशीयकस्यापि जनस्य मालवदेशीयेन जनेन सह विवादो भवति। विवादस्य विषयो भवति चोलदेशः श्रेष्ठः अथवा मालवदेशः श्रेष्ठः। मालवदेशे धारानरेशः भोजराजः स्वस्य पाण्डित्यार्थं विश्वविश्रुतविशाल-ग्रन्थागारार्थञ्च प्रसिद्ध आसीत्। तस्य काव्यशास्त्रीयग्रन्थाः विश्वप्रसिद्धा वर्तन्ते। इयमेव श्रेष्ठताप्रदर्शनाय मालवजनस्य युक्तिरासीत्। पक्षान्तरे चोलदेशीयः जनः राज्ये सरस्वतीमहलग्रन्थागारार्थ श्रेष्ठतामुद्घोषयति। मालवदेशीयः पुनः प्रदर्शयति यद् भोजराज्ये कुविन्दोऽपि (वस्त्रसीवकः) कूशलकविर्भवति। चोलदेशीयो वदति यद् तस्य देशे स्थपतिरपि महान् ज्योतिर्विद् भवति। उभयोः कथितं द्वितीये दृश्ये भोजराजस्य धारानगरी राजसभायां परीक्षितं भवति। भोजराजस्य राज्ये अशिक्षिताः दुःशीला अकवयः अपण्डिताश्च न तिष्ठन्ति। राजाज्ञया एतादृशो मनुष्यः अवश्यं निर्वासितो भवति। यतः भोजराजस्य आदेश आसीत् –

अशिक्षिता दुराचाराः काव्यसंस्कारवर्जिताः।
राजधान्यां न तिष्ठन्ति धारापुर्यामपण्डिता।।4।।[116]

एकस्मिन् दिवसे राजपुरुषः कुविन्दमेतम् पाशेन बद्धवा राजसभामानयति। तस्य कथानं भवति यत् – "अयमेवेकलो धारानगर्यां निरक्षरः कवित्वहीनश्च तिष्ठति। धारापतेरादेशं श्रुत्वाऽपि साहित्यं नाधीतवानयम्।"[117]

किन्तु क्रमशः आलापमाध्यमेन भोजराजः ज्ञातुं पारयति यत् अयं कुविन्दः वस्तुतः पण्डितः कविश्च। अतः तस्मै सभासदत्वं प्रददाति। प्रथममन्तर्नाटकमनेन भावेन समासमेति। अस्यान्र्तनाटकस्य नामो भवति कुविन्दकवित्वम्। द्वितीये

अन्तर्नाटके प्रारब्धे चोलदेशस्य राजा राजराजः सिंहासनारुढो भवति। तदा राजपुरुषः एवं स्थपतिमानीय राज्ञः समक्षमुपस्थापयति। स्थपतेः दोषो भवति यत् तेन राजराजस्य वृहदीश्वरमन्दिरे भित्तौ अनार्यधर्मावलम्बिनः कस्यचित् स्तूपोष्णीषधारिणो विग्रहं निर्माय स्थापितवान्।''[118]

राजराजः यदा आलापमाध्यमेन स्थपतेः युक्तिमवगन्तुं चेष्टते तदा सः सूचितो भवति यद् स्थपतिना खोदिता टोपिधारिणः विदेशिनः मूर्तिः वस्तुतः कालान्तरे समागमिष्यतः कस्यचित् विदेशीशासकस्य मूर्तिः। तस्य जातिः परवर्तीकाले देशस्य प्रशासको भविष्यति किन्तु वृहदीश्वरमन्दिरमक्षतावस्थायां चिरं स्थास्यति। स्थपतेः ज्योतिषशास्त्रप्रावीण्यमनुभूय राजा तं राजदैवज्ञपदमुपायनीकरोति। अत्रैव द्वितीयस्यान्तर्नाटकस्य समाप्तिर्भवति।

इतः परं कः देशः श्रेष्ठः तद्विषये विचारको वदिष्यतीति उद्घोष्यते। नाट्यकारः राजेन्द्रमिश्रः स्वरूपकेषु वहुत्र वास्तवताया (Realism) चित्राङ्कनं करोति। अतः निर्णयकसमितेः विचारालोचनासमये सः तं समयमुपभोग्यं कर्तुं गीतिकागानस्य विधानं व्यवस्थापयति –

मदयति न हि कं सुमधुररचना?
क्वचिदमरधुनीव धुनोति कलिम्
विलसति रमणीव करोति रतिम्
क्वचिदुन्मादयति विशदमदना
मदयति न हि कं सुमधुररचा।।[119]

चोलमालवयोर्मध्ये कस्य श्रेष्ठत्वमुद्घोषितं स्यादिति चिन्तायां यदा दर्शकाः उत्कण्ठिताः सन्तः अपेक्षन्ते तदा निर्णायकसमितिः सहर्षमुद्घोषयति यद् को विजयते नैव ज्ञातमिति। अनेन सहृदयाः हास्योच्छ्वलाः प्रवलकरतलध्वनिप्रवृत्ताश्च भवन्ति। एकाङ्केऽस्मिन् अन्तिमवाक्यपर्यन्तं दर्शकाणामुत्कण्ठा अभिवर्धते। सा च नाट्यकारस्य नाट्यकौशलेन भवति। अत्र रूपकविषयस्य नूतनत्वं दर्शकाणामेकाग्रतां वर्धयति। तथैव कुविन्ददैवज्ञसदृशाः चरित्रविशेषाः एकाङ्कस्य मौलिकतां यथा वर्धयन्ति तथैव दर्शकाणामाग्रहं सारयन्ति।

रक्ताभिषेकम् इति नाटके सुन्दराः श्लोका अपि संयोजिताः सन्ति। हेमेन्द्रस्य स्वप्ने नानकदेवस्य उपदेशः श्रूयते–

मृषा जातिर्मृषा पंक्तिर्योगभोगादिकं मृषा।
भक्तिमान् लभते देवं नानको वक्ति सत्तमम्।।2।।[120]

गोविन्दसिंहः स्वयं शिखगुरुः भूत्वाऽपि सर्व शिखजनाः मूलतः हिन्दव इति सूचयित्वा हिन्दुदेवेषु सम्मानमभिव्यनक्ति –

श्रीरामे पुरुषोत्तमे विलसति प्रीतिर्मदीयाऽनघा।
श्रीकृष्णे रमते नटीव धिषणा लीलामनोरञ्जिनी।
साक्षादेव शिखोऽहमस्मि परया शक्त्या लसद्विग्रहः
अन्यत्किं कथयामि सिंहनिलया दुर्गा परा देवता।।8।।[121]

(छ) प्रमद्वरा

राजेन्द्रमिश्रस्य श्लोकरचनाकौशलं प्राचीनमहाकाव्यकाराणां कवनदक्षतां स्मारयति। तस्य समुचितस्थाने सुषमशब्दप्रयोगंक्षमता श्लोकरचनायां शब्दसंश्लेषः अर्थगाम्भीर्यञ्च श्लोकानां प्रसङ्गानुरूपता च दर्शकाणां मनांसि आवर्जयन्ति, तस्य पाण्डित्यकवित्वयोः पराकाष्ठां प्रतिपादयन्ति च। चतुरङ्कविशिष्टायां नाटिकायां **प्रमद्वराभिधायां** स माधववलरामयोः निराजनां सम्पाद्य उभयोः कृते श्लोकौ च सन्निवेश्य देवप्रीतिकरं मङ्गलाचरणं सम्पादयति। श्लोकद्वयं निम्ने उद्धृत्य नाट्यकारस्य व्युत्पत्तिं कवित्वञ्च प्रतिपादयामः–

कालिन्दीपुलिनैकवञ्जुलकुटीकेलिं विरूढस्मृतिं
ध्यायं ध्यायमुदारतामनुसरन्कंसस्य पौरीभवन्।
डिण्डीरोपमतूलतल्पपरिधौ व्यग्रं शयित्वा क्षणं
व्युन्निद्रो वृषभानुजात्तहृदयः पायात्स वो माधवः।।1।।

अपि च–

कादम्बर्युपसेवनारुणलसल्लोलद्युगापाङ्गभृद्
विच्छित्तिं शितिवाससोपजनयन्कामप्युदाराश्रयाम्
वैरस्यान्मधुसूदनस्य नितरां निश्चेतुकामस्स्वकं।
कर्त्तव्यं न्विदमित्थमित्यनुदिनं कुर्याद्धली वोऽभयम्।।2।।[122]

चारुदत्तप्रकरणे दरिद्रतां प्राप्तस्य चारुदत्तस्य दुःखभग्नां मनोवस्थां भासः वहुवारं प्रकटयति। तद्वैपरीत्येन प्रमद्वरानाटिकायां प्रमतिऋषेः पुत्रः राजर्षिः रुरुः

नर्मदातटवर्तनि राज्ये राजत्वं कर्तुं सूर्यवंशीयेन राज्ञा शर्यातिना अनुरुद्धः। तस्य वीरत्वप्रभावेन शत्रवः प्रणष्टा। शत्रुयज्ञाः सम्पादिताः। शर्यातिपुत्रस्य सम्राज्ञः आनर्तस्य कन्या सुवर्णा तस्य सच्चरित्रा पत्नी। विदूषकः डुण्डुभकः तस्य रुरोः परममित्रम्। अतः भाग्यदेवः रुरोरुपरि अत्यन्तं प्रसन्न इति दृश्यते। सौभाग्यस्य वर्णनायां राजेन्द्रमिश्रः रुरोः गभीरसन्तोषं प्रकटयति-

साम्राज्यं समुपायनीकृतमिदं शर्यातिना भूभुजा
निर्वैरं नु तपोवनं मखशतैर्विद्योतितं साम्प्रतम्।
भार्या रेवतनन्दिनी सुचरिता त्वञ्चासि मित्रं परं
मन्ये जीवीतवैभवं शतमितं मह्यं विधात्राऽर्पितम्।।7।।[123]

राज्ञः रुरोः प्रेमभावः महर्षिस्थूलकेशस्य पालिताकन्यायां प्रमद्वरायां दृढबन्धो वर्तते। रुरोः प्रासादसमीपे एव महर्षेः स्थूलकेशस्याश्रमः। नर्मदातटे तस्याश्रमस्य नाम सैन्धवारण्यम्। तत्रैव आश्रमे तिष्ठति ऋषिकन्या प्रमद्वरा। विदूषकः तां दृष्ट्वा वर्णयति-

एषा तिर्यगपाङ्गभङ्गचटुला वाला स्फुरद्यौवना
कृत्वोत्संगपदे चमुरूशिशुकं मातुस्स्मरन्तम्मुदा।
नीवारद्रुमपर्णमुष्टिकवलैः कम्प्रैश्च कण्डुयनै-
राह्लादं ममतामयं विदधती पर्णोटजे राजते।।12।।[124]

नारीसौन्दर्यवर्णनाप्रसङ्गे इयमेव राजेन्द्रमिश्रस्य कालिदासीया प्रतिष्ठा। प्रमद्वरानाटिकायाः द्वितीयाङ्के राजा रुरुः प्रमद्वरायाः कृते विरहव्यथामनुभवति। तदा तस्य विरहभावः जन्मान्तरवासनायाः प्रभावः अथवा सम्भोगलोभः तत् सः निश्चेतुं न शक्नोति। अतः तस्य मनः विरहकातरायां दोलायां दोलायितः -

सम्प्राप्तैरपि दिव्ययौवनसुखेः संसारशुग्वारणै-
र्नो तुष्टिर्यदनङ्गभावितधियां प्रेमास्पदप्राणिनाम्।
तज्जन्मान्तरवासनावितरणं सम्भोगलोभोऽथवा
निश्चेतुं न वियोगकातरतनुः शक्नोमि दोलायितः।।3।।[125]

शाकुन्तलेऽपि षष्ठाङ्के राज्ञः दुष्यन्तस्य विरहावस्थायां मतिः अनिश्चिता एव दृश्यते। अतः राजा कथयति-

स्वप्नो नु माया नु मतिभ्रमो नु
क्लिष्टं नु तावत्फलमेव पुण्यम्।।
असंनिवृत्यै तदतीतमेते
मनोरथा नाम तटप्रपाताः।।10।।[126]

संस्कृतनाटकेषु चित्रपटस्य प्रसङ्गः बहुधा प्रयुक्तः। उत्तररामचरिते वनवासकालस्य चित्राणि सीतया सह रामः पश्यति। शाकुन्तले षष्ठाङ्के राजा दुष्यन्तः शकुन्तलायाः चित्रं निर्माय शकुन्तलायाः स्मरणे विरहार्तं मनः लघ्वीकर्तुं चित्रस्य नवीकरणाय यतते। तत्प्रसङ्गे चित्रविषये वहवः विरहभावविदग्धाः श्लोकाः पाठकानां दृष्टिपथमायान्ति।[127]

मालविकाग्निमित्रे प्रथमाङ्के राजमहिषी धारिणी राजपरिवारस्य चित्राणि द्रष्टुं चित्रशालां गच्छति। तत्रापि राजा अग्निमित्रः पश्चात् प्रतिष्ठते। चित्रे राजप्रासादस्य यथा सर्वेषां चित्राणि आलिखितानि सन्ति तथैव मालविकायाः चित्रमपि चित्रितमासीत्। तस्याः चित्रं दृष्ट्वा रूपप्रभावितः राजा अग्निमित्रः केयं दारिकेति उक्त्वा प्रेमभावापन्नो भवति।

प्रमद्वरानाटिकायां द्वितीयाङ्के विदूषकः डुण्डुभकः रुरोः समक्षं स्थूलकेशा-श्रमाभोगे प्रमद्वरायाः चित्रं रचयति। तस्याः चित्रं निरीक्ष्य राजा रुरुः प्रमद्वरारूपं प्रशंस्यात्मनः प्रगाढं विरहवेदनामभिव्यनक्ति।[128]

तस्मिन् समये राजमहिषी सुवर्णा वैदुर्य्यगिरिशिखरे कात्यायन्याः दर्शनं कृत्वा आगत्य शीर्षवेदनाखिन्नं स्वामिनं रुरुं द्रष्टुं स्थूलकेशाश्रमं प्रविशति। प्रमद्वरायाः चित्रं दृष्ट्वा राज्ञी सुवर्णा क्रुद्धा भवति। डुण्डुभकं सा सरोषं वदति– ''अलं शाठ्येन। ऋषितनयां कामप्यभिनवयौवनां विनिर्माय मां छलयसि। यन्निमित्तं व्रतोपवासकष्टं सहन्ती वैदुर्यशिखरोपगताऽहं कात्यायनीं समर्चयामि स एव शीर्षवेदनां प्रख्याप्य नूतनप्रणयाभिसारं सम्पादयति? त्वं पुनः सुहृत्साहाय्यं विदधासि?[129]

चित्रं तत्रैव निक्षिप्तं तिष्ठति। सर्वे प्रतिष्ठन्ते। तृतीयाङ्के प्रमद्वरा मधुकरिकाम-दालसाभ्यां सखिभ्यां सह तत्स्थानमागच्छति। भूपतितं प्रमद्वरायाः चित्रं दृष्ट्वा तस्याः सुचित्रितं सौन्दर्यञ्च प्रशंस्य चित्रकारसामर्थ्यमुद्घोषयति। तस्याः मुखे चित्रवर्णनायां प्रमद्वरायाः सौन्दर्यं सुवर्णितम् –

औन्नत्यं कुचयोर्व्यनक्ति सहजं वर्णानुयोगो दृढं
अङ्गोच्चावचतां समञ्जसगतिः पुष्णाति तुल्याश्रिता।
मुद्राभावगतिप्रचारनिकरं दृष्ट्वेव विज्ञायते
चित्रस्थां बहुशो निरीक्ष्य सविधे रागी लिलेखाद्भुतम्।।4।।[130]

अतः पूर्वनाटकेषु यथा नायिकाचित्रनिर्माणप्रसङ्गः नाट्यविषयमग्रे नयति प्रमद्वरायां तदेव कौशलरूपेण स्वीकृतं राजेन्द्रमिश्रेण। मालविकाग्निमित्रे नायिकाचित्रं नायकस्य आकर्षणहेतु भवति; शाकुन्तले नायिकायाः शकुन्तलायाः चित्रं नायकस्य दुष्यन्तस्यानुतापमिश्रितां विरहवेदनामभिव्यक्ति। अत्रापि प्रमद्वरायां प्रमद्वरायाः चित्रं राज्ञः रुरोः प्रेमकारणं भवति।

प्रमद्वरायां चतुर्थाङ्केऽपि राजेन्द्रमिश्रः आत्मनः श्लोकरचनाकलामुदाहरणत्वेन स्थापयति। प्रमद्वरा सर्पदंशनेन मृता आसीत्। रुरुः स्वस्य प्राणार्धं प्रदाय तां जीवयितुं यममनुनयति। यमः आविर्भूय तथैव कृत्वा अन्यत् किमिच्छतीति यदा जिज्ञासते तदा रुरुः भारतीयसंस्कृतसंस्कृत्योः समृद्ध्यर्थं श्लोकद्वयेन कामयते। तत् श्लोकद्वयं वस्तुतः भरतवाक्यरूपेण दर्शकैः स्वीक्रियते। रुरुर्वदति-

सन्नीरा सिद्धसिन्धुस्तरणितनुजया सार्धमेकीभवन्ती
यावत्पूतप्रयागं हिमसितसलिलैर्नन्दयत्याशुवेगा।
तावद् गोगोपगोपीगिरिधरगिरिजाशम्भुगीतप्रवणा
वाणी वृन्दारकाणां प्रभवतु भुवने भारते संस्कृताख्या।।12।।

अपि च,

भानुः सद्भाववल्लीं विधुरपि विजयं विश्वबन्धुत्वतत्त्वं
अग्निश्चाङ्गारकल्पं भरतभुवि सतां शत्रुदाहिप्ररोषम्।
पुष्येद्वायुर्विभूतिं शमदमविनयाचारपूतां नितान्तं
साकल्येनैव दिव्या प्रभवतु भुवने संस्कृतिर्भारतीया।।13।।[131]

शाकुन्तले तृतीयाङ्के शकुन्तला दुष्यन्तस्य कृते पद्मपत्रे प्रेमपत्रमुल्लिख्य वाचयति-

तव न जाने हृदयं मम पुनः कामो दिवापि रात्रावपि
निर्घृण तपति बलीयस्त्वयि वृत्तमनोरथान्यङ्गानि।।25।।[132]

तथैव प्रमद्वराप्रस्तावनायाम् नटी विरहगीतिकां गायति–

तव न जाने हृदयम् प्रेयसि!

तव न जाने हृदयम!

ननु रथाङ्ग इव हृद्विहगो मम कलयति कटुसमयम्!![133]

राजा रुरुः प्रमद्वरायाः सौन्दर्यं स्मृत्वा सखायां डुण्डुभकं वदति –

श्यामा सा नयनाभिरामरमणी कन्दर्पदर्पाऽऽनघा
रेवारोधसि सैकते यदवधि प्रीत्या मया लक्षिता।
चैतन्यन्तु तदाप्रभृत्यनुदिनं याति क्षयं भूरिशः
नीरं कुम्भगभीरनीडनिहितं छिद्राध्वनीनं यथा।। 6।।[134]

अस्य श्लोकस्य मूलं काव्यप्रकाशे प्रथमोल्लासे स्फुटालङ्कारविरहेऽपि काव्यत्वस्य प्रतिष्ठाप्रतिपादनप्रसङ्गे मम्मटेन यदुदाहरणं प्रदत्तं तत्रैव विद्यते इत्यस्माकं मनीषा–

यः कौमारहरः स एव हि वरस्ता एवचैत्रक्षपा–
स्ते चोन्मीलितमालतीसुरभयः प्रौढाः कदम्बानिलाः।
सा चैवास्मि तथापि तत्र सुरतव्यापारलीलाविधौ।
रेवारोधसि वेतसि तरुतले चेतः समुत्कण्ठते।1।।[135]

मृच्छकटिके वहुषु श्लोकेषु नायकः चारुदत्तः स्वदारिद्र्यदौर्भाग्यं वर्णयति। तथापि चोरितस्य वसन्तसेनायाः सुवर्णभाण्डस्य कृते यदा पत्नी धूता स्वरत्नमालिकां ददाति तदा गुणवत्याः भार्यायाः कृते विदूषकवन्धोः मैत्रस्य कृते च तस्य किमपि न नष्टमिति सः वदति –

विभवानुगता भार्या सुखदुःखसुहृद्भवान्।
सत्यं च न परिभ्रष्टं यद्दरिद्रेषु दुर्लभम्।।28।।[136]

राजा रुरुः वस्तुतः दरिद्रः ऋषिपुत्रः। किन्तु राजा शर्याति तस्मै स्वनप्त्रीं सुवर्णां प्रदाय नर्मदातटवर्तिनः राज्यस्य राजत्वमपि अर्पितवान्। अतः सोऽपि स्वपत्न्याः कृते विदूषकमित्रस्य डुण्डुभकस्य कृतेऽपि आत्मानं भाग्यवन्तं मन्यते। राजा रुरुः मित्रं डुण्डुभकं कथयति–

साम्राज्यं समुपायनीकृतमिदं शर्यातिना भूभुजा
निर्वैरं न तपोवनं मखशतैर्विद्योतितं साम्प्रतम्।

भार्या रेवतनन्दिनी सुचरिता त्वञ्चासि मित्रं परं
मन्यै जीवितवैभवं शतमितं मह्यं विधात्राऽर्पितम्।।7।।[137]

शाकुन्तले विदूषकः मोदकप्रियः इति वयं जानीमः।।[138]

प्रमद्वरानाटिकायामपि रुरोः प्रमद्वराप्रेम डुण्डुभकस्य मोदकप्रीतिरिव इत्युच्यते।[139]

शाकुन्तले द्वितीयाङ्के शकुनिव्याधानां कोलाहलेन विदूषकस्य निद्राभङ्गो भवति।[140]

प्रमद्वरानाटिकायामपि गृहकुक्टुटानां चित्कारेण डुण्डुभकस्य निद्राभङ्गो भवति।[141]

अभिज्ञानशाकुन्तले सामग्रिकभावेन आश्रमस्य यद् चित्रं प्राप्यते तदत्र प्रमद्वरानाटिकायां प्रथमाङ्के श्लोकद्वये दृश्यते –

एषा गर्भभरालसा मृगवधुर्लेढि प्रियं पृष्ठतो
रोमन्थं गवयोह्यसौ तरुतले निर्द्वन्द्वमभ्यस्यति।
प्रोड्डीनाध्वरधूमतोयदततं कौपीनविद्युल्लतं
व्योमेदं परिलक्ष्यतेऽनवसरे सान्द्रीकृतं प्रावृषा।।11।।
एषा तिर्यगपाङ्गभङ्गचटुला बाला स्फुरद्यौवना
कृत्वोत्संगपदे चमूरुशिशुकं मातुस्सरन्तम्मुदा,
नीवारद्रुमपर्णमुष्टिकवलैः कम्प्रैश्च कण्डुयनै-
राह्लादं ममतामयं विदधती पर्णोटजे राजते।।12।।[142]

भासरचिते स्वप्नवासवदत्ते चित्राङ्कनप्रसङ्गः संयोजितः। तत्र महासेनस्य राजप्रासादे वासवदत्ता-उदयनयोः पलायनादनन्तरमुभयोः चित्रयोर्विवाहः अनुष्ठिता आसीत्। उभयोः अङ्कितेे चित्रे परवर्तिकाले धात्रीद्वारा उदयनसमक्षं प्रदर्शिते भवतः। तदा उदयनः पद्मावत्या सह वासवदत्तायाः सुन्दरं चित्रं दृष्ट्वा शोकाकुलो भवति, परन्तु तस्याः चित्रं न तस्याः सदृशमिति पद्मावतीं वदति।[143]

संस्कृतरूपकेषु चित्रदर्शनप्रसङ्ग बहुत्र चरित्राणां परिपोषणाय व्यवह्रियते। शाकुन्तले षष्ठाङ्के अपि परिचारिका चतुरिका विरहिणः राज्ञः शोकोपशमनाय शकुन्तलायाः तेनैवाङ्कितं चित्रमुपस्थापयति। यदा राजा माधवीलतामण्डपे

विदूषकेन सह समयमतिवाहयति तत्रैव चित्रफलकमानेतुं परिचारिका चतुरिका आदिष्टा भवति। दुष्यन्तस्य चित्रकलां दृष्ट्वा चतुरिकाविदूषकौ प्रशंसामुखरौ स्तः। किन्तु राजा अनुभवति यद् शकुन्तलायाः सौन्दर्य्यं तेन रेखामात्रेणैव प्रदर्शितम्-

यद्यत्साधु न चित्रे स्यात्क्रियते तत्तदन्यथा।
तथापि तस्याः लावण्यं रेखया किञ्चिदन्वितम्।।[144]

मालविकाग्निमित्रेऽपि कालिदासः मालविकायाः सौन्दर्यं व्यञ्जितुं चित्राङ्कन-प्रसङ्गस्य सहायतां नयति। प्रथमा एतद् सूच्यते यद् चित्रशालायां मालविकायाः चित्रं दृष्ट्वा राजा अग्निमित्रो मुग्धः सञ्जातः। तदनन्तरं द्वितीयाङ्के तस्याः नृत्यदर्शनसमये राजा चिन्तयति यत् वस्तुतः मालविकायाः चित्राङ्कनसमये चित्रकारस्य एकाग्रता शिथिला आसीत् यतः चित्रतः तस्याः लावण्यस्य हृदयहारित्वमत्यधिकं वर्तते -

चित्रगतायामस्यां कान्तिविसंवादशङ्कि मे हृदयम्।
सम्प्रति शिथिलसमाधिं मन्ये येनेयमालिखिता।।2।।[145]

पूर्वनाट्यकाराणां चित्राङ्कनप्रसङ्गस्य नाट्योप्रयोगप्रवणतां दृष्ट्वा राजेन्द्रमिश्रोऽपि प्रमद्वरायां तस्य प्रयोगं सम्पाद्य स्वनाट्यकलायाः विशेषमधुरतां विदधाति। द्वितीयाङ्के विदूषकः डुण्डुभकः राज्ञः रुरोः कृते प्रमद्वरायाः अनवद्यं रूपं चित्रे अभिव्यनक्ति। तच्चित्रं दृष्ट्वा राजाऽपि प्रमद्वरायाः रूपस्य प्रशंसको भवति।[146]

प्रमद्वरायां तृतीयाङ्केऽपि सैन्धवारण्याश्रमोपवने परित्यक्तस्य तस्य चित्रस्य दर्शनेन प्रमद्वरायाः सखी मदालसा चित्रकारस्य नैपुण्यं प्रदर्शयति -

औन्नत्यं कुचयोर्व्यनक्ति सहजं वर्णानुयोगो दृढं
अङ्गोच्चावचतां समञ्जसगतिः पुष्णाति तुल्याश्रिता
मुद्राभावगतिप्रचारनिकरं दृष्ट्वेव विज्ञायते
चित्रस्थां बहुशो निरीक्ष्य सविधे रागी लिलेखाद्भुतम्।।4।।[147]

अतएव राजेन्द्रमिश्रस्य नाट्यकला आधुनिका भूत्वाऽपि प्राचीननाट्य-परिपाट्या समृद्धा दृश्यते।

राजेन्द्रमिश्रः पारम्परिकछन्दभिर्यथा स्वदक्षतां प्रदर्श्य स्वरूपकाणां सौन्दर्यं विदधाति तथैव नूतनछन्दोभिः श्लोकान् विलिख्य नाट्यरूपे नावीन्यमावाहयति।

नूतनछन्दःसु भावानां गभीरता शब्दानां सावलीलता अन्त्यक्षराणां मेलनञ्च आधुनिकभाषाणां पद्यसुरभिं विच्छुरयति। प्रमद्वरानाटिकायां प्रारम्भे एव प्रस्तावनायां सूत्रधारस्यानुरोधेन विषयवस्तुनः व्यञ्जनां विधाय वियोगमयं गानं प्रयोजयति–

तव न जाने हृदयम्।
प्रिये! तव न जाने हृदयम्।
ननु रथाङ्ग इव हृद्विहगो मम कलयति कटुसमयम्।।
(नेपथ्येऽनुश्रूयते)
सन्ध्यारुचिरिव नभसि निलीना
कोकनदं व्यपहाय विलीना
हृद्भ्रमरो मम रोदिति धावति गणयति गरलमयम्।।[148]

प्रमद्वरायां प्रस्तावनायाः परं नायकः रुरुः मञ्चे प्रविश्य हृदयस्य प्रणयविधुरं भावमुद्गाय अभिव्यनक्ति। अत्रापि नाट्यकारेण पूर्ववद् नूतनछन्दसः प्रयोगं कृत्वा विषयवस्तु प्रारम्भयति, तत् पुनः प्रेमविरहमयमिति अभिव्यञ्जयति –

नादृश्यत सम्प्रति तव सुषमा
(नाश्रयत कलकण्ठमधुरिमा)
हृद्विधुरो मे प्रतिपलमिच्छति पृच्छति तव विषयम्।।
पार्वणशशिनि तवाननकान्तिः
(पारावतमिथुने तव शान्तिः)
हृद्गुह्यक आलपति पयोदं तव कुशलं सभयम्।।5।।।[149]

भारते केचित् अङ्गुलिमेयाः कवयः सन्ति ये संस्कृतगजलरचनायां स्वपारदर्शितां प्रदर्शयन्ति। तेषु राजेन्द्रमिश्रोऽपि वहुमान्यः गजलकविः। प्रमद्वरानाटिकायामपि गजलगीतिकायाः झङ्कारमुत्तोल्य कदाचित् सः परिवेशं भावमयं विदधाति। यदा राजमहिषी सुवर्णा प्रियपरिचारिकाभ्यां यूथिकानव-मालिकाभ्यां सह द्वितीयाङ्के मञ्चे दृश्यते तदा नेपथ्ये रुरोः हृदयोद्वेलकं गानं श्रूयते। गानेऽस्मिन् प्रेमपीडितस्य रुरोः हृद्व्यथा प्रकटिता दृश्यते। श्लोकद्वय–

समन्वितं तद् गानमाधुनिकां गजलगीतिकामपि प्रतिफलयति –

यत्प्रयाचितं त्वया तत् समर्पितं मया
यत्प्रयक्षितं त्वया तन्निजीकृतं मया
दृष्टिरेव तावकी मे रराज नेत्रयोः
यत् प्रदर्शितं त्वया तद् विनिर्मितं मया ।।12 ।।
को न याति विस्मयं सत्यपि द्वये तनोः
यद्धि जीवितं त्वया तद्धि जीवितं मया!!
कीदृशं विलक्षणं प्रीतिबन्धनं प्रिये ।
यत्करे धृतं त्वया तद्गले कृतं मया ।।13 ।।[150]

(ज) विद्योत्तमा

विद्योत्तमानाटिकायां कविः स्वस्य श्लोकसंरचनादक्षतां प्रतिपादयति। प्रारम्भे सूत्रधारः रङ्गमण्डपं प्राप्तानां सामाजिकानां प्रशंसां कृत्वा परिवेशः पूर्णत्वेन रसमय इति अभिव्यज्य वदति –

मुग्धाङ्गनायते यत्र कलिका प्रतिपल्लवम् ।
अनुरक्तायते भृङ्गस्सिप्रावातो विटायते ।।4 ।।[151]

तथैव नटी अपि अवन्तीराज्यस्य सूत्रधारस्य कवेः राजेन्द्रमिश्रस्य च प्रभावं प्रशंस्य नाटिकाया त्रिवर्गसिद्धिर्भविष्यतीति आशां प्रकटयति–

अवन्त्यवन्ती गुणसन्निवेशं भवान् प्रयोगोत्सवसूत्रधारः ।
कविश्च राजेन्द्र इति त्रयम्मे त्रिवर्गसिद्धिक्षममेव भाति ।।5 ।।।[152]

कालिदासः सन्तानप्रसङ्गे अभिज्ञानशाकुन्तले स्वस्य महार्घं चिन्तनं प्रकटयति। तस्य मतेन कन्या भवति अन्यस्य धनं यत् पितुः समीपे न्यासरूपेण स्थापितो वर्तते –

अर्थो हि कन्या परकीय एव तामद्य संप्रेष्य परिग्रहीतुः
जातो ममायं विशदः प्रकामं प्रत्यर्पितन्यास इवान्तरात्मा ।।[153]

शाकुन्तलस्य सप्तमाङ्केऽपि पितृहृदयं वालकपुत्रस्य वालक्रीडया कीदृशं

धन्यं भवति तद् व्यञ्जितमस्ति -

आलक्ष्यदन्तमुकुलाननिमित्तहासै
रव्यक्तवर्णरमणीयवचः प्रवृत्तीन्
अङ्काश्रयप्रणयिनस्तनयान्वहन्तो
धन्यास्तदङ्गरजसा मलिनीभवन्ति।।17।। [154]

विद्योत्तमायां तादृशं सन्तानवात्सल्यं विदिशायाः पुष्यमित्रस्य मुखे व्यञ्जितं दृश्यते। कन्यां विद्योत्तमामभिलक्ष्य परिवारे कन्यकाः देवप्रदत्ताः क्रीडनकविशेषा इति अभिव्यज्य स वदति -

बाल्ये विचित्ररुचिरश्चरितप्रपञ्चै
राच्छाद्य तोयदततीव हृदन्तरक्षितम्
यान्ति स्वकं पतिगृहं निविडाश्रुवृष्ट्या
वैशद्यमापयति बन्धुगण प्रकामम्।।8।। [155]

भवभूतिरपि सन्तानं पित्रो हृदययोः आनन्दग्रन्थिरित्युद्घोषयति -

अन्तःकरणतत्त्वस्य दम्पत्योः स्नेहसंश्रयात्।
आनन्दग्रन्थिरेकोऽयमपत्यमिति बध्यते।।17।। [156]

भवभूतिरपि शिशूनां निष्कारणं हसितं रूदितञ्च गुरुजनानां आह्लादकन्दस्वरूपं भवतीत्यभिव्यनक्ति। उत्तररामचरिते पिता जनकः सीतायाः वाल्यभावं स्मृत्वा वदति-

अनियतरुदितस्मितं विराज
त्कतिपयकोमलदन्तकुड्मलाग्रम्।
वदनकमलकं शिशोः स्मरामि
स्खलदसमञ्जसमञ्जु जल्पितं ते।।4।। [157]

विद्योत्तमा-नाटिकायाः द्वितीयाङ्के विद्योत्तमायाः शारदासादृश्यमभिव्यञ्जन् नायकः देवदत्तः वर्णयति-

पयोदघनगर्जितश्रवणमत्तनृत्यच्छिखि-
प्रकीर्णशितिपिच्छकोपमितकुन्तलाह्लादिनी
विमुक्तकलवल्लकीस्फटिकमाल्यहंसासना

विभात्यपरशारदा स्वयमुपागता भूतलम्।।4।।[158]

अङ्गनानामधरे अमृताविष्करणं नाट्यकारेण अत्यन्तं कलात्मकतया विहितम्। विद्योत्तमया सह आलापकाले देवदत्तः यथा कथामेतां व्यञ्जयति तथा कालिदासस्य काव्यव्यापाराः सर्वथा भवन्ति स्म इति सामाजिकाः सहजेन अनुभवन्ति। अत्र यथा कालिदासीयशब्दाः शृङ्गाररसः रतिपूरकचेष्टाश्च वर्तन्ते राजेन्द्रमिश्रस्य नवकालिदासत्वं कदाचित् न विरोधितां पश्यति-

पाथोधिमन्थनसमुत्थसुधां पुरा यद्
कान्तारधरोष्ठपुटके जुगुहे सयत्नं
दैत्यापवञ्चनभिया स्थविरो विरञ्चिः।
तामद्य सुन्दरि! विरूढतृषः पिवामि।।8।।[159]

अयं श्लोक शाकुन्तलस्य तृतीयाङ्कस्थं तादृशं श्लोकमनायासमधरीकरोतीति काव्यशास्त्रज्ञाः अनुभवेयुः। तत्र राजा दुष्यन्तो वदति-

अपरिक्षतकोमलस्य याव-
त्कुसुमस्येव नवस्य षट्पदेन।
अधरस्य पिपासता मया ते
सदयं सुन्दरि गृह्यते रसोऽस्य।।23।।[160]

कालिदास इव राजेन्द्रमिश्रोऽपि अङ्गनानां मनोभावान् सुष्ठु ज्ञात्वा सहजतया नाट्यसाम्राज्ये तान् अभिव्यज्य विदग्धानां हृदयमावर्जयति। स्वयमपि विद्योत्तमा नारीणां पुरुषासङ्गलोलतां स्वीकरोति -

आकाङ्क्षावृक्षराजिप्रतिनिमिषघनस्पर्शसंघर्षणोत्थः
कौमार्योद्यन्निदाघे प्रसरगुणभरोऽनङ्गनाम् दवाग्निः
कान्ताम्भोदेऽम्बुनद्धे निकटमुपगतेऽभीष्टसम्भोगवर्षे
पीषत्सम्पर्कशून्ये दहति तनुवतीं प्लुष्टचैतन्यसत्त्वाम्।।12।।[161]

देवदत्तस्य काव्यप्रतिभया मुग्धो भूत्वा विदिशायाः महाराजः पुष्पमित्रः स्वकन्यां विद्योत्तमां तस्मै दास्यतीति यदा उदघोषयत् तदा राजप्रासादे राजसभायाञ्च नृत्यगीतानां निर्झरः प्रवहति। परिचारिका रसना तद् विषयं प्रकट्य शब्दध्व-

निकलानुकृत्या यद् वदति तद् राजेन्द्रमिश्रस्य श्लोककलायां ध्वनिमाधुर्यं प्रतिपादयति–

धित्तां धित्तां धिधित्तां धिगिति
धिगिति धिग्धां धधांधां धधुः धुः
धैङ्कारैर्मृदङ्गो नदति
नृपसभामण्डपे नित्यमेव।
पादाघातप्रभङ्ग प्रचलपदगति–
क्षुब्धमञ्जीरभाजां
दृष्टिं बध्नात्यजस्त्रं मुरजरवहरं
नर्तनं नर्तकीनाम्।।1।।[162]

यदा कालिदासेन शिप्रानद्याः प्राभातिकी वर्णना विहिता–

दीर्घीकुर्वन्पटु मदकलं कूजितं सारसानां
प्रत्युषेषु स्फुटितकमलामोदमैत्रीकषाय।
यत्र स्त्रीणां हरति सुरतग्लानिमङ्गानुकूलः
शिप्रावातः प्रियतम इव प्रार्थनाचाटुकारः।।32।।[163]

तथैव राजेन्द्रमिश्रः शिप्रानद्यां सान्ध्योपचारं साधु वर्णयति–

चाम्पेयकुड्मलनिभैश्चलदूर्मिलोलै–
स्सन्ध्याशिखावलचयैर्निचिताम्बूतल्पा।
दूर्वास्थलीव वितता प्रविभाति सिप्रा
खद्योतरिङ्गणवती सुभगाऽधिसन्ध्यम्।।4।।[164]

शाकुन्तले तृतीयाङ्के राजा दुष्यन्तः वदति यद् हे शकुन्तले! यदि मम हृदयमन्यपरायणम् इति चिन्तयति तर्हि कन्दर्पवाणाहतः अयं जनः तत् सन्देहेन हतो भविष्यति–

इदमनन्यपरायणमन्यथा हृदयसंनिहिते हृदयं मम।
यदि समर्थयसे मदिरेक्षणे मदनवाणाहतोऽस्मि हतः पुनः।।18।।[165]

किन्तु राजेन्द्रमिश्रः व्यङ्गार्थपल्लवने अधिकं दक्षतां प्रकटयति। देवदत्तो भवति विद्योत्तमायाः वदनचन्द्रस्य चकोरः। सा यदि तं सन्देहास्पदं कृत्वा

सन्देहोपलैराहतं करिष्यति तर्हि तस्याः अनुरागाश्रितं तस्य जीवनं केवलं स्मृतिमात्रं भूत्वा स्थास्यति। अत्र काव्यिकलास्यं, शृङ्गारव्यञ्जकाः शब्दाः, व्यङ्गार्थाश्रितं शब्दचयनञ्च अवश्यं दर्शनीयतरं भवति –

वदनचन्द्रचकोरमिमं यदि प्रहरसि क्षतिदक्षशिलोच्चयैः।
त्वदनुरागसमेधितजीवितो ध्रुवमयं तनुते स्मृतिशेषताम्।।6।।[166]

नारीणां सन्देहिहृदयमभिव्यज्य देवदत्तमुखे यः श्लोकः प्रकटितः सोऽपि अनन्यप्रतिभाप्रसूत इति अनुभूयते–

व्यतीते क्वासक्तोऽभवदिति सदान्वेषणपरं
क्व चेदानीं गुप्तं शमयति रिरंसामिति चलम्।
पतिप्रेमाशङ्कि प्रतिपलमहो द्वैधविकलं
विधात्रा नारीणां हृदयमतिजिह्मं विरचितम्।।10।।[167]

कदाचित् नाट्यकारः सघनसमस्तपदैः श्लोकं विरच्य स्वस्य भाषादक्षतां भावगाम्भीर्यप्रकटनपटुताञ्च प्रकटयति –

भीष्मग्रीष्मोपतापज्वलितगुरुशिलाविग्रहाद्रिप्रभं तं
भार्याविद्वेषजाग्निप्रदहदुरसिजप्रार्थनं शोकविद्धम्।
धारासाराम्बुवर्षाप्रवणघनघटेवाम्बिकाऽसौ मृडानी
चक्रे नीहारशीतं शमितभवरुजं प्रीतियोगैरमोघैः।।4।।[168]

पक्षान्तरे आधुनिकगीतिकासंरचनायां तस्य दक्षता संस्कृतनाट्यसाहित्यं ऋद्धिमन्तं करोति। चतुर्थाङ्कस्य प्रारम्भे तादृशी सरलतरला गीतिका नाटिकायां काव्यलास्यं विवर्धयति –

रुचिरपदा विलसति गौरी शिवसदने
मुदितहृदा विलसति गौरी शिवसदने।।

शिरसि निधाय दुकूलावरणम्।
श्लथचरणैः प्रचलति गौरी शिवसदने।।

सजलजलदसमकुन्तलकेशे
सिन्दूराणि वहति गौरी शिवसदने।।

ताम्बूलं कलकज्जललेखाम्।
मुखनयनेषु हरति गौरी शिवसदने।

प्रेतपिशाचपरीतपुरारिम्
ईश्वरपदं नयति गौरी शिवसदने।।
अभ्युदयेषु दुरितशमनार्थं
विघ्नहरं जनयति गौरी शिवसदने।।
दाम्पत्यं महितं ख्यापयितुं
देहार्धं विभजति गौरी शिवसदने।।

अतः नाट्यप्रसङ्गेषु पद्यरचनापरम्परां राजेन्द्रमिश्रः कुशलतया परिपालयति। तदुपरि न केवलं कालीदासीयशैल्या अपि तु आधुनिकशैल्या पद्यरचनां कृत्वा रूपकाणां शरीरे आधुनिकतायाः स्पर्शं विदधाति। वस्तुतः सः कालिदासस्य शैलीमनुसृत्य दृश्यश्रव्यादिकाव्यानि करोतीति या कथा सहृदयेषु वर्तते तां कथां किञ्चित् परिवर्तयितुं सोद्घोषयति यद् इदं काव्यं वाल्मीकेः, इदं व्यासस्य, इदं भासस्य, इदञ्च कालिदासस्य इति या कथा सा व्यर्था एव। वस्तुतः स्वयं सरस्वत्यैव कवीनां हस्त गृहीत्वा कवितां करोति। अतः सर्वाः कविताः तस्याः एव। राजेन्द्रमिश्रस्य काव्यशैली श्लोकसंरचनाकला च सरस्वतीनिर्धारिता इति वक्तव्यादस्माद् सूच्यते –

इदं वै वाल्मीकेरिदमपि च काव्यं शुकपितुः
कृतिर्भासस्येयं कविकुलगुरोर्वा कृतिरियम्।
प्रवादोऽयं व्यर्थः कविविषयकस्संसदि यतो
गृहीत्वा तं हस्ते लिखति विधिजायैव कविताम्॥ 21॥[170]

(झ) नाट्यसप्तपदम्

संस्कृतसाहित्ये वहुप्रकारकानि काव्यानि दृश्यन्ते। तत्र खण्डकाव्यम्, गीतिकाव्यम्, दूतकाव्यम्, महाकाव्यम्, उपजीव्यकाव्यम् अन्यानि च वहूनि काव्यरूपाणि वर्तन्ते। एतेषां काव्यानां परिधेः वहिः वहूनि प्रकीर्णकाव्यान्यपि भवन्ति। तानि यथा नीतिकाव्यानि, अन्योक्तिकाव्यानि, शास्त्रकाव्यानि देवकाव्यानि यमककाव्यानि, श्लेषकाव्यानि, अनुप्रासकाव्यानि च भवन्ति।[171]

एतेषु शास्त्रकाव्यानि भवन्ति पण्डितैः रचितानि काव्यानि। विशेषतः व्याकरणपण्डितैः एवंविधानि काव्यानि लिख्यन्ते स्म। व्याकरणनियमानुसारं

शब्दप्रयोगप्रशिक्षणप्रदानाय पण्डितैः इदृशं काव्यं व्यरचि। भट्टकविना विरचितम् रावणवधं भट्टिकाव्यं वा व्याकरणगतनियमप्रयोगस्य प्रतिफलनरूपेण रचितम्। काश्मीरनिवासिना भट्टभीमेन स्वीये रावणार्जुनीये काव्ये अष्टाध्यायीसूत्रक्रमानुसारं पदानां निदर्शनं प्रयोगश्च विहितः। क्षेमेन्द्रण शास्त्रकाव्यस्योदाहरणभावेन सभट्टीकाव्यम् रावणार्जुनीय-महाकाव्यस्य नामोच्चारणं कृतम्।[172]

हलायुधविरचिते कविरहस्यकाव्ये संस्कृतधातूनां भिन्नार्थमयः व्यवहारोऽत्यन्तं सुन्दरतया प्रदर्शितः। केरलकविना वासुदेवेन सर्गत्रयात्मकं वासुदेवविजयकाव्यं विलिख्य पाणिनीयसूत्रानामुदाहरणानि पल्लवितवान्। तस्यैव केरलप्रदेशस्य कविः नारायणः सर्गत्रयात्मकं धातुकाव्यं विलिख्य धातूनां धातुजन्यशब्दानाञ्च प्रयोगः कलात्मकतया विहितवान्। हेमचन्द्रस्य कुमारपालचरिते अष्टाविंशतिः सर्गाः सन्ति। एषु आद्यविंशतिसर्गेषु हेमचन्द्रः व्याकरणनियमानुसारं संस्कृतव्याकरणस्य पल्लवनं विहितम्। अन्तिमेषु अष्टसर्गेषु प्राकृतापभ्रंशव्याकरणसम्बन्धीयाः प्रयोगाः काव्यगताः कृताः।

संस्कृतकाव्यरचनासु एवम्विधं परीक्षणं प्रयोगञ्च दृष्ट्वा राजेन्द्रमिश्रेण **'वाणीघटकमेलकम्'** इति व्याकरणशास्त्राश्रितं व्यङ्ग्प्रधानं लघुनाट्यं रचितम्। अस्यामेकाङ्किकायां संस्कृतविद्यालयस्य दृश्यं समुपस्थापितम्, यत्र कोऽपि संस्कृतविद्वान् आचार्यो वर्तते। तत्र हतप्रभो नामकः कोऽपि संस्कृत-विद्यालयनिरीक्षकः विद्यालयपरिदर्शनार्थमागच्छति। अयं हतप्रभः अत्यन्तमहंकारी हठधर्मी चासीत्। अतः तस्य कठोरव्यवहारस्य सम्मुखीभवितुमाचार्येण संस्कृतछात्राः प्रस्तुतीकृता। तेषामपि छात्राणां नामानि व्याकरणगतशब्दविशेषान् व्यवहृत्य प्रदत्ताः। छात्रषट्कस्य नाम भवति भविष्यत्कालः, यङन्तः, यङ्लुक्, कर्मवाच्यः, एकवचनः कृदन्तश्च। एतेषां निरीक्षकमहोदयैः सह वार्तालापः व्याकरणज्ञानगर्भः शब्दार्थछलमयश्च भूत्वा सामाजिकानां शिष्टं हास्यमुपादयति।

विद्यालयस्याचार्यः निरीक्षकस्य कार्यं मदोन्मत्तगज इवेति छात्रान् सूचयति- "कुख्यातोऽयं निरीक्षकः भिन्नसारंगयूथो गज इव धर्मारण्यं प्रविशति।"[173]

परन्तु छात्राः निरीक्षकस्य प्रश्नेन परास्ता न भविष्यन्तीति उद्घोषयन्ति। पुराकाले दितिगर्भ यथा मरुदेवाः इन्द्रेण एकोनपञ्चाशद्धा खण्डिताऽपि नष्टा नाभवन् तथैव ते न नंक्ष्यन्तीति आचार्यं प्रावोधयम्। खण्डितो भूत्वाऽपि

अङ्गविन्यासविधिना पुनः सज्जा भविष्यन्तीति आश्वासयन्ति। तेषामङ्गन्यासविधिरपि व्याकरणसूत्रप्रयुक्ता हास्यकरी च-

ओम् सुद्ध्युपास्य इति हृदयाय नमः।
ओम् तस्य लोप इति शिरसे स्वाहा।
ओम् इदूदेद्द्विवचनं प्रगृह्यमिति शिखायै वषट्।
ओम् येनाङ्गविकार इति कवचाय हुम्।
ओम् पराजेरसोढ इति अस्त्राय फट्।।[174]

अस्यामेकाङ्किकायामनेन भावेन व्याकरणशास्त्रं प्रयुज्य हास्योत् पादनस्याद्भूतकला राजेन्द्रमिश्रेण प्रदर्शिता।

वाणीघटकमेलके शोभनाः श्लोकाऽपि प्राप्यन्ते। संस्कृतभाषा शाश्वतभाषारूपेण जनानां मङ्गलकारिणी भवतीति वैदिकसत्यानां सरसमुन्मोचनं विधत्ते। रामायणकथामहिम्ना मधुरा इयं वाणी लोकान् सत्पथे प्रचोद्य रावणकर्मरतानां दण्डविधानं करोति। इयं भाषा आर्यसंस्कृते धारिका नित्यं अमृता स्थास्यतीति कवेः नूतनछन्दसा रचिता इति गीतिका ध्वनयति-

न मृता, म्रियते न मरिष्यति वा!
मुरवागमृता शुभदा वरदा
द्विषतां नियतिं रचयिष्यति वा!!
निगमागमगीतिमयी रुचिरा
रघुनाथकथामहिता मधुरा
पुनरेव दशाननकर्मरतान्
घननादमुखान् निहनिष्यति वा!
न मृता, म्रियते न मरिष्यति वा।।4।।[175]

विविधप्रत्ययव्यवहारेण संस्कृतशब्दानां व्यवहारं प्रदर्शयितुमपि राजेन्द्रमिश्रेणाभिनवाः श्लोकाः विरचिताः। प्रत्ययमाध्यमेन घटितानि क्रियापदानि व्यवहृत्य स लिखति -

निष्फलं करोत्यसौ मरुं जलाय चङ्क्नोति
श्रेयसः सृतिं जगत्यरे न कोऽपि बोवुधीति!!
चर्करीति गर्वितो महत्तरव्यतिक्रमम्

पश्य जम्बुकोऽपि सिंहभागमेव मोमुषीति!!
श्रीमदान्धता जनस्य दृष्टिमेव जर्हरीति
साऽन्धता दरिद्रताऽञ्जनं विना न नानशीति!!
चातको जलात्यये बलाहकेषु रारटीति
तद्वदेव विह्वलो जनौघ एष बम्भ्रमीति!![176]

''तथैव यङ्प्रत्ययस्य प्रयोगेन वहवः शब्दाः अन्येषु श्लोकेषु व्यवहृता दृश्यन्ते-

दरीदृश्यते ताण्डवं भूतलेऽस्मिन्
नरीनृत्यते शत्रवं भूतलेऽस्मिन्!!
न पेपीयते शास्त्रवाक्यं मदान्धः
वरीवृद्ध्यते मारवं भूतलेऽस्मिन्!!
न कोकूयेते कोकिलो ध्वांक्षभीतः
सरीसृत्यते लाघवं भूतलेऽस्मिन्!!!
क्व जंगम्यतां हन्त यूथो मृगाणाम्
दनीध्वस्यते खाण्डवं भूतलेऽस्मिन्!!
न राराज्यते क्वापि धर्मोऽभिराजः
क्व जङ्घन्यते नार्जवं भूतलेऽस्मिन्!![177]

राजेन्द्रमिश्रस्य नाट्यसप्तपदनामधेये नाट्यग्रन्थे रूपमतीति नाट्यरासकं स्थानितमस्ति। साहित्यदर्पणे एकाङ्किभेदप्रसङ्गे नाट्यरासकस्य लक्षणं विनिर्दिष्टमस्ति। तत्र उदात्तः नायकः ताललयादिबाहुल्यं, पीठमर्दोपनायकस्य उपस्थितिः वासकसज्जानायिकायाः उपस्थितिः हास्यरसस्य प्रधानता च प्रमुखत्वेन प्राप्यन्ते। साहित्यदर्पणस्य षष्ठपरिच्छेदे विश्वनाथो वदति –

नाट्यरासकमेकाङ्कं बहुताललयस्थिति।। 277।।
उदात्तनायकं तद्वत्पीठमर्दोपनायकम्।
हास्योऽङ्ग्यत्र संश्रृंगारो नारी वासकसज्जिका ।।238।।
मुखनिर्वहणो संधी लास्यांगानि दशापि च।
केचित्प्रतिमुखं संधिमिह नेच्छन्ति केवलम्।।[178]

साहित्यदर्पणे नर्मवती विलासवती चेति नाट्यरासकनामद्वयं यद्यपि उच्चारितमस्ति तथापि तादृशं पुस्तकं नोपलभ्यते। अतः राजेन्द्रमिश्रस्य रूपमतीति नाट्यरासकस्योदाहरणं तामावश्यकतां सम्पूरयति। अस्मिन्नेकाङ्के वास्तवघटनायाः आश्रयं गृहीत्वा कविना नाट्यरासकं कृतम्। मालवदेशस्य राजा बाजबहादुरः धारादुर्गस्याधिपतिः आदिलखान् तस्य बन्धुः। वाजवहादुरस्य राजमहिषी रूपमती यस्याः नादिरा मदिरा च सखिद्वयम्। आदिलखान्मदिरयोः पारस्परिकप्रणयः एकाङ्केऽस्मिन् विविधरसोल्लासेन व्यञ्जितः। एकाङ्कस्यान्तिमे भागे रूपमत्या उभयोर्मेलनं संघटितम्। हास्यशृङ्गाररसयोः सम्मेलनेन इदमेकाङ्कम् पाठकैः आस्वादितम्। नादिरामदिरयोः आलापः रूपमत्याश्च सखीद्वयेन सह उन्मुक्तबन्धुता एकाङ्कमत्यन्तमुपभोग्यं करोति। अत्र बहवः श्लोकाः शृङ्गारभावमाधारीकृत्य निर्मिताः। राजमहिषी रूपमती प्रणयऋजोः दहनं सुन्दरगीतिमाध्यमेन प्रदर्शयति-

भेषजमानय वारय मां सखी! संगमय प्रियपथ्यम्!!
पङ्कपतित मृग इव हृदयं मम ताम्यति सकृदनुरागे।
इन्दिवर इव मधुरसनन्दिनि बन्धिनि कुसुमपरागे।।
ज्वलदङ्गारनिभो मृगलाञ्छन एष विदहति शरीरम्।
व्यर्थमभूद्धिमहारनलिनदलसितघनसारमुशीरम्॥1॥[179]

तथैव गीतगोविन्दस्य लालित्यमनुकृत्य कविना प्रेमप्रसङ्गं रसान्वितं करोति-

बदति नहि राधाऽनुनयति मुकुन्दः
रजति नहि राधाऽनुसरति मुकुन्दः!![180]

कलितकदम्बकदम्बकमण्डितचण्डकिरणतनुजाऽतनुतीरे
समदविनोदसमेधितरतिरस्कृतकलरववरविहगगभीरे।
दिनकरखरकरनिकरकृतारुणवरुणदिगन्तरनिभृतकुटीरे।
अधरविचुम्बनभुजपरिरम्भणकृतरतिरटति विलोचननीरे
श्रितदयहृदयकृतोदयमनसिजसगरलकुमुखशिलोमुखतापः
कुसुममरन्दरसामृतनन्दितमधुपवृन्दझङ्कृतिकृतशापा।
विमनायितनायिकाऽनुनयनयनयनकलाञ्चित युवतिकलापः
अमितशंसवंशीरवखण्डितसुरनरमुनिभुवनत्रयपापः!!

लगति हृदि राधाऽनुनयति मुकुन्दः।
विशति हृदि राधाऽनुसरति मुकुन्दः।।2।।[180]

एकाङ्कस्यान्ते आदिलखान् रजनीप्रणयशोभना भवतु इति आकाङ्क्षां ललितगीतिकायां प्रकटयति–

प्रणयविभवाय भवतु रजनीयम्।
हृदयरसनाय भवतु रजनीयम्।।
समुच्छ्लेदमृतं विधुकलशात्
सदयमदनाय भवतु रजनीयम्!!
गन्धमुदञ्चतु मलयजवातः
निलयगमनाय भवतु रजनीयम्!!
स्वपितु सुखं भ्रमरोऽम्बुजकोशे
दयितशरणाय भवतु रजनीयम्।।20।।[181]

(ञ) नाट्यनवार्णनवम्

प्रसङ्गानुसारं नाट्यनवार्णनवमिति पुस्तके **कलिकौतुकप्रहसने** कतिपयाः श्लोकाः संयोजिताः। देवताभ्यः भोगं समर्प्य तदेव देवप्रसादरूपेण आवन्टणसमये धर्माचार्य्यः श्लोकं गायति–

नमो गोविन्ददेवाय नमस्सोमार्धधारिणे।
नमो रामाय कृष्णाय पराम्बायै नमो नमः।।3।।
सर्वं गाङ्गजलं पूतं नैवेद्यञ्च शिवार्पितम्।
देवार्पणदृशा ग्राह्यं सर्वमेव शुभार्थिना।।4।।[182]

तथैव विवाहकाले पुरोहितानां मङ्गलश्लोकवाचनमेका प्राचीना प्रथा। तदनुसारं वरपक्षीयः पण्डितः यादृशं श्लोकं गायति तत् ग्रामसमाजेषु इदानीमपि दृश्यते। श्लोके अक्षराडम्बरम् अनुप्रासचमत्कारिता ध्वन्यात्मकता च मङ्गलोत्सवे उपस्थितानां सज्जनानां मनांसि हरति –

डिं डिं डिं डिं डिमेति प्रहृतडमरुकोद्दामनादोत्सवोत्थो
धध्धध्धध्धध्धबित्थं श्रुतिचलवलनैस्सिन्धुरास्यस्य सिद्धः।

बं बं बं बं बमेति ब्रुवदखिलचरोल्लोलगण्डाऽहतीद्धः।
पायाद्वस्ताण्डवाख्यो विबुधसुखकरश्शम्भुनृत्यप्रयोगः।।5।।[183]

नाट्यनवार्णवे सप्तमप्रहसनं भवति **द्विजच्छागीयप्रहसनम्।** अस्मिन् प्रहसने कोऽपि दरिद्रः ब्राह्मणः छागशावकं स्कन्धे नीत्वा विक्रयार्थं हट्टे गच्छति। मार्गे त्रयः वञ्चकाः ठगनमभिलक्ष्य एकात् परं एक आगत्य स्कन्धस्थः छागशिशुः शुकरशिशु इति उद्घोष्य ब्राह्मणस्य अब्राह्मण्यं निन्दति। अन्ततो गत्वा ब्राह्मणः वराकः आत्मविश्वासं त्यजति। छागशावकञ्च मार्गार्धे त्यक्त्वा स्वगृहं प्रत्यावर्तते।

प्रहसनेऽस्मिन् प्रसङ्गानुसारं तृतीयवञ्चकस्य सहायकाः वालकाः करतलध्वनिना नवगीतिकां गायन्ति। तेषां गानं राजेन्द्रमिश्रस्य नवछन्दसां रचितां नवगीतिकां श्रोतृणां पुरःसरीकरोति –

भो मनुजोत्तम! नमो नमः!
भो पुरुषोत्तम! नमो नमः!
वहसि वराहशिशुं स्कन्धे
सुतमिव तं कुरुषे स्कन्धे
भो सदयोत्तम! नमो नमः
भो पुरुषोत्तम! नमो नमः!!!
पूर्वमितो नो दृष्टं दृश्यम्
विलक्षणं शंसितवात्सल्यम्
भो सरलोत्तम! नमो नमः
भो पुरुषोत्तम! नमो नमः।।
वर्तुलमुखश्रीत्कृताराव
अयं वराहो महानुभावः!
तमजासुतं भणन्ति भवन्तः
ननु भवादृशाः सन्ति कियन्तः?
विरलजनोत्तम! नमो नमः
भो पुरुषोत्तम नमो नमः!![184]

नाट्यकारः राजेन्द्रमिश्रः यथा नूतनश्लोकगीतिकारचनायां दक्षः तथैव

भावप्रकाशने नूतनतामावाहयितुं समर्थश्च। अस्यां नवगीतिकायां वालकाः यथा ब्राह्मणाय ताच्छल्यवाक्यमुच्चारयन्ति तद दृष्ट्वा गीतिरचनाकलायाः व्यापक उपयोगो भवितुमर्हतीत्यनुभूयते।

अद्भुतज्यौतिषप्रहने दैवज्ञाः कदा कदा ज्यौतिषशास्त्रे अकृत्वाऽपि परिश्रमं काल्पनिकज्यौतिषशास्त्रमुद्धृत्य यजमानान् तोषयन्ति, अर्थञ्च लभन्ते। तेषां वञ्चनाप्रवृत्तिमभिलक्ष्य सूत्रधारोऽपि वदति यत् अधिकदक्षिणाप्राप्त्यर्थं केऽपि दैवज्ञाः शास्त्रमुद्धृत्य स्वयं निर्माय वा सुखलिप्सूनां यजमानानां मनो हरन्ति। कथामेतां प्रकटयितुं सूत्रधारो गायति –

मूलवाक्यं समुद्धृत्य विनिर्मायाथवा निजम्!
यदा व्याख्याति दैवज्ञः स्वतन्त्रं दक्षिणाशया।।3।।
स्वार्थसिद्ध्यन्धभक्तानां तात्कालिकसुखप्रदम्।
अद्भुतज्यौतिषं लोके तदेवाद्य समुच्यते।।4।।[185]

प्रहसनेऽस्मिन् कृकलासनामधेयः कश्चित् दैवज्ञः मिथ्याशास्त्रं गीत्वा यजमानानां सौभाग्यमुत्कर्षति। गृहकर्ता निर्गुणः स्वस्य विवाहयोग्यायाः कन्यायाः कृते तं स्वगृहमाह्वयति। तदा कन्यायाः रज्ज्वाः लग्नपत्रिकां दृष्ट्वा दैवज्ञरत्नावलीनामधेयं काल्पनिकशास्त्रमुद्धृत्य कन्यामातुः आनन्दाय कन्यासौभाग्यमुद्घोषयति –

राहुणा सङ्गतः केतुः सूपश्चन्द्रमसा सह
गुरुणा सङ्गतश्शुक्रो नित्यसौभाग्यकारकः।।5।।[186]

मातुः कर्तय्याः प्रश्नेन कन्यायाः पतिः कीदृशो भविष्यति इति वक्तुं जन्माङ्कपत्रिकायां पतिस्थाने बुधग्रहस्याधिकारित्वात् सन्दिग्धजातकनामके मिथ्याशास्त्रे कल्पितं मिथ्याश्लोकमुद्धृत्य भाविवरस्य सरलतां पत्नीप्रीतिं नम्रताञ्च प्रमाणयति–

नतनेत्रं स्खलद्वाचं प्रियापादोपसेविनम्।
नित्यभीतमवाप्नोति पति कन्या बुधोद्यमैः।।6।।[187]

तथैव कन्यायाः श्वश्रुविषयिकां भविष्यवाणीकर्तुं पण्डितः कृकलासः कन्यायाः श्वश्रुगृहे कठोरशासनक्षमतां प्रमाणयति। काल्पनिकदेवज्ञस्य लम्बजिह्वस्य

काल्पनिके जातकान्धदर्पणनामधेये ग्रन्थे हास्यकरं श्लोकमेकमुद्भाव्य सः कन्यायाः पराक्रमं सूचयति। यतः जन्मलग्नपत्रिकायां कुटुम्बिस्थाने राहु वर्तते, अतः कन्यया: सर्वे शासिताः भविष्यन्ति इति श्लोकार्थः –

गर्जनैस्तर्जनैर्नित्यं शातनैश्च कदर्थनैः।
भ्रामणैर्द्रावणै राहुर्दर्शयते पराक्रमम्।।7।।[188]

वरस्य व्यक्तित्वविषये भविष्यद्वाणीं कर्तुं श्यामलायाः रज्वाः पतिः गौरवर्णो भविष्यतीति कृकलासः एकेन सुभाषितमाध्यमेन निर्दिशति –

कृष्णायास्तु पतिर्गौरः कुब्जायास्तालशीर्षकः।
दरिद्रायाः पतिः श्रेष्ठी कलौ हि जायते ध्रुवम्।।10।।[189]

अस्मिन् प्रहसने मिथ्यादैवज्ञस्य चरित्रानुरूपाः श्लोकाः हास्यकराः पाण्डित्यमयाश्च। अतएव ज्यौतिषशास्त्रमधिकृत्वाऽपि नाट्यकारस्य व्यङ्गार्थमयी श्लोकरचना पाठकैः समादृताः व्याख्याकारैश्च प्रशंसिताः।

(ट) नाट्यनवरत्नम्

नाट्यनवरत्ने प्रथमं लघुरूपकं भवति **मण्डूकप्रहसनम्।** प्रहसनस्य कथा क्षेमेन्द्रस्य वृहत्कथामञ्जर्याः संगृहीता वर्तते। कोऽपि दरिद्रः ब्राह्मणः स्वदारिद्र्यनिवारणार्थं देशस्य राज्ञः मुकुटवर्मणः राजप्रासादसम्मुखाजिरात् कस्यापि वैदेशिकराजपुत्रस्याश्वमपनीय अरण्ये स्थापयति। स्वपत्नीमाध्यमेन आत्मानं महान्तं देवज्ञमुद्घोषयति। राज्ञा अनुरूद्धः सन् ग्रहगणनाभिनयपूर्वकमस्यावस्थानं सूचयति। तदनु राजदैवज्ञभावेन नियुक्तस्सन् सपत्नीकं सपुत्रकञ्च राजकीयं सुखमनुभवति। पुनश्चैकदा राजमहिष्याः रत्नहारं केनापि चोरितम्। तस्याऽपि समाधानं कर्तव्यमिति राजमहिषीप्रार्थनया अयं मुर्खपण्डितः आत्मजिह्वामुपालभ्यते। वस्तुतः जिह्वाधिक्षेपं श्रुत्वा रत्नमोषिका जिह्वानाम्नी दासी मिथ्यापण्डितस्य चरणयोः पतित्वा क्षमां याचते। तस्याः जीवनरक्षार्थं महिषीस्नानागारगवाक्षे रत्नहारं स्थापयेति आदिश्य स्वदैवज्ञत्वं पुनः प्रतिष्ठाप्य रत्नहारस्य स्थानं सूचयति।। एतेन राजमहिषी राजपरिवारश्च ब्राह्मणस्य दैवज्ञत्वे विश्वसाधिक्यं प्रकटयन्ति। किन्तु अधिकदिनं यावत् स्वस्य मूर्खत्वं गोपयितुं स न क्षम इति ज्ञात्वा ब्राह्मणः यदा पलायितुं

यतते तदा दिवाकाले राजवार्ताहर आगत्य राज्ञः पत्रं ददाति, यत्र लिखितमस्ति यद् ब्राह्मणः राजसभामागत्य ईर्षातुरैः पण्डितैः सह ज्यौतिषवादं स्वीकरोतु इति। पत्रमेतं 'प्राप्य भयेनार्धचेतनः पण्डितः निश्चितमृत्युं चिन्तयित्वा राजसभायामुपस्थितो भवति। तत्र लोहितवस्त्रपिहितमुखं कलसमेकं संस्थाप्य विद्वेषिणः राजपण्डिताः तदभ्यन्तरे को जीवः तिष्ठतीति पृच्छन्ति। अस्य कठिनप्रश्नस्योत्तरं प्रदातुमसमर्थः दरिद्रब्राह्मणः आत्मानं मण्डुक इति वाल्यनाम्ना सम्बोध्य अद्य मरणं सुनिश्चितमिति उक्त्वा मूर्च्छामभिनीय भूमै पतति। किन्तु मण्डूक इत्युच्चारणं श्रुत्वा विद्वेषिणः पण्डिता अवगच्छन्ति यदयं ब्राह्मणो भवति त्रिकालज्ञः ज्योतिर्विद्। अनेन भावेन यथा एकः मूर्खः ब्राह्मणः श्रेष्ठः ज्योतिर्विदः परिचयं लभते हास्यकरी सा कथा दर्शकाणामाननन्दाय भवति।

प्रहसनेऽस्मिन् कतिपयाः मनोहारिणः श्लोकाः प्राप्यन्ते। द्वितीयदृश्ये राजधान्यां प्रविश्य महोत्सवावसरे किञ्चित् भोजनं संग्रहणीयमिति यदा ब्राह्मणपत्नी उपदिशति ब्राह्मणः अधिकं किमपि संग्रहितुमघोषयति। सर्वशून्ये विपत्काले बुद्धिरेव कल्पलता इव मनुष्यं रक्षतीति तस्यावबोधः। यदि आशामेघः नभसि नश्यति, यदि प्रज्ञापुष्करिणी शुष्कतां गच्छति, यदि स्वाभिमानलता याचनानले दग्धा भवति, यदि सकलाः काष्ठाः फलहीनाः भवन्ति तर्हि बुद्धिरेव मनुष्यस्य पुनरुत्थानं विदधाति। पण्डितस्योच्चारितोऽयं श्लोकः यथा ब्राह्मणचरित्रानुसारं समुचितः तथैव सुभाषितरूपेण सुहृदयानां प्रोत्साहकः–

आशाऽम्भोदचये नभस्युपरते शुष्के च धीपुष्करे
प्लुष्टायामपि मानवीरुधि दह्याञ्चाऽनले घस्मरे।
शून्यत्वं समुपेयुषि प्रशमिते तुर्येऽपि काष्ठाचये
यैका कल्पलतेव रक्षति नरं सा बुद्धिरुज्जृम्भताम्।।1।।[190]

अन्यत्रापि ईषातुराणां पण्डितानां ब्राह्मणदैवज्ञस्य परीक्षणप्रसङ्गे ब्राह्मणपण्डितः स्वस्य ज्यौतिषशास्त्रानभिज्ञतां संसूच्य केवलं देवानुकम्पया तस्य वचनं सत्यतां याति इति सूचयति। तत्रापि श्लोके ज्यौतिषशास्त्रविदां नामानि उच्चार्य नाट्यकारः ब्राह्मणस्य नमनीयतां प्रदर्शयति–

होडाचक्रमहं न वेद्मि न पुनर्जन्माङ्गचक्रे क्षमो
नो मे कापि गतिर्ग्रहप्रचरणे राशौ प्रवेशोऽथवा।

नोऽधीतं मयका वराहमिहिरप्रोक्तं वृहज्जातकं
शक्तोऽहं नरनाथ! केवलमहो देवाऽनुकम्पोद्गमे!![191]

राजेन्द्रमिश्रस्य नाट्यनवरत्ने 'प्रत्यक्षरौरवं' भवति षष्ठः एकाङ्कः। अत्र मानवाधिकारायोगस्य कोऽपि सदस्यः कमपि केन्द्रीयकारागारं निरीक्षितुं गच्छति। कारागारस्याध्यक्षः निगडितैः वहुभिः दोषकृद्भिः सह तस्य परिचयं कारितवान्। अत्र वहवः ठगाः नरहन्तारः पाशविकाजनाः चौराः तेषां दुष्टकर्मकथाभिः सह प्रदर्शिताः। समाजे यत् यत् पापाचरणं प्रचलति तस्य चित्रमत्यन्तं दक्षतापूर्वकं नाट्यकारेण प्रदर्शितम्। अस्यैकाङ्कस्य उद्घाटितं सत्यं भवति कारागारः रौरवनरकमिव। यथा 'संवाददातृसम्मेलनम्' इत्येकाङ्के भारते राजनैतिकदृश्यं यथा विपन्नं तद् प्रदर्श्यते तथैव 'प्रत्यक्षरौरवम्' इत्येकाङ्के अस्मिन् देशे आधुनिककाले यत् सामाजिकमधोपतनं तदेव प्रदर्श्यते। पापिष्ठानां चित्रप्रदर्शने अत्र नाट्यकारस्य रुचिः वर्तते। तस्मादधिकं समाजसंस्काररूपकम् उद्देश्यं न तथा परिस्फुटं पश्यामः।

राजेन्द्रमिश्रस्य रूपकेषु श्लोकाः अत्यन्तं हृद्याः। ते यद्यपि पूर्वनाट्यकाराणां प्रभावम् ससम्मानं स्वीकुर्वन्ति तथापि कालिदासस्य श्लोकानां स्पन्दनं बहुधा स्वीकुर्वन्ति। प्राचीनसंस्कृतकाव्येषु ये ये प्रमुखा अलङ्काराः प्रयुक्ताः दृश्यन्ते तेऽपि सर्वे राजेन्द्रमिश्रस्य श्लोकेषु परिलक्ष्यन्ते। रूपकेषु तस्य सर्वेऽपि श्लोकाः कथावस्तुनः अग्रगत्यर्थं चरित्राणां क्रमोन्मेषार्थञ्च समर्थाः दृश्यन्ते। भवभूतिरिव केऽपि संस्कृतनाट्यकाराः श्लोकानां समुद्रे वाचिकानां निमज्जनं कारयन्ति परन्तु राजेन्द्रमिश्रेण सावधानतया श्लोकाः रचिताः संस्थापिताश्च। अतः तस्य श्लोकाः वाचिकानामौज्ज्वलं न मलिनीकुर्वन्ति।

श्लोकरचनाकाले राजेन्द्रमिश्रेण नूतनछन्दसामाविष्कारः पाठकानामानन्दाय कृतः। तत्रापि छन्दसामुद्भावने आधुनिकता वहुधा प्रकटिता। जनजातीनां गायनशैलीमनुकृत्य तेन बहुत्र पद्यानि रचितानि। समाजस्य दैनन्दिनं जीवनं चरित्राणि च तस्य श्लोकार्थान् परिपोषयन्ति। तथैव पौराणिकानि चरित्राणि पौराणिकं चिन्तनञ्च तेन विविधैः श्लोकैः पल्लवितम्। कदाचित् गृहेषु उत्सवीयगानानां यः व्यवहारः दृश्यते तस्यापि प्रेरणां नीत्वा कविना श्लोकाः रचिताः। तस्य श्लोकाः मुख्यतः शृङ्गाररसमयाः हास्यरसोच्छलिताः

जनभावप्रकाशकाः जगत्प्रतिविम्बकाश्च भवन्ति। श्लोकेषु छन्दव्याकरणसाधुता तम् उत्तमकवित्वे प्रतिष्ठापयति। पद्यकाव्यानि व्यतिरिच्य तस्य नाटकेष्वपि पद्यचमत्कारिता परिपूर्णाङ्गा इति दृश्यते।

पादटीका

1. दास्यापनोदनम्, नाट्यपञ्चामृतम्, अभिराजराजेन्द्रमिश्रः, वैजयन्तप्रकाशन, इलाहाबाद, 1977, पृ०-3।
2. तत्रैव, पृ० 3।
3. पादस्याविर्भवन्तीमवनतिमवने रक्षतः स्वैरपातैः
   सङ्कोचेनैव दीष्णां मुहुरभिनयतः सर्वलोकातिगानाम्
   दृष्टिं लक्ष्येषु नोग्रज्वलनकणमुचं बध्नतो दाहभीतेर
   इत्याधारानुरोधालिपुरविजयनः पातु वो दुःखनृत्तम्।।2।।
   – मुद्राराक्षसम्, सम्पादना पुष्पा गुप्ता, इस्टर्न बुक लिंकर्स, दिल्ली, 2003, श्लोकः- 1/2, पृ०-5
4. दास्यापनोदनम्, नाट्यापञ्चामृतम्, श्लोकः-3, पृ० 5।
5. वीणापाणिकराम्बुजप्रणयिनी यत्कारयित्री मतिः
   वृद्धि पार्वणचन्द्रिकेव शनकैयन्ती तनोति क्षणम्।।
   हिन्दीसंस्कृतलौकिकप्रचलिते काव्ये प्रतिष्ठापदं
   सम्प्राप्तो जयतादयं कवयिता मध्येसभं साम्प्रतम्।।4।।
   – दास्यापनोदनम्, नाट्यपञ्चामृतम्, श्लोकः-4, पृ० 5।
6. तत्रैव, पृ० – 9।
7. अभिज्ञानशाकुन्तलम्, श्लोकः- 1/33।
8. दास्यापनोदनम्, पृ० 20।
9. तत्रैव, श्लोकः- 18, पृ० – 13।
10. अर्जुनोर्वशीयम्, नाट्यपञ्चामृतम्, श्लोकः-1, पृ०-17।
11. तत्रैव, श्लोकः-4, पृ०-16।
12. तत्रैव, श्लोकः-11, पृ० – 23।
13. तत्रैव, श्लोकः 13, पृ० – 25
14. तत्रैव।
15. मालविकाग्निमित्रम्, सम्पादना- आर.डि. कर्मकार, पुणे, 1950, श्लोकः-2/6, पृ०-28।
16. तत्रैव, श्लोकः-2/8, पृ० 30।
17. अर्जुनोर्वशीयम्, तत्रैव, श्लोकः-14, पृ०-26।

18. अभिज्ञानशाकुन्तलम्, श्लोकः- 1/21
19. अर्जुनोर्वशीयम्, तत्रैव, श्लोकः-21, पृ० - 26
20. प्रीतिनिर्यातनम्, नाट्यपञ्चामृतम्, श्लोकः-2, पृ० 33
21. तत्रैव, श्लोकः-4, पृ० 35।
22. तत्रैव, श्लोकः- 7, पृ० 37।
23. समर्चितमृत्तिकम्, नाट्यपञ्चामृतम्, श्लोकः-2, पृ० 49।
24. अकिञ्चनकाञ्चनम्, अभिराजराजेन्नरमिश्रः, वैजयन्तप्रकाशन, ईलाहाबाद, 1989 (द्वितीय संस्करणम्), श्लोकः-7, पृ० 21।
25 तत्रैव, श्लोकः- 10, पृ०-22।
26. तत्रैव, श्लोकः-11, पृ०-24।
27. तत्रैव, श्लोकः- 13, पृ०-27।
28. तत्रैव, श्लोकः 14, पृ०-28
29. कविसम्मेलनम्, नाट्यपञ्चगव्यम्, अभिराजराजेन्द्र मिश्रः, वैजयन्त प्रकाशन, इलाहाबाद, 1984, पृ०-18
30. तत्रैव, श्लोकः 5, पृ० 18।
31. तत्रैव, श्लोकः-8, पृ० 19।
32. शिशुपालवधम्, सम्पादना-शिवदत्त दाधीय, कृष्णदास एकाडेमी, वाराणसी, 1986, श्लोकः 4 / 20
33. कविसम्मेलनम्, नाट्यपञ्चगव्यम्, श्लोकः-19, पृ०-231
34. शिशुपालवधम्, सम्पादना- गजानन शास्त्री मुसलगाँवकर, चौखाम्बा, वाराणसी, 2006 (द्वितीय संस्करणम्), भूमिका, पृ० - 19।
35. कविसम्मेलनम्, श्लोकः-22, पृ०-24
36. तत्रैव, श्लोकः 23, पृ०-24
37. तत्रैव, पृ०-24।
38. गीतगोविन्दम्, सम्पादना शिवप्रसाद द्विवेदी, चौखाम्बा, वाराणसी, 2010, श्लोकः 1/3।
39. कविसम्मेलनम्, नाट्यपञ्चगव्यम्, श्लोकः-24, पृ०-25
40. श्रीमत्वल्लभाचार्यकृतम् मधुराष्टकम्, स्तोत्ररत्नावली, गीताप्रेस, गोरक्षपुर, 2001 पृ० 200।
41. कविसम्मेलनम्, श्लोकः 28, पृ०-26।
42. अभिराजो नाम्नासि जननि! तस्मादहमप्यभिराज।
त्वमसि मदर्थं यमुना गङ्गा भरतधराऽचलराजः।। 26।।
यत्किञ्चिदपि कुतोऽपि क्वचिदपि ममानुकुलम्।

भूतभाविभवतां ननु तेषां त्वमसि जननि! शुभमूलम्।।30।।
तत्रैव, श्लोकः 29-30, पृ०-26।

43. जयतु जननी! जनमङ्गलकारिणि!!
करकमले तव विलसति वीणा बुधजनमानसविपिनविहारिणि!!
इन्दुकुन्दसमधवलशरीरे, विमलदुकूलविभूषितकाये
शम्भ्वजविष्णुपवनवैश्वानरदेवेन्द्रादिसमर्चितमाये!!
सम्प्रति सम्पादय दयमाना मातः सुरभारति! निजममताम्
ज्ञानं देहि देवि। करुणामयि! विस्तारय सर्वं प्रति समताम!!31।।
– तत्रैव, श्लोकः-31, पृ० 26
44. राधामाधवीयम्, नाट्यपञ्चगव्यम्, श्लोकः-7, पृ० 31
45. तत्रैव, श्लोकः-12, पृ० 33।
46. तत्रैव, श्लोकः-14, पृ०-25।
47. तत्रैव, श्लोकः-15, पृ०-35-36
48. तत्रैव, श्लोकः- 97, पृ० 36।
49. तत्रैव, श्लोकः- 99, पृ० 37।
50. अभिज्ञानशाकुन्तलम् श्लोकः-4 /11।
51. राधामाधवीयम्, नाट्यपञ्चगव्यम्, पृ० 37।
52. फण्टूसचरितभाणः, तत्रैव, श्लोकः-1, 2, पृ० 41।
53. तत्रैव, श्लोकः-8, पृ० 46।
54. तत्रैव, श्लोकः 12, पृ०-47।
55. कचाभिशापम्, तत्रैव, श्लोकः-1, पृ० 62।
56. तत्रैव, श्लोकः 10, पृ० 33
57. तत्रैव, श्लोकः 12, पृ० 68
58. तत्रैव, श्लोकः-14, पृ० 68।
59. तत्रैव, श्लोकः- 15, पृ० 69।
60. तत्रैव, श्लोकः- 97, पृ० 69।
61. तत्रैव, श्लोकः 20, पृ० 70।
62. प्रशान्तराघवम्, अभिराजराजेन्द्रमिश्रः, वैजयन्तप्रकाशन, इलाहाबाद, 2008, अङ्कः 1, पृ० 25
63. तत्रैव, अङ्कः 1, पृ०-25
64. तत्रैव, अङ्कः-1, पृ०-29
65. अभिज्ञानशाकुन्तलम् तत्रैव, पृ० 4।
66. प्रशान्तराघवम् तत्रैव, अङ्कः-1, पृ० 33

67. उत्तररामचरितम् श्लोकः– 1/13, 1/14, पृ० 10
68. तत्रैव, श्लोकः–1/12, पृ० – 8
69. प्रशान्तराघवम्, तत्रैव, श्लोकः–1 / 18, पृ० 34।
70. तत्रैव, श्लोकः– 1/19, पृ०–35
71. तत्रैव, श्लोकः– 2/5, पृ०–45।
72. तत्रैव, श्लोकः 2/7, पृ० 45
73. तत्रैव, श्लोकः 2/1, पृ०–47।
74. उत्तररामचरितम्, श्लोकः– 1/43, पृ०–28
75. स्वप्नवासवदत्तम्, सम्पादना–गङ्गासागर राय, चौखाम्बा, वाराणसी, 2003, (द्वितीय संस्करणः), श्लोकः– 1/16
76. प्रशान्तराघवम्, श्लोकः–2/13, 2/14, पृ० 49।
77. तत्रैव, श्लोकः–3/52, 3/58, पृ० 60।
78. तत्रैव, श्लोकः–4/8, पृष्टम् 68।
79. तत्रैव, श्लोकः–5/9, पृ० 78।
80. तत्रैव, श्लोकः– 6/9, पृ० 84
81. श्रीवाल्मीकियरामायण, प्रथमो भागः, गीता प्रेस, गोरक्षपुर, 1976, वालकाण्डः, श्लोकः– 2/18, पृ०–33।
82. रघुवंशम्, कालिदासग्रन्थावली, प्रथमो भागः, सम्पादना– मिथीलाप्रसाद त्रिपाठी, कालिदास–संस्कृत अकादमी, उज्जयिनी, 2008, श्लोकः–14/7।
83. ध्वन्यालोकः, सम्पादना– आचार्य जगन्नाथ पाठक, चौखाम्बा, वाराणसी, 2009, श्लोकः– 1/5।
84. द्वारे पूर्णाम्बुकुम्भः पथि–पथि विपणी राजमार्गे सुमानि
    श्यामा धेनुस्सवत्सा विकसितनयना दक्षिणे क्वापि बद्धा।
    कूजन्तशशोणिताक्षाः प्रमदवनपिका मञ्जुकीराः पठन्त
    स्सम्भारं मङ्गलानां दधति रघुपते! सिद्धसवर्थियोगे!।5।।
    – प्रशान्तराघवम्, श्लोकः–6/5, पृ० 82।
85. तत्रैव, श्लोकः–6/11, पृ० 82।
86. तत्रैव, श्लोकः–6/6, पृ०–83।
87. तत्रैव, श्लोकः– 7/1, 7/2, पृ० 88।
88. तत्रैव, श्लोकः– 7/10, 7 / 11, पृ० 90।
89. तत्रैव, श्लोकः– 7/17, पृ०–12।
90. तत्रैव, श्लोकः–7/22, पृ०–94।
91. तत्रैव, श्लोकः–7/20, पृ० 93

92. श्वेतोद्धारः, नाट्यनवग्रहम्, श्लोकः-9, पृ० 44।
93. तत्रैव, श्लोकः-7, पृ० 43।
94. उत्तररामचरितम्, तत्रैव, श्लोकः- 1/43, पृ०-28।
95. सत्यकामजावालः तत्रैव, श्लोकः- 1/43, पृ० 28।
96. तत्रैव, पृ० 51।
97. तत्रैव, श्लोकः-7-8, पृ० 51-52।
98. नामकरणम्, नाट्यनवग्रहम्, श्लोकः-10-11, पृ० 63।
99. तत्रैव, श्लोकः 12, पृ० 64
100. तत्रैव, पृ०-67।
101. तत्रैव, श्लोकः-6, पृ० 61।
102. मेघदूतम् (उत्तरमेघः), श्लोकः- 2/10।
103. नामकरणम् तत्रैव, श्लोकः-5, पृ० 61।
104. ''शिखरमूले बाहुनिचयं संयोज्य सवलमुत्खातुं प्रयतते। शिखरं संस्खलदिवपरिलक्ष्यते'' तत्रैव, पृ० 62।
105. मेघदूतम्, श्लोकः-2/61।
106. नामकरणम्, तत्रैव पृ० 62।
107. रामायणम्, उत्तरकाण्डः, श्लोकः-1-2, सर्गः-14, पृ०-634।
108. ''भो भो देवाः। अप्रमत्ता भवत 'सयत्नममरावती देवाङ्गनाश्च रक्षत। एष गदाप्रहारनिपातितधनाध्यक्षः उपद्रुतमणिभद्रश्चक्राहतसम्योधकण्टकस्तोमरप्रहारभस्मीकृतसूर्यभानुः सञ्जातविजयमदो राक्षसराजो लङ्कापतिः विमान श्रेष्ठं पुष्पकमधिरुह्य षड्भिः सचिवः परिवृत्तः कलासाभिमुख इत एवाभियांति'' - नामकरणम्, नाट्यनवग्रहम्, पृ० 60।
109. (क) एतस्मिन्नन्तरे राम विस्तीर्णवलवाहनः।
प्रेषितो न्यपतद् यक्षो नाम्ना संयोधकण्टकः।।21।।

(ख) तं तु राजन् दशग्रीवं प्रविशन्तं निशाचरम्।
सूर्यभानुरिति ख्यातो द्वारपालो न्यवारयत्।। 25।।

(ग) ततस्ताँल्लक्ष्य वित्रस्तान् यक्षेन्द्राश्च सहस्त्रशः
धनाध्यक्षो महायक्षं मणिभद्रमथाब्रवीत्।। 1।।

(घ) एवमुक्तो महाबाहुर्मणिभद्रः सुदुर्जयः।
वृतो यक्षसहस्त्रैस्तु चतुर्भि समयोधयत्।।3।।

-रामायणम्, उत्तरकाण्ड, श्लोकः-14/21, 14/25, 15/1, 15/3/
110. स्वप्नाज्जागरणं वरम्, रूपरुद्रीयम्, श्लोकः-3-4, पृ० 20
111. शिवो भवति नर्मदेश्वरः। मध्यप्रदेशे इन्दोर-नगर्याः परपार्श्वे विन्ध्याटव्यां प्रवहति इयं

नर्मदा नदी। तत्र नद्यभ्यन्तरे मान्धातापर्वतस्य शिखरदेशे ओंकारेश्वर शिवो निवसति। अतएव नर्मदानद्याः स्वामीरूपेण सः नर्मदेश्वर इत्याख्यया कविना निर्दिश्यते।

112. स्वप्नाज्जागरणं वरम्, तत्रैव, पृ० 21–22 ॥

113. तत्रैव, पृ०–22।

114. तत्रैव, पृ०–22।

115. (क) स्वप्नर्षिः–भद्रे! कथं न पश्यतु बलाका! क्षीरधवला चन्द्रिका सजलो जलधरः प्रभिन्नकुवलयुगलम् प्रमत्ता रोदर पटली बन्धुककुसुमम् परिस्फुटदाडिमवीजानि शुकशावकानुकृतिः – हन्त भोः एकस्मिन्नेव तवानने किं किं न राराज्यते? श्रमं विनैव सर्वमेकत्रोपलभ्यते

(ख) स्वप्नर्षिः– भद्रे! अलमन्यथोत्प्रेक्ष। नारीजीवनस्य सार्थकतोद्वाह एवेतिमानना मयानुरूद्धासि पुरुषे लवलीवलयकोमलत्वमिव नार्यामपि चण्डपाण्डित्यं न शोभते। नार्याः शोभा गृहदेहली परिमिते प्राङ्गण इव

(ग) स्वप्नर्षिः– भद्रे! साधु निगदसि। परन्तु युवती नारी प्राध्यापिका वा स्यात् आयकराधिकारिणी वा राजनेत्री वा सर्वत्रापि सा स्वयौवनमूल्येन स्वरूपसौन्दर्यमूल्येनैव वाऽभिज्ञायते।

(घ) स्वप्नर्षिः– बलाके ममाभिप्रायं नः गृह्णासि! नारी सर्वगुणमण्डिता सर्वक लापण्डिता। तथापि रूपसौन्दर्यमेव तस्या अभिज्ञानम्। पञ्चशरनाट्यव्यतिकर-रंगायमाणं तस्या जीवनमिति मन्मतम्।

– स्वप्नाज्जागरणं वरम्, तत्रैव, पृ०–23–24

116. को विजयते नैव ज्ञातम्, रूपरुद्रीयम्, पृ० 87।

117. तत्रैव, पृ० 87।

118. तत्रैव, पृ० 88। –

119. तत्रैव, पृ० 88।

120. तत्रैव, पृ० 102।

121. तत्रैव, पृ० 105

122. प्रमद्वरा, श्लोकः– 1/1, 1/2, पृ० 1

123. तत्रैव, श्लोकः– 1/7, पृ० 8।

124. तत्रैव, श्लोकः–1/12, पृ० 10। 125. तत्रैव, श्लोकः– 2/3, पृ०–17।

126. अभिज्ञानशाकुन्तलम्, श्लोकः–6/10।

127. (क) यद्यत्साधु न चित्रे स्यात्क्रियते तत्तदन्यथा।
न तथपि तस्या लावण्यं रेखया किंचिदन्वितम्।।14।

(ख) खिन्नाङ्गुलिविनिवेशो रेखाप्रान्तेषु दृश्यते मलिनः
अश्रु च कपोलपतितं दृश्यमिदं वर्तिकोच्छ्वसात्। 15

(ग) साक्षात्प्रियामुपगतामपहाय पूर्वं
चित्रार्पितां पुनरिमां वहु मन्यमानः
स्त्रोतोवहां पथि निकमजलामतीत्य।
जातः सखे प्रणयवान्मृगतृष्णिकायाम्।।16।।

(घ) कार्या सैकतलीनहंसमिथुना स्त्रोतोवहा मालिनी
पादास्तामभितो निषण्णहरिणा गौरीगुरोः पावनाः।
शाखालम्बितवल्कलस्य च तरोर्निर्मातुमिच्छाम्यघः।
शृङ्गे कृष्णमृगस्य वामनयनं कण्डुयमानां मृगीम्।।17।।

(ङ) कृतं न कर्णापितबन्धनं सखे
शिरीषमागण्डविलम्बिकेसरम्।
न वा शरच्चन्द्रमरीचिकोमलं
मृणालसूत्रं रचितं स्तनान्तरे।।18।।

(च) एषा कुसुमनिषण्णा तृषितापि सती भवन्तमनुरक्ता।
प्रतिपालयति मधुकरी न खलु मधु विना त्वया पिवति।। 19।।

(छ) अक्लिष्टबालतरुपल्लवलोभनीयं
पीतं मया सदयमेव रतोत्सवेषु।
बिम्बाधरं स्पृशसि चेद्भ्रमरप्रियाया
स्त्वां कारयामि कमलोदरबन्धनस्थम्।। 20।।

(ज) दर्शनसुखमनुभवतः साक्षादिव तन्मयेन हृदयेन।
स्मृतिकारिणा त्वया मे पुनरपि चित्रीकृता कान्ता।। 21।।

(झ) प्रजागररविलीभूतस्तस्याः स्वप्ने समागमः।
बास्पस्तु न ददात्येनां द्रष्टुं चित्रगतामपि।।22।।
अभिज्ञानशाकुन्तलम्, श्लोकः-6/14-6/22, पृष्ठानि 136-164।

128. प्रोत्फुल्लशारदसरोरुहरम्यकान्तिः
गोविन्दशङ्खशुचिवर्तुलतां दधानः।
मत्क्षेमयोगकुशलादिमलिम्लुयोऽयं
निर्मीयते प्रियतमालसदाननेन्दुः।। 6।।
कपोलाभ्यां क्लेशं सुतनु! नयनाभ्यां निरसनं
भ्रूवा भीतिं मूद्धर्ना मदनशरदाहव्यतिकरम्। विनशयन्ती बिम्बाधरयुगलकान्त्या विषमतां
रूजश्चोरोजाभ्यां प्रमदयसि नाम्नैव रुरुकम्।।10।।
– प्रमद्वरा, श्लोकः 2/9, 2 / 10, पृ० -24-25

129. तत्रैव, द्वितीयाङ्कः, पृ० 30

130. तत्रैव, तृतीयाङ्कः, पृ०-36।

131. तत्रैव, श्लोकः-4/12, 4/13, पृ० 54।

132. तत्रैव, श्लोकः-3/15।

133. प्रमद्वरा, अङ्कः-1, पृ०-3।

134. प्रमद्वरा श्लोकः- 1/6, पृ०-5

135. काव्यप्रकाशः, आचार्य विश्वेश्वर शिरोमणि, ज्ञानमण्डल लिमिटेड, वाराणसी, 1660, प्रथम उल्लासः, श्लोकः1, पृ० - 16

136. मृच्छकटिकम्, श्लोकः-3 / 28 137. प्रमद्वरा, अङ्क-1, पृ०-8-9।

138. राजा-विश्रान्तेन भवता ममाप्यनावासे कर्मणि सहायेन भवितव्यम्। विदूषकः-किं मोदकखण्डिकायाम्। तेन ह्ययं सुगृहीतः क्षणः।
अभिज्ञानशाकुन्तलम् अङ्कः-2, पृ० 44

139. डुण्डुभकः- ''वयस्य! भार्गव!!
मन्ये क्षुत्क्षामकण्ठाय मे मोदकखादिकेव स्थूलकेशतनयापि सा भवतेऽतितरां रोचते। तन्मयापि नाम डुण्डुभकेन संगमोपायश्चिन्तित एव।''
- प्रमद्वरा, अङ्कः- 1, पृ० 9।

140. ''ततो महत् प्रत्यूषे दास्याः पुत्रः शकुनिलुब्धकैर्वनग्रहणकोलाहलेन प्रतिबोधितोऽस्मि।''
-अभिज्ञानशाकुन्तलम्, द्वितीयोऽङ्कः, पृ०-40।

141. डुण्डुभकः-क्वासौ दृष्टा? गृहकुक्कुटानामनवसरचीत्कृतैस्तत्क्षणमेव भगना मे निद्रा। निद्रासमकालमेव स्वप्नहतकोऽपि तावत् प्रनष्टः प्रमद्वारा, अङ्कः-1, पृ० - 10

142. तत्रैव, अङ्कः-1, पृ०-11॥

143. पद्मावती (दृष्ट्वा आत्मगतम्) हम्। अतिसदृशी खल्वियमार्याया अवन्तिकायाः। (प्रकाशम्) आर्यपुत्र! सदृशी खल्वियमार्यायाः।
राजा- न सदृशी सैवेति मन्ये। भोः कष्टम्।
अस्य स्निग्धस्य वर्णस्य विपत्तिदरुणा कथम्।
इदं च मुखमाधुर्य कथं दूषितमग्निना।।13।।
पद्मावती-आर्यपुत्रस्य प्रतिकृतिं दृष्ट्वा जानामोयमायया सदृशी न वेति।
- स्वप्नवासवदत्तम् अङ्का 6, M.R. Kale, Motilal Banarisidass Publishers, Delhi, 1661, पृ० 60

144. अभिज्ञानशाकुन्तलम् अङ्कः-6, पृ० 187।

145. मालविकाग्निमित्रम्, C.R. Devdhar, Motilal Banarasidass Publication, Delhi. 1966, श्लोकः- 2/2, पृ०-38।

146. प्रोत्फुल्लशारदसरोरुहरम्यकान्तिः
गोविन्दशङ्खशुचिवर्तुलतां दधानः

मत्क्षोमयोगकुशलादिमलिम्लुचोऽयं
निर्मीयते प्रियतमालसदाननेन्दुः 77677
– प्रमद्वरा, श्लोकः–2 / 9, 2/10, पृ०–24।

147. प्रमद्वरा श्लोकः–3/4, पृ०–36।
148. तत्रैव, अङ्कः–1, पृ० 2
149. तत्रैव, अङ्कः–1, पृ०–5।
150. तत्रैव, अङ्कः 2, पृ०–28
151. विद्योत्तमा, अभिराजराजेन्द्र मिश्रः, Eastern Book Linkers, Delhi, 1992, अङ्कः–1, पृ० 5 1
152. तत्रैव, पृ० 6।
153. अभिज्ञानशाकुन्तलम्, C.R. Devadhar, Motilal Banarasi Dass, Delhi, श्लोकः–4/21, पृ०–126।
154. तत्रैव, श्लोकः– 7/17, पृ०–224।
155. विद्योत्तमा, तत्रैव, श्लोकः– 1/8, पृ०–8।
156. उत्तररामचरितम्, श्लोकः– 1/17, पृ०–70।
157. तत्रैव, श्लोकः–1/4, पृ०–50।
158. विद्योत्तमा, श्लोकः– 2/4, पृ० –24।
159. तत्रैव, श्लोकः–8, पृ०–24।
160. अभिज्ञानशाकुन्तलम्, श्लोकः–3/33, पृ०–88।
161. विद्योत्तमा, अङ्कः– 2, पृ० 19
162. तत्रैव, श्लोकः–3/1, 3/2, पृ० 32।
163. मेघदूतम् (पूर्वमेघः), श्लोकः–32।
164. विद्योत्तमा, श्लोकः– 3/4, पृ० 34।
165. अभिज्ञानशाकुन्तलम्, श्लोकः– 3/18, पृ०–84
166. विद्योत्तमा, श्लोकः–3/9, पृ० 46।
167. तत्रैव, श्लोकः–3/10, पृ० 46।
168. तत्रैव, श्लोकः–4/4, पृ०–43।
169. तत्रैव, श्लोकः–4/1, पृ०–41–55।
170. तत्रैव, श्लोकः–4/21, पृ०–67।
171. प्रकीर्णकाव्य, संस्कृतसाहित्य का इतिहास, बलदेव उपाध्याय, शारदा निकेतन, वाराणसी, 2001 (दशमः संस्करणः), पृ०–285।
172. सुवृत्ततिलकम्, क्षेमेन्द्रः, श्लोकः–3/4।
173. वाणीघटकमेलकम्, नाट्यसप्तपदम्, पृ०–50।

174. तत्रैव, पृ० 50।
175. तत्रैव, पृ० 49।
176. तत्रैव, पृ० 54।
177. तत्रैव, पृ० 55
178. साहित्यदर्पणः, सम्पादना- शालिग्रामशास्त्री, श्लोकः–277–271, पृ०–221।
179. रूपमती, नाट्यसप्तपदम्, पृ०–59।
180. तत्रैव, पृ० 94
181. तत्रैव, पृ० 102।
182. कालिकौतुकप्रहसनम्, नाट्यनवार्णवम्, पृ० 44।
183. तत्रैव, पृ०–46।
184. द्विजच्छागीयप्रहसनम्, तत्रैव, पृ० 71।
185. अद्भुतज्योतिषप्रहसनम्, तत्रैव, पृ० 76।
186. तत्रैव, पृ०–78
187. तत्रैव, पृ० 38
188. तत्रैव, पृ० 76।
189. तत्रैव, पृ० 80।
190. मण्डूकप्रहसनम्, नाट्यनवरत्नम्, श्लोकः–1, पृ० 16।
191. तत्रैव, पृ० 16।

तृतीयोऽध्यायः

राजेन्द्रमिश्रस्य रूपकेषु वाचिकप्रयोगकौशलम्

वाचिकं (Dialogue) कस्यापि रूपकस्य जीवनस्पन्दनं भवति। वाचिकमाध्यमेन घटनानां परिवेषणं चरित्राणां मानसिकस्थितिपरिचयः विषयस्य अग्रगतिः रसानाञ्च परिवेषणं भवति। अतः वाचिकानां प्रयोगे कोऽपि नाट्यकारः यथा प्रवीणो भवति तथैव तस्य रूपकस्य आकृतिः परिव्याप्ता भवति। राजेन्द्र मिश्रः स्वरूपकेषु वाचिकप्रयोगकौशलम् अत्यन्तं सूक्ष्मतया गम्भीरतया च गृह्णाति। अतः तस्य वाचिकानामध्ययनं कृत्वा तस्य रूपकेषु वाचिककलायाः प्रसारमाविष्कर्तुं वयम् प्रकल्पयामः।

कवीनां वाक्चातुर्यविषये प्रेम-पेशलहृदयविषये च राजेन्द्रमिश्रः विद्योत्तमा-नाटिकायाः तृतीयाङ्के सूचयति। तस्यापि प्रमुखकवित्वात् इयं रीतिः प्रयुक्ता भवति। अस्यां नाटिकायां नायिका विद्योत्तमा नायकं देवदत्तं (कालिदास) वदति- "वाक्चतुराः कवयो नैकहृदया इति सम्यगहं वेद्मि। यावत्यस्तेषां काव्यनायिकास्तावन्ति तत्प्रणयावसक्तानि तेषां हृदयान्यपि।"[1]

अतः राजेन्द्रमिश्रस्य रूपकराज्ये वाचिकवाग्विलासः तस्य शृङ्गारछविलेन वाक्चातुर्येण सह साधु विलसति।

(क) नाट्यपञ्चामृतम्

नाटके या कथनशैली राजेन्द्रमिश्रेण अनुसृता सा अत्यन्तं मनोमुग्धकरी। नाट्यपञ्चामृत-पुस्तके 'दास्यापनोदनम्' इति एकाङ्किकायाः प्रस्तावनायां सुत्रधारः मञ्चे दर्शकान् विषयप्रसङ्गे प्रवेशयितुं यतमानः। तदा नटी गृहे धर्मपुत्ररूपेण गृहीतं बालकं मञ्चमानीय ताडयति। वालकः हट्टकार्यं सम्पादयितुं नेच्छति।

अतः तं ताडयन्ती सा वदति- ''व्रूहि रे पाटच्चर। हट्टं गमिष्यसि न वा? अनलसोऽसि भोजने। निखिलमेव महानसं जठराग्निना दग्धुं प्रभवसि। कार्याणि कः करिष्यति, तव पिता पितामहो वा?''[2] तद् दृष्ट्वा सुत्रधारो वदति –

''चण्डि! किमिदम् अकाण्डे प्रथनम्? भृशमनवसरज्ञाऽसि यदुचितम् अनुचितं वापि न पश्यसि।''[3]

अत्र चण्डीशब्दस्य प्रयोगः सुत्रधारस्य नटीस्नेहं यथा प्रकाशयति तथैव नट्याः धर्मपुत्रे स्नेहहीनतामपि व्यञ्जयति। चण्डी-शब्दस्य स्नेहपूर्वक-प्रयोगः रघुवंशे कालिदासेनापि कृतः दृश्यते।

''करेण वातायनलम्बितेन स्पृष्टस्त्वया चण्डि! कुतूहलिन्या।
आमुञ्चतीवाभरणं द्वितीयमुद्भिन्नविद्युद्वलयो घनस्ते।।''[4]

अन्यत्रापि सुत्रधारः स्वपत्नीं नटीं खेदेन गृहचण्डिका इति वदति- ''किन्तु गृहचण्डिका मे क्रीतदासमिमं मन्यमाना न साध्वाचरत्यनेन सार्धम्।''[5]

सुत्रधारस्य 'अकाण्डे प्रथनम्' इति खेदोक्तया नाटकप्रारम्भे वालकस्य दोषोद्घाटनं अयुक्तिकरमिति सूच्यते। नट्याः अयं व्यवहारदोषः वस्तुतः काव्यशास्त्रे अपि अकाण्डे-प्रथन-नामकस्य दोषस्य स्मरणं कारयति। रसस्य अनुचितस्थाने विस्तारो भङ्गो वा अकाण्डे प्रथनम् इति दोषम् सृजति। विश्वनाथो वदति –

अकाण्डे प्रथनच्छेदौ तथा दीप्ति पुनःपुनः
अंगिनोऽननुसंधानमनंगस्य च कीर्तनम्
अतिविस्तृतिरंगस्य प्रकृतीनां विपर्ययः।
अर्थानौचित्यमन्यच्च दोषा रसगताः मताः।।25।।[6]

सुत्रधारस्य मन्तव्येन क्रुद्धा नटी उत्तरयति- ''भवतैव विहितसपर्योऽयं दुष्टबटुकश्चतुष्पथवलीबर्द इव प्रतिपलं रोमन्थमभ्यस्यति। तत् किम्मयैव हट्टकार्याण्यपि सम्पादनीयानि?''[7]

अत्र 'दुष्टबटुक' इति शब्दः मृच्छकटिके प्रथमाङ्के विदूषकाय शकारेण प्रयुक्तं वाक्यं स्मारयति – ''किं निमित्तं पुनर्भाव! एतस्य दुष्टबटुकस्य विनयाञ्जलिं कृत्या पादयोर्निपतितः?''[8]

अत्र दुष्टबटुकशब्दः दुष्टब्राह्मणार्थे न प्रयुक्तः। नट्याः वाक्ये चतुष्पथ इति शब्दोऽपि मृच्छकटिके वहुत्र व्यवहृतः दृश्यते। प्राचीनभारतीयनगरेषु चतुष्पथे नगरमातृकानां मूर्तयो भवन्ति स्म। तस्मिन् स्थाने मातृकाभ्यः वलिः दीयते स्म। तद् खादितुं यथा नगरवलीवर्दः प्रयासो भवति स्म तथैव कुक्कुरा अपि। अस्य सूचना मृच्छकटिके प्राप्यते।[9] पुनश्च तस्याः वाक्ये "रोमन्थमभ्यस्यति" इति यद् वाक्यं तत् शाकुन्तले दुष्यन्तः व्यवहरति।[10] यद्यपि राजेन्द्रमिश्रः स्वकाव्यकलायाम् प्रचीनकवीनां प्रभावान् प्रतिफलयति तथापि तस्य वाग्भङ्गीमौलिकताम् विभर्ति। सूत्रधारस्य 'देवी' इति सम्बोधनेन क्षुब्धतरा नटी धर्मपुत्रस्योपरि सरोषं पुनः प्रकाश्य वदति- "मृता ते देवी। साम्प्रतं स्वकीयं रघुनन्दनम् उत्सङ्गतल्पम् अधिरोप्य कुशलम् पृच्छतु भवान्! याम्यहम्। कापालिकस्य ते बलिकर्मणि यदहमेव छागीभूतास्मि।"[11] अतः राजेन्द्रमिश्रस्य प्रकाशभङ्गिषु सर्वत्र भारतीयसंस्कृतेः प्रतिफलनं दृश्यते। भारतीयसंस्कृतेः निर्यासः यथा वेदेषु तथैव रामायणमहाभारतपुराणादिषु सम्भृतोऽस्ति। पुराणपृष्ठातः विनतायाः कद्रोः? दासीत्वात् स्वपुत्रेण गरुडेन मुक्तिविषयम् आधारीकृत्य दास्यापनोदनम् इति एकाङ्कम् रचितम् राजेन्द्रमिश्रेण। तत्र विनतायाः सुतः शिशुः गरुडः नागशिशुभिः दासीपुत्रसम्बोधन अपमानितो भवति। यदि तस्य माता आत्मनः दासीत्वं नाङ्गीकरोति तर्हि सा नागशिशोः मस्तकं पाटयिष्यति इति वदति- "यद्यम्बा न तथा भणति मुखन्ते मडमडायिष्यामि। त्रोटयिष्यामि ते कुब्जदन्तान्!"[12] अत्र 'मडमडायिष्यामि' इति यः शब्दः सः मृच्छकटिके मूलतः प्राप्यते। प्रथमाङ्के शकारः विदूषकं वदति- "यदि न भणिष्यसि तदा कपाटविलप्रविष्टां कपित्थगुलिकामिव मस्तकं ते मडमडायिष्यामि।"[13]

राजेन्द्रमिश्रस्य वर्णनायां बहुत्र शब्दानां सौशब्दं शब्दसंयोजनायां पाण्डित्यमयं कवित्वञ्च नाटकेषु शब्दलास्यमुद्भावयति। तद्यथा दास्यापनोदन- एकाङ्किकायां स्वर्गपुरीवर्णना-

"देवलोकस्थिता पुरन्दरपुरी अमरावती। चञ्चत्पताकानि। समुन्नतगोपुराणि गगनचुम्बीनि भवनानि दृश्यन्ते। एकतस्तावन्नन्दनवनपारिजातादिविभवलासितो वैजयन्तप्रासादः। सर्वत्रैव सुरपुरोचिताऽमन्दनन्दसन्दोहसंवलिता वासन्तीसुषमा सुखसम्पत्तिश्च राराज्यते।[14]

तथैव यदा विनतानन्दनः सुपर्णः स्वर्गनगरीं प्रविशति तस्य वर्णना अभिज्ञानशाकुन्तलस्य प्रथमाङ्के गजप्रवेशसूचना इव श्रूयते- "भो भोः आदित्यप्रमुखाः वृन्दारकाः सन्नद्धा भवतात्मरक्षायै। एष खलु प्रलयझञ्झावेगात् आक्रममाणो विनतानन्दनस्सुपर्णः प्रखरतरचञ्चच्चञ्च्वग्रायुधेन देवसैन्यं विदलन् पुरहूतभवनाभ्यर्णचरस्सन्दृश्यते।"[15]

अर्जुनोर्वशीय इति एकाङ्के देवसभायाम् उर्वशी निवातकवचकालिकेय विनाशाभिनयं प्रदर्शयति। पित्रा इन्द्रेण सह सिंहासने उपविष्टः अर्जुनः ऊर्वश्याः नृत्याभिनयम् एकाग्रं पश्यति। तद्दृष्ट्वा अर्जुनः उर्वश्यां प्रीणातीति मन्यमानः इन्द्रदेवः उभयोर्सम्मेलनस्य कौशलं चिन्तयति। इन्द्रस्य चिन्तनं नाट्यकारेण यथा सुशब्दजालैः प्रतिविम्बितं तद् नाट्यकारस्य विदग्धं रचनाकौशलं प्रतिपादयति- "अये नागरसीमन्तिनी-रूपमाधुरी-मथित-हृदयो ग्रामटिकावटुक इव यदयं वत्सो मेऽभिभूतचेतनालेशं निपुणमवेक्षते वृन्दारकवधूटीमुर्वशीं तेन स्पष्टं विज्ञायतेऽस्यानुराग एतस्याम्। भवतु उपायं चिन्तयिष्याम्यनयो - स्सङ्गमस्य।"[16]

अस्मिन्नेकाङ्के इन्द्रसभावर्णना स्वर्गीयपरिवेशं दर्शाकाणां समक्षमुन्मोचयति।[17]

अस्यैकाङ्कस्य द्वितीय-दृश्ये इन्द्रस्य वैजयन्तप्रासादे स्वनिवासे विश्रमन्तमर्जुनं सम्प्रदर्श्य स्वर्गीयनिवासस्य या वर्णना सा राजेन्द्रमिश्रस्य स्वर्गकल्पनां चित्रशब्द-गुम्फनकला प्रदर्शनेन प्रतिपादयति।[18]

प्रीतिनिर्यातनम् इत्येकाङ्के नर्तकी जैनावाई यथा स्वनृत्यसङ्गीतकलया औरङ्गजेवस्य हृदयं विजितवती महिषीपदवीमपि आरूढवती च तद् वर्णयन् अमीरखानः (इलाहावाद-प्रान्ताध्यक्षः) वदति- "तस्मिन्नेव महोत्सवसम्भारे त्वयाऽऽनीता काचिदनिन्द्यसुन्दरी नर्तकी जैनाबाईनाम्नी या पुनः शुष्कहृदयस्यापि कलासंगीतनृत्यादिविरोधिनोऽप्यालमगीरस्य हृदयमन्दिरं स्वचरणकमलमञ्जीर-क्षुद्रघण्टिकाभिर्मुखरं कृतवती। श्रुतम्मया यत्साम्प्रतं सैव भूरिभाग्या राजराजेश्वरेण सबहुमानं महिषीपदमारोपित।[19]

विविधपरिवेशवर्णनायां नाट्यकारस्य दक्षता वहुवारं प्रमाणिता। प्रीतिनिर्यातनम् इत्येकाङ्किकायां दिल्लीनगरीं वर्णयित्वा कविर्वदति- "दिल्लीनगरी नवपरिणीता वधूटीव विविधालङ्कारविराजिता शिखावलावलिस्मिता बहुतरं चकास्ति।"[20]

तथैव औरङ्गजेवस्य प्रासादं तदभ्यन्तरां जैनावाईं वर्णयित्वा नाटकीयपरिवेशस्य सुसमं मञ्चप्रक्षेपं कारयति अयं नाट्यकारः- "राजराजेश्वरस्य औरङ्गजेवस्य वासभवनं यस्मिन् बुरहानपुरनर्तकी जैनाबाई महिषीपदसौभाग्य-मुररीकृत्य साम्प्रतं विराजते सर्वमपि भवनं मृगमदचन्दनसुवासितजलाभिषेचनेन विकसत्परिमलं दृश्यते। सुसज्जिते कक्षे सोद्वेगा प्रतीक्षापरायणा लावण्यमयी राजमहिषी इतस्ततः परिभ्रमन्ती दृश्यते।[21]

प्रीतिनिर्यातनम् नाटिकायां द्वितीये दृश्ये औरङ्गजेवस्य प्रासादन्तःपुरस्य परिवेशः उद्घाटितः। तत्र जैनावाई औरङ्गजेवस्य पट्टमहिषी मेहरुन्निसा आयशा च तस्याः परिचारिकाद्वयम्। तासां मधुरालापः दर्शकाणां मनांसि मोहयति। मेहरुन्निसा जैनावाईमहिष्याः चाम्पेयकुसुमहारमानीय अभ्यन्तरमागताऽस्ति। सा वदति यदनेन हारेण सज्जिता महिषी औरङ्गजेवस्य हृदयं चोरयिष्यति। वदति - "भट्टिनि एषा चाम्पेयकुसुमहारयष्टिर्मयाऽतिप्रयासेन भवदर्थं क्रीता। मन्येऽनयाऽलङ्कृतामत्रभवतीं सम्प्रेक्ष्यैव राजराजेश्वर-आलमगीरो मुषितहृदयो भविष्यति।'[22]

तदनु आयशा वदति यद् तया महिष्याः पादयोः लाक्षारसेन यादृशं चित्रमयं रञ्जनं कृतं तद् दृष्ट्वा औरङ्गजेवः भट्टिन्याः पादयोर्निपत्य समग्रं मुगलसाम्राज्य मुपहाररूपेण अर्पयिष्यति। तद् श्रुत्वा जैनावाई कोमलां विरक्तिं नाटयति -

आयशा : (चपलचपलं समीपमुपेत्य सविलासम् चरणौ निर्दिश्य)

मदनुरञ्जितयोर्लाक्षारसविहितचित्ररचनयोरनयोश्शतपत्र-कोमलयोश्चरणयोर्निपत्य सोच्छ्वासं वदिष्यति च निखिलमपि मुगलसाम्राज्यं मया समुपायनीक्रियतेऽत्रेति।

जैनावाई :(पृष्ठोपरि कोमलमुष्टिघातं नाटयन्ती)

धृष्टे! वहु जल्पसे! इतः पलायस्व

(आयशाऽस्फुटहासं जनयन्ती धावत्यत्र)[23]

अतः नाट्यकारस्य वाचिकोक्तयः मनोहारिण्यः स्थानकालानुमताः चरित्राणां वयोरूपानुसारम् अभिमताश्च दृश्यन्ते। अत्र अधिकतरं शाकुन्तलसखीनां प्रथमाङ्के हासपरिहासपूर्वकस्य आलापस्य महार्घतां प्राप्नोति दृश्यमिदम्। अस्यामेकाङ्कि-कायां जैनावाई औरङ्गजेवस्य प्रीतिं परीक्षितुं तं मद्यचशकम् अर्पयति।

नैष्ठिकपुराणभक्तः औरङ्गजेवः अन्ततो गत्वा मद्यस्पर्शनव्रतं भङ्क्त्वा पातुं चेष्टते। जैनावाई कराघातेन पुण्यामितं चशकं दूरं क्षिपति। औरङ्गजेवस्य प्रेम्णः परीक्षायां सः उत्तीर्णः। प्रेम्णि च उभयोरेकनिष्ठता दृश्येऽस्मिन् अत्यन्तं निविडतया प्रदर्शिता। दृश्यमिदं दर्शकाणां सौन्दर्याववोधं यथा उज्जीवयति तथापि परिपोषयति। राजेन्द्रमिश्रस्य हृदयग्राहिदृश्यनिर्माणकौशलम् अत्र प्रतिपादितम्।

समग्रायामेकाङ्कियाम् आकाशवाणीमाध्यमेन युद्धवार्ता परिवेषिता भवति। उत्तरप्रदेशाः ग्रामिणजनाः भारतपाकिस्तानयुद्धस्य कारणविषये चर्चां कुर्वन्ति। तेषामेव प्रदेशस्य जाटवाहिन्याः मेजर–आशाराम–त्यागिना महत्वीरत्वं प्रदर्श्य लाहोरनगरस्य द्वारदेशसदृशस्य डोगराई–नगर्य्यां अधिकारः कृतः। पाकिस्तानसैनिकानां वहूनि ट्याङ्कयानानि स्वहस्तक्षिप्तविस्फोटैस्तानि नष्टं कृत्वा तेन डोगराई अधिकृता। फलतः लाहोराभियानं सफलमभूत्। किन्तु विजयस्य द्वारदेशे मेजर–आशाराम–त्यागी शत्रुपक्षस्य गुलिकाघातेन प्राणान् त्यजति। देशस्य कृते तस्य प्राणवलेः नाट्यरूपं विधाय कविना दर्शकाणां देशभक्तिः जागरिता। देशविभाजनस्य यद् दुःखं तद् केनापि ग्रामिणजनेन चतुर्धुरिणा सखेदम् उक्तम्– ''वत्स! एतावदेव यत्किञ्चु कारणमस्य युद्धस्य? कथं खलु शान्तिप्रियं विकासोन्मुखं संघनिरपेक्षं भारतमुद्वेजयति पाकिस्तानदेशः? एते हि हृदयहीनाः बर्बराः मातृभूमिं विखंड्य पृथग्देशं कृतवन्तः। जाने कियन्तः शिष्यधर्मावलम्बिनः पञ्चनदीयान् हिन्दून् स्वगृहाद् वियोज्य निष्कासितवन्तो व्यापादितवन्तश्च खण्डितोऽयं भारतदेशः; वङ्गाः विभक्ताः, पञ्चनदाः विभक्ताः, परकीयोऽभूत् सिन्धुदेशः। विभाजने सम्पन्नेऽपि भारतं पाकिस्तानाय पञ्चपञ्चाशत् कोटिमितानि रूप्यकाणि क्षतिपूर्तिव्याजेन प्रायच्छत्। सर्वमिदं दृष्टं मया वत्स।''[24]

पाकिस्तानेन भारतस्योपरि आक्रम्य या धृष्टता प्रदर्शिता तस्याः समुचितमुत्तरं भारतीयसैनिकाः दास्यन्तीति विश्वसन् अन्य एकः चरित्रविशेषः (गोविन्दनामधेयः) यद् वदति तस्मिन् न केवलं देशभक्तिः अथच नाट्यकारस्य देशभक्तिकारकं शब्दसंयोजनं प्रत्यक्षीक्रियते। अतः परिस्थित्यनुरूपा शब्दसंयोजना एव राजेन्द्रमिश्रस्य नाट्यकलायाः परमा पराकाष्ठा। गोविन्दो वदति– ''मन्ये, पुनरपि विजयश्रीः भारतमूररीकरिष्यति। भारतवीराणां शौर्यन्तु जगत्प्रसिद्धम्। मातृभूभिरक्षायै प्राणानपि पणीकृत्य योद्धुं जानन्ति भारतीयसैनिकाः। काश्मीरं

पुनः भारतजनन्याः ललाटपट्टककाश्मीरमेव! कथं तावत् कविताकुङ्कुमप्ररोहस्थलं शारदादेशं तं केनचिल्लुण्ठाकापसदेन न्यक्क्रियमाणं द्रष्टुं शक्नुमो वयम्?''[25]

लाहोरनगरस्योपकण्ठे डोगराई–प्रदेशे स्वसैनिकान् सम्बोध्य मेजर आशाराम–त्यागी यद् वदति तदपि पाकिस्तानभूमेः वस्तुनः भारतभूमित्वं प्रतिपादयति। स भूमिः भारतभूमिरेव। अतः भारतीयानामधिकारः तस्योपरि चिरं तिष्ठति। आशाराम–त्यागिनः युद्धसम्बोधनम् एवं विधं भवति– ''मत्प्रियाः बन्धवो भारतसैनिकाः! पश्यन्तु भवन्तः। इयमस्माकं जन्मभूमि–मृत्तिका। अस्यामेव वयं समुत्पन्नाः सम्पोषिताः संवर्धिताः। अस्माकं धमनीषु भारतराष्ट्रमृत्तिकाया एव जलान्नं रक्तीभूय प्रवहतितराम्। पाकिस्तानसीमायां प्रविष्टा वयम्। किन्त्वियमपि मृत्तिकाऽस्माकमेव। इयमेव तावत्सिन्धुसभ्यतायास्थली। अत्रैव सरस्वतीतटेऽस्मत्पूर्वजैर्वेदमंत्रा उच्चारिताः। आर्यजनैरत्रैव सत्यरक्षार्थं दाशराज्ञयुद्धं प्रारब्धम्।''[26]

एकाङ्किकायाः अन्तिमे क्षणे मेजर–आशाराम–त्यागी मरणात् पूर्वं स्वशरीरं स्वग्रामं नेतुमादिशति, येन तस्य पिता द्रक्ष्यति यत् शत्रुपक्षीयाः गुलिकाः तेन युद्धाभिमुखेन वक्षसि एव लब्धा, न पृष्ठदेशे। मरणात् प्राक् सः भारतभूमौ एव जन्मान्तरं कामयते। अन्तिमं दृश्यमिदमत्यन्तं वीरभावमयं भवति।''[27]

स्वपुत्रस्य आलोकस्य विवाहं कयाचित् अहङ्कारिण्या वयस्कया धनिकयुवत्या सह साधयित्वा प्रभूतधनकामो भवति। यदा आलोकः पितुः धनकामनाग्नौ आत्मानं विसर्जयितुं नेच्छति तदा पिता हृदयस्फोटनस्य अभिनयं कृत्वा स्वपुत्रं निजाशयकूपे क्षिप्तुं प्रभवति। वदति च– ''वद्धमिदानीं काञ्चनमृगः।''[28] अस्यामेकाङ्किकायां यौतुकप्रथायाः समाजस्योपरि यः भयङ्करः प्रभावः सः विशदीकृतः। तस्य प्रभावेन बहवः सरलयुवानः वलीभूता भवन्ति। सामाजिकसमस्यामाधारीकृत्य राजेन्द्रमिश्रस्य इयमेकाङ्किका सफला दृश्यते। आलोकस्य माता लक्ष्मीः पितापुत्रयोर्मध्ये आत्मानं चूर्णीभूतामिव मन्यते। सा वदति– ''पतिपुत्रयोर्मध्येऽहमेषा घरट्टशिलायुगलावकाशे भिद्यमाना गोधूमततिरिव चूर्णीभवामि।''[29]

पितुः शिरोमणेः छलवाक्यमपि दर्शकाणां लक्ष्यीभूतं भवति। निजोद्देश्यपूरणाय पुत्रं प्रशंस्य सः वदति –

शिखावलोऽहं मम वर्तिका त्वं नभोऽहमिन्दुस्त्वमदभ्रकान्तिः।
तवापमानेन ममापमानस्त्वयैव युक्तस्य ममास्ति भव्यम्।।5।।[30]

समाजे धनान्धानां पितृचरित्राणां प्रतीकभूतः अयं शिरोमणिः एकाङ्किकायां स्वखलत्वं विस्तार्य्य दर्शकानां हृदये यौतुकविरोधिमतं समुत्कलयति।

(ख) अकिञ्चनकाञ्चनम्

राजेन्द्रमिश्रस्य काव्यकलायां कालिदासीयप्रभावः विशदीभूतः। अकिञ्चनकाञ्चनएकाङ्किकायां सः सूत्रधारमुखेन स्वयमेव तं प्रभावं सप्रश्रयं स्वीकरोति। नटीमभिमुखीभूय सूत्रधारः वदति– "अये प्रिये मनीषे। समागतासि त्वम्। हन्त भोः धूमाकुलितदृष्टेर्यजमानस्य पावक एवाहुतिः पतितेति यत्सत्यमेव कविकुलगुरुणा कालिदासेन शाकुन्तले भणितम्।"[31]

नेत्रयोः जलविन्दवः मुक्ताः स्थूला इति यद् कपर्दिका कथयति तत्तु कालिदासीया प्रकाशनभङ्गी। परिचारिका कपर्दिका वदति– "स्पर्शमात्रेणैव सुवर्णजडताङ्गतेषु[32] सर्वेषु भोज्यपेयग्राह्यपदार्थेषु किंकर्तव्यविमूढो नरपतिः केवलं मुक्तास्थूलान् नयनजलबिन्दून् निपातयन्नास्ते।"

कालिदासस्य मेघदूते यक्षिण्याः नयनजलविन्दवोऽपि तथैवेति वर्णितमस्ति–

मामाकाशप्रणिहितभूतं निर्दयाश्लेषहेतो–
र्लब्धायास्ते कथमपि मया स्वप्नसंदर्शनेषु
पश्यन्तीनां न खलु बहुशो न स्थलीदेवतानां
मुक्तास्थूलास्तरूकिसलयेष्वश्रुलेशाः पतन्ति।।46।।[33]

राजा यदा आत्मनः स्वर्णलोभात्मकं दोषमनुभवति तदा कालिदासीयां शब्दपङ्क्तिं व्यवहृत्य वदति – 'मया नाम परप्रत्ययनेयबुद्धिना सुवर्णलोभादयमात्मा संशये निपातितः।[34]

मालविकाग्निमित्रे प्रस्तावनायां कालिदासस्य सुत्रधारो वदति–

पुराणमित्येव न साधु सर्वं न चापि काव्यं नवमित्यनवद्यम्।
सन्तः परीक्ष्यान्यतरद्भजन्ते मूढः परप्रत्ययनेयबुद्धिः।।2।।[35]

वाचिकवाक्यानां लिखने नाटकीयता रसिकता असामान्यपाण्डित्यञ्च राजेन्द्र–मिश्रस्य नाट्यकलायाः रहस्यम्। अकिञ्चनकाञ्चनम् इत्येकाङ्किकायाम् प्रस्तावनायां

सूत्रधारः यदा उपस्थातव्यस्य एकाङ्कस्य नाम विस्मरति तदा नटी तत् स्मारयितुं परिहासारम्भं धत्ते। उभयोः कथोपकथनमेव नाट्यकारस्य नाट्यकलायाः निर्यासं सूचयति- "नटी (सोल्लुण्ठम्) ननु भणामि मा शुचं यात्वार्यः। स्मृतिशून्यत्वमेव कलौ विद्वज्जनलक्षणं भवति।

सूत्रधार :"सुन्दरि! अलमनवसरपरिहासेन। न खलु वरटादष्टस्य जनस्य वारुण्योपचारः क्रियते। तद् विधेहि दाक्षिण्यम्।"[36]

एकाङ्किकायाः नाम अकिञ्चनकाञ्चनमिति नटीतः श्रुत्वा कृतज्ञः सूत्रधारः यद् वदति तद् राजेन्द्रमिश्रस्य पौराणिकोपमाप्रयोगक्षमं विदुषमास्वाद्यं नाट्यकौशलम् इङ्गितयति। कृतज्ञः सूत्रधारो वदति -

"साधु प्रिये! साधु! सम्यगवबोधितोऽस्मि। तदिदानीं राहुमुक्तः पार्वणयामिनीकामुक इवोपाययोगो मे नाट्यप्रयोगस्य प्रतिफलं वैशद्यमुपयाति।[37]

प्रस्तावनायाः परं अकिञ्चनकाञ्चने राज्ञः वयस्यः विदूषकः नवनीतकः राज्ञः धनतृष्णां दृष्ट्वा यथा तृष्णां निन्दति तद् नाट्यकारस्य पौराणिकाख्यानानाम् आधुनिकनाट्यभूमौ प्रयोगकौशलं प्रकाशयति। नवनीतको वदति- "धन्यासि रे कालव्यालि तृष्णे। अप्रतिभासि चाण्डालि! दुष्प्रधर्षासि। अहो यो मम वयस्यो दानेन कर्णः दयया शिविः करुणया च तथागतोऽभूत् स एवं साम्प्रतं त्वया राक्षस्या कार्पण्येन वेनीक्रियते, नैष्ठुर्येण कंसीक्रियते। निष्कारुण्येन च रावणीक्रियते।"[38]

नाट्यकारस्य प्रकाशनभङ्गी वस्तुतः न केवलमाधुनिकतां विभर्ति अपि च वाक्यसंकल्पनया प्रभावशालीन्यपि भवति। परिचारिका कपर्दिका नवनीतकमन्विष्य दृष्ट्वा च वदति- "आर्य नवनीतक! कः कालस्त्वामन्विष्यामि महाराजस्त्वां विना विजलं शफरायते। आरूढो मध्याह्नस्तत्कथं क्षुधायातुधानीं प्रशमयितुमुत्सहसे?"[39]

(ग) नाट्यपञ्चगव्यम्

नाट्यपञ्चगव्य-पुस्तकान्तर्गते '**कविसम्मेलनम्**' इति एकाङ्कस्य सूक्ष्मशिल्पे एकः अन्यः कविव्यापारः अनन्यतया दृश्यते। सः व्यापारो भवति विविधकविचरित्राणां स्थान-समय-शैलादिनिचयं मनसि कृत्य वाचिक

(Dialogue) रचनम्। अत: अश्वघोषस्य उक्ति: कथं कालिदासशैलीत: भिद्यते अथवा शब्दसंयोजने बाणभट्ट: कथं भवभूतित: भिन्न: तत् सर्वं कविना महता प्रयत्नेन प्रदर्शितम्। कविराजेन्द्रमिश्रमतेन काव्यकला कल्पनात: सृष्टा आनन्दास्वादेन परिपूर्णताञ्च गता। कल्पनया कविता भवति। कवितया प्रीतिर्भवति। प्रीति एव रीते: कारणं भवति। रीतिभि: आनन्दमास्वादयति। राजेन्द्रमिश्र: स्वस्य नाट्यकलायाम् इमामेव वाणीम् सूत्ररूपेण व्यवहरति। कविसम्मेलनाख्ये एकाङ्के सूत्रधारो वदति–

"यत: कल्पनयैव कविता कवितयैव प्रीति:, प्रीत्यैव रीति:, रीत्यैव चानन्द: प्राप्यते। अतएव इयमेव मदीयाभ्यर्थना यत् सावधानं साक्षात् कवीन्द्रमुखेभ्य: एव निस्सरन्ती: तत्तत्समयानुसारिदेशकालकारणादिलसिता: पीयूषवाच: श्रृण्वन्तु भवन्त:।"[40]

मञ्चे दण्डायमाण: कालिदास: पाठकै: दर्शकै: पण्डितैश्च तस्य काव्यकृतिषु यन्महत्वमाविष्कृतं तदर्थं कृतज्ञतां प्रकटयति। पुनश्च स: स्वीकरोति यत् तस्य समये भास–सौमिल्य–कविपुत्रादय: महान्त: कवय: आसन्। तान् स्मृत्वा स: स्वयं काव्यलेखनकाले कम्पितहृदयो भवति स्म।[41]

पुनरपि तस्य कालविषये पण्डितेषु महान्तं कलहं दृष्ट्वा स: आत्मविनोदम् अनुभवति, वदति च यत् स: अश्वघोष–शूद्रकादीनां पूर्ववर्ती। नाट्यकार: राजेन्द्रमिश्र: स्वस्य कालिदासकालविषयकमभिमतं कालिदासमुखेन प्रकटयति। कालिदास: पुन: वदति 'मेघदूतम्' भवति तस्य अनुभूते: काव्यम्। रघुवंशम् तस्य आदर्शस्य व्यापककाव्यम्। जीवनस्याद्ययौवने कालिदासस्य एका एव अभीप्सा आसीत्। सा भवति यथा दीपशिखा स्वरश्मिभि: भूतलमुद्भासयति तथैव स: सुकाव्यरचनया पृथिव्या सर्वेषां काव्यानन्दं विधास्यति। सरस्वत्या: पदयुगलं परित्यज्य तस्य मन: नान्य कुत्रापि गतमासीत् इति तस्य वाचिकोच्चारणम् –

न विद्यते क्वापि मदीयभावना विहाय वाण्यङ्घ्रिगुणं सुखावहम्।
मनोरमा दीपशीखेव रश्मिभि: सदा सुकाव्यै: सुखयानि भूतलम्।।10।।[42]

तस्य काव्यरचनाकाङ्क्षा परिपूर्णतां गता। अत: भारतस्य स्वस्तिकामो भूत्वा स: मञ्चात् अन्तर्हित:। तस्य गमनात् परं नेपथ्ये तस्य काव्यावदानविषयमधिकृत्य

श्लोकाः उद्गीताः। तदनन्तरं मञ्चे आविर्भवति सुवर्णाक्षीपुत्रः बौद्धधर्मावलम्बि कषायवस्त्रावृतः पक्वकेशोऽश्वघोषः। प्रयागविश्वविद्यालयं दृष्ट्वा सः स्वसमयस्य तक्षशीलाविश्वविद्यालयं स्मरति। परन्तु वौद्धधर्मस्य भारते पतनं दृष्ट्वा सः मनसि व्यथाम् अनुभवति। सत्यपि कालिदासे वुद्धदेवस्य उपदेशप्रचाराय तेन संस्कृतभाषामाश्रित्य काव्यानि रचितानि। परन्तु स्वसमयः गतः। अतः अधिकं किमपि नोक्त्वा सः कवेः शूद्रकस्याविर्भावसूचनां प्रदाय निष्क्रान्तो भवति। एकं नाट्यपात्रं अन्यपात्रस्य आगमनसूचनाम् प्रदाय राजेन्द्रमिश्रस्य नाट्यशिल्पे काञ्चीत् नूतनतां सूचयति।

मृच्छकटिकप्रकरणहस्त–राजवेशधारी कविः शूद्रकः मञ्चे आविर्भूय स्वकालविषये किमपि निश्चप्रचं वदति। मृच्छकटिक–प्रकरणे शूद्रकेण स्वस्य मरणविषयेऽपि वर्णितम्। तद् पठित्वा पण्डिताः न तस्य इयं उक्तिरिति मन्यन्ते स्म। अतः तस्य सन्देहस्य निराकरणाय सः सूत्रधारस्य निमन्त्रणम् अनिच्छन्नपि स्वीकृत्य स्वर्गात् प्रयागम् अवतरितवान् इति उक्तिः। मृच्छकटिके प्रस्तावनायाम् उक्तमस्ति यद् स्वपुत्रं राजाभावेन दृष्ट्वा अश्वमेधादि यज्ञसमुदायान् आयोज्य दशदिनसहितं सप्तसंवत्सरम् आयुः उपभुज्य शूद्रकः अग्निं प्रविष्टासीत् –

राजानं वीक्ष्य पुत्रं परमसमुदयेनाश्वमेधेन चेष्ट्वा।
लब्ध्वा चायुः शताब्दं दशदिनसहितं शूद्रकोऽग्निं प्रविष्ट।।4।।[43]

श्लोकमिदं पाठकेषु सन्देहमुद्र्पादयति यद् कथं जीवितः शूद्रकः स्वस्य मरणवर्णनां कर्तुं शक्नोति। एतस्य सन्देहस्य उत्तरेण अस्मिन्नेकाङ्के शूद्रको वदति यद् स्वस्य अतीन्द्रिय–ज्ञानशक्त्या स्वमरणदृश्यं दृष्ट्वा तेन तस्य वर्णना कृता। शूद्रकस्य वाचिकं भवति– "स्वकालविषये मदीयं यत्किञ्चिद् वाचिकमस्ति तत्तु ग्रन्थ एव मया निवद्धम् अतीन्द्रियज्ञानवलेन।"[44]

मृच्छकटिके पतनशीलस्य बौद्धधर्मस्य चित्रं प्राप्यते। मञ्चे आविर्भूय अधुनातने समये सः धर्माः नाममात्रेण अवशिष्टोऽस्ति इति शूद्रकः पश्यति। भारतवर्षस्य प्रभूतं परिवर्तनं सञ्जातम् इति स्पष्टम्। किन्तु तस्मिन् समये यः भ्रष्टाचारः समाजे आसीत् इदानीं तस्य रूपं दैत्याकारं सञ्जातम् इति शूद्रकोऽनुभवति। अतः आधुनिकसमयस्य शूद्रकसमयेन सह प्रमुखं सादृश्यं भवति भ्रष्टाचारप्रसङ्गे यस्य भ्रष्टाचारस्य उन्मूलने शूद्रको सफलो नाभूत्।

आधुनिकयुगस्य गृहमन्त्री गुलजारीलाल नन्दा–महाभागोऽपि असफल एव। मञ्चाविर्भूतस्य शूद्रकस्य भाषायाम्– "साम्प्रतिकं भारतवर्षं तु सर्वथा परिवर्तितमेव पश्यामि। किन्तु यस्मिन् भ्रष्टाचारोन्मूलने मयापि साफल्यं न प्राप्तं दैत्याकारं तदेव दूरीकर्तुं वर्तमानगृहमन्त्रिणं गुलजारीलालनन्दामहाभागमपि असफलमेव पश्यामि महत्साम्यं युगद्वये"[45]। समाजे तदापि यथा विधवानां दीना दशा आसीत् इदानीमपि तथैवेति शूद्रकस्य मतम् –

वसनं प्रकटितदैन्यं विरहितकान्ति कपोलयुग्मश्रीः
विधवैव जगति दीना धनजनहीना कथं हि सञ्जाता।14।।[46]

मृच्छकटिके वैधव्यस्य चित्रणं न प्राप्यते। अतः वैधव्यप्रसङ्गः समाजसंस्कारेच्छया नाट्यकारेण संयोजित इति दृश्यते। तथापि मृच्छकटिकस्य भरतवाक्ये यत्[47] किमपि शूद्रकेण अभिप्सीतम् आसीत् तद् वैपरीत्यं दृष्ट्वा शूद्रकः क्षुब्धः। स्वस्य प्रकरणस्य चरित्राणि संस्मर्य शूद्रकः भारतवर्षस्य अवस्थायाः यां व्याख्यां विस्तारयति सा राजेन्द्रीयशिल्पकलायाः एकः महत्वपूर्णः अंशः। कविचरित्राणां स्वस्वसमयो गतः। सामाजिकावस्थायाः स्वस्य पुस्तकानुसारम् उद्धृत्य साम्प्रतिकभारतेन सह यद् तुलनं प्रदर्शयन्ति तद् आधुनिकभारतीयसाहित्येऽपि विरलतया प्राप्यते। स्वभरतवाक्ये या इच्छा प्रकटिता आसीत् सा इदानीमपि अपरिपूर्णा दृष्ट्वा शूद्रकः पुनः नूतनं भरतवाक्यं प्रदाय मञ्चतः निष्क्रान्तो भवति।[48]

मञ्चे भवभूतेराविर्भावः न तादृशः प्रभावकरः। स्वर्गे अस्वस्थां स्वजननीं परित्यज्य मञ्चे अधिकसमयं स्थातुं न प्रभविष्यतीति भवभूतेरुच्चारणम्। किन्तु जनन्याः स्वपुत्रस्य कृते यः त्यागः तद् उच्चैरुद्गायन् भवभूतिः मञ्चं त्यजति।

विरुद्धापि क्रुद्धा स्तनमधुसुधां या वपुषि मे
निषिच्य प्रत्यङ्गं प्रतिपलमहो वर्द्धितवती।
विषण्णे मालिन्यं मयि सुखयुते सौख्यमभजत्।
प्रकृष्टं मेऽभीष्टं भवतु जननी हन्त न कथम्।।16।।[49]

यद्यपि भवभूतेः जननीप्रशंसा तद्रूपकेषु न प्रसिद्धा वर्तते तथापि तद्प्रसंगावतरणं नाट्यकारेण कारणद्वयात् कृतं स्यात्। प्रथमं भवति असुस्थमातृप्रसंङ्गम् उद्धृत्य भवभूतिः यदि शीघ्रं मञ्चनिष्क्रान्तो भवति तर्हि

एकाङ्कस्य कलेवरवृद्धिभयः सहजेन खण्डितः स्यात्। अन्यथा भवभूतिकालिनस्य ब्राह्मण्यधर्मस्य उन्नतिः इदानीन्तनसमये तस्य क्षीणता च इत्यादिविषयाः संरक्षणसपक्षाः इदानीन्तनसहृदयैः सादरं न ग्रहणीयाः स्युः। द्वितीयतः स्वजनन्याः वैधव्यस्य दृश्यं यथा नाट्यकारः शूद्रकमुखे वर्णितवान् तथा अत्रापि तस्याः पुत्रस्नेहः पुत्रसम्बर्धने त्यागश्च भवभूतिमाध्यमेन वर्णितः। अन्यथा शूद्रकभवभूत्योः रचनासु मातुः विधवामातुर्वा चित्रम् न क्वचित् दृश्यते (प्राप्यते। स्वजीवनस्य चित्रांशं प्रसङ्गानुकूलतया परिप्रकट्य नाट्यकारः दर्शकानां मनसि भिन्नं भावम् उपादयितुकामः सन्दृश्यते।

भवभूतेः परं चण्डीशतक-हर्षचरित-कादम्वर्यादि-ग्रन्थानां रचयितुः वाणभट्टस्य मञ्चाविर्भावः नेपथ्ये परिचयप्रदानशैल्या उदघोष्यते। -

चण्डी जयतु जयतु तच्छतकं हर्षो जयतु जयतु तच्चरितम्
कादम्बरीकथामृततत्त्वं जयतु जयतु भुवि बाणकवित्वम्।[50]

मञ्चे आविर्भूय राजकविवेशधरः ताम्बुलमुखश्च बाणभट्टः गङ्गायमुना-परिवृत्तस्य प्रयागास्य पापधौतिकरं परिवेशं स्वगद्यशैल्या वर्णयित्वा दर्शकानां महान्तं हर्षं जनयति - ''अहो धन्योऽयं शतशतदुरितापनोदनोपायभूतप्रभूतपूत-पुण्यकर्मसम्भारोल्लसितप्रथितशरीरभाक्सुरनरमुनिगन्धर्वकिन्नरसमूहसेवितस-लिलया प्रचण्डकापिलाग्निभस्मीभूतषष्टिसहस्रपूर्ववंश्यभूपालनिकुरम्बालम्बमञ्जु-मुक्त्यर्थावतारितभगीरथमहीपालानुसारिण्या त्रिपथगया रिङ्गत्तरङ्गया गङ्गया कृष्णस्पर्शादसितया यमुनया च परिवृतः प्रयागः यत्र।[51]

तस्य पाञ्चालीरीतिपरिपूर्णं यद् वाक्कौशलं तत् प्रशंस्य सूत्रधारोऽपि सहृदयानां हर्षोत्साहं बर्धयति। कुत्रापि रूपके एकस्य चरित्रस्य वाग्रीतिविषये पर्यालोचना एतावता दक्षतया क्वचित् प्राप्यते। सूत्रधारो वदति- ''भोः परिषदाः। पश्यन्तु भवन्तस्तावद् भुजङ्गस्य वाक्कौशलम्!! अद्यापि पाञ्चाली रीतिः न परित्यज्यतेऽनेन।[52]

वाणभट्टस्य 'कादम्बरी' कविहस्तेन न पूर्णता प्राप्ता। तस्य पुत्रेण पितुः मरणात् परं ग्रन्थपूरणं कृतवान्। किन्तु बाणभट्टः स्वस्य आशयानां पूर्तिं स्वपुत्रस्य काव्यव्यापारे न पश्यति। अतः तद् स्मरणेन दुःखितो बाणभट्टः मञ्चं त्यजति। गमनकाले वाणभट्टो वदति - ''कादम्बरी तु मया स्वदेशेऽपूर्णेव परित्यक्ता इति मच्चेतसि महती वेदना जायते। ममात्मजेन पुलिन्देन मय्युपुरते कृतं यत्किञ्चित्।

कामं तद्ग्रन्थपूरणेऽलं स्यात् किन्तु मदाकाङ्क्षां पूरयितुं सवर्था क्षममेव। हर्षचरितस्य पुनः का कथा? (इत्यश्रूणि प्रमृज्य)।[53]

मञ्चे माघस्य उक्तिः सर्वेषां माघसम्प्रदायिनां कृते साग्रहवचनमिव आभाति। भो सामाजिकाः भारवेरनुपस्थितौ किं करोतु माघः? अद्यात्रागत्य तदेव युगं स्मारं स्मारं मे कौतूहलं सञ्जायते। यदि लोके सकिरातार्जुनीयो भारविर्नाभविष्यत् तर्हि सशिशुपालवधस्य माघस्यापि कापि सम्भावना नासीत्।।[54]

'कविसम्मेलनम्' इत्याख्यस्य एकाङ्कस्य प्रतिष्ठा रूपकराज्ये स्वतन्त्रा। अत्र पूर्वकवीनामिव काव्यकवनं नाट्यकारस्य अमितां प्रतिभां द्योतयति। कविचरित्राणां नाट्ये प्रयोगः राजेन्द्रमिश्रस्य नाट्यकलायां नवीनत्वं व्यञ्जयति।

राजेन्द्रमिश्रस्य वाचिकवाक्यानि मनोहराणि भवन्ति। न केवलं श्लोकसंरचनायाम् अपि तु प्रसङ्गानुरूपवाचिकनिर्माणकलायाम् तस्य दक्षता वहुवारं प्रतिपादिता। माधवस्य राधिकां परित्यज्य मथुरागमनचेष्टां दृष्ट्वा चन्द्रकला श्रीकृष्णस्य प्रेमहीनतामुद्घोषयति। अन्यथा स्वहस्तवर्धितं प्रेमाङ्कुरं न कोऽपि स्वहस्ताभ्यां विदलयति। चन्द्रकला माधवस्य प्रेम्णि सन्देहं सम्प्रकट्य वदति– ''अयि सखे! किमनेन वृथाङ्गपरितापेन? सत्यं ब्रवीमि यदसौ माधवः सर्वथा तादृशो नास्ति यादृक्त्वया परिकल्पितः। को न खलु स्वहस्तसंवर्धितं प्रणयद्रुमं स्वयमेव कृन्तति?''[55]

राधानुद्देश्य विरहेवदना वाचिकमाध्यमेन कविना सुष्ठु प्रकटिता। ललितां सम्बोध्य राधा वदति यत् यमुनापुलिने स्थितानि तस्याः माधवस्य च प्रेमसाक्षीभूतानि वस्तूनि वारम्वारं नेत्रपथाधिरोधानि कृत्वा कथं सा प्रियविरहिता स्थास्यति। राधिका वदति – ''ललिते! अवितथं भणसि। यमुनापरिसरे विद्यमाना इमे पीलुवञ्जुलनिकुञ्जाः इमाश्च विविधव्रततिवलयावलयः सर्वथा मे सखीभूताः। अत्रस्थेषु धूलिकणेष्वपि मया सर्वदैव प्राणाधिकस्य घनश्यामस्य प्रतिबिम्बं लक्षितम्। स एव मदङ्गमाकन्दमञ्जरीमधुव्रतो नन्दसूनुः अद्य निष्ठुरीभूय मधुपुरीं गन्तुमुत्सुकः। तत्कथं प्रियविरहिताऽहं यमुनातटोपादानानि पश्यन्त्यपि व्रजप्रदेशेऽस्मिन् निवत्स्यामि!''[56]

राधिकायाः विरहावस्थां सखि ललिता गभीरतया अनुभवति। तस्याः विरहसन्तापस्य निराकरणं केवलं माधवः कर्तुं क्षमः। अतः तमेवानेतुं सा चन्द्रकलां

वदति। ललितायाः वाचिकाभिनये यथा राधायाः विरह तथैव माधवस्य मनोमूर्तिः सुव्यण्जिता। सा चन्द्रकलां कथयति– ''सखि चन्द्रकले! प्रहिणु तावन्नयनम्। सोपरागा कौमुदीव विवर्णवदना राधिका प्रालेयसीकरासारनिहता मुग्धशेफालिकेव हतचेतनैव परिलक्ष्यते। तर्हि शीघ्रमेव इमां तरुवीथीमतिक्रम्य निभृतनिभृतं गच्छ। लवङ्गलताकुञ्जस्य किञ्चिदीशानभागे कृतककन्दर्पमण्डपे शयानस्तिष्ठति नन्दसूनुभर्गवान्मुकुन्दः। तमन्तरेण नास्ति मे सख्याः सन्तापापनोदनम्''।[57] राजेन्द्र–मिश्रस्य नाट्यवाक्यानि संस्कृतसाहित्यस्य सभ्रान्तीयवाक्यानि इव सर्वथा प्राप्यन्ते।

तदर्थं कवेः संस्कृतशब्दसाधना शब्दसंयोजनाकौशलं प्राचीननाटकवाचिकानां सुगभीरमध्ययनं पुनरपि वाक्येषु भावतारल्यं दर्शकैः पाठकैर्वा सहजेन प्राप्यन्ते। उदाहरणछलेन माधवं प्रति वलभद्रस्य उक्तिः अवश्यं स्मर्तव्या। वत्स! अनेन ते प्रणयानुरोधेन क्षणमात्रेणैव सांसारिकोऽस्मि संवृत्तः। अग्रजत्वेन यद्यपि अस्मिन् विषये किञ्चिदपि मंत्रयितुं नाहं समर्थः किन्तु मृणालमसृणा सा राधिका अवश्यमेव सविशेषं त्वया प्रबोध्या। पश्य तावत्। एते खलु निखिलपौरजनाः त्वद्विरहविधुराः सोरस्ताडं विलपन्तः इत एव प्रसरन्ति। तद् गच्छ, शीघ्रमेव तान् प्रबोधय।''[58]

माता यशोदाऽपि राधायाः विरहवेदनामवगच्छति। तद्विषये सा माधवस्य समक्षं यद् वदति तद् संस्कृतसाहित्यस्य नाट्यवाचिकरचनापरम्परायां राजेन्द्रमिश्रम् उच्चैः स्थापयति। राधायाः दैन्यं वर्णयित्वा यशोदा माधवं वदति– ''वत्स माधव! पूर्वमेव मया गृहपरिसरे क्रीडन्तीं वृषभानुजामवलोक्य त्वद्विवाहयोग्यां कीर्त्यै तज्जनन्यै एतदर्थं स्वीकृतिर्दत्ता। साप्यधुना संशयितैव लक्ष्यते। किन्तु सा वराकी त्वदनुरागरञ्जिता दूरीभूते त्वयि सलिलविरहिता मुग्धशफरीव सम्प्रति कथं प्राणान् धारयिष्यति? पश्य तावदियम्मे दारिका अविरलाश्रुसम्पातक्लिन्नकञ्चुका प्रियाविरहिणी चक्रवाकीव पिशङ्गवर्णा ललिताचन्द्रकलाभ्यां धृता तिष्ठति, तद् गच्छ प्रबोधयैनाम्।''[59]

संस्कृतरूपकेषु भाणः अधिकं न प्रसिद्धः। साहित्यदर्पणे लीलामधुकर इति एकस्य भाणस्य सूचना प्राप्यते। परन्तु भाणसाहित्यं न दर्शकैः नाट्यकारैश्च तथा आदृतम्। अत्र रूपकस्य क्षुद्रता प्रथमं कारणं भवेत्। तथापि भाणः दर्शकानाम् आह्लादाय अत्यन्तं समर्थः रूपकविशेषः। भाणस्य लक्षणं प्रदाय साहित्यदर्पणकारः विश्वनाथो वदति –

भाणः स्याद् धूर्तचरितो नानावस्थान्तरात्मकः।।227।।
एकाङ्क एक एवात्र निपुणः पण्डितो विटः।
रङ्गे प्रकाशयेत्स्वेनानुभूतमितरेण वा।।228।।
संवोधनोक्तिप्रत्युक्ती कुर्यादाकाराभाषितैः।
सूचयेद्वीरश्रृङ्गारै शौर्यसौभाग्यवर्णनैः।।229।।
तत्रेतिवृत्तमुत्पाद्यं वृत्तिः प्रायेण भारती।
मुखनिर्वहणे संधी लास्यांगानि दशापि च।।230।।

अत्राकाशभाषितरूपपरवचनमपि स्वयमेवानुवदनुत्तरप्रत्युत्तरे कुर्य्यात्। श्रृंगारवीररसौ च सौभाग्यशौर्यवर्णनया सूचयेत्। प्रायेण भारती, कापि कैशिक्यपि वृत्तिर्भवति। लास्याङ्गानि गेयपदादीनि। उदाहरणं लीलामधुकरः।[60]

अतः भाणः एकाङ्कविशिष्टः, यत्र धूर्तचरितः विटः विविधविषयेषु स्वस्य पाण्डित्यव्यञ्जिकां रसालाम् अनुभूतिं प्रकाशयति। मञ्चे एकाकी एव आविर्भूय स युक्तिप्रयुक्तिमाध्यमेन आकाशाभाषितेन सह (अदृश्यचरित्रेण सह) आलापं संरच्य दर्शकानां हृदयम् आह्लादयति। सौभाग्यशौर्ययोः वर्णनमाध्यमेन वीरशृङ्गाररसयोः व्यञ्जनं साधयति। भाणे कथा कल्पिता भवति। तत्र वृत्तिः भारती कुत्रचित् कैशिकी भवेत्। अत्र मुखनिर्वहणसन्धिद्वयस्य संयोजनं भवति। दशालास्याङ्गानामपि प्रयोगः अत्र दृश्यते।

फण्टूसचरितभाणस्य नायकः पण्डितो विटो भवेत् इति या शास्त्रवाणी ताम् अनुस्मृत्य अत्र विटः प्रत्यूषः (फण्टूसो वा) विविधभावेन स्वपाण्डित्यं प्रदर्शयति। प्रयागविश्वविद्यालयस्य संस्कृतविभागे सुरेशचन्द्रनाम्ना अध्यापकद्वयं आसीत्। एतयोः नामद्वयस्य व्याख्यां कृत्वा सूत्रधारो वदति- "तत्र तु एक एव सुरेशोऽस्सोऽपि सुराणां देवानां मदिराणां वा ईशः। किन्त्वन्त्र राराज्यते खलु सुरेशद्वयी। एतदीयौ सुरेशौ तु सुष्ठु राति ददाति विद्याधनं स्नेहञ्च छात्रेभ्य इति सुरो विद्वज्जनस्तेषामीशौ।"[61]

कस्यापि नारायणनामधारिणः अध्यापकस्य कृते सूत्रधारः व्याख्याति- "नराणां समूहो नारस्तेषामयनत्वेन नारायणः।"[62]

भाणेऽस्मिन् प्रत्यूषः प्रयागविश्वविद्यालये अर्थशास्त्रविभागे स्नातकोत्तर -

प्रथमवर्षीय छात्रः। तस्य मञ्चप्रवेशं सूचयित्वा कविर्लिखति– "ततः प्रविशति म्लेच्छवेषः फटेहालश्च विटो प्रत्यूषो नाम"[63] तस्य भाग्ये पठने अग्रगतिर्नास्ति। यतः पठनकाले वातायनमार्गेण सुन्दर्यः वालाः हृदयं प्रसह्य आकर्षन्ति। अतः पठनविघ्नानां वालिकानां विषये सः मञ्चं प्रविश्येव वदति –

यावत्करोमि पठनेऽभिरुचिं सुतीक्ष्णां धैर्यं निधाय कलयामि च यावदङ्कं।
वातायनान्तिकपथेन तु तावदेव यान्ती छिनत्ति हृदयं मम कापि बाला।।6।।[64]

अतः प्रथमादेव ज्ञायते यद् भाणोऽयं प्रतिभाहीनस्य असफलस्य छात्रमेकमाधृत्य लिखितोऽस्ति। तस्य वन्धुः नेपथ्यात् तस्य सम्बोधनं कृत्वा यत् स्मारयति तस्मात् दर्शकाः अवगन्तुं पारयन्ति यत् प्रत्यूषः विश्वविद्यालयवालिकाभिः वारम्बारम् असम्मानित एको युवा। नेपथ्ये श्रूयते– "भोः फण्टूस! अद्य प्रभात एव कुत्र संप्रस्थितोऽसि? – किमद्यापि विद्यते क्वचिच्चपेटापातनैस्ते स्वागतायोजनम्?"[65]

प्रत्यूषं फण्टूस इति सम्बोध्य तस्य वन्धुः सूचयति यदयं प्रत्यूषः वालिकानाम् अनाकर्षणस्थलम्। परन्तु प्रत्यूषः वदति यद् इदं फण्टूसचरित्रं कल्पलतेव सर्वं किमपि ददाति। यद्यपि वालाः प्रथमं पादत्राणैः तदुपरि आक्रमन्ति तथापि अनन्तरं दयापरवशाः भूत्वा तस्मिन्नेव फण्टूसे भृशं स्निह्यन्ति। अतः नेपथ्यसम्भाषणं श्रुत्वा प्रत्यूषः वदति – "अये! कोऽयं मां प्रातरेव दुर्वचनैस्सभाजयति? (संस्मृत्य सस्मितम्) आं ज्ञातम्। सोऽयं मे सार्वकालिकं कुकार्यमित्रं बन्धूको नाम (प्रकाशम्) अरे रे जरच्छवर 'बन्दूक' आर्यजनैः सुगृहीतनामधेयं महिलालङ्कार-भूतमत्रभवन्तं प्रत्यूषं मां कथं 'फण्टुस' इति कथयसि? (श्रुतिम् अभिनीय) किं भवानाह स्वरूपलक्षणमिदन्ते इति (साट्टहासम्) साधु वयस्य साधु! कल्पलतेव इयं 'फण्टूसगीरी' किं किं न साधयति? पश्य–

सम्मर्देषु सभागृहेषु पथिषु प्रायेण मेलासु च
पादत्राणपदास्पदं मृगदृशां कृत्वा यदाद्यक्रमे।
पश्चात् किन्न ददाति भूरिविभवं सौख्यं बलं शोभनं
फाण्टूसं तदिदं सखे विजयतां सर्वस्वकं मादृशाम्।।7।।[66]

यदा फण्ट्रसस्य वन्धुः फण्टुसस्य मातुलकन्यया सह प्रेमरचनां तिरस्करोति तस्याः कृते अर्थव्ययमपि न्यक्कारयति तदा फण्ट्रसस्योत्तरं दर्शकानां महद्धास्याय

भवति। तस्यापि कृते अर्थव्ययः मनुष्यस्य उदारतां प्रमणयति। फण्टूसः स्ववन्धुं वदति–वैधेय! कोऽयन्ते व्यामोहः? का वात्र चिकित्सा? पश्य–

अयं निजः परो वेति गणना लघुचेतसाम्।
उदारचरितानान्तु वसुधैव कुटुम्बकम्।।[67]

पुनरपि फण्टूसः स्ववन्धुं स्मारयति यत् विश्वविद्यालयस्य वार्षिकोत्सव-सन्ध्यायामाधुनिकवालिकासङ्घेन चपलताडितं तं स एव रक्षितवान् आसीत्। अतः फण्टूसो वदति– "मूर्ख! पाटच्चर!! सहस्रसंख्यकान् मूषिकान् भुङ्क्त्वा वृद्धविडाल इव द्वादशाक्षरमुपदिशसि।[68]

प्रसङ्गेऽस्मिन् फण्ट्रसः प्रमाणयितुमिच्छति यद् प्रेम भवति जीवनस्य अमूल्यं धनम्। तस्य कृते यत्नशीलो युवा मृतोऽपि स्वर्गं प्राप्नोति, जित्वा च सुखं भुङ्क्ते। अतः फण्टुसो वदति–पश्य सखे! जन्मजन्मान्तरपुण्येनैव इदं प्रेम प्राप्यते। यदुक्तं महाकविना भवभूतिना–धन्यं तस्य सुमानुषस्य कथमप्येकं हि तत्प्राप्यते इति।[69] भगवता श्रीकृष्णेनापि स्वयमेवोक्तं गीतायाम्– "हतो वा प्राप्ससि स्वर्गं जित्वा वा भोक्ष्यसे महीम्। तस्मादुत्तिष्ठ कौन्तेयेति।"[70]

प्रणयप्रसङ्गेऽपि फण्टूसस्य दर्शनम् कृष्णानुगामी। अतः सः वदति– "तत्प्रणयप्रसङ्गेषु तु प्रत्यूषः साक्षात् गोविन्दानुचरः एव ये यथा मां प्रपद्यन्ते तांस्तथैव भजाम्यहम् इति मन्यमानः।।[71]

स्ववन्धोः वन्दुकस्य समक्षं स्वस्य प्रेमदर्शनं विश्लिष्य फम्टूसः प्रदर्शयति यत् तस्य प्रेमाचरणं न किमपि अनार्याचरणम्। सः वदति– "पुनश्च, जगत्यस्मिन् वस्तुद्वयमनिर्वाच्यम्! प्रथमं तावन्माया द्वितीयन्तु प्रेम। किन्तु यदि प्रेम नायक इव माया नायिके, तयोस्सङ्गमश्च परिणय इव स्वीक्रियते चेत्तदा सर्वमेव सुवाच्यं भवति। ब्रूह्यधुना द्विमुख बन्दुक! किम्मयानार्यमाचरितम्?"[72]

फण्टूसचरित्रं राजेन्द्रमिश्रस्य प्रसिद्धं हास्यकरञ्च चरित्रम्। पञ्चविंशतिवर्षियो भूत्वा वि.ए. परीक्षायाम् वारत्रयं फेल (अकृतकार्यो) भूत्वा परिशेषे सः यथाकथञ्चिद् उत्तीर्णः सञ्जातः। अतः सः चिन्तयति अयं फेलाख्यः दानवः हार्टफेलस्य कारणम्। तस्य परीक्षासु अकृतकार्यतायाः प्रकृतकारणं भवति तस्य गृहं परितः सुन्दरीणां वालिकानां निवासः। किन्तु तासु संचरितुं सः अप्रासमार्गः। फण्टूसस्य वचने व्यङ्ग्यार्थस्य निविडसंरचना – "पञ्चविंशतिवर्षदेशीयोऽस्मि

साम्प्रतम्। निरन्तरमेव वर्षत्रयं फेल (Fail) नामातिदुर्दान्तेन शत्रुणा पराभूतस्सन् यथाकथञ्चित् बी०ए० परीक्षां पारितवानस्मि। तदपि मे सौभाग्यमेवेति मन्ये। अन्यथा श्रूयते यन्महाबलशालिना फेलाख्येन दानवेन य एव जनोऽनारतं प्रसह्य निर्बलीक्रियते तमेवान्ते तज्जनको हार्टफेल (Heart Fail) इत्याख्यो निश्चप्रचं यमसदनं नयति। तद्भगवत्कृपया वारितोऽस्मि अद्यावधि। भविष्यं तु न जाने! अपरञ्चापि कष्टं यन्ममावासस्थानं परितः शिखरिदशनाः श्यामा विराजन्ते। क्षते पतितं क्षारमिवेदमपि मां भृशं पीडयति कथयन्ति गुरवः चरन् वै मधु विन्देत्। सत्यम्, किन्तु कुत्र चरामि कीदृशं वा मधु प्राप्तुं प्रयते?[73]

प्रथमश्रेणीप्राप्ताः युवानः सर्वथा फण्टूसानां विरोधिनः यतः ते एव विद्यां पुरस्कारान् वालिकासान्निध्यञ्च प्राप्नुवन्ति। फण्टूसानां कृते किमपि न त्यजन्ति। अतः फण्टूसस्य तेषां कृते महान् विरोधः – "एते खलु सुन्दरम्मन्याः लुञ्चितश्मश्रुकाः कर्जनानुवर्तिनो वा दुष्टबटुकाः सर्वेष्वेव क्षेत्रेषु मृदुचेतसां 'फण्टूसानां' विरोधिनः। विद्याऽपि तेषां समारोहोऽपि तेषां शिक्षकसमुदायोऽपि तेषां पदकसमवायोऽपि तेषाम्। हन्त भोः षोडशी निकायोऽपि तेषामेव। किं तर्हि वयं निरर्थका एव सञ्जाताः? किमस्मत्कृते नास्तिकिञ्चित्?[74]

राजेन्द्रमिश्रस्य फण्टूसचरितभाणः आधुनिकभाणरूपेण दर्शकानां महदाह्लादाय भवति। अत्र विषयचयनं पाण्डित्यपूर्णः तर्कप्रसारः विद्याहतानां युवानां प्रेमनैराश्यञ्च महता कौशलेन प्रदर्शितम्। आंगलशब्दानां सुनिर्वाचितप्रयोगः अस्मिन् भाणे महद्द्हास्यमुद्र्पादयति। शास्त्राणाम् उद्धरणस्यापि प्रेमप्रसङ्गपक्षता दर्शकानाम् आमोदाय भवति।

नवरसप्रहसनम् एका भावपरका एकाङ्किका। अस्मिन् प्रहसने नवनाट्यरसानां नाट्यचरित्ररूपेण मञ्चाविर्भावो भवति। अत्र यः नायकः सः वीरभद्रः (वीररसः)। यः विदूषकः सः हास्यमुखः (हास्यरसः) यः राज्ञः वीरभद्रस्य सेनापतिः सः करुणालयः (करुणरसः) यश्च दूतः सः विभत्सकः (विभत्स रसः) यः खलनायकः सः रौद्रपाणिः (रौद्ररसः)। वीरभद्र–रौद्रपाणिनामकयोः नरेशयोः यः कुलगुरुः सः भवति शान्तदर्शनः (शान्तरसः)। अत्र या नायिका सा रोद्रपाणेः कन्या शृङ्गारवल्ली (शृङ्गाररसः) इति नामधेया। तस्याः सखी भवति अद्भुतिका (अद्भुतरसः)। राज्ञः रौद्रपाणेः पत्नी भवति भयानकी (भयानकरसः)। अतः

सर्वैव नाट्यरसाः अत्र चरित्ररूपेण रङ्गमञ्चे स्वान् स्वान् भूमिकाविशेषान् निर्वाहयन्ति।

प्रहसनस्य कथावस्तु इत्थम् भवति। रौद्रपाणेः कन्यायां शृङ्गारवल्ल्यां राजा वीरभद्रः प्रीणाति। परन्तु सः भवति कन्यापितुः रौद्रपाणेः शत्रुराजा। अतः रौद्रपाणिः तस्मै कन्यादानविमुखः। परन्तु अन्ततो गत्वा सः कुलगुरोः शान्तदर्शनस्य उपदेशेन सः वीरभद्राय स्वकन्यामर्पयति।

यद्यप्यत्र कथावस्तु संक्षिप्तं वर्तते तथापि एकाङ्किकायाः प्रहसनविशेषत्वात् सहृदयाह्लादकत्वं वहु वर्तते।

अत्र वीरभद्रः राजा। तथापि तं धूर्त्तनायकरूपेण कविः समुपस्थापयितुमिच्छति। अत्रः तं "कलितवकवेशः अङ्गीकृतकपटमार्जारपराक्रमः" इति भावेन कविः प्रस्तौति।[75] अयं वीरभद्रः सवलात्कारं रौद्रपाणि–प्रासादात् शृङ्गारवल्लीम् अपहरिष्यति इति उद्घोष्यापि रौद्रपाणेः समक्षं पादयोर्निपत्य शृङ्गारवल्ल्यर्थम् अनुनयति। अतः तस्य धृष्टता एव प्रकटिता भवति। प्रहसनस्य धृष्टतामयं परिवेशं प्रतिकीकर्तुं राज्ञः रौद्रपाणेः राज्यस्य नाम भुजङ्गपुरमिति कविना प्रदत्तमस्ति।

राज्ञः वीरभद्रस्य सेनापतिः करुणालयः। सः भुजङ्गपुर–राजसभामागत्य रौद्रपाणिं भाययित्वा कन्यादानाय आदिशति। स्वस्य वीरत्वम् इङ्गितयितुं करूणालयः वदति यद् तस्य राजा वीरभद्रोऽपि तस्य प्रतापेन भयभीतो भवति। अतः एतादृशः आत्मपरिचयः तस्य धृष्टतां प्रतिपादयति। सो वदति– "राजन् रौद्रपाणे! सोऽहमस्मि वीरभटालङ्कारस्य प्रचण्डभुजदण्डस्य महाराजश्रीवीरभद्रस्य स्वनामधन्यः सेनापतिः यदभिधानश्रवणमात्रेण वराकोऽसौ वीरभद्रोऽपि पदकन्दुक इव न कदापि स्थिरीभवति का कथा पुनः युष्मादृशां मशकपुच्छभूतभूपालानाम्। तद् ब्रूहि कन्यकां दास्यसि न वा?"[76]

पुनः सोऽपि करुणालयः भयभीतं रोद्रपाणिं वदति यद् यदि वीरभद्रः न तस्य वाञ्छितः तर्हि सः (करुणालयः) तस्य कन्यायाः पाणिं ग्रहितुम् प्रस्तुतः। अत्रापि तस्य धृष्टता प्रतिपादिता। स्वस्य राज्ञः प्रणयिनी पत्नीरूपेण स्वीकर्तुं सः स्वयं यदा उद्यतः तदा प्रहसनानुसारं धृष्टता एव सर्वत्र रूपकेऽस्मिन् परिव्याप्ता। रौद्रपाणिं निर्भयं प्रदाय सेनापतिः करुणालयः वदति मा भैषी राजन्!

करुणालयोऽस्मि! नाहं तवावमन्ता। शुभचिन्तकोऽस्मि। तद्यदि नायं लगुडाकृतिः भूपालाभिधो वीरभद्रस्तवाभिप्रेतः जामातृत्वेन तर्हि मह्यमेव प्रयच्छ इमां जीवितकाष्ठपुत्तलिकाम्।।''[77]

किन्तु करुणालयः रौद्रपाणेः महिष्याः भयानक्याः रौद्ररूपं दृष्ट्वा तस्याः पादयोः पतित्वा क्षमां याचते। वीरभद्रः स्वमनोरथपूरणाय रौद्रपाणेः पादयोः पतति। पितुः कठिनहृदयं दृष्ट्वा शृङ्गारवल्ली आगत्य विलपति। तस्याः सखी तामाश्वासयति यद् अवश्यमेव तस्याः पितरौ वीरभद्रं जामातारूपेण स्वीकरिष्यतः। वीरभद्रस्य विदूषक हास्यमुखः अद्भूतिकायाः सौन्दर्य्यं चातुर्यञ्च प्रशंस्य तस्याः कृते स्वप्रेमाभिलाषम् प्रकटयति। अनेन अद्भूतिका शृङ्गारवल्लीं त्यक्त्वा हास्यमुखम् आलिङ्गति। महिषी भयानकी तयोरालिङ्गनं दृष्ट्वा विरहव्यथामनुभवति। तस्याः विरहवचनं श्रुत्वा सेनापति करुणालयः तस्याः निकटीभवति। करुणालयस्य प्रेमभावम् अनुभूय पश्यतोऽपि रौद्रपाणेः भयानकी तं परिरम्भपाशेनावद्धयति। एतेषाम् आलिङ्गनं दृष्ट्वा स्वप्रेमिणम् वीरभद्रं साकाङ्क्षमवलोक्य शृङ्गारवल्ली वदति – ''अरे क्लीव! एवम्भूतेऽपि निखिलदाम्पत्यसमुदाये कथमेवं जोषमास्यते? लघुपल्वलमपहाय कुत्र वा छुद्रनद्यवतरति। तदेहि मत्पुत्रजनक! अस्माकमपि हल्लीसको वैदुर्षीं प्रयातु।''[78]

अत्र वहूनामालिङ्गनदृश्यं मञ्चे प्रदर्श्य नाट्यकारः प्रहसनस्य हास्यमयतां विपुलीकरोति।

सेनापतिना करुणालयेन सह स्वपल्न्याः आलिङ्गनं दृष्ट्वा राजा रौद्रपाणिः स्वस्यालिङ्गनाय कामपि ताम्वुलकरङ्कवाहिनीं छत्रव्यजनधारिणीं वा न प्राप्य प्रतिहारीमेव निविडमालिङ्गति। दृश्यमिदं दर्शकान् हास्योच्छलान् करोति। तस्य प्रतिहार्यालिङ्गनस्य कारणस्वरूपं सः कन्दर्पमेव प्रदर्शयति। वदति च– ''हा दुर्दैव! किमिदमकाण्डताण्डवं समुपस्थापितं त्वया। हा नात्र संदृश्यते कापि मदालिङ्गनाय ताम्बुलकरङ्कवाहिनी छत्रव्यजनधारिणी वा। अये निष्ठुर कन्दर्प!''[79]

अनेन भावेन अस्यामेकाङ्किकायां प्रहसनलक्षणानुसारं हास्यरसः निर्वाहितः। राजेन्द्रमिश्रस्य नाट्यकला काव्यशास्त्रानुसारमेव प्रसारिता भवति इति अत्रापि ज्ञायते। केषाञ्चित् वाचिकवाक्यानाम् अनुध्यानेन तस्य हास्यरसपरका प्रतिभा प्रतिपादिता भवति। स्वस्य वीरत्वं प्रदर्शनाय सेनापतिः करुणालयो वदति यत्–

तस्य नामश्रवणे न तस्य राजा, ''वीरभद्रोऽपि पदकन्दुक इव न कदापि स्थीरीभवति। का कथा पुनः युष्मादृशां मशकपुच्छभूतभूपालानाम्।''[80]

वहुत्र राजेन्द्रमिश्रस्य वाक्यानि प्राचीनसंस्कृतनाटकानां वाचिकगम्भीर्यं धारयति। करुणालयः रौद्रपाणिम् वदति- ''जामातृत्वेन तर्हि मह्यमेव प्रयच्छ इमां जीवितकाष्ठपुत्तलिकाम्''[81]। अत्र राजकन्या जीवितकाष्ठपुत्तलिका एव तस्याः विवाहे तस्याः मतस्य अनुपादानत्वात् राजा रौद्रपाणिः काष्ठपुत्तलिकामेव ताम् करुणालयाय प्रदातुम् सक्षम इति व्यङ्ग्यार्थः। तथैव वीरभद्रः रौद्रपाणिमनुनयति- ''तन्निवर्तय निजवचनकुलिशम्।।''[82]

अत्र रोद्रपाणेः अननुज्ञावचनं वचनवज्रमिव वीरभद्रस्य हृदयं विदारयति इति व्यङ्ग्यार्थः। तथैव हास्यमुखस्य प्रणयवचनं श्रुत्वा रोमाञ्चिता अद्भूतिका वदति- ''अये घट एव सागरायते। क्षणेनैव काचिदन्यास्मि जाता।''[83] अत्र घट अद्भूतिकायाः क्षुद्रं हृदयं व्यक्तित्वञ्च व्यञ्जयति। सा भवति राजकन्यायाः शृङ्गारवल्ल्याः सखीमात्रम्। परन्तु राज्ञः वीरभद्रस्य वयस्य हास्यमुखः तस्यामेव स्वाभिलाषं प्रकटयतीति दृष्ट्वा वदति यद् इदानीं घटसागरः समृद। घटे जलतरङ्गानाम् प्रवाहः। परन्तु तस्याः हृदये बहून् प्रणयतरङ्गान् अनुभूय हृदयं सागरः सञ्जात इति व्यङ्ग्यार्थः। अतः क्षणान्तरे एव सा सभ्रान्ततां प्राप्ता इति व्यञ्जयितुं वदति यद् क्षणेनैव काचित् अन्यास्मि जाता। अतः राजेन्द्रमिश्रस्य व्यङ्ग्यार्थमयानि वाचिकवाक्यानि यथा नाट्यविषयं मञ्चपरिवेशञ्च परिपोषयन्ति तथैव नाट्यकारस्य नाट्यकलायाः व्यञ्जनामयीम् सूक्ष्मताम् अनुभावयन्ति।

कचाभिशापम् इत्येकाङ्किकायां वाचिकवाक्यान्यपि सामाजिकानां हृदयं स्पृशन्ति। यदा मञ्चपार्श्वात् कस्य नाट्यं मञ्चस्थीभविष्यति इति पृच्छ्यते तदा सूत्रधारो वदति-हन्त भो! कुतोऽयं सम्प्रविष्टो विषकीटो भवतां बुद्धिरन्ध्रेषु?''[84] तदा नटी प्रविश्य राजेन्द्रमिश्रस्य नाट्यमुपस्थापयिष्यते इति यद् वदति तस्य प्रकाशनशैली अवश्यं लक्षणीया - ''आर्य! श्रीराजेन्द्रमिश्रविरचितमभिनव-नाटकमद्वैताङ्कमुपस्थापयितुमस्मान् समाज्ञाप्यापि सयत्नं किमिदानीमनवसर-विलम्बविडम्बनं क्रियते?''[85]

देवयानी स्वसख्याः जयमालायाः समक्षं स्वदृष्टस्य दुःस्वप्नस्य वर्णनां कृत्वा वदति- ''अत्याहितं मया सन्दृष्टमद्य स्वप्नविधौ यथा खल्वहं व्याघ्रेण व्यापाद्यमाना

रक्षणार्थमभिक्रोशामि। पापिनी च शर्मिष्ठा कचेन सार्धं दोलासुखमनुभवन्ती मद्रक्षणायागन्तुकाममपि तं भुजाभ्यां शृङ्खलयति मामुपहसति च।[86]

अतः राजेन्द्रमिश्रस्य वाचिकरचनकौशलं कवित्वपूर्णं प्रसङ्गानुरोधेन सरसं गम्भीरं वा भवति। तस्य वाचिकानि प्राचीननाटकः यद्यपि बहुधा प्रभावितानि दृश्यन्ते तथापि तानि कवेः पाण्डित्यवैदग्धयोः व्यञ्जकानि भवन्ति।

(घ) चतुष्पथीयम्

राजेन्द्रमिश्रस्य चतुष्पधीयमिति नाट्यपुस्तके आधुनिकप्रहसनचतुष्टयं संकलितमस्ति। अत्र प्रहसनेषु आधुनिकभारतीयनाट्यधारायाः सफलपरीक्षणं कृतं कविना। प्रथमे प्रहसने इन्द्रजालमाध्यमेन समाजस्य कलङ्कितचरित्राणामुपरि ताच्छल्यं (Sat ire) विकार्यते। अतएव अस्य प्रहसनस्य नाम भवति इन्द्रजालम्। कोऽपि ऐन्द्रजालिकः जम्मूराख्यं वालकं भूमौ शाययित्वा तदुपरि कृष्णपट्टमाच्छादयति, यथा बालकः कमपि द्रष्टुं न पारयेत्। इदानीं स एव वालक उपस्थितेभ्यः जनसम्मर्देभ्यः कस्यापि जनस्य विषये सविशेषं वक्तुं पारयति। ऐन्द्रजालिकः प्रथमं श्रेष्ठीजनं विनिर्दिश्य वालकं पृच्छति कोऽयं जन इति। कृष्णपट्टावृतः बालकः यद् उत्तरयति तद् भवति समाजे धनलोभिनां कृपणानां साधारणपरिचयः। तत् परिचायनमाध्यमेन वालकः एतादृशानां समाजोपकाररहितानां धनिनां हास्यमयं ताच्छल्यं विधत्ते। श्रेष्ठिनः परिचयमभिज्ञाय वालको वदति– ''गुरो! अयं विधिनिर्माणकौशलेन पुरुषः पौरुषदृष्ट्या नारी, नारीत्वदृष्ट्या वन्ध्या च। अस्य कपाले गोमयं, नयनयोः सुवर्णमृगः, मुखेऽसत्यं, उदरे च पंचदशगृध्राशनोचितम् उदरम्भरि भोजनम्। व्यक्तिदृष्ट्याऽयं श्रेष्ठीश्वरः, शक्तिदृष्ट्या हरिणेश्वरो, जातिदृष्ट्या च कृपणेश्वरः।''[87]

ततः परं जनतामध्ये उपस्थितं विधायकं निर्दिश्य ऐन्द्रजालिकः तस्य परिचयं जिज्ञासते। तदुत्तरेण वालकः यद् वदति तद् भवति अस्माकं देशस्य नेतृवर्गाणां कलङ्कितं रूपम्। विधायकस्य च छलनामयं चरित्रं पापासक्तिं दुष्कर्मजातं निर्वाचनसर्वस्वतां अर्थलोभञ्च विनिर्दिश्य सः वदति–गुरो! साधु परिचयामि। गिरिजापतिवाहनोऽयं गौर्वाहीकः। अक्षक्रीडानिपुणोऽयं धारयति रूद्राक्षमालाम्। परोक्षे कायं निहत्यापि प्रत्यक्षं प्रियं वदति। अयं गुणान् निगुहति गुह्यं च

प्रकटीकरोति हितान्निवारयति, पापाय योजयते। अयम् आपद्गतं जहाति काले च नैव ददाति।"

"अयं जननेता बन्धुबान्धवस्नेहशीलाचारभेत्ता: मतपत्राणां क्रेता, मानपदप्रतिष्ठाविक्रेता, समाचारपत्राङ्कितकोणवृत्तैकवेत्ता राष्ट्रगौरवरज्जुछेत्ता; आसन्दिकावधूपरिणेता च। अस्यैव कृपया दीनो देश:, पीनो मेष:, नवीन: क्लेश, मलीनो वेष:, अजीर्णो निदेशश्च।"

विजयदशम्यामयं हिन्दुर्भवति, ईदमहोत्सवे च तुरुष्का, वैशाखीपर्वण्ययं शिष्यो भवति: क्रिसमसमहोत्सवे पुनरांग्लदेशीय:।

सर्वदेशीयोऽयं, सर्ववेषीयोऽयं: सर्वेश्वरीयश्च किमपि वृत्तमस्य मनसि वचसि कर्मणि च युगपदवस्थातुं न शक्नोति। उदरम्भरोऽयं, स्वजनम्भरोऽयं, गृहम्भरोऽयं, स्वार्थम्भरोऽयं, किं वा साक्षाद् विश्वम्भरोऽयम्। गुरो! सम्प्रति परिचयस्यान्तिमौ अस्य जन्मभूमि: "कान्स्टीच्युएंसी", मतवारमस्य जन्मदिनं, मतदानमस्य कुलमहोत्सव:, दारुलशफास्य स्थायि निवासस्थानम्। निखिलेऽपि जीवनावधौ वराकोऽयं दुर्ग्रहै: पीडयते प्रतिपंचवर्षानन्तरम्।[88]

उपस्थिताया: कस्यापि कामाङ्गनाया: परिचयं सम्प्रकट्य वालक: तस्या: कृत्रिमसौन्दर्यविषये कृतकचरित्रविषये च उक्त्वा समाजे नैतिकताधोगतिम् इङ्गितयति-गुरो! वीरबाला इयं कालगरला इति (Call Girl) विज्ञायते। शाटिकाऽनया संहर्तुं न पार्यते। तस्माद्वेलिवितानमात्रं (बेलबॉटम) धारयति। जनसम्मर्दोत्सारणे साक्षादियं पुतलीवाई। शत्रुजनविमुखीकरणेऽपि साक्षाद् झांसीश्वरी। अभीकजनामन्त्रणे तु साक्षादियं शर्कराकुण्डलिनी।

सेयं कलगरला लिपस्टिककृपयैव विम्बाधरोष्ठी, कृतककुन्तलबन्धकृपयैव महार्घधम्मिल्ला, कज्जलरेखाविधानेनैव कर्णान्तायतलोचना; महेन्द्री (मेंहदी) रसरंजनयौवानुरक्तकरतला, डाइटिंगमाययैव मुष्टिग्राह्यमध्या; श्वेतचूर्णानुलेपनेनैव पार्विकशर्वरीश्वरमुखी, निरर्गलयौवनव्ययेन च सौभाग्यवती।

गुरो! यत्पश्यामि तदिदानीं भणामि। इयता कालेनैव सा कालगरला श्रेष्ठिचत्त्वर (Civil Lines) हट्टमासाद्य केनचिदधनिकयूना सार्धं एल्चिकोनाम्नि भोजवेश्मनि पक्कान्नानि अत्तुं प्रवृत्ता। गुरो! पश्याम्यहम् इदानीमेव सा ताम्रतरसूपं (Tomato soup) समास्वाद्य, कलायप्रनीरञ्च (मटरपनीर), राजाम्बां (राजमा) च

तन्द्रारिभिस्सार्द्धं (तन्दूरी) भक्षयति। गुरो! पश्यतु भवान्। छविल्लभर्तारं (छोलाभटुरा) विना व्यंजनरुचिरस्याः समाप्तिं नेष्यति।''[89]

जनसम्मर्दे उपस्थितस्य चौर्यापणकस्य (Smuggler) कस्यापि परिचयमुद्घाट्य बालकः तं नगरस्य प्रथमश्रेष्ठपुरुषः इति उद्घोषयति। दर्शनेन सः तस्करः अवैधमदिरा गञ्जनः भङ्गाश्च तस्य गुप्तवणिजो प्रमुखवस्तूनि। तानि वस्तूनि देशान्तरे विक्रीय सः एतादृशो धनिको भवति यद् समग्रं नगरमपि क्रेतुं तस्य न कदाचित् आयासो भवेत्। अतः तमुद्दिश्य वालकः परिचाययति- ''गुरो! योऽयं शवलवस्त्राच्छादितो धीरप्रशान्तवेषः कर्जनानुकृतश्मश्रुः बुल्गानिनानुकृतकूर्चः उपनेत्रपिहितलोचनस्तिष्ठति मध्यमवृद्धोऽसावेव प्रथमः श्रेष्ठपुरुषः।

गुरो! भैरवतस्करोऽयं वर्तते। अवैधमदिरायातनिर्यातनिर्माणबलेनैव पञ्चभूमिकोऽस्य राजप्रासादोऽभ्रंलिहाग्रः परिलक्ष्यते। गंजनैः भङ्गाभिश्च (गाँजा-भाँग) च समुपचितान्यस्य द्राग्यानानि निमिपालदेशसीमानमप्यतिक्राम्य धावन्ति, समाहरन्ति चाकुप्यं वसु। अयं जीवद्रावणो निखलमपि प्रयागनगरं भ्रूभङ्गमात्रेणैव क्रेतुं समर्थः।[190]

तथैव कस्यापि वाक्कील (Lawyer) स्य असत्यमयं व्यक्तित्वमुद्घाट्य तस्य जनताशोषकचरित्रविषये उक्त्वा च वालकः तमेव नगरस्य द्वितीय श्रेष्ठपुरुष इति उद्घोषयति- ''गुरो! योऽयं ताम्बूलोपरक्ताधरः असितकञ्चुकः कुक्षिस्थपञ्जिको वाक्कीलोऽवाच्यां दिशि दृश्यते स एव द्वितीयः श्रेष्ठपुरुषः।

गुरो! मृषाजीवी जनोऽयम्। कलहं समुत्पाद्य शमयितुमुपाक्रमते। असत्यमभिभाष्य चिरंजीवयत्यसत्यम्। असत्यं खादति। असत्यं पिवति। असत्यं संस्तरति असत्यमेवाच्छादयति। असत्यं जागर्ति। असत्यं निद्राति। असत्यं स्वप्नायते। किमधिकं गुरो! असत्यमेवास्य माता पिता जीवनधर्मश्च वाक्कीलोऽयम्। कचहरीकीटाणुरयम्। भिक्षुक इवायं करौ प्रसारयति। पाटच्चर इव सर्वं मुष्णाति। पश्यतोहर इव प्रत्यक्षमेव निर्धनीकरोति जनम्। अस्मात् समेषां भयम्।''[91]

आधुनिकसमाजे शिक्षकाणां नैतिकमधोपतनं विनिर्दिश्य उपस्थितं कमपि आचार्यं सः वालकः नगरस्य तृतीयश्रेष्ठपुरुषरूपेणोद्घोषयति- ''गुरो!

विश्वविद्यालयशिक्षकोऽयं विद्वन्मूर्द्धन्योऽध्यक्षपदमलङ्करोति। त्रिपुण्ड्रमण्डितमस्य सम्पूर्णं विद्यार्थीजीवनम्। उदुम्बरपुष्पतां गतास्य कृते प्रथमा श्रेणी। तथापि गुरुचरणचारणचक्रवर्तितया नवनीतोपलेपनकलाविशारदतया च सकृदवाप्ता-सन्दिको न कथमपि मुमोच तां विविधावरोधझञ्झाझम्पप्रताडितोऽप्यनेकवारम्। सम्प्रति वैश्वानरज्वालापहृतसकलमलो निर्मलकार्त्तस्वरो निखिलगुणनिधानभूतो राराज्यते। धनदानं शैय्यादानं पशुदानमिवायमपि स्वामुष्मिककल्याणार्थं छात्रेभ्यश्छात्रीभ्यश्च (विशेषेण) अङ्कदानं विदधाति। विविधमूल्यमितोऽस्य महार्घोऽङ्कः। परीक्षासरित्समुत्तरणमात्राय शतरूप्यकाणि, द्वितीयश्रेण्यर्थं पंचशतरूप्यकाणि, प्रथमश्रेण्यर्थं सहस्त्ररूप्यकाणि, प्रवक्तृपदप्राप्त्यर्थं च पञ्चसहस्त्ररूप्यकाणि स्वीक्रियन्तेऽनेन विद्यामन्दिरदैवतेन। परन्तु गुरो!

यः कोऽपि प्राणानपि पणीकृत्यास्य जामातृत्वं गृह्णीयात् यो वा सूकरमुखानामस्य दुर्दारकाणां धूलिमलप्रोञ्छनं कुर्यात्, यो वास्य महानससामग्रीं निर्व्ययमुपस्थापयेत्। यो वास्य गेहिन्याः खदिरपूगीताम्बूलतमालपत्रसत्प्रवन्धं वा कर्तुमुत्तीर्णो भवेत् तत्कृते तु सर्वमेव सुलभं वराटिका विनैव। मौर्ख्ये साक्षाद्वृहस्पतिः अयंः वैदुष्ये पुनः साक्षात् सोमशर्मा। प्रतिप्रश्नं षड्गुलानि उत्तरयति।[92]

वालकमतेन उपस्थितः यान्त्रिकः (Engineer) भवति नगरस्य चतुर्थः श्रेष्ठपुरुषः। अन्यान्यमार्गेण सेतुबन्धभवनादिन् निर्माय अयं जनः यद्यपि धनिकः तथापि तस्य पारिवारिकं जीवनं विषण्णतामयम्। सीमन्तचूर्णस्य (Cement) स्थाने भागाधिकं वालुकां विमिश्र सः निर्माणं साधयति। अतः सः वालुकापुरुष इति वालकेन अभिहितः। समाजे शोषणस्य वञ्चनस्य मूर्तिभूतः अयं यान्त्रिकः वालकेन परिचायकीकृतः। वालको वदति–गुरो अयमेव तृतीयः श्रेष्ठपुरुषः। कथमिति तदुच्यते। वर्षजीविनः षण्मासजीविनो वा एतन्निर्मिताः सेतुबन्धाः। अयं सीमन्तचूर्णे (Cement) समधिकसिकतां मेलयति। चतुस्सूत्रायोदण्ड स्थाने त्रिसूत्रायोदण्डान् प्रयुनक्ति। प्रथमश्रेणीष्टका उपेक्ष्य रक्तपेटीष्टकाभिरेव भवनानि निर्माति। तिलं तालीकरोत्ययम्। पश्यतु गुरुवर्यः। आसीदयं ह्य एव सर्वविधदरिद्रः किन्तु सम्प्रति वर्तते धनधान्यसमृद्धो लक्षपतिः

कथन्न भूरिभाग्यः। रूपगर्विता कर्मान्तविद्यालयगामिनी? (Convent) कन्याऽस्य यान्त्रिकवरस्य प्रपलायिता केनचित् सुभगम्मन्ययूना सार्धम्।

ज्येष्ठत्वकनिष्ठत्वोभयगुणमण्डितोऽस्य पुत्रः परस्सहस्राणि रूप्यकाणि मुषित्वा अभिनेतृभावलम्पटतया मायापुरीं (Bombay) उपद्रुतः। सम्प्रत्येकाकी वराकोऽयं विधुरो यथाकथञ्चित् धूम्रमैरेयपानादिभिस्समयं नयति।[93]

अनेन भावेन **इन्द्रजालमिति** प्रहसने नाट्यकारस्य वक्रतीक्ष्णा दृष्टिः समाजस्य कलङ्कितपुरुषाणामुपरि पतिता दृश्यते। सर्वत्र हास्यरसस्य प्रवाहं साधयित्वा नाट्यकारः समाजसंशोधनस्य आशयेन सवलो दृश्यते।

प्रहसनमिदं **निर्गृहघट्टनामकम्** पारिवारिकसमस्यामाधारीकृत्य हास्यरसपट्टके उत्कीर्णम्। पत्नीनिर्यातितानां पुरुषाणाम् दुःखात्मकं भागधेयम् अत्र सूक्ष्मातिसूक्ष्मं वर्णितमस्ति। आधुनिकयुगे नारीस्वाधीनतायाः मन्दप्रभावस्योपरि प्रहसनमिदं प्रकल्पितमस्ति। कस्मिन्नपि कार्यालये लिपिकः गिरिशः भवति नाट्यकथायाः नायकः। मङ्गला तस्य पत्नी। कार्यालये कल्पना तस्य प्रेयसी। पत्नी मङ्गला भवति नगरे महिलोद्धारसभायाः अध्यक्षा। परन्तु पतिः गिरीशः भवति नगरे पत्नीविरोधसमितेः सचिवः। अतः उभयोर्मध्ये सैद्धान्तिक-विभेदः स्पष्टः। एकदा विनोदः सलीमः भवेशः वालचन्द्रः हंसनाथश्च सर्वे गिरिशस्य बन्धवः गिरीशगृहे पत्नीविरोधससमितेः सभां सञ्चालयन्ति। तत्र पत्नीपीडितानां जनानां प्रेषितानि पत्राणि वाचितानि भवन्ति। सर्वाणि पत्राणि पुरुषाणामुपरि पत्नीनां यत् उत्पीडनं तत् विशदीकुर्वन्ति। तदनन्तरं गिरीशः स्वपत्नी-विषये तस्याश्च व्यवहारविषये वहु किमपि सर्वेषां समक्षं प्रकटयति। मुख्यतः कार्यालये प्रेयस्याः कल्पनया सह तस्य सम्बन्धम् आशङ्क्य (मङ्गला) क्रुद्धा तिष्ठति इति वर्णयति। गृहाभ्यन्तर-कपाटस्य अपरपार्श्वात् सर्वं श्रुत्वा पत्नी मङ्गला क्रुद्धा भूत्वा लगुडप्रहारेण सर्वान् समितिसभ्यान् गिरीशञ्च जर्जरीकरोति। सर्वे प्रहारपीडया व्यथिताः पलायन्ते। ततः परं गिरीशस्य कार्यालयं गत्वा मङ्गलाऽपि कार्यालयाधिकारिणः समक्षं गिरीशस्य कल्पनया सह सम्बन्धविषये सर्वं व्याख्याति। अधिकारी अपि गिरीशेन सह कल्पनां दृष्ट्वा बहुधा तिरस्करोति। एकः मनुष्यः न गृहे शान्तिं प्राप्नोति नापि कार्यालये। अतः सः न गृहस्य नापि घट्टस्य। तां कथामाधारीकृत्य प्रहसनस्य नाम भवति निर्गृहघट्टम्।

क्वचिदपि नाट्ये कापि नारी लगुडप्रहारेण पुरुषान् निर्दयं ताडयति। प्रहसनस्य वैशिष्ट्यं सम्मुखीकृत्य एतद् दृश्यं राजेन्द्रमिश्रेण संयोजितम्। किन्तु हास्यरस

एव सर्वत्रात्र सहजेन पाठकान् नाट्यानन्दविगलितान् करोति। प्रहसनस्य सर्वत्र विविधभावेन हास्यरसस्य प्रसङ्गः कविभिरुद्भाविता। हास्यरसः विविध-प्रसङ्गानुरोधेन स्वतः उत्पादितः। वृत्तपत्रे (News paper) चलच्चित्रनायिकानां चित्राणि पश्यन्तं गिरीशं तस्य पत्नी वदति- ''नेत्रे तावच्चलच्चित्रविज्ञापनोपरि कीलिते। हेमामालिनी चित्रमनिर्वर्ण्य कुतस्ते मानसार्णवोत्तालतरङ्गाशान्तिः। अये साधुपुरुष! इदानीमपि न मुञ्चसि तां वराकीम्। साम्प्रतं तु सा गृहिणीभूता धर्मेन्द्रस्य।''[94]

स्वयमपि गिरीशः मित्रगोष्ठ्यां कन्दुक इति नाम्ना ख्यातः। यथा कन्दुकं द्वयोर्मनुष्ययोर्मध्ये यातायातं करोति तथैव अयं गिरीशः पत्नीप्रेमिकयोर्मध्ये विभक्तोऽस्ति। अतः तस्यः बन्धवः तं कन्दुकभ्रात इति सम्बोधयन्ति। तदपि सामाजिकानां हृदये आह्लादमुपादयति। पत्नीविरोधसमितिसभायां नारीणां पुरुषनिर्यातनकथा अपि हास्यमुद्र्पादयति। अतः पत्न्यः आकारमयीपीडा एव इति गिरिशः उद्घोषयति- ''सुहृदा विनोदेन सर्वसाधारणी पीडा प्रकटीकृता। वस्तुतः पाणिपीडनं विधाय पीडामात्रमेवाऽस्माभिः प्रसह्याङ्गीकृतम् पत्न्योऽस्माकं साकारपीडा एव। एवंविधेयं पीडा या न सोढुं शक्या, न निवेदयितुं शक्या।''[95]

पत्नीपीडितस्य कस्यापि शीतांशुशीतलनामधेयस्य पत्रे पत्न्याः पीडनस्य चित्रं हास्योत्पादकं भवति। गिरीशस्य मित्रं बालचन्द्रः पत्रमेकं वाचयितुं वदति- ''सम्प्रति मयाऽपरमेकं पत्रं पठ्यते। प्रेषयतीदं श्रीशीतांशुशीतलमहोदयः। नगरस्यास्योदीयमानः प्रबुद्धश्चायं कविः बहुषु मण्येषु लब्धप्रतिष्ठा, रक्तकण्ठो, मित्रवत्सलः प्रकाशितानेकरचनश्च।

लिखति शीतलमहोदयः यत् मम गृहिणी तु साक्षाद्वडवानलशिखा। मम कवित्वं नितरां विगर्हते। क्वचिन्मां चारणीकरोति, क्वचिद् याचकमाचष्टे। मां तिरस्कर्तुमेव समाभिधानमपि कुब्जीकृत्य चीतलजी, मीतलजी, तीतलजी, पीतलजीति वोच्चारयति। बी० ए० परीक्षोत्तीर्णा ज्ञानदप्ता सा प्रतिपदं मया सार्धं विवदते! सर्वथा क्षुब्धोऽस्मि परिस्थित्यानया। स्वभावेनैवातिकोमलोऽहं कठोरमिममशनिपातं सन्ततं सोढुं न समर्थः।[96]

अन्यत्र कुत्रापि कापि पत्नी सुप्तस्य स्वामिनः नासिकाकर्तनं करिष्यतीति शपथं नयति- ''निशितक्षुरेण रात्रौ निकामं स्वपतस्ते नासिकां पृथक्करिष्ये।''[97]

गिरीशस्य पत्नी यदा अभ्यन्तरे द्वारपृष्ठे स्थित्वा सर्वं शृणोति तदा गिरीशः कार्यालये स्वस्य प्रेमप्रसङ्गमुद्घाट्य स्वपत्नीं गर्दभीमिति वदति। तद् दृश्यमपि दर्शकैः हास्योच्छलं दृश्यते। गिरीशो वदति– ''अथ किम् कार्यालयाधीक्षक-महोदयस्य सुरूपलिपिकया स्तेनाभिधया सार्धं सकृद् बद्धालापः सन्दृष्टः केनचित् पिशुनेन सहकर्मिणा। सोऽपि नीचस्तद्वृत्तं मत्पत्न्यै सूचितवान्। तन्मात्रेणैव जातशङ्का जातरोषा जातमत्सरा च सा नितरां मह्यं कुप्यति, व्यङ्ग्यं व्यनक्ति, गर्दभीव क्रोशति च।''[98]

वन्धुः सलीमः गिरीशस्य कथां श्रुत्वा तस्य पत्न्याः मङ्गलायाः आचरणं नानुमन्यते। तस्योत्तरेण गिरीशः यद् वदति तदपि सामाजिकान् आमोदयति– ''परन्तु भ्रातरः। मयाऽपि नाम अपक्वगुलिकाः न क्रीडिताः। विटपे-विटपे सा, पत्रे पत्रे पुनरहम्। गुरुणैव सार्धं गुरुता न विधातुं शक्यते। लवणेनैव लवणं न भक्ष्यते। इदृशं नाटकमहं करिष्यामि यत्सा मूकद्रष्ट्री भूत्वा स्थास्यति। यदि तेनापि अनुकूलयितुं न शक्ष्यते तदा लगुडेश्वरमाह्वयिष्यामि। (लगुडं प्रदर्शयन्) पश्यन्ति भवन्तः अयमेव मम कुलदेवो ममेष्टदेवो भगवान् लगुडनाथः।''[99]

गिरीशस्य एतादृशं वचनं श्रुत्वा द्वारकपाटमुद्घाट्य रुष्टा मङ्गला लगुडेन सर्वान् प्रहरति। दृश्यमिदमपि दर्शकाणामामोदस्थानं भवति। प्रहाराघातेन गिरीशः वदति– ''अब्रह्मण्यम्! बन्धवः। वारय वारय मामस्याः डाकिन्याः। हन्त भोः मारितोऽस्मिः; घातितोऽस्मिः, सञ्चूर्णितोऽस्मि।''[100]

इदमपि वाचिकं सामाजिकानां हास्यमुपादयति। पलायितान् सर्वान् अपि क्रोधारुणालोचना मङ्गला सफुत्कारं वदति– ''चत्वरवृषभाः, बलिच्छागाः!! दृष्टं युष्माभिर्भगवतो लगुडेश्वरस्य शौर्यम्? यदि नाम पुनर्मम गृहे पदमपि कृतवन्तो यूयं तर्हि खञ्जान् विधास्ये। कपालेषु एकमपि रोमावशिष्टं न भविष्यति।''[101]

कार्यालये अधिकारी अपि गिरीशस्य प्रेमप्रसङ्गं ज्ञात्वा तिरस्कारपूर्वकं तं वदति– ''गृहकुक्कुटीं शाकतुल्यां विजानासि?''[102]

गिरीशस्य विकला जीवनस्थितिः यद्यपि पुरुषाणां जीवनस्य वास्तवस्थिति-मुद्घाटयति तथापि तस्य दुःखवाक्यानि श्रुत्वा दर्शकाः आमोदिता भवन्ति।

एतस्मिन्नेव दिने गृहे पत्न्यास्ताडनं, कार्यालये च अधिकारिणः तिरस्कारं लब्ध्वा गिरिशस्य जीवनं दयनीयं भवति। तथापि तस्य वाक्यानि दर्शकानां हर्षं जनयति। गिरीशः वदति– 'हन्त भोः। कस्याननमवलोक्य समुत्थितोऽस्म्यद्य? प्रातर्वेलात एव निकृति प्रहारञ्च सहमानोऽस्मि। तदासीत् गृहम्। अयमस्ति घट्टः। गृहे पत्नी वैरिणी। घट्टे चायं दानवोऽधीक्षको वैरी। उभयत्राऽपि अशरणोऽस्मि। रजकसारमेयो न गृहस्य न वा घट्टस्य। सत्यमेव निर्गृहघट्टोऽस्मि सञ्जातः। किं करवाणि मन्दभाग्यः?[103]

साधारणतः संस्कृतनाटके चरित्रप्रसङ्गानुसारं प्राकृतभाषाणां प्रयोगः दृश्यन्ते। परन्तु निर्गृहघटे प्रहसने राजेन्द्रमिश्रेण न केवलं हिन्दीभाषायाः परन्तु हिन्दीचलच्चित्रसंगीतस्य प्रयोगं कृतवान्। साऽपि गीतिका नैराश्यदग्धस्य नायकस्य जीवने नूतनसाहसस्य सञ्चारं विधत्ते।[104]

निर्गृहघट्टप्रहसने प्राचीननाट्यकलायाः प्रभावः सूक्ष्मतया पतितः। एकस्मिन् प्रसङ्गे मङ्गला वदति परिहासविजल्पितमात्रमिदम्॥[105] वाक्यमिदं शाकुन्तले द्वितीयाङ्के अन्तिम–श्लोके दुष्यन्तस्य कथने मूलतया प्राप्यते–

परिहासविजल्पितं सखे परमार्थेन न गृह्यतां वचः।।18।।[106]

तस्मिन्नेव प्रसङ्गे कामपि पतिघातिकां नारीम् उद्दिश्य मङ्गला वदति– "काचित् काणेलिका भविष्यति।"[107] अत्र काणेलिकाशब्दस्य यः व्यवहारः सः मूलतया मृच्छकटिके प्रथमाङ्के प्राप्यते। अत्र विटः शकारं काणेलिमातः इति शब्देन सम्बोधयति। काणेलिशब्दस्य अर्थो भवति–पुंश्चली व्यभिचारिणी अविवाहिता–पुत्रवती वा। तथैव निर्गृहघट्टे प्रथमदृश्ये गिरिशस्य बन्धु हंसनाथः धनविषये वदति– "भाग्यक्रमेण हि धनानि भवन्ति यान्ति।"[108] इयम् अभिव्यक्तिः मूलतः मृच्छकटिक–प्रकरणस्य प्रथमाङ्के प्राप्यते। अत्र चारुदत्तः विदूषकं वदति–

सत्यं न मे विभावना शकृतास्ति चिन्ता
भाग्यक्रमेण हि धनानि भवन्ति यान्ति
एतत्तु मां दहति, नष्टधनाश्रयस्य
यत् सौहृदादपि जना शिथिलीभवन्ति।।13।।[109]

कदाचित् हास्योत्पादानाय नाट्यकारः एकस्य शब्दस्य कृते अन्यान् शब्दानपि प्रयुञ्जन्ति। पत्न्या, प्रहारं प्राप्य गिरिशो वदति–

भोः मारितोऽस्मि, घातितोऽस्मि सञ्चूर्णितोऽस्मि।[110]

एतादृशी वाचिकरचनाकला मृच्छकटिकेऽपि प्राप्यते। तत्र प्रथमाङ्के शकारः धावन्तीं वसन्तसेनां वदति –

किं यासि धावसि पलायसे प्रस्खलन्ती
वासु! प्रसीद न मरिष्यसि तिष्ठ तावत्।
कामेन दह्यते खलु मे हृदयं तपस्वि
अङ्गारराशिपतितमिव मांसखण्डम्।।18।।[111]

पुटपाकतत्त्वं संकेतीकृत्य राजेन्द्रमिश्रोऽपि नायकस्य गिरीशस्य हृदये प्रज्वलितस्य दुःखदीपस्य सूचनां ददाति। अन्तर्वेदनां संसूच्य गिरिशो वदति – ''हे प्रभो! हृदये पुटपाक इव प्रज्वलति। जलमल्लकेनानेन चेन्निर्वापण-मुपगच्छेत्।''[112]

उत्तररामचरिते रामस्य हृदयान्तर्गतं दुःखं सूचयितुं तृतीयाङ्के मुरला वदति-

अनिर्भिन्नो गभीरत्वादन्तर्गूढघनव्यथः
पुटपाकप्रतीकाशो रामस्य करुणो रसः।।[113]

गिरीशः **निर्गृहघट्ट**- प्रहसनस्य द्वितीये दृश्ये कार्यालये स्वदुःखम् अभिव्यज्य वदति – ''पृष्ठोपरि लघुपिण्डकोऽस्ति संवृत्तः''[114]। शाकुन्तले द्वितीयाङ्के अस्य वाक्यस्य मूलरूपम् प्राप्यते यत्र विदूषको वदति- ''ततो गण्डस्योपरि पिण्डिका संवृत्ता।''[115] भासस्य शूद्रकस्य च भाग्यवादिता राजेन्द्रमिश्रस्य रूपकेषु प्राप्यते। निर्गृहघट्ट–प्रहसने कल्पना वदति – ''वैधात्रिकं ललाटलेखं कः प्रोञ्छतु।''[116]

अतएव राजेन्द्रमिश्रस्य नाट्यकला प्राचीननाट्यकारैः सूक्ष्मतया प्रभाविता। किन्तु हास्पोत्पादने, जीवनं प्रति परिहास–विजडित दृक्क्षेपणे च राजेन्द्रमिश्रस्य मौलिकता अवश्यं स्वीकार्या।

'**चतुष्पथीयम्**' इति प्रहसनसङ्कलने तृतीयं प्रहसनं भवति **वैधेयविक्रमम्।** अस्मिन् प्रहसने एकस्य मध्यवित्तपरिवारस्य गृहाभ्यन्तरीयः दाम्पत्यकलहः प्रदर्शितः। अस्मात् कलहात् गृहिणीनां दायित्वभारः, वहुकुटम्बिनां दुःखम्, पतिपत्न्योः कलहाभ्यन्तरितं प्रेम च सुष्ठुतया प्रदर्शितमस्ति। तत्र गृहिणी सारदा परिवारस्य भारं वहुतरं निर्वाहयति। तस्याः स्वामी उद्योग नियुक्तोऽपि स्वल्पम्

वेतनं प्राप्नोति। अतः सा प्रतिवेशिवालकानां वस्त्रसीवने अधिकं किञ्चित् अर्थम् अर्जयित्वा येन केन प्रकारेण एकादशपुत्रसमन्वितं गृहं सञ्चालयति। गृहस्वामी गृहस्य कृते अधिकं किमपि न कृत्वा आलस्यमयं जीवनं यापयति। अतएव प्रहसनस्य अन्तिमे श्लोके अधिकपरिश्रमाय उपदेशः प्रदत्तोऽस्ति –

श्रम एव पुरस्कुरुते जननं श्रम एव ददाति धनं विपुलम्।
श्रम एव दुरासदमानयति श्रम एव पुनाति समग्रकुलम्!
ननु विक्रमिणं कुरुते श्रम एव जनं, श्रम एव युनक्ति बलम्
श्रममात्रधृतं जगदेतदहो ग्रहपुञ्जनियन्त्रणगं निखिलम्!![117]

गृहस्वामिनः आलस्यमय-जीवनं प्रहसनस्य प्रथमादेव प्रतिफलनं दृश्यते। स प्रातः विलम्वेन उत्थाय वहुवारं चायपानं करोति। तस्य निद्रागतस्य उच्छिंघनं (snore) तस्य आलसस्य शाब्दिकप्रतीकमात्रम्। अतः तम् पत्नी सारदा वदति-

"खट्वाऽऽरूढ एव नासापणवटङ्कारैः प्रतिवेशिनोऽपि पीडयसि।"[118]

पक्षान्तरे शारदा गृहस्य सर्वं दायित्वं स्वस्कन्धे एव उत्थापयति। सा प्रहसनस्य अन्तिम पर्याये वदति- "न मयैतदुक्तम्। निजान्तःकरणं पृच्छैतत्।[119] परं किमिदमपि कथयितुमवशिष्टं यदहमेव हट्टं गच्छामि, गृहप्रवन्धं करोमि, दारकाणां योगक्षेमो चिन्तयामि, लोकव्यवहारं निर्वहामि? एतत्सर्वमेव त्वत्करणीयं वर्तते, न मम।"

अतएव सा स्वस्वामिनं वैधेयम् इति वदति। ये जनाः तस्य कर्महीन-जीवनम् उपहसन्ति तेषामुपरि सः स्वविक्रमं प्रदर्शयितुम् उद्यतो भवति। एतादृशमाचरणं भवति वैधेयानां विक्रमम्। अर्थात् अयोग्यानां निष्फल-वीरत्वम्।

प्रहसनेऽस्मिन् वहुत्र प्राचीनकवीनां प्रभावः राजेन्द्रमिश्रस्य नाट्यशिल्पे स्पष्टं दृश्यते। गृहस्वामी प्रातराशस्य अवसरं त्यक्त्वा दन्तधावनादिकमपि कर्तुं नेच्छति। अतः सः वदति – "अये अल्पस्य हेतोर्बहु हातुमिच्छन् विचारमूढो भविष्यामि।[120]

रघुवंशस्य द्वितीये सर्गे इयं भावना मूलतः प्रकटिताऽस्ति। तत्र सिंहः राजानं दीलिपं कथयति-

एकातपत्रं जगतः प्रभुत्वं नवं वयः कान्तमिदं वपुश्च।
अल्पस्य हेतोर्वहु हातुमिच्छन्विचारमूढः प्रतिभासि मे त्वम्।[121]

तत्रैव यदा गृहस्वामी स्वपत्नीं प्रशंस्य वदति– "गृहिणी गृहमुच्यते।"[122] तस्य मूलम् उत्तररामचरितस्य प्रथमाङ्के रामस्य कथने प्राप्यते–

विश्रम्भादुरसि निपत्य लब्धनिद्रा –

मुन्मुच्य प्रियगृहिणी गृहस्य शोभाम्।।[123]

तथैव वाला: पर्याकुलमुर्धजा:[124] इति यद् राजेन्द्रमिश्रेण वर्ण्यते तस्य शब्दस्य काव्यिकप्रयोग: शाकुन्तले प्रथमाङ्के प्राप्यते यत्र दुष्यन्त: शकुन्तलाया: जलसेचनश्रान्तं रूपम् वर्णयित्वा वदति –

वद्धं कर्णशिरीषरोधि वदने घर्माम्भसा जालकं

बन्धे स्त्रंसिनि चैकहस्तयमिता: पर्याकुला मूर्धजा:।।[125]

स्वस्य अयोग्यताया: परिहासं कुर्वतां जनानां कृते क्रोधं प्रकट्य **वैधेयविक्रम्**– प्रहसने गृहस्वामी वदति– 'ग्रीवां तस्य मडमडायिष्ये।'[126] अस्य प्रयोगस्य मूलम् मृच्छकटिके प्रथमाङ्के शकारस्य विदूषकं प्रति यद् वचनं तत्र प्राप्यते– "यदि न भणिष्यसि, तदा कपाटतलप्रविष्टं कपित्थगुलिकमिव मस्तकं ते मडमडायिष्यामि।"[127]

बेधेयविक्रमप्रहसने पुराणानां प्रतिफलनमपि स्थाने स्थाने प्राप्यते। पाकविद्यानिष्णातस्य नलस्य पुनर्यौवनप्राप्तस्य पुर: कथा वा नाट्यकारस्य आधुनिकनाटके पौराणिकप्रसङ्गव्यवहारशिल्पं प्रदर्शयति।[128]

चतुष्पथीयम् पुस्तके 'मोदकं केन भक्षितम्' इत्यन्तिमे प्रहसने ब्राह्मणेन गौराङ्ग–तुरष्कञ्च वञ्चयित्वा सर्वाणि मोदकानि खादितानि। तस्य धूर्तता एव अस्मिन् प्रहसने महत् हास्यमुपादयति। ब्राह्मणस्य नाम भवति पण्डित–श्रीघनघटानन्द: पाण्ड्ये:। नामादपि अस्य चरित्रस्य हास्यप्रामुख्यं सूचितं भवति। स्वप्नस्य व्याजेन तस्य मोदकभक्षणं दर्शकै: सानन्दमुपभुज्यते। कदाचित् वाचिकानां प्रयोगो हास्यमयस्य परिवेशस्य परिपोषणं विदधाति। ब्राह्मणस्य वाक्यमवगन्तुमसमर्थ तुरष्क: वदति– "मुधा प्रलोभनीयै:। शब्दर्जल्पसि। आम्रं पृच्छामि; तिन्तिडीकं वदसि। अग्निर्दहति घोषमिदानीम् त्वं पुन: कूपं खनयितुं प्रवर्तसे। कथन्न सुस्पष्टमभिधीयतेऽभिप्राय:?"[129]

तथैव ब्राह्मणस्य उपवासप्रस्तावं श्रुत्वा गौराङ्ग: वदति – "ओह मॉई गॉड्।

योऽयं क्वथितकुक्कुटाण्डसप्तकेन प्रातराशं सम्पादयामि सोऽहमद्य क्षपितप्रायेऽखिलदीर्घदिवसे कथं निर्जलोपवासमात्रेण ध्रिये।''[130]

भोजनं विना ब्राह्मणस्य क्षुधानुभूतिरपि हास्यमयशैल्या प्रकटिता। ब्राह्मणः वदति– हा दैव! किमिदमापतितम्? उद्‌रगह्वरे तु मूषिका विलुण्ठन्ति। नेत्रयोः प्रज्वलतिं श्मशानदीपः। कथमपि निद्रा नायाति। तत् किं करोमि मन्दभाग्यः।[131]

मोदकानि भक्षयित्वा क्षुधां शान्तयित्वा च ब्राह्मणः सोद्गारं वदति – जयतु वज्राङ्गबली। त्रुट्यतु द्विषतां नली। वत्स घनघटानन्द! साम्प्रतं चत्वरवृषभ इव सुखं स्वपिहि। प्रातश्चिन्तयिष्यसि रक्षणोपायम्।''[132]

अतः राजेन्द्रमिश्रस्य नाट्यकलायां हास्योत्पादकानां वाचिकानां प्रयोगः एकः प्रभावि–माध्यमः। तथैव पूर्वकवीनां काव्येभ्यः समुचितान् शब्दान् संगृह्य समुचिते स्थाने स्वतःस्फुर्तः प्रयोगोऽपि तस्यान्यतमो माध्यमः। पञ्चतन्त्रस्य सिंह–शृगालकथातः क्षुत्क्षामकण्ठ इति शब्दं संगृह्य गौराङ्गः वदति– ''क्षुत्क्षामकण्ठोऽहं सम्प्रति पदात्पदमपि प्रचलितुं नोत्सहे।''[133]

वहूनां सुभाषितानां प्रयोगोऽपि प्राचीनग्रन्थेभ्यः आगत्य राजेन्द्रमिश्रस्य नाट्यकलां परिपोषयन्ति। अस्मिन् प्रहसने ब्राह्मणो वदति– ''अस्माकं धर्मे तु स्पष्टमेव निगदितमाचार्यैर्यत् मनस्वी कार्यार्थी न गणयति दुःख न च सुखम्। न हि सुप्तस्य सिंहस्य प्रविशन्ति मुखे मृगा इति। साहसे श्रीः प्रतिवसतीति। चरन्वै मधु विन्दतीति।[134]

तथैव कुमारसम्भवस्य पञ्चमसर्गात् (श्लोकः–32) श्लोकांशं संगृह्य गौराङ्गः वदति – ''सत्यं सत्यम्। पण्डितभ्रातः। त्वयैव कदाचिदुक्तमासीत् यच्छरीरमाद्यं खलु धर्मसाधनम्।''[135]

तथैव शाकुन्तलात् श्लोकं संस्मर्य्य तुरष्कः वदति– ''प्रसीदतु प्रियवयस्य! ब्राह्मणोऽस्ति भवान्! स्वभावत एव हैयङ्गवीनोपमहृदयः! कथमिदानीं बज्रसारी भवसि?''[136]

अत्र बज्रसारीभवसि इति शब्द शाकुन्तले प्रथमाङ्कस्य ''न खलु न खलु वाणः'' इति श्लोके 'क्व: च निशितनिपाता वज्रसारा शरास्ते'' इति वाक्यं स्मारयति। तथैव मृच्छकटिकप्रकरणस्य प्रथमाङ्के प्रातःराश इत्यनेन व्यञ्जयितुं

कल्यवर्तशब्दस्य यः व्यवहारः कदाचित् सामान्यवस्त्वर्थेन व्यवह्रियते तस्य व्यवहारः अस्मिन् प्रहसनेऽपि प्राप्यते। अतः तुरष्कः वदति– "आसफुद्दौला-महोदयाः यावज्जीवनं मोदककल्यवर्तं कृतवन्तः।"[137]

शाकुन्तले प्रथमाङ्के 'गाहन्तां सलिले' इति श्लोके "रोमन्थमभ्यस्यतु" इति अभ्युक्तं तस्यापि प्रतिविम्बं अस्मिन् प्रहसने प्राप्यते। अत्र नाट्यकारः ब्राह्मणस्य मञ्चाभिनयं वर्णयित्वा वदति – "इति मोदकपिटकमुद्घाट्य सरोमाञ्चं रोमन्थमभ्यस्यन् मोदकान्येकैकशो भक्षयति। अन्तरान्तरा च मल्लकत्रयं पानीयं पिवति।"[138]

कदाचित् हिन्दीभाषायां या प्रकाशभङ्गी वर्तते तस्यापि संस्कृतनाट्ये सकौशलं प्रयोगः दृश्यते। हिन्दीभाषायामुच्यते "दाल मे कुछ काला है" तस्य संस्कृते रूपं प्रदाय नाट्यकारो वदति– "द्विदले कालिमा वर्तते।"[139]

तथैव हनुमतः गुणगानं हिन्दीशैल्यां यथा वर्तते तस्य अनुसरणं कृत्वा कविः वदति "जयतु वज्राङ्गबली। त्रुट्यतु द्विषतां नली। वत्स घनघटानन्द! म्प्रतं चत्वरवृषभ इव सुखं स्वपिहि। प्रातः चिन्तयिष्यसि रक्षणोपायम्।"[140]

अनेन भावेन अस्माकं संक्षिप्ताध्यनात् ज्ञायते यद् राजेन्द्रमिश्रस्य नाट्यकला मुख्यतः हास्यरसाधारिता। प्राचीनसंस्कृतकाव्येभ्यः शब्दाः नाट्यरचनासमये संस्कृतसाहित्यनिष्णातस्य नाट्यकारस्य मनसि स्वतः प्रविशन्ति। अतः तेषां शब्दानां प्रभावः पाठकानां प्रमोदाय भवति। कदाचित् हिन्दीभाषायाः प्रभावः राजेन्द्रमिश्रस्य नाट्यकलाम् सम्यग् परिपोषयति।

(ङ) प्रशान्तराघवम्

नाट्यकारस्य राजेन्द्रमिश्रस्य नाटकेषु न केवलं श्लोकाः परन्तु सम्वाद (Dia logue)– वाक्यानि अपि सुकौशलेन रचितानि सन्ति। यथा श्लोकाः तथैव सम्वादाः तस्य नाट्यग्रन्थान् सम्वर्धयन्ति। सम्वादरचनाकौशलं वस्तुतः नाट्यकारस्य नाट्यकरचना-सामर्य्यम् प्रतिपादयति, यतः कवयोऽपि मनोहारिश्लोकरचनाकलासु स्वस्य पारदर्शिताम् प्रतिपादयन्ति। नाटके सम्वादवाक्यानि नाट्यचरित्राणां चारित्रिकवैशिष्टस्य सूक्ष्मताम् उन्मोचयन्ति। एतानि सम्वादवाक्यानि नाट्यवस्तुनः अग्रगतौ सहायकानि भवन्ति। अतः रूपकेषु

एतेषां प्राधान्यम् सर्वथा वरीवर्तते। राजेन्द्रमिश्रः सम्वादरचनायां सहजेन पाठकहृदयमाकर्षति। **प्रशान्तराघव**नाटकानुसारं तस्य सम्वाद-संरचन-कौशलविषये अस्माकं चिन्तनं विश्लेषणञ्च वयं संक्षेपेण वक्तुकामाः स्म।

प्रशान्तराघव इति नाटकस्य प्रथमाङ्के सूत्रधारस्य स्वागतसम्भाषणे सामाजिकाः हृष्टाः भवन्ति। स वदति- "समेषां हार्दिकं स्वागतं व्याहरतो मे मनो भृशं प्रसीदति।"[141] सः यदा वदति- "अभिराजराजेन्द्रमिश्राणां नाट्यकृतिं प्रशान्तराघवाऽभिधां प्रयोक्तुमुत्सहे या खल्वभिनवाऽपि वर्ततेऽपूर्वा चापि।"[142] तदा मञ्चपार्श्वात् कोऽपि जिज्ञासते कोऽयम् कविरिति? तदा सूत्रधारः साट्टहासमुत्तरयति- "अये बन्धो! प्रश्नमिमं पृष्ट्वा कथमात्ममौग्ध्यं प्रकाश्यसे? महाम्भौधौ निवसतोऽपि तरङ्ग कदम्बकाऽनभिज्ञस्य पाठीनस्येव ते स्थितिः।"[143]

तथैव शीघ्रम् विषये प्रवेष्टुं सूत्रधारः नटीं प्रचोदयति वदति च यद् एते सहृदयाः दूरदेशादागताः दर्शकाः अस्माकं वाक्चातुर्य्यं श्रोतुं नैवागताः सन्ति। ते नाट्यप्रयोगं द्रष्टुं तथैव उत्सुक्ताः सन्ति यथा तृषार्तः चातकः जलदस्य जलविन्दुं पातुम्। सूत्रधारः नटीं सानुनयं वदति- "प्रिये अलमन्यथोत्प्रेक्ष्य। मुञ्च मदुद्वेजकं कोपम्। एते दूरप्रदेशेभ्यस्समागताः सहृदया नाट्यप्रयोगं द्रष्टुं समुत्कण्ठिताः। तृषार्तचातकेभ्योऽम्बुदवर्षणं रोचते, न पुनर्गर्जितम्।"[114]

सीतायाः समग्रस्य जीवनस्य कथां वाक्यकतिपयेन संक्षेपीकृत्य प्रशान्तराघवस्य प्रथमाङ्के रामः यद् वदति तदपि न केवलं तस्य सीतां प्रति प्रेम प्रतिपादयति तत्रापि च सीतायाः जीवने यद् उत्थानपतनं यच्चापमानसम्माननं सर्वं प्रकटयति। मर्यादापुरुषोत्तमरूपेण रामः मर्यादाभञ्जकस्य रावणस्य निधनं विधाय सीतायाः यं कलङ्कं निर्मूलीकृतवान् तस्यापि सूक्ष्मसूचनं तत्र प्राप्यते। रामस्य सम्वादवाक्येषु नाट्यकारस्य सम्बादसंसरचनकला भव्यतायाः शीर्षमधिरोहति - "शिलीन्ध्रकोमलाङ्गि सीते! कीदृशं विलक्षणं ते भाग्यम्! पृथ्वीकुक्षितस्तवोत्पत्तिः। पिनाकसन्तोलनशुल्केन च परिणयः। परिणयानन्तरमेव दारुणवनवासः। तत्राऽपि लम्पटलङ्कापतिकृतस्तेऽपहारः। कियदवमाननं त्वया सोढम्? दर्शितविक्रमस्य वृद्धविहङ्गराजस्य जटायोस्त्वत्समक्षमेव मरणम्। हा दैव!"[145]

"सीते! तवेमे सन्देशशरा मम वक्षसि प्रविष्टाः। अनुभूता मया त्वद्विपत्तिः।

मत्तमातङ्गविदलनपटुः क्रुद्धकण्ठीरवकल्पोऽहं रावणध्वंसाय सङ्कल्पपरो जातः। निर्मूलितो मयाऽसौ जगत्त्रयकलङ्कः। समापित एव मया रमणीशीलसमुदाचार-निर्मथनप्रसङ्गो राक्षसाधमं तं निपात्य।[146]

द्वितीयाङ्के विदूषकः पिण्डोदकः सेविका कृत्तिका च वार्तालापं कुरुतः। तत् प्रसङ्गे हास्यरसस्य अवसरं प्रदातुं नाट्यकारस्य लेखनी स्वतःस्फूर्ता भवति। तत्र विदूषकः पिण्डोदकं वदति यत् सः हरिणगत्या गच्छति किन्तु दासी कृत्तिका पिपीलिका इव तमनुगच्छति तदा कृत्तिका तस्य नदीगर्तक इति गालिं प्रदाय किमपि हास्यकरं वदति। तयोः कथोपकथनं निम्नोक्तेन प्रकारेण प्रचलति –

पिण्डोदकः (सोल्लुण्ठम्) मिथिलाया मैथिलानाञ्चेदमेव वैशिष्ट्यम्। यादृशोऽवसरस्तादृशः प्रसरः। बुद्धं न वा? इदानीं ध्यानेन शृणु। पुरोहितो महाराज आगत्योपविष्टः। पुष्पाणां कृते सर्वं कर्मानुष्ठानमवरुद्धम्। तर्हि द्रुतपदैः प्रतिष्ठस्व। अहन्तावत् हरिणचालेन प्राप्नोमि। त्वमपि पिपीलिकेव मामनु रिङ्गन्त्यागच्छ। अवगतं न वा

कृत्तिक (सरोषम्)

मृतकोऽयं वार्द्धक्यमुपगतः किन्तु लपितुं न जानाति। सीताराज्ञ्याः मातृगृहात्समागतः। एतत्कृत एव समुदाचारः परिपाल्यते। अन्यथा नदीगर्तगोऽयं जानीयादेव यत्कीदृश्यो भवन्ति काशीकोसल-दारिकाः।[147]

द्वितीयाङ्के लक्ष्मणः वसिष्ठम् अरुन्धतीञ्च नमस्कृत्य वदति –

भगवन् रघुकुलकल्पतरो! भवच्चरणेन्दीवरचञ्चरीकोऽहमभिवादये। अम्ब! प्रमदाचरणसंहिते। सोमिलोऽहं भवतीमपि प्रणमामि।[148]

सीतानिन्दावार्तां श्रुत्वा रामः राजसभायाः विश्रामकक्षे आत्मानमवरुद्ध्य तिष्ठति। तदा किमपि अमङ्गलं घटितमिति आशङ्क्य यदा लक्ष्मणः तं द्रष्टुं गच्छति तदा रामः तस्य कृते द्वारमपि नोद्घाटयति। ततः परं दुःखितो लक्ष्मणः स्वस्य हृदयव्यथां वशिष्ठस्य समक्षं वनवासस्मृतिचारणपूर्वकं यथा कथयति तद् रामलक्ष्मणयोः भ्रातृसम्बन्धस्य गभीरतां ध्वनयति नाट्यकारस्य सम्वादरचन-सामर्थ्यमपि द्योतयति। अश्रूणि प्रमृज्य वशिष्ठस्य समक्षं लक्ष्मणो वदति-

"भगवन्! यो ह्यार्य आर्यापहरणावधौ मदुत्सङ्गे शीर्षं निधाय शिशुरिव शयानस्तमिस्त्रां क्षपयाञ्चकार, तडिद्गर्जनोत्कम्पितस्सन् पृष्टं सारयित्वा कृतजागरेण मयाऽभिन्नसुहृदिव लालितः अग्रजस्सन्नपि मयाऽनुजेनाऽग्रजीभूय तैस्तैरुपा- यैरुपदेशैर्विनोदैश्च संरक्षितो हन्त स एव मया प्रतीहारभूमिमुपक्रान्तेन प्रार्थितोऽपि मत्कृते द्वारं नोद्घाटितवान्।"[149]

सीतायाः चरित्रे सन्देहं प्रकट्य रजकेन यदुक्तं तद् वक्तुम् अरुन्धत्या आदिष्टः लक्ष्मणः सदैन्यं वदति –

"तात! तदाख्यातुं कम्पते हृदयम्। अमन्दमन्दाक्षमनुभवति मच्चैतन्यम्। जिह्वेति जिह्वा। तथापि लक्ष्मणोऽस्म्यहम्। भणामि, यतो हि भणितुमेव नियोजितोऽस्मि नियत्या। अम्ब! श्रूयताम्![150]

लक्ष्मणमुखात् रजकस्य सीतानिन्दां श्रुत्वा अरुन्धत्यपि कर्णौ पिधाय वदति "धिग्धिग्धिगधमं रजकहतकम्। महादैव! शान्तं पापम्। शान्तं पापम्! आः नीचोऽयं जाह्नवीं मदिरामवगच्छति? पारिजातं स्नुहीतरुं घोषयति। कामधेनुं सूकरीमभिधत्ते![151]

रामहस्तेन सीतायाः दण्डं प्रतिरन्धुं यदा लक्ष्मणः प्रस्तुतो भवति तदा तद् दायित्वं स्वस्कन्धे नीत्वा गुरुः वशिष्ठः सोत्साहं वदति– "वत्स लक्ष्मण! न युक्तमत्र त्वदग्रेसरत्वम्। कुलगुरुरहमिक्ष्वाकुवंशस्य ज्येष्ठोऽहं, वरिष्ठोऽहं, वर्षिष्ठोऽहं श्रेष्ठोऽहम्। किञ्च, ब्रह्मर्षिर्वशिष्ठोऽहम्। तन्मयैव वाच्यमिदं यन्मयि जीवति न पराभवति विदेहजा!![152]

तदा आनन्दविह्वला अरुन्धती स्वस्वामिनं वसिष्ठं वदति "भगवन्! अनेनाऽप्रतिहतसङ्कल्पेन हतो भवता लोकशोकः। रक्षितं भवता रघुकुलम्। सार्थकीकृतं भवताऽत्मन्ब्रह्मर्षिपदगौरवम्!"[153]

वसिष्ठवाक्येन समाश्वासितो लक्ष्मणो वदति– "भगवन्! पार्थिवचतुराननो भवान्। भवतैव दशकं धर्मलक्षणं प्रतिष्ठापितं येन समाजोऽयं ध्रियते। विशेषतो हि, दिवङ्गते सति तातपादे भवानेकाऽस्माकं चतुर्णामपि भ्रातॄणां कृते तातकल्प एव।"[154]

सीतायाः चरित्रे यः अधिक्षेपः तं निराकर्तुं वशिष्ठः सर्वान् अयोध्यापुरवासिनः सरयूनदीतीरमाह्वयति। तत्र रजकस्य निन्दावाक्यस्योपरि साधारणजनतानां मतं

गृहीतं भविष्यतीति तस्य निर्देशः। एतं निर्देशं सर्वान् विज्ञापयितुं सः लक्ष्मणं यद् वदति तत् एकस्मिन् राजनगरे यः समाजः तिष्ठति तस्य चित्रणं प्रददाति। वसिष्ठः लक्ष्मणमादिशति – "वत्स! मद्वचनाद् विज्ञाप्यतां चतुर्वर्णनिर्विशेषा समस्ताप्यायोध्यकप्रजाऽमात्यसेनापतिसामन्तकृषकधानुष्कयाष्टीकशौण्डिकरज-करञ्जकैन्द्रजालिकाहितुण्डिकविटचेटचारणवैतालिकश्रमिकोपाध्यायवैखानसाऽ-न्तेवासिविरक्ततपस्विस्त्रीपुरुषोभयसंवलिता श्वस्तने मध्याह्ने, सरयूतटवर्तिनि सभामण्डपे समागन्तुम्। अन्तः पुरवर्जं राजकुलमपि विज्ञापनीयम्। विशेषेण चाऽसौ रजकोऽप्यानेतव्यो योऽधिक्षिपति देव्याश्चरितम्।"[155]

तृतीयाङ्कस्य अन्तिमपर्याये अनुतप्तो रजकः स्वीकरोति यद् सीतानिन्दायां तस्य कुबुद्धिरेव कारणभूता। सः सरयूनदीतीरे जनतायाः समक्षं स्वीकरोति– "आजीवनं प्रक्षालितानि मलिनवस्त्राणि। हा हन्त: मलिना बुद्धिर्न क्षालिता मया।[156]

भगवद्गीतायाम् उक्तमस्ति यद् धर्मग्लानिसमये स्वयं भगवान् मर्त्यधाम्नि अवतारं गृह्णाति –

यदा यदा हि धर्मस्य ग्लानिर्भवति भारत।
अभ्युत्थानमधर्मस्य तदात्मानं सृजाम्यहम्।।7।।
परित्राणाय साधूनां विनाशाय च दुष्कृताम्।
धर्मसंस्थापनार्थाय सम्भवामि युगे युगे ।।8।।

–भगवद्गीता (चतुर्थोऽध्यायः)

भगवतः लीलामिमां संसूच्य प्रशान्तराघवस्य चतुर्थाङ्के ब्रह्मा वदति– "अहो नु करुणावरुणालयत्वं भगवतो नारायणस्य! यदा यदा धरित्री पापभारविकला जायते, सत्यं सीदति, धर्मो ध्वंसते, परोपकारः परिदेवते, बन्धुत्वं विपद्यते, दानं दूयते, तपस्सन्तप्यति, सद्गुणाः सङ्कुचन्ति, प्रवर्धते च सर्वतोमुखं रक्षोऽनाचारस्त-दैवाऽस्माकं प्रार्थनामङ्गीकृत्य भगवान् जगन्नाथः सद्धर्मसंस्थापनाय, अमर्त्य-स्सन्नपि मर्त्योभूय समवतरति वसुधाम्![157]

अनेन भावेन राजेन्द्रमिश्रस्य सम्वादसंरचनाचातुर्य्यं तस्य नाट्यकलां दर्शकाणां सप्रशंस्य हृदये दृढमूलां करोति। **प्रशान्तराघव**नाटके प्राकृतभाषाणां व्यवहारः अवधीभोजपुरी व्रजभाषाणां च व्यवहारमाध्यमेन प्रदर्श्यते अतः नाटकस्य

आधुनिकता साम्प्रतिकता च सम्यक् परिवर्धते। नाटकेऽस्मिन् आधुनिकप्राकृत-भाषाणां प्रयोगेन नाटकस्य साधारणचरित्राणां स्थितिः दृढा भवति। तत्र अवधी-भोजपुरी-व्रजभाषासु न केवलं सम्वादवाक्यानि प्राप्यन्ते। अथ च वहूनि गीतानि अपि प्राप्यन्ते। तानि गीतानि नाटके लोकगीतिकानां मधुरस्पर्शं प्रदाय राजेन्द्र-मिश्रस्य नाट्यकलायाः विभावान्तरं प्रदर्शयति। सर्वत्र नाट्यकारेण लोकगीति-कानाम् आधुनिकप्राकृतभाषासमन्वितानां सम्बादानाञ्च संस्कृतानुसृजनं संयोजयति। एतेन संस्कृतनिष्णाताः पण्डिताः आधुनिकप्राकृतभाषा बुद्ध्वा बुद्ध्वा रसमास्वादयन्ति। समग्रे नाटके बहुत्र एतासामुदाहरणानि प्राप्यन्ते तेषु उदाहरणेषु कतिपयानि वयमत्र समुपस्थापयामः।

(क) नटी- ई हमरे मन कऽ बात राउर कहलीं। सहेलियन के बोलावतानी। (मन्मनोऽनुकूलमिदं भवता कथितम्। सहालीस्तावद् बोह्लानि) (करतलं बादयति। पञ्चषा रूपवत्यस्सहचर्यः समायान्ति। सनृत्यं गीतं प्रारभते)।

(प्रशान्तराघवम्, पृ०-28)

(ख) मँहकै अँजोरिया औ चिल्हकै चिल्होरिया कुहुकै कोइलरिया कउने दिन? भउजी! फरके नयनवाँ कउने दिन? (महिता समुज्ज्वला ज्योत्स्ना चिह्लिका चीत्करोति च पिकी कुहू-कुहूरावैः रौति कस्मिन्नु वासरे? भ्रातृजाये! स्फुरेन्नेत्रद्वयं कस्मिन्नु वासरे?)

-(तत्रैव)

(ग) नटी हमनी के जिनगी धन्नि हो गइल राउर के हौसला बढ़उले से! बाकी हमरा के गियान-बुद्धि आ' हुनर कहाँ बा?
(अस्माकं जीवनं धन्यं जातं भवदुत्साहवर्धनेन। अन्यथा क्वाऽस्माकं ज्ञानं बुद्धिः कौशलं वा?)

(तत्रैव, पृ०-29)

(घ)नटी अउर कउन? राउर क मझिलका रमेसवा हौ। सींगन माँ माटी लगाये साँड़ जस दिनभर लडै? खातिर फिरण्ट

घूमल! एकर कउनो नौकरी लगवा देईं। नाहीं त कउनो दिन एकाध भाई–बहिन के अपंग बना दिहलेस तऽ–रोवे के परी!

(कोऽन्यः? भावत्क एव मध्यमोऽयं रमेशः। उपलिप्त–शृङ्गमृत्तिक इव बलीवर्द्द आदिवसं यौद्धकाम आहिण्डते। अस्य काचिद् वृत्तिः कार्या। अन्यथा कस्मिंश्चिद्दिने कमपि भ्रातरं भगिनीं वा हीनाङ्गं विधास्यति चेद्रोदनमेवाऽवशेक्ष्यति।

(तत्रैव, पृ० 30)

(ङ) कृत्तिका अरे बिसाखा! अपनौ मलिकानी के हाल बतावऽ। (अयि विशाखे! स्वभट्टिन्या अपि वृत्तमाचक्षस्व)

(– तत्रैव, पृ० 37)

(च)विशाखा का बताई रे! हमार मालिकानी तऽ अबहिनं हिंडोला चढी पेंग मारत हउवें। जब बड़की दुलहिन के सउरि परि जाए त तीनो वहिनिन के आँखि खुली। (अरे किं कथयानि! अस्मद्भट्टिनी तु इदानीं हिन्दोलनाधिरूढा दोलायते। यदा ज्येष्ठा वधूः प्रसवं सम्पादयति तदा तिसृणामपि भगिनीनामक्षीणि समुद्घाट्यन्ते)

(तत्रैव, पृ० 37)

(छ) अनुराधा कृत्तिका! तोहार मलकिन कब तक सौरघर माँ जइहें? (कृत्तिके! कदा ते भट्टिनी प्रसूतिं विधास्यति?)

(–तत्रैव)

(ज) कृत्तिका इ हम का जानी रे! का हम ज्योतिसी हुई? मुला कोसिल्या माई कहत रहिन कि दसही–पाँच दिनन में अँड्ने बधाई बाजे (इदं कथमहं जानामि? किमहं ज्यौतिषी? तथापि माता कौशल्या कथयतिस्म यद् पञ्चभिर्दशभिर्वा दिवसैः प्राङ्गणे वर्धापनवादित्रं बाद्यते)

(तत्रैव)

(झ) ज्येष्ठा बहिना! पाँचों अंगुरी तुम्हार घी माँ होइहैं। जेठ बहू तुम्हफा अतिसै मानथीं। ऊ तुम्हका पुरस्कारन तें समरिद्ध बना देइहें! (भगिनि! पञ्चाङ्गुलयस्ते घृत एव भविष्यन्ति! ज्येष्ठवधूस्त्वामतितरां मन्यते। सा पुरस्कारैस्त्वां समृद्धां विधास्यति।)

(तत्रैव)

(ञ) प्रथमो जनः ए हो बुढऊ! जहाँ गुरु बसिष्ठ बोलाए बाटेनि, ऊ पंचाइति क रस्ता इहे हो?

(अवि भोः वृद्धप्रवर! यस्यां गुरुवसिष्ठ आहूतवान् तस्याः पञ्चायत्तसभायाः सृतिरियमेव?)

(तत्रैव, पृ० 50)

(ट) पिण्डोदकः महाबुड़बक बुझाताड़ा? हमनी के बुढऊ कहलेसि। भला ई बतियवले क कउनो ढंग हऽ?

(महावृद्धबकोऽवबोध्यते? अस्मान् वृद्धान् कथयति। ननु कोऽयं वार्ताक्रमस्य विधिः?)

(तत्रैव, पृ० 50)

(ठ) काचिद् वृद्धा आहि रे बप्पा! अरे ऊ कउन मुआ धोबी हौवे कि हमरी लक्ष्मी जस पतोहू पे दागि लगाएसि अनर्थ होइ गवा रे! अइसन भाखत गिधवा के जवान नाइँ कटिगे। हाइ रे हमार सियारानी! जनम जनम तप–तीरथि किहिनि कौसिला रानी कोखिया जनमें तब राम! सुरुजकुल–दीपक! राम भयेनि बड़भागी सिया सों पाइ दुलहिनि देवर जे लखनकुमार भरथ औ सतुरघन!! (हा पितः! अरे कोऽसौ मृतको रजको यो हि लक्ष्मीसदृशीमस्माकं पुत्रवधूं लाञ्छितवान्? अनर्थोऽयं सञ्जातो रे। एवं भाषमाणस्य गृध्रस्य रसना न गलिता? आः रे अस्माकं सीताराज्ञी! तपांसि तीर्थानि कृतानि हन्त कौसल्यया

जन्मनि जन्मनीत्थम्। ततो नु जातो रघुवंशदीपः
श्रीरामचन्द्रस्तनयोऽथ कुक्षेः।। 34।। रामोऽप्यहोऽसौ
वरभागधेयो योऽवाप सौतामिव धर्मपत्नीम्। शत्रुघ्नमादौ
भरतञ्च पश्चात्सलक्ष्मणं देवरमाप साऽपि।।35।।

(– तत्रैव, पृ० 57)

(च) नाट्यनवग्रहम्

नाट्यनवग्रहे शिशूनां कृते नव एकाङ्किकाः सन्निविष्टाः सन्ति। एकाङ्किकायाः स्थानं यद्यपि संस्कृतरूपकपरम्परायां न निर्दिष्टं वर्तते तथापि आधुनिकभारतीय-भाषासु अस्य प्रचारः सम्यक् उपलभ्यते। संस्कृतरूपकेषु प्रेक्षणकनाट्यरासक-हल्लीसकादीनां यद्यपि एकाङ्कित्वं स्वीकृतमस्ति तथापि आधुनिका एकाङ्किका न तादृशमुपरूपकम्। राजेन्द्रमिश्रः नाट्यनवग्रहग्रन्थस्यारम्भे एकाङ्किकायाः स्वोपज्ञं (निजकृतम्) लक्षणम् स्वयं ददाति। तदनुसारम् एकाङ्किकायां राजा, पण्डितः अथवा ग्रामीणः जनः नायको भवति। एकाङ्किकायाः नायकः सृष्टेः कस्मादपि स्थानाद् संगृहीतो भवति। सः देवता, मानवः, शिक्षकः, भिक्षुकः अथवा सन्यासी अपि भवितुमर्हति। अत्र मुख्यस्थाने काऽपि नारी भवितुमपि अर्हति। एकाङ्किकायाः कथावस्तु यथा वा भवतु किन्तु अवश्यम् तत् नाट्यकारस्य प्रतिभाजनितं भवेत्। एकस्येव दिवसस्य घटनामाधारीकृत्य एकाङ्किका प्रचलिता भवति। अस्यां पद्यानामपेक्षया गद्यसम्वादानां वहूलता विद्यते तत्र पुनः वाचिकानि व्यङ्गमयानि भवेयुः। कथावस्त्वनुसारं कोऽपि रसः अस्याम् अङ्गीरसो भवेत्। किन्तु रसपरिवेषणमाध्यमेन यथा दर्शकानां मनोरञ्जनं विहितं स्यात् तद्विषये नाट्यकारो यत्नवान् भवेत्। अत्र नाट्यकारः स्वस्य बुद्ध्यनुरूपं दक्षतानुरूपञ्च नाट्यशिल्पे नूतनत्वं व्यवस्थापयेत् इति राजेन्द्रमिश्राणां सिद्धान्तः।

हिन्दीप्रभृतिभाषासु भारतीयासु साम्प्रतम्।
लघुनाट्यं यदेकाङ्कि सर्वाऽभीष्टं महीयते।।1।।
देववाच्यपि तन्नूनं तद्वदेव प्रतिष्ठितम्।।
नियन्त्रितं न तज्ज्ञेयमुपरूपकलक्षणैः।। 2।।

नायकोऽत्र भवेभूपः पण्डितः पामरोऽथवा।
दिव्योऽदिव्योऽथवाऽन्योऽपि शिक्षक भिक्षुको यतिः।।3।।
योऽपि कश्चिद् भवेन्नेता पुरुषो महिलाऽथवा।
यादृशश्चापि वृत्तं स्यान्नाट्यकृत्प्रतिभाश्रितम्।।4।।
एकाहचरितञ्चैव लघुनाट्ये प्रयोजयेत्।
संवादबहुला भाषा व्यङ्ग्यगर्भाऽत्र सम्मता।।5।।
रसः कोऽपि भवेदङ्गी नाट्यवृत्तानुगुण्यतः।
लक्षमेकं परं तस्य भवेद्दङ्गप्रसादनम्।।6।।
नाट्यशिल्पादिसम्बद्धं वैलक्षण्यं नवं नवम्।
एकाङ्केऽस्मिन् प्रयोक्तव्यं नाट्यकर्त्रा यथामति।।7।।[158]

नाट्यनवग्रहपुस्तकस्य प्रथमायामेकाङ्किकायां राजकुमारस्य ध्रुवस्य परमपदप्राप्तिविषयः वर्णितोऽस्ति। अतः कथावस्त्वनुसारम् अस्याः एकाङ्किकायाः नाम ईश्वरान्वेषणम् इति प्रदत्तमस्ति। विमात्रा सुरुच्या अपमानितः शिशुः ध्रुवः पितुः उत्तानपादस्य अङ्के आरोढुम् असमर्थो भूत्वा मात्रा सुनीत्या नारायणप्रदत्तम् पदम् उच्चतममिति ज्ञात्वा वृन्दावनारण्यम् गच्छति। ऋषेः नारदस्य उपदेशेन नारायणस्य द्वादशाक्षरं नाम जपति। तस्य कठोरतपसा मुग्धो भूत्वा नारायणः तस्य दर्शनं ददाति। नारायणप्रसादेन सः राज्ञः उत्तानपादस्य उत्तराधिकारी भूत्वा राज्यशासनं करोति। अन्ततो गत्वा महाप्रयाणात् परम् परमपदमपि प्राप्नोति। अतः शिशूनां कृते रचिता इयमेकाङ्किका शिशुविषयमधिकृत्य सरलतायाः विमुग्धसौन्दर्य्यं भजते। अत्र वाचिकवाक्यानि यथा सरलानि तथैव हृदयस्पार्शिनि भवन्ति। राजा उत्तानपादः ध्रुवं प्रति सुरुच्या दुर्व्यवहारं दृष्ट्वा बदति "सर्वथा निरनुक्रोश हृदयहीना चासि मन्ये, रमणीशरीरे ते तिष्ठति नृशंसहृदयम्।"[159]

यदा विमातुः पुत्र उत्तमः ध्रुवस्य समवयस्को भूत्वापि पितुः उत्तानपादस्य अङ्कमारोहति तदा हृदयेन दुःखं प्राप्तः ध्रुवः सरलतया स्वमातरं सुनीतिं पृच्छति–

अम्ब! कनिष्ठाऽम्बा न मयि स्निह्यति। कस्मादहं तस्मै न मनागपि रोचे?[160]
मातः किमहं पितुरुत्सङ्गमारोढुं नाहमि? किमहमपि न तस्यात्मज उत्तम इव?

अत्र शिशुहृदयस्य क्षोभः नितान्तम् सरलतया प्रकटितः। तथैव नारायणस्य

विषये ज्ञातुकामः पुत्रोऽयं जनः कुत्र तिष्ठति इति ध्रुवेन पृष्टा माता सुनीति एकस्य शिशोः बोधशक्त्यनुसारमुत्तरयति–दारक! सर्वत्र निवसति जगदीश्वरो नारायणः। मयि त्वयि त्वत्पितरि त्वत्कनिष्ठाम्बायां गृहे वने चत्वरे पृथीव्यामाकाशे कणे कणे च निवसति नारायणः।''[161]

तस्य नारायणस्य कीदृशं रूपमिति पृष्टा सा तम् वदति।

वत्स! त्वज्जनकादप्यधिकसौम्यः सुन्दरः शीलसमुदाचारसम्पन्नश्चासौ चतुर्भुजोऽसौ शङ्खचक्रगदापद्मलाञ्छनः श्वेतवनमालामाप्रपदीनां धारयति। पीताम्बरधरस्सहस्रकोटिसूर्यसमप्रभोऽसौ।[162]

तथैव मातापुत्रयोः स्नेहमयः सम्वन्धः कलात्मकतया नाट्यकारेण प्रदर्शितः नारायणविषये वहु किमपि सरलतया उक्त्वा माता ध्रुवं शाययितुम् यतते तदा ध्रुव पृच्छति ''मातः। न भीषयत्यसौ बालकान्''[163]

तदा माता सुनीति नारायणस्य शैशवगुणानुक्त्वा ध्रुवस्य पृष्ठे करामृश्य शाययितुं चेष्टते। सा वदति– ''नहि नहि वत्स! स तु बालकान् लालयति। बालकीभूय तैस्सह क्रीडत्यपि। इदानी मौनं भज। सारयाम्यहं तव पटष्ठम्। सम्प्रति स्वपिहि।[164]

अतः चरित्राणां परिस्थित्यनुरूपं पल्लवनं राजेन्द्रमिश्रस्य नाट्यकलायाः गुणविशेषः। ध्रुवस्य भगवत्प्राप्तर्थ्यं या एकनिष्ठता सा मुनीषु अपि न सुलभा। अतः नारदः शिशोः ध्रुवस्य भगवद्भक्त्या प्रभावितो भवति। निशार्द्धे ध्रुवः नारायणप्राप्त्यर्थं यदा वनं गच्छति तदा मार्गे तं दृष्ट्वा नारदः चिन्तयति– ''क्वायं दुग्धमुखो गहनतमिस्त्रायां निर्भयं प्रस्थितः? मन्ये किञ्चिदत्याहितं जातम्।

प्रगाढाऽस्य नारायणरतिः। तन्नाऽयं निवारयितव्यः क्षेममार्गात्। ऋषयो मुनयोऽपि यादृशं नारायणविरहकष्टं नाऽनुभवन्ति ततोऽप्यधिकमनुभवत्ययं राजपुत्रः।''[165]

अतएव ईश्वरान्वेषणे सरला प्रकाशभङ्गी एव राजेन्द्रमिश्रस्य नाट्यकलायाः विशेषत्वम्। कोऽपि तादृशः मुर्धन्यः पण्डितः तादृशीम् सरलताम् समधिगन्तुम् न सहजतामनुभवति। किन्तु नाट्यकारस्य विषयोपस्थापने सरलता स्वतःस्फूर्ता एव। शिशुदर्शकाणां मनस्थित्यनुसारं रचिता इयमेकाङ्किका अवश्यम् एकाङ्किकासाहित्ये उत्तमं स्थानं प्राप्नोति।

नाट्यनवग्रहपुस्तके द्वितीया एकाङ्किका भवति '**गुरुदक्षिणा**' इति। अत्र शस्त्रविद्या प्रशिक्षणादनन्तरं द्रोणाचार्यः संक्षेपेण युद्धधर्मानुपदिश्य शिष्यभूतान् पाण्डवकौरवकुमारान् आपृच्छति। तत्र दुर्योधनः गुरुदक्षिणाप्रसङ्गमुत्थापयति। परिशेषे पाञ्चालनरेशं द्रुपदं युद्धे विजित्य जीवितमेव आनेतुं गुरु द्रोणाचार्यः अर्जुनमादिशति। सहाध्यायी द्रुपदः यदा पाञ्चालदेशस्य राजा अभवत् तदा दरिद्र ब्राह्मणः द्रोणाः पूर्वबन्धुतानुरोधेन तस्य राजसभाम् गत्वा कामपि नियुक्तिम् याचितवानासीत्। किन्तु द्रुपदेन सपराभवम् पूर्वबन्धुता प्रत्याख्याता। तदपमानस्य प्रतिशोधरूपेण द्रोणः अर्जुनमाध्यमेन गृहीतम् तमानीय पाञ्चालराज्यस्य उत्तरार्धम् स्वस्य शासने गृहीतवान्। इदानीं स न दरिद्रब्राह्मणः परन्तु एकस्य राज्यस्य नरेशः। अतः द्रुपदेन सह पूर्वबन्धुताम् पुनः स्थापयितुम् स योग्य इति उद्घोषयति। अस्यामेकाङ्किकायां बन्धुत्वस्य मूल्यं प्रदर्शितमस्ति शिशूनां शिक्षार्थम्। विषयः सरलः सम्वादाः चरित्रानुरूपाः भाषा च शिशूनां कृते बोधगम्या। शस्त्रप्रशिक्षण-समाप्त्यनन्तरं गुरु द्रोणाचार्यः सरलतया शिष्येभ्यः योद्धृधर्मानुपदिशति- 'वत्साः अद्य युष्माकं शिक्षा समाप्ता। यूयं सर्वेऽपि युद्धविद्यायां निष्णाताः। तत धर्मं प्रमाणीकृत्य यथावसरं युष्माभिर्योद्धव्यम्। अतएव शस्त्रहीनो न हन्तव्यः। शरणागतो न हन्तव्यः बालो न प्रहर्तव्यः। स्त्रीजनो न प्रहर्तव्यः। समरभूमे प्रद्रवन्न प्रहर्तव्यः। एतावानेव युद्धसमुदाचारः। स्वस्ति भवद्भ्यः।''[166]

दुर्योधनः अहङ्कारित्वेन महाभारते प्रसिद्धः। अतः अभिमानपूर्वकं सः द्रोणाचार्यं स्मारयति- ''गुरुवर्य! परन्तु विद्यादक्षिणा न याचिता भवता।''[167]

तस्य अभिमानवाक्यस्य व्याख्या सामाजिकानां समक्षं करणीया इति विचिन्त्य नाट्यकारः द्रोणाचार्यस्य आत्मगतोक्तिं प्रकल्पयति। दुर्योधनविषये द्रोणाचार्यः चिन्तयति - ''अहो, राजमदगर्वितोऽयं निर्गुणो सर्वथा न जानाति सम्यग् व्यवहर्तुम्।''[168]

तदा दुर्योधनः पुनः स्वस्य सर्वदातृत्वम् विज्ञाप्य वदति- ''गुरुवर्य! अलं सङ्कोचेन। यथारुचि कथयतु भवान्। किं वाञ्छति भवान्? धनं धान्यं हर्म्यं भूखण्डं किञ्चिदन्यद्वा? सर्वमपि दातुं प्रभवामि।''[169]

यद्यपि दक्षिणारूपेण जीवितम् द्रुपदमानेतुं द्रोणाचार्येन दुर्योधनः प्रेषितः तथापि तस्य सुरक्षार्थम् पाञ्चालनरपतेः ग्रहणार्थञ्च धनुर्धरः सुशिष्यः अर्जुनः प्रेषितः। एकाङ्किकायाम् द्रोणाचार्यस्य युद्धाचारज्ञानं बन्धुत्वस्य मूल्यवत्ता दुर्योधनस्य वृथाभिमानञ्च प्रकृततया प्रदर्शितः। तन्माध्यमेन चरित्राणां सम्बादाः

नाट्यकारेण सुष्ठुतया विलिखिताः। शिशूनाम् नीतिशिक्षार्थं नाट्यकारः सहजतया वाचिकानि संयोजयति। बन्धुद्वयस्य (द्रोणद्रुपदयोः) उदारहृदयताम् अन्ततो गत्वा परिप्रकट्य राजेन्द्रमिश्रः नाटिकायाः मनोहरपरिसमाप्तिं विदधाति। यदा उत्तरपाञ्चालं नीत्वा द्रोणाचार्यः द्रुपदस्य बन्धु भवितुमिच्छति तदा युद्धे पराजितः द्रुपदः वन्धोः द्रोणाचार्यस्य नियोगे चिरं स्थातुम् अभिवाञ्छति। एकाङ्किकायाम् अयमंशः कलात्मकतया नाट्यकारेण भावमयः कृतः।

सुपर्णेण स्वमातुः दासत्वभङ्गकथामधिकृत्य नाट्यपञ्चामृते '**दास्यापोनोदनम्**' इति या एकाङ्किका प्राप्यते सा विदग्धानां कृते रचिताऽस्तीति अनुमीयते। किन्तु नाट्यनवग्रह-पुस्तके दास्यमुक्तिः इति नामधेया या एकाङ्किका तस्या एव कथामाश्रित्य रचिताऽस्ति सा शिशूनाम् कोमलमतीनाम् आनन्दाय एव कृता इति दृश्यते। प्रथमोक्तायामेकाङ्किकायां काञ्चित् चरित्राण्यप्यभिन्नानि सन्ति। द्वितीयायामेकाङ्किकायाम् नारदस्य यः आविर्भावः सः अन्यतरे न प्राप्यते। अतः यद्यपि कथा सदृशा एव तथापि दास्यमुक्तिः शिशूनामुत्साहं बर्धयति। अस्यामेकाङ्किकायां सुपर्णस्य वीरत्वं, मातृभक्तिः, सर्पाणाम् जिह्वाविभाजनं शिशवे सुपर्णाय नारदस्य आशीर्वचनञ्च कनीयसां दर्शकाणाम् चेतांसि आवर्जयन्ति। मातुः मुक्त्यर्थं यदा सुपर्णः स्वर्गं गन्तुम् अमृतञ्च संग्रहीतुं प्रस्तुतो भवति तदा स्वस्य वीरत्वविषये मातुः समक्षं किमपि उक्त्वा मातरं समाश्वास्य च आकाशे समुत्पतति। एकस्य शिशोः इदमद्भुतकार्यं शिशुदर्शकाणां कल्पनालोक-मुद्भासयति। तदर्थमेव नाट्यकारः शिशोः सुपर्णस्य मुखे तस्य वीरत्वकथां स्थापयति। सः केन भावेन अमृतकुम्भं स्वर्गाद् आहरिष्यति तदुक्त्वा वदति -

विना चण्डकोदण्डमेकोऽप्यहं
सुरैस्सार्धमाक्रम्य योत्स्येऽद्भुतम्।
पतिष्यन्ति भूमौ ग्रहा दुर्ग्रहा
भणिष्यन्ति सर्वेऽप्ययये हन्त हा।।8।।

तमिन्द्रं तमरावतं दन्तिनं तमग्निं
यमं गुह्यकेशं च तम्।
पराजित्य चाहत्य कुम्भामृतं
क्षणेनैव नौम्यम्ब। तेऽङ्घ्रिद्वयम्।।1।।[170]

कस्यापि खलचरित्रस्य दण्डविधानं दृष्ट्वा शिशुदर्शकाः आनन्दिताः भवन्ति। तथैव **दास्यमुक्तिः** इति नामधेयायामेकाङ्किकायां विनतायाः मुक्त्यनन्तरम् अमृतकुम्भं प्राप्य यदा सर्पशिशवः आनन्दिताः भवन्ति तदा कुशास्तरणे संस्थितं तं कुम्भं स्वर्गाद् इन्द्र आगत्य पुनः आहरति। कुशेषु पतितानाम् अमृतविन्दूनां लेहनाय यतनशीलानां सर्पाणां सर्वेषां जिह्वाः द्विभागाः अभवन्। उरगाणां दयनीयाम् अवस्थामिमां श्लोकेन बद्ध्वा नाट्यकारः शिशूनाम् आनन्दं वर्धयति।

कुशनिपतितबिन्दून् पूर्णकुम्भामृतानां
सुरछलितभुजङ्गा यावदार्ताः पिवन्ति।
निशितकुशजधारादीर्णजिह्वा द्विभागाऽ
भवदहह समेषां काद्रवेयोरगाणाम्।।20।।[171]

तथैव वीरशिशोः सुपर्णस्य कृते नारदस्य आशीर्वचनं भव्यं दृश्यं समुपस्थापयति। सुपर्णस्य विष्णुभक्तिः वर्धताम् मातृभक्तरूपेण तस्य प्रसिद्धिः भवतां पवनमतिक्रम्य सुपर्णस्य गतिः तं विहङ्गेश्वररूपेण प्रसिद्धं क्रियतां तथैव तस्य नामश्रवणेन सर्वे सर्पाः कम्पतामिति नारदस्य आशीर्वादः शिशुदर्शकाणां हृदयावर्जको भवति। नारदः वदति –

श्रीनारायणपादपङ्कजरतिस्तेऽनारतं वर्धतां
प्राथम्येन च नाम ते सहृदयैरम्बाऽदरे गृह्यताम्।
त्वं भूयाः पवनातिगो मतिमतां धुर्यो विहङ्गेश्वर!
कम्पन्तां भुजगास्सदा हतधियस्त्वन्नामगानैर्भुवि।।12।।[172]

अतएव इयमेकाङ्किका शिशुमानसमुद्दिश्य तदनुसारमेव रचिता दृश्यते। कस्यापि शिशोः वीरत्वं सफलता मातृभक्तिः अन्यायावरोधाश्च न केवलं शिशूनाम् अथ च वयस्कानामपि हृदये उत्साहं वर्धयन्ति। तदैव मनसि कृत्य नाट्यकारः स्वस्य कथाप्रसङ्गं समुचितेन भावेन परिणमयति।

श्वेतोद्धार–नाटिकायाम् अगस्त्यऋषिः शम्बूकवधप्रत्यावर्तिताय रामाय सुवर्णकङ्कणमेकं ददाति। तस्य सुवर्णकङ्कणस्य कथा एव नाटिकायां विनिबद्धा अस्ति। विदर्भराज्यस्य राजा सुदेवपुत्रः श्वेतः सहस्रवर्षं यावत् प्रजापालनं कृत्वा अनुजं सुरथं राज्यासने अभिषिच्य दण्डकारण्ये एकस्य सरोवरस्य समीपे घोरं तपं तप्त्वा ब्रह्मलोकं प्राप्तवान्। किन्तु ब्रह्मलोकेऽपि क्षुत्पिपासाक्रान्तो भूत्वा

तयोरुपशान्त्यर्थं प्रजापत्युपदेशानुसारं मर्त्ये तत्-सरोवरकूले पतितं स्वमृतशरीरं वहुवर्षं यावत् भक्षयित्वा क्षुत्पिपासानिवृत्तिमकरोत्। तथापि शवभक्षणं विना तस्य शान्तिर्नास्तीति दृष्ट्वा तेनानुरूद्धः प्रजापतिः पुनः अवोचत् यत तस्मिन्नेव अरण्ये ऋषेः अगस्त्यस्य कृपया तस्य क्षुत्पिपासयोः चिरनिवृत्तिर्भवेत्। तदनुसारं तत्-सरोवरसमीपम् एकदा समागतस्य महर्षेरगस्त्यस्य कृपया तस्य मुक्तिरभवत्। तस्मिन् समये अगस्त्याय दिव्यं सुवर्णकङ्कणं तेन श्वेतेन प्रदत्तमासीत्।

शवभक्षणसदृशी अद्भुतां विभत्साञ्च कथां समुपादाय दर्शकाणां मनसि नाट्यकारः औतसुक्यं जनयितुं समर्थोऽभवत्। पुनरपि न कस्मै अपि यः जनः जीवने अन्नदानं करोति तस्य स्वशवभक्षणरूपिणी अवस्थाऽपि समागच्छेद् इति नीतिशिक्षाऽपि अत्र प्रदत्ताऽस्ति। किन्तु शिशूनां कृते अस्याः कथायाः चयनमवश्यं न समुचितम्। अस्यामेकाङ्किकायां वहवः सम्वादाः श्लोकाश्च पाण्डित्यपूर्णाः दृश्यन्ते। अतः इयमेकाङ्किका वस्तुतः वृद्धानां पण्डितानां कृते रचिताऽस्ति इति अनुभूयते। अरण्याभ्यन्तरे स्थितस्य तस्य सरोवरस्य वर्णनायां ऋषि अगस्त्यो वदति- "ततोऽरण्यमध्यगतं योजनमायतं हंसकारण्डवचक्रवाकोपशोभितं कुवलयाकीर्णं शैवालरहितं सुस्वादुजलमिदं सरोवरमपश्यम्। ततस्तां नैदाघीं रजनीं सरोवरतटेऽत्यगमयम्।[173]

सत्यकामजाबाल इति शिशु-एकाङ्किकायां नाट्यकारः यथा जावालस्य नारीचरित्रं प्राञ्जलीकरोति तथैव सत्यकामस्य सत्यनिष्ठतां प्रोज्ज्वलतया प्रचारयति। अस्यामेकाङ्किकायाम् आश्रमजीवनस्य सम्यक् सूचनां प्रदाय नाट्यकारः विषयस्य कृते परिवेशसंयोजनाया आवश्यकतां प्रतिपादयति। आश्रमे शिष्या गुरुणा सह सम्भ्रमतया व्यवहरन्ति। अतः गौतमऋषेः गुरुकुलं गन्तुं प्रारब्धं स्वपुत्रं सत्यकामं जाबालः उपदिशति - 'वत्स! मा भैषीः। आश्रममुपेत्य सर्वप्रथमं गुरुवर्येभ्यः प्रणामोऽर्पणीयः। महर्षिर्गौतमः त्रिकालदर्शी सर्वविद्यानिष्णातः परमकारुणिकश्चास्ति यत् किञ्चिदपि संपृच्छेत् तस्य कोमलस्वरेण देयमुत्तरम्।"[174]

आश्रमजीवने शिष्याः यथा व्यवहरन्ति तस्य चित्रं प्रदाय पुत्रं सत्यकामं माता जवाला वदति-अथ किं वत्स! तत्र शतसहस्रमिता वटवो भविष्यन्ति। सत्यकाम! आश्रमे सर्वेऽपि सदृशा भवन्ति। न तत्र कोऽपि राजपुत्रः न वा निर्धनः। कुलपतेः कृते सर्वेऽपि शिष्याः समानरूपेण प्रिया भवन्ति।

अथ किं वत्स! गुरोः आश्रमे न कोऽपि भेदभावः। सर्वेऽपि वटवः संहतिं विधाय होमधेनुश्चारयन्ति। मिलित्वैव यज्ञार्थं काष्ठभारमानयन्ति। रात्रौ गुरुचरणसंवाहनं कुर्वन्ति।[175]

पुराणसाहित्ये जाबालः सत्यनिष्ठायाः प्रतीकभूतः। तच्चरित्रस्य उपस्थापनं नाट्यपरिवेशे संविधाय नाट्यकारः राजेन्द्रमिश्रः न केवलं शैशवस्य कोमलतां, माधुर्य्यम्, अकृतकत्वञ्च शब्दचित्रैः अङ्कितुमिच्छति। अपि तु सत्यमेव परममूल्यबोधं शैशवेन तु संयुज्य नूतनां दिशं नाट्यक्षेत्रस्य ददाति।

सत्यकामस्य माता जबाला दीनम् अध्यात्मञ्च जीवनं यापयति। अरण्ये ऋषिणां जनवसतौ सा पलाशकुटीरे निवसति। तस्याः निरलसम् भगवत्समर्पितञ्च जीवनं सत्यकामस्य शिशुमुखेन साधु उद्गीतम्। सत्यकामः गौतमं वदति –

आचार्य! सा तु महर्षिवृन्दगृहेषु सेवाकार्यं संपादयति। रात्रौ शास्त्रप्रवचनं शृणोति। प्रातःकाले वेदपाठमाकर्णयति। भगवन्! मम जननी अतीव सरला मधुरा विदुषी चास्ति। रात्रौ मामङ्कमधिरोप्य सा पुराणकथाः श्रावयति।[176]

मातुः सच्चरित्रं पुत्रस्य सत्यकामस्योपरि सुष्ठु पतितम्। अतएव सः स्वमातुः प्राक्कलङ्कं गोपयितुं न चेष्टते। तस्य सत्यसम्भाषणमेव तस्य द्विजत्वं प्रतिपादयतीति महर्षि गौतमः वदति –

नानेन मातृकलङ्कप्रख्यापकं सत्यं तिरस्कृतम्।
इदं सत्यभाषणमेव तव गोत्रं तव द्विजत्वञ्च साधु प्रमाणीकरोति।[177]

सत्यकामजावाल इति एकाङ्किकायां राजेन्द्रमिश्रः एकस्याः मातुः सत्यनिष्ठतां शिशोः सरलताञ्च दर्शकान् प्रदर्शयितुं चेष्टितः। अतः विषयचयनमपि नाट्यकारस्य उद्देश्यं सफलयति इति अनुभूयते। कस्यापि नाट्यकारस्य विषयचयनमपि तस्य नाट्यकलायाः अंशविशेषो भवति।

रत्नप्रत्यभिज्ञानम् महाभारतस्य उपाख्यानमेकं नाट्यरूपेण विरचितमस्ति। अत्र दरिद्रः द्रोणः स्वस्य धनुर्विद्याप्रावीण्यात् कथं भीष्मस्य प्रीतिपात्रो भूत्वा पाण्डवानां कौरवानां धनुर्विद्याशिक्षकरूपेण नियुक्तो भवति तस्य वर्णना प्राप्यते। एकाङ्किकायां दृश्यद्वयमस्ति। प्रथमदृश्ये द्रोणस्य दारिद्रम् एकया मार्मिकघटनया विशदीकृतम्। द्वितीये दृश्ये केन भावेन द्रोणः पाण्डुपुत्राणां धृतराष्ट्रपुत्राणाञ्च धनुर्विद्यागुरुरभवत् तस्य सुदृश्यं चित्रणं प्राप्यते। द्रोणाचार्यस्य पत्नी कृपी

शिशुपुत्रश्च अश्वत्थामा। दारिद्र्यवशात् द्रोण: अश्वत्थाम्न: दुग्धपानेच्छाम् पुरयितुम् असमर्थ:। गावमेकं क्रेतुं स: अक्षम:। अत: ब्राह्मणानां धैर्यं संयमश्च गुण इति वोधयित्वा पत्नीं कृपीं स: शान्तयितुं चेष्टते। संसारे राजान: प्रजानाम् उपार्जनत: षष्ठांशं नीत्वा जीवनं यापयन्ति। वहवश्च वेतनजीविन: वेतनं प्राप्य जीवनं धारयन्ति। किन्तु देवपूजनशीलो ब्राह्मण: संयमम् अनुष्ठाय दारिद्र्यं सहते। स्वस्य धैर्य्यगुणद्वारा ब्राह्मण: समाजे सम्मानितो भवति– देवि! अलम्मामधिक्षिप्य कुत आनयानि? ग्रन्थौ मे वराटिकाऽपि नास्ति। पौरोहित्यमपि न जानामि। तत् किं करवाणि? पश्य देवि–

षष्ठांशवृत्तयो भूपा अन्ये वेतनजीविन:।
संयमान्त द्विजत्वं भो द्विजो धृत्या महीयते।।5।।[178]

परिवारस्य दारिद्र्यं दृष्ट्वा पत्नी कृपी द्रोणाय उपदिशति यत् धनुर्विद्यायां स्वस्य अनुपमां दक्षतां प्रदर्श्य कस्यापि राज्ञ: प्रीतिपात्रं भवतु भवानिति।[179]

परिवारस्य दुर्दिनसमये पन्त्य: एव स्वामिन: सदुपदेशम् ददति। तस्य कलात्मकचित्रणं नाट्यकारेण कृतम्। दुग्धस्याभावे पिष्टतण्डुलमिश्रितं धवलजलं प्रदाय कृपी स्वशिशुपुत्रं बोधयति। शिशोरपि तद् पीत्वा य: आनन्द: स: मातरं कृपीं रोदितामेव करोति। पत्न्या: दु:खं दृष्ट्वा दारिद्र्यं दरिद्राणां धनमिति प्रबुद्ध द्रोण: राजधानीं गत्वा उपार्जनान्वेषणं करिष्यतीति प्रवोधयति। भगवत: शरणमेव दरिद्राणां श्रेष्ठ उपाय इति स: चिन्तयति।[180]

अत: **रत्नप्रत्यभिज्ञाने** राजेन्द्रमिश्रस्य दारिद्र्यचित्रणं तात्कालिकसमाजे ब्राह्मणानां दुरवस्थां संसूचयति। भागीरथीनदीतटस्योपरि कौरवा: पाण्डवाश्च निवसन्ति हस्तिनापुरराजधानीं निर्माय। तत्रैव उपार्जनान्वेषणे गमिष्यति द्रोण:। राजधानीविषये कस्यापि नगरस्य वा विषये ग्रामिणजना: यथा चकिता भूत्वा कल्पनाप्रवणा भवन्ति तथैव अश्वत्थामा तद्विषये शैशवं कौतूहलं प्रकटयति। तद्विषये द्रोण: वर्णयति – ''वत्स! राजधान्यां भूपतिर्वसति। तत्र राजमार्गा भवन्ति। राजमार्गमभितोऽट्टालिकास्तिष्ठन्ति गगनचुम्बिन्य:। तत्र महान् जनसम्मर्दो दृश्यते। अश्वा गजा रथाश्च राजमार्गे सञ्चरन्तो दृश्यन्ते।[181]

द्वितीयदृश्ये युधिष्ठिरादय: पाण्डवा: दुर्योधनादय: कौरवाश्च राजधान्यां हस्तिनापुरे कुत्रापि प्रान्तरे कन्दुकक्रीड़ामग्ना:। तदा अकस्मादेव कन्दुक:

कस्मिश्चित् कूपे पतितः। तत्र तस्य पतने दोषी कः इति विषये शिशवः कलहरताः। तेषाम् कोलाहलं विभज्य द्रोणः आविर्भूतः। सः स्वधनुषा कूपाभ्यन्तरम् इषीकाः संप्रेष्य कन्दुकं वहिरानयति। तत् श्रुत्वा भीष्मः द्रोणं धनुर्वेदरत्न इति जानाति। शिशूनां धनुर्विद्या प्रशिक्षणाय तमपि शिक्षकरूपेण नियोजयति। अस्याम् एकाङ्किकायाम् एवम्भावेन धनुर्वेदरत्नस्य अभिज्ञानं भवति।

नाट्यनवग्रह पुस्तके शिशूनां कृते यानि लघुरूपकाणि प्राप्यन्ते तानि शिशूनां मानससुखाय एव नाट्यकारेण विहितानि। **सिंहजम्बुकीयमिति** एकाङ्किकायां शिशुमनोमोहकैः सम्वादैः लघुरूपकरचना नाट्यकारस्य उद्देश्यमिति सूचितमस्ति। वस्तुतः तासामेकाङ्किकानां रुचिरता रम्यता च अस्माभिः प्रतिपृष्ठमाविष्कृतम्। प्रस्तुतायामेकाङ्किकायां नाट्यकारः राजेन्द्रमिश्रो वदति–

शिशूनं सुखवोधाय पञ्चतन्त्रकथात्मकम्
संवादैः रुचिरैः रम्यैर्लिख्यते लघुरूपकम्।। 5।।[182]

यथा पञ्चतन्त्रे वन्यजन्तून् चरित्ररूपेण नीत्वा विष्णुशर्मणा शिशुकथाः लिखिताः तथैव नाट्यकारेण सिंहजम्बुकीयमिति लघुरूपके परीक्षामूलकत्वेन कृतमस्ति। कोऽपि जम्बुकः सिंहव्याघ्रनकुलेषु कूटनीतिपूर्वकं शत्रूतां समुत्पाद्य सिंहेन मारितं गजं बहुदिनं यावत् स्वयमेव खादति। अत्र कथावस्तु चित्ताकर्षकम्। पञ्चतन्त्रे शृगालस्य बुद्धिविक्रमः अत्र कौशलपूर्वकं जम्बुके आरोपितः दृश्यते। अत्र वाचिकवाक्यानि तथैव कौतूहलवर्धकत्वेन रचितानि सन्ति। स्वेनमारितं हस्तिनं खादितुं यदा सिंह प्रस्तुतो भवति तदा चतुरः जम्बुकः तं निवेदयति "शरीरं स्वेदविन्दुनिचितं दृश्यते तत् पार्श्ववर्तनि शीतलजले सरोवरे स्नानं कृत्वा खेदञ्चावधूय भोजनं करोतु भवान् इति निवेदये।"[183]

सिंहः सरोवरे स्नात्वा पुनरागमिष्यति इति निश्चित्यापि आकाशचारिणः पक्षिणः तस्यानुपस्थितौ गजं भक्षयिष्यन्ति इति शङ्क्यते। तस्य आशङ्कापूर्णं वाक्यम् एवम् भवति–

"परन्तु कोऽत्र भोजनरक्षां करिष्यति? पश्य तावत्। आकाशे चिल्लाः गृध्रश्च

उड्डीयन्ते। अरक्षितं निर्विघ्नञ्च दृष्ट्वा मृतगजं सझम्पम् अवतरिष्यन्ति भोज्यपदार्थञ्च उच्छिष्टं विधास्यन्ति।"[184]

यदा सिंहव्याघ्रनकुलाः स्नानार्थं गच्छन्ति तदा मृतगजरक्षायां नियुक्तः जम्बुकः एकाकी एव गजं खादितुं चिन्तयति। सः वदति आः दैव। कियद् विशालं गजशरीरम्? मत्कृते तु मासपर्याप्तं भोजनम्। दिनमेकं शुण्डादण्डेन एव सार्थकं भविष्यति। ततः दिवसचतुष्टयं यावत् स्थूलान् चतुष्पादान् पञ्चविंशतिदिनानि यावच्च अवशिष्टशरीरं भक्षयिष्यामि।''[185]

तथैव जम्बुकसमीपं यदा नकुलः स्नानं कृत्वा प्रत्यागच्छति तदा जम्बुकः एवमुक्त्वा तं भाययति ''एष वालचन्द्रोपमैः स्वतीक्ष्णनखरै उदरं ते विदारयामि।[186]

अतः अत्र वाचिकानि यत्नपूर्वकम् आनन्दकराणि कृतानि।

गुणाः पुजास्थानमिति एकाङ्किकायां सामाजिकविषयं नीत्वा नाट्यकारः धनीदरिद्रयोर्भेदमुत्सादयितुं चेष्टते। कस्मिन्नपि नगरे वाक्कीलः महेशः निवसति। तस्य पुत्रः सिन्धुः धनिकपुत्रो भूत्वाऽपि दरिद्रपुत्रेण सोमेन सह विद्यालये बन्धुतां स्थापयति। एतेन महेशः क्षुब्धो भवति। परन्तु एकाङ्किकायाः द्वितीये दृश्ये यदा दूर्घटनाग्रस्तं सिन्धुं रक्षायानेन गृहमानयति तदा महेशस्य हृदयपरिवर्तनं भवति। फलशाकविक्रेतुः पुत्रः सिन्धुः सोमस्य सख्यमर्हति इति ज्ञात्वा पिता महेशः क्रुद्धः। तस्य मतेन इमे दरिद्रजनाः दस्यवः भवन्ति। परन्तु महेशस्य पत्नी युक्त्या वदति यद्– ''क्वेदं लिखितं यद दरिद्रा निर्धनाः सच्चरित्रवन्तो न भवन्ति, सद्गुणसम्पन्ना न भवन्ति?[187]

इदमेव वाक्यम् एकाङ्किकायाः निष्कर्षं धारयति। शिशूनां हृदये या निर्मलता वर्तते तां वयस्काः कुटिलबुद्ध्या खलीकुर्वन्ति। परन्तु तत् न करणीयमिति नाट्यकारेण निपुणतया व्यज्यते।

(छ) रूपरुद्रीयम्

रूपरुद्रीयम् भवति राजेन्द्रमिश्रस्य एकादशलघुरूपकाणां संकलनम्। यथा रुद्राः एकादशसंख्यका[188] भवन्ति तथैव अस्मिन् ग्रन्थे एकादशरूपकाणि सन्ति। अतः पुस्तकस्य नाम रूपरुद्रीयमिति कृतम्। अस्मिन् ग्रन्थे 'अभीष्टमुपायनम्' इति नामधेयं यौतुकसमस्याश्रितं रेडियोरूपकं सन्निविष्टमस्ति। श्रेष्ठी दिवानचन्द्रः स्वस्य पुत्रस्य आलोकस्य विवाहं श्रेष्ठिनः तुलसीरामस्य कन्यया डाल्या सह

कारयितुं चेष्टते। यतः डाली भवति तुलसीरामस्य एकाकिनी कन्या। अतः तुलसीरामस्य सर्वमेश्वर्यं दिवानचन्द्रस्य हस्तगतं भविष्यति। किन्तु दिवानचन्द्रस्य पत्नी विमला आङ्गलविद्यालयपठिताम् आधुनिको रूपधनगर्विताञ्च डालीं पुत्रवधूरूपेण गृहीतुं नैच्छत्। वरं कन्यायाः शोभायाः सहपाठिनी वन्दना एव तस्या अभिमता। यदा तुलसीरामः डालीमानीय दिवानचन्द्रस्य गृहे आस्थानकक्षे उपविष्टोऽस्ति तदा आलोकस्य कनिष्ठभ्राता टिङ्कु विवेकानन्दस्य चित्रफलकं भित्तौ किलितुं प्रयतते। असन्तुलनवशात् त्रिपादतः भूमौ च पतति। तस्मिन् समये उपस्थिता वन्दना स्वशाटिकां विदार्य्य टिङ्कोः ललाटक्षतं बध्नाति। सर्वं दृष्ट्वाऽपि डाली सहायतातत्परा न भूत्वा केवलं वदति "He should be hospitalized"। आस्थानकक्षे तुलसीरामः स्वादिष्टं दधिवटकम् आस्वाद्य प्रशंसति। तदपि वन्दनया निर्मितम् इति ज्ञात्वा आङ्गलविद्यालयेषु गृहविज्ञानं नास्ति इत्यतः स्वकन्या डाली रन्धनकलां न जानाति इति सूचयति। यदा दिवानचन्द्रः सूचयति यत् तस्य पुत्रः आलोकः स्नातकोत्तरे प्रथमश्रेण्यामुत्तीर्णः महाविद्यालये अध्यापको भवितुमिच्छतीति। तदा डाली निरर्गलम् हसित्वा वदति "Dad! What a silly idea? The poor teacher."

डाल्याः आचारव्यवहारे असन्तुष्टा विमला वन्दनामेव पुत्रवधूरूपेण स्वीकरिष्यति। तुलसीरामः स्वकन्यार्थं अन्यत्र वरं पश्यतु इति च स्पष्टतया वदति। अस्मिन्नेकाङ्किकायां धनलोभिनां यौतुकप्रथायाः परिबर्धनस्य विरोधः कृतः। अत्रापि आङ्गलभाषाशिक्षामाध्यमेन कथं वयं भारतीयम् आचारतत्वम् उपहसामः तदपि प्रदर्शितमस्ति।

वहुत्र अस्यामेकाङ्किकायां वाचिकवाक्यानि हृदयं स्पृशन्ति। अत्र श्लोकानां व्यवहारं पूर्णत्वेन उत्साद्य नाट्यकारः नाटके आधुनिकतायाः सुगन्धं विकीरयति। विषयोऽपि आधुनिकसमस्यारूपेण नीतः। वाक्यानि वास्तविकजीवनस्य अभिव्यक्तिरूपाणि। विमला स्वपुत्रीं प्रातःकाले रन्धनशालातः आह्वयति। उत्तरमनवाप्य सा वदति "शोभे! क्व गताऽसि? ईदृशी बधिरा कन्या न मया दृष्टा श्वसुरालये न जाने कथं निवत्स्यति? ..... शोभे! किं पातालोके प्रविष्टासि!

क्व मृतासीः रे! अहं महानसे विदहामि, त्वं पुनः मधु मक्षिकेव अस्थिरा[189] भवसि। गच्छ प्रातराशं स्वपितरम् उपनय अहमपि क्षणानन्तरमागतास्मि इति कथय। अवधृतं न वा?

पत्न्याः ताच्छल्यभावात्मकं वाक्यं श्रुत्वा दीवानचन्द्र वदति "लोहकर्मशालेव नितरां ते मस्तिष्कं दन्दह्यते। कदाचिदपि तावत् हिमशीतला भवतु भवती।[190]

यदा स्वपुत्रस्य विवाहप्रसङ्गं श्रुत्वा विमला उत्साहिता शान्ता च भवति तदा दीवानचन्दो वदति– "पुत्रोद्वाहवृत्तं श्रुत्वेव पारदोऽवातरत्।"[191]

सामाजिकविषयवस्त्वनुसारं राजेन्द्रमिश्रस्य वाचिकविधानं संस्कृतभाषाम् आधुनिकभाषाणां निकटतरां विदधाति। आधुनिकसमाजस्य चरित्राणामनुरूपं भवति तस्य शब्दविधानम्। नाटकमाध्यमेन समकालिनसमाजस्य समस्याजर्जरितं चित्रं समुपस्थाप्य सः स्वस्य नाट्यकलायाः प्रयोजनम् उच्चैः स्थापयति।

'**रूपरुद्रीयम्**'– पुस्तके नात्मानमवसादयेत् इति एकाङ्किका भाणस्य वैशिष्ट्यं समादृत्य अग्रे चलति। अत्र नाट्यकारस्य राजेन्द्रमिश्रस्य नाट्यकलावैशिष्ट्यं दर्शनीयमस्ति। मृच्छकटिकस्य प्रकरणस्य तृतीयाङ्के चौरः शर्विलकः यथा चारुदत्तस्य गृहं प्रविशति तथैवात्र चोरः दन्दशूकः कस्यापि गृहे प्रविशति। उभयत्र चौरस्य गृहप्रवेश एव विषयः किन्तु अभ्यन्तरदृश्यन्तु भिन्नमेव। मृच्छकटिके शार्विलकः चारुदत्तगृहात् सुवर्णभाण्डमपहृत्य बहिर्गच्छति। परन्तु अस्यामेकाङ्किकायां चौरः स्वस्यैव मुद्रा सम्पुटिकां (Money purse) गृहिण्याः समीपे त्यक्त्वा आगच्छति। अतः इयमेकाङ्किका मृच्छकटिकस्य तृतीयाङ्काद् अधिकतरा हृदयस्पर्शिणी भवति। समग्रामेकाङ्किकां चरित्रत्रयेण सम्पाद्य तेन च दर्शकानां हृदयं विगलयन् नाट्यकारः स्वस्य कलायाः प्रतिष्ठां प्रतिपादयति।

प्रथमवारमेव संस्कृतसाहित्ये कोऽपि चौरः सूत्रधाररूपेण रूपकारम्भे आविर्भवति। चौरः दन्दशूकः सूत्रधाररूपेण आविर्भूय कवीनां काव्यसंसारे प्राजापत्यं प्रतिपादयति। उक्तञ्चास्ति प्रारम्भे कविना "कविरेव प्रजापतिरिति सत्यम्। यथाऽस्मै रोचते काव्यं[192] तथेदं परिवर्तते दन्दशूकस्य पाटच्चरस्य सूत्रधारीकरणं सूत्रधारस्य च दन्दशूकीकरणमित्युभयमपि तस्यापरवेधसो वामहस्तक्रीडा।"

अतः नाटकेषु इदृशी कलाकौशलनूतनता राजेन्द्रमिश्रस्य वामहस्तक्रीडा एव। तत्रापि चौर दन्दशूकः मञ्चे आविर्भूय स्वस्य चौर्यवृत्तिम् समर्थयितुम् आधुनिकभारते नेतृवृन्दानां चौर्यचरित्रं कलात्मकतया उन्मोचयति। चौररूपेण तस्य जीवनम् भारतवर्षस्य स्वाधीनतायाः प्राक् कठिनमासीत्।[193]

किन्तु स्वतन्त्रोत्तरे भारतवर्षं यथा तस्य चौरसहचराः नेतारोऽभवन् तथैव स साधारणचौरकार्यं त्वक्त्वा दस्युराज्ञः संवृत्तः। अस्मिन् कार्ये न कश्चित् व्यवसायः नापि धनस्य निवेशनम्। तथापि प्रभूतं लाभो हि लाभः प्राप्यते। अतः दन्दशूको वदति "न खदिरं न चूर्णं तथापि समधिकतररक्तवर्णं ताम्बूलम्!"[194]

तस्य ये बन्धवः विधायका संवृत्ताः तेऽपि चौराः। उपरि न किमपि दृश्यते परन्तु तेषां कार्यं पूर्णतया चौर्यवृत्तिरेव। विधायकाः न केवलं चौराः अपि तु प्रजावर्गस्य यमसदृशाः।[195]

चौरसूत्रधारस्य मञ्चे सहसा स्मरणं भवति यद् नाट्याचार्यस्य आज्ञानुसारं तेन मञ्चे न किमपि उक्तम्। अतः प्रकृतम् अनुसर्तुम् सः शास्त्रपुराणानानुसारं चौराग्रगण्यानां नमोवाचं विधाय प्रकृतरूपकं प्रारम्भयति। "नमो नवनीतचौराय गोविन्दाय! नमो वृहस्पतये चौरशास्त्रप्रवर्तकाय नमश्चतुर्वेदिने शर्विलकाय सन्धिज्यामितिपण्डिताय! नमोऽस्मच्चौर्यसाक्षि-भूतेभ्यो भवद्भ्यः।"[196]

अत्र मृच्छकटिकस्य प्रभावः स्पष्टः। तस्मिन् प्रकरणे चौरः शर्विलकः चौर्यस्य प्रशंसां कृत्वा महाभारतवर्णितस्य प्रसिद्ध-सन्त्रासवादिनः अश्वत्थाम्नः स्मरणं करोति। शर्विलको वदति -

कामं नीचमिदं वदन्तु पुरुषाः स्वप्ने च यद्वर्धते
विश्वस्तेषु च वञ्चनापरिभवश्चौर्यं न शौर्यं च तत्।
स्वाधीना वचनीयतापि हि वरं वद्धो न सेवाञ्जलि-
र्मार्गो ह्येष नरेन्द्रसौप्तिकवधे पूर्वं कृतो द्रोणिना ॥11॥[197]

अत्रापि दन्दशूकः शार्विलकस्य स्मरणं सश्रद्धं विदधाति। मृच्छकटिकस्य तृतीयाङ्के चतुर्वेदविदां दानग्रहणवीरत्तानां ब्राह्मणानां कूले सः जन्मित इति स्वयं सूचयति- "अहं हि चतुर्वेदविदोऽप्रतिग्राहकस्य पुत्रः शर्विलको नाम ब्राह्मणो गणिकामदनिकार्थमकार्यमनुतिष्ठामि।"[198]

अतएव **नात्मानमवसादयेत्** इति भाणिकायां दन्दशूकः शर्विलकं चतुर्वेदी इति वदति। तस्य सूचनायाम् असौ शर्विलकः सन्धिज्यामितिविषये पण्डितः। वस्तुतः चारुदत्तस्य गृहभेदनार्थं यदा शर्विलकः सन्धिखननं करोति तदा सन्धिज्यामितौ तस्य दक्षता प्रदर्शिता एव।[199] चारुदत्तोऽपि प्रभाते उत्थाय शर्विलकस्य सन्धिकर्मणः प्रशंसां करोति।[200]

एवं भावेन सूत्रधारः राजेन्द्रमिश्रेण नवीनतया उपस्थापितः। विषयप्रवेशप्रागेव तस्य वचनमाध्यमेन मृच्छकटिकस्य तृतीयाङ्क एव नाट्यकारेण प्रेरणारूपेण गृहीत इति सूचितो वर्तते। तदनन्तरं नूतनविषये स एव सूत्रधारः नूतनवेशं परिधाय नूतनचौरभावेनाविर्भवति यस्य नाम अपरिवर्तितं तिष्ठति। स दन्दशूकः कस्यापि दरिद्रस्य गृहे चौर्यार्थं प्रविशति यत्र किमपि मूल्यवद्रव्यं न वर्तते। तत्र कोऽपि पुरुषः नारी तयोः शिशुश्च शयिताः सन्ति। पल्लालास्तरेण ते शैत्यात् आत्मरक्षां कुर्वन्ति। सर्वेषां कृते तदपि न प्रशस्तम्। अतः तेषां निद्राऽपि न सुकरा भवति। शैत्यस्य प्रभावेन शिशुः रोदिति। तस्य प्रवोधनाय तौ चेष्टितौ। तद्दृश्यम् दृष्ट्वा दन्दशूकः दुःखितः अनुतप्तश्च भवति। दरिद्राणां कृते दैवसहायता न सुलभा इति अनुभवति, वदति च ''दरिद्राणां नारायणस्तु नेत्रान्धः कर्णबधिरः पादखञ्जः हृदयपाषाणश्च।[201]

दयाविगलितः सः वहिर्गमनात् पूर्वं स्वस्य धनसम्पुटिकां तत्रैव त्यजति। अतः दन्दशूकचरित्रनिर्माणे नाट्यकारस्य अनन्या दक्षता प्रमाणिता भवति। कस्यापि चौरस्य नाट्ये नायकस्थानं केवलं दक्षै नाट्यकृद्भिः सम्विधीयते। समग्राया-मेकाङ्किकायां हास्यरसस्य स्वतःस्फूर्तता यथा सामाजिकैः उपभूज्यते तथैव दरिद्रगृहप्रवेशात् परं दैन्यचित्तस्य कारुण्यं हृदयस्पर्शि भवति।

दन्दशूकस्य मुखेन हास्यकराणि वाक्यानि उक्तानि सन्ति। चौर्यकार्ये प्रवृत्तस्य तस्य कर्णे नेपथ्यात् छिक्कायाः (Sneezing) शब्दः पतति। अतः सो वदति– ''अये प्रथमग्रास एव मक्षिकापातः? भोः नासारज्जुकटुको बलीवर्द इव कोऽयमनवसरं हम्भारवमनुनासिकं जनयति? भवतु, किमनेन।[202]

भग्ने गृहे प्रवेष्टुम् अर्गलाभञ्जनस्य आवश्यकता नास्ति। प्रवेशोऽपि सुखेन भवेत्। अतः सो वदति– ''सर्पो हि म्रियतां लगुडोऽपि न त्रुटयतु।''[203]

गृहे किमपि धनजातं न दृष्ट्वा निराशः दन्दशूको वदति– ''अये! प्रेतवनमिव भयावहं गृहम्। कण्डिनी पेषिणी, चुल्ली, उदकुम्भीति सर्वमेवात्र दृश्यते। परन्तु कस्मिंश्चिदपि कक्षेऽट्टालिकायां वा मञ्जूषा न वर्तते। तत्किं निखातं धनं दुष्टेन गृहपतिना? यद्येवं तर्हि प्रबोध्य संत्रासयिष्यामि। प्रताडनेस्तु प्रेता अपि पलायन्ते।[204]

अतः वहुत्र वाचिकेषु हास्यमुपादितम्। किन्तु दम्पत्योः दारिद्रं दृष्ट्वा अनुतप्तस्य दन्दशूकस्य वचनं करुणरसम् अभिव्यक्ति। सः चिन्तयति ''हन्त भोः एतावती

दारिद्र्यसृष्टिर्न मयाऽवेक्षिता पूर्वम्। सर्वथा धिङ् मां परद्रव्यापहारिणं लुण्ठाकम्। योऽहमनुदिनं पराजितानि धनानि यथाकथञ्चित् मुष्णन् क्लेशयामि तदर्जनपरायणान्। पापोपार्जितधनैश्च मदिरां निपीय वा द्युतक्रीडां सम्पाद्य वा, वेशवाटमुपभुज्य वा दुष्कर्माणि सम्पादयामि। निर्गृहघट्टोऽस्मि रजकसारमेय इव। अपरश्चेमौ दम्पती ययोः पार्श्वे कम्बलक्रयमितमपि धनं नास्ति। सर्वथा धिङ् मां नृशंसमसाम्प्रतकारिणम्।[205]

नात्मानमवसादयेत् इत्येकाङ्किकायां राजेन्द्रमिश्रस्य नाट्यसंरचनकौशलस्य सूक्ष्मता पाठकै दर्शकैश्च अनुभूताऽस्ति। क्षुद्रायामपि एकाङ्किकायां जीवनस्य वहुसत्यं तेन कलात्मकतया उन्मोचितम्। तदुपरि बहवः शब्दाः तेन नाट्ययोग्याः कृताः। ते यथा वक्षरतम् (Bush-shirt), पदलीनम् (Trousers), मलिम्लुच (Thief), कण्डिनी (Hand pump), पेषिणी (Grinder), चुल्ली (Stove), उदकुम्भी (Water pitcher), क्षेत्रपुरुषः (Efigee on the field), पलालास्तरणम् (Blanket of straw), लुण्ठाकः (Plunderer), निर्गृहघट्ट (Neither of house nor of river bank), मंचिका (Chair), निहतमतिका (Block-head)।

अतएव आधुनिकसंस्कृतनाटके राजेन्द्रमिश्रस्य कलाकौशलं शैली च बहुभिः नूतनैः अनुसृयते।

स्वप्नाज्जागरणं वरम् इत्येकाङ्किकायां वलाकायाः स्वप्ने स्वप्नर्षिः वास्तवजगतः नारीविमर्षमुपस्थापयितुं देवतानामपि समर्थनं नयति। स्वप्नर्षिः वदति–किमिदं नाम? पुरुषः कया दृष्ट्या नारीं पश्यति? किं स्त्रीषु नोत्साहो न क्षमा नार्जवं न कार्यक्षमता न शौर्यं न धैर्यं न सहनशीलता न प्रतिभा न वा विविधदायित्वोद्वहनशक्तिः? परन्तु मानवस्तस्यां केवलं चित्तप्रमाथि लावण्यं निरीक्षते नान्यत्।

भद्रे! नाहं पुरुषपक्षपाती। परन्तु निसर्ग एवात्र प्रभवति। यया दृष्ट्या नारायणो लक्ष्मीं भूतभावनः शिवो रुद्राणीं पुरन्दरः शचीं दिवसः सन्ध्यावधूटीमाकाशो बसुन्धरां पश्यति तयैव दृष्ट्या पुरुषोऽपि नारी पश्यति। आसृष्टेयुगान्तं यावत् नेयं दृष्टिः परिवर्तयितुं शक्यते। पुरुषः स्वपौरुषेण स्वगुणेन वा महीयते नारी पुनः स्वरूपलावण्येन।[206] स्वप्नर्षेः प्रत्यावर्तनात् परं प्रथमप्रतीकपुरुषः (आदिभाक्

इत्यभिधेय:) वलाकाया: स्वप्ने आविर्भवति। पुरुषोऽयं वलाकाया: यौवनकालिक: बन्धु वलाकाया: सौन्दर्यस्य स्तोता च। आदिभाक् यथा वलाकाया: सौन्दर्य्यवर्णनं विधत्ते तत् राजेन्द्रमिश्रस्य रूपकमधुरां नाट्यकलां विजृम्भते ''बलाके! द्राक्षामधुरं स्मितकमेव तेऽमरुशतकम्। नासाश्रवणमणिबन्ध चरणाङ्गुल्यलङ्कारा एव रूपकोत्प्रेक्षाद्यलङ्कारा:। त्वया सह सम्पन्नो वार्तालाप एव ब्रह्मानन्दसहोदरभूता रसचर्वणा। तवाङ्गसौष्ठवमेव रीतिसम्प्रदाय:। तव सरसवाचिकमेव वक्रोक्तिसम्प्रदाय:। तवानुकूल्यमेवौचित्य सम्प्रदाय:!''[207]

तत: परमाविर्भवति द्वितीय: प्रतीकपुरुष: (नमोवाकभिध:)। स: वलाकया सह सप्तवर्षाणि स्थास्यति। बलाका यदा पञ्चविंशतिवर्षीया भविष्यति तदा नमोवाक: तस्या: बन्धुत्वे सप्तवर्षाणि स्थास्यति। तस्मिन् कालखण्डे नारीसौन्दर्यं कीदृशं भवति तस्या: व्यवहारश्च कीदृशं परिवर्तितं भवति तद् विषये नमोवाक: संसूचयति ''देवि! पञ्चविंशति समतिक्रामन्ती प्राध्यापिका स्वलोकप्रियतां किञ्चित् विजहाति। यतो हि तावता कालेन म्लायति सिन्दुवारकुसुममञ्जरीविभ्रमा कपोलच्छवि:। विकीर्णमौक्तिकनिभा विरलायतेधवलदशनपंक्ति:। शुक्तिर्गतायते नयनम्। शर्वरीकालुष्यं खण्डयन्ती उल्कापातलेखेव। क्वचित् दृश्यते पलितकेश-लेखा।

अस्मिन्नेव संकटे नमवाकोऽहं सांयात्रिकी भूय प्राध्यापिकाया भग्नप्रायां जीवनतरणीं वारयामि। एषु सप्तवर्षेषु नमस्कारं प्रणतिं विनम्रतां प्रणामाञ्जलिं कृतकस्मितकं कदाचिताकुणितं वल्गु कटाक्षं सन्दिग्धस्पर्शादिकश्चैवालम्ब्य वराकी प्राध्यापिका स्वलोकप्रियतां संरक्षितुं पारयति।[208]

यदा नमोवाक: तिरोभवति यदा तृतीयप्रतीकपुरुषस्य भवति आविर्भाव:। तस्य नाम परिपाक:, यदा बलाका द्वात्रिंशत्वर्षीया भविष्यति तदा एव अष्टवर्षं यावत् स वलाकाया सहचरो भविता। अस्मिन् कालखण्डे बलाकाया: या रूपावस्था भवति तस्या: प्रतीकभूतोऽयं परिपाक:। तदा बलाका यथा रूपं धारयिष्यति तस्य वर्णना परिपाकेन कृता। सो वदति– ''देवि! परिपाककाले सर्वेऽपि गुणा दोषायन्ते। केशकुन्तलभार: काशायते। दन्तपंक्तय मलिनायन्ते। पलितवलीपर्याकुलं भवति कपोलमण्डलम्। परिपाककाले प्राध्यापिका स्वासामर्थ्यं प्रत्यक्षमनुभवति। विक्षिप्ततां जनयति तस्या: कटाक्षविक्षेप:। मर्माणि भिनत्ति नर्मवचनम्। अमर्षमेवोत्पादयति कदाचित्कसंस्पर्श:।

तद् देवि वलाके! ईदृशे खलु कालविपर्यये समुपस्थितेऽहमेव ते सहायो भविता। परिपाकोऽहमस्मि। अतएव प्रीतिपरिपाकेन बुद्धिपरिपाकेन गुणपरिपाकेन वा दोषांस्तेऽपहरिष्यामि। पूर्वप्रणयिनस्ते विनष्टभोगाकांक्षां साम्प्रतं निष्कामसख्यं विधास्यन्ति। यदज्ञानं यदध्यापनस्खलनम् आदिभाक्काले ऽक्षम्यमासीत् तदेव भविष्यति विभूषणमिदानीम्।[209]

परिपाकेन सह चतुर्थपुरुषः विपाकः स्वप्ने आविर्भूत आसीत्। सः बलाकायाः चत्वारिंशत् सम्वत्सरात् पञ्चाशत्सम्वत्सरपर्यन्तं वयःखण्डम् तस्याः बन्धुत्वे यापयिष्यति। किन्तु तस्मिन् समये एकदा सुन्दर्य्याः बलाकायाः रूपावस्था दयनीया एव स्यात्। तद्दयनीयतायाः वन्धुवरोऽयं विपाकः। यो वदति– "देवि! यथा कर्मविपाकवन्धनवशीकृतः प्राणी जन्ममरणदुःखं सततं सहते तथैव उद्दामयौवनमपि विपाकेन दन्दह्यते। विपाके समागत एव अस्तगतदन्ततारकं भविष्यति ते वदनगह्वराकाशम्। निर्जलपल्वलनिभे भविष्यतो नयने। निसर्गप्रणयिनोऽपि ते पृथक्स्थायिनो भविष्यन्ति। श्लथा भविष्यति दृष्टिः विलम्बिवृहज्जरुथा द्रक्ष्यते स्थूलदेहवल्ली। तदाऽहम्।"[210]

वलाकायाः जीवनस्यान्तिमपर्याये कुम्भीपाकः बलाकायाः वृद्धावस्थायां सहचरो भविष्यति। सः तां वदति– "कुम्भीपाकोऽहमस्मि। सेवानिवृत्तिकाले जर्जरे वार्धक्येऽहमेव ते सहचरो भविष्यामि। यदा सुहृद्विहीना पश्चात्तापैकशरणा मृतेव, मुर्च्छितेव विकलेव निखिलदिग्दिगन्तान् शून्यं मन्यमाना त्वं सर्वजनोपेक्षां सहिष्यसे तदाहं कुम्भोपाकस्तुभ्यं प्राणपाथेयं दास्यामि। हः हः हः हः ऽऽऽऽ।[211]

अस्मिन् रूपके स्वप्नस्य यद् विजृम्भणं तद् नाट्यकारस्य नाट्यकौशलं प्रतिपादयति। अत्र पुरुषचरित्राणि आश्चर्यकराणि भवन्ति। नायिकायाः वयोऽनुपातेन तानि चरित्राणि निर्मितानि सन्ति। रूपकम् अत्र द्विधाविभक्तम्। प्रथमभावो स्वप्नर्षिः नारीविमर्षं वास्तवजगदनुसारं प्रदर्शयति। नार्य्यः आत्मपरिचयः तस्याः सौन्दर्य्यभिन्नं न किमपि वर्तेत इति स्वप्नर्षेः सन्दर्भः। द्वितीयभागे सौन्दर्यस्य क्रमह्रासमयत्वं विविधेन भावेन प्रदर्शितिमस्ति। अतः सौन्दर्य्यस्य गर्व निस्सार इति नाट्यकारस्य मतम्। प्रत्येकस्य जीवनं भोगमय-समयमतिक्रम्य परिशेषे तस्यामेव भूमौ तिष्ठति यत्र वर्तते न भोगक्षमता न वा जिजिवीषा। जीवनस्य निष्ठुरमिदं सत्यमुन्मुच्य राजेन्द्रमिश्रः स्वस्य नाट्यकौशलस्य सुदूरां दिशम् उद्भासयति।

पुनर्मेलनम् यद्यपि शिशुजनैकाङ्क्षमिति नाट्यकारेण नामितमस्ति। वस्तुतः युवजनानां जीवनस्य एक रेखाङ्कनमिदम्। अत्र माध्यमिकविद्यालयस्य दुष्टछात्रः भूपालः शृङ्गलितः छात्रः शोभनश्चोपस्थापितौ। पार्श्वस्थस्य वालिकाविद्यालयस्य वालिका राजलक्ष्मीः भूपालद्वारा यदा अपमानिता। तदा शोभनः तस्य विरोधं सम्पादयति। परस्मिन् समये शोभनः राजलक्ष्मीं विवहति। भूपालश्च गृहं त्यक्त्वा दस्युवृत्तिमनुसरति। शोभनः रक्षाधिकारी भूत्वा तस्य ग्रहणे सफलो भवति। पुनश्च तस्य जीवनपरिवर्तने बन्धुत्वहस्तं प्रसारयति। एकाङ्किकायामस्यां विद्यालयेषु दुष्टछात्राणां कुवृत्तिः सुष्ठु चित्रितास्ति। एकस्यापि श्लोकस्य व्यवहारं विना एकाङ्किकायां विषयः सावलीलतया अग्रे गच्छति। वहुत्र वाक्यानि प्रसङ्गानुरूपाणि भूत्वा दर्शकान् आमोदयन्ति। विद्यालयस्य द्वारदेशे दुष्टछात्राणां समागमः अनेन भावेन वर्ण्यते –

"केचन छात्रा मुद्गफलानि चर्वन्ति परस्परं सपरिहासं लपन्ति च। दुष्टः छात्रः भूपालः शिष्टछात्रस्य शोभनस्य प्रतिबोधमविगणय्य सोपहासं वदति – "भो प्रफेसर! माऽधिकं टिप्टिपायस्व। नेयं कक्षाया मानीटरी। गच्छ खट्वाकीट इव गृहकोणे कस्मिंश्चिन्निलीय ग्रन्थवाक्यानि रट। चर्व वा शब्दचणकानि।"[212]

अपेहि। निरर्गलं बुक्किष्यसि चेन्निखिलमपि शोभनत्वं ते पृथक्करिष्यामि। श्यालक! हाईस्कूलकक्षायां प्रान्ते प्रथमस्थानं सम्प्राप्यैव गर्वितोऽसि? अवनौ पदानि विषमीभवन्ति? ब्राह्मणाधम! पाटच्चर! भिक्षुक??[213]

भूपालस्य क्रोधवाक्यानि अत्र वास्तवजगति यथा भवन्ति तथैव प्रतीयन्ते। तथैव चलच्चित्रेषु यथा दस्युग्रहणं भवति तथैव नाट्यकारेण समाकलितम्। किन्तु रक्षाधिकारी दस्यु च सर्वथा न परस्परसहयोगिनौ भवतः। एतद् प्रदर्श्य नाट्यकारः नाट्यविषयमेतद् उदाहरणत्वेन स्थानितम्।

तथैव अन्यानि वाक्यानि साहित्यिकवास्तवतामत्र प्रदर्शयन्ति। तानि यथा–

(क) तूष्णीं भज जारजातक! यस्मिन्नेव पात्रे भोजनं तस्मिन्नेव छेदनम्।

(ख) सम्यगभिधेहि भूपाल! अन्यथाऽपरामपि दंष्ट्रां विघटयिष्यामि।

(ग) पलायध्वं पलायध्वम्। हिटलरगुरुः समागतः। गृहोते सति व्याधुन्वन् तुषीकरिष्यति।[214]

कन्थामाणिक्यम् शिशुजनानां कृते रचितमिदमेकाङ्कं प्रतिपादयति यद् दरिद्रजनाऽपि गुणवन्तो भवन्ति। अत्र भवानीदत्तः नगरस्य प्रसिद्धः वाक्कीलः। तस्य पुत्रः सिन्धुः दरिद्राणां वसतौ वतिवसन्तम् शाकविक्रेतुः पुत्रं सोमं स्ववन्धुरूपेण स्वीकरोति। सिन्धु इव सोम अपि विद्यालये मेधावी छात्रः। तस्य गणितज्ञानेन आकृष्टः सिन्धुः तस्य वसतौं वारम्वारं गच्छति। एतेन क्रुद्धः पिता भवानीदत्तः तं दण्डयति। परस्मिन् समये सिन्धोः विद्यालययानं द्राक्यानेन सह संघट्टितम् भूत्वा छात्राणां दुर्घटनां सम्पादयत। निश्चेतनं सिन्धुं पदब्रजगामी सोमः भवानीदत्तस्य गृहमानयति।

अनेन भवानीदत्तस्य कठोरहृदयं परिवर्तितं भवति। सः उभयोर्वन्धुत्वं स्वीकरोति। उभयोः कृते द्विचक्रयानं क्रेतुम् उद्घोषयति। पुनः ससम्मानं सोमधरं स्वल्पाहारं प्रदाय आपृच्छति। तदा भवानीदत्तः स्वपत्न्याः रत्नायाः समक्षं स्वीकरोति यद् स्वपुत्रस्य सिन्धोः अभिरूचिः प्रशंसनीया। तस्य बन्धुः सोमधरः दरिद्रो भूत्वा अपि मेधावी शिष्टश्च। अतः दरिद्रवसतिमध्ये य संसारः तद् अवश्यं न उपेक्षणीयः। भवानीदत्तस्य शब्देन – "रत्ने! सत्यमेव सिन्ध्वभिरुचिं प्रशंसामि। सोमु कन्थामाणिक्यमेव वर्तते। इदानीं न मे घृणा दरिद्रवसतिं प्रति। अद्यप्रभृत्यहं त्वन्नेत्राभ्यां संसारं द्रक्ष्यामि।"[215]

अतएव सोमधरः कन्थामाणिक्यम् इति तेन उद्घोषितम्। इदमेकाङ्कं परवर्तिकाले **नाट्यनवग्रह**–ग्रन्थे **गुणाः पूजास्थानम्** इति शीर्षकेन सह पुनः आविर्भवति। कन्थामाणिक्ये सिन्धो पिता भवति भवानीदत्तः, 'गुणाः पुजास्थाने तु सः महेश इति नाम्ना नामितः यद्यपि उभयत्र महेशस्य पत्नी रत्ना वर्तते तथापि कन्थामाणिक्ये उभयोः कथोपकथनं प्रलम्वितमस्ति। **गुणाः पूजास्थानमिति** एकाङ्कस्य कलेवरं क्षुद्रतरम्। अत्र सूत्रधारः कथापरिचायक–रूपेण संयोजितः। एकं भिक्षुकचरित्रमपि अत्र दृश्यते किन्तु उभयोः उपयोगः कन्थामाणिक्ये नासीत्। कन्थामाणिक्ये भृत्यद्वयं भवानीदत्तस्य गृहेसेवां ददाति। हरणः रामदत्तश्चेतौ। किन्तु गुणाः पूजास्थाने एकमात्रः भृत्यः मोहननामकः। अत्र श्लोकचतुष्टयं संयोजितमस्ति। किन्तु कन्थामाणिक्ये मौलिकतया श्लोकानां सन्निवेशः न प्राप्तः। अत्र भृत्यद्वयस्य कथपोकथनमपि तयोः भवानीदत्तेन सह आलापोऽपि प्रथमदृश्ये विषयस्य आभ्यन्तरं दृश्यं दर्शकाणां समक्षं प्रसारयति।

गुणाः पूजास्थाने प्रथमे दृश्ये बन्धुद्वयस्य यत् कथोपकथनं तद् कन्थामाणिक्ये नासीत्।

अतः गुणाः पूजास्थानमिति एकाङ्कद्वारा कन्थामाणिक्यस्य भिन्नरूपत्वं नाट्यकारेण विहितम्। तथापि सामाजिकचित्रणदृष्ट्या कन्थामाणिक्यं पाठकेभ्यः अधिकं रोचते इति वक्तुं पारयामः। यद्यपि श्लोकचतुष्टयेन राजेन्द्रमिश्रः गुणाः पूजास्थाने स्वस्य परिचयपाण्डित्ययोः काचित् सूचनां ददाति।

रूपरुद्रीये एकाङ्किकासंकलने **कुटुम्बरक्षणम्** एकम् ऐतिहासिकमेकाङ्कम्। तत्र पृथ्वीराजवंशीयः राजा राव-हम्मीरसिंह रणथम्बोरम् दक्षिणराजस्थानस्य राजधानीं कृत्वा प्रशासन्नासीत्। तस्मिन् समये अलाउद्दीन खीलजी देहल्यान् भारतस्य सम्राडासीत्। रणथम्भोरराज्यम् स्वसाम्राज्ये अन्तर्भावयितुं लालायित आसीत्। एकदा लुण्ठित-धनरत्नानां विभाजनविषये मुगल्सैनिकाः महिमाशाह-अलाउद्दीनस्य भ्राता उलूग खाँ इत्यनेन सह विवादं कृत्वा रणथम्भोर-राज्ये हम्मीरसिंहस्य शरणागतोऽभूत। तां घटनामाश्रित्य अलाउद्दिनेन रणथम्भोरदुर्गः अवरुद्धः। हम्मीरसिंह स्वल्पसैनिकैः सह भग्नदुर्गात् वहिरागात्य यदा योद्धुमिच्छति तदा महिमाशाहं सपरिवारं पलायितुमादिशति। परिवारकारणात् हम्मीरसिंहेन सह युद्धक्षेत्रं गन्तुं सः अनुमतिं न प्राप्नोति इति मत्वा सः दुर्गाभ्यन्तरे स्वपत्नीकन्यादिनां हननं सम्पादयति। तदनन्तरं हम्मीरसिंहेन सह युद्धक्षेत्रं गच्छति। ऐतिहासिकां कथामिमां नाट्यरूपेण समुपसथाप्य राजेन्द्रमिश्रः ऐतिहासिक-रूपकस्य वलिष्ठमुदाहरणं प्रस्तौति। एकाङ्केऽस्मिन् वहूनि कलात्मकानि वाक्यानि संयुक्तानि सन्ति –

(क) भो भोः सहृदया। पश्यन्तु तावत् सृष्टिनटीनर्तनसाक्षिभूतस्य महाकालस्य लीलाविलासम्। नामशेषतामुपगतेषु रामकृष्ण-युधिष्ठिरप्रभृतिषु मृत्युतल्पमङ्गीकृतवत्सु चाशोकविक्रमपुष्य-मित्रपुलुमाविसमुद्रगुप्तहर्षपुलकेशिराजेन्द्रकुलशेखरभोजपृथ्वी-राजादिषु भूपालरत्नेषु तुरष्कशासनं प्रभवतितरां हिन्दुदेशे भारताभिधाने।

(ख) श्रुतं भवद्भिः? अयं करुणचीत्कारः अयं विद्रवपलायनध्वनिः, अयं सम्भ्रमोत्थघर्घरपुरस्सरो रवः, इमे च म्लिष्टास्पष्टशब्दाः?

हन्त भोः सर्वमेतत् प्रमाणीकरोति रणस्तम्भपुरविपत्तिं करालाम्।

(ग) अहो वत कल्पतरुं व्याधूय एरण्डं सेवतेऽसावधमः?

(घ) हा हन्त! जम्बुका अपि वनराजपराभवे प्रसह्य क्षमन्ते? विजयतामयं कालविपर्ययः!

(ङ) सुहृदवर्य! कुटुम्बरक्षणं तव प्रथमं कर्तव्यम्। पश्य इदानीमहमेकाकी राजमिहषी मे जौहरज्वालायां भस्मीभूता प्राणाधिका मे दुर्ललिता दुहिता देवलदेवी जनन्या सममेव विनष्टा। निखिलमप्यन्तःपुरमकारणमेव समाप्तम्। कुमारोऽवशिष्टः कुत्रापि संरक्ष्यते राजभक्तैर्मत्सेवकैः। इदानीं तु पञ्चषा येऽपि वीरा मत्सार्धं वर्तन्ते ते सर्वेऽपि मृत्युमुखे प्रविष्टाः

(च) विजयतां विजयतां शरणागतवत्सलो रणस्तम्भपुराधीश्वरः। स्वामिन्! समाहितानुरागा भवतामनुजवधूः दुर्ललिता भ्रात्रीयाश्च भवन्तं सन्द्रष्टुमुत्कण्ठिता गृहाङ्गण एव प्रतीक्षन्ते। तत्रैव भवन्तं नयनपाथेयीकर्तुमिच्छन्ति ते।[216]

एकाङ्केऽस्मिन् वीररसस्य निष्पत्तिः मुख्यतया यद्यपि प्राप्यते तथापि हम्मीरसिंहस्य पन्तीकन्यादीनाम् अग्निप्रवेशः महिमाशाहेन स्वपरिवारसंहारश्च करुणरसम् परिप्लावयति। ऐतिहासिकमिदमेकाङ्कं दृश्यद्वयेन संघटितमस्ति। प्रथमदृश्ये चेटिद्वयस्य (मानवाई मदिरा च) सम्भाषणात् कथावस्तुनः परिचयः परिपोषणञ्च सम्पाद्येते। संस्कृतनाटकस्य प्रस्तावनारूपेण प्रथमदृश्यस्य व्यवहारः एकाङ्कस्य ऐतिहासिकीं पृष्ठभूमिं निर्माति। द्वितीयदृश्ये हम्मीरसिंह स्वपत्नीकन्यादिन् अग्निप्रवेशमुपदिश्य युद्धाय प्रस्तुतो भवति। यत्र शरणापन्नः महिमाशाहोऽपि स्वपरिवारं विनश्य स्वयम् हम्मीरसिंहस्य सहायतां कर्तुम् आविर्भवति। कुटुम्बं विनश्य समग्रस्य प्रजाकुटुम्बस्य रक्षाणार्थं या चेष्टा सा कविना सम्भ्रान्त-संस्कृतशैल्या प्रदर्शितम्।

राजराजौदार्यम् इत्येकाङ्किकायाम् दक्षिणभारतस्य तञ्जापुरी (Tanjore) नगर्य्यां सम्राट् राजराजः चोलवंशस्य उत्तुङ्गकीर्तीस्वरूपं वृहदीश्वरमन्दिरं निर्मितवानासीत्। (निर्माणकालः - 1003-1009 ख्रीः)। अस्य मन्दिरस्य शीर्षदेशे आमलकीशिलायाः आवश्यकता आसीत्। तादृशी शिला एकस्याः वृद्धायाः

गृहपरिसरे आसीत्। अन्यत्र कुत्रापि आमलकीशिलाम् न प्राप्य राजपुरुषाः आलोकी नाम्नी वृद्धाम् शिलां याचितवन्तः। परन्तु सा राजराजस्य तस्याः गृहे आगमनं विना शिलां न दास्यतीति उक्तवती। राजपुरुषाणां वहु चेष्टा असफला जाता। यदा सम्राट् राजराजः वृद्धाविषये अश्रृणोत् तदा सः स्वयमेव दरिद्रवृद्धायाः गृहमगच्छत्। उभयोर्वार्तालाप एव एकाङ्किकायाः मूलं स्पन्दनम्।

अस्मिन्नेकाङ्के प्रयुक्तानां वाचिकानां शैली दर्शकानामानन्दकरी दृश्यते। सूत्रधारस्य आद्यसम्भाषणं तावत् अवश्यमुपभोग्यम् - "कथावृत्तमस्य लघुरूपकस्य किञ्चित् कालपूर्वमेव बृहदीश्वरमन्दिरनिर्माणसन्दर्भ घटितमिति निश्चप्रचं संवर्धयिष्यति भवतामुत्कण्ठाप्ररोहकन्दलनम्।"[217]

"तद्यावत् गृहाभ्यन्तरीभूय नाट्यप्रयोगविघ्नेश्वरीं स्वसहचरीं पश्यामि कस्माच्चिरयतीति। तावत्सङ्गीतकेन कर्णशष्कुलीं पावयन्तु भवन्तः।"[218]

तथैव राजपुरुषः वन्धुरः शिलानुसन्धानकार्ये असफलो भूत्वा सम्राजं राजराजं वदति- "देवनिर्देशात् बृहदीश्वरमन्दिरशिखरोपस्थापनयोग्यं सुविशालमखण्डितमजीर्णमनाविद्धमशबलं मसृणमसृणं परुषपरुषं शिलाखण्डं मार्गयद्भ्यामावाभ्यां चोलसाम्राज्यस्य वहूनि जनपदानि निपुणं दृग्गोचरी-कृतानि।"[219]

वृद्धायाः आलोक्याः ग्रामस्य नाम पणार्गल। यदा सम्राट् राजराजः तत्र गच्छति तस्य स्थानस्य वर्णनाऽपि उत्सवानुरूपा लभ्यते। द्वितीयदृश्यस्य प्रारम्भे एव कस्यापि गृहस्य ग्रामस्य वा भारतीयपरम्परानुसारम् उत्सवकालिनं दृश्यं यथा भवति तथैव प्राप्यते–तञ्जापुरसमीपस्थे पणार्गलाख्यग्रामे दृश्यते महानुत्सवः। राजधान्यभिमुखे मार्गे रसालपल्लवालकृतं विशालतोरणम्। तोरणमभितः नारिकेलकुशाक्षतमण्डिती कलशौ स्थापितौ। तोरणसमीपमेव वृद्धाया आलक्याः पर्णकुटीरं दृश्यते। सर्वेऽपि ग्रामीणा राजराजेश्वरराजराजागमनं प्रतीक्षमाणास्त्वरया गतागतं विदधति। श्वेतवस्त्रा वृद्धालकी कुटीरद्वारसमीपं ग्रामनारीभिस्सार्धं तिष्ठति।

सम्राट आलोकीं स्वमातृरूपेण सभाजयति। तद् दृष्ट्वा वृद्धा आलोकी स्वस्याः पुत्रहीनस्य जीवनस्य मर्मान्तकं काठिन्यं सूचयति। सा वदति- "पुत्रक! केवलं त्वद्दर्शनार्थम्। मम एकल एव पुत्रश्चोलसैन्ये स्थापितः। युद्धभूमौ वीरगतिमवाप। ततः प्रभृति पुत्रविरहे निदाघपुष्करिणीव शनकैः शुष्यामि। कः मां

प्रवेशयेद्राजधान्याम्? शिलाखण्डमहिम्नैव सौवर्णोऽयमवसरः सम्प्राप्तो मया।''[220]

अत्र पुत्रविरहे बृद्धायाः आलोक्याः मनः शरीरञ्च तथैव शुष्को भवति यथा निदाघकालीना पुष्करिणी। अनुभवस्य गभीरतां गत्वा देवभाषया तस्य पल्लवनं राजेन्द्रमिश्रेण अनेन भावेन वहुत्र विहितम्। आलोक्याः शिलादानेन कृतज्ञ राजा पणार्गलग्रामे तस्याः नाम्नी सरोवरमुद्यानञ्च निर्मापयितुमुद्घोषयति। ईरावतीश्वर-मन्दिरमपि तस्याः ग्रामे निर्मातुमुद्घोषयति। आलोकी राज्ञः उदारहृदयम् दृष्ट्वा आनन्दाविगलिता भवति। सम्राज्ञः कृते तस्याः पुत्रहानीजनितशुष्कमनसि पुनः अकालजलदेन वाच्छल्यजलं वर्षति। राजराजस्योपरि स्वपटाञ्चलं प्रसार्य्य आशीषमयी सा स्वयं पुत्रवतीव धन्या भवति इति वदति-अद्य त्वया पुनः पुत्रवती सञ्जातास्मि। नैदानीं निदाघपुष्करिणी। न मे शोषः। संभाव्यते सम्प्रति! महाराज! पुत्रक! त्वयाऽकालजलदेन पुनः वात्सल्याम्बुभरितास्मि! गच्छ शिवास्ते पंथानस्सन्तु।[221]

राजराजौदार्यम् मानवहृदयस्य सम्मानभावं कृतज्ञतां दयाशीलतां वात्सल्यञ्च कलात्मकतया उद्घाटयति। सम्राट् राजराजो यदि दरिद्रवृद्धायाः गृहमागत्य शिलाभिक्षां सम्पादयति तर्हि साधारणमनुष्याणां हृदये अवश्यमेव तादृशी नमनीयता सम्भाव्यते इति ध्वनयित्वा नाट्यकारः मनुष्यस्य देवत्वसम्भावनां सकारात्मकरूपेण प्रतिष्ठापयति।

नाट्यकारस्य वाचिकान्यपि क्वचित् पण्डितसहृदयानां हृदयमावर्जयन्ति। तानि यथा–

(क) भोजराज : कुविन्द! नायं दोषः। संस्कारमूलं हि कवित्वम्। सतताभ्यासे कृते एव चारुत्वमायाति कविकर्मणि। उत्तरोत्तरं तत्र यत्नः कार्यः।

(ख) भोजराज : (सहर्षं स्वनामाङ्कितमुद्रिकां प्रयच्छन्) व्यलीकनिरक्षर! पदगुम्फप्रवीणोऽसि। पण्डितसभा-सदस्यं त्वां करोमि। अत्रैव मत्पार्श्वे तिष्ठ।

(ग) राजराज : आश्चर्यम्। अब्रह्मण्यम्। होमं कुर्वाणस्यापि हस्तो ज्वलति? तूर्णं प्रवेशयैनम्।

(घ) सूत्रधार : मान्याः सहृदयाः! दृष्टं भवद्भिरन्तर्नाटकद्वयम्।

> एकतस्तु तन्तुवायः सन्नपि साधारणो जनः कवित्व-वैशारदीं प्रकटयति। अन्यतस्तु टङ्किकाघातध्व-निबधिरितकर्णोऽपि स्थपतिस्त्रैकालिकं वृत्तं हस्तामलकमिव दरीदृश्यतेतराम्।[222]

रक्ताभिषेकमेकाङ्कम् शिखजातेः इतिहासस्योपरि रचितमस्ति। सः इतिहासो वदति यद् शिखधर्मगुरवः हिन्दूनाम् इसलामीकरणं विरुद्ध्य मोगल-राजानां हस्ते नष्टतां गताः। किन्तु आधुनिकसमये शिखसम्प्रदायस्य केचित् युवानः शिखजनानां कृते खलिस्ताननामकं स्वतन्त्रं राष्ट्रम् इच्छन्ति स्म। तया अभिप्सया उत्साहिताः आतङ्कवादिनः पञ्जावप्रदेशे राष्ट्रविरुद्धानि कार्याणि चालयन्ति स्म। इन्दिरागान्ध्याः शिखरक्षिद्वयेत हननम् तस्य आतङ्कवादस्य शीर्षपर्याय आसीत्। विषयमेतमवलम्व्य इन्दिरागान्ध्या रक्ताभिषेकस्य सश्रद्धस्मरणं कृतं नाट्यकारेण। अस्मिन् नाट्यप्रसङ्गे शिखधर्मस्य इतिहासः संक्षेपेण प्राञ्जलीभूतोऽस्ति।

अमृतसर-नगरस्य व्यवसायी कृपालसिहंः स्वपत्न्याः अमृतया सह पुत्रेण हेमेन्द्रेण सह च नगरस्य महाविद्यालये पुष्पाहुतिनामकं नाटकं द्रष्टुं गच्छति। अस्मिन् नाटके शिखजनानां दशमगुरोः गोविन्दसिंहस्य द्वौ पुत्रौ जोरावर-सिंहफतेहसिंहाख्यौ धर्मरक्षायाम् औरङ्गजेवेन मोगलसम्राजा हतौ इति प्रदर्शितमासीत्। द्वयोः रक्षी मलखानः आग्रायाम् आगत्य गीवोन्दसिंहाय दूर्वार्तामिमां निवेदयति। वार्तां तां निशम्य गुरुगोविन्दसिंहस्य माता गरलपानेन दिवं गता। प्रतिशोधार्थं गोविन्दसिंहः स्वरक्षिणा वन्दावाहादुरेण सह आग्रानगरीं प्रतस्थे। किन्तु मार्गे एव दाक्षिणात्ये नान्देन इति स्थाने शयनावस्थायां केनापि पठानजनेन तौ मारितौ।

शोकान्तमिदं नाटकं दृष्ट्वा हेमेन्द्रः राष्ट्रप्रेम्णा जाग्रतो भवति। सः इदानीं जानाति यद् औरङ्गजेवस्य हिन्दुइसलामीकरणप्रवृत्त्याः विरुद्धे शिखानां नवमधर्मगुरुः तेगवाहादुरः दशमधर्मगुरुः गोविन्दसिंहश्च प्राणान् त्यक्तवन्तौ। राष्ट्रस्य हिन्दुधर्मस्य च सुरक्षार्थं यदा शिखगुरवः प्राणान् तुच्छीकृतवन्तः तदा कतिपयानां नव्यशिखयूनां खलिस्ताननिर्माणस्य स्वप्नः असमीचीनमिति तस्य मतम्। पिता कृपालसिहंः किन्तु खलिस्तानस्य स्वपक्षवादिरासीत्। गृहे आगत्य निद्रामग्नः हेमेन्द्रः स्वप्ने शिखगुरूणां दर्शनं प्राप्नोति। राजेन्द्रमिश्रस्य रूपकेषु

स्वप्नः नाट्यकारस्य वक्तव्यं प्रकटयितुं एकः सुलभमाध्यमो भवति। स्वप्नो भवति तस्य नाट्यकौशलस्य अंशविशेषः।

इदानीं स्वप्ने शिखसम्प्रदायस्य चतुर्थो गुरुः रामदासः प्रकटितो भवति। तस्य समये मोगलसम्राट् आकवरः शिखसम्प्रदायस्य विस्तारार्थं पञ्चशतविघामिमां भूमिं रामदासाय प्रादात्। तस्यामेव भूमौ रामदासेन अमृतसरोवरं स्वर्णमन्दिरञ्च निर्मापितम्। ततः परं स्वप्ने आविर्भवति शिखजनानां पञ्चमगुरुः अर्जुनः। अर्जुनेन गुरुनानकस्य अन्येषाञ्च हिन्दुइसालामसाधकानां कवीनां भक्तानां सद्वाक्यानि संगृह्य गुरुग्रन्थसाहेवाख्यं आदिग्रन्थमलिखत्। मोगलगृहयुद्धे राजपुत्रस्य खुशरोः पक्षग्रहणात् सम्राजा जाहाङ्गीरेण गुरुः अर्जुनः मारितः। अर्जुनस्य पुत्र हरिगोविन्दः, हरिगोविन्दस्य पुत्रः हरिरायः हरिरायस्य पुत्रः किशनः शिखसम्प्रदाये यथाक्रमं षष्ठसप्तमाष्टमाः गुरवोऽभवन्। शिखजनानां नवमगुरुः तेगवाहादुरः क्रोधस्य शरव्योऽभूत्। स्वयं इसलामिधर्ममनङ्गीकुर्वन्तं तम् औरङ्गजेबः नृशंसतया घातितवान्। दशमगुरुः गोविन्दसिहंः शिखजनानां कृते कङ्घीकृपाणादिवस्तूनि व्यवस्थाप्य सिंह इति उपाधिमपि संयोजितवान्। तस्य दिग्दर्शनेन शिखसम्प्रदायस्य युद्ध-शक्तिः प्रवर्धिता आसीत्। किन्तु स्वपुत्रद्वयं औरङ्गजेवेन मारितम्। स्वप्ने हेमेन्द्रस्य समक्षं उद्यमसिंहः भगसिंहश्च आविर्भूय अवदतां यत् खलिस्तानस्य कल्पना राष्ट्रद्रोहरूपा। मातुः शब्देन हेमेन्द्रस्य निद्राभङ्गो भवति। सा ज्ञापयति यद् शिखरक्षिद्वयेन प्रधानमन्त्री श्रीमती इन्दिरागान्धी निहता जाता।

एकाङ्केऽस्मिन् हिन्दुशिखसम्प्रदाययोः वास्तविकमैक्यं प्रतिष्ठापितमस्ति। मोगलसाम्राजं भारते धर्मान्तरीकरणस्य यद् वीजं प्रोत्थितं तस्यात्र सम्यक् सूचना प्रदत्ताऽस्ति। यद्यपि इतिहासवृत्तस्यात्र समुपस्थापनं दृश्यते तथापि नाट्यकारस्य खलिस्तानविरोधिमतं सुचारुतया निर्वाहितमस्ति। एकाङ्के वहूनि वाचिकानि सहृदयानां हृदयं स्पृशन्ति। गोविन्दसिंहः स्वपुत्रयोः रक्षिणं मलखानं दुःखितं दृष्ट्वा जिज्ञासते-"उत्तिष्ठोत्तिष्ठ मलखान! रोदिषि कथम्? बर्बरमृगराजोऽसि चञ्चत्सटाभारः। सिक्खा (शिष्या) भिधानेन सार्धं सिंहशब्दो मया योजितस्तत्किं परिदेवनार्थम्? अये! केसरिण इव वैरिणां मांसखण्डानि प्रसह्य स्वायत्तीकर्तुमेव ते सिंहीकृता मया।"[223]

पुत्रयोः निधनं श्रुत्वा गोविन्दसिंहः पूजागृहे स्वस्य दिवङ्गतं पितरं सम्बोध्य बदति "पूज्य पितृचरण! मम दीक्षागुरो! किमेतज्जातम्? परमेश्वर! इस्लामधर्ममनङ्गीकुर्वन्नेव भवान् आलमगीरस्य क्रौर्यवैश्वानरे सन्दग्धः। अद्य पुनस्ते पौत्रौ हव्यतामुपगतौ।"[224]

गोविन्दसिंहस्य पुत्रनिधनजनितां दुःखाभिभूतामवस्थां दृष्ट्वा तस्य रक्षी बन्दाबाहादुरः वदति- "सत् श्री अकाल! महाराज! आत्मानमवतु भवान्। भवन्तं परिदेवमानं पश्यन् विध्वंसते तुहिनाचलः। सागरे वात्याचक्रं संलक्ष्यते। गगनमण्डले ग्रहतारकाः स्खलन्ति। दिवसो निशायते स्वामिन्। उत्तिष्ठतु गुरुवर्यः। इदानीमपि जीवतितरां बन्दाबहादुरः प्राणोत्सर्गमूल्यमेतत् बन्दाबहादुर आलमगीरकुलात् निश्चप्रचमाग्रहीष्यति।"[225]

खलिस्तानजनितां विशृङ्खलां दृष्ट्वा भगतसिंहः स्वप्ने आधुनिककविताशैल्या वदति यद् दुर्दिनमिदं चिरं न स्थास्यति। अवश्यमेव खलिस्तान्-आतङ्कवादिनः जर्नैलसिंहस्य कवलात् शिखदेशो मुक्तो भविष्यति- "वस्त हेमेन्द्र! त्वत्सदृशे निष्ठावति सिक्खे सति वाहेगुरोरुष्णीशो न समुच्छलिष्यति। पश्य,

> कतिपयक्षणं यावदुद्याने वर्तत इयं वात्या
> न चिरं स्थास्यति सा
> पुनरपि कुलायो भविष्यति पुनरपि गास्यन्ति विहगाः
> अद्य भूरियं पञ्चनदानां
> अधिकारे तिष्ठति जरनैलसिंहस्य
> परमिमां मोचयितुं नूनं
> वयं श्व एव स्वयमागमिष्यामः।।[226]

राजेन्द्रमिश्रः रामायण-महाभारत-पौराणिककथानां सम्यक् उपयोगं कृत्वा स्वनाट्यसंसारं सुसज्जितं करोति। **काश्यपाभिशापमिति** एकाङ्के दृश्यद्वयमाध्यमेन सः अभिज्ञानशाकुन्तलस्य विषयं किञ्चित् वक्रीकृत्य दुष्यन्त्यस्य शकुन्तलाविस्मरण-कारणमुद्भावयति। अनेन भावेन आचार्यकुन्तकस्य वक्रोक्तिशास्त्रे विहिता प्रकरणवक्रता तेन परीक्षामूलकत्वेन प्रयुक्ता सफलीभूता च।

अभिज्ञानशाकुन्तले दूर्वाससः अभिशापः दुष्यन्तस्य शकुन्तलाविस्मरण-कारणरूपेण महाकविना कालिदासेन प्रदर्शितम्, किन्तु ज्ञात्वैव किमपि सरलां मुनिकन्यां दुर्वासाऋषिः अभिशापदग्धां करोति इत्यस्यासमिचीनतां किञ्चिदनुभूय दूर्वाससं तस्माद् कलङ्कात् विमोक्तुं राजेन्द्रमिश्रेण भिन्नः मार्गः उद्भावितः। अज्ञानवशतः महर्षिः कण्वः स्वयमेव दुष्यन्त्यमभिशापवचसा शकुन्तलास्मृतिहीनं करोति। अतः अत्र घटनाचक्रेण सर्वमसोख्यं संघटितम्। अत्र न कोऽपि दोषो भवति। एकाङ्कोऽयमभिज्ञानशाकुन्तलस्य शब्दार्थिछायया परिपुष्ट दृश्यते। नाट्यकारेण शाकुन्तलनाटकात् शब्दान् संयोज्य निगूढानर्थान् ध्वनयति। अतः तस्य नाट्यकलायाः अयमेकाङ्कः एकः विशेष आयामः।

तृतीयाङ्कपर्यन्तं शाकुन्तले यद् यद् घटितं तद् ध्वन्यात्मकतया एकाङ्केऽस्मिन् स्वीकृतं दृश्यते।

काश्यपमुनेः आश्रमाञ्चले एकः सिंहशावकः प्रविश्य भयमुद्पादयति। तद्विषये सूचितः दुष्यन्त्यः यदा तल्लक्षीकृत्य वाणं क्षिपति तदा मध्ये दीर्घापाङ्गनामकः मृगशिशुः आगत्य वाणाघातं प्राप्य नष्टतां गच्छति। वहुदिनात् परं सोमतीर्थात् समागत्य तद्दिनेव महर्षिः काश्यपः आश्रमे विश्रमति। प्रियमृगशिशोः दीर्घापाङ्गस्य मरणसंवादं प्राप्य सः क्रोधावेगेन तस्य हन्तारमभिशपति। शाकुन्तले दूर्वाससोऽभिशापसदृशं काश्यपस्यापि शापवचनं भयङ्करम् –

क्षणमपि न वशे स्यात्तस्य बुद्धिः प्ररूढा
नयविनयविहीनोऽसो प्रमत्तोऽस्तु तूर्णम्।
न खलु भवतु लोके तस्य कीर्तिप्रशंसा
भवतु भुवनभर्त्ता क्षमाधिपो लुब्धको वा।।7।।[227]

किन्तु परवर्तीक्षणे गौतमी सूचयति यद् सिंहशिशोः हन्ता दुष्यन्तः इत्यभ्यन्तरे शकुन्तलया सह गान्धर्वविवाहेनाबद्धः। तच्छ्रूत्वा अनुतप्तः काश्यपमुनिः स्वतपोवलेन अभिशापस्य समाधानं विधास्यतीत्युक्त्वा शकुन्तलायाः पतिगृहगमनव्यापारमग्रे नेतुं गौतमीमादिशति। अस्मिन्नेकाङ्क केवलं शाकुन्तलस्य चतुर्थाङ्के सन्निविष्टाः। अभिशापकथा परिवर्तिता अस्ति। अन्ये सर्वेऽपि विषयाः यथावत् दर्शकाणां कल्पनाराज्ये गृहीता भवन्ति। राजेन्द्रमिश्रस्य एतादृशं नाट्यकौशलं क्वचिदन्यत्र आधुनिकनाटकेषु प्राप्यते। अभिशापस्य रूपान्तरिकरणे

राजेन्द्रमिश्रः कालिदासस्य शाकुन्तलसम्पर्कितान् अन्यान् विषयान् न व्याघातयति। अथ च वहुत्र कालिदासस्य कल्पना वर्णनाश्च तेन सूक्ष्मतया स्वीकृता।

यः दीर्घापाङ्ग–नामकः मृगपोतकः काश्यपाभिशापे दुष्यन्तेन मारितः सः वस्तुतः शाकुन्तले चतुर्थाङ्के पञ्चमाङ्के च प्राप्यते। राज्ञः विस्मरणमपसारयितुं शकुन्तला तयोः निभृतालापसाक्षीभूतं दीर्घापाङ्गं स्मारयति "तत्क्षणे स मे पुत्रकृतको दीर्घापाङ्गो नाम मृगपोतक उपस्थितः।[228]

अयमेव दीर्घापाङ्गः शकुन्तलया वहुधा सेवित आसीत्। यतः आजन्म सः मातृविरहित आसीत्। अतः शाकुन्तले चतुर्थाङ्के काश्यपऋषिः अनुसर्तारं मृगशिशुं विनिर्दिश्य शकुन्तलां वदति–

यस्य त्वया व्रणविरोपणमिङ्गुदीनां
तैल्यं न्यषिच्यत मुखे कुशसूचिविद्धे।
श्यामाकमुष्टिपरिवर्धितको जहाति
सोऽयं न पुत्रकृतकः पदवीं मृगस्ते।।13।।[229]

तदा शकुन्तला हरिणशिशुं सम्बोध्य वदति– "वत्स किं सहवासपरित्यागिनीं मामनुसरसि। अचिरप्रसूताया जनन्या विना वर्धित एव। इदानीमपि मया विरहितं त्वां तातश्चिन्तयिष्यति। निवर्तस्व तावत्।।"[230]

अस्य नाटकीयदृश्यस्य प्रभावः काश्यपाभिशापेऽपि दृश्यते। मृतं दीर्घापाङ्गमनुस्मृत्य काश्यपो वदति – "हा मृगपोतक! तादृशस्य लवलीलता–सुकुमारस्य ते मसृणकायस्य एवमभूत् करुणोऽन्तः। हा वत्से! शकुन्तले! कथमिदानीं धैर्यमुपगमिष्यसि? श्यामाकमुष्टिपरिवर्धितको व्रणविरोपणक्षमैरिङ्गुदी–तैलैर्निषिक्तकुशसूचिविद्धमुखः कृतकतनयस्ते दीर्घापाङ्गो दिवङ्गत इदानीम्।"[231]

राजेन्द्रमिश्रः अस्मिन्नेकाङ्के अभिशापवृत्तम् स्वीकरोति। यतः महाभारतीय–दुष्यन्तस्य चरित्रस्खलनं रसभङ्गस्य कारणं भवेत्। परन्तु अभिशापवृत्तान्तं स तथा परिवर्तयति यथा तस्योपरि दोषपतनं न भवेत्। सम्भवतः तस्य मतेन दुष्यन्तस्य दोषसङ्गोपनाय दुर्वासाचरित्रे दोषसन्धानं न युक्तियुक्तम्। तस्य एकाङ्के अभिशापं प्रदाय काश्यपः न दोषी। अन्यत्र अभिशापशक्त्या शकुन्तलां विस्मृत्य दुष्यन्तोऽपि न दोषी। राजेन्द्रमिश्रस्य नाट्यकौशलमत्रावश्यमुल्लेखनीयम्।

'एकं सद् विप्रा बहुधा वदन्ति' अस्यामेकाङ्किकायां महाभारतीयमितिवृत्त-माश्रित्य किमपि नूतनं नाट्यकौशलं प्रदर्शितं नाट्यकारेण। पाञ्चालदेशस्य राजा द्रुपदः स्वकन्याया द्रौपद्याः स्वयम्वरमायोजयति। तत्र केवलं धनुर्धारी अर्जुनः स्ववाणकौशलमाध्यमेन घूर्णायमानां मत्स्याक्षिं भेदयित्वा द्रौपदीमाहरति। तया सह यदा पञ्चपाण्डवा गृहं गच्छन्ति 'भिक्षा संगृहीता' इति युधिष्ठिरवचनं श्रुत्वा माता कुन्ती विभज्य भूङ्क्षध्वमिति वदति। परन्तु एकाकिनी दौपदी कथं पञ्चपाण्डवानां पत्नी भवेदिति समस्यायां पतिताः पाण्डवभ्रातर माता कुन्ती च। तदा कृष्णद्वैपायनव्यासदेव आविर्भूय सूचयति यद् वस्तुतः पञ्चपाण्डवाः एकस्य इन्द्रस्य पञ्च रूपाणि। इयञ्च द्रौपदी इन्द्रपत्नी शची एव। गौतमऋषेः अभिशापप्रभावेन इन्द्रः पञ्चपाण्डवरूपेण जन्मितः। तमनुसृत्य शच्यपि द्रुपदस्य यज्ञकुण्डात् द्रौपदीरूपेणाविर्भूता। अतः अत्र एतेषां विवाहे न कापि समस्या अस्ति। कथामिमां प्रत्यक्षतः प्रदर्शयितुं व्यासदेवः सर्वेभ्यः ध्याने दिव्यदृष्टिं ददाति। ध्यानस्थाः सर्वे इन्द्रदेवस्य प्राग्जीवनं गौतमस्य अभिशापवचनञ्च पश्यन्ति। तेन द्रौपद्याः पञ्चपतिवरणप्रकरणं सर्वस्वीकृतं भवति। एकः इन्द्रः एव बहुधा (पञ्चधा) विभक्तोऽभवत्। अतः एकाङ्किकायाः शीर्षकं 'एकं सद् विप्रा बहुधा वदन्ति' इति चयितं कविना।

राजेन्द्रमिश्रः मनुष्यस्यावचेतनं गत्वा वहुसत्त्वानामुद्घाटने विश्वसिति। तस्य वहुनि चरित्राणि निद्रायां ध्याने च सत्त्वानुभूतिं प्राप्नुवन्ति। कौशलमिदं तस्य नाट्यकलायाः विशेषपरिचायकं भवति

(ज) प्रमद्वरा

राजेन्द्रमिश्रः कविभावेन वाग्विलासी। अतः तस्य रूपकेषु वाचिकानां कोमलाभिव्यक्तिः सर्वथा पाठकान् मोहयति। **प्रमद्वरानाटिकायां** बहुत्र तस्य चरित्राणां वाचिकेषु वाग्विदग्धता सन्दृश्यते यदा अस्याः नाटिकायाः प्रस्तावनायां सूत्रधारः किमपि वक्तुकामो दृश्यते तदा नटी तं मयूर इत्युपमीयते। नटी वदति- "अये केकोत्कण्ठश्चन्द्रकीव किमुत्प्रेक्षते मे वल्लभः?"[232]

नटी सूत्रधारस्य मनीषां कथं ज्ञातुं पारयतीति यदा तेन पृच्छते तदा नटी सुन्दराभ्यामुदाहरणाभ्यां द्वाभ्यामुत्तरयति "आर्य! कथं नु खलु परभृतिका

मदनसहचराऽऽगमनं निरूपयति? कथं वा लोध्रप्रसवपाण्डुरा बलाका जलदागमं विचिनुते?

राजेन्द्रमिश्रोऽपि तस्य वाक्कौशलस्य सूक्ष्मार्थं सामाजिकाः अवगच्छन्तु इति अभिलषति। अतः सूत्रधार : नाट्यरसिकान् सामाजिकान् गीर्वाणवाणीम-करन्दमार्मिका इति सहृदयमार्मिका इति च प्रस्तावनायामुद्घोषयति। दर्शकाणां प्रशंसां विधाय प्रथमाङ्के नटी सम्बोध्य सूत्रधारो वदति–

''प्रिये! महाकुम्भ पर्वण्यस्मिन् नानादिग्देशात् समागतैर्विद्वद्भिः गीर्वाण-वाणीमकरन्दमार्मिकैः सहृदयमधुव्रतैस्समादिष्टस्सन् अभिराजराजेन्द्रविरचितां प्रमद्वरानाटिकां प्रयोक्तुमुद्यतोऽस्मि। तत्त्वमपि संगीतकानुष्ठाने मत्साहाय्यं कुरु।''[233]

सः तामपि नटीं समधुरं गानमेकमुपस्थापयितुमनुरुध्नाति– प्रिये! प्रवृत्त एव कुतुकहेतुकेऽस्मिन्सङ्गीतके किमिति त्वया जोषमास्यते? ननु मङ्गलमहोत्सवजनित-कोलाहलं विडम्बयन्ती गृहसारिकेव त्वमपि किञ्चित्परिस्फुटं सुमधुरञ्च गाय![234]

प्रस्तावनायाः परं राजानं रुरुं विरहपीडितं दृष्ट्वा विदूषकः डुण्डुभकः कामदेवमुपालभ्य सक्रोधं प्रकटयति ''हन्त भोः पुनरपि वयस्यस्तेनैव कन्दर्पतापेन सन्तप्तः। एष दास्याः पुत्रः कन्दर्पोऽपि नाम तिरस्करिणीकलां विजानाति। अदृष्टिगोचर एव कामिजनहृदयं लक्ष्यीकरोति। अन्यथा त्वनेनैव कुटिलदण्डकाष्ठेन परिणतकुष्माण्डमिव शिरस्तस्य सञ्चूर्णयेयम्। भवतु प्रवोधयाम्येनम्।''[235]

वस्तुतः रूपकेषु वाक्संरचनाकौशलमेव दर्शकान् नाट्यविषये एकाग्रमतीन् करोति। वाक्कौशलस्य प्रभावेनैव वहुसमस्यानां समाधानं भवति। स्वयं डुण्डुभकोऽपि राज्ञः प्रेमरोगस्य प्रतीकाराय स्वस्य वाक्कौशलं व्यापारयति। डुण्डुभको वदति– ''भवतु वाक्कौशलमात्रेणैव वयस्यस्य रोगप्रतीकारं करोमि। न्यक्कृतडुण्डुभकोऽस्य मोहसर्पोऽपि विनङ्क्ष्यति मद्वचनयष्टिरपि नो त्रुटिष्यति।''[236]

एतत्तु सत्यं यद् राजेन्द्रमिश्रस्य नाट्यवाचिकानि वहुधा प्रभावमयानि सन्ति। प्रमद्वरानाटिकायां प्रथमाङ्के यदा परिचारिका यूथिका परिहासेन वदति यद् ''डुण्डुभक एव मे भर्ता भवेत्'', तदा डुण्डुभक आविर्भूय दण्डकाष्ठञ्चोद्यम्य वदति– ''आः दास्याः पुत्रि! अनेनैव दण्डकाष्ठेन ते सीमन्तरागं विधास्ये। ऊर्ध्वरेतसं भार्गवमहाब्राह्मणम्मामुपहसन्ती त्वं गृहाणेदानीं परिणयला-जाक्षतान्!''[237]

नाट्यवाचिकस्य यः प्रभावः सः नाट्यकारेण वहुप्रसंगेषु प्रशंसितः। यूथिकाया

उपरि क्रुद्धं डुण्डुभकं शान्तयितुं सखी नवमालिका तस्याः (यूथिकायाः) वक्रवचनक्षमतां प्रकारान्तरेण प्रशंस्य वदति– "आर्य! अलमतिमात्रं प्रकुप्य। एषा स्फुरदधरकपाटा निसर्गादेव चटुलवचना यूथिका कन्नु खलु न खलीकरोति? देवी सुवर्णाऽपि कदाचिदनयाऽभिभूयते।"[238]

राजेन्द्रमिश्रस्य रूपकेषु वाचिकेषु लालित्यं वक्रोक्तिमयत्वं प्रवाहमयत्वञ्च यत्र कुत्रापि दृश्यन्ते। प्रमद्वरानाटिकायां राजा रुरुः मुनिकन्यायाः प्रमद्वरायाः समक्षं स्वप्रेमभावं प्रकटयितुं न समर्थो भवति। प्रथमाङ्के तस्मिन्नेव प्रसङ्गे रुरुडुण्डुभकयोः यः आलापः सः राजेन्द्रमिश्रस्य तादृशान् वाचिकगुणान् प्रतिपादयति–

डुण्डुभकः: यदा स्वयमेव तत्रभवत्यै भवत्प्रणयं निवेदयितुं न शक्तस्तदा तत्प्रियसहचरीं मदालसामाहूय कथञ्चित् नूतनसंविधानकं कल्पितवानस्मि।

रुरु : (पुलकनुभूय)

डुण्डुभक! सम्पन्नवाचं न लक्षये त्वाम्। तद् ब्रूह्यग्रतः?

डुण्डुभकः: मदालसया किल साभिजात्यं निवेदितं यदस्मत्सखी प्रमद्वरापि रुरुप्रणयपाथोधिनिमग्ना सन्तरणकलानभिज्ञा मया यत्नतः रक्षणीयेति कृत्वा डुण्डुभकं त्वां सर्वात्मनाऽनुसरामि![239]

वाचिकरचनामाध्यमेन राजेन्द्रमिश्रः कदाचित हास्यस्य कल्लोलं प्रवाहयते। तद्यथा–

डुण्डुभकः: भो वयस्य! यदि मृतेभ्यस्तिलोदकं दीयते तर्हि जीवितेभ्यो नाम किं दीयते

रुरुः: (सोपेक्षम्)

ननु गुडोदकम्।

डुण्डुभकः: (साभिनयम्)

तर्हि उपनय मे मोदकोदकम्। श्रोतव्यमेव भवते विनिवेदयामि।

रुरुः: (सरणरणकं कण्ठप्रदेशादुन्मुच्य मुक्ताहारं प्रयच्छति)

वयस्य! नन्वेतदेवेदानीं मोदकोदकं भवतु। निवेदय तावत्कर्णरसायनम्।[240]

वाचिकरचनासु यदि नैयायिकानां कला: व्यवह्रियन्ते, नाट्ये वागाडम्बर: कदाचित् वागुरापाश इव भवति यस्मात् दर्शका: स्वाधीना: भवितुं न शक्नुवन्ति, पुन: वाचिकं दर्शकाणां कृते इन्द्रजालसदृशं भवतीति राजेन्द्रमिश्रस्य मतम्। सर्वथा वाचिकाभिनयस्य प्रभाव: सात्त्विकाभिनयेन वर्धते इत्यपि नाट्यकारस्य मतम्। प्रमद्वरायां प्रथमाङ्के डुण्डुभक: देव्या: सुवर्णया: परिचारकेन बलपूर्वकं स्थूलकेशाश्रमात् वैदूर्यपर्वतस्थं कात्यायानमन्दिरं नीत: यत्र राज्ञी सुवर्णा तं प्रतिपालयति स्म। तत्रैव डुण्डुभक: येन भावेन देव्या: सुवर्णाया: रोषस्य सम्मुखीनोऽभवत् तद्विषये राजानां रुरुमवदत्। कथोपकथनेऽस्मिन् वाचिकानां ते गुणा: विशदीकृता नाट्यकारेण।[241]

वाचिककलाप्रयोगमाध्यमेन हास्यरसस्य यत् परिपोषणं नाट्यकारेण विधीयते तस्य अन्तमेकं हृदयावर्जकमुदाहरणं प्रमद्वरानाटिकाया: द्वितीयाङ्के प्राप्यते। तत्र विरहपीडितस्य राज्ञ: रुरो: रोगोपचाराय विदूषको डुण्डुभक: ककारोपचारं करोति। अयं ककारोपचार: धन्वन्तरिरपि न जानातीति तस्यास्फालनम्। अस्मिनुपचारे का क इति प्रश्ना: पृष्टा भवन्ति। अन्ततो गत्वा उपचारकस्य आशयो परिस्फुटितो भवति।[242]

वाचिकानां कोमलता भावसूक्ष्मता सौन्दर्य्यातिरेकता च राजेन्द्रमिश्रं दर्शकानां निकटतरं करोति। शीर्षवेदनाव्याजेन राजा रुरू: स्थूलकेशाश्रमोपवने कालं यापयति। राज्ञी सुवर्णा एकाकिनी वैदुर्य्यपर्वतशिखरे कात्यायन्या: निराजनां विधाय परिचारिकाभ्यां नवमालिका यूथिकाभ्यां सह सैन्धवारण्यस्य तदुपवनमागच्छति। तत्र राज्ञा सह विदूषक: डुण्डुभकोऽपि मधुकद्रुममण्डपे उपविष्टोऽस्ति। डुण्डुभक: यूथिकामेव परिग्रहिष्यतीति परिहास: नाटिकायां विभिन्नेषु स्थानेषु निवद्धोऽस्ति। तस्मिन् प्रसङ्गे महिष्या सुवर्णया सह परिचारिकयो: वार्तालाप: नाट्यकारस्य वाचिकसूक्ष्मतां प्रतिपादयति तद् वयमधस्ताद् उपस्थापयाम:-

सुवर्णा : (सवितर्कम्)

नवमालिके! वार्तामग्ना एव दूरमागता वयम्। इदानीं सैन्धवारण्यस्य सघनवनानीमपि प्रविष्टास्तथाप्यार्यपुत्रस्य स्थितिनं परिलक्ष्यते।

नवमालिका : (अकस्मादेव वार्तालापध्वनिं निशम्य)

देवि! त्वत्प्रश्नसमकालमेव समाधानमुपलब्धम्। मन्ये भर्ता एव क्वचिदत्र डुण्डुभकेन सहालपति। तदेतु भट्टिनी। उपसर्पामस्तावत्।

(परिक्रम्य अवलोक्य च)

स्वामिनि! इदानीं निभालयतु भवती स्वमनोरथकपोत-विटङ्कनीडम्। एष भर्ता मधुकद्रुमतलशिलातले निषण्णो वर्तते। (नेपथ्ये)

तद्वरेण डुण्डुभकेन सार्धम्

(सर्वा अस्फुटं विहसन्ति)

यूथिका: (कृत्रिमरोषं नाट्यन्ती)

इमामसम्बद्धभाषिणीं भवनवायसीं स्वामिनी न नियमयति? ममैकमपि प्रहारं सौढुं न क्षमसे नवमालिके।

सुवर्णा : (सचाटुवचनम्)

अलमलं परिकुप्य कोपने! परिहासे विजल्पित नवमालिकया।[243]

सैन्धवारण्ये प्रमद्वराया: चित्राङ्कनकर्मणि निमग्न: डुण्डुभक:। चित्रदर्शननिविष्टोऽस्ति राजा रुरु:। तदा देव्या: कात्यायन्या: आराधनां सम्पाद्य राजमहिषी आगत्य स्वस्वामिनं रुरुं वदति –

सुवर्णा : आर्यपुत्र! यस्या मम दुर्विनीतायाश्चित्रेणात्मानं विनोदयति भवान् साऽहं भवच्चरणेन्दीवरभ्रमरी स्वयमुगताऽस्मि।''[244]

अत्र राजमहिष्या: सुवर्णाया: चरित्रानुरूपमालङ्कारिकं वाचिकं निर्मितं नाट्यकारेण। राजेन्द्रमिश्रस्य वाचिकानि एवम्भावेन वहुत्र सम्भ्रान्तपदवद्धानि प्राप्यन्ते। यदा राजमहिषी सुवर्णा जानाति यद् विदूषकस्य चित्रं वस्तुत: न तस्या: परन्तु ऋषिकन्याया: सुवर्णाया: तदा सा रुष्टा भवति। विदूषकस्य कमपि उत्तरं न श्रुत्वा तं वदति– ''पिधेहि त्वं वदनसुरंगाम्।''[245]

तस्या: कोपवचनमपि चरित्रानुरूपम्। सा विदूषकं वदति– ''अलं शाठयेन।

ऋषितनयां कामप्यभिनवयौवनां विनिर्माय मां छलयसि! यन्निमित्तं व्रतोपवासकष्टं सहन्ती वैदूर्यशिखरोपगताऽहं कात्यायनीं समर्चयामि स एव शीर्षवेदनां प्रख्याप्य नूतनप्रणयाभिसारं सम्पादयति? त्वं पुनः सुहृत्साहाय्यं विदधासि''?[246]

तथैव तृतीयाङ्के रुरुः अवश्यं प्रमद्वरां द्रष्टुमागमिष्यतीति आश्वास्य तस्याः सखी मदालसा वदति- ''प्राणैश्शपे पुनरहम्। सत्यमेवागमिष्यति ते मनोरथमृगाङ्कः।''[247]

उभयोर्वार्तालापः चरित्रपरिवेषानुरूपम् नाट्यकारेण यथा संयोजितः तत् तस्य वाचिकसंरचनकलां प्रतिपादयति। तस्य वार्तालापस्य एकांशं वयमत्र समुपस्थापयामः-

मदालसा : सखि! वसन्तोऽपि नाम सर्वकालसहचरीं कोकिलामवसर एव मदयति। प्रत्यवायबहुलोऽनुरागपन्थाः। तत्त्वयापि मन्नियोगेऽधुना भवितव्यम्।

प्रमद्वरा (सदैन्यम्)

मदालसे! किमेतावदपि शङ्कनीयम्? बाल्यात्प्रभृति मातृसुखवियुक्ताऽहं तवैव नियोगे वर्ते। तत्कथय किं करणीयं वर्तते?

मदालसा (पार्श्वमुपेत्य कर्णे)

एवमिव

प्रमद्वरा (सलज्जाभिनयम्)

सखि! स्वमनोरथवाञ्छातरुं प्रमतिनन्दनं सन्द्रष्टुकामाऽपि निकृतिकातरं पुनर्वेपते मे हृदयम्।

मदालसा सखि! अलं लज्जया। मनोमन्दिरेऽभीष्टदेवत्वेन यः संस्थापितस्तद्दर्शने काऽवधीरणा? ईदृशे खलु गान्धर्वप्रणय-प्रसङ्गे भगवान् अनङ्ग एव मध्यस्थः।[248]

रुरोः प्रसङ्गे व्रीडाविमूढां प्रमद्वरां दृष्ट्वा सखी मधुकरिका वदति-

अयि व्यलीकशंसिनि! किमेवं सौभाग्यसन्दर्भमुपेक्षसे? वामनीभूयक्रमेलकापणं कर्तुं न शक्यते। नक्तन्दिवं रुरुमेव

रटसि, प्रत्यक्षं पुनस्त्रपसे? कीदृशीयं क्रीडा?[249]

रुरोः आगमनेन प्रमद्वरा लवलीलतामण्डपस्य पश्चात् आत्मानं गोपयित्वा तिष्ठति। तदा रुरुमदालसयोः कथोपकथनं एवम्भावेन भवति।

"रुरुः (सोत्कण्ठम्)

मदालसे! क्व वर्तते मत्तृषापुष्करिणी ते सखी?

मदालसा (लतामण्डपं विनिर्दिशन्ती)

वयस्य! प्रथमनिपानसन्तरणोत्सुका तरङ्गभीता मल्लिकाक्षदुहितेव पुलिने तिष्ठति। लवलीलतामण्डपमुपसृत्य स्वयमेव पश्यत्वेनां वयस्यः।"[250]

एवम्भावेन राजेन्द्रमिश्रस्य नाट्यवाचिकानि सर्वथा मौलिकानि मनोहरानि प्रसङ्गानुरूपाणि कलात्मकानि च भवन्ति। तस्य वाचिकं संस्कृतसाहित्यस्य मूर्धन्यनाट्यकाराणां वाचिकमिव विदग्धदर्शकान् पाठकान् च स्वतः प्रमोदयति।

राजेन्द्रमिश्रस्य काव्यचेतनायां नाट्यचेतनायां वा पूर्वकवीनां प्रभावः अत्यन्तं गभीरः। अभिनवकालिदासरूपेण सः प्रमुखतः कालिदासस्य शब्दसंयोजनां चिन्तनप्रकारं काव्यकलाञ्च स्वरूपकेषु सहर्षं स्वीकरोति। प्रमद्वरानाटिकायां प्रस्तावनाप्रसङ्गे सूत्रधारो वदति- "जननान्तरसौहृदञ्च भावस्थिरमिति यदुक्तं पूर्वसूरिभिः किन्न तद्विश्वसनीयम्?"[251]

अयमुद्गारः शाकुन्तले पञ्चमाङ्के हंसपदिकायाः गानं श्रुत्वा दुष्यन्तः स्वस्य हृदयं पर्युत्सुकमनुभूय चिन्तयति –

रम्याणि वीक्ष्य मधुरांश्य निशम्य शब्दा-
न्पर्युत्सुकीभवति यत्सुखितोऽपि जन्तुः।
तच्चेतसा स्मरति नूनमबोधपूर्वं
भावस्थिराणि जननान्तरसौहृदानि।।2।।[252]

नट्याः गानसमये नेपथ्येऽपि कस्यापि गानं श्रूयते। तदा नटी विदूषकं पृच्छति- "आर्य! किन्नरसन्निभस्य कस्य रक्तकण्ठस्य स्वरकाकलीयमन्तरैव मद्गीतेस्सपत्नीभूता?"[253]

कुमारसम्भवस्य पञ्चमसर्गे किन्नरराजकन्यकानां गानस्य या वर्णना संयोजिताऽस्ति तस्य प्रतिफलनमनुभूयते अत्र-

उपात्तवर्णे चरिते पिनाकिनः सवाष्पकण्ठस्खलितैः पदैरियम्
अनेकशः किन्नरराजकन्यका वनान्तसंगीत सखीररोदयत्।।56।।[254]

प्रमद्वरायाः प्रथमाङ्के नवमालिका सैन्धवारण्ये विदूषकं परिहास्य पुनः वदति- "आर्य डुण्डुभकः। क्षन्तव्ये स्वः। निर्मक्षिकमेवोपनं विज्ञाय परिहासविजल्पन-मावाभ्यां कृतम्।[255]

शाकुन्तलेऽपि द्वितीयाङ्के यदा राजा विदूषकं च त्यक्त्वा सर्वे शिविरात् वहिर्गच्छन्ति तदा विदूषको दुष्यन्तं वदति- "कृतं भवता निर्मक्षिकम्।"[256]

शाकुन्तले द्वितीयाङ्के दुष्यन्तः शकुन्तलां प्रति स्वप्रेम अभिधाय पुनः विदूषकं सर्व मिथ्या इति अन्तिमश्लोके वदति -

क्व वयं क्व परोक्षमन्मथो मृगशावैः सममेधिता जनः
परिहासविजल्पितं सखे परमार्थेन न गृह्यतां वचः।।18।।[257]

प्रमद्वरानाटिकायां यूथिका नवमालिका च पुष्पावचयने व्यापृते भूत्वा देव्याः सुवर्णायाः सन्देशं विदूषकाय न निवेदितवत्यौ।

शाकुन्तले अनसूया प्रियंवदा च चतुर्थाङ्के पुष्पावचयनं कुरुतः। तस्यैव सूक्ष्मप्रतिफलनानि अत्र प्राप्यते।

शाकुन्तले प्रथमाङ्के आश्रमप्रवेशसमये दुष्यन्तस्य दक्षिणवाहुः स्फुरति। अतः सः चिन्तयति -

शान्तमिदमाश्रमपदं स्फुरति च वाहुः कुतः फलमिहास्य।
अथवा भवितव्यानां द्वाराणि भवन्ति सर्वत्र।।16।।[258]

तदनुसारं प्रमद्वरायां प्रथमाङ्के स्थूलकेशस्याश्रमाभोगे रुरुडुण्डुभकयोर्वार्तालापो प्राप्यते- "रुरुः (सानन्दम्)

सम्यगाह प्रियवयस्य! डुण्डुभक! अपि नाम प्रमद्वराप्यत्रैव सन्निहिता भवेत्? डुण्डुभकः (सगर्वम्)

वयस्य! क्व न भवति भवितव्यस्य द्वारम्?

रुरु: (कतिचिद् पदानि गत्वा दक्षिणाङ्गस्फुरणञ्चानुभूय)
वयस्य! संस्फुरति खलु मे दक्षिणं वाहुमूलम्।''[259]

आश्रमं प्रविश्य शाकुन्तले प्रथमाङ्के राजा दुष्यन्त: वृक्षवाटिकाभ्यन्तरे आश्रमकन्यकानां कण्ठस्वरं श्रुत्वा चिन्तयति ''अये दक्षिणेन वृक्षवाटिकामालाप इव श्रूयते। यावदग्रे गच्छामि।''[260]

तथैव प्रमद्वरायां डुण्डुभक: वदति- ''एतस्मिन् लोललवलीलताऽवेष्टित रक्ताशोकबहुले सघनवाटिकामण्डपे सुभ्रुवामालाप इव श्रूयते।[261]

शाकुन्तले तृतीयाङ्के शकुन्तला सख्यो: समक्षं स्वस्या: मनोऽवस्थां प्रकाश्य कथयति ''सखि, यत: प्रभृति मम दर्शनपथमागत: स तपोवनरक्षिता राजर्षि: - (इत्यर्धोक्तेन लज्जां नाटयति) तत: आरभ्य तद्गतेनाभिलाषेणैतदवस्थास्मि संवृत्ता।''[262]

स्थूलकेशाश्रमे प्रमद्वाराऽपि सखीनामग्रत: तथैव स्वमनोभावमभिव्यक्तीति श्रुत्वा डुण्डुभक: नायकं रुरुं वदति - ''वयस्य! एषा कापि वाष्पस्तम्भित-कण्ठवचनेव स्फुटं कथयति यत: प्रभृत्यसौ झषकेतनानुरूपविग्रहो जनो मया परिलक्षितस्तत: प्रभृत्येव जीवितम्मे पराधीनं सञ्जातमिति।''[263]

शाकुन्तले तृतीयाङ्के शकुन्तला सख्यो: समक्षं वदति- ''तद्यदि वामनुमतं तदा तथा वर्तेथां यथा तस्य राजर्षेरनुकम्पनीया भवामि। अन्यथावश्यं सिञ्चतं मे तिलोदकम्।''[264]

तथैव स्थूलकेशाश्रमस्य लतामण्डपे प्रमद्वरा स्वसखीं मधुकरिकां वदतीति कथां डुण्डुभक: रुरवे परिवेषयति- ''वयस्य! एषा भणति हञ्जे मधुकरिके! यदि त्वयाऽहं जीवन्ती काम्येय तर्हि यथाकथञ्चिदुपनय तं जनमथवा विरचय मे तिलोकदमिति।''[265]

शाकुन्तले गौतम्या सह तृतीयाङ्कस्यान्तिमपर्याये यदा शकुन्तला उटजं गच्छति तदा दुष्यन्तस्य कृते लतावलयं सम्बोध्य पुनर्दर्शनाय निमन्त्रयति- ''लतावलय संतापहारक, आमंत्रये त्वां भूयोऽपि परिभोगाय।''[266]

तथैव डुण्डुभक: द्रुममण्डपे लुक्कायितं रुरुं कथयित्वा देव्या: सुवर्णाया: परिचारकेन सह देव्या: समीपमनिच्छन्नपि गच्छति। यथा गौतमीप्रवेशे लतावितानेषु

दुष्यन्तः लुक्कायित आसीत् तथैवास्यां नाटिकायां प्रथमाङ्कस्यान्तिमे भागे पुरोचनं दृष्ट्वा राजा रुरु लतामण्डपेषु अन्तर्हितो भवति। गमनसमये शकुन्तला यथा व्यञ्जनागर्भितं वाचमुक्तवती अत्र डुण्डुभकोऽपि तथैव वदति वयस्य द्रुमायतन! त्वमपि शान्तो भव! निम्लोचति भगवति मरीचिमालिनी पुनरपि त्वद्विटपप्राङ्गणे शकुन्तानां संगमो भविता।''[267]

शाकुन्तले तृतीयाङ्के शकुन्तलायाः प्रत्यगमनात् परं तस्याः परित्यक्तं स्थानं निरीक्ष्य दुष्यन्तः सहसा तत्स्थानं त्यक्तुं नोत्सहते, तदा स वदति– ''क्व नु खलु संप्रति गच्छामि। अथवा इहैव प्रियापरिभुक्तमुक्ते लतावलये मुहुर्तं स्थास्यामि। (सर्वतोऽवलोक्य)।

तस्याः पुष्पमयी शरीरलुलिता शय्या शिलायामियं
क्लान्तो मन्मथलेख एष नलिनीपत्रे नखेरर्पितः।
हस्ताभ्रष्टमिदं बिसाभरणमित्यासज्यमानेक्षणो
निर्गन्तुं सहसा न वेतसगृहाच्छाक्नोमि शून्यादपि।। 36।।[268]

अभिज्ञानशाकुन्तले तृतीयाङ्कस्य प्रारम्भे दुष्यन्तः शकुन्तलाजनितं विरहमनुभवति। तस्य विरहव्यथायाः कारणं स्वयं मन्मथ इति अनुभूय सः वदति ''भगवन्मन्मथ। कुतस्ते कुसुमायुधस्य शारतैक्ष्णमेतत् (स्मृत्वा) आं ज्ञातम्।

अद्यापि नूनं हरकोपवह्नि
स्त्वयि ज्वलत्यौर्व इवाम्बुराशौ।
त्वमन्यथा मन्मथ मद्विधानां
भस्मावशेषः कथमेवमुष्णः।।4।।[269]

यद्यपि अयं श्लोकः शाकुन्तलनाटकस्य सर्वेषु पाठेषु न प्राप्यते तथापि C.R. Devadhar महाशयः स्वस्य पाठे एतं स्वीकरोति। Vaman Shivram Apte महोदयस्य Sanskrit English Dictionary मध्ये औौर्व इति शब्दस्य व्याख्याप्रसङ्गे अस्य श्लोकस्य निदर्शनस्थानं प्राप्यते।[270]

अत्र औौर्व शब्दस्यार्थः औौर्वऋषेः क्रोधाग्नि यत् वाडवाग्निरूपेण समुद्राभ्यन्तरे तिष्ठति। श्लोकमेतं मनसि कृत्य प्रमद्वरायां द्वितीयाङ्के नायकस्य रुरोः मुखेन कविः राजेन्द्रमिश्रः विरहवेदनायाः भाषां प्रकटयति– ''अयि भो भगवन्

कुसुमायुध! भक्तजनेष्वपि निष्ठुरमत्याचरसि? सर्वथाऽऽभिजात्यविरहितोऽस्ति भवान्। देवाधिदेवेन कपालमालिना नेत्रार्चिषा सन्दग्धस्सन् निरपराधान् शातयसीति कियच्चित्रमिदम्![271]

तस्मिन् प्रसङ्गे रुरुः स्वस्य विरहव्यथामनुभूय तस्य कारणं जन्मान्तरवासना अथवा भोगलिप्सा तद् ज्ञातुं न शक्नोति। अववोधने इयं या अनिश्चयता सा अत्र स्पष्टं दृष्टा–

सम्प्राप्तैरपि दिव्ययौवनसुखैः संसारशुग्वारणै–
र्नो तुष्टियदनङ्गभावितधियां प्रेमास्पदप्राणिनाम्।
तज्जन्मान्तरवासनावितरणं सम्भोगलोभोऽथवा।
निश्चेतुं न वियोगकातरतनुः शक्नोमि दोलायितः।।3।।[272]

शाकुन्तलस्य षष्ठाङ्के राज्ञः अववोधने अनिश्चयता[273], अपि च पञ्चमाङ्के हृदयवासनानां जन्मान्तरगमनशीलता[274] राजेन्द्रमिश्रस्य श्लोकेऽस्मिन् प्रतिफलिता दृश्यते।

शाकुन्तले द्वितीयाङ्के विदूषकः मृगयाप्रस्तावकं सेनापतिं प्रति रोषमयवाक्येन वदति यत् सः कस्यापि नरनासिकालोलुपस्य वृद्धभल्लुकस्य मुखे पतिष्यति– ''अपेहि रे उत्साहहेतुक। अत्रभवान्प्राकृतिमापन्नः। त्वं तावदटवीतोऽटवीमा-हिण्डमानो नरनासिकालोलुपस्य जीर्णऋक्षस्य कस्यापि मुखे पतिष्यसि।''[275]

प्रमद्वरानाटकेऽपि विदूषकडुण्डुभकस्यविषये नायकः रुरुः तथैव वदति– ''अये! पदविक्षेप इव श्रूयते। अपि नाम डुण्डुभको भवेत्। मांसभक्षणलोलुपेन कापालिकेनेव नृशंसमाचरता पुरोचनेन निर्बलछाग इव प्रसह्य नीयमानो वराको डुण्डुभको न जाने कथं जीवति?''[276]

शाकुन्तले लतामण्डपानां मालिनीनदीतीरस्थलताकुञ्जानां वर्णना प्राप्यते। तत्र प्रथमाङ्काद् परं तृतीयाङ्केऽपि शकुन्तलायाः उपभुक्तं वेतसलताकुञ्जं एकाकी दुष्यन्तः दृष्ट्वा विषण्णमना भवति।[277]

तथैव प्रमद्वरायां द्वितीयाङ्केऽपि प्राप्यते–

डुण्डुभकः (स्थानं निर्दिशन्)

भो वयस्य! चिरसंस्तुत एव कान्तारस्थले सम्प्रविष्टौ स्वः। पश्यतु भवान्।

पूर्वदिवसोपभुक्तलतामण्डपोऽसौ भवदालोक एव तिष्ठति। एहि प्रविशावः।

रुरुः-डुण्डुभक! अवितथमुच्यते त्वया। वयस्य! निर्गन्धप्रसूनमिव निष्प्राणशरीरमिव निर्जलसरित्पुलिनमिव स्थानमिदं कियदरुचिकरं प्रतीयते? हन्त भोः-

विकचकमलामोदाच्छन्नं तरङ्गितजीवनं
बकुलसरलाशोकप्लक्षाम्रनीपविमण्डितम्।
अमृतसलिलं पान्थैर्नित्यं सुखाय समादृतं
प्रभवति सरोऽप्येकं हंसं विहाय न वैभवे।।8।।[278]

श्रीमद्भगवद्गीतायां द्वितीयाध्याये भगवान् श्रीकृष्णः विषण्णम् अर्जुनं वोधयित्वा वदति-

अशोच्यान् अन्वशोचस्त्वं प्रज्ञावादांश्च भाषसे
गतासून् अगतासुंश्च नानुशोचन्ति पण्डिताः।।11।।[279]

तथैव प्रमद्वरायां विषण्णं रुरुं वोधयितुं विदूषकः डुण्डुभकः वदति[280]

डुण्डुभकः: भो वयस्य! चिरसंस्तुत एव कान्तारस्थले सम्प्रविष्टौ स्वः। पश्यतु भवान्। पुर्वदिवसोपभुक्तलतामण्डपोऽसौ भवदालोक एव तिष्ठति। एहि प्रविशावः।

रुरुः: डुण्डुभकः! अवितथमुच्यते त्वया। वयस्य! निर्गन्धप्रसूनमिव निष्प्राणशरीरमिव निर्जलसरित्पुलिनमिव स्थानमिदं कियदरुचिकरं प्रतीयते? हन्त भोः

विकचकमलामोदाच्छन्तं तरङ्गितजीवनं
बकुलसरलाशोकप्लक्षाम्रनीपविमण्डितम्।
अमृतसलिलं पान्थैर्नित्यं सुखाय समादृतं
प्रभवति सरोऽप्येकं हंसं विहाय न वैभवे।।8।।

यथा शाकुन्तले विदूषकः विश्रामानुमतिं प्राप्य दुष्यन्तं चिरञ्जीव इति आशीर्वचनं ददाति[281]। तथैव प्रमद्वरायां विदूषकः डुण्डुभकः नायकं रुरुमपि आशीषं वितरति – साम्प्रतं महाब्राह्मणपदगौरवेणाशिषं वितरामि चिरञ्जीव।''[282]

शाकुन्तले तृतीयाङ्कस्य शेषे आकाशे श्रूयते–

सायंतने सवनकर्मणि संप्रवृत्ते

वेदीं हुताशनवतीं परितः प्रकीर्णाः।

छायाश्चरन्ति बहुधा भयमादधानाः

संध्यापयोदकपिशाः पिशिताशनानाम्।।16।।[283]

तथैव प्रमद्वरायामपि द्वितीयाङ्के विदूषकः चिन्तयति– ''हंहो जलदागम-बलाहकस्येव मन्मित्रस्यापि विचित्रैव गतिः। क्षणैरेव कपोलकान्तिर्वन्धुक-पुष्परागमतिशेते क्षणेनैव च सन्ध्यापयोदकपिशा जायते। भवतु, पृच्छामि तावत्। (प्रकाशम्) भो वयस्य! कोऽयं विचित्रव्याधिः पीडयति भवन्तं यत् पश्यत एव मे क्षामच्छायतामुपगतो भवान्?''[284]

नायकनायिकयोः प्रथमदर्शनं सव्याजं सलज्जञ्च भवति। शाकुन्तले अस्य वर्णना प्राप्यते–

''राजा – (शकुन्तलां विलोक्य, आत्मगतम्)। किं नु खलु यथा वयमस्यामेवमियमप्यस्मान्प्रति स्यात्। अथवा लब्धावकाशा मे प्रार्थना। कुतः

वाचं न मिश्रयति यद्यपि मद्वचोभिः

कर्णं ददात्यभिमुखं मयि भाषमाणे।

कामं न तिष्ठति मदाननसंमुखीयं

भूयिष्ठमन्यविषया न तु दृष्टिरस्याः।। 31।।[285]

तथैव प्रमद्वरायामपि नायकस्य रुरोः लज्जाकातरं नायिकादर्शनम् – ''यज्ञप्रसङ्गे पूर्वं स्थूलकेशाश्रमोपगतेन मया केवलमेकवारं लज्जासंकोचकातरया चौरदृष्ट्या प्रत्यक्षीकृता सा। तदैव जातं कुसुमशरकृपया चातुरक्षिकं प्रेम! किमेतावता।''[286]

शाकुन्तले द्वितीयाङ्कस्यान्तिमे भागे दुष्यन्तः विदूषकस्य समक्षं स्वस्य शकुन्तलाव्यापारं परिहासेन कथितमिति वदति –

क्व वयं क्व परोक्षमन्मथो

मृगशावः सममेधितो जनः।

परिहासविजल्पितं सखे

परमार्थेन न गृह्यतां वचः ।।18।।[287]

तथैव प्रमद्वरायां नवमालिकायै क्रुद्धा यूथिका यदा रोषवचनं वदति तदा राजमहिषी सुवर्णा आश्वासयति– "अलमलं परिकुप्य कोपने! परिहासे विजल्पितं नवमालिकया।"[288]

शाकुन्तले प्रथमाङ्के दुष्यन्तः लतावृक्षाभ्यन्तरे आत्मानं निगृह्य शकुन्तलायाः तस्याः सख्योश्चालापं श्रोतुं चेष्टते।

भासस्य स्वप्नवासवदत्तेऽपि पञ्चमाङ्के लतान्तरिता पद्मावती राजाविदूषकयोः वासवदत्तासम्बन्धीयं कथोपकथनं शृणोति। तथैव प्रमद्वरायां राजमहिषी सुवर्णा रुरुविदूषकयोः प्रमद्वरासमन्धीयमालापं श्रोतुं यतते। राजमहिषी सुवर्णा स्वपरिचारिकां यूथिकां वदति – "तदेहि मत्क्रीडापुत्तलिके! निभृतमुपगम्य मधूकद्रुमसंलग्ननिविडलतामण्डपे निगुह्यात्मानं शृणुमः किमाचरति रहस्यार्यपुत्रः।"[289]

तत्रापि नायिका प्रमद्वरा मधुकरिकामदालसाभिधानाभ्यां सखिभ्यां सह लतान्तरिता भूत्वा रुरुविदूषकयोः आलापं श्रोतुं चेष्टते।[290]

शकुन्तलायां तृतीयाङ्के शकुन्तलादुष्यन्तयोः कथोपकथनं यथासीत् तथैव प्रमद्वरायां प्राप्यते –

प्रमद्वरा (आत्मानं मोचयन्ती)

अभिराम! भवत्प्रणयाग्निनाऽहमपि समधिकतरं दुह्ये। तथापि गुरुजननियन्त्रणे तिष्ठामि। आत्मसौख्येऽपि न मनाक् प्रभवामि।

रुरुः प्रिये! केयमाशङ्का? न तु निखिलसृष्टिप्रपञ्चसूत्रधारं मनसिजं प्रमाणीकृत्य गान्धर्वेण विधिना पूर्वमपि प्रणयिनो दाम्पत्यभावमुपगताः।

प्रमद्वरा–अभिराम! द्विजातिषु प्राजापत्य एव विधिः प्रशस्यते। तद् देवीं सुवर्णां प्रसाद्य विवाहप्रस्तावं केनापि मत्पितुः सकाशं प्रेषयतु भवान्।

इदं कथोपकथनकौशलं राजेन्द्रमिश्रेण शाकुन्तले तृतीयाङ्के स्वीकृतं, यत्र दुष्यन्तः शाकुन्तलां वोधयति–

राजा–भीरु, अलं गुरुजनभयेन दृष्ट्वा ते विदितधर्मा तत्रभवान्नात्र दोषं ग्रहीष्यति कुलपतिः। अपि च।

गान्धर्वेण विवाहेन बह्वयो राजर्षिकन्यकाः।
श्रूयन्ते परिणीतास्ताः पितृभिश्चाभिनन्दिताः।। 22।।

(अ:श 3 / 22, पृ.86)

* * * * * *

तस्मिन्नपि प्रसङ्गे नायकनायिकयोः शाकुन्तलोयो भावविनिमयः – प्रमद्वरा (आत्मानं मोचयन्ती)।

अभिराम! नियन्त्रयात्मानम्। अलं निरुद्धायतिं मन्मनोरथलतां संवर्ध्य! पश्चात्तापायैव मे क्षणिकोऽयं मदद्युद्योगो भविष्यति।[291]

यथा शाकुन्तले प्रथमाङ्के गजप्रवेशस्य वर्णना विजृम्भते[292] तथैव प्रमद्वरायां आश्रमाभ्यन्तरे नागसर्पस्य प्रवेशः परिकल्प्यते भो भोस्तपोवनवासिनः! सावधानं शृण्वन्तु भवन्तः। एषोऽन्तकप्रतिमो महाविषधरो नागस्तक्षकजातीय आश्रमपर्यन्तस्थितात् बल्मीकगह्वरान्निष्क्रम्य निखिलतपोवनं फुत्कारदावाग्निना विदहति तथा हि–

लोलां जिह्वां विषोल्कामिव सपदि बहिस्सारयन्द्विविभक्तां
वक्रैर्भोगैर्वितन्वन्ग्रहिलशिवजटाजूटतुल्यश्च भीतिम्।
फुत्कारज्वालमालाविकलितविजनः क्रुद्धकीनाशलास्यः
साक्षात्स्वेच्छाविहारी विहरति विपिने मुक्तसङ्गो भुजङ्गः।।14।[293]

यथा शाकुन्तले प्रथमाङ्के शकुन्तला कथयति– "सखि अनसूये, अतिपिनद्धेन वल्कलेन प्रियंवदया नियन्त्रितास्मि। शिथिलय तावदेतत्।"[294]

तथैव प्रमद्वरायां नायिका प्रमद्वरा सखी मदालसां वदति– "सखि! कटिसूत्रम्मे शिथिलं जातम्। मुहूर्त तिष्ठ तावत्। द्रढयाम्येतत्।"[295]

(झ) विद्योत्तमा

'विद्योत्तमा' – नाटिकायां कविः भारतीयकाव्यशास्त्रस्य नाटिकालक्षणं परिपूरयति। विश्वनाथमतानुसारं नाटिकालक्षणमेवं भवति –

नाटिका क्लृप्तवृत्ता स्यात् स्त्रीप्राया चतुरङ्किका।
प्रख्यातो धीरललितस्तत्र स्यान्नायको नृपः।।269।।
स्यादन्तःपुरसम्बद्धा सङ्गीतव्यापृताथवा।
नवानुरागा कन्यात्र नायिका नृपवंशजा।।270।।
सम्प्रवर्तेत नेतास्यां देव्यास्त्रासेन शङ्कितः।
देवी भवेत्पुनर्ज्येष्ठा प्रगल्भा नृपवंशजा।।271।।
पदे पदे मानवती तद्वशः सङ्गमो द्वयोः।
वृत्तिः स्यात्कौशिकी स्वल्पविमर्शा सन्धयः पुनः।।272।।[296]

इदं लक्षणं राजेन्द्रमिश्रस्य विद्योत्तमादिनाटिकासु संगच्छते। विद्योत्तमानाटिकायां रचनाकौशले नाट्यकारः शोधस्य कल्पनाया च प्रयोगं कृतवान्।

मध्यप्रदेशस्य षडभूजावनाञ्चले रामगड-पर्वतो विद्यते। पर्वतोऽयं मेघदूतसूचितो रामगिरिरिति मत्वा तत्र 1985 ख्रीष्टाब्दस्य जुनमासे एका संगोष्ठी अनुष्ठिता जाता। तत्प्रसङ्गे राजेन्द्रमिश्रः तत्रोपस्थाय रामगडपर्वतस्य एकस्यां गुहायां संगोष्ठ्या आयोजनोमकरोत्। वस्तुतः अन्या एका गुहाऽपि तस्याः समीपे आसीत्। इयं गुहा नाट्यशालारूपेण व्यवहृता आसीदिति यवनिकारन्ध्रद्वयात् अनुमीयते। गुहाया अभ्यन्तरभागे ख्रीष्टपूर्व-द्वितीयशतकस्य ब्राह्मीलिप्या एका गाथा उत्कीर्णा अस्ति। तत्र लिखितमस्ति यद्-

''सुतनुका नाम देवलासिक्यी
तां कमयिथ बलुनसेये
देवदिणे नाम लुवदखे।''[297]

(सुतनकानाम्नि एका देवनर्तकी आसीत्। तस्यां वाराणसीनिवासी अभिनेता देवदत्तः स्निह्यति स्म)।

अस्याः मुख्यगुहायाः वामपार्श्वे एका क्षुद्रा गुहा अस्ति यत्र भित्तौ ब्राह्मीलिप्या कवीनां प्रशंसा उत्कीर्णा अस्ति-

आदिपयंति हृदयं सभावगरुका कवयो एतितयं
दुले वसंतिया हि सावानुभूते कुंदस्ततं एवमालंगति।।[298]

पर्वतस्य गुहाद्वयं दृष्ट्वा राजेन्द्रमिश्रः अयमेव मेघदूतस्य रामगिरिरिति चिन्तितवान्। नर्तकीसुतनुकायाः तस्याः वन्धोः देवदत्तस्य च प्रेमकथां मनसि कृत्य तेन अयमेव देवदत्तः कालिदास आसीत्, इयञ्च सुतनुका तस्य वान्धवी आसीदिति कल्पयित्वा विद्योत्तमानाटिकायामुभयोः कथां संमिश्र्य कालिदासस्य जीवनमवलम्व्य कामपि काल्पनिकां कथां सः मार्मिकशैल्या निवध्नाति। अतः नाट्यकौशले यदि कल्पनाचातुर्यस्य भूमिका किदृशी इति ज्ञातव्यं तर्हि अवश्यं विद्योत्तमा नाटिका पठितव्या। वस्तुतः कल्पनाकलाकौशलयोः पराकाष्ठादृष्ट्या राजेन्द्रमिश्रस्य प्रमद्वरा विद्योत्तमा च द्वे नाटिके अत्यन्तं लोकप्रिये। कालिदासस्य सम्बन्धः यथा विदिशाराजपरिवारेण सहासीत् तथापि उज्जयिनीराजपरिवारेण सहासीत्। किम्वदन्तीमिमां स्वीकृत्य कविः कालिदासस्य जीवनं स्थानद्वयेन सह सम्बद्धः विदिशानरेशस्य पुष्पमित्रस्य कन्यया सह कालिदासस्य विवाहप्रसङ्गं, तयोर्विच्छेदञ्च नाट्यरूपेणोपस्थापितवान्। अतः राजेन्द्रमिश्रस्य कल्पनानुसारं कालिदासो भवति हिमालयपाददेशस्य कपिष्ठलग्रामस्य पितृमातृविहीनः द्विजवालकः देवदत्तः। रामगिर्याश्रमे शुङ्गयुगीयः आचार्यः सोमरातः गुरुकुलमेकं सञ्चालयति स्म। हिमालयस्य उत्तरापथतीर्थाटनसमये आचार्यसोमरातः तमेव वालकं देवदत्तं स्वाश्रममानीय तस्य सुशिक्षायाः व्यवस्थामकरोत्। आचार्यस्य कन्या सुतनुका परवर्तीकाले देवदत्तेन सह अनुरागवद्धा जाता। आचार्येण उभयोः विवाहोऽपि विहितः। तदनन्तरं सुतनुकामाश्रमे त्यक्त्वा देवदत्तः वाराणस्या-मुच्चतरशिक्षार्थं गच्छति। तदा रामगिरौ पुष्पावचयनकाले स्खलितपदा सुतनुका मृता भवति। इत्यवसरे आचार्यसोमरातोऽपि दिवं गतः। देवदत्तः पुनरेकवारमनाथ इव सञ्जातः।

किन्तु एकदा विदिशानरेशस्य पुष्यमित्रस्य पुत्रः अग्निमित्रः रामगिर्याश्रमे आयोजितं वसन्तोत्सवं द्रष्टुमागत आसीत्। तदा तत्र पुरुरवा-उर्वशी-नाटके देवदत्तसुतनुकयोः अभिनयं दृष्ट्वा अग्निमित्रः देवदत्तस्य प्रशंसको मित्रञ्चाभवत्। स एव अग्निमित्रः पुनरागत्य मित्रं देवदत्तं विदिशाराजप्रासादं नीतवान्। तत्र सम्राट् पुष्यमित्रः देवदत्तस्य प्रथमं काव्यं ऋतुसंहारं श्रुत्वा अत्यन्तं प्रशंसामुखरोऽभवत्। इत्यवसरे अग्निमित्रः उज्जयिन्यां महाकुम्भोत्सवं द्रष्टुं गच्छति। तत्र सम्राजः विक्रमादित्यस्य कन्यायां मालविकायां तस्यानुरागः सञ्जातः।

अन्ततो गत्वा मालविका अग्निमित्रस्य तृतीयपत्नीरूपेण विदिशाराज-प्रासादमागतवती। उभयोः प्रेमकथामाश्रित्य देवदत्तः मालविकाग्निमित्रमिति नाटकं व्यरचयत्। देवदत्तस्य असामान्यां कविप्रतिभां दृष्ट्वा राजा पुष्यमित्रः तस्मै स्वकन्यां विदूषीं विद्योत्तमामददात्, यद्यपि सुतनुकास्मृतिदग्धः देवदत्तः पुनर्विवाहे उत्साहित नासीत्। कथामेतां प्रकल्प्य राजेन्द्रमिश्रः स्वनाटिकाकथामग्रे नयति। अत्र कालिदासः वाल्यकाले मूर्ख आसीत्। विद्योत्तमां पण्डितानां विनियुक्तेन छलेन विवोढ्य पुनः त्वया एव प्रत्याख्यातः आसीदिति कथा नाट्यकारेण न स्वीकृता। नाटिकामिमाम् सामाजिकहृदयग्राहिणीं कर्तुं कालिदासस्य मूर्खयुवात्वप्रसङ्गम् अवश्यं निष्कासयितव्य आसीत्। किन्तु विद्योत्तमायाः प्रत्याख्यानविषयः देवदत्तस्य (कालिदासस्य) गृहत्यागश्च प्रकारान्तरेण कविना व्यरचि।

विद्योत्तमा- देवदत्तयोः दाम्पत्यप्रेम तदा भग्नं जातं यदा विद्योत्तमा राजप्रासादस्य शुकपक्षिमुखात् ज्ञातुं पारयति यद् देवदत्तस्य प्रथमा पत्नी सुतनुका आसीत्। दिवं गतां सुतनुकां इदानीमपि देवदत्तः प्रेमपूर्वकं स्मरति इति परिलक्ष्य विद्योत्तमा रुष्टा जाता। एतेन देवदत्तः अपमानितो भवति। अतः विदिशागतेन उज्जयिनीनरेशेन विक्रमादित्येन सह सः उज्जयिनीं गच्छति। उज्जयिन्यां शिप्रानदीतटवर्ती कालिकामन्दिरे कालिकायाः निराजनामकरोत्। तस्य अनन्यां कविप्रतिभां दृष्ट्वा सम्राट् विक्रमादित्यः तं नवरत्नमुख्यरूपेण राजकविरूपेण उदघोषयत्। कालिकायाः प्रसादं प्राप्य देवदत्तः विक्रमादित्येन कालिदास इति उपाधिमपि प्राप्तः। विदिशायाः राजा पुष्यमित्रः कालिदासस्य ख्यातिमश्रृणोत्। तेन सह च स्वकन्यायाः विद्योत्तमायाः मतान्तरेण सः दुःखित आसीत्। उभयोः पुनर्मेलनाय सः स्वयं मरणासन्न इति वार्तामुज्जयिनीं प्रेषितवान्। तस्य दर्शनाय विक्रमादित्येन सह कालिदासः विदिशां गच्छति। तत्र विद्योत्तमया सह तस्य पुनर्मिलनं भवति।

अनेन भावेन राजेन्द्रमिश्रः कालिदासस्य जीवनमधिकृत्य यां कथामरचयत् साऽपि वहु ऐतिहासिकप्रमाणपरिपूरिता दृश्यते। मध्यप्रदेशस्य अम्विका-पुरनिकटस्थरामगढ़पर्वते नृत्याङ्गनायाः सुतनुकायाः नटस्य देवदत्तस्य च नाम प्राप्य तदुपरि तस्य या कल्पना सा विदूषां पाठकानां हृदयमवश्यमावर्जयति। नाटिकायां कथावस्तु सर्वथा प्रेमप्रसङ्गमाधारीकृत्य प्रचलति। तत्र कालिदासस्य

जीवनवृत्तान्तं विलिख्य नाट्यकारः सर्वेषां दृष्टिमाकर्षति।

विद्योत्तमानाटिकायां वाचिकवाक्यानां रचनाकौशलमवश्यं द्रष्टव्यम्। तत्कौशलकारणात् इयं नाटिका इक्षुदण्डमिव उत्तरोत्तरप्रगाढरसमयमिति सामाजिकै अनुभूयते। प्रथमाङ्के प्रारम्भे सूत्रधारोऽपि कथामेतां वदति।[299]

प्रथमाङ्के विदिशासम्राट् पुष्यमित्रः स्वकन्यायाः विद्योत्तमायाः पतिविरहदुःखं स्मृत्वा यथा अनुभवति तद् राजेन्द्रमिश्रस्य वाचिकप्रयोगे ध्वनिपुष्पाणां प्रस्फुटनमि प्रतिभाति। पुष्यमित्रः चिन्तयति– "अहमपि नाम विद्योत्तमावियोगकल्पनामात्रेण वातोद्धुतपारिजातकम्पनमनुभवामि।"[300]

अत्र वातेन प्रकम्पितो पारिजातवृक्ष इति यच्चित्रं दीयते तत्र वातस्य चण्डत्वं निर्दयत्वं दुःखकारकत्वञ्च विरहे आविष्कृतं भवति। विरहकाले नेत्राभ्यामश्रुविन्दवः पतन्ति। ते पारिजातवृक्षपतितानि पुष्पाणीव इति अलङ्कारध्वनिः। देवदत्तस्य कविप्रतिभां दृष्ट्वा तस्मै राजा पुष्यमित्रः स्वकन्यां विद्योत्तमामर्पितवान्। तदा यौतुकरूपेण समग्रं काश्मीरराज्यं सः प्रददात्। किन्तु काव्यपारावारावगाहनरतः देवदत्तः तं राज्यसुखं तृणमिव गणयित्वा सविनयम् अनङ्गीकृतवान्। अत्र नाट्यकारः निदर्शनद्वयं प्रदाय कथामेतामधिकं रुचिकरं करोति। यथा मुक्तमल्लीकाक्षपक्षी सुवर्णपञ्जरे स्थातुं नेच्छति यथा वा अरण्यमृग मधुद्यानेऽपि सुखी न भवति तथैव सुकवेः देवदत्तस्य काश्मीरराज्यप्राप्तौ सुखं नासीत्। एतत् चिन्तयित्वा राजा पुष्यमित्रो वदति– "देवदत्तस्तावन्निसर्गादेव निःस्पृहः। साम्राज्यभारमपि तृणमिव गणयतीति स्वतः प्रामाण्येन जानामि। मया सबहुमानमुपहृतमपि काश्मीरराज्यं सारस्वतसाधनाप्रत्यवायभूतमिति मत्वा सविनयं नाङ्गीकृतवान्। शारदाचरणाम्बुज चञ्चरीकोऽसौ। मुक्तमल्लिकाक्षः सुवर्णपञ्जरं क्व सहते? क्व वा यूथभ्रष्टोऽरण्यमृगो मकरन्दोद्याने सुखमास्ते? स्वप्रकृतिनियमितं प्राणिनां सुखम्।[301]

संस्कृतनाट्यपरम्परासु विदूषकस्य भोजनप्रियता प्रसिद्धा एव। विद्योत्तमानाटिकायां विदूषकः कपित्थकः विदिशाराजप्रासादे प्रस्तुतानां स्वादिष्टानां भोजनानां स्मरणं कृत्वा जिह्वाव्यग्रतामनुभवति। विद्योत्तमानाटिकायां द्वितीयाङ्के विदूषकः कपित्थकः सान्ध्यभोजनसमये चिन्तयति – "हन्त षड्रसोपेतं हिङ्गुलशुनजीरकादिसंस्कृतं चतुरसूपकारकल्पितं विविधस्वादविचित्रं पक्वान्नमपि नाम

वसुधोपलभ्यं कल्पद्रुमविजृम्भितमेव स्मरणमात्रेणैव छविल्लाभिप्रायवेदिनी नर्तकीव जिह्वा लोलायते। शतशः परितोषिताऽपि दास्याः पुत्रीयं दुर्वेव धृतकन्दलैव सन्दृश्यते।[302]

राजेन्द्रमिश्रस्य वाचिकवाक्यानि वहुत्र सरलानि सामाजिकव्यवहारचित्रेण समर्थानि च भवन्ति। विद्योत्तमायां द्वितीयाङ्के विदूषकं कपित्थकं विदिशाराज-प्रासादस्य परिचारिका रसना एवम्भावेनानुनयति–

"आर्य कपित्थक! किमेवं निष्ठुरायसे? तनुकं मयि दयस्व। भूमावुपविश्य कण्टकमिदं पादतलान्मे बहिर्निस्सारय।"[303]

तदा सुन्दरीं रसनां दृष्ट्वा ब्राह्मणोऽपि कपित्थकः तस्याः पादात् कण्टकं निस्सारयति। तस्य चिन्तनं दृश्येऽस्मिन् हास्योत्पादकं भवति साध्वेषा भणति। विविक्तमिदं स्थानम्। तत्साहाय्यं विदधे। सेविका सत्यपि दास्याः पुत्रीयं समुपचितलावण्येन विचित्रमेव रणरणकं हृदि जनयति। विजयतां विजयतां कृतमदनदाहो भगवान् विरूपाक्षः। (प्रकाशम्) रसने! त्वद्व्यथा द्रष्टुं न शक्यते। अतएव कण्टकं निस्सारयामि। परन्तु भद्रे। रहस्यमिदं कस्मैचिदपि नाख्येयम्।

(इति ससाध्वसं परितोऽलोकयन् कण्टकं पादतलादाकृष्य निष्क्रामयति। रसनाऽपि साभिनयम् उय्यम्बेति क्रन्दन्ती कपित्थकोपरि पतन्त्यपि तं गाढं परिष्वजते।[304]

राजेन्द्रमिश्रस्य वाचिकवाक्यानि वास्तवजगतः चित्रमङ्कितुं स्वतःस्फुर्तानीव दृश्यन्ते। दैनन्दिनपरिचर्यायां यथा सर्वे जल्पन्ति तथैव राजेन्द्रमिश्रस्य वाक्यानि। जीवनं प्राञ्जलतया कलात्मकतया च रूपकेषु प्रतिफलयितुं सः वास्तवताक्षालितानि वाक्याति प्रयोजयति। विद्योत्तमानाटिकाया तृतीयाङ्के विदिशाराजप्रासादे राजकन्यायाः विद्योत्तमायाः स्वसौन्दर्य्ये सचेतनतां परिप्रकट्य परिचारिकां रसनां विविधेन भावेनादिशति। तस्याः स्वसौन्दर्यसचेतनवाक्यानि रसना सख्याः मल्लिकायाः समीपे पुनरुच्चारयति। सा मल्लिकां वदति– "युक्तं भणसि। अस्मत्स्वामिनी मालविका तु प्रतिक्षणं दर्पणसमक्षमेव तिष्ठति। रसने! म्लानम्मे श्रवणकमलम्। रसने! निष्प्रभो मेऽधररागसञ्जातः। हञ्जे! अनवधानतया क्षालितम्मे चरणालक्तकम्। पश्य! किञ्चिद्वक्रमिव परिलक्ष्यते मम भालविशेषकम्। सखि! पश्य, शोभते खल्वियं हरिता पट्टांशुकशाटी न वा? कङ्कतिकया केशराशिम्मे

तनुकं द्विफालबद्धं विधाय प्रसाधय (इत्यर्धोक्ते)''[305]।

राजेन्द्रमिश्रस्य वाचिकानि उपरि सरलतां प्रकट्य अभ्यन्तरे गभीरार्थं द्योतयन्ति। नायकस्य देवदत्तस्य सङ्गीन्याः सुतनुकायाः मरणवृत्तान्तं श्रुत्वा विदिशायाः सम्राट् अग्निमित्रः स्वपुत्रवधूं मालविकां वदति- ''प्रिये! मा मैवम् कदाचिदश्रुपातोऽपि। सन्तप्तहृदयं शिशिरीकरोति।''[306]

स पुनर्वदति- ''हृदयध्वंसि वृत्तमिदं निशम्य वात्यारयेणाहमाश्रममुपेत्य निश्चेष्टमिव हतप्रभमिव कदर्थितमिव पङ्कनिपतितमिव मुषितसर्वस्वमिव व्यथोच्छूननयनं स्फुटितहृदयं देवदत्तं यथाकथञ्चित् सानुरोधं विदिशा-मानीतवान्।''[307]

विदिशायाः राजकन्या अहंकारवशतः स्वपतिं देवदत्तं (कालिदास) दूरी कृतवती। अननुष्ठेयं कार्यमिदं कीदृशमसमीचिनं तद् राजप्रासादस्य परिचारिका रसना सव्यथं आकारयति-''हन्त! आत्मफूत्कृतेनैव भर्तृदारिकया सौख्यदीपो निर्वापितः? महोत्सवे सत्यपि मरणवेदनां सहते? वसन्तेऽपि करीरशाखायते? धिगसमञ्जसकारिणीम्। मन्ये पश्चात्तापायैव सृष्टाऽसौ विधिना।''[308]

(ञ) नाट्यसप्तपदम्

नाट्यसप्तपद-ग्रन्थार्गते **वाणीघटकमेलकम्** इत्येकाङ्के एकाकिनमाचार्यं दृष्ट्वा निरीक्षकः शिक्षकानां संख्यालघुतायाः कारणं पृच्छति। तस्योत्तरेणाचार्यो वदति- '' श्रीमन्! प्रारम्भे तु तादर्थ्यो चतुर्थी वाच्येति चरितार्थाऽभूत्। ततश्चाचार्याणां त्रयाणां समाहारः। पश्चादुद्वयोरितरेतरभावः समजायत। साम्प्रतमेक-शेषोऽस्मि सञ्जातः।''[309]

यदा व्याकरणमयमुत्तरं श्रुत्वा आचार्यः वाक्सायुज्यतामिच्छति तदा आचार्यः सरलवाक्येन वस्तुस्थितिं विनिर्दिश्य शिक्षाविभागीयामवस्थां च संसूच्य हास्यमुत्पादयति-

श्रीमन्! एकस्य भारतीयसेनानां पण्डितपदे नियुक्तिर्जाता।[310]

अपरः विद्यावारिधिमुत्तितीर्षुः प्रायेण वाराणसीमेव सेवते। तृतीयश्चाप्यद्य स्वयजमानस्य गृहप्रवेशकर्मणि संलग्नः सावकाशः।

निरीक्षकस्य सर्वैः व्याकरणशब्दाभिधैः छात्रैः वार्तालापः कृतः। मौखिकपरीक्षायां सर्वे छात्राः स्वेषां पाण्डित्यं प्रदर्श्य निरीक्षकं सन्तोषयन्ति चकितञ्च कुर्वन्ति। अन्तिमः छात्रः कृदन्तः व्याकरणशास्त्रशब्दानामुच्चारणेनैव जीवनस्य समस्या अपसारिता भवन्तीति स्वानुभवं कथयति। निरीक्षक-कृदन्तयोः तं वार्तालापं निम्ने समुपस्थाप्य राजेन्द्रमिश्रस्य नाट्यकलायां हास्योत्पादनाय व्याकरणशास्त्रस्य यः प्रयोगः तं प्रतिपादयितुं वयमिच्छामः-

कृदन्तः करुणवरुणालयभूतेन गुरुणा कानिचन साबरमंत्राक्षराण्युपदिष्टानि येषां विनियोगमात्रेणैव समेषामेव प्रियोऽस्मि सञ्जातः।

हतप्रभः (सकौतुकम्)

एवम्? कानि साबरमंत्राक्षराणि? जागर्ति वेत्तुं दुर्वाराऽऽकांक्षा।

कृदन्तः यथा घञ् इत्युच्चारणमात्रेणैव रामे भक्तिर्जायते, मां प्रति जनानां रागः समुद्भवति, पाकः भोगश्य सम्प्राप्येते।

हतप्रभः ततस्ततः?

कृदन्तः ण्वुल्मंत्राक्षरजापैः समग्रमपि कारकप्रकरणं सम्प्रति मे कण्ठस्थं जातम्।

(विद्यालयमहानसपाचकोऽपि मद्वशे तिष्ठति। मारकोऽपि शनिग्रहः शान्तः।)

क्तिन् पाठेनैव शास्त्रे मतिः, परमेश्वरे भक्तिः, काव्यरचनायां गतिः, परोपकारे रतिर्गुरुचरणेषु चासक्तिः स्फारीभूता। रोदनं क्रन्दनं मरणादिभयञ्चापि ल्युट्पुरश्चरणैः प्रनष्टम्। युचा योगभ्यासो धारणामारूढः श्रीमन्। किं बहुना? आत्मस्तुतिमिव कुर्वाणोऽमन्द-मन्दाक्षमनुभवामि!''[311]

नाट्यसप्तपदे स्थानितं **वाणीघटकमेलकमेकं** प्रहसनमिति स्वयं नाट्यकार उद्घोषयति। तत्र हास्योत्पादकानि वहूनि वाचिकानि प्राप्यन्ते तानि यथा –

(क) पण्डितम्मन्य! किमहं सत्यमेव विस्मृतवानस्मि यदेवं विकत्थसे? निखिलोऽप्युत्साहस्त्वया नासारन्ध्रप्रविष्टेन मशकेनेव विध्वंसितः!

(ख) स्मृतमात्र एव पताकास्थानककल्पोऽयं प्रश्नयक्षः समागतः। सावधानैर्युष्माभिर्भवितव्यम्।

(ग) श्रीमन्! एकस्य भारतीयसेनानां पण्डितपदे नियुक्तिर्जाता। अपरः विद्यावारिधिमुत्तितीर्षुः प्रायेण वाराणसीमेव सेवते। तृतीयश्चाप्यद्य स्वयजमानस्य गृहप्रवेशकर्मणि संलग्नः सावकाशः।''[312]

नाट्यसप्तपदे प्रथमलघुनाटिका भवति **पञ्च सी न मी**। अस्मिन् एकाङ्के भोजराजसभायां केनापि प्रतिवादीभयङ्करनाम्ना ब्रह्मराक्षसेन घटिता एका घटना अत्र समुपस्थापिता। भोजराजस्य राजपण्डितः प्रतिदिनं मालवनगरवहिर्भूते श्मशाने सायंकर्माणि सम्पाद्य तत्र भूतवलिं पक्त्वा भूतेभ्यः प्रदाय स्वयमपि गृह्णाति स्म। तद्भूतवलिं श्मशानवृक्षवासी एक ब्रह्मराक्षसः तस्य पत्नी च खादति स्म। एकदा तस्य पत्नी अचिन्तयत् यद् यद्ययं राजपण्डितस्य स्वहस्तपक्कमन्नं यत् स्वादुकरं तर्हि तदन्नभोजिनस्तस्य शारीरमांसं कियत् स्वादुकरं न स्यात्। अतः तस्य मांसभक्षणाय सा ब्रह्मराक्षससमीपे हठं कृतवती। पत्नीप्रेमान्धः सः ब्रह्मराक्षसः राजसभां गत्वा राजपण्डितेन सह वादमिच्छति। यस्य पराजयो भविता तस्यैव अन्यतरस्य हस्ते मृत्युर्भविष्यतीति तस्य समयः आसीत्। तस्य प्रश्न आसीत् ''पञ्च सी न मी'' इत्यस्य कोऽर्थः। ज्योतिषशास्त्रसम्बधिनीयं प्रश्न इति उद्घोष्य स राजपण्डिताय पञ्चदशदिनान्यवसरं ददाति। प्रश्नस्योत्तरं न प्राप्य चतुर्दशदिवसस्य रात्रौ पलायमानः पण्डितः तस्मिन्नेव श्मशानवृक्षस्य कोटरे निलीनः तिष्ठति। तस्मिन्नेव वृक्षे ब्रह्मराक्षसः स्वपत्नी 'पञ्च सी न मी' इत्यस्य प्रश्नस्य समाधानं कथयति। ब्रह्मराक्षसयोः कथोपकथनं एवम्भावेन भवति–

''ब्रह्मराक्षस : देवि! तासु तिथिषु पञ्चमितास्तु सीकारान्ता भवन्ति। तद्यथा एकादशी, द्वादशी, त्रयोदशी, चतुर्दशी, पञ्चदशी, चेति।

राक्षसी : एवम्भोः रुचिरं रुचिरम्।

ब्रह्मराक्षसः एवमेव पञ्चतिथयो मीकारान्ता भवन्ति, यथा– पंचमी, सप्तमी, अष्टमी, नवमी, दशमी चेति। अवशिष्टाः पञ्च न सीकारान्ता न मीकारान्ताः। यथा हि प्रतिपत्, द्वितीया, तृतीया, चतुर्थी, षष्ठी चेति ज्ञातमधुना? इदमेव तत्सूत्ररहस्यम्!''[313]

राजपण्डितः वृक्षकोटरात् निष्क्रम्य परस्मिन् दिवसे राजसभायां ब्रह्मराक्षसस्य प्रश्नस्य समुचितमुत्तरं प्रदाय तस्य जीवनं करगतं करोति। किन्तु तस्मै क्षमां प्रदाय जीवनदानं ददाति अस्यामेकाङ्किकायां असद्हठस्य कृतकपाण्डित्यस्य च

यत् विषमयं फलं भवति तस्य प्रतिफलनं विहितम्। अत्र पन्त्या असदुपदेशेन ब्रह्मराक्षसः प्रभावितः। अन्यथा नाट्यकारेण तस्य आभ्यन्तरीण–सच्चरित्रं विविधवाचिकमाध्यमेन प्रदर्शितमस्ति। धारा–नगर्य्याः राज्ञः भोजराजस्यातिथि–समादरं दृष्ट्वा पण्डितवेषी ब्रह्मराक्षसः अनुतापदग्धो भूत्वा एवं कथयति – "अहो धाराधिपतेर्भोजराजस्य विनयातिशयः! राक्षसोऽहं पुनः। पण्डितमांसार्थिनीं निर्बन्धपरायणां स्वगृहिणी प्रसादयितुकामोऽहं कामं पण्डितवधेच्छया कोविदीभूय शास्त्रार्थनिमित्तमिहागतोऽस्मि। तथापि धर्मध्वजं भोजमवलोक्य न मे प्रवञ्चनोद्धुरा बुद्धिः प्रभवति। तर्हि किं करणीयमत्र? भवतु एवमेनं वक्ष्ये।"[314]

अन्यत्र ब्रह्मराक्षसः ईदृशी हृदयहीना तस्यापि अभिव्यञ्जनं नाट्यकृता कृतम्। उभयोः कथोपकथने उभयोः चारित्र्यवैसादृश्यं राजेन्द्रमिश्रेण सूक्ष्मतया प्रकटितम्। तद्यथा–

ब्रह्मराक्षसः भाग्यवति! श्वो राजपण्डितस्य स्वादुशरीरमांसमश्नासि इतिकृत्वाऽऽनन्द विह्वला परिलक्ष्यसे! हृदये न भाति हर्षः?

राक्षसीः अथ किम्? यदि नाम राजपण्डितहस्तनिर्मितं पक्वान्नम् इयत् स्वादु रसमयञ्च भवति तर्हि का कथा तदन्नपोषितस्य तच्छरीरमांसस्य! घ्यायं ध्यायमिदमहं सत्यमेव विलम्बका–तरास्मि जाता। अपि नाम द्वित्रैरेव क्षणैः प्रभातं भवेत्!

ब्रह्मराक्षसः परन्तु न त्वया चिन्तितं यद् राजपण्डिते मृते सति तदमृतमयं पक्वान्नं सर्वथा दुर्लभं भविष्यति। वराकोऽसौ प्रतिदर्शं प्रतिपूर्णमासञ्चात्र नियतमागत्य नद्यां स्नात्वा, पिप्पलाधस्तले स्वहस्ताभ्यां भोजनं निर्माय पिण्डबलिभूतमेकांशं क्षेत्रदेवतायै समर्प्य स्वयं भोजनं निवर्तितवान्। तामेव पिण्डबलिं भक्षयित्वा ईदृशी ते कुबुद्धिरुत्पन्ना? हा देव!"[315]

एकाङ्किकायां वहुषु स्थानेषु राजेन्द्रमिश्रस्य वाचिकनिर्माणकौशलमत्यन्तं सुशोभनमित्यनुभूयते। भोजराजस्य सम्बोधन दौवारिकेन तथैव क्रियते यथा तस्य शास्त्रगता कृतयः प्रकटिता भविष्यन्ति। दौवारिको वदति– 'यथाऽऽदिशति सरस्वतीकण्ठाभरणः।[251]

भो पण्डितवर्य! सोऽयं समक्षं तिष्ठति शृङ्गारप्रकाशभूतोऽस्मत्स्वामी युक्तिकल्पतरुर्धाराधीश्वरः।''[316]

ब्रह्मराक्षसः यदा राजपण्डितेन सह वादमिच्छति तदा भोजराजः ईदृशं मुधाश्रमं त्यक्त्वा प्रभूतपारितोषिकान् नयतु भवानिति उपदिशति। तदा ब्रह्मराक्षसस्य उक्तिः अत्यन्तं उत्साहप्रदा। – ''राजन् वदान्यशिरोमणे! युक्तमाह भवान्। किन्तु तृषायाः शान्तिर्जलेनैव जायते नान्यथा। शास्त्रार्थकण्डुतिरपि शास्त्रार्थेनैव शाम्यति।''[317]

यदा ब्रह्मराक्षसः वादे पराजितस्य मरणं भविष्यतीति समयं करोति तेन च भोजराजः उद्विग्नो भवति। तदा सावरोषं राजपण्डितः कथयति ''महाराज मालवेश्वर! अलं दैन्यप्रदर्शनेन। अयं चुलुकमितज्ञानगर्वितः पण्डितमत्कुणो न खलु पण्डितं कमपि दृष्टवान्।''[318]

श्मशाने गभीरं रात्रिमभिलक्ष्य राजपण्डितः चिन्तयति- ''मन्ये निशीथनेदीयसी रात्रिः।''[319]

निशार्धे ब्रह्मराक्षसी ब्रह्मराक्षसं कथयति

''त्वन्मनोभवाऽग्निनिर्वापणेऽहमेव कादम्बिनी भूताऽस्मि।''[320]

यदा पञ्चदशदिवसे चन्दनमाल्यपीताम्वरभूषितः आर्द्रत्रिपुण्डोपलेपः स्मेराननो राजपण्डितः ब्रह्मराक्षसस्योत्तरं प्रदातुं राजसभायामाविर्भवति तदा सिंहासनासीनः भोजराजः स्वगतोक्त्या कथयति –

प्रसन्नमुखमुद्रैव कदर्थयतितरां राजपण्डितस्य मृत्युविभीषिकाम्।[321]

तदा राजपण्डितः पण्डितवेशधारिणं ब्रह्मराक्षसमभिलक्ष्य भोजराजं वदति-

पृथ्वीपते! चणकमात्रबुद्धिविभवोऽयं पण्डितमानी।[322]

अभिराजराजेन्द्रमिश्रस्य **नाट्यसप्तपद**-ग्रन्थे **बधिरप्रहसननामकम**-श्रुत्यश्रुत्यसामाजिकप्रहसनम् स्थानितमस्ति। अत्र रामनायकः पितामहश्च प्रमुखतया वार्तालापं कुरुतः। शेषे पितामहस्य पौत्री रचना आगत्यालापं जनयति। अत्र पितामहस्य बधिरता बान्धवजनेषु कीदृशं हास्यरोलं जनयति तदेवोपस्थापितम्। कदाचित् शब्दानामश्रुतिकारणात् अवगमने भ्रान्तिर्जायते। अतः तादृशीं परिस्थितिं निर्माय राजेन्द्रमिश्रेण बधिरप्रहसनं विरचितम्। तदिदानीं संक्षेपेणोपस्थापयामः। यदा रामनायको वदति 'ग्रामे शान्तिर्नास्ति' पितामह शृणोति 'रामे भ्रान्तिर्नास्ति'।

यदा रामनायको वदति, 'वरयात्रिणो नगरादागताः' तदा पितामह शृणोति 'करपात्रिणो नगरादागता'। यदा रामनायको वदति 'पानं कृत्वा नग्नास्सञ्जाता' तदा पितामह अवगच्छति यद् 'गानं कृत्वा मग्नाः सञ्जाता। यदा रामनायको वदति 'शिक्षकसम्मेलनं वर्तते' तदा पितामहः शृणोति 'भिक्षुकसम्मेलनं वर्तते'। निरञ्जनस्य कथने कुष्माण्डशब्दं पितामह कुक्कुटाण्डमिति शृणोति। यदा निरञ्जनो वदति 'वृन्दावनं गतः' तदा पितामहः शृणोति 'निधनं गतः'। यदा नरोत्तमो वदति 'कीदृशो विवादः' तदा पितामहः शृणोति 'कीदृशः विवाहः'। अनेन भावेन श्रवणभ्रान्तिमाश्रित्य पितामहस्य हास्योत्पादनकारणतां प्रदर्श्य नाट्यकारः नूतनां नाट्यकलां प्रदर्शयितुं चेष्टते। निकटस्था पितामही यदा पितामहं अश्रुत-शब्दमुच्चैः श्रावयति तदा पितामह सक्रोधमुत्तरयति- "क्रन्दित्वा कथम्मे कर्णविवरे स्फोटयसि? किमहं त्वमिव बधिरोऽस्मि?"[323]

कदापि विरक्तो भूत्वा मातामहीम् आक्रोष्य पितामहो वदति- "मन्ये पुनर्मां बधिरं सिसाधयिषसि।"[324]

कदाचित् स्वस्य स्मृतिदुर्वलतामाशङ्क्य आलापसमये पितामहः पितामहीं ज्ञापयति - श्रुतं श्रुतम्। मन्ये दविष्ठतया नाहं सम्यगश्रौषम्। त्वं पुनर्नेदिष्ठाऽऽसौः। क्व वर्तते निरञ्जनः?[325]

पितामह्या उपरि पितामहस्य रोषवचनमत्यन्तं हास्यकरं भवति। कर्णपटहसमीपे पितामह्या उच्चैरुच्चारणं यदा पितामहस्य क्रोधमुत्तालयति तदा कदाचित् पितामहः पृच्छति - "भाग्यवति! भृज्यमाना शफरीव किं पटपटायसे?[326]

अन्ततो गत्वा पितामहः एवं बोद्धुं न पारयति यत् तस्य बधिरता एव अन्येषां हासस्य कारणं भवति। अन्यान् वधिरा इत्युद्घोष्य पितामहः शायनार्थं साधयति वदति च ज्ञातं ज्ञातम्! सम्प्रति मध्याह्नः सञ्जातः। युष्माभिर्बधिरैस्सार्धं प्रलपन्नितरां श्रान्तोऽस्मि जातः।"[327]

वाचिककौशलं वधिरताप्रसङ्गे प्रयुज्य राजेन्द्रमिश्रेण यत् प्रहसनं संरचितम् तस्य प्रयोगरूपे एव सहृदयानां हास्याधिकं भविष्यतीति अस्माकं विश्वासः।

राजेन्द्रमिश्रस्य नाट्यसप्तपदमिति नाट्यग्रन्थे **साक्षात्कारः** इति नामधेय-एकाङ्के आधुनिकभारते नियुक्तिप्रसङ्गेषु यादृशं प्रियाप्रीतितोषणं प्रचलति तस्य वास्तवचित्रमेकं प्रदर्शितमस्ति कस्यचित् महाविद्यालयस्य लिपिकपदपूरणाय

साक्षारकारो भवति। तत्र षट् प्रत्याशीन आगच्छन्ति। तेषां चरित्राणि तु भिन्नभिन्नत्वेन नाट्यकारेण प्रस्तुतानि सन्ति। साक्षात्कारे प्रत्यासी अनन्तरामः स्वस्य सकलयोग्यतां प्रमाणीकरोति। तस्यापि गृहस्यावस्था अत्यन्त्यं दैन्या इति ज्ञायते। स्वयोग्यतां प्रमाणीकर्तुम् अनन्तरामः यथा वदति तदिदानीन्तनसमये वहूनां योग्ययुवकानामसहाया आत्मकथा। महाविद्यालयस्याध्यक्षस्य प्रश्नस्योत्तरं प्रदाय सो वदति –

"श्रीमन्! स्नातककक्षायामाङ्गलभाषामप्यधीतवानस्मि। हिन्द्याङ्गूलटङ्कनमपि साधु जानामि। प्रतिनिमेषं चत्वारिंशच्छब्दपरिमिता वर्तते मम टङ्कनगतिः। श्रीमन्। पितृहीनोऽहमसहायोऽस्मि। जननी मेऽतीव स्थविरा। यदि नामात्र वृत्तिरियमुपलभ्येत तर्हि जीवनोपायो मे सम्भवेत्। भवदाज्ञावशवर्ती।"[328]

वृत्तिहीनजीवनस्य इयं वास्तवता नाट्यकृता निर्व्याजं प्रकाशिता। चतुरोऽध्यक्ष्यः तस्य प्रशंसां कृत्वा तम् लिपिकपदं न दास्यते इत्यपि सूचयति। योग्यतमस्यापसारणं कथं भवति तत् अध्यक्षस्य प्रबोधनावाणीतः ज्ञायते। प्रत्याशीनम् अनन्तरामं सः कथयति – "भद्र अनन्तराम! अलमतिविस्तरेण। विशदीभूता तव योग्यता। परन्तु त्वत्सदृशोच्चयोग्यतावन्तं जनं कथमहं लिपिकपदे नियोक्तुं शक्नोमि? त्वत्तोऽप्यधरयोग्यताका जना अस्मद्विद्यालये एल्० टी० स्तरीया अध्यापका वर्तन्ते। त्वमेव ब्रूहि। किं वक्ष्यन्ति लोकाः? एम० ए० परीक्षोत्तीर्णः टङ्कनकलाविशारदो युवको विद्यालये लिपिक इति मत्कृते महत्कौलीनं भविष्यति!"[329]

यदा अनन्तरामः स्वस्य दूरवस्थां संसूच्य अनुनयप्रवणो भवति तदा अध्यक्षः कठोरवचनेन तं विताडयति। सो वदति– "श्रुतं श्रुतम्। कियद्वारं श्रावयिष्यसि? विवशा वयम्। अत्र सर्वं कार्यं नियमानुकूलमेव भवति। गच्छतु भवान्।"[330]

नियुक्तिप्रसङ्गे योग्यतमस्य तिरस्कारः कथं भवति तस्य हृदयस्पर्शि चित्रमन्त्र प्राप्यते। अनन्तरामस्य नैराश्यमयी अवस्था नाट्यकारेण वर्ण्यते "अनन्तरामोऽपि तिरस्कृतोऽबमतस्सन् निष्प्रभाननोऽश्रुविकलनयनश्शनैरपयाति।[331]

नाट्यघटनानां वास्तवजगतः प्रतिफलनरूपेण प्रदर्शनमेव राजेन्द्रमिश्रस्य प्रमुखं नाट्यकौशलम्।

प्रत्याशिनां विविधां कथनशैली जीवनावस्थां चारित्रिकवैशिष्ट्यं च कविना यथा प्रस्तुतीकृतमनुभूयते यद् वास्तवसाक्षात्कार एव मञ्चे प्रचलति। तेषु कापि नवविवाहिता, कोऽपि राजपुत्रः कोऽपि विक्षिप्तचित्तः, कोऽपि अत्यन्तं योग्यः, अन्यः कोऽपि अयोग्य भूत्वाऽपि उच्चशिक्षामन्त्रिणः सम्बन्धी, सर्वेषां वाग्व्यवहारः भिन्नः, पारिवारिकी अवस्था भिन्ना, साक्षात्कारकाले मानसिकी अवस्था च भिन्ना। अन्तिमः यूवा कृपालुरेव मन्त्रिणः सम्बन्धी। तस्य हस्तात् मन्त्रिणः पत्रं नीत्वा वाचयित्वा चाध्यक्षः अत्यन्तं विनयभावं प्रदर्शयति। यदा हिन्दीविभागाध्य-क्षेण शेखरेण पृष्टः यद् कथमस्य युवकस्य साक्षात्कार न सम्पादितः कथं वा ससम्मानं तस्य विदायः सम्पादितः, अध्यक्ष उत्तरं प्रदाय वदति–

विद्वत्प्रवर! युवकोऽयं मामेव साक्षात्कर्तुमागतः।
अयमासीत् राज्यशिक्षामन्त्रिणो विद्याभूषणस्य सम्बन्धी।[332]

अस्मिन्नेकाङ्के श्लोकानां संयोजनं न कृत्वा उपरि उद्धृतानां वाचिकानां चमत्कारिता नाट्यकारेण सम्पादिता। आधुनिकजगतः कठोरान् वास्तवतान् योग्ययुवानां नैराश्यञ्चाभिव्यक्तुं कवेर्व्याजहीना वाचिककला अत्यन्तं जीवनावबोधाभिव्यञ्जसमर्था इति निर्विवादं स्वीक्रियते।

रूपमतीनामधेये नाट्यरासके सख्योः परिहासवचनम् अत्यन्तं मनोमुग्धकरम्। उभयोरालापस्योदाहरणमेकत्रोपस्थापयामः

मदिरा (ससम्भ्रमम्)
नादिरे! नादिरे! त्वरितं गवाक्षमुद्घाट्य। प्रियतम आगतः।

नादिरा (पुष्पहारं ग्रन्थतती)
भो यस्याः प्रियतम आगतो भवेत् सा द्वारमपावृणोतु। परकीयप्रियतमेन मम किं प्रयोजनम्?

मदिरा अयि दग्धमुखि! ऋजुकेऽपि सन्दर्भे परिहासव्यवचिनुषे? कदाचित्सुप्ताया एव ते मुखं शणतन्तुभिः संविष्यामि।

नादिरा (साट्टहासम्)
मुखं सेविष्यसि! सीव्य, सीव्य, त्वरितं सीव्य। अहमपि द्रक्ष्यामि यत् काऽन्या तव प्रियतमं नियतागन्तारं गुँगुँत्कारैः प्रत्युद्गच्छति![333]

एकाङ्केऽस्मिन् वहुत्र सुन्दराणि वाचिकानि उपयुज्य कविः नाट्यसौन्दर्यं वर्धयति। मालवराजस्य वाजवहादुरस्य राजप्रासादागमने विलम्बं दृष्ट्वा राजमहिषी रूपमती शङ्किता। तां प्रवोधयितुं सखी मदिरा वदति- "भट्टिनि! कोऽयन्ते व्यामोहः? घनसारशिशिरोऽमृतांशुः क्वचित्स्फुलिङ्गान् वर्षति? विश्रब्धा भव! मा मलिनयाशङ्का-कज्जलैः पुरुषरत्नं मालवेश्वरम्।"[334]

बाजबहादुरस्य कितववचनं प्रतिग्कर्तुं परिचारिका नादिरा यत् सङ्गीतं श्रुतं तद् श्रावयतु भर्ता भर्ता इति भणति। बाजबहादुरस्य मिथ्या-वचनं गोपयितुं आदिल खान उत्तरयति - "नादिरे! कोऽयमनवसरप्रश्नः? अमन्दानन्दसङ्गीतरस-प्रवाहे को नु खलु गीताक्षराणि स्मृतिपथमानीय रक्षति? अहो विलक्षण एवासीदाचार्यकण्ठध्वनिः।"[335]

आदिलखानमदिरयोः प्रेमप्रसङ्गं न ज्ञात्वा तद्विषये बाजबहादुर विस्मयानन्दं प्रकटयति वदति च "विजयतां विजयतां मालवेश्वरी रूपमती। देवि! कदानयोः प्रणयोऽङ्कुरितः कदा च न्यग्रोधीभूय पुष्पितः फलितश्चेति न मनागपि मया विज्ञातम्।"[336]

चतुरवचना महिषी वदति यद् प्रणयवृत्तमिदं न साम्राज्यवृत्तान्तः यं राजा सहजेनावगमिष्यति - "नायं साम्राज्यवृत्तान्तो यं भवान् झटित्यवगमिष्यति। गूढातिगूढं रतिपञ्चशरवृत्तमिदं योगिनामप्यगम्यम्। अहं तावद् भवन्तमवगम-यिष्यामि।"[337]

अनेन भावेन नाट्यरासकस्य अनोन्योदाहरणरूपेण 'रूपमती' सहृदयैः सानन्दं स्वीकृता

नाट्यसमपदनाटकग्रन्थे **देहलीपरिदेवनम्** - नामधेय एकाङ्को राजेन्द्र-मिश्रस्य नाट्यकलायाः भिन्नमायामं प्रदर्शयति। अत्र एकोऽपि अभिनेता भूमिकाद्वयं स्वीकृत्य अभिनयति। अस्मिन्नेकाङ्के कथाप्रयोजकसूत्रधारः स्वभूमिकां सम्पाद्य पुनः स्थपतिकालपरुषरूपेण मञ्चे आविर्भवति। सूत्रधारः स्वयमेव वदति यत् तस्य पत्नी (नटी) देहली-भूमिकां स्वीकृत्य मञ्चमागमिष्यति। सोऽपि स्वयं कालपुरुषभूमिकां स्वीकृत्य नेपथ्यगृहात् पुनरागमिष्यति।[338]

एकाङ्केऽस्मिन् दिल्लीनगरी स्वयम् दिल्ली (देहली) भूमिकायाम् आविर्भूताऽ-

स्ति। संस्कृतनाटकपरम्परायां कोऽपि नगरी चरित्रभूमिकायां आविर्भूय प्रथमवारमेव कस्यापि नाट्यकारस्य नाट्यकलां विशदयति।

कालपुरुषस्य समक्षं देहली दिल्लीनगर्य्या इतिहासमैतिह्यञ्च व्याख्याति। समुचितेषु साधारणमनुष्याणां दुःस्थितिं प्रदर्श्य नेतृवर्गस्य राष्ट्रधनशोषकत्वं स्वदुःखं वर्णयति।

नाटकस्य लिखनकाले पञ्जावप्रदेशः सन्त्रासवादिभिः विदलितो भवति स्म। अतः तद्दुःखेन दुःखिता देहली राष्ट्रे सन्त्रासवादिनां मानवमर्दनं हृदयस्पर्शिभिर्वाक्यैः वर्णयति –

"आः दैव! कीदृशोऽयं कालविपर्ययो जातः? यत्रस्थैर्नृपतिशिरोमणिभिः पुरुभिर्विजिगीषुरलक्षेन्द्रोऽपि स्वशौण्डीर्येण विस्मापितोऽधरीकृतः, यत्रस्थैदाहिराजैर्भारतस्वातन्त्ररक्षार्थं सर्वस्वं हुतं, यत्रस्थैदशमेशगुरुचरणैर्गोविन्दसिंहपादैस्सर्वधर्मसमन्वयपक्षधरैराजीवनमनाचार आलमगीरस्य प्रातिरुद्धः हन्त तदेव पञ्चाम्बुराज्यमिदानीं राष्ट्रस्य शीर्षवेदनां जनयति? सिन्धुरन्धतां गतः। वितस्ता सन्त्रस्ता! विपाशा पाशनिगडिता। इरावती राववती! निहन्यते छागा इव प्रत्यहमनपराद्धाः! नाद्य सर्पतो भयम्। नाद्य सिंहतो भयम्। नाद्य यमराजाद् भयम्। आः पञ्चनदराज्ये मानवोऽद्य मानवाद् बिभेति? न जानाति यत्सम्मुखीनो जनः किमाचरिष्यति? मित्रमयं शत्रुर्वा? को नु जानीयात्? कथं जानीयात्? भारतस्येतिहासे न कदाप्येतादृशी दुःस्थितिः श्रुता। अशान्तं काश्मीरराज्यम्। असमो विषमः। मण्डलायोगविपन्नमुत्तरापथखण्डम्। अवतु भारतं भूतभावनशिवः।[339]

अस्मिन्ननुच्छेदे भावमयानि वाक्यानि क्षुद्राणि परन्तु तेषां क्षुद्रता दर्शकानां मनसि प्रभावं विस्तारयितुमत्यन्तं समर्था।

एकाङ्केऽस्मिन् वहूनि वाचिकानि भारते दैनन्दिनजीवने प्राकृतजनाः यथा आलापन्ति तथैव निर्मिता। तेषां कानिचिदुदाहरणानि वयमत्र उपस्थापयामः–

(क) मन्ये विक्षिप्तेयं वराकी वृद्धा। पुत्री युवा पतिर्वा वृद्धो दिवङ्गतः स्यात्।

(ख) युक्तं भणसि। बन्धो! शरीरमपि नाम यन्त्रमेव। कदा वा विकृतं भविष्यतीति को वेत्तुं समर्थः!

(ग) जङ्घाबलाः सर्वे पलायन्ते। कोलाहलः स्फारीभवति। वृद्धा तानुपद्रुतान् दर्शं दर्शमट्टहासं कुरुते।

(घ) हः हः हः हः! आगच्छ आगच्छ तृणपुरुष! मृत्तिकासिंह!! कथं पलायसे? आगच्छ! विदारय मम वक्षः। अवकाशं कृत्वा पाषाणेष्टिकासुधाचूर्णैः पूरय लौहेषीकां कीलय मम धमनीषु। रक्तप्रवाहं में निरुन्धि!![340]

(ङ) असौ पुरो दृश्यमानोन्मत्ता वृद्धाऽस्मान् विद्रावयति। शिलाखण्डैः प्रहरत्यस्मान् न जाने, किं किमधरोत्तरं बुक्कति? तद्वाचोऽपि वयं न सम्यगवगच्छामः।

(च) पश्यतु स्वामि! शिलाप्रहारेण तस्या दक्षिणं जानु मे रक्तरञ्जितं जातम्। नाहं पदात्पदमपि गन्तुं प्रभवामि।[341]

(छ) अम्ब नाहं तेऽभिप्रायमवैमि! स्फुटं तावद् भण। 342

(ज) अन्तर्गोपिताभिः मलकच्चरपूतिजलवाहिनीभिः नदनिभाभिः प्रणालीभिश्शरीरे मे जर्जरीभूतम्।[343]

पाण्डवानां समये मयदानवेन राज्ञः युधिष्ठिरस्य कृते इन्द्रप्रस्थनगरी निर्मिता। तस्यैश्वर्यं देहल्या सम्यक् सूचितम्। तदेवैश्वर्यं द्रौपद्याः अहङ्कारस्य कारणं भूत्वा उद्भ्रान्तं दुर्योधनमुपहस्य महाभारते कुरुक्षेत्रयुद्धस्य वीजं प्रोत्थितवत्। ऐश्वर्यमयी इन्द्रप्रस्थनगरी महाभारतसमयात् परं विगतलास्या अभूत्। कथामेतां वर्णयित्वा देहली वदति – "भोः पश्यसि तान् भग्नावशेषान्? पाण्डवानां दुर्गमिदम्। तदाऽहम् इन्द्रप्रस्थाभिधा नगरी जाता यां महाशिल्पी दानवाधिराजो मयो महता मनोयोगेन निर्ममे। मयनिर्मिते विलासभवने स्थलमपि जलायते स्म। जलमपि स्थलमिव प्रतीयते स्म। नित्यमेव मां द्रष्टुं नारदपर्वतसनत्कुमारादयो देवर्षयश्चारणकिन्नर–गन्धर्वादयश्च समायान्ति स्म। (नेपथ्ये करुणसङ्गीतम्) आः दैव! ते हि नो दिवसा गताः? तस्मिन्नेव विलासभवने समुद्भ्रान्तं दुर्योधनमुपहस्य पाञ्चाली महाभारतसमरस्य वीजमुवाप। स्वर्गमारूढाः पाण्डवाः। केवलं भग्नदुर्गप्राकारा अवशिष्टाः वलभीतोरणवीथीशृङ्गाटकघण्टापथचैत्यहर्म्यचयस्सयत्नं मण्डिताऽहं गतेषु पाण्डवबन्धुषु विधवेव समुत्सन्ना जाता। सर्वामङ्गलकेन्द्रभूता। इन्द्रप्रस्थत्वम्मे विलुप्तमैतिह्यगर्भे।"[344]

दिल्लीनगरीस्थस्य कुतुवमिनारस्तम्भस्येतिहासमुन्मोच्य पृथ्वीराजस्य प्रेम्णः चिह्नमिदं कथं वैदेशिकैः कुतुवमिनाररूपेण प्रख्यापितं तद्विषयेऽपि देहली विशदं वर्णयति। इतिहासस्य परिवर्तितपृष्ठायां भारतस्य एतादृशं दौर्भाग्यमत्यन्तं भावमयेन स्वरेण तया वर्णितम् – "परन्तु नायं विजयस्तम्भो भद्र! स्वप्रणयिन्याः संयोगिताया आकांक्षापूर्त्यर्थं स्तम्भमिमं निर्मापितवान् पृथ्वीराजः। सा खलु प्रत्यहं स्तम्भमिममारुह्य भगवतीं कलिन्दनदिनीं समवलोक्यः, प्रणामाञ्जलिं समर्प्य च जलं जग्राहेति नियमस्तस्याः। (नेपथ्ये श्रूयते समराक्रन्दः। चीत्कारक्रन्दनध्वनिः)

इमं ध्वनिं शृणोषि? एते सन्ति धर्मान्धा आक्रान्तरः। एते खड्गबलेन धर्मं स्थापयन्ति। मन्दिराणि ध्वंसित्वा मस्जिदीकुर्वन्ति यतो हि परमात्मा मस्जिदं विहाय नान्यत्र क्वापि निवसति। एते मृतकं शवं दुकूलैः संच्छाद्य गीतैर्वाद्यैस्तं परितोषन् समर्चन्ति। परन्तु परमात्मप्रतीकभूतां मूर्तिं घनाघातैः खण्डयन्ति।

आत्मनो धर्मरक्षकान् मन्यन्ते। इतराञ्जनान् काफिरान् घोषयन्ति। पश्य तावत्तेषां पैशाचिं कर्म। इदं जिनमन्दिरं तेनैव मस्जिदीकृतम्। अयं स्तम्भोऽपि तैनेव कुतुबमीनारनाम्ना प्रख्यापितः पृथ्वीराजोऽपि गतः। तेन सहैव ममापि **वैभवमस्तम्।**[345]

मोगलप्रशासकानां राजपदार्थं यः गृहयुद्धः संघटतिः तद्विषयेऽपि अत्र देहली सूचयति तेषां निर्दयता देहल्या बहुधा विनिन्दिता सा वदति– "भद्र! कथं समाश्वासयसि? मम वक्षसि किं न वृत्तम्? ममैव वीथीषु कनीयान् सोदरो ज्यायांसं सोदरं युवराजपदाभिषिक्तसर्वधर्मसमन्वयकर्तारं दयादानदाक्षिण्यवैदुषी-मण्डितं पण्डितं मलिनवस्त्रैरावेष्ट्य नग्ने गजपृष्ठे च संस्थाप्य भ्रामयामास। स आसीद् दाराशिकोहः। तत्सर्वं मया दृष्टम्। येन प्रकारेणालमगीरेण व्यंसकमयूरेण ऋजुस्वभावो मुरादः प्रवञ्च्य निगृहीतः पश्चान्निहतश्च तत्सर्वं मया प्रत्यक्षं दृष्टम् हा दैव! सर्वमिदं नृशंसं पापं ममैवोत्सङ्गे संवृत्तम्? पापभारभग्नाहमस्मि। नरकादपि निन्द्यं द्वेष्यं कृपणञ्च मम स्वरूपम्। (इति गांढ विलपति)"[346]।

अस्मिनैकाङ्के इतिहासस्याट्टहासः युद्धझनत्कारः क्रन्दनध्वनिश्च नेपथ्यविधाने सम्पाद्य देहल्याः दिल्लीतिहासवर्णना दर्शकाणां समक्षं प्रायोजिता। अतः अस्मिन्नेकाङ्के नेपथ्यशब्दविधानं राजेन्द्रमिश्रस्य नाट्यकलायाः नूतनायामरूपेणा-विर्भवति। नाटकस्यारम्भे कविपरिचयात् परं नेपथ्ये कोलाहलध्वनिः श्रूयते।

यदा इन्द्रप्रस्थस्य इतिहासः वर्ण्यते तदा नेपथ्ये करुणसङ्गीतं महाभारतयुद्धस्य तत्परवर्तीसमयस्य च दौर्भाग्यम् इङ्गीतयति। पृथ्वीराजस्य शासनसमयात् परं भारते मोगलराजानामाक्रमणं संसूच्य कविः वाक्यबन्धन्यभ्यन्तरे लिखति –

(नेपथ्ये श्रूयते समराक्रन्दः चीत्कारक्रन्दनध्वनिः)[347]

तं ध्वनिं संसूच्य देहली कालपुरुषं वदति–इमं ध्वनिं शृणोषि? एते सन्ति धर्मान्धा आक्रान्तरः।[348]

मोगलानामत्याचारः तथैव नेपथ्यध्वनिना प्रतिकीक्रियते। नाट्यकारः लिखति– ''नेपथ्ये पुनः महत्क्रन्दनम् विद्रावनध्वनिः श्रूयते''।[349]

तं ध्वनिं संसूच्य देहली कालपुरुषं देवस्य पतनावस्थां वर्णयति '' शृणोषि क्रन्दनमिदम्? वृद्धाः पलायितुमशक्ताः। गर्भवत्यः प्रसववेदनाभिः सम्पीडिताः। कान्दिशीकाः अर्भकाः सर्वे धावन्ति। न कोऽप्यपरं पृच्छति। भयाक्रान्तो वायुरपि स्तम्भित इव। आः दैव! क्व यान्तु मम निरीहनागरिकाः। अवाच्यां मृत्युः। उदीच्यां मृत्युः। प्राच्यां मृत्युः। प्रतीच्यां मृत्युः। प्रत्यक्षं परोक्षं समक्षं मृत्युः! मृत्यनटी नग्नोन्मत्तेव नृत्यति। नामशेषतामुपयास्यत्यद्य देहली! अब्रह्मण्यं भो अब्रह्मण्यम्!![350]

आधुनिकभारतेऽपि देहली न सुखिनी। तस्याः भारतस्य राजधानित्वं विविध-सामाजिकराजनैतिककलङ्कैः व्यस्तीभूतम्। अतः देहली कालपुरुषं वदति –

किमुक्तं त्वया भद्र? अहं सुखिनी सम्प्रति! प्रत्यहं जनरोषप्रदर्शनम् कार्यस्थगनम्[351] यातायातावरोधः, उदरे छुरिकाभिघातः, प्रणालीषु नवजात-शिशुप्रक्षेपः, व्यभिचारा प्रवादाः षड्यन्त्रोपक्रमाः कोषागारलुण्ठनानि! विमानानामपि बलान्नयनानि। किमिदमेव त्वया सौराज्यं स्वातन्त्र्यमङ्गलं वाभिधीयते? किमिदमेव लोकतन्त्रं भारतस्य यस्य राजधान्यहं समुद्घोषिता? यद्येवं तर्हि क्षमाप्रार्थिन्यहम्। भ्राष्ट्रे गच्छतु मम राजधानीत्वम्। यत्पुरा बर्बराक्रान्तारश्चक्रुस्तदेवाद्यात्मीयाः कुर्वन्ति। किमन्तरम्।

देहलीपरिदेवनमित्येकाङ्के देहल्याः सुदीर्घानि वाच्यानि श्रूयन्ते। तानि सहृदयानां क्लान्तिं जनयेदिति यदि वक्तुं शक्यते तर्हि भारतस्य दिल्लीनगर्य्या वा इतिहासं वर्तमानञ्च विश्लेषयितुं भिन्नः मार्गः न दृश्यते इति वयं जानीमः।

अस्मिन् एकाङ्के नाट्यकारः बहुपरीक्षणप्रवणो भवति। अतः एतादृशस्य एकाङ्कस्य दर्शने पठने व सहृदयतायाः आवश्यकता अस्ति।

द्विसन्धानम् – राजेन्द्रमिश्रस्य नाट्यसप्तपदे अन्तिमं लघुरूपकमिदं समाजे असमञ्जसचरित्रविशिष्टस्य वाक्कीलस्य गृहघटनामाश्रित्य रचितम्। प्रथमे दृश्ये कस्यचित् ग्रामिणस्य धनीरामस्य जीवने या ग्राम्यघटना घटिता तस्य वर्णना प्राप्यते। कस्यापि धनिया–नामधेयायाः विधवायाः उपरि ग्रामजनानामत्याचारः भूमिलुण्ठनञ्च प्रथमदृश्ये सूचितं भवति। ग्रामस्य दयावान् पुरुषः धनिरामः तस्यै आश्रयं प्रदाय ग्रामजनैराक्रान्तो भवति। वाक्कीलस्य समीपे स्वदशां वर्णयित्वा न्यायमिच्छति। वाक्कीलोऽपि मिथ्यामार्गेण विशेषसमाधानं विधातुं परामृशति।

द्वितीये दृश्ये वाक्कीलस्य पुत्रः कयापि सहपाठिन्या सह प्रेमसम्पर्कं वर्धयन् स्वपितरम् असौविध्ये क्षिपति। वाक्कीलोऽपि उपायान्तरहीनो भूत्वा तां कन्यां पुत्रवधूरूपेण स्वीकरोति। एवम्भावेन आधुनिकसमाजस्य चित्रखण्डमेकं अस्मिन् लघुरूपके उपस्थापितम्।

संस्कृतरूपकपम्परायामद्यतनसमाजस्य चित्रमाधुनिकतायाः द्योतकं भवति। तद्दृष्ट्या राजेन्द्रमिश्रस्य रूपकमिदं भारतीयग्रामाणां नगराणाञ्च कलुषितमनुष्याणां चित्राङ्कनं करोति। एकाङ्केऽस्मिन् सुन्दराणि वाचिकान्यपि नाट्यकारस्य नाट्यकलायाः पराकाष्ठां प्रदर्शयन्ति। धनीरामो वदति– "न्यायालयकीटानाञ्च विस्फारितमुखानि उत्कोचपिण्डैः प्रपूर्य तैः सर्वं सम्पादितम्।"[352]

तदुपरि वाक्कीलो वदति– "ओह् आइ सी महच्चातुर्यम्! ग्राम्यपामरा अपि लोपाकपितरः प्रतीयन्ते।"[353]

राजेन्द्रमिश्रस्य वाचिकसौष्ठवम् अवश्यं द्रष्टव्यम्। तस्योदाहरणान्तरमत्र समुपस्थापयामः –

धनीराम : एकस्यां रात्रौ पञ्चषास्ते सहसा समाक्रम्य मां पशुमारं ताडितवन्तः। प्राणाघातेन मां सन्तर्ज्य ते निर्भयं गताः।

वाक्कीलः: अथ प्रतिवेशिनस्ते? ते न सहायतार्थमागताः?

धनीरामः: सरकार! स्त्रैणास्ते क आयाति? सर्वेऽपि लाङ्गुलमाकुञ्च्य स्वगृहाभ्यन्तरेषु प्रविष्टाः।

वाक्कील: अलमश्रुपातेन धनीराम! महापुरुषोऽसि त्वम्। दहत्कृशानौ तप्त्वैव सुवर्णं भास्वरतामेति।[354]

अन्यत्रापि वाक्कील: धनीरामं वदति "न्यायालयतन्त्रं न जानासि त्वम्। तत्र लवणेनैव लवणं भक्षणीयं भवति। लौहचणकं चर्वणीयं भवति।"[355]

अतएव राजेन्द्रमिश्रस्य नाट्यकौशले वाचिकानां सुन्दरता साम्प्रतिकसमाजस्य यथार्थप्रतिफलनञ्च मुख्यतया दरीदृश्यन्ते।

(ट) नाट्यनवार्णवम्

नाट्यनवार्णवम् इति नामधेये नवप्रहसनात्मके एकाङ्कसंकलने नाट्यकार: राजेन्द्रमिश्र: आधुनिकप्रहसनानि संसृज्य दर्शकाणां महत: प्रमोदस्य कारणं भवति। प्रहसनस्य शास्त्रीयं लक्षणमस्माभि: प्रागेव आलोचितम्। 2006 ख्रीष्टाब्दे राजेन्द्रमिश्रस्य अभिराजयशोभूषणं प्रकाशतां गतम्। अस्मिन् ग्रन्थे आधुनिककाव्यशास्त्रोक्तं विविधकाव्यप्रकाराणां लक्षणोदाहरणविश्लेषणमाध्यमेन परिचय: कारित:। तत्र प्रहसनविषये राजेन्द्रमिश्रो वदति– "प्रहसनञ्चापि व्यभिचरितलक्षणमिदानीं लोकप्रियताया धुरि तिष्ठति।"

'मदुपज्ञेषु प्रायेन द्विषष्टिमितेष्वेकांकेषु भूयांसि प्रहसनान्येव। तद्यथा नवरसप्रहसनं, स्वप्नाज्जागरणं वरम्, इन्द्रजालम्। मोदकं केन भक्षितम्, वाणीघटकमेलकम्, बधिरप्रहसनम्, साक्षात्कार:, मण्डूकप्रहसनम्, प्रतिभा-परीक्षणम्, वादनिर्णयम्, संवाददातृसम्मेलनम्, प्रत्यक्षरौरवम्, क्रीतानन्दम्, स्वयंवरकेन्द्रम्, शारदावमाननञ्चेति।"[356]

राजेन्द्रमिश्रस्य प्रहसनरचनाविषये रमाकान्तशुक्लमहोदय: निर्दिशति यत् – "परन्तु ऐसा नहीं है कि कवि ने हँसोड़ प्रसंगों का संकलनमात्र कर दिया है और उनसे लोकोपदेश की 'कान्तासम्मित' अभिव्यञ्जना नहीं होती। शिक्षा भी अवश्य मिलती है परन्तु इशारे से। **द्विजच्छागम्** में ठगों से सावधान रहने की शिक्षा देता है। शरारती के सामने शराफत को सावधान रहने तथा ढोंगी बाबाओं, धूर्त ज्योतिषियों घड़ियाली आँसु बहाने बालों तथा कलियुग के चमत्कारों से सावधान रहने की समाज की प्रेरणा देता है। नाटककार ने बचपन में जिन कथाओं को सुना उन्हें उसने सरललोकग्राह्य संस्कृतभाषा के माध्यम से प्रहसनों के रूप में पुरस्कृत कर अपनी प्रतिभा का परिचय दिया है।[357]

त्रिवेणीकवेः राजेन्द्रमिश्रस्य **नाट्यनवार्णवम्** आधुनिकप्रहसनानां संकलनम्। अस्मिन् प्रहसने नवप्रहसनानि सन्निविष्टानि सन्ति। तेषु प्रथमप्रहसनम् भवति मुण्डितमण्डनप्रहसनम्। अस्मिन् प्रहसने मित्रत्रयाणां चङ्गु-मङ्गु-साधुनामधेयानामेकेन मुण्डितशिरष्केण भद्रपुरुषेण सह यः दुष्टः व्यवहारः कृतः तं प्रदर्श्य नाट्यकारः मञ्चे महान्तं कौतुकं जनयति।

दुर्गोत्सवस्य मेलनं द्रष्टुं गताः सन्ति चङ्गु मङ्गु-साधुश्च। कस्मिंश्चित् आपणे चायं पीत्वा पीत्वा दूरे मुण्डितमस्तकं कमपि भद्रजनं ते पश्यन्ति। वन्धुषु आलापः प्रचलति यत् कः तस्य पुरुषस्य मुण्डितशिरसि चपेटाघातं कर्तुं समर्थः। इतरबन्धुभ्यामेतमसम्भव-कार्यं साधयितुं साधुरुत्साहितः। साधुः बन्धुद्वयस्य प्रोत्साहनेन हनुमतः असम्भवसामर्थ्यं स्मारितो भूत्वा भद्रपुरुषस्य शीर्षं प्रचण्डचपेटाघातेन अविहत्य वदति- ''अये हरिहर! त्वमत्र तिष्ठसि? अहं तावत् निखिलमेलाक्षेत्रे चारं चारं त्वामन्विष्यामि।''[358]

भद्रपुरुषः क्रुद्धो भूत्वा कस्त्वमयं हरिहर च इति पृच्छति। तदा साधुः तस्य मित्रमपि मुण्डितशिरष्कः हरिहरनामधेय इत्युक्त्वा क्षमां याचते। भद्रपुरुषः उपनेत्रं परिधाय हरिहरमन्विषतु भवान् इति क्रोधावेगेन उक्त्वा मेलायाम् अन्यत्र प्रयाति इदानीं साधुः बन्धुभ्याम् पुनः तां दुष्टतां घटयितुं क्षुभितः। अनिच्छया अपि साधुः पुनः अग्रे वर्धते। वानरनृत्यमग्नदर्शनमग्नं तं पुरुषं शिरसि पुनराहत्य सः वदति - ''अये हरिहर! नराधम! कुत्र कुत्र न'' मयाऽन्विष्टम्? पदतलयोर्मे स्फुटकानि जातानि। धूर्त! त्वम्पुनरत्र वानरनृत्ये मग्नोऽसि? होरावधितो मां शातयसि''।[359]

इदानीं भद्रपुरुषः अत्यन्तं क्रोधाविष्टो भूत्वा किमपि वदति। साधुः पुनः क्षमां याचते। अन्यस्मिन् दृश्ये सः भद्रपुरुषः रामलीलानाटकं द्रष्टुं मेलायाम् एकस्यामासन्दीकायामुपविष्टः? एतेऽपि बन्धवः रामलीलाद्रष्टुं तत्र गताः। दैवात् भद्रपुरुषस्य मुण्डितशिरः तेषां दृष्टिपथे आयाति। इदानीं तं पुरुषं व्यस्तीकर्तुं चङ्गु मङ्गु च नेच्छथः। परन्तु तृतीयवारं तां दुष्टतां घटयितुं साधुः अग्रेसरति। भद्रपुरुषस्य मुण्डितमस्तके लघुचपेटामेकां संस्थाप्य पार्श्ववर्तिन्यामासन्दिकाया-मुपविश्य साधुर्वदति-श्यालक हरिहर! - पाखण्डिन्! प्रवञ्चक! त्वमत्रात्मानं निगुह्य कोणे तिष्ठसि? त्वद्भ्रान्त्या च कश्चिद्भद्रपुरुषो मयाऽकारणमेव वारद्वयं

सन्ताडितः? नेदानीं त्वां मोक्ष्यामि। चङ्गुमङ्गु चापि त्वामेव प्रतीक्षेतो चलेतस्तावत्।''[360] इदानीं भद्रपुरुषः क्रोधवचनमुच्चार्य्य प्रचण्डमन्युः साधुमाक्रमते। साधुश्च मेलाक्षेत्रात् पलायते। चङ्गुश्च मङ्गुश्च तमनुसरतः।

अस्मिन् प्रहसने या घटना घटिता सा अवश्यं दर्शकाणामानन्दाय भवति। किन्तु कौतुकमय-आनन्दोऽयं वहुत्र चङ्गु-मङ्गु-साधूनां हास्योद्वेग-जनयितरि-आलापे साधु-भद्रपुरुषयोः हास्यावेगद्दीपके कथोपकथने विद्यते। प्रहसनमिदं राजेन्द्रमिश्रस्य सूक्ष्मवाचिककौशलेन सफलीभूतम्। तस्य कौशलस्य संक्षिप्तालोचनं प्रसङ्गेऽस्मिन् कर्तुमिच्छामः। मुण्डितमस्तकं भद्रपुरुषं दूरात् दृष्ट्वा चङ्गुः तं शिरसं हिमालयशिखरो-परिस्थितं पार्वणचन्द्रमिति कथयति। यदा मङ्गुः तस्य वचनाशयाशं वोध्युं न समर्थः तदा विमनायमानः चङ्गुर्वदति- हे प्रभो! घृते प्रदत्तेऽपि ब्राह्मणो रोदित्येव? गभीरमपि मदुक्तं तथ्यं तुषमिव दूरमुत्पातयसि?[361]

चङ्गुः पुनः मङ्गुं बोधयति तेषां कथोपकथनं दर्शकाणां हास्याय अलं भवति। अत्र तद् वयं उद्धर्तुमिच्छामः।[362]

''चङ्गु : (साधु मौनस्थितं विलोक्य) बन्धो साधो! किमिदं दुर्लभं दृश्यं न ते चित्तमनुरञ्जयति? पश्य तावत्। वामनं कलेवरम्। तदपि हिमधवलवस्त्राच्छादितम्। ततश्चापि तैलचिक्कण-मुण्डितशीर्षममण्डितम्। क्वेदं रूपं रसलतयाऽवलोक्यते।

मङ्गु : मन्ये अद्यैव मुण्डनं कारितम्।

चङ्गु : अद्दैव? इदानीमेवेति वाच्यम्। किमधिकम्? मुण्डनं कारयित्वा, तैलेन सारयित्वा स्नानादिकं निर्वर्त्य किञ्चिदशित्वा झटित्येव मेलां सम्प्राप्तो भ्रातृवर्यः।

प्रहसनेऽस्मिन् चङ्गु भवति सर्वासां दुष्टकल्पनानां जनकः। मङ्गुः तत् कल्पनां वास्तवरूपं प्रदातुं साधुमुत्साहयति। चङ्गोः मनसि या दुष्टकल्पना तस्या अपि या असाधारणता तस्य सम्पादनार्थं गोस्वामिनः तुलसीदासस्यापि कथनस्य यदवतरणं सर्वं किमपि दर्शकाणां हास्योत्वेगमुत्थापयितुं यथेष्टं भवति।

तेषां कथोपकथनस्य क्षणमेकमुदाहरामः-

चङ्गु : यदि नाम कश्चित् जनो रजतपट्टसदृशेऽस्मिन् चिक्कणमुण्डित शीर्षेऽकस्मादेव वज्रनिष्ठुरं ताडयेत् तर्हि ......।

(श्रुत्वैव साधुरपि सकरतलवादनमुच्चैर्हसति)

साधु : साधु साधु! चङगो! अद्भुतेयं कल्पना! यथा विचित्रमिदं भद्रपुरुषस्य रूपं तथैव विचित्रतरमिदं कल्पनमपि!

चङ्गु : (सानुनयम्)

तर्हि बन्धो! अलं विलम्बेन! गोस्वामितुलसीदासमुखेन प्रार्थयेकवन सो काज कठिन जग माँही। जो नहिं होइ तात? तुम पाहीं!![363]

भद्रपुरुषस्य मस्तकताडनात् परमुभयोर्वाक्यविनिमयमपि हास्यजननाय अलं भवति–

साधुः (पृष्ठतस्समुपेत्य भद्रपुरुषशीर्षं च प्रचण्डचपेटयाऽभिहत्य) अये हरिहर! त्वमत्र तिष्ठसि? अहं तावत् निखिलमेलाक्षेत्रे चारं-चारं त्वामन्विष्यामि!

भद्रपुरुषः (चपेटाभिहतः शीर्षं सारयन् परावर्त्य)

भो किमिदं क्षुद्रत्वं नाम? कोऽस्ति हरिहर? कोऽसि त्वम्? भगवता नयने प्रदत्ते। द्रष्टुं न शक्नोषि?

साधु : (हस्तौ सम्मेल्य साभ्यर्थनम्)

क्षमस्व, क्षमस्व बन्धो! हरिहरो मम मित्रम्। सोऽपि भवानिव मुण्डितशिरस्कः मत्पूर्वमेव मेलाक्षेत्रमागतोऽसौ न जाने कुत्राहिण्डते? तद्भ्रान्त्यैव मयाऽभद्रमिदमनुष्ठितम्। तत् क्षन्तव्योऽहम्।

भद्रपुरुषः (सरोषम्)

गच्छ, गच्छ! नयनयोः उपनेत्रं निवेश्य हरिहरं स्वकीयमन्विष्य (इति अस्फुटं किञ्चिल्लपन् प्रयाति)[364]

द्वितीयदृश्ये वानरनृत्यप्रदर्शनक्षेत्रे तमेव पुरुषं दृष्ट्वा तस्य चपेटाघातेन रक्ताभं तं मुण्डितशिरसं छागरक्तरञ्जितं कालिकाप्राङ्गणमित्युपमा प्रदाय साधुर्वदति–

"साधु : भो अलं शाठ्येन। असह्य एवाऽसीत् मच्चपेटाघातः। छागबलिशोणितरञ्जितमिव कालीमन्दिरप्राङ्गणं मुण्डितशीर्षतलमप्यस्य वराकस्य किंशुकाभं जातम्। बहुनतोन्नतं जल्पितमनेन। मयाऽपि सर्वं सोढुं प्रणाममुद्रया।"[365]

द्वितीयेऽस्मिन् दृश्येऽपि द्वितीयचपेटाघातात् परमुभयोर्वाक्य-विनिमयं दर्शकानां श्वासरोधकाय हास्याय एव भवति-

साधुः (समुत्थाय)[366]

तत्पश्यतं मम साहसम्।

(पृष्ठतः समुपसृत्य मध्येदर्शकसम्मर्दं तिष्ठन्तं भद्रपुरुषं भूयोऽपि चण्डमाहत्य) अये हरिहर! नराधम! कुत्र कुत्र न मयाऽन्विष्टम्? पदतलयोर्मे स्फुटकानि जातानि। धूर्त! त्वम्पुनरत्र वानरनृत्ये मग्नोऽसि? होरावधितो मां शातयसि?

भद्रपुरुषः (परावर्त्य दुर्वचनानि प्रकटयन्)

नीच! जाल्म! कथम्मे पश्चात्पतितोऽसि त्वम्? हरिहरभ्रान्त्या वारद्वयं मां ताडितवानसि? कस्य जन्मनः शत्रुतां निर्यातयसि?

साधुः (पश्चात्तापमभिनयन् कपोलपार्श्वे ताडयन्)

हे राम! शिव शिव! किम्मया कृतम्? अयं नीचो हरिहरोऽद्य न जाने किं किं नृशंसं कर्म कारयिष्यति? बन्धो! केन मुखेन क्षमां याचे? नरकेऽहं पतिष्यामि।

तृतीये दृश्ये मेलायां रामलीलायोजनपरिसरः प्रदर्शितः। रामलीलाविषये मङ्गोः अज्ञानतां नीत्वा बन्धुनां कथोपकथनमपि अस्य दृश्यस्यान्तिमपर्यायस्य हास्यमयतां बर्धयति। बन्धूनां रामस्य जीवनविषयक-आलापोऽपि हास्यान्वेपिभिः दर्शनीयम्।

मङ्गु : भ्रातश्चङ्गो! कियत्कालं यावत् नाटकमिदं द्रक्ष्यामो वयम्?

चङ्गु : कथमेवं पृच्छसि?

मङ्गु : एकतस्तु क्षुधया वाधितोऽस्मि। अपरतश्च, नाटकमिदं न मे बुद्धौ मनागपि प्रविशति।

चङ्गु : अये गोमयबुद्धे! भारते सञ्जातोऽपि रामलीलाकथां नावगच्छसि?

मङ्गु : भ्रातः! त्वमवगच्छसि?

चङ्गु : अथ किम्!

मङ्गु : तदादौ इदमेव स्पष्टं भण यद्रामो रावणं हतवान् रावणो वा

चङ्गु : (कर्णौ पिधाय)

शान्तं पापम्। शान्तं पापम्। अये पापात्मन्! रामस्तु साक्षान्नारायणो जगत्पतिः। को नु खलु तं हन्तुं प्रभवति? राम एव पापिनं रावणं हतवान्।

मङ्गु : अथ सीता (इत्यर्धोक्ते)

साधु : (सनिर्भर्त्सनम्)

मङ्गो! तूष्णीमास्स्व। मूर्ख! वृद्धोऽसि जातः। रामकथां न जानासि? सम्प्रति पश्य, मञ्चोपरि यत्प्रदर्श्यते।[367]

तृतीयवारं तामेव धृष्टतां घटयितुं चङ्गोः युक्तिः दर्शनीया। सः कथयति – (सव्यङ्ग्यम्) परमेश्वरोऽभिलषति यदेकवारं पुनरपि सन्ताड्य जनमिमं स्वपुरुषार्थं प्रमाणयतु भवान्। को न जानाति यत् त्रिरुक्तमेव सत्यं भवति, सुबद्धं भवति!

बन्धो द्विः सन्ताड्यापि न ते साहसं परिपक्वं प्रतिभाति? अतएव.....[368]

साधु–भद्रपुरुषयोरन्तिमसाक्षात्कारोऽपि महद्धास्यं जनयितुं क्षमः। उभयोरालापे साधोः शिष्टाहीनं बन्धुस्सम्भाषणं भद्रपुरुषस्य च क्रोधावेगेनाशिष्ट-भाषणम् आक्रमणञ्च दर्शकानामाह्लादाय भवति –

साधु (शनैः शनैः मुण्डितशिरस्कमुपेत्य तं लघुचपेटयाऽभिहत्य तत्पार्श्ववर्तिन्यामासन्दिकायामुपविशन्)

श्यालक हरिहर! पाखण्डिन्! प्रवञ्चक! त्वमत्रात्मानं निगूह्य कोणे तिष्ठसि? त्वद्भ्रान्ता च कश्चिद्भद्रपुरुषो मयाऽकारणमेव वारद्वयं सन्ताडितः? नेदानीं त्वां मोक्ष्यामि। चङ्गुमङ्गु चापि त्वामेव प्रतीक्षेते। चलतस्तावत्।

(इति बाहुमागृह्याकर्षति, भद्रपुरुषस्याग्नेयं रूपं दृष्ट्वा च

भयमभिनयन्) अये बन्धो! पुनरपि भवानेव.... (इत्यर्धोक्त एव)

भद्रपुरुष : नीच! अशिष्ट! जारजात! सम्प्रत्येव ते नीचतायाः स्वादं त्वामास्वादयामि हरिहरश्यालक! तिष्ठ तावत्। (इत्युत्थाय सक्रोधमाक्रमते। साधुश्च विद्रवति मेलाक्षेत्रात् चङ्गमङ्गु चापि तमनुसरतः)[369]

प्रहसनं सर्वदा शिष्टमर्यादामतिक्रम्य एव प्रवर्तते। अतः कस्यापि भद्रव्यक्तेः मनोद्वेगं व्यथाञ्च जनयित्वा दर्शकाणामाह्लदोत्पादनाय या चेष्टा सा न दोषदुष्टा। अत्र चरित्राणुसारं वाग्व्यवहारस्य यथाविधं निर्माणं नाट्यकारेण विहितम्। वाचिकानां हास्योत्पादिनीया कला कवेः लेखनीसामर्थ्यं भावनासूक्ष्मताञ्च प्रतिपादयति।

खोंखीप्रहसने एकस्य गाङ्गुलीपरिवारस्य भाटकाश्रयिणा मणिरामनामधेयेन रिक्शाचालकेन सह वृथाकलहमाश्रित्य प्रहसनमिदं विरचितमस्ति। वङ्गभाषायां खोंखीशब्दस्यार्थो भवति दारिका कन्या वा। किन्तु अवधीभोजपुरीभाषासु अयं शब्दः काशरोगार्थे व्यवहृतः। अतः गृहपतिः यदा जिज्ञासते तस्य खोंखी यदागच्छति गच्छति वा कथं मणिरामः काशते इति तस्योत्तरं प्रदाय मणिरामो वदति यत् खोंखी यदा आगच्छति सर्वे काशन्ते एव अतः तस्याः आगमनकाले सः आत्मानं नियन्त्रयितुं न पारयति। एतत् श्रुत्वा गृहपतिः श्री गाङ्गुलिः आत्मानं नियन्त्रयितुं न पारयति। सक्रोधं मणिरामाय गालिं ददाति, कारागृहे प्रेषयितुमुद्घोषयति। तत् पूर्वं सः स्ववन्धुं मोहितशुक्लमाह्वयति यस्योपदेशेन रिक्शाचालकः मणिरामः यानगृहे मासिकभाटकं प्रदाय तिष्ठति। मोहित आगत्य सर्वं श्रुत्वा एकस्य शब्दस्य अर्थवैविध्यात् एव कलहोऽयं सञ्जात इति ज्ञात्वा सर्वान् अर्थव्याख्यापूर्वकं बोधयति। इदानीं गृहपतिः तस्य कन्या वरदा तस्य पत्नी च शान्ताः भवन्ति। प्रहसनस्य अन्तिमे भागे रिक्शाचालकः पृच्छति "रिक्शास्वामिन्! यदि पुनरपि खोंखी समायाति" तर्हि कासिष्यामि न वा?[370] गृहपतिराज्ञापयति– "भोः स्वैरं कासष्व। नाऽस्माकं विमतिः।"[371]

अस्मिन् प्रहसने चरित्रानुसारं वाचिकानि नाट्यकारैः सम्यक् निर्मितानि

सन्ति। स्वकन्यां रुष्टां दृष्ट्वा जननी पृच्छति– "मम जाते। किमभूत्? कथं दुर्मनायसे।"[372]

कन्यायाः वरदायाः अवमाननवाक्यं श्रुत्वा भालं ताडयन्ती जननी वदति– हे परमेश्वर! न जाने किं प्रलपतीयं मूढा। विद्यालयं गत्वाऽऽत्मानं ममाप्यज्जुकामवगच्छति। यथा न्वहं तृणकल्पा।[373]

तस्मिन् समये गृहपतिः स्नानागारात् निष्क्रम्य उभयोः कलहं श्रुत्वा वदति–

किं जातम्? किं जातम्? युवयोश्चण्डकलहारवेण गृहकक्षोऽप्ययं चतुष्पथमेव प्रतीयते। धारायन्त्रसीत्कारोऽपि मन्दतरो जातः। जलप्रणालिकाकलकलनादोऽपि कलहध्वनेरस्मात् पश्चात्कृतः।[374]

अत्र यतः सः स्नानागारात् सद्यैव वहिरागतः। अतः धारायन्त्रस्य जलप्रणालिकायाश्च प्रसङ्गं व्यवहृत्य स्ववक्तव्यं प्रकटयति। रिक्शाचालकस्य व्यवहारे क्षुब्धः गृहपतिर्वदति – "पादौ तस्याधमस्य खञ्जौ विधास्ये। नेत्रं स्फोटयिष्यामि। रक्षिस्थानकमासादयिष्यामि।[375]

खण्डितवृत्तस्य श्यालकस्य जीवनं दुर्भरं करिष्ये। हन्त! नीचोलसर्पोऽयं जातः?[376] दीनमसहायं मत्वा शरणमस्मै प्रदत्तम्। अयम्पुनर्लम्पटतामाचरति।

रिक्शाचालकस्य विषये क्रोधं प्रकट्य गृहपतिः वदति–

"अलम्। अलं विनयप्रदर्शनेन। तव विनयस्तु सम्प्रत्येव परिलक्षितो मया। नीचा नीचा एव भवन्ति। ऋजूकरणेनापि शुनो लाङ्गूलं ऋजु न जायते, वक्रमेव तिष्ठति"।[377] "अरे रे कृतघ्न! वीथीकुक्कुर! किमिदं बुक्कसि? खोंखी तव जीवितं सङ्कटापन्नं कृतवती"।[378]

वन्धो! विकृतं जातमस्य मस्तिष्कम् प्रणालिकाकृमिरयं मम मुग्धां दारिकां शातयति।[379]

यदा रिक्शाचालकः स्वदोषमाविष्कर्तुमसमर्थः, तदा दन्तान् संघट्य जननी वदति – 'पश्य पश्य तावदस्य ग्रन्थिभेदकस्य मुग्धत्वम्? इदानीमपि स्वापराधं पृच्छति![380]

अनेन भावेन राजेन्द्रमिश्रः चरित्रप्रसङ्गमनोवस्थानुसारं समुचितानि वाचिकानि प्रयोज्य स्वनाट्यकलायाः सूक्ष्मतां प्रतिपादयति।

विद्यालयनिरीक्षणप्रहसने पाश्चात्यजगतः साहित्ये Satire (व्यङ्गसाहित्यम्) यथा सामाजिकदुर्वलतामाश्रित्य हास्यमुत्पादयति समाजस्य दोषसंस्कारञ्च लक्ष्यीकरोति तथैव नाट्यकारेण भारतीयशिक्षाव्यवस्थायां यादृशी करुणावस्था दृश्यते तां व्यङ्गात्मकप्रहसनमाध्यमेन दर्शकाणां समक्षं समुपस्थाप्य शिक्षाव्यवस्थायाः संस्कारम् इच्छति।

कस्मिंश्चित् विद्यालये निरीक्षक आगत्य तत्रत्यं शिक्षादानं निरीक्षितुमिच्छति। यदा स आगच्छति तस्यागमनस्य दृश्यं कस्यापि नेतुरागमनमिव नाट्यकारेण प्रदर्शितम्। निरीक्षकः जीपयानेन आगच्छति। द्वित्राणि Hero-Honda यानानि तमनुसरन्ति। यदा सः विद्यालयं प्राप्नोति तदा विद्यालयस्य प्राचार्य्य अतिथिनां कण्ठेषु मल्लिका पुष्पमाल्यानि संस्थाप्य तेषामभिनन्दनं करोति। सर्वे अतिथयः प्राचार्य्यस्य कक्षे स्वल्पाहारं गृहीत्वा एलाच–लवङ्गादिकं ताम्बुलवीटिकादिकं वा गृहीत्वा तुष्टा भवन्ति। किन्तु निरीक्षकः ज्ञातुं पारयति यत् सर्वैव शिक्षका अत्यन्तं स्वल्पवेतनं प्राप्नुवन्ति। चतुरस्य विद्यालयप्रबन्धकस्य एतादृशी वञ्चकता सर्वेषु विद्यालयेषु दृश्यते इति तस्यानुभवः। निरीक्षकः यदा भूगोलकक्षाया-मुपस्थितो भवति तदा भूगोलशिक्षकः गङ्गानद्याः वर्णनां कृत्वा पाठयति यत् हिमालयात् निर्गत्य इयं नदी आरवसागरे प्रविशति। यदा निरीक्षकः अस्य भ्रमवचनस्य विरोधं करोति तदा स व्यञ्जनामाध्यमेन स्वस्यावस्थां वर्णयित्वा वेतनानुसारं पाठनमिति सूचयति। यदा निरीक्षकः तस्य समुचितवेतनस्य व्यवस्थां विधास्यतीति वदति तदा गङ्गाया प्रवाहः हिमालयतः वङ्गोपसागरपर्यन्तं भवतीति स छात्रान् सूचयति।

हिन्दीकक्षायाम् शिक्षकः नियुक्तिसमये तृतीयश्रेण्यां B.A. परीक्षोत्तीर्ण आसीत्। कस्मिंश्चित् दिने आत्मानं Ph.D. उपाधिधारिणमिति उद्घोष्य स्वनाम डः सूर्यदीन माहेश्वरी इत्युद्घोषयति। सोऽपि शिक्षकः कविरेण 'सखि' इति दोहाग्रन्थः प्रणीतः तस्य रचिता रमयिणी रामायणस्य स्त्रीलिङ्गमिति च सोऽपाठयत्। शिक्षकः माहेश्वरी शिवधनुभङ्गप्रकरणमुत्थाप्य स्वस्य छात्राणाञ्च तद्विषयिकामज्ञतां प्रकटयति।

संस्कृतकक्षायां ब्रह्मशब्दः नपुंसकलिङ्गे स्थित्वापि परमब्रह्म विशालां सृष्टिं कर्तुं समर्थो इति छात्रान् बोधयति। शब्दस्य नपुंसकत्वे तत् शब्दः वाच्यस्य पुरुषस्य कथं नपुंसकत्वमिति निरीक्षकवचनं सः प्रत्याख्याति।

अस्माकं देशे विद्यालयेषु महाविद्यालयेषु च प्रशिक्षणस्य या दयनीयावस्था सा प्रहसनेऽस्मिन् सम्यक् प्रतिफलिता। प्रसङ्गानुसारं नाट्यकारस्य वाचिकान्यपि अत्यन्तं समुचितानि। विद्यालयप्रबन्धक गज इवाचरति इति निरीक्षकस्य मतम्। यथा गजस्य प्रदर्शनाय दन्तद्वयं भिन्नं खाद्यचर्वणाय च दन्ताः भिन्नाः तथैव विद्यालयप्रबन्धकः वहिःलोककल्याणाय विद्यालयः संस्थापित इत्युक्त्वा मनसि अर्थसंग्रहलक्ष्यं धारयतीति निरीक्षकस्य मतम्। प्रबन्धकस्य प्रतिनिधिभूतो भवति विद्यालयप्राचार्य्यः। अतः तस्य समक्षं एतस्य सर्वस्य कथनं निष्फलमित्यपि प्रबन्धकः सूचयति – ''यथा गजानां प्रदर्शनार्थं चर्वणार्थञ्च पृथग्दन्तास्तथैव प्रबन्धकानामपि। विद्यालयसंस्थापनाप्रीतिर्व्यवहारतस्तु लोककल्याणाय परमार्थतस्तु अर्थव्यापारसंवर्धनाय संल्लक्ष्यते। भवतु। किमर्थमहम् एतत्सर्वं भवत्समक्षं कथयामि? भवानपि प्रबन्धकस्यैवच्छायापुरुषः।''[381]

गङ्गानद्या प्रवाहमार्गं सूचयित्वा शिक्षकः निर्भयं पाठयति ''वत्साः। यथोक्तं मया यद्भारतवर्षस्य समग्रमपि क्षेत्रं त्रेधा विभक्तम्। उत्तरस्यां दिशि पूर्वपश्चिमपार्श्वयोश्च पर्वतीयभागः, मध्यवर्ती कृषिकर्मोपयोगी उर्वरभूमिभागः, दक्षिणस्यां दिशि चाधित्यकाभागः।

सम्प्रति श्यामपट्टोपरि मयोट्टङ्कितं भारतमानचित्रं पश्यन्तु भवन्तः। वत्सा! इयमस्ति गङ्गानदी। इयमपारजलराशिसङ्कुला। इयं नदी हिमालयात् निर्गत्य हरियाणा–राजस्थानसीमामतिक्राम्यन्ती अरबसागरे विलीना भवति।[382]

अत्र भूगोलकक्षायां कृष्णफलके यथा विषयः सचित्रं पाठ्यते तस्य दृश्यं संघटितम्। किन्तु शिक्षकस्य भ्रमात्मिका शिक्षा देशस्य शिक्षाविभागे घटितामराजकतां सूचयति। शिक्षकनिरीक्षकयोः विषयेऽस्मिन् यः तर्क स समग्रस्य देशस्य शिक्षातिस्पृहतां प्रकटयति, शिक्षकाणां दैन्यजनितं विद्रोहमपि प्रकटीकरोति च। उभयोः तर्कस्य खण्डमेकं प्रदाय राजेन्द्रमिश्रस्य समाजदृष्टिं तस्य नाट्योपस्थापनकलाञ्च प्रतिपादयामः –

निरीक्षकः भोः पश्चात्त्वया सह वार्तां करिष्ये। परन्त्वलं छात्रान् भ्रमयित्वा गङ्गाया यात्रापथं सम्यक्तया निर्दिशतु भवान्।

प्राध्यापकः सम्यङ् निर्दिष्टं श्रीमन्। वत्सकाः। इयं गङ्गा हिमालयात् प्रादुर्भूय हरियाणाराजस्थानभुवमतिक्राम्यन्ती पश्चिमसागरे विलीना भवति। श्रुतं न वा?

निरीक्षकः भोः किमिदं निम्नोन्नतं बुक्कति भवान्? छात्राणां जीवनं नाशयति सर्वे जानन्ति यद् गङ्गा हिमालयान्निर्गत्य उत्तराखण्डोत्तरप्रदेशविहार–बंगालराज्यभूमिं तरलयन्ती बंगोदधौ विलीना भवति।

प्राध्यापक : अहमपि तदेव जानामि। परन्तु किं करवाणि? यथा सहस्त्ररूप्यकमात्रवेतनेन पञ्चसन्ततिजनकस्य मम जीवनयात्रा सङ्कुचिता जाता तथैव मम गङ्गाया अपि।[383]

यदा निरीक्षकः समुचितवेतनस्याश्वासनमुद्घोषयति तदा शिक्षकः गङ्गायाः सम्यक् मार्गं छात्रेभ्यः वर्णयति "वत्साः! यदाऽहं समुचितवेतनं लप्स्ये तदा गङ्गा हिमवतः प्रादुर्भूय हरिद्वारबिजनौरगढ़मुक्तेश्वरसूकरक्षेत्रकर्णपुरप्रयागकाशी–गाजीपुरबलियामुँगेरमुर्शिदाबादादिनगराणि संस्पृशन्ती गङ्गासागराख्यस्थाने सागरं सङ्गमिष्यति।"[384]

हिन्दीकक्षायां शिवधनुभङ्गप्रसङ्गः न केवलं हास्यकरः परन्तु शिक्षायाः वास्तवस्थितिसूचकश्च तस्योपस्थापनं चरित्राणां वाचिकानुसारं वयमत्र ददामः–

माहेश्वरी : छात्राः! रामचरितमानसस्य लक्ष्मणपरशुरामसंवादोऽध्यापितो मया। सम्प्रति प्रश्नाः पृच्छ्यन्ते। लेखराज! त्वं ब्रूहि शंकरस्य धनुः केन भञ्जितम्?

लेखराज : गुरो! शङ्करस्य धनुः तन्मित्रेण महेशेन भञ्जितम्?

माहेश्वरी : अरे मूर्ख! नाऽहं तव सहपाठिनः शङ्करस्य विषये पृच्छामि।

प्रभुनाथ : आचार्य! अहं भणामि! शङ्करस्य धनुः रघुनाथेन भञ्जितम्!

माहेश्वरी : वत्स प्रभुनाथ (इत्यर्धोक्त एव)

रघुनाथ : (तारस्वरेण रुदन्)
गुरुवर्य! अयं प्रभुनाथोऽसत्यं वदति। शङ्करस्य धनुर्न मया भञ्जितम्। मम पार्श्वे तु स्वयमेव पितृप्रदत्तं धनुर्वर्तते। अहन्तु तेनैव मत्स्यवेधं करोमि सन्ध्याकाले।

माहेश्वरी (सान्त्वयन्)

वत्स रघुनाथ! जानामि जानामि शङ्करस्य धनुर्न त्वया भञ्जितम्। असौ रघुनाथः कश्चिदन्य एवाऽसीत्।

रघुनाथ : यः कोऽपि स्तात्। परन्तु मध्येकक्षमहं प्रभुनाथेन तिरस्कृतः। तदहमपि श्व एव नूतनं धनुः पितृसाहाय्येन निर्माय प्रभुनाथाय दास्यामि। (सर्वे निर्भरं हसन्ति)

निरीक्षक : (सव्यङ्ग्यम्)

धन्योऽस्ति भवान्। माहेश्वरीमहोदय! भवत्पाठिताश्छात्रा अतीव प्रतिभाशालिनः[385]

यथा शिक्षकाणामर्धशिक्षितावस्था तथैव छात्राणामन्धात्मसन्तोषः देशस्य भविष्यम् अन्धकाराच्छन्नं करोतीति व्यङ्ग्वाचिकात्मिके अस्मिन् प्रहसने राजेन्द्रमिश्रेण सकौशलं प्रदर्शितम्।

कलिकौतुकप्रहसने - कलिविरोधिनः एकस्य ब्राह्मणस्य दयनीयता प्रदर्शिताऽस्ति। कलियुगेऽपि सत्ययुगीय मानव इवाचरितुं सः धर्माचार्यः स्वप्रवचनैः सवर्दा प्रचारयति। तेन विक्षुब्धः कलिरदृश्यरूपेण तं ब्राह्मणं विपत्सु पातयति। तस्य ब्राह्मणस्य पेटिकायां संगृहितानि खरभूज्जि छागमुण्डानि भवन्ति। ग्रामवालकेभ्यः तद् ज्ञात्वा ग्रामिणः तस्यापमानं कुर्वन्ति। अन्यत्रापि स्वयजमानस्य कन्याविवाहकाले समागता काऽपि नर्तकी प्रेमिणः उद्घोषयति। एतेन यजमानेन सः अपमानितः विताडितश्च भवति। परिशेषे आत्मवैमर्शात् यदा सः आत्महननाय प्रवृत्तो भवति तदा कलिदेवः स्वयमाविर्भूय तं बोधयति यत् कलियुगे सामान्यदानेन सामान्यजपेन देवस्मरणेन वा मनुष्याः परमार्थं प्राप्नुवन्ति। अतः एतादृशी कलिनिन्दा न कर्तव्या। धर्माचार्यः कलिदेवस्य वचनेन बुद्धः सन् तस्य भक्तो भवति। यद्यपि विषयेऽस्मिन् कलियुगस्य महत्त्वं प्रतिपादितं तथापि नाट्यकारस्य नाट्यकौशलवलेनात्रैकस्य विमर्शमनुष्यस्यात्मा सुन्दरतया चित्रितम्। ग्रामिणे समाजे वालाः कीदृशाः भवन्ति, परिवेशः कीदृशो भवति, विवाहाचारः कथं भवति, सरलमनुष्याणां बोधशक्ति कीदृशी वा भवति तस्य चित्रणं सुन्दरतया विहितम्।

इदानीमपि भारतीयग्रामेषु खरभुजां क्षेत्राणि प्राप्यन्ते। जनाः प्रभाते

स्वल्पाहाररूपेण सत्तूनि खादन्ति। अतः धर्माचार्यः शस्यक्षेत्रात् खरभूञ्जि संगृह्य सत्ययुगधर्मानुसारं तत्रैव तन्मुल्यानि स्थापयति।[386]

ग्रामेषु इदानीमपि जलसंग्रहार्थं कृपानां व्यवहारो भवति। कूपवेदिकायां स्नानं कृत्वा पूजनञ्च निर्वर्त्य पथिकजना अल्पाहारं कुर्वन्ति।[387]

ग्रामेषु वाला: सर्वेषां चिन्तनं प्रभावयन्ति। तेषां क्रीडा जल्पनं कलहः चित्कारो वा गामिणजनानां सन्तोषाय भवति। यदा धर्माचार्यस्य पेटिकायां छागमुण्डं प्राप्यते तदा सातङ्कं ग्रामवाला: चित्कारयन्ति– "अब्रह्मण्यम् अब्रह्मण्यम्। ब्राह्मणोऽयं छागमुण्डं वहति। गत्वा सर्वेभ्यः कथयिष्यामः। हन्त भो: छागमुण्डस्य प्रसादं वितरति।"[388]

विवाहसमये वरयात्रिणामानन्दाय नर्तकीनां नृत्यं परिवेष्यते। किन्तु तत्पूर्वं द्वाराचार: अनुष्ठीयते। अयमाचार: वरकन्ययो: विवाहात् परं भवति। अस्मिनाचारे उभयपक्षस्य पुरहितयो: शास्त्रार्थो भवति। शास्त्रार्थस्थाने मङ्गलश्लोकानां गानस्पर्धाऽपि पुरहितयो: पाण्डित्यप्रदर्शनाय स्वस्तिवाचनाय च भवति।

राजेन्द्रमिश्रेण कलिकौतुकप्रहसने संक्षेपेणापि भारतीयग्रामिणसमाजस्य सुष्ठुचित्रणं विहितम्। कलिदेवस्य शातनेन त्रस्तस्य धर्माचार्यस्य मनश्चित्रणं नाट्यकारेण सूक्ष्मतया कृतम्। अदृश्यरूपि–कलि: कदा धर्माचार्यस्य निन्दाम् कदा च प्रशंसां करोति। अनेन विस्मितः धर्माचार्य: वदति– "अये पुनरपि कश्चिद् ब्रवीति। कोऽयम्? न कोऽपि परिसरे दृश्यते। हे परमेश्वर! तत्कथमहं शृणोमि? कोऽयमलक्षितो मामनुसरति? कथन्न प्रत्यक्षं दृश्यते? कदाचिद् भर्त्सयति: कदाचित् प्रशंसति। तत्को नु खल्वयम्? कश्चित् शत्रुर्मित्रं वा?[389]

प्रहसनेऽस्मिन् धर्माचार्यस्य विमर्शमयी मानसिकावस्था वाचिकप्रयोगेन प्रकटिता। तस्य पेटिकायां कलिप्रभावात् छागमुण्डं प्राप्य स: विमर्श: भयभीतश्च सञ्जात:। स: चिन्तयति "हे प्रभो! किमिदानीं करवाणि? कुत आगतमिदं छागमुण्डम्? मया तु स्वप्नेऽपि मांसाहारो न विहित:। वालकैस्सह ग्रामीणा आगमिष्यन्त्येव। किन्नु कथयिष्यामि?[390]

ग्रामिणोऽपि धर्माचार्यसमीपे छागमुण्डं दृष्ट्वा यथा वदन्ति तदपि प्राकृतमनुष्याणां वचनमनुसरति। तस्य निम्नोक्तैरुदाहरणै: वयं राजेन्द्रमिश्रस्य चरित्रानुरूपं वाचिकनिर्माणकौशलमवबोद्धुं पारयाम:।

कश्चिद्ग्रामीण: अहो महापापोऽयं ब्राह्मणः। धिक् धिक्। चन्दनमालातिलकालङ्कृतस्यापि पण्डिताधमस्यास्य दुश्चरितं पश्यत।

काचिन्महिला : आः दैव! कथं ग्रामेऽस्मिन् प्रविष्टोऽयं हतकः? त्वरितमेव ग्रामसीमातो बहिनिष्कासयितव्यः। अलं दण्डयित्वा दण्डाद्वरं निष्कासनमेव हे प्रभो! को न धर्मं रक्षिष्यति? यदि धर्माचरणे नु स्थितानामपि ईदृशं चरित्रं तर्हि निश्चप्रचं प्रतपति कलिः। धर्माचार्यः सन्नपि छागमुण्डं भुङ्क्तेऽयम्!!

ग्रामीण : भोः श्रुतं त्वया न वा? उत्तिष्ठ, त्वरितमेव ग्रामाद् बहिर्गच्छ। अन्यथा एते बालका एव लोष्टाघातैः प्रहृत्य त्वां पशुमारं मारयिष्यन्ति। नाटयसि धर्माचरणं, व्यवहरसि च पापाचरणम्? तद्गच्छ। भूयोऽपि स्वकृष्णमुखं सद्वृत्तानां ग्रामेऽस्मिन् नैव दर्शयिष्यसि।[391]

ग्रामिणानां धिक्कारं श्रुत्वा मनस्तापजर्जरितः धर्माचार्यश्चिन्तयति – ''किमिदं मया सह घटितम्? हे परमेश्वर! हे करुणानिधान! कस्य पापस्य दण्डमिमं प्राप्तवानस्मि? किम्मया पापमाचरितम्? निर्विकारोऽहम्। निर्लोभोऽहम्। सर्वकल्याण-कामोऽहम् परितोषधनोऽहम्। भवदेकशरणोऽहम्। तथापि ममेयं दुर्दशा? सर्वसमक्षमेव ममापमानः? खरभुजः स्थाने छागमुण्डम्?''[392]

नाट्यनवार्णवे पञ्चमं प्रहसनं भवति उपनेत्रप्रहसनम्। अत्र दयारामनामधेयः कोऽपि अनुभागाधिकारी (Section officer) स्वस्योपनेत्रद्वयकारणात् कार्यालये हट्टे गृहे च भर्त्सितो भवति। कार्यालये कलमस्य स्थाने प्रबन्धकाय मषीशलाकां ददाति। हट्टे द्राक्षास्थाने ताम्रतरं, ताम्रतरस्थाने द्राक्षाञ्चाविष्कृत्य विक्रेतृभिः भर्त्सितो भवति। मार्गेऽपि महिषान् दृष्ट्वा तान् गजान् मनुते। गृहेऽपि स्वपत्न्यां दारिकां पश्यति; दारिकायाञ्च पत्नीं पश्यति।

एकस्य मनुष्यस्य नेत्रदुर्बलतामाश्रित्य दर्शकाणां हास्यमुत्पादयितुं नाट्यकारेण यत्नः कृतः। अत्रापि कानिचित् वाचिकानि हृदयग्राह्यानि भवन्ति। कलमस्थाने मषीशलाकां प्राप्य प्रबन्धकस्य या प्रतिक्रिया उत्थिता तां वर्णयित्वा स्वबन्धोः

त्रिलोचनस्य समीपे दयारामः वदति – "किं भवितव्यमासीत्? स खलु प्रवन्धको लेखनीस्थाने मषीशलाकां दृष्ट्वैव दुर्मनायितमहिष इव मदुपरि दारुणं निपपात। स दम्भोलिर्निघोषस्वरेण मामभणत् दयाराम! मस्तिष्कं विकृतं जातं किम्"?[393]

तथैव महीषयूथमवलोक्य गजपति च बुद्ध्वा मार्गे यदा दयारामः भयभीत आस्ते तदा कोऽपि पथिकः भयस्य कारणं पृच्छति। उत्तरेण दयारामो वदति– "अरे मित्र! न भवान् पश्यति विशालगजसेनामिमाम्? क्व यान्ति गजा इमे? गजानां को नु विश्वासः? एकेनैव शुण्डाघातेन विकलं कुर्युः। तस्मादेवाऽत्र स्थितोऽस्मि। निष्क्रान्तेष्वेषु पुरस्सरिष्यामि।[394]

तच्छ्रुत्वा पथिकः ललाटं ताडयन् प्रहसंश्च वदति– "हे परमेश्वर! कीदृशं कीदृशं वेतालं रचितवानसि! अरे श्रीमन्! आभीराणां महिष्यमे। सन्ध्याकाले जलविहारसुखमनुभूय घोषं प्रत्यावर्तन्ते। क्वाऽत्र गजाः?[395]

राजेन्द्रमिश्रस्य वाचिकसंरचनकौशलमनेन भावेन पात्रानुरूपं हृदयग्राहि च भवति।

नाट्यनवार्णवे षष्ठप्रहसनं भवति **वेतालप्रहसनम्।** अत्र आचार्य्यहरिहरनाम-धेयस्य कस्यचित् साहित्यकारस्य शवदाहकाले श्मशानभूमौ आयोजितायां सभायां नगरस्याग्रगण्या नागरिकाः वाचिकश्रद्धासुमनमर्पयन्ति। आचार्य्यहरिहरस्य प्रेतः स्वयं वेतालो भूत्वा छलनामयानां सम्भाषकाणां सम्भाषणोत्तरं तत्क्षणादेव ददाति अनेनाधुनिकसमाजे एकस्य साहित्यकारस्य जीवनं साहित्यं राजनीतिञ्च समाश्रित्य ये जना अग्रे गच्छन्ति तेषां छलनापरिपूर्णं जीवनं जनसम्मर्दं भ्रामयितुं छलसम्भाषणञ्च प्राप्यन्ते।

नगरस्य महापौरः दिवङ्गतस्य हरिहरस्य स्मृतिचारणं विधायाधुनिकनेतृणां छलनामयीं वाणीं समाश्रयते। हरिहरस्मृत्यर्थं हरिहरमार्गस्य निर्माणं हरिहरसभाभवनस्योद्घोषणमित्यादिन् मधुमय्या वाण्या उद्घोष्य साधारणज-नानुल्लसयति। तस्य सम्भाषणे यः राजनैतिकः स्पर्शः तं प्रदर्शयितुं वयं तस्य वाचिकमुपस्थापयामः "मान्या बन्धवः आचार्यहरिहरस्याऽ समयमृत्युनाऽनाथा वयं सञ्जाताः। तद्वाण्यामासीत् वज्रघोषः। तन्नयनयोरासीत् कारुण्यपारावारः। आजीवनमसौ पामराणां व्यथाः पुरस्कृत्य वैचारिकं समरं कृतवान्। स खलु पामरवसतेः कृते संघर्षं कृतवान्। स नितरां दुःखैरेव स्वोदरं भृतवान्, अश्रुभिरेव

तृषा शमितवान्। हा हन्त अदृष्टविभव एवाऽसौ असारसंसारमिमं परित्यज्य गतः।

* * * * *

बन्धवः! यायावरस्तु गतवान्। कस्मिंश्चिद् दिनेऽस्माभिः सर्वैरेव गन्तव्यम्। सृष्टेरयमेव नियमः। यस्समागतः स यास्यत्येव, अद्य श्वः परश्वो वा। परन्तु हरिहरसदृशा यदा वियुज्यन्ते तदा रोदिति समाजः, रोदिति राष्ट्रं रोदिति भगवती धरित्री।[396]

अत्र महापौरस्य वाचिकनिर्माणे नाट्यकारः राजनैतिकनेतृणां शैलीमनुकरोति। सा एव शैली नाट्यकारस्य नाटके आधुनिकतां प्रतिपादयति। तथैव शिञ्जिनि-नामधेया महिलामहाविद्यालयस्य प्राचार्या कवयित्री च स्वस्याः छलभाषण-मुपस्थापयति। अस्य भाषणस्योत्तरेण हरिहरस्य प्रेतः यद् यद् वदति तत्तद् आधुनिकसमये साहित्याकानां समाजे प्रतिष्ठितानाञ्चाभ्यन्तरीणं कलङ्कितजीवन-मुद्घाटयति। शिञ्जिनिं सम्बोध्य वेतालो वदति– "तदर्धाङ्गिनीरूपेण चैकस्मिन्नेव विष्टरे सुप्तवती विश्रामगृहेषु। यतो हि गान्धर्वविधिना तेनाऽहं परिणीताऽऽसम्। दशवर्षाणि यावत्तद्भार्यारूपेणैव लोकेनाऽङ्गीकृता, कविसम्मेलनाऽयोजकैः हरिहरवशंवदैः समादृता, महाविद्यालयप्राचार्यपदमवाप्तुमहं प्रबन्धकस्याङ्कशायिनी जाता। विश्वासघातो मया कृतः। हरिहरस्य पवित्रप्रणयनिष्ठा मया कलङ्किता। तज्जीवनं समुत्सादितम्। आत्मनोऽपि सुखं विनाशितम्। यतो हि वर्षानन्तरमेव प्राचार्यापददाता प्रबन्धकपतिर्मे कालेन कवलीकृतः। ततश्च विंशतिवर्षेभ्यो वैधव्यकलङ्कभारं वहन्ती, प्राचार्यपदान्निवृत्ताऽहं श्मशानवासिनी कपालकुण्डलेव जीवामि। किन्नु मे जीवनम्?

* * * * *

साधु साधु! हरिहरमृत्युशोकस्फुटितहृदये। को नु प्रत्यभिजानीते तवेदं दुःखम्? हरिहरं परमार्थतो दरिद्रं निर्वराटिकाञ्च ज्ञात्वेव त्वया लक्षपतेः महाविद्यालय-प्रबन्धकस्य गृहिणीत्वं स्वीकृतम्। तदा नापेक्षितस्त्वया स्वशपथाचारः? न स्मृतास्त्वया हरिहरेण सार्धं यापिताश्चौरमधुयामिन्यः? न दृष्टं त्वया हरिहरस्य त्वत्विश्वासघातोत्सन्नं जीवनम्? नाऽनुभूतं किमपि परलोकभयम् अद्य रोदिषि?[397]

प्रबुद्धपीठस्य सचिवः बकानन्दः यदा हरिहरस्य प्रशंसां प्रस्तौति हरिहरस्य

तस्योपरि ये उपकाराः तान् सर्वान् प्रस्तोतुं समयो नास्तीति च वदति तदा वेतालस्योत्तरं समाजे कृत्रिमचरित्राणां पापप्रवृत्तिं छलनाजालम् अयोग्यतामन्यस्य शोषणप्रवणताञ्च प्रकटयति। वेतालस्य वकानन्दरहस्यकथने आधुनिकसमाजस्य निःसारता अत्यन्तं स्पष्टा– "ग्रन्थिभेदक! नृशंस! नराधम। कथमवसरो नास्ति? अयमेव समुचितोऽवसरः सर्वं तत् प्रस्तोतुम्। परन्तु तत्सर्वमहं प्रस्तोष्यामि; न त्वम्। पाप! मत्प्रणीतो ग्रन्थः स्वनाम्ना त्वयैव प्रकाशितः। विरोधे कृते सति त्वयैव धनक्रीता बण्डभण्डा मां भीषयितुं प्रेषिताः?"

प्रबुद्धपीठस्य सचिवोऽसि त्वम्? का ते योग्यता? कां कक्षामुत्तीर्णवानसि? क्वचिदात्मानं विश्वविद्यालयप्राध्यापकं घुष्यसि। क्वचित्पुनः परित्यक्तारक्षिपदं वदसि। क्वचित्खलु स्वतन्त्रचेतसं सरस्वतीपुत्रं प्रसादपन्तनिरालामहादेव्युत्तराधिकारिणं ख्यापयसि?

परन्तु सर्वमिदं त्वद्व्याहरणम् अर्धसत्यमपि नास्ति। त्वज्जीवनसत्यन्तु केवलमहमेव जाने। दशमकक्षायामनुत्तीर्णोऽसि त्वम्। पुलिससेवातो निष्कासितोऽसि त्वम्। मादकद्रव्यतस्करकर्मणाऽऽत्मानं जीवयसि। मामाजीवनं शातितवानसि। न्यायालये नीतवानसि। परन्तु पापघटस्ते कस्मिंश्चिद् दिनेऽवश्यमेव स्फुटिष्यति।[398]

द्विजच्छागीयप्रहसने श्लोकरचनाकला इव वाचिकरचनाकौशलमपि अस्मिन् प्रहसने प्राप्यते। प्रथमवञ्चक ब्राह्मणस्य छागशावकं दृष्ट्वा स्वदुर्बुद्ध्यनुसारं वदति "भोः मासावस्थ एव संलक्ष्यतेऽयं छागशावकः। अमृततुल्यं भविष्यति सुस्वादुमांसमस्य। यदि तावदस्माकं दुर्बुद्धिबलेन यथाकथञ्चिदयं समुपलभ्येत तर्हि सार्थवती भवत्यद्यतनी रात्रिः।"[399]

वञ्चनाकौशलेन बुद्धिमन्तमपि ब्राह्मणम् प्रवञ्चयितुं द्वितीयः वञ्चकः स्वस्य मङ्गलविघातिनीं मानसीशक्तिम् उद्बोधयति – "बन्धो! पश्य ब्राह्मणोऽयं दृढनिष्ठो न सहसा प्रवञ्चयितुं शक्यते। परन्तु कृते सति सततपरिश्रमे, प्रयुक्ते सति मङ्गलविघातिनि मनीषावले, दक्षिणे सति च परमेश्वरे साफल्यमवाप्तुं शक्यते"।[400]

तेषां यद् वञ्चनाकौशलं तद् स्थिरीकृत्य अपरः वञ्चको वदति– "पश्य, वयं त्रयोऽपि स्फारगत्या पुरस्सरीभूय मार्गे स्थिरा भवामः। यदाऽयं द्विजोऽस्मत्समीप–मुपयाति तदा साश्चर्यं, सोपहासं सव्यङ्ग्यं, साधिक्षेपं स्कन्धस्थं छागशावकं सूकरशावकं प्रख्याप्य द्विजोऽयं समुद्वेजनीयः।"[401]

एवम्भावेन वञ्चकानामपि स्वतन्त्रा भाषा वर्तते, आसाधारणी दुर्बुद्धिर्वर्तते। वस्तुप्राप्त्यर्थं श्रमोऽपि वर्तते इति अभिव्यक्तुं नाट्यकारेण समुचितानि वाचिकानि निर्मितानि।

अद्भुतज्यौतिषप्रहसने वहूनि वाचिकानि हास्योत्पादनाय संकल्पितानि सन्ति। कन्यायाः रज्वाः जन्मलग्नपत्रिकायां वहूनि दुर्लक्षणानि दृश्यन्ते। किन्तु सत्यभाषणेन यजमानस्य परिवारात् धनलाभः संशयितो भवेत्। अतः दैवज्ञः कृकलासः प्राप्तलक्षणानां विपरीतमेव वदति। अत दर्शकेषु हास्यमुपजायते। अत्र नाट्यकारस्य कौशलं भवति आत्मगतवाचिकस्य प्रकाशवाचिकात् महान् भेदः। तादृशयोः वाचिकयोः भेदं प्रदर्शयितुं वयं तयोरुल्लेखं कुर्मः-

कृकलास : (आत्मगतम्)

हन्त! अनेकदुर्लक्षणसंवलितेयं जन्मलग्नपत्रिका। यदि नाम सत्यमुच्येत तर्हि दक्षिणाऽपि संशयिता भविष्यति। धनवैभवोन्मत्ता दुहितृसुखमात्रा काङ्क्षिणीयं श्रेष्ठिभार्या। तदलम् अप्रियसत्यभाषणेन प्रियमेवाऽसत्यं भाषित्वा मूढदम्पती प्रलोभविष्यामि। (प्रकाशम्)

अद्भुतम् अद्भुतम्। वधुके! मङ्गलमेव मङ्गलम्। दुहिता ते राजमहिषीसुखं भोक्ष्यति। एवंविधाः सोभाग्यमङ्गलहर्षानन्द-दायका ग्रहा यथास्थानं निविष्टा वर्तन्ते यत्कन्याया जीवने सुखमेव सुखम्। राजत्यो भविष्यन्ति निशाः सौवर्णानि च दिनानि।[402]

नाट्यनवार्णवस्य अन्तिमप्रहसनं भवति **मृदङ्गदासप्रहसनम्।** अत्र मृदङ्गदासनामकः पाखण्डपरायणः कृतः साधुः नगरोपकण्ठोद्याने स्थित्वा सः अनुयायिभिः स्वमहिमानं प्रचार्य्य मुग्धान् जनान् समस्यासंकटव्याधिग्रस्तान् च जनान् समस्यानिवारणव्याजेन लुण्ठति। एकदा कोऽपि पुरुषः श्वासरोगपीडितं स्वपितरं नीत्वा औषधालयं गच्छन् मृदङ्गदासशिष्यस्य कुम्भदासस्य वञ्चनाजाले पतति। कुम्भदासः चलद्वाण्यां मृदङ्गदासं सूचयति यत् एकः श्वासरोगी आगच्छति। तदनुसारं मृदङ्गदासः तान् दृष्ट्वा विविधकरणाङ्गहारमुद्रां प्रदश्य साभिनयं जपति देवशक्त्या आवेशञ्च प्रचण्डनृत्यमाध्यमेन प्रदर्शयति। तदनु चेतनां प्राप्योद्घोषयति

यदयं वृद्धः श्वासव्यधिग्रस्तः, तदनुसारं कण्ठामृतवटी तस्मै दातव्या। यदि रोग न गच्छति तर्हि सप्तमे दिवसे पुनरागन्तव्यम्। कुम्भदासहस्तात् वटीं नीत्वा पुरुषः पञ्चशतरूप्यकाणि समर्प्य स्वपितरं नीत्वा गृहं गच्छति। तयोः प्रस्थानानन्तरं गुरुशिष्याः मांसभोजनस्य मद्यपानस्य चायोजनं साधयन्ति। श्वासरोगे वृद्धः म्रियते। तस्य वृद्धस्य सम्बन्धी आरक्षीस्थानके अधिकारी आसीत्, या सर्वं ज्ञात्वा मृदङ्गदासस्य आस्थानमागत्य तं दण्डयति पञ्चशतमुद्राञ्च निष्कासयति, गुरुशिष्यान् कारागारे च क्षिपति।

अस्मिन् प्रहसने समाजस्य मिथ्यासाधूनां स्वास्थ्यचर्चा औषधविक्रयञ्च समालोचितम्। अत्र मृदङ्गदासस्यावेशनृत्यं दुर्बोध्य मन्त्रजपश्च परिवेशं हास्यमयं करोति। तस्य एकमेवोदाहरणं वयमुपस्थापयामः- शिव शिव! हर हर विषमभुजगधर! करडमरुकधर! जटाजूटविकलितगङ्गाधर!

ककरित् रुकरित् गकरित् घकरित् चकरित् छकरित् जकरित् झकरित् टटकित् ठकरित् डकरित् ढकरित्, तकरित् थकरित् दकरित् धररित्, नकरित् पकरित् फकरित् बकरित् भकरित्, मकरित् ....[403]

यदा आरक्षाधिकारी आत्मानं रोगिनमुद्घोष्य मृदङ्गदासास्थानं प्रविशति तदा सः वदति तस्य पाखण्डखण्डनरोगः नितरां कष्टं ददाति। यदि कोऽपि पाखण्डः धूर्तो वा प्राप्यते तर्हि तस्यावेशः सञ्जायते सोऽपि तं पाखण्डं भूमौ निपात्य घातयति "पाखण्डखण्डनरोगः। पाखण्डपरायणान् दृष्ट्वैव आवेश इव सञ्जायते। प्रत्यङ्गं धनुष्टङ्कार इव सञ्जायते। अपस्मार इव समुत्पद्यतेऽकस्मादेव रुद्ररूपतामुपयामि। पाखण्डिनं भूमौ निपात्य पशुमारं मारयामि। कदाचिद् यमीभूय तत्कण्ठनलिकामेव कुब्जीकरोमि। नाऽहं किञ्चिदपि स्मरामि यत्करोमि। परन्तु दर्शका एवं भनन्ति मद्व्यवहारविषये"।[404]

एतादृशं रोगं श्रुत्वा गुरुशिष्याः भयभीता भवन्ति। इदमेव दर्शकाणां हास्यमुपादयति। प्रहसनेऽस्मिन् वहुत्र दुर्बोध्यमन्त्रोच्चारणं परिवेशं प्रहसनमयं करोति। समाजे धूर्ताः सरलजनानां शोषणं कृत्वा यथा दण्डिता भवन्ति तस्य नाट्यरूपं प्रहसनेऽस्मिन् उपस्थापितम्।

(ठ) नाट्यनवरत्नम्

नाट्यनवरत्नग्रन्थस्थिते **मण्डूकप्रहसने** हास्यरसः वाक्येषु न तिष्ठति परन्तु

प्रसङ्गे नटानामभिनये च तिष्ठतीति सहृदयानामनुभवः। तथापि नाट्यकारः सर्वत्र वाचिकनिर्माणदक्षतामाध्यमेन आत्मनः प्रतिभां प्रतिष्ठापयति। दरिद्रब्राह्मणस्य गृहं वर्णयित्वा तस्य च प्रथमवाचिकेन गृहस्य दारिद्र्यभिव्यज्य नाट्यकारः समुचितानि वाक्यानि प्रथमदृश्यारम्भे संलग्नीकरोति। ''कस्यचिद् दरिद्रब्राह्मणस्य जीर्णजीर्णं गृहम्। द्वारि निखातैः शङ्कुभिः गोपानसीलम्बमानैः पञ्जरैश्च प्रतीयतेऽस्य गृहस्य कदाचित्पूर्वं पशुपक्षिसंवलितत्वम्। परन्तु सम्प्रति सर्वतश्शून्यमिदं गृहम्। स्थण्डिलोपरि कश्चित् प्रोढवयः जनस्तिष्ठति। सोऽस्ति गृहपतिः गृहान्तरे कण्ठरवः श्रूयते।

पण्डितः – अये। तदेव क्रन्दनम्। सर्वेषां गृहेषु प्रत्युषसि श्रूयते मङ्गलगीतम्। मम गृहे तावत्क्रन्दनम्!'! उत्थितप्राय एव दारको दुग्धं याचते। दुग्धं याचं याचं वराकी गृहिणी विक्षिप्तां विदधाति। असहाया तपस्विनी किं करोतु? कुतो नु दुग्धमानयेत्? निरूपाया सती दारकं निर्दयं ताडयित्वाऽऽत्मानं मोचयति।[405]

गृहस्य शिशोः कृते विन्दुमितं दुग्धमपि नासीतिति उद्घोष्य नाट्यकारः ब्राह्मणस्य दारिद्र्यं सूचयति। ग्रामं परित्यज्य राजधानीगमनेन सौभाग्यप्राप्तिर्भवेदिति यदा गृहे चिन्तनं प्रचलति तदा ब्राह्मणः राजधानीगमनाय अयमेव समीचिनावसर इत्युक्त्वा स्वपत्नीं वदति– ''देवि! समयात्प्राक् तु वृन्ते आम्रफलमपि परिपाकं नोपयाति। ममापि निर्णयस्याऽयमेव समुचितोऽवसर आसीत्।''[406]

यदा अश्वान्वेषणोद्विग्नो राजा ब्राह्मणस्य दैवज्ञत्वं श्रुत्वा तदन्तिकमागच्छति ब्राह्मणस्य सत्काररहितावस्थायां लज्जां प्रकटयति तदा ब्राह्मणस्योत्तरमत्यन्तं पाण्डित्यपूर्णं प्रसङ्गानुरूपञ्च भवति। भूपतिब्राह्मणयो कथोपकथनमिदं हृदयावर्जकम् –

भूपति : (सत्वरमुपसृत्य सप्रणामम्)

दैवज्ञरत्नः एष ते चरणकिङ्करः प्रणमति! महामान्य! समारोहसम्भार–वशादस्माभिर्बहु प्रमादितम्। भवदसम्भावनया लज्जिता वयम्। तत्कृते क्षन्तव्या वयं सर्वे।

पण्डित : विजयतां विजयतां राजराजेश्वरः। उत्तिष्ठ राजन्! नाऽत्रापराध्यति भवान्। बिलस्थं काकोदरं को नु परिचिनोति? राजन्! सम्प्रति स्वैरं भणतु भवान्। को नियोगोऽनुष्ठीयतामिति।[497]

ईर्ष्यातुराणां राजपण्डितानामाह्वानेनोद्विग्नो राजा तैः सह ज्योतिषवादं स्वीकृत्य ब्राह्मणसमीपं यत् पत्रं प्रेषयति तदपि नाट्यकारस्य लेखन्याः समुचितशब्दसमृद्धिं वाक्यवक्रताञ्च प्रतिपादयति। पत्राभ्यन्तरे गजब्राह्मणकुक्कुराः आत्मीयान् न सहन्ते इति यन्मन्तव्यं श्लोकमुखेन प्रकटितं तदपि अर्थचमत्कारितामातनोति।[408]

प्रहसनेऽस्मिन् यथा वारम्वारं विपदि पतित्वाऽपि ब्राह्मणः दैवरक्षितो भवति तदेव सामाजिकानां हास्योत्पादानाय भवति। तदर्थं प्रसङ्ग निर्माणं नाट्यकर्तुः नाट्यकलायाः प्रभावस्वरूपम्।

नाट्यनवरत्नग्रन्थे द्वितीयमेकाङ्कं भवति **प्रतिभापरीक्षणम्**। अस्मिन्नेकाङ्के विद्यालये प्रवेशार्थं छात्राणां मौखिकपरीक्षायाः चित्रमुपस्थाप्यते। अत्र नाट्यकारस्य वक्तव्यं भवति यत् छात्राः वैदेशिकानां क्रीडाचलच्चित्र-इतिहास-व्यक्तित्वविषये उत्साहं प्रदर्शयन्ति। परन्तु स्वदेशस्येतिहास-भूगोलदर्शनादि विद्याविषये किमपि न जानन्ति। यदा कस्यचित् प्रवेशार्थिनः पिता स्वपुत्रं तस्य विशेषाध्ययनविषये पृच्छति तदा स उत्तररूपेण वदति खेलादशकमिति (Ten Sports दूरदर्शने एक परिवेषणप्रवाहविशेष Channel)। तदा तस्य पिता मनसि मनसि तं वदति- मूठ गर्दभ! ज्ञातम्मया ते भविष्यम्। हे परमेश्वर! दूरदर्शनमिदं कीदृशमनर्थ मुत्पादयति? किं भविष्यत्यस्य राष्ट्रस्य? अद्यतनाश्छात्राः केवलं क्रिकेटक्रीडेतिहासं जानन्ति, चलच्चित्रगीतानामन्त्याक्षरप्रतिस्पर्धां जानन्ति, हालीवुड बालीवुडरहस्य-मवगच्छन्ति, पोकेमानकथां दिदृक्षन्ति, कार्टूनवृत्तं वा द्रष्टुं समीहन्ते।[409]

इदमेव कथनम् नाट्यकारस्य एकाङ्केऽस्मिन् मूलवक्तव्यम्। साक्षात्कारेऽस्मिन् सर्वे छात्राः भ्रमात्मकमुत्तरं ददति। यथा सर्वेषां छात्राणां मूर्खतां प्रतिपादयितुमेव नाट्यकारस्य यत्नः। गोदानोपन्यासस्य कः रचयिता इति प्रश्नस्योत्तरं मुन्सी प्रेमचन्द्रः इति नोक्त्वा नृपेन्द्रनामधेयः छात्रः वदति "श्रीमन्। साहित्यकारं तु नैव जानामि। परन्तु पुरोहितोऽस्माकं पण्डितकालीदीनो गोदानमन्त्रं सुष्ठु जानाति।[410]

तथैव प्रश्नोत्तरस्य भिन्नं खण्डमत्रोपस्थापयामः

सोमनाथ : जीवानन्द! वेदाः केन लिखिताः?

जीवानन्दः कालिदासेन। प्रारम्भे तु कालिदासो मूर्ख आसीदिति श्रूयते। वेदान् लिखित्वैवाऽसौ महापण्डितः कविकुलगुरुश्च सञ्जातः

सोमनाथ : अथेदानीं द्वितीयः प्रश्नः। पञ्चतन्त्रे केषां कथा वर्तते?

जीवानन्द : (संस्मृतिं नाटयन्)

गुरुवर्य! पञ्चपाण्डवानाम्। पञ्चतन्त्रनाम्नैव ज्ञायते!

किन्तु **प्रतिभापरीक्षण**–नामधेये एकाङ्के वहवः असमाहिताः प्रश्नाः विद्यन्ते विद्यालयछात्राणां कृते भारतीयदर्शनसम्बन्धी प्रश्नाः नापेक्षिता स्युः। यदि विद्यालयशब्देन महाविद्यालयोऽर्थः निःसरेत, तर्हि तत्र कठिनप्रश्नानां औचित्यं स्वीकृतं भवेत्। किन्तु एकाङ्केऽस्मिन् महाविद्यालयः शब्दः न गृहीतः। अयं शब्दः परवर्त्तिवादनिर्णयनामधेये एकाङ्के वर्तते। अतः अस्मिन्नेकाङ्के विद्यालयः शब्दः न महाविद्यालयबोधकः।

प्रत्येकविषये एव एवं छात्रः मौखिकपरीक्षां ददाति। ततः परं तस्य विषयस्य विशेषज्ञः प्राचार्यकक्षात् वहिर्गच्छति। अत्र न केवलं सर्वं छात्राः परन्तु स्वयं प्राचार्योऽपि भ्रान्तोऽशिक्षितश्च प्रदर्श्यते। एतेषां सन्देहानां समाधानं नाट्यकारेण न विहितम्।

नाट्यनवरत्नग्रन्थे **वादनिर्णयनम्** भवति तृतीयमेकाङ्कम्। न्यायालये व्यवहारप्रक्रिया यथा प्रचलति तस्य एकं संस्कृतरूपम् प्रदर्शयितुमत्र नाट्यकार उद्योगी दृश्यते। अतः न्यायालयस्य व्यवहृताः शब्दाः आचारव्यवहारप्रदर्शनञ्च कथं संस्कृतेन भवेत् तद् विषये सुचिन्तितं सुप्रकटितञ्च नाट्यकारेण।

करेलीविधानसभामण्डले निर्वाचितविधायको भवति चिन्तामणिः। तस्य कार्यालये गायित्री मणिरामश्च कार्यं कुर्वन्ति। गायित्री विधायकस्य चिन्तामणेः वैयक्तिकसहायिकापदे आरोपिता अस्ति। गायित्रीचिन्तामणि च महिविद्यालये सहाध्यायिनी स्तः। तयोः प्रियशिक्षक आसीत् आचार्य्यः रमाकान्तः। गायित्री मणिरामयोः स्नेहसम्बन्धः रमाकान्तेन गायित्रीमात्रा च स्वीकृतमासीत्। परन्तु गायत्रा उपरि चिन्तामणेः लोलुपदृष्टिः पतिता। तामनुकुलयितुं तेन वारम्वारमुद्यमः

कृतः। यदा चिन्तामणिर्जानाति यद् गायित्री-मणिरामयोः विवाह शीघ्रं भविता तदा बोधिकां प्रयुज्य तेन मणिरामः घातितः। एषा कथा न्यायालये साक्षीरूपेण साक्षीप्रकोष्ठे दण्डायमाना गायित्री उद्घोषयति। गणकयन्त्रात् प्रमाणं संगृह्य गायित्री न्यायाधीशं बोधयति यत् वस्तुतः विधायकः चिन्तामणिरेव तस्य भावीस्वामिनः घातकः। चिन्तामणेः कार्यमिदं न्यायालये उभयपक्षस्य बाक्कीलयोः विवादविषयः। किन्तु गायत्र्याः उपस्थापितं स्वमतं प्रमाणञ्च चिन्तामणेः पापं प्रमाणयति। तथापि न्यायाधीशः तत्क्षणादेव विधायकस्य दोषं नोद्घोष्य स्वनिर्णयं संरक्षितं स्थापयति। अत्रापि न्यायालयस्योपरि शक्तिशालिनां प्रभावः व्यञ्जितो भवति। तथैव न्यायालये व्यवहाराः वहुदिनं यावत् प्रचलन्ति। अतः एकः न्यायाधीशः स्थानान्तरितो भूत्वा नूतनन्यायाधीशश्चागत्य वाक्कीलानां वादं शृणोति। कदाचित् सम्यग् अववोद्धमपि न पारयति। तस्यापि सूचना नाट्यकारेण प्रदत्ता। तद्यथा निम्नोक्तं वाचिकद्वयम् -

न्यायाधीश : भो उभयोर्मध्ये विवादस्य कारणं किम्?

विपक्षवाक्कील : स्वामिन्! तत्सर्वं मया पूर्वसूत्रेषु सविस्तरमाख्यातम् तदा भवत्स्थाने त्रिपाठिमहोदया न्यायाधीशासनमलङ्कुर्वन्ति स्म। वाद-पञ्जिकायां सर्वमपि वृत्तं सुरक्षितं वर्तते।[412]

अस्मिन्नेकाङ्के वाचिकानि न्यायलयोचितानि कृत्वा नाट्यकारः स्ववाचिककौशलं प्रदर्शयति। न्यायालये वादारम्भस्य दृश्यं निम्नोक्तप्रकारकं भवति-

(ततः प्रविशति न्यायासनास्थो न्यायाधीशः ससहायः)

न्यायाधीशः (सर्वान् अभिवादनोत्थितान् अभिलक्ष्य) भो यथास्थान-मुपविशन्तु भवन्तस्सर्वे। उपविशन्तु, उपविशन्तु। (प्रस्तोतारमभिलक्ष्य) न्यायालयव्यापारप्रारभ्यता-मिदानीम्।[413]

यदा कस्यापि विरोधिमन्तव्यमयौक्तिकं भवति तदा तं विरोधं प्रत्याख्याय वादिपक्षस्य वाक्कीलं न्यायाधीशः प्रचोदयति अनेन वाक्येन "विरोधः खलीकृतः प्रवर्ततां भवान्।[414]

कदाचित् न्यायाधीशः रोषं प्रकट्य वाक्कीलस्य कथनं विरोधयति। उदाहरणतः एकस्मिन् प्रसङ्गे न्यायाधीशः वाक्कीलं वदति– "भो भूयोऽपि चिन्तयतु भवान्। नेदं वाक्कौशलं, न वा नर्मप्रसङ्गः न चापि रहोवार्ता। न्यायालयोऽयम् अत्राऽसाक्षिकं न किमपि वक्तव्यम्।"[415]

यदा न्यायालये दर्शकाः सोत्साहमालापयन्ति तदा न्यायाधीशः शान्त्यादेश मुद्घोषयति। तस्य दृश्यं निम्नोक्तप्रकारम् "(न्यायालयप्रकोष्ठे सर्वतोऽपि वार्ताध्वनिः)

न्यायाधीशः (लघुमुद्गरेण काष्ठफलकमाहत्य)

आदिश्यते आदिश्यते। शान्तैर्भव्य भवद्भिः

(अकस्मादेव सर्वे तूष्णीमुपगच्छन्ति)।[416]

अनेन भावेन 'वादनिर्णयनम्' नाट्यकारस्य वाचिकसंरचनाकौशलस्य एकं विशेषमुदाहरणम्।

नाट्यनवरत्ने नव-एकाङ्काः परिदृश्यन्ते। तत्र चतुर्थो एकाङ्क **'वधिरप्रहसनम्'**। वस्तुतः राजेन्द्रमिश्रस्य **नाट्यसप्तपद**मिति ग्रन्थे संकलितस्य वधिरप्रहसनाख्य-एकाङ्कस्यायं द्वितीयः भागः। प्रहसनेऽस्मिन् पितामहस्य वधिरतामाधारीकृत्य हास्यरसः निस्पन्नो भवति। शब्दान् सम्यक् श्रोतुमसमर्थः पितामहः एकस्माद् शब्दाद् भिन्नं शब्दं शृणोति। भ्रमश्रवणात् तस्य भ्रमात्मकं मन्तव्यमन्येषां हास्याय भवति। तद्यथा रामनायकः केन्द्रसर्वकारस्य वृद्धगृहयोजनाविषये वदति तदा वृद्धगृहम् इति शब्दं गृध्रमृहम् इति श्रुत्वा पितामहः शुकसारिका पालनस्थाने गृध्राणां पालनं निन्दति। यद्यपि तस्य निन्दावचनमत्यन्तं वुद्धिप्रसूतं तथापि हास्यकरं भवति। रामनायक-पितमहयोः वार्तालापः एवम्भवति–

"रामनायकः – पितामह। केन्द्रीयशासनं प्रतिनगरं वृद्धगृहं निर्मापयिष्यति। एतादृशी काऽपि योजना गृहमन्त्रालयेन परिता वर्तते।

पितामहः – गृध्रगृहम्? मस्तिष्कमेव परावर्तितं प्रतीयते गृहमन्त्रिणः। अरे, मम शैशवे तु शुकसारिकाः पाल्यन्ते स्म। केचित्सुभगम्मन्याश्छविल्लप्रकृतयो युवानस्तित्तिरान् बुलबुलानपि सुदर्शनपञ्जरेषु स्थापयित्वा हट्टेषु मेलासु महोत्सवेषु च भ्रमन्ति स्म। परन्तु पूतिमन्मांसाशिनां गृध्राणां कृते इयल्लालनं किञ्चेयती चिन्ता

नासीत्। आह रे देव! दीना दरिद्रास्तु निर्गृहाः कन्दरासु निवसन्ति, गृध्राणां कृते गृहं निर्मीयते।''[417]

तथैव चणकं पायसञ्च इति स्थाने आयसचणकं (लोहचणकं) इति श्रुत्वा स्वस्य प्राग्वैवाहिक-लौहचणकचर्वणस्मृतिर्जागरिता। तत् सर्वेषां समक्षं समुद्घाट्य पितामह हास्यमुद्पादयति-

''(सेवक : किञ्चिदशनजातमानयति। अन्येषां कृते चायपेयम्)

पितामही : भोः किञ्चिद् गृहाण, पश्चाद् वार्तां कुरु। सर्वेऽपि चायं पिबन्तु।

पितामह : किमानीतं सुमन्तुना?

सुमन्तु : पितामह! भर्जितचणकं पायसञ्च। एतदेव भवते रोचते।

पितामह : सुमन्तो! किं भणसि? आयसं चणकम्? अरे मूर्ख! तत्तु सकृदेव चर्वितं मया। जीवने त्वत्पितामहीमुद्वहता। अस्मच्छ्वसुरेण प्रतिज्ञातं यत् यावद्वरो मिडिलकक्षां नोत्तरति तावदस्मै कन्यां न दास्ये। कथम्मया सा परीक्षोत्तीर्णेत्यहमेव जाने। सैवाऽसीन्मत्कृते आयसं चणकम्।''[418]

एवम्भावेन नाट्यकारः वधिरतायाः सहायं नीत्वा प्रहसनस्य अस्य हास्यकरतां विधत्ते।

नाट्यनवरत्ने पञ्चम-एकाङ्को भवति **सम्वाददातृसम्मेलनम्**। अत्र कुँवरदम्भपाल इति नाम्नः निरन्तरराजनैतिकदलपरिवर्तनस्य राजनेतृचरित्र-विश्लेषणं नाट्यकारेण विहितम्। आधुनिकयुगे राजनेतारः यथा दुर्नीतिरता भवन्ति तस्य चित्रणमत्र विहितम्। आधुनिकविश्वसाहित्ये राजनीतिविषयमधिकृत्य वहूनि रूपकाणि रचितानि भवन्ति। किन्तु तेषां कलात्मकं यत् परिवेषणं दर्शकाणां चिन्तनवस्तु भवति तदत्र नाट्यकारस्य चेष्टायां न प्राप्यते। यद्यपि अत्र आधुनिकराजनीतिपृष्ठपटस्योपस्थापनमङ्गीकृतं तथापि अत्र ज्ञातस्य ज्ञापने दर्शकाणां चित्तविश्रान्तिः न दृश्यते। एकाङ्केऽस्मिन् यथा राजनीतिविषयः प्रतिफलितः तथा संस्कृतरूपकेषु अवश्यं क्वचित् दृश्यते। किन्तु अस्य काव्यपाकः सर्जनायाः उच्चता च समधिका भवितुमर्हतीति विज्ञानां पाठकानामनुभवः। अस्मिन्नेकाङ्के वहवः हास्यप्रसङ्गाः शब्दमाध्यमेन आधुनिकप्रसङ्गानां व्यवहाराणां संस्काराणाञ्च

प्रदर्शनेन च हास्योत्पादनचेष्टा दृश्यते। कुँवरदम्भपालस्य नूतनदलस्य नाम भवति ममगगदलम् अर्थात् मन्दिर-मसजिद्-गीर्जा-गुरुद्वारदलम् तथैव पत्रकाराणां तिर्य्यक्प्रश्नैरपमानितोऽयं राजनेता यदा मञ्चादवसीर्य्य कारयानमधिरूह्य प्रतिष्ठते तदा तस्य जयध्वनिं एवम्भावेन अर्धतुष्टाः युवानः ददति- "कुँवरदम्भपालः विजयी भवेत्। कुंबरदाम्भमालो जीव्याज्जीव्यात्। ममगगदलं जीव्याज्जीव्यात्। एम्. एम्. जी.जी. दलं विजयताम्।"[419]

समाजे राजनेतृणां दुर्नीतिपरायणता, चारित्रिकपतनञ्च यदि अभिधावृत्या नाट्ये प्रदर्श्यते तर्हि तत्र वृत्तमात्रस्यावेदनं भवति। तेन दर्शकाणां रसास्वादनं चिन्तनोन्मोचनं वा न भवति। तथापि नाट्यकारेण राजेन्द्रमिश्रेण अयं नाट्यमार्गं नूतनतया आविष्कृतः संस्कृतजगति प्रदर्शितश्च।

नाट्यनवरत्नस्य सप्तम एकाङ्को भवति **स्वयंवरकेन्द्रम्।** अत्र वरकन्यानां चयनप्रसङ्गे धनस्य यत् प्रामुरव्यं समाजे प्रचलति तदुपरि नाट्यकारः कटुमन्तव्यं विदधाति। कस्यचित् महानगरस्य केन्द्रस्थले स्वयंवरकेन्द्रं विद्यते। अत्र बरकन्यान्वेषणे जना आगच्छन्ति। तत्रैव यशोदा नाम्नि महिला स्वकन्यया सह वरप्रस्तावान् अन्विष्य आगच्छति। तत्र पीठाध्यक्षः कन्यायाः कृते यान्त्रिकस्य युवकस्यैकस्य प्रस्तावमुपस्थापयति। अस्य वर्णना पीठाध्यक्षेण मुखरतया क्रियते, "अम्ब! यान्त्रिकोऽयं युवकः, खड्गपुरातू समवाप्तपदवीकः। कतिपयमासपूर्वमेव लोकनिर्माणविभागे नियुक्तः। रूप्यकाणां पादपोऽयम्। वेतनादृते लक्षमितं बहिरर्जनमस्य प्रतिमासं वर्तते। चतुश्चक्रवाहनेन पर्यटति। गृहे सेवकानां किङ्कराणां सम्मर्दोऽहोरात्रं चङ्क्रमणं कुरुते। कथं वा भवती मन्यते।"[420]

परन्तु यशोदा यान्त्रिकाणम् अर्थलोभं दुर्नीतिं राष्ट्रद्रोहञ्च प्रदर्श्य प्रस्तावमिदं नाङ्गीकरोति। तस्याः सम्भाषणे नाट्यकारेण आदर्शवादस्य महानुद्गारः सम्पादितः तस्योद्गारस्य वास्तवतां दृष्ट्वा दर्शकाऽपि प्रभाविताः स्युः यशोदा वदति-

"यशोदा भद्र! नाऽयं मम, मम कन्यायाः वा अभिप्रेतः। एते यान्त्रिका अर्थपिशाचग्रस्ता भवन्ति। एतेऽर्थमेव भुञ्जन्ति, अर्थमेव पिबन्ति अर्थमेव निःश्वसन्ति सामान्यवेतनवन्तोऽप्येते दशगुणाधिकं वैभवं भुञ्जन्ति। यद्बहिरर्जनमेतेषां तत् पापधनं, दुष्कर्मार्जितं धनं, ऋतसत्यविध्वंसनधनम्। तेन धनेन न मे कन्या सुखिनी स्थास्यति।

यशोदा: भद्र! जलकुल्या सेतुभवनादिनिर्मातारश्चीकेदारपदवाच्या यान्त्रिकाय महार्घं धनराशिमयाचितमेव समर्पयन्ति। कस्मात्पुनः? तमनुकुलयितुं यतो हि यान्त्रिकहस्ताक्षरं विना तेषां पारिश्रमिकपत्रं न पारयितुं शक्यते।

परन्तु कुतस्समायात्यसौ धनराशिः? नाऽकाशात् न वा भवननिर्मातुरन्तप्रकोष्ठात्। वस्तुतः स्वपारिश्रमिकादेवोन्मुच्याऽसौ तं धनराशिं यान्त्रिकाय प्रयच्छति। एवं कृतेऽपि न तस्य काऽपि हानिः। यतो हि निर्माणकार्येऽसौ लौहनैयून्यं वालुकाधिक्यं विविधापमिश्रणं गलिताऽपरिपक्वेष्टिकाप्रयोगं वा विदधाति। एवं कृत्वाऽसो यं व्ययमूनयति तस्यैव कञ्चिदंशं यान्त्रिकाय ददाति।

यशोदा : भद्र! तदेतत् बहिरर्जनं न तावद् यान्त्रिकस्य प्रतिभापारितोषिकमपितु तद्भ्रष्टाचरणस्य मूल्यं, तद्राष्द्रद्रोहस्य मूल्यं, तदनार्जवस्य मूल्यम्। पश्य तावत् मुगलकालेऽपि निर्मितेषु भवनेषु क्वचिद्रन्ध्रमपि न परिलक्ष्यते। शतवर्षप्राचीना आङ्गलयान्त्रिकनिर्मिताः सेतवोऽद्याप्यक्षतास्तिष्ठन्ति परन्त्वद्यतनयान्त्रिकाणां निर्मितयः पञ्चहायनानि यावदपि निर्विकारा न दृश्यन्ते। वस्तुतोऽर्थपिशाचा एते सर्वथा दण्डनीया धिक्कृतियोग्याः। तन्न मे दुहिता यान्त्रिकगृहे यास्यति। तत्पापार्जितधनेन क्व सौख्यम्?''[421]

यशोदा चिकित्सकवरस्य प्रस्तावमपि अग्राह्यं करोति। तथैव कस्यापि धनपतिनः उद्योगपतिनः प्रस्तावमपि अस्वीकृत्य नगरे कस्मिन्नपि माध्यमिकविद्यालये कस्यापि शिक्षकस्य प्रस्तावं स्वीकरोति। किन्तु यद्धनस्य प्रत्याख्यानं तद् धनस्य फलभूतानि सुन्दरं भवनं वातानुकुलिताः कक्षाः दूरदर्शनम् दूरभाषादिव्यवस्था ग्रामप्रधानपदम् व्यवस्थिताः। कृषिभूमयः सर्वमपि पीठाध्यक्षेण शिक्षकप्रस्तावप्रसङ्गे उद्घोषितं यशोदया च सानन्दं स्वीकृतम्।

नाटके आदर्शवादस्य अयं विपर्ययः दर्शकान् साहित्यतत्त्वकविदान् च आकुलीकरोति। यशोदा–पीठाध्यक्षयोः कादृशं कथोपकथनं नाट्यकारेण प्रारम्भाद्

प्रचारितस्य आदर्शवादस्योपरि करकापातं विदधाति। उभयोः आलापस्य खण्डमेकमवश्यं द्रष्टव्यम्-

''यशोदा : भवतु। भद्र मह्यं तु रोचतेऽयं युवकः। अस्य विषये किं विशिष्टमाख्यातुमिच्छतो भवन्तः?

पीठाध्यक्ष : आं ज्ञातम्। अम्ब! पितृहीनोऽयं युवकः। मनस्विन्या अनन्या पुनर्महता कृच्छ्रेण पालितः पोषितो वर्धितः शिक्षितश्च। सच्चारित्र्यविग्रहोऽयम्। प्रतिभावलेन छात्रवृत्तिं समवाप्य पठितमनेन। एम.ए.बी.एड. परीक्षामुत्तीर्य सम्प्रति अध्यापको जातो नगरस्थे माध्यमिकविद्यालये। आदिवसमध्याप्य सायन्तने काले गृहमुपावृत्य मातरं सेवते।

यशोदा : (आनन्दविह्वला सती)

ग्रामोऽस्य नगरं निकषैव वर्तते किम्? मन्ये तत्रापि सर्वाऽपि व्यवस्था कृताऽनेन।

पीठाध्यक्ष : सत्यमाह भवती। तत्रस्थं पैतृकं जीर्णशीर्णं मृत्तिकागृहं विनिपात्य रुचिरं पक्केष्टकाभवनं निर्मितमनेन। तत्र वातानुकूलन-दूरदर्शन-दूरभाषादिसर्वापि नगरोचितव्यवस्था वर्तते। इतो नगरादर्धहोरावास्रव्ये ग्रामे चन्दनपुरे निवसत्ययम्। कृषिकार्यमपि सुव्यवसथितं वर्ततेऽस्य ग्रामेऽस्य लोकप्रियताया इदमेव प्रमाणं यदिदानीं तृतीये पर्यायेऽयं ग्रामप्रधानपदे निर्विरोध-मङ्गीकृतः।[422]

नाट्यनवरत्नस्य अष्टमम् नाट्यम् भवति **क्रीतानन्दाभियः** एकाङ्कः। अत्र वाराणसी-नगर्य्यां काऽपि महिला स्वपतिं भूमौ शाययित्वा वस्त्रेणाप्याच्छाद्य तस्य च मरणमुद्घोष्य दाहसंस्कारार्थं भिक्षां याचते। अनभिज्ञाः जनाः ताभ्यः सहायतारूपेण रूप्यकाणि ददाति।

तद् दृश्यं दृष्ट्वा नगरनिगमाधिकारी सोमः दाहसंस्कारप्रवन्धाय निगमपक्षतः व्यवस्थां करिष्यतीति तां महिलां प्रबोध्य यदा स्वल्पकालार्थं स्वकार्यालयं गच्छति। नगरभिषजं यानञ्चानीय प्रत्यागच्छति तदा ज्ञातुं पारयति यत् सा घटना महिलायाः जीविकाभूतं मरणनाट्यमेवसीत्।

अन्यस्मिन् दिने तामेव महिलां तथैव पतिमरणजनितक्रन्दननाट्योपस्थापिकानं दृष्ट्वा नगरारक्षीमानीय उभयोः महिलापुरुषयोः कारागारगमनं सम्पादयति।

अस्मिन्नेकाङ्के नारी सर्वं किमपि कर्तुं क्षमा इति उद्घोषणमपि नाट्येन विहितम्–

अग्निरन्नं मलं प्रीत्या किं न भक्षयितुं क्षमः।
किन्न कर्तुं क्षमा नारी किन्न सिन्धो विलीयते।।[423]

श्लोकादस्माद् ज्ञायते यथा अत्र सैव महिला जनवञ्चनं करोति स्म। तस्याः पुरुषस्तु निर्दोष एवासीत्। अस्मिन् एकाङ्के समाजस्य जनवञ्चनप्रकारेभ्यः एकस्य प्रकारस्य मञ्चस्थीकरणं विहितम्। किन्तु अनेन दर्शकाणामानन्दाय किञ्चित् विशेषं न दृश्यते। नाप्यत्र आधुनिकसाहित्यज्ञातृणां कृते काव्यगता उच्चता प्राप्यते।

नाट्यनवरत्ने अन्तिम नवमश्चैकाङ्को भवति **'शारदावमाननम्'**। अस्मिन्नेकाङ्के नाट्यकारस्य मनोभूमेः भागद्वयं प्रतिफलितं दृश्यते। प्रथमे दृश्ये प्रथमभागस्य द्वितीये दृश्ये द्वितीयभागस्य प्रस्फुटनं नाट्यकारेण विहितम्। प्रथमदृश्ये एकस्य काव्यकारस्य यथा अवमानना स्वगृहे एव अपि च स्वपत्न्या एव भवति तस्य प्रतिफलनं प्राप्यते।

द्वितीये दृश्ये आधुनिकसमाजे यथा प्रवीणान् साहित्यकारानतिक्रम्य अभिनेतारः नेतारः क्रीडाविदः अन्ये च तादृशाः वहवः समाजे अधिकतरां प्रतिष्ठां प्राप्नुवन्ति, तदुपरि क्षोभः प्रकाशितः। साहित्यिकस्य क्षोभद्वयं सर्वदा एव हृदये कण्टकमिव प्रविष्टं तिष्ठति। अतः राजेन्द्रमिश्रेण स एव क्षोभः एकाङ्के विशदीकृतः। रङ्गनाथः देशस्य प्रख्यातः कविः। परन्तु तस्य पत्नी कमला तस्य विद्वत्तां न स्वीकरोति न चानुभवति। रङ्गनाथश्च यान्त्रिकः भिषक् व्यापारी, अधिवक्ता (वाक्कीलः) वा न भूत्वा साहित्यकार एव इति क्षोभेण आत्मविनयं प्रकटयति। उभयोः कथोपकथनस्य सारांशः एवमेव भवति–

कमला : (सासूयमिव) कोऽस्ति भवान्? अहमपि तावच्छृणवानि?

रङ्गनाथ : (पत्न्या मौढ्यं विद्वेषञ्चानुभवन्)

योऽहं तं मां न ज्ञास्यसि त्वम्। यतो हि नाऽहमुत्कोचपरायणो यान्त्रिकः,

नाऽहं यमसहोदरः खण्डितवृत्तो भिषक्, नाऽहं मदान्धलोचनो व्यापारी, न चापि षडयन्त्रपापाचारपारगोऽधिवक्ता! यद्यहमेषामन्यतमः कोऽप्यभिवष्यं तर्हि निश्चप्रचं त्वं मामतिशयेन बहुमानेन प्रीत्या चाऽज्ञास्यः।[424]

पत्नी कमला साहित्यमाध्यमेन जीवने न किमपि प्राप्यते इति उद्धोषयति स मौर्ख्यं प्रदर्श्य सा वदति–

"अहमेवैका युवयोर्मध्ये मूढा तिष्ठामि। तस्मादेव नक्तन्दिक महानसे ग्रहग्रस्तव मांसास्थिजालं जरयामि।"[425]

अशिक्षा एव तस्याः एतादृश्या भावनायाः कारणमिति रङ्गनाथः स्वपुत्रं विनोदं वोधयित्वा वदति –

"वत्सः। तस्याः पृथगेव संसारः। तस्माद् बहिरागन्तुं नेच्छति सा शिक्षेव मनुष्यं परमार्थतो मनुष्यं विदधाति। शिक्षैव मनुष्यं देवपदवीमप्यधिरोहयति। तवाम्बा तयेव शिक्षयाऽसत्कृता। तस्मादेव, स्वयमपि सन्तप्यते, मां त्वाञ्चापि जातुचित् सन्तापयति। वस्तुतः आवयोः समादरप्रणयपात्री सा।"[426]

तथैव नाटकस्य द्वितीये दृश्ये रङ्गनाथः देशस्य राष्ट्रपतिना सह साक्षात्काराय अवसरं प्राप्नोति। परन्तु तत्र गत्वा सः पश्यति यत् अन्ये जनाः ये नेतारः अभिनेतारः क्रीडाविदः ते एव तस्य कृते निर्दिष्टे समये राष्ट्रपतिना सह वर्तन्ते। अतः सः क्षुब्धो भूत्वा तिष्ठति। आसन्दिकायामुपविश्य निद्रागतेन सह स्वप्ने राष्ट्रपतेः समक्षं स्वक्षोभस्य प्रकटनं विदधाति। तस्य मतेन क्रीडाभिनयकलादिद्वारा राष्ट्रस्य मनोरञ्जनं भवति न तु राष्ट्रस्य निर्माणम्। राष्ट्रनिर्माणन्तु त्यागेन तपस्यया साहित्येन धर्माचरणेन च सम्भवति। पुनरपि क्रीडाभिनयकलादिद्वारा राष्ट्रे मिथ्याचार, दुराचारः, व्यभिचारश्च प्रसारितो भवति। अथच तैः तैः मार्गैः जनाः अधिकं अर्थं भाग्यञ्च प्राप्नुवन्ति। किन्तु कोऽपि कविः अध्यापक स्वदारिद्रये एव चिरं तिष्ठति। तथापि दारिद्र्यमनुभूयापि ते जनमानसे चिरं सजीवाः तिष्ठन्ति। किन्तु अन्ये युद्धजेतारः कलाक्रीडाभिनयादिजीविनश्च कालान्तरे इतिहासस्य विस्मृतिपृष्ठायां विलीयन्ते। स्वप्ने एव राष्ट्रपतिसमक्षं एतादृशं दीर्घवक्तव्यम् यत् रङ्गनाथेन कृतं तद् राजेन्द्रमिश्रस्य कलात्मकमभिव्यञ्जनमेव।[427]

अतएव आधुनिकसमाजे साहित्यकारस्य स्थानं जीवनञ्च इति प्रबन्धं कविना नाट्यरूपेणोपस्थापितम्, यत्र दृश्यते गृहे, गृहाद् वहिश्च साहित्यकारः उपेक्षितः

तर्जितश्च। साहित्यमाध्यमेन न धनार्जनं भवति। अतः लोकेषु साहित्यिकस्य कृते श्रद्धा न आत्यन्तिको तथापि राजेन्द्रमिश्रेण क्रीडाभिनयकलादिद्वारा समाजे भ्रष्टाचारस्य प्रसारो भवतीति यन्मतं तदपि न पूर्णसत्यम्। वहुत्र एतैरपि दर्शकाः बौधिकम्, आध्यात्मिकञ्च आनन्दं प्राप्नुवन्ति। पक्षान्तरे साहित्यक्षेत्रेऽपि अश्लीलतादिदोषाः समाजं कुपथे नयन्ति इति वक्तुं प्रभवामः। चलच्चित्रस्य कथासु ये हिंसादिदोषाः प्रदर्श्यन्ते ते साहित्यिकानामेव कृतयो भवन्ति। साहित्येऽपि ये प्रामुख्यं प्राप्नुवन्ति तेऽपि कोटिमितं धनमुपार्जयन्तीति दृश्यते।

अस्माकमध्ययनेन अयं निष्कर्षः प्राप्तो भवति यद् राजेन्द्रमिश्रस्य वाचिकानि कालिदासस्य वाचिकैः शब्दैश्च प्रभावितानि सन्ति। तथापि आधुनिकप्रसङ्गान् दृष्ट्वा तेन स्ववाचिकेषु स्वातन्त्र्यम् अन्यन्यतां हृदयग्राहीताञ्च पल्लवयति।

पाटीका

1. विद्योत्तमा, अभिराजराजेन्द्र मिश्रः, Eastern Book Linkers, Delhi, 1992, अङ्क 3, पृ० 45
2. दास्यापनोदनम्, नाट्यपञ्चामृतम्, इलाहावाद, 1997, पृ० 3
3. तत्रैव, पृ० 4।
4. रघुवंशम्, कालिदासग्रन्थावली (प्रथमभागः), सम्पादना-रेवाप्रसाद द्विवेदी, कालिदाससंस्कृत अकादमी, उज्जयिनी, 2008, श्लोकः-21/13
5. दास्यापनोदनम्, तत्रैव, पृ०-4।
6. साहित्यदर्पणः, सम्पादना- शालीग्रामशास्त्री, मतिलालबनारसीदास, दिल्ली, 1997, सप्तमः परिच्छेदः, श्लोकः-15, पृ०-248
7. दास्यापनोदनम्, पृ०-4।
8. मृच्छकटिकम्, समादना- मदनगोपाल वाजपेयी, भारतीयविद्याप्रकाशन, दिल्ली, 2007 (पञ्चमं संस्करणम्), प्रथमाङ्कः, पृ०-70।
9. (क) चारुदत्तः विदूषकं वदति-तद्वयस्य? कृतो मया गृहदेवताभ्यो बलिः। गच्छ, त्वमपि चतुष्पथे बलिमुपहर, मृच्छकटिकम्, प्रथमाङ्कः, पृ०-31।
   (ख) विदूषकः वसन्तसेनां तस्याः गृहपर्यन्तं सहायको भूत्वा रक्षितुम् अनङ्गीकृत्य चारुदत्तं वदति- "त्वमेव एतां कलहंसागामिनीम् अनुगच्छ राजहंस इव शोभसे। अहं पुनर्ब्राह्मणः यस्मिन् तस्मिन् जनैः चतुष्पथोपनीतः इवोपहारः कुक्कुरैरिव खाद्यमानो विपत्स्ये। - मृच्छकटिकम्, प्रथमाङ्कः, पृ० 52।
10. गाहन्तां महिषा निपानसलिलं शृङ्गैर्मुहुस्ताडितं

छायाबद्धकदम्बकं मृगकुलं रोमन्थमभ्यस्यतु
विश्रब्धं क्रियतां वराहततिभिर्मुस्ताक्षतिः पल्वले
विश्रामं लभतामिदं च शिथिलज्याबन्धमस्मद्धनुः।।6।।
अभिज्ञानशाकुन्तलम्, सम्पादना C.R. Devdhar, मतिलालबनारसीदास, Delhi, 1934, द्वितीयाङ्कः, श्लोकः-6।

11. दास्यापनोदनम्, पृ०-4।
12. तत्रैव, पृ० -4।
13. मृच्छकटिकम्, प्रथमोऽङ्कः, पृ०-80
14. दास्यापनोदनम्, तत्रैव, पृ० - 8।
15. तत्रैव, पृ० 9।
16. अर्जुनोर्वशीयम्, नाट्यपञ्चामृतम्, पृ०-23।
17. ततः प्रविशति काञ्चनसिंहासनस्थो लसद्विग्रहः पुरन्दरः सपरिवारः। पुरन्दरसभायामेकतो वरुण-कुवेर-प्रमुखा देवास्तिष्ठन्त्यपरतश्च चित्ररथादिगन्धर्वाः उर्वशी प्रमुखा अप्सरसश्च उत्तरदिग्वर्तिषु मृगचर्ममण्डितासनेषु नारदप्रभृतयो देवर्षयोऽपि राराज्यते। निखिलमपि देवास्थानमण्डपं मृगमदचन्दनपारिजातगुरुगन्धंसुवासितं वर्तते। सङ्गीतकं स्फुरति नन्दनवनपरिमललसदङ्गा। मरुताऽऽनीयत इहसुरगङ्गा। रुचिरोऽयं परिवेषः।।6।। अर्जुनोर्वशीयम्, श्लोकः-6, पृ० 20।
18. पुरन्दरस्य वैजयन्तप्रासादे अर्जुनस्य निवासकक्षः। चलत्पारिजातफलाशान्तरगोचराश्चन्द्रमरीचयो गवाक्षरन्ध्रेस्समाविशन्ति कक्षे। भवनभित्तिप्रत्युप्ताः मणिमाणिक्येन्द्रनीलवैदूर्टा-पद्मरागादिमणयः विविधच्छटां किरन्तस्संलक्ष्यन्ते। मध्येशालमधिशय्यां शयानोऽर्जुनः स्मृतिशून्यतां नाटयन् भवनच्छदिं विलोक्यते-अर्जुनोर्वशीयम्, तत्रैव, पृ० 25।
19. प्रीतिनिर्यातनम्, - तत्रैव, पृ०-39।
20. तत्रैव, पृ० 35
21. तत्रैव, पृ० 40
22. तत्रैव, पृ० 41।
23. तत्रैव, पृ० 41।
24. समर्चितमृत्तिकम्, नाट्यपञ्चामृतम्, पृ०-50।
25. तत्रैव, पृ० 54। 26. तत्रैव, पृ० 55।
27. (क) निष्प्राणं मच्छरीरं नीयतां मज्जनपदग्रामे यथा मे पितरौ तदालोड्य विलोड्य निपुणमवेक्षेतामवगच्छ ताञ्च यत्तयोः पुत्रेण मेजर आशारामत्यागिना सर्वा एव गुलिकाः वक्षःस्थलोपर्येव सोढाः पृष्ठोपरि नैकापि!
    (ख) प्रत्येकं जनिरस्तु मानवकुले शौर्यव्रते शंसिते प्रत्येकं जननञ्च मे प्रभवतादस्मिन्नेव

भारते। एवं स्यान्निधनञ्च मित्रपरिधौ भूमिस्थले कोमले नान्या कापि सुखावहा परताऽऽकांक्षा मदीया सखे!!10!! – तत्रैव, पृ० 60।

28. छलिताधमर्णम्, नाट्यपञ्चामृतम्, पृ०–70।
29. तत्रैव, पृ० 65।
30. तत्रैव, पृ० 68।
31. तत्रैव, पृ० 17–18।
32. तत्रैव, पृ० 26।
33. मेघदूतम्, उत्तरमेघः, श्लोकः 46।
34. अकिञ्चनकाञ्चनम्, – तत्रैव, पृ०–24।
35. मालविकाग्निमित्रम्, सम्पादना–K. A. Subramania Lyer, साहित्य New Delhi, 1978, श्लोकः– 1/2, पृ०–21।
36. अकिञ्चनकाञ्चनम् – तत्रैव, पृ० – 18।
37. तत्रैव, पृ० – 18।
38. तत्रैव, पृ० 16।
39. तत्रैव, पृ० 20।
40. कविसम्मेलनम्, नाट्यपञ्चगव्यम्, अभिराजराजेन्द्र मिश्रः, वैजयन्तप्रकाशन, इलाहावाद, 1984, पृ० 18।
41. मालविकाग्निमित्रस्य प्रस्तावनायां सूत्रधारो वदति –
"अभिहितोऽस्मि परिषदा कालिदासग्रथितवस्तु मालविकाग्निमित्रं नाम नाटकमस्मिन् वसन्तोत्सवे प्रयोक्तव्यम् इति। तदारभ्यतां संगीतकम्।" तदनन्तरं पारिपार्श्विकः उत्तरयति यत् स्थितेषु प्रसिद्धेषु पूर्वककविषु कथं वा नूतनकवेः कालिदासस्य समादरः – "मां तावत् प्रथितशसां भाससौमिल्लकविपुत्रादीनां प्रवन्धानतिक्रम्य वर्तमानकवेः कालिदासस्य क्रियायां कथं बहुमानः।" मालविकाग्निम्त्रम्, पृ०–1–2।
42. कविसम्मेलनम्, – तत्रैव, पृ०–19।
43. मृच्छकटिकम्, तत्रैव, श्लोकः–/ पृ०–6।
44. कविसम्मेलनम्, तत्रैव, पृ० 21।
45. तत्रैव, पृ० 21।
46. तत्रैव, श्लोकः–14, पृ०–21।
47. तदापीदमस्तु भरतवाक्यम् –
क्षोरिण्यः सन्तु गावो भवतु वसुमती सर्वसम्पन्नसस्या।
पर्जन्यः कालवर्षो सकलजनमनोनन्दिनो वान्तु वाता।।
मृच्छकटिकम्, अङ्कः–10, भरतवाक्यम्, पृ०–639।
48. किं कथयामि भोः? साम्प्रतिके भारतवर्षे तु न कोऽपि पालकः न कोऽप्यार्यकः न च

शार्विलकः। चारुदत्तानां पुनः का कथा? (सोल्लुण्ठम्) आम् केवलमेकमेव शकारवाहुल्यं भृशं पश्यामि भारते। (सहृदयेष्वट्टहासः) भरतवाक्येऽपि यत्किञ्चिदीहितं मया सर्वथा तत्प्रतीपमेव पश्यामि। तथाहि शस्यविहीना वसुमती साम्प्रतं तु धेनव एव तावन्न सन्ति क्षीरिणीनां पुनः का कथा? तथापि कामये शूरा भवन्तु शिशवः सुधियश्च धीरा बुद्धिं प्रयातु नवदर्शकमण्डलीयम्। गङ्गातरङ्गरमणीयपवित्रमौलिः भूयोऽप्यहो विजयतां सुखदप्रयागः।।14। –कविसम्मेलनम्, नाट्यपञ्चगव्यम्, पृ० 21

49. तत्रैव, श्लोकः–16, पृ०–22।
50. तत्रैव, श्लोकः– 18, पृ० 22।
51. तत्रैव, पृ०–22–23
52. तत्रैव, पृ० 23
53. तत्रैव, पृ० – 23।
54. तत्रैव, पृ० – 23।
55. राधामाधवीयम्, नाट्यपञ्चगव्यम्, पृ०–30।
56. तत्रैव, पृ० –31।
57. तत्रैव, पृ० 32।
58. तत्रैव, पृ०–34।
59. तत्रैव पृ० 36।
60. साहित्यदर्पणः, षष्ठपरिच्छेदः, पृ०–285।
61. फण्टूसचरितभाणः, नाट्यपञ्चगव्यम्, पृ० 43।
62. तत्रैव, पृ० 43।
63. तत्रैव, पृ० 44।
64. तत्रैव, श्लोकः–6, पृ० 44। 65. तत्रेव, पृ० 44।
66. तत्रैव, श्लोकः 7, पृ० 44।
67. तत्रैव, पृ० 85।
68. तत्रैव, पृ० 85।
69. अद्वैत सुखदुःखयोरनुगतं सर्वास्ववस्थासु यद्
    विश्रामो हृदयस्य यत्र जरसा यस्मिन्नहार्यो रसः।
    कालेनावरणत्ययात्परिणते यत्स्नेहसारे स्थितं
    भद्रं तस्य सुमानुषस्य कथमण्येकं हि तत्प्राप्यते।।39।।
    – उत्तररामचरितम्, श्लोकः–1/39
70. हतो वा प्राप्स्यसि स्वर्गं जित्वा वा भोक्ष्यसे महीम्।
    तस्मादुत्तिष्ठ कौन्तेय युद्धाय कृतनिश्चयः।।
    –श्रीमद्भगवद्गीता, गीताप्रेस, गोरक्षपुर, द्वितीयोऽध्यायः, श्लोकः–37।

71. ये यथा मां प्रपद्यन्ते तांस्तथैव भजाम्यहम्।
मम वर्त्मानुवर्तते मनुष्याः पार्थ सर्वशः।।11।।
– श्रीमद्भगवद्गीता, चतुर्थोऽध्यायः, श्लोकः– 11।
72. फण्टूसचरितभाणः, नाट्यपञ्चगव्यम्, पृ० 86।
73. तत्रैव, पृ० 46–47।
74. तत्रैव, पृ० 47।
75. भो भो भुजंगपुरनिवासिनः सहृदयसामाजिकाः शृण्वन्तु सर्वेऽत्रभवन्तः यदस्मन्महाराजो वीरभद्रः कलितबकवेषः अङ्गीकृतकपटमार्जारपराक्रमः परिसरनरेशस्य रोद्रपाणे शुभाङ्कजायां शृङ्गरवल्ल्यां समासक्तः सबलात्कारं तां परिणेतुं प्रतिष्ठते!
– नवरसप्रहसनम्, नाट्यपञ्चगव्यम्, पृष्ठण् 52।
76. तत्रैव, पृ० 53
77. तत्रैव, पृ० 53।
78. तत्रैव, पृ० 56।
79. तत्रैव, पृ० 56।
80. तत्रैव, पृ०–53।
81. तत्रैव, पृ० 53।
82. तत्रैव, पृ०–54।
83. तत्रैव, पृ० 55।
84. कचाभिशापम्, तत्रैव, पृ० 61 –
85. तत्रैव, पृ० – 61।
86. तत्रैव, पृ० 66।
87. इन्द्रजालम्, चतुष्पथीयम्, वैजयन्तप्रकाशनम्, इलाहावाद, 2004 (द्वितीय–संस्करणः), पृ०–31।
88. तत्रैव, पृ०–32–33॥
89. तत्रैव, पृष्ठानि 34–36।
90. तत्रैव, पृ० 36।
91. तत्रैव, पृ० 37।
92. तत्रैव, पृष्ठो–36–38।
93. तत्रैव, पृ० 39।
94. निर्गृहघट्टम्, चतुष्पथीयम्, पृ० 46।
95. तत्रैव, पृ० 49।
96. तत्रैव, पृ० – 50।
97. तत्रैव, पृ० – 50।

98. तत्रैव, पृ०–52।
99. तत्रैव, पृ० 52।
100. तत्रैव, पृ० 52।
101. तत्रैव, पृ० 53।
102. तत्रैव, पृ० 57। 103. तत्रैव, पृ० 58।
104. इदं विविधभारत्या इलाहाबादकेन्द्रम्। सम्प्रति प्रस्तूयते चलचित्रगीतानां कार्यक्रमो मनचाहे गीत इति। सर्वप्रथमं श्रृण्वन्तु भवन्तो मुगले आजमचलचित्रस्येदं गीतम्। संगीतकारोऽस्य गीतस्य नौशादो गायिका च मंगेशकरोपह्वा लता। (गीतिका प्रवर्तते)

प्यार किया तो डरना किया
जब प्यार किया तो डरना क्या!
प्यार किया कोई चोरी नहीं की
छुप–छुप आहें भरना क्या!!

–तत्रैव, पृ०–58

105. तत्रैव, पृ० 47
106. अभिज्ञानशाकुन्तलम्, द्वितीयाङ्कः, श्लोकः–18।
107. निगृहघट्टम्, तत्रैव, पृ० 47।
108. तत्रैव, पृ० 50।
109. मृच्छकटिकम्, श्लोक–13, प्रथमाङ्क, तत्रैव, पृ० 58।
110. निर्गृहघट्टम्, तत्रैव, पृ०–52।
111. मृच्छकटिकम्, प्रथमाङ्कः, श्लोकः–18।
112. निर्गृहघट्टम्, तत्रैव, पृ० 54।
113. उत्तररामचरितम्, श्लोकः–3/1।
114. निर्गृहघट्टम्, तत्रैव पृ०–54।
115. अभिज्ञानशाकुन्तलम्, द्वितीयाङ्कः।
116. निर्गृहघट्टम्, तत्रैव पृ० 55।
117. वैधेयविक्रमम्, चतुष्पथीयम्, पृ० 70।
118. तत्रैव पृ० 64।
119. तत्रैव, पृ० 69।
120. तत्रैव, पृ० 65।
121. रघुवंशम्, मतिलाल बनारसी दास, दिल्ली, 1997, श्लोकः– 2/47 पृ० 40
122. वैधेयविक्रमम्, चतुष्पथीयम्, तत्रैव, पृ० 65।
123. उत्तररामचरितम्, तत्रैव, श्लोकः–49, पृष्ठम
124. वैधेयविक्रमम् चतुष्पथीयम्, पृष्ठम 66।

125. अभिज्ञानशाकुन्तलम्, प्रथमाङ्कः।
126. वैधेयविक्रमम्, चतुष्पथीयम्, तत्रैव, पृष्ठ्म 69।
127. मृच्छकटिकम्, प्रथमाङ्कः, पृ०-84।
128. (क) पूर्वजन्मनि नैषधो नलोऽपि त्वत एव पाकविधां शिक्षितवान्। पृ० 40।
(ख) पूरुः स्वयौवनं समर्प्य मां पुनरपि युवानं विधास्यति? - वैधेयविक्रमम्, चतुष्पथीयम्, तत्रैव, पृ० 65।
129. मोदकं केन भक्षितम्, चतुष्पथीयम्, पृ० 76।
130. तत्रैव, पृ० 77।
131. तत्रैव, पृ० 78।
132. तत्रैव, पृ० 79।
133. तत्रैव, पृ० 74।
134. तत्रैव, पृ० 74।
135. तत्रैव, पृ० 77।
136. तत्रैव, पृ० 76।
137. तत्रैव, पृ० 77।
138. तत्रैव, पृ०-79। 139. तत्रैव, पृ०-83।
140. तत्रैव, पृ० 79।
141. प्रशान्तराघवम्, अभिराजराजेन्द्रमिश्रः, वैजयन्त प्रकाशन, इलाहावाद, पृ०-25
142. तत्रैव, प्रथमोऽङ्कः, पृ० - 25।
143. तत्रैव, प्रथमोऽङ्कः, पृ०-25।
144. तत्रैव, प्रथमोऽङ्कः, पृ०-27।
145. तत्रैव, प्रथमोऽङ्कः, पृ० 33
146. तत्रैव, प्रथमोऽङ्कः, पृ०-33।
147. तत्रैव, द्वितीयोऽङ्कः, पृ० 42।
148. तत्रैव, द्वितीयोऽङ्कः, पृ० 44
149. तत्रैव, द्वितीयोऽङ्कः, पृ० 45-46।
150. तत्रैव, द्वितीयोऽङ्कः, पृ० 46।
151. तत्रैव, द्वितीयोऽङ्कः, पृ० 47। 152. तत्रैव, द्वितीयोऽङ्कः, पृ० 47।
153. तत्रैव, द्वितीयोऽङ्कः, पृ०-47। 154. तत्रैव, द्वितीयोऽङ्कः, पृ०-47।
155. तत्रैव, द्वितीयोऽङ्कः, पृ० 48
156. तत्रैव, तृतीयोऽङ्कः, पृ०-61।
157. तत्रैव, चतुर्थोऽङ्कः, पृ० 63।
158. स्वोपज्ञमेकाङ्किलक्षणम्, नाट्यनवग्रहम्, वैजयन्तप्रकाशन, इलाहावाद, पृ०-15।

159. ईश्वरान्वेषणम्, पृ०–22।
160. तत्रैव, पृ०–23। –
161. तत्रैव, पृ० 23।
162. तत्रैव, पृ० 24
163. तत्रैव, पृ०–24 164. तत्रैव, पृ० 24
165. तत्रैव, पृ०–24–25।
166. गुरुदक्षिणा, नाट्यनवग्रहम्, पृ०–28
167. तत्रैव, पृ० – 29। .
168. तत्रैव, पृ० – 29। –
169. तत्रैव, पृ० 29।
170. दास्यमुक्तिः, नाट्यनवग्रहम्, श्लोकः–8–9, पृ० 37।
171. तत्रैव, श्लोकः–10, पृ० 39।
172. तत्रैव, श्लोकः–12, पृ० 40।
173. क्षेतोद्धारः, नाट्यनवग्रहम्, पृ० 44।
174. सत्यकानजावालः, नाट्यनवग्रहम्, पृ० 48।
175. तत्रैव, पृ० 49। 176. तत्रैव, पृ०–51।
177. तत्रैव, पृ० 52
178. रत्नप्रत्यभिज्ञानम्, नाट्यनवग्रहम्, पृ० 55
179. स्वामिन्! विश्वविश्रुतोऽसि धनुर्विद्यायाम। निखिलामपि सृष्टिं निजायुधप्रयोगेण क्षणेनैव भस्मसात्कर्तुं प्रभवसि। तर्हि कथं न स्वधनुर्वेदविज्ञानं प्रदर्श्य कोऽपि राजर्षिर्वशीक्रियते। – तत्रैव, पृ० 55
180. देवि! अलमधैर्येण रक्ष स्वाभिमानम्। तपस्विन्यसि, विदुष्यसि दारिद्र्यमेव धनं तपस्विनामस्मादृशाम्। स्मर जगन्नाथं नारायणम् स एवाऽस्माकं शरणम्। श्वोऽहं गमिष्यामि राजधानीम्। प्रत्यश्वस्ता भव। –तत्रैव, पृ० 56।
181. तत्रैव, पृ० 55।
182. सिंहजम्बुकीयम्, नाट्यनवग्रहम्, श्लोकः–5, पृ०–66। 183. – तत्रैव, पृ०–67।
184. तत्रैव, पृ०–67।
185. तत्रैव, पृ० 67।
186. तत्रैव, पृ० 70।
187. गुणाः पूजास्थानम्, नाट्यनवग्रहम्, पृ०–74।
188. हरिवंशानुसारम् रुद्राः एकादशसंख्यका भवन्ति। ते यथा हरः, बहुरूपः, त्र्यम्बकः, अपराजितः, वृषाकपिः, शम्भुः, कपर्दी, रैवतः, मृगव्याधः, सर्व, कपाली च।

हरश्च बहुरूपश्च त्र्यम्बकश्चापराजितः।
वृषाकपिश्च शम्भुश्च कपर्दी रैवतस्तथा।।51।।
मृगव्याधश्च सर्वश्च कपाली च विशाम्पते।
एकादशैते कथिता रुद्रास्त्रिभुवनेश्वराः।। 52।।
– श्रीहरिवंशपुराण, गीताप्रेस, गोरक्षपुर, तृतीयोऽध्यायः (हरिवंशपर्व) सम्वतसर-2005, श्लोकः 51-52, पृ०-16।

189. अभीष्टमुपायनम्, रूपरुद्रीयम्, पृ० 3।
190. तत्रैव, पृ० 4।
191. तत्रैव, पृ० 4।
192. नात्मानमवसादयेत्, रूपरुद्रीयम्, पृ०-11।
193. सोऽहमस्मि दन्दशूको नाम चौरः। भारते स्वतन्त्रे जाते ममापि पदवृद्धिर्जाता। समाजे प्रतिष्ठाऽपि किञ्चिदौन्नत्यमारुढा। स्वातन्त्र्यात्प्राक् सन्धिभेदक आसम्। मृद्भित्तिविदारणक्षमलौहक्षुरप्र मात्रसहायोऽहं निभृतनिभृतं ग्रामटिकासु आहिण्डमानोऽसितपक्षरात्रिषु कुक्कुरबुक्कनं परिहरन् सयत्नं क्वचित्सन्धिं विधाय मुष्टिमितमन्नं द्वित्राणि वा विक्टोरियाङ्कितरूप्यकाण्येव बहु मन्यमानो जीवनं निर्वहन्नासम्।
– नात्मानमवसादयेत्, रूपरुद्रीयम्, पृ० – 11।
194. तत्रैव, पृ० – 12। –
195. विधायकोऽपि नाम लीलामलिम्लुचः। गृहपारावत इव गृहदस्युरयं प्राणी न दारकापहरणापेक्षा न वा रक्तपातसमस्या! सर्वं साध्यते परिभुवा। तुष्णीमास्थाय प्रजापालननाटकमभिनयन्नपि दृष्ट्या लुण्ठति सर्वस्वम्। अस्य मौनमेव भाषा। सङ्केत एव प्रणिधिः। विविधदृष्टिपाता एव जीवननिधनदुर्दशापर्यायाः। साक्षात्कृतान्तोऽयं प्रजावर्गस्य।
–तत्रैव, पृ० 12।
196. तत्रैव, पृ० 13।
197. मृच्छकटिकम्, श्लोकः- 11/3 पृ० 48।
198. तत्रैव तृतीयोऽङ्कः, पृ० 9
199. तत्कस्मिन्नुद्देशे संधिमुत्पादयामि।
देशः को नु जलावसेकशिथिलो यस्मिन्न शब्दो भवे
द्भित्तीनां च न दर्शनान्तरगतः संधिः करालो भवेत्।
क्षारक्षीणतया च लोष्टककृशं जीर्णं क्व हर्म्यं भवे
त्कस्मिन्स्त्रीजनदर्शनं च न भवेत्स्यादर्थसिद्धिश्च मे।।12।।
(भित्तिं परामृश्य) नित्यादित्यदर्शेदकसेचनेन दूषितेयं भूमिः क्षारक्षीणा मूषिकोत्करश्चेह। हन्तः सिद्धोऽयमर्थः। प्रथममेतत्स्कन्दपुत्राणां सिद्धिलक्षणम्। अत्र कर्मप्रारम्भे

कीदृशमीदानीं संधिमुत्पादयामि, इह खलु भगवता कनकशक्तिना चतुर्विधः संध्युपायोदर्शितिः। तद्यथा– पक्वेष्टकानामाकर्षणम्, आमेष्टकानां छेदनम्, पिण्डभयानां सेचनम्, काष्ठमयानां पाटनमिति। तदत्र पक्वेष्टक इष्टिकाकर्षणम्। तत्र।

पद्मव्याकोशं भास्कं बालचन्द्रं
वापी विस्तीर्णा स्वस्तिकं पूर्णकुम्भम्
तत्कस्मिन्देशे दर्शयाम्यात्मशिल्पं
दृष्ट्वा श्वो यं यद्विस्मयं यान्ति पौराः।। 13।।

तदत्र पक्वेष्टक पूर्णकुम्भ एव शोभते। तमुत्पादयामि।

अन्यासु भित्तिषु मया निशि पाटितासु
क्षारक्षतासु विषमासु च कल्पनासु
दृष्ट्वा प्रभातसमये प्रतिवेशिवर्गो
दोषांश्च मे वदति कर्मणि कौशलं च।।14।।

नमो वरदाय कुमारकार्त्तिकेयाय नमः कनकशक्तये ब्रह्मण्यदेवाय देवव्रताय, नमो भास्करनन्दिने, नमो योगाचार्याय यस्याहं प्रथमः शिष्यः तेन च परितुष्टेन योगरचना मे दत्ता।

अनया हि समालब्धं न मां द्रक्षयन्ति रक्षिणः।
शस्त्रं च पतितं गात्रे रुजं नोत्पादयिष्यति।।15।।

(तथा करोति) धिक्कष्टम्। प्रमाणसूत्रं मे विस्मृतम्। (विचिन्त्य) आ, इदं यज्ञोपवीतं प्रमाणसूत्रं भविष्यति। यज्ञोपवीतं हि नाम ब्राह्मणस्य महदुपकरणद्रव्यम्, विशेषतोऽस्मद्विधस्य। कुतः।

एतेन मापयति भित्तिषु कर्ममार्ग
मेतेन मोचयति भूषणसंप्रयोगान्।
उद्घाटको भवति यन्त्रदृढे कपाटे
दष्टस्य कीटभुजगैः परिवेष्टनं च।।16।।

मापयित्वा कर्म समारभे। (तथा कृत्वावलोक्य च) एकलोष्टावशेषोऽयं संधिः। धिक्कष्टम्। अहिना दष्टोऽस्मि। (यज्ञोपवीतेनाङगुलीं वद्ध्वा विषवेगं नाटयति नाटयति चिकित्सां कृत्वा) स्वस्थोऽस्मि!''

– मृच्छकटिकम्, सम्पादना V.R. Nerurkar, New Bharatiya Book Corporation, New Delhi, 2000, तृतीयोऽङ्कः, पृ०–48–50।

200. चारुदत्तः (विलोक्य) अहो दर्शनीयोऽयं संधिः।
उपरितलपातितेष्टकोऽयं शिरसि तनुर्विपुलश्च मध्यदेशे।
असदृशजनसंप्रयोगभीरोर्हृदयमिव स्फुटितं महागृहस्य।।22।।
कथमस्मिन्नपि कर्मणि कुशलता।

–मृच्छकटिम्, सम्पादना V.R. Nerurkar, New Bharatiya Book Corporation, New Delhi, 2000, तृतीयोऽङ्कः, पृ० 53।

201. नात्मानमवसादयेत् – तत्रैव, पृ०–17।
202. तत्रैव, पृ० – 14
203. तत्रैव, पृ० 15।
204. तत्रैव, पृ०–15।
205. तत्रैव, पृ०–16।
206. स्वप्नाज्जागरणं वरम्, तत्रैव, पृ० –24
207. तत्रैव, पृ०–26। –
208. तत्रैव, पृ०–27–28।
209. तत्रैव, पृष्ठे–28–29।
210. तत्रैव, पृ० – 29
211. तत्रैव, पृष्ठे 29।
212. पुनमेलनम्, रूपरुद्रीयम्, पृ० 33
213. तत्रैव, पृ० 34
214. तत्रैव, पृ०–37–38।
215. कन्थामाणिक्यम्, रूपरुद्रीयम्, पृ० 58।
216. कुटुम्बरक्षणम्, रूपरुद्रीयम्, पृ० 61–68।
217. राजराजौदार्यम्, तत्रैव, पृ०–71।
218. तत्रैव, पृ०–71।
219. तत्रैव, पृ०–75।
220. तत्रैव, पृ०–77–78।
221. तत्रैव, पृ०–80।
222. को विजयते नैव शातम्, रूपरुद्रीयम्, पृष्ठानि–88–90, 93।
223. रक्ताभिषेकम् रूपरुद्रीयम्, पृ० 98।
224. तत्रैव पृ० 98।
225. तत्रैव, पृ० 98।
226. तत्रैव, पृ० 106
227. काश्यपभिशापम्, रूपरुद्रीयम्, पृ० 59।
228. अभिज्ञानशकुन्तलम् तत्रैव, पृ० – 112।
229. तत्रैव, श्लोकः– 13, पृ०–116
230. तत्रैव, पृ०–116।
231. काश्यपाभिशाम्, तत्रैव, पृ०–60।

232. प्रमद्वरा, अभिराजराजेन्द्र मिश्रा, वैजयन्त प्रकाशन, इलाहाबाद, 1984, अङ्कः 1, पृ० 2।
233. तत्रैव, अङ्कः-1 पृ० 2।
234. तत्रैव, पृ० 3।
235. तत्रैव, पृ० 4।
236. तत्रैव, पृ० 5।
237. तत्रैव, पृ० 7।
238. तत्रैव, पृ० 7।
239. तत्रैव, पृ० 9।
240. तत्रैव, पृ० – 13।
241. डुण्डुभकः ततस्तु मदमोघयुक्त्या देवीप्रयुक्तेषु वितण्डाछलनिग्रहस्थानादिकेषु पराभूतेषु सत्सु समागतो भावत्कः प्रसङ्गः।

रुरु : (सभयम्)
डुण्डुभकः! न खलु त्वया किञ्चिदधरोत्तरं बुक्कितम्?

डुण्डुजक : (कृतकरोषं नाटयन्)
भो वयस्य! मदर्हताशङ्किनाऽऽनेन वचनेन कदर्थयति मामत्रभवान्। (प्रह्वीभूय सोपलालनम्)
नहि नहि डुण्डुभक! अलमन्यथा सम्भाव्य। देवीवाग्वागुरापाशे निबद्धोऽहमपि कदाचित् मुक्तिकौशलं विस्मरामीति कृत्वा मया भणितम्।

डुण्डुजकः (हर्षमनुभवन्)
यद्येवं तर्हि श्रृणोतु भवान्। यदा देव्या सुवर्णया अनामयप्रश्नपूर्वकं भवदागमनविषये पृष्टं नयनयोरकालानुवर्षिणी घनघटां समुत्पाद्य अधरयोश्च सद्यः परिस्नातचटकपक्षसं हतिव्याधूननं सन्दर्श्य मयाऽऽवेदितम्।

रुरु : (गम्भीरः सन्)
एवम्? वचनेन्द्रजाले शरीराभिनये च कस्त्वामतिशेते? ततस्तु किं भणितं त्वया?

– तत्रैव, अङ्कः– 2, पृष्ठे–18–16।

242. डुण्डुजक : भो वयस्य! यद्येवं तर्हि अलमात्मानमवसाद्य एवंविधस्यामयस्य अमोघोपयारं जानामि। क्षणैरेव भवन्तं निरामयं विधास्ये।

रुरु : (साश्चर्यं सस्मितम्)
डुण्डुभक! कोऽयमुपचारः?

डुण्डुभकः (सोत्फुल्लगल्लम्)
भो वयस्य! कुलक्रमागतोऽयमुपचारो मया प्राप्तः। नायं वर्तते क्वचिदायुर्वेदे। धन्वन्तरिरपि न विजानाति।

रुरु : तस्मादेव साग्रहं पृच्छ्यते। विस्तरेण तावद् भण। डुण्डुभकः-शोभनम्। साम्प्रतमुपचाराय सज्जीभवतु। यत् पृच्छति भिषगाचयस्तत् सावधानमुत्तरयतु भवान्।

रुरु : (सोत्कण्ठं गम्भीरस्सन्)
वाढम्। एष समुद्यतोऽस्मि।

डुण्डुभकः वयस्य! ककारोपचार नाम्ना ख्यातोऽयमुपचारः। प्रश्नैः सम्पाद्यते। एव चरितार्थयामि। वदतु भवान्। भगवतो नृसिंहस्य वैरी का।

रुरु : ननु हिरण्यकशिपुः।

डुण्डुभकः (दक्षिणहस्तेन रुरुं परामृशन् सोपलालनम्)
साधु! हिरण्यकशिपोस्तनूजः कः?

रुरु : भक्तराज प्रह्लादः।

डुण्डुजकः प्रहलादस्य तनुजः कः?

रुरुः विरोचनः।

डुण्डुभकः (सशिरःकम्पनम्)
युक्तम्। विरोचनस्य तनूजः कः?

रुरुः (सोद्वेगम्)
ननु बाणासुरः।

डुण्डुभकः वयस्य! अलमुद्वेगेन। समाप्तप्रायोऽ धुनाऽ यमुपचारः। तद् भणतु भवान्। बाणासुरस्य तनूजा का?

रुरुः (क्षणं विचिन्त्य)
आम् स्मृतम्। उषाः!

डुण्डुभकः जयतु जयतु भवान्! सम्प्रति चरमोऽयं प्रश्नः उषसः सखी का?

रुरु : ननु चित्रलेखा!

डुण्डुभकः (चर्चरीमभिनयन्)
भो वयस्य! अवसितोऽधुना प्रश्नगर्भोऽयं ककारोपचारः। नीरोगो भवान् जातः।

रुरु : (सर्वलक्ष्यम्)
भो डुण्डुभक! अलं प्रहेलिकया। स्फुटं भण।

डुण्डुभकः श्रीमन्! मन्ये प्रोड्डीनं भवन्मनीषातैक्ष्ण्यम्। कथं न ज्ञातुं पारयति भवान् यथा अनिरुद्धप्रणयानलज्वालावद् दग्धामुषसं तत्सखी चित्रलेखा

प्रद्युम्ननन्दनानुकृतिनिर्माणाभिज्ञानेन निर्वापितवती तथाहमपि चित्रलेखापरनामा भवत्सुहृत् भवन्तमपि प्रमद्वराचित्रोपयानेन प्रालेयघनसारमृणालशीतलं विधास्ये।

रुरु : (सरणरणकं गाढं परिष्वज्य)
डुण्डुभक! जानामि ते चित्रनिर्माणकौशलम्। प्राणवती ते तूलिका। अमोघग्रहा ते दृष्टिः। सकृन्निपीय नयनाभ्यां परमेश्वरमपि साक्षात् चित्रयितुं क्षमोऽसि। – तत्रैव, अङ्कः-2, पृ०-22-24

243. तत्रैव, पृष्ठे-26-27।
244. तत्रैव, पृ०-27। -
245. तत्रैव, पृ० 30।
246. तत्रैव, पृ० 30।
247. तत्रैव, अङ्कः-3, पृ०-33।
248. तत्रैव, पृ० 34।
249. तत्रैव, पृ०-36।
250. तत्रैव, पृ० 40।
251. तत्रैव, अङ्क-1, पृ०-2।
252. अभिज्ञानशाकुन्तलम्, श्लोकः-5/2।
253. प्रमद्वरा, तत्रैव, अङ्कः-1, पृ०-3।
254. कुमारसम्भवम्, श्लोकः- 5/56।
255. प्रमद्वारा, अङ्कः-1, पृ० 7।
256. अभिज्ञानशाकुन्तलम्, द्वितीयाङ्कः, पृ०-50।
257. तत्रैव, श्लोकः-2/18, पृ०-64।
258. अभिज्ञानशाकुन्तलम् श्लोकः- 1/16, पृ०-14
259. प्रमद्वरा, अङ्कः- 1, पृ०-11।
260. अभिज्ञानशाकुन्तलम् अङ्क 1, पृ० 14।
261. प्रमद्वरा, तत्रैव, अङ्कः-1, पृ० - 12॥
262. तत्रैव, अङ्कः-3, पृ० 74।
263. प्रमद्वरा, अङ्कः-1, पृ० 12
264. अभिज्ञानशाकुन्तलम् अङ्कः-3, पृ० 76
265. प्रमद्वरा, अङ्कः-1, पृ०-13
266. अभिज्ञानशाकुन्तलम् अङ्कः-3, पृ०-90।
267. प्रमद्वरा, तत्रैव, अङ्कः-1, पृ०-16।
268. अभिज्ञानसाकुन्तलम्, श्लोकः-3/25, पृ० 90

269. तत्रैव, श्लोकः- 3/34, पृ०-38

270. Sanskrit - English Dictionary, V.S. Apte, Nag Publishers, Delhi, 1993, पृ०-126।

271. 'प्रमद्वरा*, अङ्कः-2, पृ०-17।

272. तत्रैव, अङ्कः- 2, पृ० 17।

273. स्वप्नो नु माया नु मतिभ्रमो नु
किल्ष्टं नु तावत्फलमेव पुण्यम्।
असंनिवृत्त्यै तदतीतमेते
मनोरथा नाम तटप्रपाताः।।20।।
- अभिज्ञानशाकुन्तलम्, श्लोकः-610, पृ० 182।

274. रम्याणि वीक्ष्य मधुरांश्च निशम्य शब्दा
न्पर्युत्सुको भवति यत्सुखितोऽपि जन्तुः।
तच्चेतसा स्मरति नूनमबोधपूर्वं।
भावस्थिराणि जननान्तरसौहदानि।। 2।। - तत्रैव, श्लोकः 5 / 2, पृ० - 130

275. तत्रैव, अङ्कः-3, पृ०-48।

276. प्रमद्वरा, अङ्कः-2, पृ०-17।

277. (क) प्रियंवदा-तेन ह्यस्यां प्रच्छायशीतलायां सप्तपर्णीवेदिकायां मुहूर्तमुपविश्य परिश्रमविनोदं करोत्वार्यः।

(ख) (परिक्रम्यावलोक्य च) अस्मिन्वेतसपरिक्षिप्ते लतामण्डपे संनिहितया तया भवितव्यम्। तथा हि। (अधो विलोक्य) अभ्युन्नता पुरस्तादवगाढा जघनगौरवात्पश्चात्। द्वारेऽस्य पाण्डुसिकते पदपङ्क्तिर्दृश्यतेऽबिनवा।।7।।

(ग) क्व नु खलु संप्रति गच्छामि। अथवा इहैव प्रियापरिभुक्तमुक्ते लतावलये मुहूर्तं स्थास्यामि (सर्वतोऽवलोक्य)
तस्याः पुष्पमयी शरीरलुलिता शय्या शिलायामियं
क्लान्तो मन्मथलेख एष नलिनीपत्रे नखैरर्पितः।
हस्ताभ्रष्टमिदं बिसाभरणमित्यासज्यमानेक्षणो
निर्गन्तुं सहसा न वेतसगृहाच्छक्नोमि शून्यादपि।। 25
अभिज्ञानशाकुन्तलम्, पृ०-24 (क), 70 (ख), 90 (ग)।

278. प्रमद्वरा, अङ्कः-2, पृ०-21।

279. श्रीमद्भगवद्गीता, पण्डितश्रीवंशीधरमिश्र, सम्पूर्णानन्दसंस्कृतविश्वविद्यालयः, वाराणसी, श्लोकः-11, अध्यायः द्वितीयः, पृ० 35।

280. प्रमद्वरा, अङ्क-2, पृ०-21।

281. राजा- (सस्मितम्) किमन्यत्। अनतिक्रमणीयं मे सुहृद्वाक्यमिति स्थितोऽस्मि। विदूषकः- चिरं जीव। अभिज्ञानशाकुन्तलम्, तत्रैव, अङ्कः- 2, पृ० 44।
282. प्रमद्वरा, अङ्कः-2, पृ०-22।
283. अभिज्ञानशाकुन्तलम्, श्लोकः-3/16, पृ० - 90।
284. प्रमद्वरा, अङ्कः-2, पृ०-22
285. अभिज्ञानशाकुन्तलम्, श्लोकः- 1/31, पृ० 34
286. प्रमद्वरा, पृ०-22।
287. अभिज्ञानशाकुन्तलम्, श्लोकः- 2 / 18, पृ०-34।
288. प्रमद्वरा, अङ्कः-2, पृ०-27।
289. तत्रैव, अङ्कः-2, पृ०-27।
290. मदालसा (ससान्त्वनम्)
सौभाग्यवति। ननु आवं। तव समीपस्थे मनोरथमृगाङ्कोदयमुपेक्ष्य न युक्तं तेऽन्यत्रगमनम्। प्रमद्वरा भवतु। लवलीलतान्तरिता तिष्ठामि।
(इति शनकैः लतामण्डपे प्रविशति)
- प्रमद्वारा, अङ्कः 2, पृ० 37।
291. प्रमद्वरा, अङ्कः-3, पृ० 41।
292. तीव्राघातप्रतिहततरुः स्कन्थलग्नेकदन्तः
पादाकृष्टततिवलयासङ्गसंजातपाशः।
मूर्ती विघ्नस्तपस इव नो भिन्नसारङ्गयूथो
धर्मारण्यं प्रविशति गजः स्यन्दनलोकभीतः।। 33।।
- अभिज्ञानशाकुन्तलम्, श्लोकः-1/33, पृ०-67।
293. प्रमद्वरा, श्लोकः-3/14, पृ० 43।
294. अभिज्ञानशाकुन्तलम् अङ्क 1, पृ० 16।
295. प्रमद्वरा, अङ्कः-3, पृ०-44।
296. साहित्यदर्पणः, आचार्य कृष्णमोहन शास्त्री, चौखाम्बा संस्कृतसंस्था, वाराणसी, 1985 (चतुर्थः संस्करणः), षष्ठपरिच्छेदः, श्लोकः- 269-272, पृ० 451।
297. विद्योत्तमा, अभिराजराजेन्द्र मिश्रः, Eastern Book Linkers, 1992, प्राग्वाचिक
298. तत्रैव, प्राग्वाचिक।
299. विद्योत्तमानाटिकां प्रकरणवक्रताश्रितां निसर्गरम्याम् उत्तरोत्तरप्रगाढरसत्वादिक्षुकाण्डायमानां कालिदासमहोत्सवसंविधानकानुकूलां प्रस्तावयितुं समीहते। विद्योत्तमा, अभिराजराजेन्द्र मिश्रः, Eastern Book Linkers, Delhi, 1992, अङ्कः 1, पृ० 4।
300. तत्रैव, अङ्कः-1, पृ० 9।
301. तत्रैव, पृ० 10

302. तत्रैव, अङ्कः-2, पृ०-16।
303. तत्रैव, अङ्कः-1, पृ० -20
304. तत्रैव, अङ्कः-1, पृ० 20।
305. तत्रैव, अङ्कः-3, पृ०-31।
306. तत्रैव, पृ० 39।
307. तत्रैव, पृ० 40।
308. तत्रैव, अङ्कः-4, पृ०-53।
309. वाणीघटकमेलकम्, नाट्यसप्तपदम्, अभिराजराजेन्द्र मिश्रः, Eastern Book Linkers, Delhi, 1992, अङ्कः-1, पृ०-51।
310. पृ० 51।
311. तत्रैव, पृ० 51।
312. नाट्यसप्तपदम्, पृ० 47-51।
313. पञ्च सी न मी, नाट्यसप्तपदम्, पृ० 38।
314. तत्रैव, पृ० 28।
315. तत्रैव, पृ० 35 ॥
316. तत्रैव पृ० 28।
317. तत्रैव पृ०-29।
318. तत्रैव पृ० 32।
319. तत्रैव, पृ०-35।
320. तत्रैव, पृ० 36।
321. तत्रैव, पृ० 39।
322. तत्रैव, पृ० 40।
323. बधिरप्रहसनम्, नाट्यसप्तपदम्, पृ०-65।
324. तत्रैव, पृ० 66।
325. तत्रैव, पृ० 66।
326. तत्रैव, पृ० 67।
327. तत्रैव, पृ० 70।
328. साक्षात्कारः, नाट्यसप्तपदम्, पृ० 76।
329. तत्रैव, पृ० 76।
330. तत्रैव, पृ० 76।
331. तत्रैव, पृ० 77।
332. तत्रैव, पृ० 85।
333. तत्रैव, पृ० 91।

334. तत्रैव, पृ० 95।
335. तत्रैव, पृ० 98।
336. तत्रैव, पृ० 101।
337. तत्रैव, पृ० – 100।
338. सहृदया: कोलाहलोऽयं प्रतिफलं वर्धते एव। मन्ये प्रिया मे देहलीभूमिकामवतीर्य नेपथ्यगृहमुपस्थिता। तदिदं प्रस्तुतमेव देहलीपरिदेवनाख्यं नाट्यम्। अहमपि कालपुरुषभूमिकां निवोढुं नेपथ्यगृहमेव प्रविशामि। देहलीपरिदेवनम्, नाट्यसप्तपदम्, पृ० 109।
339. तत्रैव, पृ० 109।
340. तत्रैव, पृ० 109।
341. तत्रैव, पृ० 110।
342. तत्रैव, पृ० 111।
343. तत्रैव पृ० – 117।
344. तत्रैव, पृ० 111–112
345. तत्रैव, पृ० – 113।
346. तत्रैव, पृ० 114।
347. तत्रैव, पृ० 113।
348. तत्रैव, पृ० 113।
349. तत्रैव, पृ०–114।
350. तत्रैव, पृ० 114–115।
351. तत्रैव, पृ० 116।
352. द्विसन्धानम्, नाट्यसप्तपदम्, पृ० 126।
353. तत्रैव, पृ०–126।
354. तत्रैव, पृ० 127।
355. तत्रैव, पृ० 131।
356. अभिराजयशोभूषणम्, राजेन्द्रमिश्रः, दिल्ली, 2006, पृ० 202–203।
357. तत्रैव, पृ०–7–8।
358. मुण्डितमण्डनप्रहसनम्, तत्रैव, पृ०–20।
359. तत्रैव, पृ० 21।
360. तत्रैव, पृ०–22।
361. तत्रैव, पृ० 17।
362. तत्रैव, पृ० 17। 363. तत्रैव, पृ० – 18
364. तत्रैव, पृ० 18–19। –

365. तत्रैव, पृ०–19। –
366. तत्रैव, पृ०–20।
367. तत्रैव, पृ० 21
368. तत्रैव, पृ०–22।
369. तत्रैव, पृ०–22।
370. खोंखीप्रहसनम्, नाट्यनवार्णवम्, पृ० 30।
371. तत्रैव, पृ० 30।
372. तत्रैव, पृ० 25।
373. तत्रैव, पृ०–25।
374. तत्रैव, पृ०–25।
375. तत्रैव, पृ०–26।
376. तत्रैव, पृ०–26।
377. तत्रैव, पृ० 27।
378. तत्रैव, पृ०–27।
379. तत्रैव, पृ०–28।
380. तत्रैव, पृ० 28।
381. विद्यालयनिरीक्षणप्रहसनम्, तत्रैव, पृ०–34।
382. तत्रैव, पृ० 34।
383. तत्रैव, पृ० 35।
384. तत्रैव, पृ० 36।
385. तत्रैव, पृ०–37। –
386. धर्माचार्यः (मार्गदक्षिणेन खरभुक् क्षेत्रमवलोक्य)
शोभनं शेभनम्। क्षेत्रेऽस्मिन् प्रतिलतावृन्तं खरभुगेव दृश्यते। तर्हि कानिचन क्रेतव्यानि मया। स्नानानन्तरं सक्तुग्रहणानन्तरं द्वित्राणि खरभुज्जि अपि खादिष्यामि। तत्क्व वर्तते क्षेत्रपतिः? (परितो दृष्ट्वा) अये न कोऽपि दृश्यतेऽत्र! तदिदानीं किं करणीयम्? (चिन्तयित्वा), भवतु खरभुजां मूल्यं कुटीरस्थे काष्टफलके विधाय खरभुज्जि गृह्णामि। क्षेत्रपतिस्समागत्य मुद्रां ग्रहिष्यति। निर्मूल्यं न गृह्णामि। ततो हि न भविष्यामि चौर्यकलङ्कदूषितः। कृतयुगेऽप्येवमेवाचरन्तिस्म मानवाः। (काष्ठफलकोपरि मुद्रा निधाय पञ्चखरभुञ्जि लतावृन्तेभ्यो गृह्णाति)।
–कलिकौतुकप्रहसनम्, तत्रैव, पृ० 43।
387. (ग्रामं निकषा कमपि कूपं दृष्ट्वा)
रमणीयमदिं स्थानम्। अत्रैव कूपवेदिकायां स्नानं कृत्वा, पूजाञ्च निर्वर्त्य कञ्चिदल्पाहारं करिष्यामि। शनैरसह्यतापो जायते ग्रीष्मभानुः (कूपस्थण्डिलोपरि वस्त्रजातमपनीय

स्थायपति। अधोवस्त्रमेकं सन्धार्य दोरककमण्डलुना जलञ्च निस्सार्य सम्यक् स्नाति। वस्त्राणि प्रक्षाल्य शोषयितुमास्तृणोति, पूजाञ्च सम्पादयति) – तत्रैव, पृ० 44।

388. तत्रैव, पृ०–44।
389. तत्रैव, पृ०–44।
390. तत्रैव, पृ० 44।
391. तत्रैव, पृ० 45। –
392. तत्रैव, पृ० 45। –
393. उपनेत्रप्रहसनम्, पृ० 53।
394. तत्रैव, पृ० 55।
395. तत्रैव, पृ० 55।
396. वेतालप्रहसनम्, पृ० 59।
397. तत्रैव, पृ० 61–62।
398. तत्रैव, पृ० 63।
399. द्विजच्छागीयप्रहसनम्, तत्रैव, पृ०–67।
400. तत्रैव, पृ०–67।
401. तत्रैव, पृ०–67।
402. अद्भुतज्यौतिषप्रसहनम्, पृ०–77–78।
403. मृदङ्गदासप्रहसनम्, पृ०–85।
404. तत्रैव, पृ० 87।
405. मण्डुकप्रहसनम्, नाट्यनवरत्नम्, अभिराजराजेन्द्रमिश्रः बेजयन्त प्रकाशन, इलाहाबाद 2007, पृ० 17।
406. तत्रैव, पृ०–18।
407. तत्रैव, पृ० 21।
408. स्वस्ति। राजराजेश्वरो मुकुटवर्मा साञ्जलिपुटप्रणामं विज्ञापयति यद्राजदैवज्ञपदे भवन्नियुक्तिमसहमानाः केचन राजपण्डिता विविधान् मृषावादान् भवद्विषयानुत्थाय नितरां कलहायन्ते। मयाऽपि नाम सर्वमाकर्ण्यापि मौनमेवावलम्बितम्। यतो हि लोकोक्तिरियं मां सम्यक् प्रत्याययतिस्म यत् –

समेषां भवतात्प्रीतिः काममात्मजने दृढा
न सहन्ते निजान् किन्तु मातङ्गद्विजकुक्कुराः।। 5।।

किञ्च भवतां त्रिकालदर्शिनि नक्षत्रविद्याधिगमे सञ्जातदृढमतिरहं तानकारणद्रोहरतान् पण्डितम्मन्यान् गणकांश्चाद्येव राजसभायां भवज्ज्ञानपरीक्षणार्थं सम्मन्त्र्य भवन्तं हस्तामलकीकृतानेहसं सोत्कण्ठं प्रतीक्षे। कृपया यथावसरमागत्य मामकीमात्मीयाञ्च प्रतिष्ठां रक्षन्तु भवन्तः। – तत्रैव, पृ०–28।

409. प्रतिभापरीक्षणम्, तत्रैव, पृ० 34।
410. तत्रैव, पृ० 40
411. तत्रैव, पृ० 41।
412. वादनिर्णयनम्, तत्रैव, पृ०-47।
413. तत्रैव, पृ०-45।
414. तत्रैव, पृ० 46।
415. तत्रैव, पृ० 48
416. तत्रैव, पृ० 48।
417. वधिरप्रहसनम्, पृ०-57-58।
418. तत्रैव, पृ० 58।
419. सम्बाददातृसम्मेलनम्, पृ० 68
420. स्वयंवरकेन्द्रम्, पृ०-84।
421. तत्रैव, पृ० 85।
422. तत्रैव, पृ०-84-85।
423. क्रीतानन्दम्, पृ० 97।
424. शारदावमाननम्, पृ० 103
425. तत्रैव, पृ०-105।
426. तत्रैव, पृ० 105।
427. (क) रङ्गनाथः- श्रीमन् नाऽहं क्रीडाविरोधी, नाऽहमभिनयविरोधी, न चापि कलाविरोधी। परन्तु राष्ट्रं न निर्मीयते तथा क्रीडापारङ्गतै कलाकारैरभिनेतृभिर्वा। राष्ट्रनिर्माणं सम्भवति यथा त्यागेन, तपस्यया, साहित्येन, धर्माचरणेन।

(ख) रङ्गनाथ-पश्यन्तु श्रीमन्तः! अद्य राष्ट्रे दुराचारस्य मिथ्याचारस्य व्यभिचारस्य वा या कापि पद्धतिर्लोकप्रियतायां शिखरमधिरूढा दृश्यते किन्नासौ प्रादुर्भूता मुम्बइत एव? अर्धनग्नं जघनं वक्षश्च प्रदर्शयन्त्योऽभिनेत्र्यः, नित्यसहचरी परिवर्तनशीला अभिनेतारः, सम्भोगशुल्कग्रहीतारो निर्देशका, भूमिस्थाऽतङ्किधनैस्सत्कृताश्चल चित्रनिर्मातार एव राष्ट्रव्यापापसंस्कृतेर्दायित्वं वहन्ति। यत्कृत्वा ते सर्वेऽपि सुखिनो वैभवशालिनस्तेनैव राष्ट्रमिदं रसातलं याति। एकस्मिन्नेव नगरे यावज्जीवनं सीमितास्तेऽखिलमेव राष्ट्रं विध्वंसयन्ति स्वकदाचारैः। तथापि त एव महत्त्वपूर्णा नाऽस्मादृशाः शारदासेविनः?

(ग) रङ्गनाथः - श्रीमन्! यावज्जीवनं सहस्रमितान् ग्रन्थानधीत्य योऽध्यापयति, प्रतिभाचरित्रविवेकविनयमण्डितांश्च छात्रान् प्रसूय राष्ट्रोपकारं विदधाति स वराकः शिक्षकस्तु कतिपयलक्षमितं धनमवाप्नोति सेवानिवृत्तिकाले। परन्तु क्रिकेटक्रीडया बिम्बलडनक्रीडया वा संयोगवशादेव प्रतिभावभासेन कोटिमितान् पशुबुद्धीन् विमोह्य कोऽप्यन्यः क्षणेनैव कोटिपतिर्जायते? किमिदम्?

यो हि लोकसम्मतो विद्वान् स आजीवनं स्ववैदुष्यमेव तनोति, न पुनर्वैधेयत्वम्। परन्तु यो हि क्रिकेटक्रीडो शतकद्वयं शतकत्रयं वा धावनानां विधाय संसृते दशमाश्चर्यं जनयति स एव कुण्ठित इव, मूर्ख एव, अकिञ्चित्कर इव, क्षेत्रपुरुष इवैकमपि धावनं स्वायत्तीकर्तुं न प्रभवति, किञ्च कदर्थितस्सारमेय इवावनतनयनः प्रत्यावर्तते। किमिदम्? यदि क्रीकेटक्रीडनेऽपि विद्यते एव किञ्चिदिन्द्रजालं विद्यत एव काऽप्यन्यत्रोपलभ्या प्रतिभा तर्हि क्वाऽपयाति सा? महोदय! एतादृशान् क्षणिकमूर्द्धन्यान् जनान् राजपक्षतस्समादृत्य साहित्यकारांस्तपोधनान् सच्चरितांश्चावमत्य राष्ट्रमिदं जगदर्चितमुत्तरोत्तरं क्षीयते अतएवाऽस्मिन् सन्दर्भे भवद्भिः किञ्चिन्नूतनं प्रस्थानमुपस्थापयितव्यमिति प्रार्थये

(ग) रङ्गनाथः–श्रीमन्! समाजे त एव जीवन्ती ये स्वीयैरुदात्ताचरणैः संस्कृतिं निर्माति। नानककवीररविदासतुलसीदासचैतन्यज्ञाने श्वरनामदेवतुकारामनरसी–मीराऽण्डालादयस्सन्तः कालिदासजयदेवराजशेखरजगन्नाथवेदान्तदेशिकादयः कवयः ऋषयो महर्षयश्च सहस्रामिता अद्यापि जेजीव्यन्ते यतो हि ते समाजविग्रहे रक्तीऽभुय प्रवहन्ति। अन्ये पुनर्युद्धजेतारो दुर्गनिर्मातारः कलाक्रीडादिजीविनः ऐतिह्यपृष्ठेष्वेव विलीना। यतो हि न ते धर्मसंस्कृतिनिर्मातारोऽपितु समाजाऽनुरञ्जयितार एव। – शारदावमाननम्, नाट्यनवरत्नम्, पृष्ठे–108–109।

चतुर्थोऽध्यायः

राजेन्द्रमिश्रस्य रूपकेषु आङ्गिकाभिनयः

भरतस्य नाट्यशास्त्रे अभिनयः सविशेषमुक्तः। तत्र 'अभि' इत्युपसर्ग-समन्वितस्य णीञ्धातोः अभिनयशब्द आभिमुख्यनिर्णयार्थेन गृह्यते। अत्र आभिमुख्यनयनमेवाभिनयः। आभिमुख्यनयनं नाम नाट्यप्रयोगस्यार्थान् सामाजिकानां समक्षं परिवेषणम्। शाखा-अङ्ग-उपाङ्गैः युक्तोऽभिनयः कवेर्विवक्षितान् काव्यार्थान् प्रेक्षकाणां समक्षं विभावयति निर्दिशति वा। अतएव अभिनयः तन्नामाख्यः। अयमभिनयः भरतानुसारं चतुर्विधः। यद्यपि नाट्यं संख्यादृष्टा बहुलमेव तथापि चतुष्प्रकारेषु अभिनयेषु नाट्ये प्रयोगः प्रतिष्ठितो भवति। आङ्गिकः वाचिकः आहार्यः सात्त्विकश्चेति रूपेणाभिनयः चतुर्धा परिकल्पितः।

आङ्गिकाभिनयः शरीरजः मुखजः चेष्टाकृत इति त्रिप्रकारको भवति।[1] अयञ्च शाखा-अङ्ग-उपाङ्गैश्च संयुक्तो भवति।

भरतस्य नाट्ये आङ्गिकाभिनये अङ्ग प्रत्यङ्गानां व्यवहारपूर्वक : शिरोहस्त-कटीवक्षःपार्श्वपादानां यः व्यवहारः सो भवति षडङ्गप्रयुक्तोऽभिनयः।[2] एतानि षडङ्गानि उपाङ्गैरपि समर्थितानि। नेत्र-भ्रू-नासाधरकपोलचिवुकानि भवन्ति आङ्गिकाभिनये षट् उपाङ्गानि।[3] आङ्गिकाभिनये वस्तुत्रयं भवति। त्रीणि वस्तूनि भवन्ति- शाखा, नृत्यम् अङ्कुरश्च।[4] अङ्गप्रत्यङ्गव्यवहारेण योऽभिनयः सो भवति शाखा। सूचनामाध्यमेन योऽभिनयो भवति तस्य नाम अङ्कुरः। करणाश्रितानाम् अङ्गहाराणामाश्रयेण यः आङ्गिकाभिनयः सो भवति नृत्यम्। आङ्गिकाभिनयः पुनरपि बहुविधः। तद्यथा शिरो दृष्ट्यभिनयः पुत्तलिकाकर्म पुटकर्म भ्रूकुटिकर्म नासाकर्म कपोलकर्म अधरोष्ठकर्म चिबुककर्म मुखजकर्म ग्रीवाकर्म असंयुक्तहस्तः

संयुक्तहस्तः नृत्यहस्तः करणहस्तः उरःकर्म पार्श्वकर्म उदरकर्म कटिकर्म ऊरुकर्म जङ्घाकर्म पादाभिनयः चारी च।

राजेन्द्रमिश्रस्य रूपकेषु आङ्गिकाभिनयः वस्तुचरित्र रङ्गमञ्चानां वहुधा प्रकल्पितः। तस्य नाट्यकलायां आङ्गिकाभिनयस्य प्रयोगः न नाट्यनिर्देशकेण अथवा सूत्रधारेण विहितं परन्तु सः नाट्यकार स्वयमेव नाट्यनिर्देशनायाः भारम् आंशिकरूपेण स्वीकृत्य चरित्राणां कथोपकथनकाले बन्धन्यभ्यन्तरेषु आङ्गिकाभिनयस्य निर्देशंः ददाति। अनेन तस्य नाट्यकला परिपूर्णतरा अनुभूयते, यतः तस्य रूपकाणि न केवलं काव्यरूपेण पठनयोग्यानि अपि तु आङ्गिकाभिनयनिर्देशनवलात् रङ्गमञ्चयोग्यानि भवन्ति। तत्रापि नाट्यकारेण पारम्परिकसंस्कृतरूपकेभ्यः उन्नततरम् आङ्गिकाभिनय आदिष्टान्। आङ्गिकाभिनयस्य एतेषु निर्देशेषु वयं सृजनशीलतायाः अत्युच्चतामाविष्कुर्मः।

अस्मिन्नध्याये वयं राजेन्द्रमिश्रस्य रूपकेषु भरतस्य आङ्गिकाभिनय-निर्देशनानुकूलं विविधाङ्गिककर्मणां प्रयोगं प्राप्नुमः। तदनुसारं आङ्गिकाभिनया अस्माभिः विभागीकृताः। बन्धन्यभ्यन्तरे अभिनयस्य प्रसङ्गोऽपि सूचितः। पादटीकामाध्यमेन च राजेन्द्रमिश्रस्य कस्मिन् रूपके सः अभिनयः विनिर्दिष्टः तदपि सूचितमस्ति। अतः अध्यायस्यास्य अयमेवाशयः यद् नाट्यशास्त्रानुसारं आधुनिकमञ्चकलायाः आवश्यकतानुसारञ्च मिश्रवरेण स्वरूपकेषु आङ्गिकाभिनयस्य विन्यासो विहितः। मिश्रवराणाम् आङ्गिकाभिनयप्रयोगेषु अधरोष्ठकर्म कपोलकर्म ग्रीवाकर्म चिवुककर्म जङ्घाकर्म दृष्ट्यभिनयः नासाकर्म नृत्यम् पादाभिनयः भ्रूकुटिकर्म मुखजकर्म हस्तकर्म च प्रधानम्। अधस्ताद् वयं कतिपयानि उदाहरणानि उपस्थापयामः।

1. अधरोष्ठकर्म

इत्यधरमाकुञ्चति [बाक्कीलस्याभिनयोऽयम्][5]

आकाशे समुत्प्लुत्य समापतन्तं वज्रं चञ्चुप्रहारेण खलीकृत्य

[वैनतेयस्य सुपर्णस्याभिनयोऽयम्][6]

सविलासमधरोष्ठं विकुञ्च्य [ऊर्वश्यनेनाभिनयेन देवेन्द्रं वदति][7]

साधरविकम्पनम् [पूर्ववृत्तान्तं स्मृत्वा देवयान्या अभिनयोऽयम्][8]

2. कपोलकर्म

सस्मितः सस्नेहं मेहरुन्निसायाः वामकपोलं नखक्षतेन भावयन्ती
[जैनाबाई मेहरुन्निसां वदति][9]

अङ्गुष्ठतर्जनीभ्यां कपोलमाकुञ्च्य पीडाञ्चानुभूय
[धर्माचार्यस्याभिनयोऽयम्][10]

3. ग्रीवाकर्म

सग्रीवान्दोलनम् [चतुर्धुरीणस्याभिनयोऽयम्][11]

हस्तेनैकेन ध्वनियन्त्रदण्डमवलम्ब्य ग्रीवामुन्नमय्य सस्मितम्
[प्रमुख–महोदयाना मभिनयोऽयम्][12]

सग्रीवाभङ्गम् [नवनीतकस्याभिनयोऽयम्][13]

4. चिवुककर्म

पुरस्सृत्य महिषीं निर्दयमाश्लिष्य, चिबुकमुन्नमय्य
[औरङ्गजेबस्याभिनयोऽयम्][14]

स्वयमेव महिषीनेत्रद्वयं प्रमृज्य चिबुकमुन्नेतुं प्रयतते
[औरङ्गजेबस्याभिनयोऽयम्][15]

दक्षिणकरेण चिबुकमुन्नमय्य [देवदत्तोऽनेनाभिनयेन विद्योत्तमां वदति][16]

कन्यायाश्चिबुकमुन्नमय्य [कर्तय्या अभिनयोऽयम्][17]

इति चिबुकमुन्नमव्य गाढमालिङ्गति [माधवस्याभिनयोऽयम्][18]

चिबुकमुन्नमय्य [हास्यमुखस्याभिनयोऽयम्][19]

5. जङ्घाकर्म

इति जानुभ्यां प्रणमति [मदालसाया अभिनयोऽयम्][20]

जानुभ्यां महीमुपस्पृश्य कमलकोरकाकृतिमञ्जलिं शीर्षे निधाय

[राजा अनेनाभिनयेन पुरोहितं प्रति श्रद्धां प्रदर्शयति][21]

क्षितितलनिहितजानुपाणि: [मेहरुन्निसाया अभिनयोऽयम्][22]

6. दृष्ट्यभिनयः

अर्धमुन्मील्य नेत्रे [मृदङ्गदासस्याभिनयोऽयम्][23]

घटिकायन्त्रमवलोक्य [प्रत्यूषस्याभिनयोऽयम्][24]

नेपथ्यगृहाभिमुखमवलोक्य [सूत्रधारस्याभिनयोऽयम्][25]

पुरतोऽवलोक्य [कचकुमारस्याभिनयोऽयम्][26]

निपुणमवलोक्य [जिह्वा इति सेविकाया अभिनयोऽयम्][27]

सप्रणाममुद्रं संवाददातॄन् अवलोकयति

[सभायोजकस्याभिनयोऽयम्][28]

सस्मितं साऽधोदृष्टिभङ्गम् [नारद अनेनाभिनयेन विरञ्चिमुत्तरं ददाति][29]

नेत्रे विस्फार्य [लोहासिंहस्य वचनं श्रुत्वा मानवाधिकारायोगस्य सदस्यस्याभिनयोऽयम्][30]

निपुणं निरीक्षमाणः [राजराजस्याभिनयोऽयम्][31]

अक्षिणी निमील्य पुनरुन्मील्य च [स्थपतिरनेनाभिनयेन राजराजं वदति][32]

[निरीक्षकमहोदयः विद्यालयमुपेत्य सर्वप्रथमं पञ्जिकादिकं निरीक्षते][33]

प्रत्याशिनां तालिकामवलोक्य [प्राचार्यस्याभिनयोऽयम्][34]

भैरवाकृतिं नाटयन् आकाशे लक्ष्यं बद्ध्वा

[विनतानन्दनस्य सुपर्णस्याभिनयोऽयम्][35]

नेपथ्यवार्तामाकर्ण्य स्फुटाट्टहासपरायणान् सहृदयदर्शकान् संलक्ष्य

[सूत्रधारस्याभिनयोऽयम्][36]

क्रोधारुणलोचना [मङ्गलाया अभिनयोऽयम्][37]

मार्गदक्षिणेन खरभुक्क्षेत्रमवलोक्य [धर्माचार्यस्याभिनयोऽयम्][38]
सकृतकस्मितं नयने विस्फार्य [कल्पनां दृष्ट्वा गिरीशस्याभिनयोऽयम्][39]
आकुणितनेत्राञ्चलः स्वीकरोति च प्रस्तावम्
[गिरीशस्याभिनयोऽयम्][40]
अक्षिणी प्रमिल्य छोटिकां वादयन् [गृहस्वामिनोऽभिनयोऽयम्][41]
साकेकरदृष्टिभङ्गम् [ब्राह्मणस्याभिनयोऽयम्][42]
नेत्राणि विस्फार्य [तुरष्कगौराङ्ग्योः अभिनयोऽयम्][43]
प्रचलनसम्मुखमवेक्ष्य [विदूषकस्य कपित्थकस्याभिनयोऽयम्][44]
आकाशे लक्ष्यं कृत्वा [देवदत्तस्याभिनयोऽयम्][45]
पर्यायेण चित्राकृतिं मालविकाञ्च पश्यन्
[कपित्थकस्याभिनयोऽयम्][46]
इति वाष्पं विहरति [विद्योत्तमाया अभिनयोऽयम्][47]

7. नासाकर्म

ऊर्ध्वं निःश्वस्य [पुष्यमित्रस्याभिनयोऽयम्][48]
दीर्घं निःश्वस्य आकाशे मुष्टिमुद्यम्य [प्रत्यूषस्याभिनयोऽयम्][49]

8. नृत्यम्

सनृत्यमुद्रम [नारदस्याभिनयोऽयम्][50]
मृदङ्गादिवाद्यवृन्दाश्रितताललयाऽनुगतं नृत्यं प्रस्तूयते
[नृत्याङ्गनानामभिनयोऽयम्][51]
जम्बुकः सहर्षं नृत्यति कूर्दति समुच्छलति च
[सिंहबिताडने समर्थस्य जम्बुकस्याभिनयोऽयम्][52]
सोन्मादहर्षं नृत्यन् [सिंहव्याघ्रनकुलान् वितार्य जम्बुकस्याभिनयोऽयम्][53]

सहर्षं नृत्यन् [तण्डुलमिश्रितं जलं दुग्धमिति गणयित्वा अश्वथाम्नोऽभिनयोऽयम्][54]

सर्वे राजपुत्राः सहर्षं नृत्यन्ति [गुरु द्रोणः हस्तिनापुरे स्थित्वा शस्त्रशिक्षां दास्यति, भीष्ममुखे एतद् वृत्तान्तं श्रुत्वा कौरवपाण्डवराजपुत्राणामभिनयोऽयम्][55]

नृत्यम् [नटस्याभिनयोऽयम्][56]

सनृत्यम् [नारदस्याभिनयोऽयम्][57]

नटवेषं विधाय गुरुणा सहैव नृत्यन् [नकुलदासस्याभिनयोऽयम्][58]

9. पादाभिनयः

सविलासं प्रविशन्ती [नट्या अभिनयोऽयम्][59]

इति सपरिवारमभ्यन्तरं प्रविशन्ती [नट्या अभिनयोऽयम्][60]

इति क्रोधोद्धुरमुद्रयाऽशान्तः परिभ्रमति [राघवभ्रातुः लक्ष्मणस्याभिनयोऽयम्][61]

इति निष्क्रम्य पुनर्वैखानसाऽनुगतः प्रविशति [लक्ष्मणस्यादेशं प्राप्य दौवारिकस्याभिनयोऽयम्][62]

ततः प्रविशति शून्यकक्षस्थितो राघवः [राघवस्याभिनयोऽयम्]63

इति संक्षुब्धहृदयः कक्षे परिभ्रमति [सीतायाः पवित्रताविषये लोकापवादं श्रुत्वा राघवस्याभिनयोऽयम्][64]

इति निष्क्रम्य पुनः सलक्ष्मणः प्रविशति [राघवादाज्ञाप्राप्तस्य दौवारिकस्याभिनयोऽयम्][65]

ततः प्रविशति रुद्रवेशो विदूषकः पिण्डोदकः [विदूषकस्याभिनयोऽयम्][66]

इति सत्वरमग्रेसरति [विदूषकस्याभिनयोऽयम्][67]

इति सखीभिस्सह प्रतिष्ठते [कृत्तिकाया अभिनयोऽयम्][68]

ततः प्रविशति कृष्णमृगचर्मासनस्थो ब्रह्मर्षिवसिष्ठोऽरुन्धत्याऽनुगतः [अरुन्धतीवसिष्ठयो अभिनयोऽयम्][69]

इत्युत्थायाऽऽश्रमपरिसरे परिभ्रमति [वसिष्ठस्याभिनयोऽयम्][70]

सत्वरमुपसृत्य [वसिष्ठशिष्यस्याभिनयोऽयम्][71]

इति गुरुदम्पतीचरणयोर्निपतति [सौमित्रेः लक्ष्मणस्याभिनयोऽयम्]7

इति निष्क्रान्तः [गुरोः वसिष्ठाद् आज्ञां प्राप्य लक्ष्मणस्याभिनयोऽयम्][73]

इति पर्णशालाभ्यन्तरं प्रविशति [वसिष्ठपत्न्या अरुन्धत्या अभिनयोऽयम्][74]

ततः प्रविशति चिन्तातुरः पिण्डोदकः [विदूषकस्य पिण्डोदकस्याभिनयोऽयम्][75]

पार्श्वमासाद्य [गुरुणा वसिष्ठेन आयोजितसभायामागतस्य कस्यचित् प्रथमजनस्याभिनयोऽयम्][76]

इति प्रस्थितः [गुरुवशिष्ठेनायोजितसभायामागतस्य प्रथमजनस्याभिनयोऽयम्][77]

तावदेवोपसर्पति द्वितीयः कश्चित् सपरिवारः [तस्यां सभायामागतस्य द्वितीयजनस्याभिनयोऽयम्][78]

अपटीक्षपेण प्रविश्य [नारदस्याभिनयोऽयम्][79]

गत्वा पुनः प्रतिनिवृत्य [ललिताया अभिनयोऽयम्][80]

इति प्रतिष्ठते [विरञ्चे अभिनयोऽयम्][81]

अपटीक्षेपेण प्रविश्य [राघवस्याभिनयोऽयम्][82]

पुरस्सृत्य [राघवानुजस्य भरतस्याभिनयोऽयम्][83]

[ततः प्रविशति कृष्णवस्त्राच्छादित सशोणितनयनो धृतविविधमाल्य ऐन्द्रजालिकः][84]

[ऐन्द्रजालिकः प्रणम्याऽपसरति सपुरस्कारम्][85]

ततः प्रविशति धृतपौत्तलिकवेषः पिण्डोदकः पुत्तलिकादम्पतीभ्यां सह [विदूषकस्य पिण्डोदकस्याभिनयोऽयम्][86]

[पिण्डोदकः पलायते][87]

[ततः प्रविशति सागरमन्थनमभिनयन्ती नृत्याङ्गना][88]

सुमित्रां प्रणम्य स्वसृन् प्रति	[वैदेह्या अभिनयोऽयम्][89]
पुरस्सृत्य	[भरत अनेनाभिनयेन षष्ठीमहोत्सवस्य पूर्तिमुद्घोषयति][90]

ततः प्रविशति धावन्तौ प्रतिस्पर्धमानौ च लवकुशौ[91]

द्रुतं प्रविश्य	[सेविकायाः कृत्तिकाया अभिनयोऽयम्][92]
इति निष्क्रान्तः	[कृत्तिकायाः समीपम् महामुने वाल्मीकेरागमनस्य संवादं श्रवणानन्तरं राघवस्याभिनयोऽयम्][93]
वसिष्ठमुपसृत्य	[वैदेह्या सीताया अभिनयोऽयम्][94]
प्रणम्य	[लवकुशाभ्यां सह गुरुकुलगमनकाले वैदेही अनेनाभिनयेन कौशल्यां वदति][95]
प्रणम्य, कैकेयीं प्रति	[वैदेह्या अभिनयोऽयम्][96]

ततः प्रविशति सहिक्कं विलपन् पिण्डोदकः[97]

इति धैर्यं नाटयन्, मन्दं मन्दं पुरस्सरति

[लवकुशाभ्यां सह सीताया प्रस्थानस्यानन्तरं राघवस्याभिनयोऽयम्][98]

इति निष्क्रान्ता	[वैदेह्या अभिन्नहृदयाया सख्या अभिनयोऽयम्][99]
प्रविश्य	[ललिताया अभिनयोऽयम्][100]
स्तिमितो ध्रुवोऽग्रेसरति	[ध्रुवोऽनेनाभिनयेन पितुः समीपं गच्छति][101]
ध्रुवः पितुरुत्सङ्गमारोढुमुपक्रमते	[ध्रुवस्याभिनयोऽयम्][102]
अपटीक्षेपेण प्रविश्य	[अनेनाभिनयेन सुरुच्या मञ्चप्रवेशो भवति][103]
इति तथाकर्तुं पुरस्सरति	[ध्रुवोऽनेनाभिनयेन पितुरङ्के आरोढुमुपक्रमते][104]

विलपन् ध्रुवो मातृसमीपमुगच्छति

[पितुरुत्सङ्गाद् विच्छिन्नस्य ध्रुवस्याभिनयोऽयम][105]

इति ध्रुवमागृह्याङ्कपाल्या गृहाभिमुखं प्रतिष्ठते [सुनीत्या अभिनयोऽयम्][106]

किञ्चिद्दूरं गत्वा [भगवन्तं नारायणमन्वेषणाय ध्रुवस्याभिनयोऽयम्][107]

अकस्मादेव प्रकाशपुञ्जः प्रसरति। देवर्षिनारदः समायाति [देवर्षेः नारदस्याभिनयोऽयम्][108]

इति प्रस्थित एव [देवर्षेः नारदस्य प्रस्तावमग्राह्य ध्रुवस्याभिनयोऽयम्][109]

इति गच्छति [गुरुवाक्यं पालयितुं दुर्योधनस्याभिनयोऽयम्][110]

ततः प्रविशति देवर्षिनारदः [नारदस्याभिनयोऽयम्][111]

ततः प्रविशति पुष्पकाधिरूढो रामः [रामोऽनेनाभिनयेन अगस्त्याश्रमं प्रविशति][112]

ततः प्रविशति जनन्या सह सत्यकामः[113]

जननीं प्रणम्य सत्यकामो गच्छति [सत्यकामोऽनेनाभिनयेन आश्रमोद्देश्ये यात्रारम्भं करोति][114]

महर्षिगौतममुपेत्य [गौतमाश्रमे प्रविश्य सत्यकामः अनेनाभिनयेन गुरुवर्यं प्रणमति][115]

पुरस्सृत्य [कन्दुकमवलम्व्य भीमदुर्योधनयोर्मध्ये विवादे संघटिते युधिष्ठिरोऽनेनाभिनयेन दुर्योधनं वदति][116]

प्रविश्याऽपटीक्षेपेण [अनेनाभिनयेन गङ्गानन्दनस्य भीष्मस्य मञ्चप्रवेशो भवति][117]

इति गन्तुमुपक्रमते [नन्दिनः आदेशमुपेक्ष्य दशास्य पर्वताभिमुखे गन्तुमुद्यतो भवति][118]

पादांगुष्ठेन शिखरं पीडयति [दशास्यस्य औद्धत्यं दृष्ट्वा तद् दमनाय शंकरस्याभिनयोऽयम्][119]

इति सरोषं गहनवने प्रविशति [व्याघ्रं हन्तुमुद्यतस्य सिंहस्याभिनयोऽयम्][120]

इति संत्रस्तस्सन् सवेगं पलायते [सिंहभयेन भीतस्य व्याघ्रस्याभिनयोऽयम्][121]

इति सगुरूत्कारमग्रेसरति [नकुलं दृष्ट्वा जम्बुकस्याभिनयोऽयम्][122]

नकुलस्तस्य भैरवरूपं दृष्ट्वा दूरत एव पलायते

[भीतस्य नकुलस्याभिनयोऽयम्][123]

निष्क्रामति [सिन्धोः मित्रस्य सोमस्याभिनयोऽयम्][124]

सोमः साञ्जलिपुटं प्रणम्य गच्छति [सोमस्याभिनयोऽयम्][125]

इति रुदती गृहाभ्यन्तरं प्रविष्टा [महेशस्य व्यवहारेण दुःखिताया: रत्नाया अभिनयोऽयम्][126]

द्वार एव सिन्धोः पिता आगच्छन् दृश्यते [सिन्धोः पितुः महेशस्याभिनयोऽयम्][127]

प्रविश्य अपटीक्षेपेण [शोभाया अभिनयोऽयम्][128]

[अकस्मादेव समाचारपत्रं हस्ते निधाय प्रविशति रामेन्द्रः][129]

ससंकोचं प्रविश्य [वन्दनानेनाभिनयेन स्वमातरं वदति][130]

धावन्ती प्रविश्य [स्वपुत्रस्य रुधिरमयीमवस्थां दृष्ट्वा विमलाया अभिनयोऽयम्][131]

शोभा वन्दनाऽद्य मे भ्रातृजाया जाता इति भृशं क्रोशन्ती उच्छलयति कुर्दति

[ललिताया अभिनयोऽयम्][132]

सर्वतो गत्वा सदृष्टिक्षेपम् [दन्दशूकस्याभिनयोऽयम्][133]

अपटीक्षेपेण प्रविश्य [दन्दशूकस्याभिनयोऽयम्][134]

निभृतपदः परितः परिक्रम्य [दन्दशूकस्याभिनयोऽयम्][135]

शनैः भग्नप्रायगृहसमीपमुपगम्य [दन्दशूकस्याभिनयोऽयम्][136]

निश्शब्दं वातायनमार्गेण प्रविशति पर्यटति चेतस्ततः

[दन्दशूकस्याभिनयोऽयम्][137]

[इति क्षेत्रपुरुषीभूय मौनमवलम्ब्य तिष्ठति][138]

इति गृहकोणाभिमुखं गच्छति [गृहस्वामिनोऽभिनयोऽयम्][139]

अविरलाश्रुक्लिन्ने नयने पटाञ्चलेन सारयन् यथागतं शनैरपक्राति

[दन्दशूकस्याभिनयोऽयम्][140]

सविलासं परिक्रामन्	[सूत्रधारस्याभिनयोऽयम्][141]
परिक्रम्य सनिर्देशम्	[सूत्रधारोऽनेनाभिनयेन नाट्यदर्शनोद्देश्ये आगतान् दर्शकान् वदति][142]
अकस्मात् प्रविश्य	[स्वप्नर्षेरभिनयोऽयम्][143]
सवेगं पार्श्वमागत्य	[शोभनस्याभिनयोऽयम्][144]
किञ्चिदग्रेसरीभूय	[शोभनस्य वाक्यं श्रुत्वा भूपालस्याभिनयोऽयम्][145]
कन्या विद्यालयद्वारमुपतिष्ठते	[वालिकाविद्यालयस्य कस्यापि सौन्दर्यवत्याश्छात्राया अभिनयोऽयम्][146]

सझम्पमग्रेसरीभूय भूपालं दृढमागृह्य विघटयितुं प्रयतते

[भूपालस्य सहपाठिनोऽयम् अभिनयः][147]

उत्थाय	[भूपालोऽनेनाभिनयेन बालकं वदति][148]

भूपालो घटनां प्रभवन्तीं दृष्ट्वैव द्रुतं पलायते[149]

ग्रीवाभंगाभिरामं शोभनं मुहुः पश्यन्ती प्रतिष्ठते

[राजलक्ष्म्या अभिनयोऽयम्][150]

दीनानाथोऽपि सशोभनो विद्यालयं प्रविशति[151]

अग्रेसरीभूय	[शोभनशुक्लनामधेयस्य कस्यचित् अधिष्ठानाकृतः रक्षिणोऽभिनयोऽयम्][152]
दस्यु समीपमागच्छतः	[शोभनस्य समीपं आगतयोः जनयो अभिनयोऽयम्][153]

पश्चाच्चाधिवक्तुः पत्नी रत्ना वत्सेन सार्धमायाति[154]

रामदत्तहरणौ ससम्भ्रमं धावन्तावगच्छतः[155]

सिन्धुरस्फुटं रुदत् गृहाभ्यन्तरं-प्रविशति	[पितुः तिरस्कारपूर्णं वाक्यं श्रुत्वा सिन्धोरभिनयोऽयम्][156]
इति प्रस्थातुमिच्छति	[सिन्धोः प्रत्यावर्तनसमयो व्यतीतो दृष्ट्वा स्वपुत्रस्यान्वेषणाय भवानीदत्तस्याभिनयोऽयम्][157]

कश्चिद् बालकः सिन्धुमङ्कपाल्यां निधाय रक्षायाने तिष्ठन्नास्ते
[सिन्धोः मित्रस्य सोमधरस्याभिनयोऽयम्][158]

सत्वरमुपसृत्य [भवनप्राङ्गणे रक्षायानप्रवेशं दृष्ट्वा भवानी-दत्तस्याभिनयोऽयम्][159]

धावन्ती [मदिराया अभिनयोऽयम्][160]

पुरस्सरन्तौ राजप्रासादमेकमुपगच्छतः
[महिमाशाहहम्मीरसिंहयोरभिनयोऽयम्][161]

महिमाशाहोऽभ्यन्तरं प्रविशति[162]

महिमाशाहो रक्तरञ्जितं खड्गं दक्षिणहस्ते निधाय सझम्पं बहिरायाति[163]

समुत्थाय सधैर्यम् खड्गरुधिरेण महिमाशाहललाटं तिलकितं विधाय
[हम्मीरसिंहोऽनेनाभिनयेन महिमाशाहं वदति][164]

नान्द्यन्ते ततः प्रविशति सूत्रधारः पुष्पाञ्जलिं विकीर्य सप्रणामम्
[सूत्रधारस्याभिनयोऽयम्][165]

इति गृहाभ्यन्तरं प्रविशति [सूत्रधारस्याभिनयोऽयम्][166]

ततः प्रविशति यथोक्तव्यापारा पट्टराज्ञी कामाक्षी सखीभ्यामनुगता[167]

ततः प्रविशति लेखहस्तो वृद्धकच्चुकी [कञ्चुक्या अभिनयोऽयम्][168]

इति लेखमर्पयति सप्रणामं गच्छति च [कञ्चुक्या अभिनयोऽयम्][169]

ततः प्रविशति धर्मासनस्थश्चोलेश्वरो राजराजः [चोलराजस्याभिनयोऽयम्][170]

इति निष्क्रम्य रक्षिभ्यां सह पुनः प्रविश्य [कञ्चुक्या अभिनयोऽयम्][171]

इति शनकैरपक्रामति [कञ्चुक्या अभिनयोऽयम्][172]

सादरं समुपसृत्य [सेनापतिरनेनाभिनयेन चोलराजं वदति][173]

इत्यपक्रामति [सूत्रधारस्याभिनयोऽयम्][174]

मञ्चमुपसृत्य [सूत्रधारस्याभिनयोऽयम्][175]

इति सप्रणामं सविलासमपक्रामति [सूत्रधारस्याभिनयोऽयम्][176]

इति निष्क्रम्य पुनः राजपुरुषेण सार्धं प्रविश्य
[प्रतिहार्य्या अभिनयोऽयम्][177]

प्रविश्य (पुनः प्रविश्य) [सूत्रधारस्याभिनयोऽयम्][178]

गत्वा मलखानेन सार्धं पुनः प्रविश्य [बन्दाबहादुरस्याभिनयोऽयम्][179]

स्तम्भितकण्ठः साश्रुमुखः काष्ठफलकादवतीर्य पूजागृहं गत्वा

[गोविन्दसिंहोऽनेनानियेन बन्दाबहादुरं वदति][180]

बन्दाबहादूरं समेत्य गुरुगोविन्दसिंहः प्रतिष्ठते।[181]

गुरुस्तेगबहादुरः समक्षमायाति[182]

सवेदनं मातृसमीपमासाद्य [हेमेन्द्रोऽनेनाभिनयेन अमृतां वदति][183]

ततः प्रविशति वटुगणपरिवारितः कुलपतिः काश्यपो मृगाजिनस्थः[184]

अपटीक्षेपेण ससहचरः प्रविश्य [नारदस्याभिनयोऽयम्][185]

इति बटुभिस्सार्धं गच्छति [नारदस्याभिनयोऽयम्][186]

[ततः प्रविशति भगवान् कृष्णद्वैपायनो व्यासः][187]

[ततः प्रविशति मातलिद्वितीयः इन्द्रः][188]

[इन्द्रो निजमायुधं सन्धाय सवेगमभियाति][189]

[ततः प्रविशति मातलिद्वितीयो देवराजः][190]

सझम्पं प्रविश्य [नारदस्याभिनयोऽयम्][191]

इति शनकैरपयाति [नारदस्याभिनयोऽयम्][192]

किञ्चिदग्रे गत्वा [इन्द्रस्याभिनयोऽयम्][193]

स्वरमाकर्ण्य गौतमभार्याऽहल्या बहिरायाति[194]

इति त्वरितं पर्णशालां प्रविशति [अहल्याया अभिनयोऽयम्][195]

अर्घ्यमाहरन्तीमहल्यां दृष्ट्वा सवेगं पर्णशालां प्रविशति

[इन्द्रस्याभिनयोऽयम्][196]

अकस्मादेव महर्षिगौतमः प्रविशति[197]

इति राजानं प्रणम्य गच्छति [दौवारिकस्याभिनयोऽयम्][198]

धावन् समागत्य निशम्य च [दौवारिकस्याभिनयोऽयम्][199]

इति गत्वा कतिपयनिमेषानन्तरं राजपण्डितेन सह पुनः प्रविश्य [दौवारिकस्याभिनयोऽयम्][200]

सझम्पं बहिरायाति [राजपण्डितस्याभिनयोऽयम्][201]

अकस्मादेव प्रविशति चन्दनमाल्यपीताम्बरभूषितार्द्रत्रिपुण्डोपलेपः स्मेराननो राजपण्डितः[202]

वैक्लव्यं पाण्डुताञ्चोपगच्छति [ब्रह्मराक्षसस्याभिनयोऽयम्][203]

इति प्रणम्य सर्वान् शनकैरपयाति[204]

साञ्जलिपुटं प्रणम्य प्रविशति जवनिकाम् [मारिषस्याभिनयोऽयम्][205]

अपटीक्षेपेण प्रविश्य [पितामहस्याभिनयोऽयम्][206]

पुनः कक्षाभ्यन्तरं प्रविश्य [भृत्योऽनेनाभिनयेन वदति][207]

नामाक्षराण्यावर्तयन् सत्वरं बहिरुपेत्य [भृत्यस्याभिनयोऽयम्][208]

[भृत्ययुक्त्या विलक्षितस्सन् प्रविशत्यभ्यन्तरं हरिप्रतापः][209]

बहिरागत्य [भृत्यस्याभिनयोऽयम्][210]

कक्षाद् बहिर्याति [कृपालोरभिनयोऽयम्][211]

पार्श्वमागत्य सगाढोपगूढम् [मदिराया अभिनयोऽयम्][212]

मार्गान्तरेण राजमहिषीभवनमुपसृत्य [नादिराया अभिनयोऽयम्][213]

अकस्मादेव प्रविश्य [बाजबहादुरस्याभिनयोऽयम्][214]

ततः प्रविशति विक्षिप्तमहिलावेषधारिणी बृद्धा देहली[215]

यावत्सर्वे जिगमिषन्ति तावदेव सम्मुखमापतति स्थपतिः कालपुरुषः[216]

इत्यन्तःकक्षं प्रविश्य पुनर्निष्क्रम्य च [कस्यचित् वाक्कीलस्य सेवकस्याभिनयोऽयम्][217]

[धनीरामः प्रणम्य गन्तुमिच्छति][218]

[धनीरामः सस्वीकृतिमुद्रं शनकैरपयाति][219]

इति गत्वा मिष्टान्नशरावहस्ता पुनरागत्य [रेवत्या अभिनयोऽयम्][220]

अपटीक्षेपेण प्रविश्य [पुरुषस्याभिनयोऽयम्][221]

पार्श्वमागत्य [गोविन्दोऽनेनाभिनयेन स्वपितरं वदति][222]

[गोविन्दः चरणावभिवन्द्य हर्षनिर्भरस्सन् गृहं प्रविशति][223]

[दशवर्षदेशीयं कञ्चिद् वालकं ताडयन्ती नटी प्रविशत्यपटीक्षेपेण][224]

इति निष्क्रान्ता [नट्या अभिनयोऽयम्][225]

किञ्चित्पदमग्रेसरीभूय तारस्वरेण [सूत्रधारस्याभिनयोऽयम्][226]

इति मन्दं निष्क्रान्तः [सूत्रधारस्याभिनयोऽयम्][227]

[ततः प्रविशति गृहकार्यव्यापृतमानसा मलिनवेषा वेपथुमती विनता सुपर्णेन अनुगम्यमाना][228]

द्रुतगत्या धावन् / इति सझम्पं निष्क्रान्तः [मातृमुखात् केन प्रकारेण दास्यावस्था जाता इति श्रुत्वा सुपर्णस्याभिनयोऽयम्][229]

द्रुतविलम्बितं निष्क्रान्ता [क्रुद्धं पुत्रं गन्तुं दृष्ट्वा विनताया अभिनयोऽयम्][230]

नारदोऽवतीर्य समुपसृत्य च देवेन्द्रकर्णे किञ्चिन्मन्त्रयते द्रुतमेवापसरति च[231]

समीपमुपसृत्य [पुरन्दरोऽनेनाभिनयेन सुपर्णं वदति][232]

इति निष्क्रान्ता। पुनश्चमातलिनाधिष्ठितेनार्जुनेन सह प्रविष्टा [जयन्तिकाया अभिनयोऽयम्][233]

[ऊर्वशी पुरन्दरसमीपमागच्छति][234]

इत्येव शचीमन्दिरं प्रतिष्ठते [देवेन्द्रस्याभिनयोऽयम्][235]

इत्यपक्रामति [अर्जुनस्य कक्षे ऊर्वश्या प्रवेशस्यानन्तरं रम्भाया अभिनयोऽयम्][236]

अर्धावृत्तकवाटयुगलमनावृत्य मन्दमन्दं कौन्तेयपार्श्वमुपगम्य चानङ्गभावं दर्शयन्ती [अर्जुनसमक्षमूर्वश्या अभिनयोऽयम्][237]

सातर्कितभयं सोद्वेंग किञ्चित्पदं पश्चाद् गत्वा [ऊर्वश्या व्यवहारं दृष्ट्वा अर्जुनस्याभिनयोऽयम्][238]

इति निर्विण्णभावेन मन्दं मन्दमपक्रामति [अभिशापप्रदानानन्तरं ऊर्वश्या अभिनयोऽयम्][239]

किञ्चित्पदमग्रेसरीभूय, सगूढस्मितम् [सूत्रधारस्याभिनयोऽयम्][240]

सोत्कण्ठं समीपमुपेत्य [शाइस्ताखानस्याभिनयोऽयम्][241]

कोपं नाटयन्ती सासूयमुपविश्य [जैनावाई अनेनाभिनयेन औरङ्गजेवं वदति][242]

सविलासं महिषीसमीपमुपगम्य [औरङ्गजेवोऽनेनाभिनयेन स्वमहीषीं वदति][243]

किञ्चिदग्रेसरीभूय [चतुर्धुरीणोऽनेनाभिनयेन गोविन्दं वदति][244]

इति सैन्ययानाद् वहिविकूर्द्य टेङ्कयानध्वंसिगोलकानि च ग्रीवावलम्बित-वस्त्रपटे निधाय गन्तुमिच्छति [आशारामत्यागिनोऽभिनयोऽयम्][245]

द्रुतगत्या धावन् [आशारामत्याग्यनेनाभिनयेन उमरावसिंहं वदति][246]

प्रमुखमहोदया आसन्दिकातः समुत्थाय पुरतोऽभिवर्तन्ते[247]

ततः प्रविशति अम्बया भगिन्या मित्रेण च सार्धं विवदमानो[248]

द्वाविंशतिवर्षदेशीयः कश्चित् सुदर्शनो युवकः [सूत्रधारस्याभिनयोऽयम्][249]

सझम्पं पार्श्वमुपेत्य पादयोर्निपत्य च [आलोकोऽनेनाभिनयेन वदति][250]

[आलोकः शिरोमणिसमीपं गच्छति][251]

इति सफुत्कारं सरोषमंत्रितञ्च गृहाभ्यन्तरं प्रविशति

[मङ्गलाया अभिनयोऽयम्][252]

शिवालालो गच्छति[253]

प्रविशति च काचिदनतिप्रौढा सुदर्शनयुवतिः[254]

अकस्मादेव कार्यालयाधीक्षकः पर्यटन् समीपमायाति[255]

कल्पना झटित्येव गन्तुमिच्छति[256]

कल्पनाऽऽपमानिता शनैर्याति[257]

इति मन्दं स्वकक्षे प्रविशति [अधीक्षकस्याभिनयोऽयम्][258]

शारदा निष्क्रम्य पुनः प्रातराशमादाय समायाति[259]

ततः प्रविशति विरलदशनो मलिनवेषो गृहस्वामी[260]

सझम्पमागत्य दारकं वारयति [गृहस्वामिन आचरणं दृष्ट्वा शारदाया अभिनयोऽयम्][261]

इति द्वारकैस्सार्धं गृहाभ्यन्तरं प्रविशति [शारदाया अभिनयोऽयम्]

[प्रविशति प्रथमस्तावल्ललाटाध्यासितरक्तचन्दनतिलको वृद्धोष्णीषो गृहीताक्षमाल पीताम्बरधारी ब्राह्मणः][262]

[द्वितीयस्तु लुञ्चितश्मश्रुको विलम्बिकूर्चश्चतुष्कोणाङ्कितकटिविलम्बिताधोवसनं वसानस्तुरष्कः][263]

तृतीयस्तु स्फटिकधवलकञ्चुकाच्छन्नवपुर्धृतोपनेत्रः कण्ठोपकण्ठीकृतस्त्रिस्ताङ्कमाल्यो गौराङ्गः[264]

सविलासं प्रविश्य [नट्या अभिनयोऽयम्][265]

[ततः प्रविशति यथोक्तव्यापारो विदिशाधिपतिः पुष्यमित्रः][266]

प्रविश्य [प्रतीहार्या अभिनयोऽयम्][267]

इति निष्क्रम्य पुनः कुमाराभ्यां सह प्रविश्य [प्रतीहार्या अभिनयोऽयम्][268]

अपटीक्षेपेण प्रविश्य [विद्योत्तमाया अभिनयोऽयम्][269]

इति गन्तुं व्यवस्यति [विद्योत्तमाया अभिनयोऽयम्][270]

इति सप्रणयं हस्तं मोचयित्वा गच्छति [विद्योत्तमाया अभिनयोऽयम्][271]

[ततः प्रविशति व्यग्रमानसा रसना कुसुमाभरणहस्ता][272]

ततः प्रविशति यथोक्तव्यापारोऽग्निमित्रः सपरिवारः[273]

इति गन्तुमिच्छति [मालविकाया अभिनयोऽयम्][274].

इति दण्डकाष्ठमादाय स्खलन् गच्छति [कपित्थकस्याभिनयोऽयम्][275]

इति सारिकामुत्पतन्तीमनुसरन्ती हर्म्याणां विविधप्रकोष्ठेषु भ्राम्यति [रसनाया अभिनयोऽयम्][276]

इति विद्योत्तमाभवनाभिमुखं गच्छति [रसनाया अभिनयोऽयम्][277]

अपटीक्षेपेण प्रविश्य [रसनाया अभिनयोऽयम्][278]

स्थानादपसारन्ती [रसनाया अभिनयोऽयम्][279]

इत्युपेक्ष्य देवदत्तं गच्छति [रसनाया अभिनयोऽयम्][280]

इति सप्रणामपक्रामति [प्रतीहार्या अभिनयोऽयम्][281]

इति विविधचिन्तावसक्तमाना अग्रेसरति [देवदत्तस्याभिनयोऽयम्][282]

इति पुरस्सरति [साधोरभिनयोऽयम्][283]

साधुरपि स्वहासं नियम्य चङ्कुमगुसमीपमायाति[284]

[तावदेव प्रविशति स्नानोत्तीर्णः गृहपतिः][285]

अपटीक्षेपेण प्रविश्य [वरदाया अभिनयोऽयम्][286]

[तावदेव समायाति मोहितशुक्लः। यानादवतीर्य पार्श्वमुपेत्य च][287]

इति कक्षे प्रविशति सप्राचार्य [निरीक्षकस्याभिनयोऽयम्][288]

कक्षाद् वहिनिष्क्रम्य [महानन्दस्याभिनयोऽयम्][289]

इति सनिबन्धमागृह्य दयारामं प्रतिष्ठते [त्रिलोचनस्याभिनयोऽयम्][290]

इति द्विचक्रिकया प्रतिष्ठते हट्टञ्चासादयति [दयारामस्याभिनयोऽयम्][291]

अग्रे सरन् [दयारामोऽनेनाभिनयेन विक्रेतारं वदति][292]

सहसोपसृत्य [प्रथमवञ्चकस्याभिनयोऽयम्][293]

विपरीतमार्गादुपसृत्य [द्वितीयवञ्चकस्याभिनयोऽयम्][294]

इति पुरस्सरत [ब्राह्मणस्याभिनयोऽयम्][295]

पुरस्सृत्य [नकुलदासस्याभिनयोऽयम्][296]

इति पञ्चशतरूप्यकाणि समर्प्य शनैर्गच्छति

[पितुः रोगोपशमनाय आगतस्य कस्यचित् पुरुषस्याभिनयोऽयम्][297]

[ततः प्रविशति पीतदुकूलालंकृतः परमरमणीयाकृतिः कविकुलगुरुः कालिदासः][298]

ततः प्रविशति कषायवस्त्रावृतश्चीवरांसः पलितकेशोऽश्वघोषः[299]

इति निष्क्रान्तः [कवेः अश्वघोषस्याभिनयोऽयम्][300]

[ततः प्रविशति राजकविवेषस्ताम्बूलमुखो बाणभट्टः)[301]

इति अङ्कपाल्यां प्रगृह्य प्रयाति [सूत्रधारस्याभिनयोऽयम्][302]

[वसन्तावतारं गायन् प्रविशति ततः महाकविः जयदेवः[303])

[ततः प्रविशति राजवेषालङ्कृतस्ताम्बूलपुरितमुखः पण्डितराजो जगन्नाथः][304]

इति हसन्नेव निष्क्रान्तः [पण्डितराजस्य जगन्नाथस्याभिनयोऽयम्][305]

ततः प्रविशति द्वाविंशतिवर्षदेशीयः कश्चित् सुकुमारो युवाकविः

[कवेरभिराजराजेन्द्रमिश्रस्याभिनयोऽयम्][306]

[ततः प्रविशति मलिनवदना राधिका सख्यश्च][307]

अपटीक्षेपेण प्रविश्य [ललिताया अभिनयोऽयम्][308]

इति राधिकासमीपमुपसर्पति [माधवस्याभिननयोऽयम्][309]

[ततः प्रविशति स्वर्णमयरथारूढो माधवः बलभद्रसहितः][310]

इत्युपसर्पति / सहसा सम्मर्दे प्रविश्य [नन्ददेवस्याभिनयोऽयम्][311]

[अनुक्त्वैव किञ्चित् प्रहसन् रामनायको गच्छति][312]

किञ्चिदग्रेसरीभूय [सूत्रधारस्याभिनयोऽयम्][313]

[ततः प्रविशति म्लेच्छवेषः फटेहालश्च विटो प्रत्यूषो नाम][314]

इति चरणताडनायोपक्रामति [भयानक्या अभिनयोऽयम्][315]

सहसोपसृत्य [करुणालयस्याभिनयोऽयम्][316]

प्रविश्य अपटीक्षेपेण [नट्या अभिनयोऽयम्][317]

नटी सविलासमपक्रामति [नट्या अभिनयोऽयम्][318]

कतिचित् पदानि गत्वा [सूत्रधारस्याभिनयोऽयम्][319]

कचमङ्कपाल्यां प्रगृह्याग्रेसरति [शुक्राचार्यस्याभिनयोऽयम्][320]

पार्श्वमागत्य [जयमालाया अभिनयोऽयम्][321]

इति सफुत्कारं दुर्वारया गत्या प्रस्थितः

[जयमालाया अभिनयोऽयम्][322]

सोपसृत्य [दारकस्याभिनयोऽयम्][323]

निष्क्रम्य पुनर्भूपतिनाऽन्यैश्च जनैस्सह प्रविशति

[राजरक्षकस्याभिनयोऽयम्][324]

इति प्रणम्य गच्छति [रक्षकस्याभिनयोऽयम्][325]

राजसभामासाद्य [पण्डितस्याभिनयोऽयम्][326]

वहिर्निष्क्रम्य [सेवकस्याभिनयोऽयम्][327]

[गोपालवर्मा प्रविशति][328]

पुनर्बहिरागत्य [सेवकस्याभिनयोऽयम्][329]

काचित्कन्या प्रकोष्ठं प्रविशति[330]

[नृपेन्द्रः प्रकोष्ठं प्रविशति][331]

[ततः प्रविशति न्यायासनस्थो न्यायाधीशः ससहायः][332]

सप्रणाममुद्रम् [वाक्कीलस्याभिनयोऽयम्][333]

इत्यग्रेसरति [मानवाधिकारयोगस्य सदस्यस्याभिनयोऽयम्][334]

इति त्वरया गन्तुमिच्छति [नर्मदाया अभिनयोऽयम्][335]

[ततः प्रविशति केन्द्रीयकार्यालये यशोदानाम्नी काऽपि वृद्धा][336]

कन्यकयाऽनुगता कक्षद्वारमुपसृत्य [यशोदाया अभिनयोऽयम्][337]

[अकस्मादेव प्रविशति कश्चिन्नवयुवकः प्रणमति च पीठाध्यक्षम्][338]

इति प्रणमन्त्या पार्वत्या सह निष्क्रामति [यशोदाया अभिनयोऽयम्][339]

इति शनैः प्रतिष्ठते [मङ्गलस्याभिनयोऽयम्][340]

सहसैव समक्षमागत्य [नगरनिगमाधिकारिणः सोमस्याभिनयोऽयम्][341]

[सोमोऽपि कृपानाथस्कुटरमारुह्य प्रतिष्ठते][342]

इति रूदती महानसाभिमुखं प्रयाति [कमलाया अभिनयोऽयम्][343]

इति स्नानगृहाभिमुखं प्रयाति [यशोदाया अभिनयोऽयम्][344]

त्वरितं प्रविश्य [सेवकस्याभिनयोऽयम्][345]

कक्षं प्रवेष्टुकामः [रङ्गनाथस्याभिनयोऽयम्][346]

इति प्रस्थितः [रङ्गनाथस्याभिनयोऽयम्][347]

अपटीक्षेपेण प्रविश्य [नट्या अभिनयोऽयम्][348]

इति अन्तःपुराभिमुखं परिक्रामति [विदूषकस्य डुण्डुभकस्याभिनयोऽयम्][349]

इति सवेगं कदम्बद्रुमाभिमुखं परिक्रामति [डुण्डुभकस्याभिनयोऽयम्][350]

ततः प्रविशति ससखीजना देवी सुवर्णा[351]

पार्श्वमुपेत्य [पुरोचनस्याभिनयोऽयम्][352]

10. भ्रूकुटिकर्म

परावृत्य सभ्रूभङ्गम् [रम्भाया अभिनयोऽयम्][353]

सभ्रूभङ्गम् [कर्तय्या अभिनयोऽयम्][354]

अपाङ्गमाकुञ्चय [मृत्युं नाटयित्वा धनोपार्जनरतस्य कस्यचित् पुरुषस्याभिनयोऽयम्][355]

11. मुखकर्म

इति नताननो मौनमवलम्बते [बन्धुरस्याभिनयोऽयम्][356]

[गिरीशो नताननस्तिष्ठति][357]

स्मेराननः [गृहस्वामिनोऽभिनयोऽयम्]358

उपेक्षया मुखमाकुञ्च्य [शारदा अनेनाभिनयेन गृहस्वामिनं वदति][359]

स्मेराननः सन् [तुरष्कस्याभिनयोऽयम्][360]

मुखं व्यादाय सन्दिहानः [ब्राह्मणस्याभिनयोऽयम्]361

अपटीक्षेपेण प्रविश्य मुखं च व्यादाय [विदूषकस्य कपित्थकस्याभिनयोऽयम्][362]

इति नतानना निष्क्रामति [जिह्वाया अभिनयोऽयम्][363]

[पितामह्यपि स्मेरानना जायते][364]

[सभायोजको नताननो तिष्ठति][365]

सोमं पुलिसाधीक्षकेण सार्धं विलोक्यैव महिला शुष्कमुखी जायते[366]

12. शिरःकर्म

सशिरः कम्पनम् [देहल्या अभिनयोऽयम्][367]

शिरश्चालनम्	[धनीरामोऽनेनाभिनयेन वाक्कीलं वदति][368]
सस्मितं सशीर्षकम्पनम्	[पितामह्या कथां श्रुत्वा पितामहस्याभिनयोऽयम्][369]
गोविन्दो लज्जाविधुरो नतशीर्षोऽवलोक्यते[370]	
देवदत्तवक्षसि शीर्षं निधाय	[विद्योत्तमाया अभिनयोऽयम्][371]
सशिरश्चालनम्	[त्रिलोचनस्याभिनयोऽयम्][372]
शिरसा प्रणम्य	[कचकुमारस्याभिनयोऽयम्][373]
सशिरःकम्पनम्	[डुण्डुभकस्याभिननयोऽयम्][374]
सशिरःकम्पनम्	[मदालसा अनेनाभिनयेन मधुकरिकां वदति][375]

13. हस्तकर्म

नान्द्यन्ते पुष्पाञ्जलिं विकीर्य	[सूत्रधारस्याभिनयोऽयम्][376]
पत्रं प्रयच्छन्	[वैखानसस्याभिनयोऽयम्][377]
मुष्टौ तिन्तिडीवीजद्वयं संगोप्य	[कृत्तिकाया अभिनयोऽयम्][378]
मुष्टिमुद्घाट्य प्रदर्शयन्ती सप्रणयम्	[कृत्तिकाया अभिनयोऽयम्][379]
कर्णौ पिधाय	[लक्ष्मणे रजकवृत्तान्तं कथिते अरुन्धत्या अभिनयोऽयम्][380]
साञ्जलिपुटप्रणामम्	[तृतीयजनोऽनेनाभिनयेन विदूषकसमीपमात्मपरिचयं शापयति][381]
सप्रणामं पुरस्सरीभूय	[अयोध्यावासिनं जानपदसमक्षं स्ववक्तव्योपस्थापनात् प्राक् लक्ष्मणस्याभिनयोऽयम्][382]
हस्तावुद्यम्याशिषं वितरन् सप्रणयम्	[गुरुः वसिष्ठोऽनेनाभिनयेन सभायामागतान् जानपदान् अन्यान् श्रोतृन च वदति][383]
करुणकरुणं विलपन् हस्तावुद्यम्य	[जनकनन्दिनीं निन्दित्वा स्वापराधमनुभूय अनेनाभिनयेन रजकः जानपदान् कथयति][384]

सभार्यः प्रणम्य [रजकस्याभिनयोऽयम्][385]

हस्ते हस्ते सम्मेल्य, सवैलक्ष्यम्[राघवस्याभिनयोऽयम्][386]

अरुन्धत्या सह समुत्थाय दक्षिणहस्तमुद्यम्य

[लवकुशयोः षष्ठीमहोत्सवे अनेनाभिनयेन गुरु वशिष्ठः सस्त्रिकः आशीर्वचनं प्रयच्छति][387]

इति पिण्डोदक कूर्चमुन्मुच्य दूरे क्षिपति

[पुत्तलिकावेषधारिणः पिण्डोदकस्य परिचयोद्घाटनाय लक्ष्मणस्याभिनयोऽयम्][388]

राघवशीर्षं प्रीत्या सारयन्ती [जनकनन्दिन्या अभिनयोऽयम्][389]

सादरं प्रणमन्ती [वैदेही अनेनाभिनयेन पिण्डोदकं वदति][390]

सप्रणामम् [योध्यायां प्रत्यावर्तनकाले महामुनिः वाल्मीकिः अनेनाभिनयेन गुरुवरं वसिष्ठं वदति][391]

सहर्षं ललितां निर्भरमालिङ्ग [वैदेह्या अभिनयोऽयम्][392]

सप्रणाममुद्रम् [वाल्मीकिरनेनाभिनयेन राघवं वदति][393]

हस्तग्राहं ध्रुवमपसारयन्ती [सुरुचिरनेनाभिनयेन पितुरङ्कात् ध्रुवमपसारयितुं चेष्टते][394]

ध्रुवमुत्थाय गाढमालिङ्ग्य च [ध्रुवस्य भक्तिं दृष्ट्वा भगवतः नारायणस्याभिनयोऽयम्][395]

इति जननीचरणयोः प्रणमति [स्वर्गगमनाय मातुरनुमतिं याचित्वा सुपर्णस्याभिनयोऽयम्][396]

सादरं प्रणम्य [सुपर्णस्याभिनयोऽयम्][397]

सप्रणामम् [रामोऽनेनाभिनयेन महर्षेरगस्त्यस्य इच्छां स्वीकरोति][398]

सालिङ्गनम् [महर्षेगौतमस्याश्रमे पुत्रं प्रेरणात् प्राक् अनेनाभिनयेन जबाला पुत्रं स्निह्यति][393]

मध्य एव कृपी तण्डुलान् पिष्ट्वा जले च सम्मेल्य कृतकक्षीरं विधाय आनयति

ददाति च दुर्ललितपुत्राय	[दुग्धपानाय पुत्रस्य क्रन्दनं श्रुत्वा कृपी अनेनाभिनयेन पुत्रं सान्त्वयितुं यतते][400]
शूलमुद्यम्य	[उद्धतं रावणाय वाधाप्रदानाय नन्दिनोऽभिनयोऽयम्][401]
शिखरमूले वाहुनिचयं संयोज्य सवलमुत्खातुं प्रयतते	[नन्दिना वाधाप्राप्तस्य क्रुद्धस्य रावणस्याभिनयोऽयम्][402]
सभयं शम्भुमालिङ्ग्य	[देव्याः पार्वत्या अभिनयोऽयम्][403]
बाहुपीडया करुणं विरावमार्तनादञ्च जनयन्	[दशास्यस्याभिनयोऽयम्][404]
सप्रणामं खड्गमङ्गीकृत्य	[दशास्योऽनेनाभिनयेन भगवता शंकरेण प्रदत्तमस्त्रं स्वीकरोति][405]
पार्श्वमुपेत्य, सोममालिङ्ग्य च	[सिन्धोः पितुः महेशस्याभिनयोऽयम्][406]
इति प्रातराशं नयति	[दीवानचन्द्रस्य कन्यायाः शोभाया अभिनयोऽयम्][407]
चित्रमेकं हस्ते निधाय प्रविश्य	[दीवानचन्द्रस्य कनिष्ठपुत्रास्याभिनयोऽयम्][408]
पुष्पाञ्जलिं विकीर्य	[दन्दशूकस्याभिनयोऽयम्][409]
सकुटिलहासं हस्तमाकाशे भ्रामयन्	[दन्दशूकनामकस्य चौरस्याभिनयोऽयम्][410]
श्लोकाभिप्रायं विज्ञाय सललाटताडनम्	[नेपथ्ये श्लोकं श्रुत्वा दन्दशूकनामकस्य चौरस्याभिनयोऽयम्][411]
परितः पश्यन् भवनमेकं निर्दिशन्	[दन्दशूकस्याभिनयोऽयम्][412]
इति भैरवगत्योत्थाय दण्डं गृह्णाति	[बलाकाया अभिनयोऽयम्][413]

सझम्पं सबलात्कारं लोष्ट्रमागृह्णन्

[शोभनोऽनेनाभिनयेन भूपालस्य कुकर्मणः प्रतिवादं करोति][414]

द्रंष्ट्रोपरि दुस्सहं मुष्टिप्रहारं कुर्वन् [शोभनस्य विद्यालयस्य अन्यस्य कस्यापि छात्रस्याभिनयोऽयम्][415]

शोभनस्य स्कन्धोपरि हस्तं विन्यस्य

[आचार्यः दीनानाथोऽनेनाभिनयेन शोभनं कथयति][416]

सः करप्रोञ्छण्याऽश्रुणि प्रोञ्छति [मेवालालमुखे भूपादस्युविषयकं वृत्तान्तं श्रुत्वा शोभनस्याभिनयोऽयम्][417]

स्कन्धोपरि हस्तं निधाय [शोभनोऽनेनाभिनयेन भूपालं वदति][418]

नीलकञ्चुकमवतारयन् [भवानीदत्तोऽनेनाभिनयेन स्वपत्नीं वदति][419]

अंगप्रच्छदेन हस्तौ मार्जयन् [हरणोऽनेनाभिनयेन भवनीदत्तं वदति][420]

प्रक्षालनद्रोण्या मुखं प्रक्षाल्य प्रच्छदेन च हस्तं मुखं मार्जयन्

[भवानीदत्तस्याभिनयोऽयम्][421]

सिन्धोः कर्णं किञ्चित्कुब्जीकुर्वन्

[सिन्धोरुत्तरं श्रुत्वा भवानीदत्तस्याभिनयोऽयम्][422]

भवानीदत्तोऽग्रेसरीभूय सोमधरशीर्षे करतलं सारयति[423]

इति रोदिति पटाञ्चलेन मुखमावृत्य [महिमाशाहस्याभिनयोऽयम्][424]

महिमाशाहं बाहुभ्यां निर्भरं निपीड्य

[महिमाशाहं क्रन्दन्तं दृष्ट्वा हम्मीरसिंहः वदति][425]

स्वोत्तरीयं प्रयच्छन् [हम्मीरसिंहस्याभिनयोऽयम्][426]

राजराजेश्वरो रत्नमालां कण्ठान्निस्सार्य वैतालिकाय प्रयच्छति

[चोलराजस्याभिनयोऽयम्][427]

इति आलकी पर्णकुटीरसरणिं निर्दिशति[428]

सत्वरमालकीसमीपमुपसर्प्य सचरणस्पर्शम्

[राजराजोऽनेनाभिनयेन मातरमालकीं वदति][429]

इति चरणद्वयं स्पृशति [राजराजस्याभिनयोऽयम्][430]

सहर्षं स्वनामाङ्कितमुद्रिकां प्रयच्छन्

[भोजराजोऽनेनाभिनयेन कुविन्दं वदति][431]

निष्क्रम्य, प्रविश्योभाभ्यां सह [राजराजस्याभिनयोऽयम्][432]

सहर्षं कण्ठहारं प्रयच्छन् [राजराजोऽनेनाभिनयेन स्थपतिं वदति][433]

सादरं कण्ठहारमादाय [स्थपतेरभिनयोऽयम्][434]

गोविन्दसिंहस्य पादौ गृह्णन् [बन्दाबहादुरोऽनेनाभिनयेन गोविन्दसिंहं वदति][435]

नेपथ्यध्वनिश्रवणसमकालमेव जलपात्रं काश्यपहस्तात्पतति[436]

क्रोधोद्धुरस्सन् वामहस्ते जलमादाय [काश्यपस्याभिनयोऽयम्][437]

द्रौपदी सादरं प्रणमति[438]

ससम्भ्रमं प्रणम्य [द्रुपदोऽनेनाभिनयेन द्वैपायनं वदति][439]

इन्द्रोऽतर्कितमेव दुर्धर्षवज्राघातेन वृत्रशीर्षं छिनत्ति[440]

अहल्याया मणिबन्धमागृह्य [इन्द्रोऽनेनाभिनयेन अहल्यां वदति][441]

सक्रोधं मणिबन्धं मोचयन्ती [अहल्यानेनाभिनयेन इन्द्रं वदति][442]

सर्वं श्रुत्वा दृष्ट्वा च मृगाजिनेन सरोषं देवराजं प्रहरति

[महर्षेः गौतमस्याभिनयोऽयम्][443]

इति पादौ परिवर्त्य प्रतीपदिशं गच्छति

[गौतमस्याभिनयोऽयम्][444]

पुरस्सृत्य दक्षिणहस्तमुद्यम्य [राजपण्डितस्याभिनयोऽयम्][445]

छात्रमेकं सङ्केतयन् [हतप्रभनामकस्य कस्यचित् छात्रस्याभिनयोऽयम्][446]

आचार्यं प्रति सादरं बद्धदृष्टिस्सन् माणवकान्तरं संकेतयति
[हतप्रभस्याभिनयोऽयम्][447]

वटुमेकं संकेतयन् [आचार्यस्याभिनयोऽयम्][448]

पृष्ठं दक्षिणकरतलेन सारयन् [हतप्रभनामकस्य निरीक्षकमहोदयस्याभिनयोऽयम्][449]

आख्यां लिखति पञ्जिकायाम् [हतप्रभस्याभिनयोऽयम्][450]

हस्तौ सम्मेल्य [रामनायकोऽनेनाभिनयेन पितामहं वदति][451]

हस्तेन ललाटं ताडयन् [नरोत्तमोऽनेनाभिनयेन पितामहं वदति][452]

पत्रं प्राचार्यहस्ते करोति [कृपालु इति कस्यचित् प्रत्याशिनोऽभिनयोऽयम्][453]

पुष्पहारं ग्रन्थती [नादिराया अभिनयोऽयम्][454]

इत्यर्धोक्ते मदिरा साञ्जलिपुटं वक्तुं निषेधति[455]

इति रत्नाङ्गुलीयकं नादिरायै प्रयच्छति [मदिरामुखात् शुभसूचनां श्रुत्वा रूपमत्या अभिनयोऽयम्][456]

बाजबहादुरः कण्ठहारमवतार्य प्रयच्छति[457]

रत्नहारं दत्वाऽस्फुटस्वरेण [आदिलखानस्याभिनयोऽयम्][458]

इति सुवर्णकङ्कणं मणिबन्धादवतार्य प्रयच्छति
[बाजबहादुरोऽनेनाभिनयेन रूपमतीं वदति][459]

मदिरायाः करम् आदिलखानकरे स्थापयन्ती
[रूपमत्या अभिनयोऽयम्][460]

मदिराकरं गृह्णन् [आदिलखानस्याभिनयोऽयम्][461]

मदिराऽवगुण्ठनादेव तर्जयति नादिराम्[462]

आत्मक्षतं दर्शयन् [भवननिर्माणरतस्यैकस्य जनस्याभिनयोऽयम्][463]

इति रूप्यकाणि प्रयच्छति [धनीरामस्याभिनयोऽयम्][464]

रूप्यकाणि गणयित्वा पिटके स्थापयति [वाक्कीलस्याभिनयोऽयम्][465]

चरणौ गृहीत्वा [धनीरामोऽनेनाभिनयेन वाक्कीलं वदति][466]

पुरुषं निर्दिश्य [वाक्कीलस्याभिनयोऽयम्][467]

चित्रमेकं प्रदर्श्य [वाक्कीलोऽनेनाभिनयेन स्वपुत्रं वदति][468]

हस्तौ सम्मेल्य [गोविन्दोऽनेनाभिनयेन वाक्कीलं वदति][469]

साङ्गुलिग्राहम् [विनतानन्दनः सुपर्णोऽनेनाभिनयेन मातुः दास्यावस्थाविषये पृच्छति][470]

मत्तमातङ्गजारूढो हस्ते वज्रं निधाय [पुरन्दरस्याभिनयोऽयम्][471]

इति लघुपत्रखण्डं विमुञ्चति [सुपर्णस्याभिनयोऽयम्][472]

पीयूषकुम्भं हस्तयोर्निधाय सस्नेहम्

[पुरन्दरोऽनेनाभिनयेन सुपर्णं वदति][473]

इति सादरं पीयूषघटं गृह्णाति [विनतानन्दनस्य सुपर्णस्याभिनयोऽयम्][474]

वज्रमनुसन्धाय [पुरन्दरस्याभिनयोऽयम्][475]

साञ्जलिपुटं प्रणम्य [सुपर्णस्याभिनयोऽयम्][476]

छोटिका दत्वाऽऽहूय सादरम् [सूत्रधारस्याभिनयोऽयम्][477]

सादरं निर्दिश्य [जयन्तिकानेनाभिनयेन पुरन्दरं वदति][478]

विनीतः कृताञ्जलिस्सन् [देवेन्द्रेन पुरस्कृतस्सन् अर्जुनोऽनेनाभिनयेन देवेन्द्रं वदति][479]

स्थानं निर्दिश्य [देवेन्द्रोऽनेनाभिनयेन अर्जुनं वदति][480]

इति मणिमाणिक्यखचिते कुण्डले कर्णयोर्निस्स्यार्य प्रयच्छति

[ऊर्वश्या परिवेषितं नृत्यं दृष्ट्वा अनेनाभिनयेन पुरन्दरः ऊर्वशीं पुरस्कृतं कृतवान्][481]

जृम्भां नाटयन् छोटिकां वादयन् [देवराजस्येन्द्रस्याभिनयोऽयम्][482]

इति सलज्जानुरागं पाणिभ्यामर्जुनस्य सव्येतरं प्रकोष्ठं गृह्णाति

[ऊर्वश्या अभिनयोऽयम्][483]

इति करसम्पुटं विधाय प्रणमति [तृतीयपाण्डवस्यार्जुनस्याभिनयोऽयम्][484]

महिमाशाहं बाहुभ्यां निर्भरं निपीड्य

[महिमाशाहं क्रन्दन्तं दृष्ट्वा हम्मीरसिंहो वदति][485]

सस्मितं सव्येतरेण पाणिना कूर्चकण्डुतिमभिनीय

[अमीरखानोऽनेनाभिनयेन शाइस्ताखानं वदति][486]

चपलचपलं समीपमुपेत्य सविलासम्, चरणौ निर्दिश्य

[आयशाया अभिनयोऽयम्][487]

पृष्ठोपरि कोमलमुष्टिघातं नाटयन्ती

[जैनावाई अनेनाभिनयेन मेहरुन्निसां वदति][488]

भुजबन्धं शिथिलीकृत्य दीपं संकेतयन्ती

[अनेनाभिनयेन जैनावाई औरङ्गजेबं वदति][489]

पाणिभ्यामुत्थाप्य मधुरं लालयन्

[औरङ्गजेबोऽनेनाभिनयेन महिषीं वदति][490]

इति आशारामस्य दक्षिणमणिबन्धे समंत्रोच्चारणं रक्षासूत्रं बध्नाति

[वल्लभरामशर्मणोऽभिनयोऽयम्][491]

आशारामस्सादरं प्रणमति[492]

इति दूरवीक्षणं प्रयच्छत्युमरावसिंहाय [आशारामत्यागिनोऽभिनयोऽयम्][493]

[अपटीक्षेपेण प्रविश्य गृहिणी चायचषकहस्ता][494]

चायचषकहस्तं प्रसारयति [गिरीशस्याभिनयोऽयम्][495]

[अलिन्दे कश्चिज्जनः कवाटं खट्खडिति ताडयति][496]

[अकस्मादेव द्वारकपाटमुद्घाट्य सझम्पं प्रविशति गिरिशगृहिणी लगुडप्रहारञ्च करोति गिरीशपृष्ठोपरि][497]

इति पत्रं ग्राहयति [अधीक्षकस्याभिनयोऽयम्][498]

इति कर्णशष्कुलीं दृढमुष्ट्या निष्पीड्य चपेटाघातैः कपोलमण्डलं बिम्बफलाभं विदधाति [गृहस्वाम्यनेनाभिनयेन स्वपुत्रं वदति][499]

ललाटदेशे घर्मजलव्यतिकरं प्रमृज्य [तुरष्कस्याभिनयोऽयम्][500]

[ब्राह्मणः प्रतिकरतलं मोदकमेकं न्यस्यति][501]

सचरणस्पर्शम् [अग्निमित्रोऽनेनाभिनयेन पितरं वदति][502]

सचरणस्पर्शम् [देवदत्तस्याभिनयोऽयम्][503]

सादरं भस्मचयं सर्वेभ्यो वितरति [पुष्पमित्रस्याभिनयोऽयम्][504]

इति सविनयमुपहरति [सन्देशहरोऽनेनाभिनयेन पुष्यमित्रं वदति][505]

पत्रिकां प्रयच्छन् [पुष्पमित्रस्याभिनयोऽयम्][506]

सत्वरमुपसृत्य हस्तावलम्बञ्च प्रदाय [प्रतीहार्या अभिनयोऽयम्][507]

कातरीभूय हस्तग्राहम् [देवदत्तस्याभिनयोऽयम्][508]

सारिकां समुपलाल्य करेण गृह्णाति [विद्योत्तमाया अभिनयोऽयम्][509]

इति कण्ठादवतार्य ग्रैवेयकं प्रतीहार्यै प्रयच्छति [पुष्यमित्रस्याभिनयोऽयम्][510]

दक्षिणहस्तमुद्यम्य [पुष्यमित्रस्याभिनयोऽयम्][511]

वाहू प्रसार्य प्रकाशम् [पुष्यमित्रस्याभिनयोऽयम्][512]

सत्वरमुपसृत्य साष्टाङ्गं प्रणमति [देवदत्तोऽनेनाभिनयेन पुष्यमित्रं वदति][513]

इत्यर्धोक्ते एव विद्योत्तमा पाणिना दयिताननं प्रच्छादयति हस्तौ सम्मेल्य साभ्यर्थनम् [साधोरभिनयोऽयम्][514]

पृष्ठतः समुपसृत्य मध्येदर्शकसम्मर्दं तिष्ठन्तं भद्रपुरुषं भूयोऽपि चण्डमाहत्य [साधोरभिनयोऽयम्][515]

पश्चात्तापमभिनयन् कपोलपार्श्वौ ताडयन् [साधोरभिनयोऽयम्][516]

अकस्मादेव मुण्डितशिरस्कं जनमवलोक्य, अंगुल्या निर्दिशन् [चङ्गोरभिनयोऽयम्][517]

शनैः शनैः मुण्डितशिरस्कमुपेत्य तं लघुचपेटयाऽभिहत्य तत्पार्श्ववर्तिन्यामा-
सन्दिकायामुपविशन् [साधोरभिनयोऽयम्][518]

भालं ताडयन्ती [वरदायाः जनन्या अभिनयोऽयम्][519]

सेवकास्तावदेव विविधाल्पाहारजातं सचायपेयमानयन्ति कक्षमेकं निर्दिशन
[निरीक्षकस्याभिनयोऽयम्][520]

[प्राचार्यः सर्वान् यथावदुपवेष्टुं प्राध्यापकं चाध्यापयितुं निर्दिशति सङ्केतेन][521]

छात्राः सकरतलवादनं निर्भरं हसन्ति[522]

प्राध्यापकपृष्ठं सस्नेहं सारयन् [निरीक्षकस्याभिनयोऽयम्][523]

प्रोञ्छन्या ललाटश्रमाम्भः सारयन् [निरीक्षकस्याभिनयोऽयम्][524]

काष्ठफलकोपरि मुद्रां निधाय पञ्चखरभूज्जि लतावृन्तेभ्यो गृह्णाति
[धर्माचार्यस्याभिनयोऽयम्][325]

साञ्जलिपुटप्रणामम् [धर्माचार्यस्याभिनयोऽयम्][526]

इति प्रोञ्छन्या नयने सारयति [महापौरस्याभिनयोऽयम्][527]

प्रोञ्छन्या नयनाश्रूणि सम्मार्ज्य [शिञ्जिन्या अभिनयोऽयम्][528]

वेपथुसिक्तं ललाटं सारयन् प्रोञ्छन्या [ब्राह्मणस्याभिनयोऽयम्][529]

बालकान् अपसारयन् [वञ्चकस्याभिनयोऽयम्][530]

कन्यां निर्दिश्य [कर्तर्य्यया अभिनयोऽयम्][531]

वृद्धं निर्दिशन् [कुम्भदासस्याभिनयोऽयम्][532]

अञ्जलिमाबद्ध्य [कवेः अश्वघोषस्याभिनयोऽयम्][533]

अञ्जलिं बद्ध्वा [कवेः भवभूतेरभिनयोऽयम्][534]

प्राञ्जलिस्सन् [सूत्रधारस्याभिनयोऽयम्][535]

स्कन्धोपरि हस्तं निवेश्य [देवयान्या अभिनयोऽयम्][536]

जयमालायाः करतलमागृह्य [देवयान्या अभिनयोऽयम्][537]

सरोषं बाहू उद्यम्य [कचकुमारस्याभिनयोऽयम्][538]

मुहूर्तं यावदङ्गुलिप्रचारैर्गणनां नाटयन् [पण्डितस्याभिनयोऽयम्][539]

इति पौनः पुन्येन चरणौ प्रगृह्णाति [सेविकायाः जिह्वाया अभिनयोऽयम्][540]

पत्रहस्तः [रक्षकस्याभिनयोऽयम्][541]

सोद्वेगं मस्तके हस्तं निधाय [डॉ० यूसुफस्याभिनयोऽयम्][542]

हस्तं सम्मेलयन् [डॉ० यूसुफस्याभिनयोऽयम्][543]

ललाटं संस्पृशन् [डॉ० सत्यपालस्याभिनयोऽयम्][544]

लघुमुद्गरेण काष्ठफलमाहत्य [न्यायाधीशस्याभिनयोऽयम्][545]

साश्चर्यमुपनेत्रमवतारयन् [पितामहस्याभिनयोऽयम्][546]

पितामही स्वललाटं ताडयति [स्वस्वामिनः कथां श्रुत्वा पितामह्या अभिनयोऽयम्][547]

हस्तावाकाशे उद्यम्य [पितामहस्याभिनयोऽयम्][548]

प्रोञ्छन्या जलार्द्रौ हस्तौ शोषयन् [केन्द्रीयकारागारं निरीक्षणार्थं समागतस्य मानवाधिकारायोगस्य सदस्यस्याभिनयोऽयम्][549]

प्रकोष्ठस्थं जनमेकं संकेतयन् [लोहासिंहस्याभिनयोऽयम्][550]

जनमेकं निर्दिशन् [लोहासिंहस्याभिनयोऽयम्][551]

कक्षमेकं निर्दिशन् [लोहासिंहस्याभिनयोऽयम्][552]

त्वरया हस्तं गृहीत्वा [स्वयंवरकेन्द्रे समागतायाः कस्याश्चित् महिलाया अभिनयोऽयम्][553]

ललाटं ताडयन् [सोमस्याभिनयोऽयम्][554]

मृतपत्युश्चरणं संस्पृश्य [महिलाया अभिनयोऽयम्][555]

समाचारपत्रं पित्रेऽर्पयति [विनोदस्याभिनयोऽयम्][556]

इति साञ्जलिपुटप्रणामं शनकैरपयाति [सूत्रधारस्याभिनयोऽयम्][557]

पुष्पाञ्जलिं प्रविकीर्य, सस्मितम् [सूत्रधारस्याभिनयोऽयम्][558]

अग्रतो विनिर्दिशन् [सूत्रधारस्याभिनयोऽयम्][559]

झटित्येवोपसर्प्य दण्डकाष्ठमुद्यम्य [विदूषकस्य डुण्डुभकस्याभिनयोऽयम्][560]

साञ्जलिपुटं प्रसादयन्ती [नवमालिकाया अभिनयोऽयम्][561]

सझम्पं डुण्डुभककपालं हस्तयोर्विन्यस्य

[यूथिकाया अभिनयोऽयम्][562]

परिक्रम्य परितो विनिर्दिशन् [डुण्डुभकस्याभिनयोऽयम्][563]

वामपार्श्वे विनिर्दिशन् [डुण्डुभकस्याभिनयोऽयम्][564]

सादरं डुण्डुभकोपरि करं निधाय [राज्ञः रुरोरभिनयोऽयम्][565]

रुरोर्दक्षिणहस्तं ग्राहयन् [डुण्डुभकस्याभिनयोऽयम्][566]

इत्याकाशे लक्ष्यं बद्ध्वा साञ्जलिपुटं प्रणमति

[डुण्डुभकस्याभिनयोऽयम्][567]

इति जीवितार्धदानाय संकल्पजलाञ्जलिं गृह्णाति

[रुरोरभिनयोऽयम्][568]

साञ्जलिपुटम् [रुरोरभिनयोऽयम्][569]

इति प्रमद्वरां ग्राहयति [सुवर्णाया अभिनयोऽयम्][570]

[ऐन्द्रजालिकः स्वललाटं ताडयति][571]

कमपि कृपणश्रेष्ठिनं संकेतयन [ऐन्द्रजालिकोऽनेनाभिनयेन वालकं वदति][572]

इति सस्नेहं स्वहस्तकटकं ददाति

[नवनीतकोऽनेनाभिनयेन कपर्दिकां प्रति स्नेहं प्रदर्शयति][573]

इति कण्ठप्रदेशादुन्मुच्य रत्नावलीं प्रयच्छति

[राजमहिषी अनेनाभिनयेन वदति][574]

इत्यर्धोक्ते राजविरुद्धसमुदाचारभयात् हस्ताभ्यां वदनं पिधाय

[कपर्दिका अनेनाभिनयेन राजमहिषीं वदति][575]

सोत्कण्ठमासनादुत्थाय बाहू प्रसार्य चोन्मत्तीभूय धावति

[दौवारिकमुखात् नवनीतकस्यागमनवार्तां श्रुत्वा नवनीतकं प्रति राज्ञः अभिनयोऽयम्][576]

राजेन्द्रमिश्रस्य सकलान् नाट्यग्रन्थानधीत्य इदमाविष्कृतं यद् आङ्गिकाभिनय प्रसङ्गः नाट्यकारेण सूक्ष्मातिसूक्ष्मतया परिकल्पितः। मञ्चस्य समक्षमुपस्थितानां दर्शकानां नाट्यावबोधाय रसपरिपाकाय च नाट्यकारेण विविधानि अभिनयकर्माणि सविस्तरं प्रयुक्तानि। एतादृशं प्रयोगं दृष्ट्वा अनुभूयते यद् आधुनिकसंस्कृतनाटचकाराः नाटचकलादृष्ट्या अन्यासु भाषासु समसामयिकनाट्यकाराणां समकक्षाः भवन्ति।

पादटीका

1. अभिपूर्वस्तु णीञ् धातुराभिमुख्यार्थनिर्णये।
   यस्मात्पदार्थान्नयति तस्मादभिनयः स्मृतः।।6।।
   विभावयति यस्माच्च नानार्थान् हि प्रयोगतः।
   शाखाङ्गोपाङ्गसंयुक्तस्तस्मादभिनयः स्मृतः।।7।।
   चतुर्विधश्चैव भवेन्नाट्यस्याभिनयो द्विजाः।
   अनेकभेदबाहुल्यं नाट्यं ह्यस्मिन् प्रतिष्ठितम्।।8।।
   आङ्गिको वाचिकश्चैव ह्याहार्यः सात्त्विकस्तथा।
   ज्ञेयस्त्वभिनयो विप्राः चतुर्धा परिकल्पितः।।9।।
   त्रिविधस्त्वाङ्गिको ज्ञेयः शरीरो मुखजस्तथा।
   तथा चेष्टाकृतश्चैव शाखाङ्गोपाङ्गसंयुतः।।11।।
   –नाट्यशास्त्रम्, डॉ. पारसनाथद्विवेदी, वाराणसी 1996, पृ०– 327–328
2. तस्य शिरो हस्तोरःपार्श्वकटीपादतः षडङ्गानि।
   नेत्रभ्रूनासाधरकपोलचिबुकान्युपाङ्गानि।। 3।।
   – नाट्यशास्त्रम्, डॉ पारसनाथद्विवेदी [द्वितीयः भागः], अष्टमोऽध्यायः, पृ० 329।
3. अस्य शाखा च नृत्तं च तथैवाङ्कुर एव च।
   वस्तून्यभिनयस्येह विज्ञेयानि प्रयोक्तृभिः।।14।।
   – तत्रेव, पृ० 329।
4. आङ्गिकस्तु भवेच्छाखा ह्यङ्कुरः सूचना भवेत्।
   अङ्गहारविनिष्पन्नं नृत्यं तु करणाश्रयम्।। 15।।
   – तत्रैव, पृ० 329।
5. द्विसन्धानम्, नाट्यसप्तपदम्, अभिराजराजेन्द्र मिश्रः, Eastern Book Linkers, Delhi, 1996, पृ० 129
6. दास्यापनोदनम्, नाट्यपञ्चामृतम्, अभिराजराजेन्द्रमिश्रः, अक्षयवटप्रकाशन, वाघम्बरीमार्ग, इलाहावाद, 1977 पृ० 11

7. अर्जुनोर्वशीयम्, नाट्यपञ्चामृतम्, पृ०–24
8. कचाभिशापम्, नाट्यपञ्चगव्यम्, अभिराजराजेन्द्रमिश्रः, वैजयन्तप्रकाशन, इलाहाबाद, पृ० 65
9. प्रीतिनिर्यतनम्, नाट्यपञ्चामृतम्, पृ० 40।
10. कलिकौतुकप्रहसनम्, नाट्यनवार्णवम्, अभिराजराजेन्द्रमिश्रः इलाहावाद, 2007, पृ० 43।
11. समर्चितमृत्तिकम्, नाट्यपञ्चामृतम्, तत्रैव, पृ०–51
12. छलिताधमर्णम्, नाट्यपञ्चामृतम्, पृ०–63।
13. अकिञ्चनकाञ्चनम्, अभिराजराजेन्द्र मिश्रः, पृ०–21
14. प्रीतिनिर्यातनम्, नाट्यपञ्चामृतम्, पृ०–43।
15. तत्रैव, पृ० 44।
16. विद्योत्तमा, अभिराजराजेन्द्र मिश्र, Eastern Book Linkers, Delhi, 1992, अङ्क 2, पृ०–25
17. अद्भुतजौतिषप्रहसनम्, नाट्यनवार्णवम्, तत्रैव, पृ०–79।
18. राधामाधवीयम्, नाट्यपञ्चगव्यम्, अभिराजराजेन्द्र मिश्रः, वैजयन्तप्रकाशन, इलाहाबाद, 1984, पृ० 37।
19. नवरसप्रहसनम् – तत्रैव, पृ० 55
20. प्रमद्वरा, अभिराजराजेन्द्र मिश्रः वैजयन्तप्रकाशन, इलाहाबाद, 1984, अङ्कः 3, पृ० 39।
21. अकिञ्चनकाञ्चनम्, तत्रैव, पृ० – 27।
22. प्रीतिनिर्यातनम्, नाट्यपञ्चामृतम्, पृ० 40।
23. मृदङ्गदासप्रहसनम्, नाट्यनवार्णवम्, तत्रैव, पृ० 85।
24. फण्टूसचरितभाणः, नाट्यपञ्चगव्यम्, तत्रैव, पृ० 47।
25. नवरसप्रहसनम्, तत्रैव, पृ०–52।
26. कचाभिशापम्, तत्रैव, पृ०–67।
27. मण्डुकप्रहसनम्, नाट्यनवरत्नम्, अभिराजराजेन्द्रमिश्रः वैजयन्त प्रकाशन, इलाहाबाद, पृ०–24
28. संवाददातृसम्मेलनम्, तत्रैव, पृ० 65
29. प्रशान्तराघवम्, अभिराजराजेन्द्रमिश्रः, वैजयन्तप्रकाशन, इलाहाबाद, 2008, अङ्कः–8, पृ०–65
30. प्रत्यक्षरौरवम्, नाट्यनवरत्नम्, पृ०–74
31. राजराजौदार्यम्, रूपरुद्रीयम्, अभिराजराजेन्द्रमिश्रः, वैजयन्तप्रकाशन, इलाहाबाद, 1986, पृ० 77।

32. को विजयते नैव ज्ञातम्, तत्रैव, पृ० 92
33. वाणीघटकमेलकम्, नाट्यसप्तपदम्, अभिराजराजेन्द्र मिश्रः Eastern Book Likers, Delhi, 1996, पृ०–51।
34. साक्षात्कारः, तत्रैव, पृ० 79।
35. दास्यापनोदनम्, नाट्यापञ्चामृतम्, अभिराजराजेन्द्र मिश्रः, अक्षयवटप्रकाशन, 8 वाघम्बरीमार्ग, इलाहाबाद, 1977, पृ० 8।
36. प्रीतिनिर्यातनम्, तत्रैव, पृ० 33।
37. निर्गृहघट्टम्, चतुष्पथीयम्, अभिराजराजेन्द्रमिश्रः, वैजयन्तप्रकाशन, इलाहावाद, पृ०–53।
38. कलिकौतुकप्रहसनम्, नाट्यनवार्णवम्,
39. निर्गृहघट्टम्, तत्रैव, पृ० 53।
40. तत्रैव, पृ० 60।
41. वैधेयविक्रमम्, तत्रैव, पृ० 63।
42. मोदकं केन भक्षितम् तत्रैव, पृ० 76।
43. तत्रैव, पृ० 81।
44. विद्योत्तमा, अभिराजराजेन्द्र मिश्रा, तत्रैव, अङ्कः– 2, पृ० – 19॥
45. तत्रैव, पृ० 17
46. तत्रैव, अङ्कः–3, पृ०–34।
47. तत्रैव, पृ० 45।
48. तत्रैव, अङ्क 4, पृ० 59।
49. फण्टूसचरितभाणः, नाट्यपञ्चगव्यम्, तत्रैव पृ० 47।
50. प्रमद्वरा, तत्रेव, अङ्कः–8, पृ० 65।
51. तत्रैव, पृ० 72।
52. सिंहजम्बुकीयम्, नाट्यनवग्रहम्, अभिराजराजेन्द्रमिश्रः, वैजयन्तप्रकाशन, इलाहाबाद, 2007 पृ०–69।
53. तत्रैव, पृ० 70।
54. रत्नप्रत्यभिज्ञानम्, तत्रैव, पृष्टम् 56।
55. तत्रैव, पृ०–58।
56. को विजयते नैव ज्ञातम्, रूपरुद्रीयम्, तत्रैव, पृ० 84।
57. काश्यपाभिशापम्, तत्रैव, पृ० – 112
58. मृदङ्गदासप्रहसनम्, नाट्यनवार्णवम्, पृ०–85।
59. प्रशान्तराघवम्, अभिराजराजेन्द्रमिश्रः, वैजयन्तप्रकाशन, इलाहावाद, 2008, अङ्कः–प्रथमः, पृ० 27।

60. तत्रैव, पृ० 30।
61. तत्रैव, पृ०–31।
62. तत्रैव, पृ०–31।
63. तत्रैव, पृ० 32।
64. तत्रैव, पृ० 34।
65. तत्रैव, पृ०–34।
66. तत्रैव, अङ्कः – द्वितीयः, पृ० 40।
67. तत्रैव, पृ०–42।
68. तत्रैव, पृ०–42।
69. तत्रैव, पृ० 42।
70. तत्रैव, पृ०–42। –
71. तत्रैव, पृ० 42।
72. तत्रैव, पृ०–44।
73. तत्रैव, पृ० 49।
74. तत्रैव, पृ० 49।
75. तत्रैव, पृ० 50।
76. तत्रैव, पृ० 50।
77. तत्रैव, पृ०–51।
78. तत्रैव, पृ० 51।
79. तत्रैव, अङ्कः–चतुर्थः, पृ० 63। –
80. तत्रैव, पृ० 66।
81. तत्रैव, पृ०–67।
82. तत्रैव, पृ०–67।
83. तत्रैव, पृ० 69।
84. तत्रैव, पृ० 70।
85. तत्रैव, पृ०–70।
86. तत्रैव, पृ० 71।
87. तत्रैव, पृ० 71।
88. तत्रैव, पृ०–72।
89. तत्रैव, अङ्कः पञ्चमः, पृ० 74।
90. तत्रैव, पृ० 77।
91. तत्रैव, पृ० 77।
92. तत्रैव, अङ्कः षष्ठः, पृ० 83।

93. तत्रैव, पृ० 83
94. तत्रैव, पृ० 83
95. तत्रैव, पृ० 84।
96. तत्रैव, पृ० – 86
97. तत्रैव, अङ्कः–सप्तमः, पृ० 92।
98. तत्रैव, पृ०–93।
99. ईश्वरान्वेषम्, नाट्यनवग्रहम्, अभिराजराजेन्द्रमिश्रः, वैजयन्तप्रकाशन, इलाहाबाद 2007, पृ० 20
100. तत्रैव, पृ० 20।
101. तत्रैव, पृ० 21। –
102. तत्रैव, पृ० 21।
103. तत्रैव, पृ० 22।
104. तत्रैव, पृ० 23।
105. तत्रैव, पृ० 24।
106. तत्रैव, पृ० 24।
107. तत्रैव, पृ० 25
108. गुरुदक्षिणा, नाट्यनवग्रहम् तत्रैव, पृ० 30।
109. दास्यमुक्तिः, तत्रैव, पृ०–38
110. श्वेतोद्धारः, तत्रैव, पृ० 43।
111. सत्यकामजाबालः, तत्रैव, पृ० 48।
112. तत्रैव, पृ० 49।
113. तत्रैव, पृ० 50।
114. रत्नप्रत्यभिज्ञानम्, तत्रैव, पृ० 56।
115. तत्रैव, पृ० 58।
116. नामकरणम्, तत्रैव, पृ० 62।
117. तत्रैव, पृ० 62।
118. सिंहजम्बुकीयम्, तत्रैव, पृ० 69।
119. तत्रैव, पृ० 70।
120. तत्रैव, पृ० 70।
121. तत्रैव, पृ० 70।
122. गुणाः पूजास्थानम्, तत्रैव, पृ० 74।
123. तत्रैव, पृ०–74।
124. तत्रैव, पृ०–74।

125. अभीष्टमुपायनम्, रूपरुद्रीयम्, अभिराजराजेन्द्रमिश्रः, वैजयन्तप्रकाशन, इलाहाबाद, 1986, पृ० 3।
126. तत्रैव, पृ०–5।
127. तत्रैव, पृ०–6।
128. तत्रैव, पृ०–8।
129. तत्रैव, पृ०–8।
130. नात्मानमवसादयेत्, – तत्रैव, पृ० – 11
131. तत्रैव, पृ० – 14।
132. तत्रैव, पृ० 15
133. तत्रैव, पृ० 15।
134. तत्रैव, पृ० 15।
135. तत्रैव, पृ० 15।
136. तत्रैव, पृ० 18
137. तत्रैव, पृ०–15।
138. स्वप्नाज्जागरणं वरम्, तत्रैव, पृ० 21
139. तत्रैव, पृ० 21
140. तत्रैव, पृ०–22।
141. तत्रैव, पृ०–23
142. पुनर्मेलनम्, तत्रैव, पृ०–33।
143. तत्रैव, पृ० 34।
144. तत्रैव, पृ० 35। –
145. तत्रैव, पृ० 36।
146. तत्रैव, पृ०–37।
147. तत्रैव, पृ० –38।
148. तत्रैव, पृ० 39।
149. तत्रैव, पृ०–39
150. तत्रैव, पृ०–44।
151. तत्रैव, पृ० 43।
152. तत्रैव, पृ०–50।
153. तत्रैव, पृ० 46।
154. कन्थामाणिक्यम्, तत्रैव, पृ० 53
155. तत्रैव, पृ० 55।
156. तत्रैव, पृ० 55

157. तत्रैव, पृ० 55
158. तत्रैव, पृ०–57।
159. कुटुम्बरक्षणम्, तत्रैव, पृ० 64
160. तत्रैव, पृ० 67। –
161. तत्रैव, पृ० 67।
162. तत्रैव, पृ०–67–68।
163. तत्रैव, पृ० –68
164. राजराजौदार्यम्, तत्रैव, पृ० 71।
165. तत्रैव, पृ०–71।
166. तत्रैव, पृ०–72।
167. तत्रैव, पृ०–73।
168. तत्रैव, पृ० – 73।
169. तत्रैव, पृ०–74।
170. तत्रैव, पृ०–74।
171. तत्रैव, पृ० 74।
172. तत्रैव, पृ० 75।
173. तत्रैव, पृ० 75।
174. की विजयते नैव ज्ञातम्, तत्रैव, पृ० 84।
175. तत्रैव, पृ०–86 –
176. तत्रैव, पृ०–86।
177. तत्रैव, पृ० 87।
178. तत्रैव, पृ० 93।
179. रक्ताभिषेकम्, तत्रैव, पृ० 98 –
180. तत्रैव, पृ०–98।
181. तत्रैव, पृ०–99। –
182. तत्रैव, पृ० – 104।
183. तत्रैव, पृ० 106।
184. काश्यपाभिशापम्, तत्रैव, पृ० 111
185. तत्रैव, पृ० 114
186. तत्रैव, पृ० – 116।
187. एकं सद्विप्रा बहुधा वदन्ति, तत्रैव, पृ० – 120।
188. तत्रैव, पृ० 123। –
189. तत्रैव, पृ० 124।

190. तत्रैव, पृ० 125।
191. तत्रैव, पृ० 126।
192. तत्रैव, पृ०–126।
193. तत्रैव, पृ० – 128
194. तत्रैव, पृ० 129।
195. तत्रैव, पृ० – 129।
196. तत्रैव, पृ०–130।
197. तत्रैव, पृ० – 130
198. पञ्च सी न मी, नाट्यसप्तपदम्, अभिराजराजेन्द्र मिश्रः, Eastern Book Linkers, Delhi, 1996, पृ०–28
199. तत्रैव, पृ०–29। –
200. तत्रैव, पृ० 29
201. तत्रैव, पृ० 30।
202. तत्रैव, पृ० 34।
203. तत्रैव, पृ० –39।
204. तत्रैव, पृ०–40।
205. तत्रैव, पृ०–41।
206. वाणीघटकमेलकम्, तत्रैव, पृ० 48
207. बधिरप्रहसनम्, तत्रैव, पृ० 68 –
208. साक्षात्कारः, तत्रैव, पृ० 80।
209. तत्रैव, पृ० 80
210. तत्रैव, पृ० 80।
211. तत्रैव, पृ० –83।
212. तत्रैव, पृ०–85।
213. रूपमती, तत्रैव, पृ० 92।
214. तत्रैव, पृ० 97।
215. देहलीपरिदेवनम्, तत्रैव, पृ०–109
216. तत्रैव, पृ० 110।
217. द्विसन्धानम्, तत्रैव, पृ०–124।
218. तत्रैव, पृ० – 131।
219. तत्रैव, पृ० 132।
220. तत्रैव, पृ० 134।
221. तत्रैव, पृ० – 135।

222. तत्रैव, पृ०–136।
223. तत्रैव, पृ० 136
224. दास्यापनोदनम्, नाट्यपञ्चामृतम्, अभिराजराजेन्द्र मिश्रः, 8 वाद्यम्बरी मार्ग, इलाहाबाद, 1977, पृ०–3।
225. तत्रैव, पृ० 4।
226. तत्रैव, पृ०–5।
227. तत्रैव, पृ० 5।
228. तत्रैव, पृ०–5।
229. तत्रैव, पृ०–8।
230. तत्रैव, पृ०–8।
231. तत्रैव, पृ० 12
232. तत्रैव, पृ०–13।
233. अर्जुनोर्वशीयम्, तत्रैव, पृ० 21
234. तत्रैव, पृ० 24। –
235. तत्रैव, पृ०–25।
236. तत्रैव, पृ० 27 –
237. तत्रैव, पृ० 28।
238. तत्रैव, पृ०–28।
239. तत्रैव, पृ० 30।
240. प्रीतिनिर्यातनम्, तत्रैव, पृ० –
241. तत्रैव, पृ०–36।
242. तत्रैव, पृ० 43।
243. तत्रैव, पृ० 45।
244. समर्चितमृत्तिकम्, तत्रैव, पृ० 51।
245. तत्रैव, पृ०–56।
246. तत्रैव, पृ०–57।
247. छलिताधमर्णम्, तत्रैव, पृ० 63।
248. तत्रैव, पृ० 65
249. तत्रैव, पृ० –69।
250. तत्रैव, पृ० 70।
251. निर्गृहघट्टम्, चतुष्पथीयम्, अभिराजराजेन्द्रमिश्रः, वैजयन्तप्रकाशन, इलाहाबाद, 2004, पृ०–53।
252. तत्रैव, पृ० 54।

253. तत्रैव, पृ०–54।
254. तत्रैव, पृ० 56
255. तत्रैव, पृ०–56।
256. तत्रैव, पृ० 56।
257. तत्रैव, पृ०–57।
258. वैधेयविक्रमम्, चतुष्पथीयम्, पृ०–65।
259. तत्रैव, पृ० 67।
260. तत्रैव, पृ०–68।
261. तत्रैव, पृ० 69।
262. मोदकं केन भक्षितम्, तत्रैव, पृ० 74।
263. तत्रैव, पृ०–74।
264. तत्रैव, पृ०–74।
265. विद्योत्तमा, अभिराजराजेन्द्रमिश्रः, Eastern Book Linkers, Delhi, 1992, अङ्कः–1, पृ०–4।
266. तत्रैव, पृ०–7।
267. तत्रैव, पृ० –9।
268. तत्रैव, पृ० 11।
269. तत्रैव, अङ्कः– 2, पृ० 7।
270. तत्रैव, पृ०–28।
271. तत्रैव, पृ० –29।
272. तत्रैव, अङ्क–3, पृ० 30।
273. तत्रैव, पृ० 33।
274. तत्रैव, पृ० 36।
275. तत्रैव, पृ०–36।
276. तत्रैव, पृ० 42।
277. तत्रैव, पृ० 42।
278. तत्रैव, पृ०–44।
279. तत्रैव, पृ० 46।
280. तत्रैव, पृ०–46।
281. तत्रैव, अङ्कः–8 पृ० 7
282. तत्रैव, पृ०–62।
283. मुण्डितमण्डनप्रहसनम्, नाट्यनवार्णवम्, अभिराजराजेन्द्रमिश्रः, वैजयन्तप्रकाशन, इलाहाबाद, 2010, पृ० – 18।

284. तत्रैव, पृ०–20।
285. खोंखीप्रहसनम्, तत्रैव, पृ० – 25।
286. तत्रैव, पृ० –26। –
287. तत्रैव, पृ० –28।
288. विद्यालयनिरीक्षणप्रहसनम्, तत्रैव, पृ०–38।
289. तत्रैव, पृ० 39।
290. उपनेत्रप्रहसनम्, तत्रैव, पृ० 534 7
291. तत्रैव, पृ०–54।
292. तत्रैव, पृ०–54।
293. द्विजच्छागीयप्रहसनम्, तत्रैव, पृ० 68
294. तत्रैव, पृ०–69।
295. तत्रैव, पृ०–70। –
296. मृदङ्गदासप्रसहसनम्, तत्रैव, पृ०–84
297. तत्रैव, पृ०–86।
298. कविसम्मेलनम्, नाट्यपञ्चगव्यम्, अभिराजराजेन्द्र मिश्रः वैजयन्तप्रकाशन, इलाहाबाद, 1984, पृ० – 18।
299. तत्रैव, पृ० 20
300. तत्रैव, पृ० 20
301. तत्रैव, पृ० –22।
302. तत्रैव, पृ०–23।
303. तत्रैव, पृ० 24
304. तत्रैव, पृ०–25।
305. तत्रैव, पृ०–25।
306. तत्रैव, पृ०–25।
307. राधामाधवीयम्, तत्रैव, पृ० 30।
308. तत्रैव, पृ०–31।
309. तत्रैव, पृ० 32।
310. तत्रैव, पृ० 33।
311. तत्रैव, पृ० 35।
312. फण्टूसचरितभाणः, तत्रैव, पृ० 41।
313. तत्रैव, पृ०–44
314. नवरसप्रहसनम्, तत्रैव, पृ० 52।
315. तत्रैव, पृ० 54।

316. तत्रैव, पृ०–55।
317. कचाभिशापम्, तत्रैव, पृ० – 61।
318. तत्रैव, पृ०–62।
319. तत्रैव, पृ० –62।
320. तत्रैव, पृ० 66।
321. तत्रैव, पृ० 67।
322. तत्रैव, पृ०–70।
323. मण्डूकप्रहसनम्, नाट्यनवरत्नम्, अभिराजराजेन्द्र मिश्रः, वैजयन्त प्रकाशन, इलाहवाद, 2007, पृ०–18।
324. तत्रैव, पृ० 21।
325. तत्रैव, पृ० 27।
326. तत्रैव, पृ०–29।
327. प्रतिभापरीक्षणम्, तत्रैव, पृ० 34।
328. तत्रैव, पृ०–34।
329. तत्रैव, पृ०–36।
330. तत्रैव, पृ० 37।
331. तत्रैव, पृ० 39।
332. वादनिर्णयम्, तत्रैव, पृ०–45।
333. तत्रैव, पृ० –47।
334. प्रत्यक्षरौरवम्, तत्रैव, पृ०–73।
335. स्वयंवरकेन्द्रम्, तत्रैव, पृ० 82। –
336. तत्रैव, पृ०–83। .
337. तत्रैव, पृ० 83।
338. तत्रैव, पृ० 88।
339. तत्रैव, पृ० 90।
340. क्रीतानन्दम्, तत्रैव, पृ० – 93।
341. तत्रैव, पृ० 99।
342. तत्रैव, पृ० – 100
343. शारदावमाननम्, – तत्रैव, पृ० – 105
344. तत्रैव, पृ० 106
345. तत्रैव, पृ० 107।
346. तत्रैव, पृ० 107।
347. तत्रैव, पृ०–110

348. प्रमद्वरा, अभिराजराजेन्द्र मिश्रः, वैजयन्तप्रकाशन, इलाहाबाद, 1984, अङ्कः 2, पृ० 2।
349. तत्रैव, पृ० -6।
350. तत्रैव, पृ०-8।
351. तत्रैव, अङ्कः-2, पृ० -25।
352. तत्रैव, अङ्कः-4, पृ० 45।
353. अर्जुनोर्वशीयम्, नाट्यपञ्चामृतम्, अभिराजराजेन्द्र मिश्रः, पृ० - 27।
354. अद्भुतजौतिषप्रहसनम्, नाट्यनवार्णवम्, तत्रैव, पृ०-79।
355. क्रीतानन्दम्, नाट्यनवरत्नम्, तत्रैव, पृ०-96।
356. राजराजौदार्यम्, रूपरुद्रीयम्, अभिराजराजेन्द्रमिश्रः, पृ० 75।
357. निर्गृहघट्टम्, चतुष्पथीयम्, तत्रैव, पृ०-57।
358. वैधेयविक्रमम्, तत्रैव, पृ० 66।
359. तत्रैव, पृ०-69।
360. मोदकं केन भक्षितम्, चतुष्पथीयम्, तत्रैव, पृ० 79।
361. तत्रैव, पृ० 79।
362. विद्योत्तमा, तत्रैव, अङ्कः-4, पृ० 65
363. मण्डूकप्रहसनम्, नाट्यनवरत्नम्, तत्रैव, पृ०-26
364. बधिरप्रसहनम्, तत्रैव, पृ० 58।
365. संवाददातृसम्मेलनम्, - तत्रैव, पृ०-65।
366. क्रीतानन्दम्, तत्रैव, पृ० - 99।
367. देहलीपरिदेवनम्, नाट्यसप्तपदम्, अभिराजराजेन्द्रमिश्रः, पृ० - 111।
368. द्विसन्धानम्, तत्रैव, पृ०-131।
369. बधिरप्रसहसनम्, तत्रैव, पृ०-64
370. द्विसन्धानम्, तत्रैव, पृ० 135।
371. विद्योत्तमा, तत्रैव, अङ्कः 2, पृ०-25।
372. अपनेत्रप्रहसनम्, नाट्यनवार्णवम्, तत्रैव, पृ०-52
373. कचाभिशापम्, नाट्यपञ्चगव्यम्, तत्रैव, पृ०-67।
374. प्रमद्वारा, अङ्क 2, पृ०-23।
375. प्रमद्वरा, अङ्क-3, पृ०-34।
376. प्रशान्तराघवम्, अङ्कः-प्रथमः, अभिराज राजेन्द्र मिश्रः, वैजयन्तप्रकाशन, इलाहावाद, 2008, पृ० 25।
377. तत्रैव, पृ० -31।
378. तत्रैव, अङ्कः द्वितीय, पृ०-38।

379. तत्रैव, पृ० 39।
380. तत्रैव, पृ०–47, तत्रैव, अङ्कः– तृतीयः, पृ०–52।
381. तत्रैव, पृ० 53।
382. तत्रैव, पृ०–53।
383. तत्रैव, पृ० 53।
384. तत्रैव, पृ० 60।
385. तत्रैव, पृ० 61।
386. तत्रैव, अङ्कः–चतुर्थः, पृ०–67।
387. तत्रैव, पृ०–67। –
388. तत्रैव, पृ० 71।
389. तत्रैव, अङ्कः–पञ्चमः, पृ०–74।
390. तत्रैव, अङ्कः–षष्ठः, पृ०–84।
391. तत्रैव, पृ०–86। –
392. तत्रैव, अङ्कः–सप्तमः, पृ०–91।
393. तत्रैव, पृ० –93।
394. ईश्वरान्वेषणम्, नाट्यनवग्रहम्, अभिराजराजेन्द्र मिश्रः, वैजयन्त प्रकाशन, इलाहावाद, 2007, पृ० 21।
395. तत्रैव, पृ०–26
396. दास्यमुक्तिः, तत्रैव, पृ० 37 –
397. तत्रैव, पृ०–39।
398. श्वेतोद्धारः, तत्रैव, पृ० 43
399. सत्यकामजाबालः, तत्रैव, पृ० 49।
400. रत्नप्रत्यभिज्ञानम्, तत्रैव, पृ०–56।
401. नामकरणम्, तत्रैव, पृ० 62
402. तत्रैव, पृ०–62।
403. तत्रैव, पृ० 62।
404. तत्रैव, पृ०–64।
405. तत्रैव, पृ०–75।
406. अभीष्टमुपायनम्, रूपरुद्रीयम्, अभिराजराजेन्द्रमिश्रः वैजयन्तप्रकाशन, इलाहाबाद, 1986, पृ० 3।
407. अभीष्टमुपायनम्, तत्रैव, पृ० – 8
408. नात्मानमवसादयेत् तत्रैव, पृ० 11।
409. तत्रैव, पृ० 12

410. तत्रैव, पृ० - 13।
411. तत्रैव, पृ० 15।
412. स्वप्नाज्जागरणं वरम्, तत्रैव, पृ० - 29।
413. पुनर्मेलनम्, तत्रैव, पृ० 35
414. तत्रैव, पृ० 35।
415. तत्रैव, पृ० 38
416. तत्रैव, पृ० 41।
417. तत्रैव, पृ० 44।
418. कन्थामाणिक्यम्, रूपरुद्रीयम्, पृ०-50।
419. तत्रैव, पृ० 49।
420. तत्रैव, पृ० 51।
421. तत्रैव, पृ०-52।
422. तत्रैव, पृ० 57।
423. कुटुम्बरक्षणम्, तत्रैव, पृ० 66
424. तत्रैव, पृ० 66।
425. तत्रैव, पृ० 68
426. राजराजौदार्यम्, तत्रैव, पृ० 74।
427. तत्रैव, पृ० 78।
428. तत्रैव, पृ० 78।
429. तत्रैव, पृ०-79।
430. को विजयते नैव ज्ञातम्, तत्रैव, पृ०-89।
431. तत्रैव, पृ० - 90।
432. तत्रैव, पृ० 92।
433. तत्रैव, पृ० 92।
434. रक्ताभिषेकम्, तत्रैव, पृ० 99। -
435. काश्यपाभिशापम् तत्रैव, पृ० - 114।
436. तत्रैव, पृ०-114
437. एकं सद् विप्रा बहुधा वदन्ति, तत्रैव, पृ०-120।
438. तत्रैव, पृ० 121
439. तत्रैव, पृ० 127।
440. तत्रैव, पृ० 130।
441. तत्रैव, पृ० 130
442. तत्रैव, पृ० 130।

443. तत्रैव, पृ०–131। –
444. पञ्च सी न मी, नाट्यसप्तपदम्, अभिराजराजनेन्द्र मिश्र, Eastern Book Linkers, Delhi, 1996, पृ०–29
445. वाणीघटकमेलकम्, तत्रैव, पृ० 53।
446. तत्रैव, पृ० 54।
447. तत्रैव, पृ०–55।
448. तत्रैव, पृ०–57।
449. तत्रैव, पृ०–58।
450. बधिरप्रहसनम्, तत्रैव, पृ० 63।
451. तत्रैव, पृ० 70।
452. साक्षात्कारः, तत्रैव, पृ० 84।
453. रूपमती, तत्रैव, पृ० 91 –
454. तत्रैव, पृ० 92।
455. तत्रैव, पृ० 97।
456. तत्रैव, पृ० –99।
457. तत्रैव, पृ०–99।
458. तत्रैव, पृ० – 100
459. तत्रैव, पृ० 101।
460. तत्रैव, पृ० – 101।
461. तत्रैव, पृ०–101।
462. देहलीपरिदेवनम्, नाट्यसप्तपदम्, पृ० 110।
463. द्विसन्धानम्, नाट्यसप्तपदम्, पृ०–125
464. तत्रैव, पृ० 125।
465. तत्रैव, पृ०–129।
466. तत्रैव, पृ० 135।
467. तत्रैव, पृ० 135
468. तत्रैव, पृ०–136।
469. दास्यापनोदनम्, नाट्यपञ्चामृतम्, अभिराजराजनेन्द्र मिश्रः, अक्षयवटप्रकाशनम्, 8 बाघम्बरीमार्ग, इलाहावाद, 1977, पृ० 5
470. तत्रैव, पृ० 10।
471. तत्रैव, पृ०–12।
472. तत्रैव, पृ० 12।
473. तत्रैव, पृ० 10।

474. तत्रैव, पृ० 13।
475. अर्जुनोर्वशीयम्, नाट्यपञ्चामृतम्, पृ० 17।
476. तत्रैव, पृ० 21।
477. तत्रैव, पृ० 21।
478. तत्रैव, पृ० 24।
479. तत्रैव, पृ०–24।
479. तत्रैव, पृ०–25।
480. तत्रैव, पृ० 28।
481. तत्रैव, पृ०–30।
482. तत्रैव, पृ० – 30।
483. प्रीतिनिर्यातनम्, नाट्यपञ्चामृतम्, पृ० 36।
484. तत्रैव, पृ० 41।
485. तत्रैव, पृ० –41।
486. तत्रैव, पृ० 42।
487. तत्रैव, पृ० 45।
488. समर्चितमृत्तिकम्, नाट्यपञ्चामृतम्, पृ० 56।
489. तत्रैव, पृ० 56।
490. तत्रैव, पृ० 56।
491. निर्गृहघट्टम्, चतुष्पथीयम्, अभिराजराजेन्द्रमिश्रा, वेजयन्तप्रकाशन, इलाहाबाद, 2004, पृ०–45।
492. तत्रैव, पृ० 45
493. तत्रैव, पृ० 47।
494. तत्रैव, पृ० 52
495. तत्रैव, पृ०–57।
496. तत्रैव, पृ०–57।
497. मोदकं केन भक्षितम्, तत्रैव, पृ०–74।
498. तत्रैव, पृ०–78।
499. विद्योत्तमा, अभिराजराजेन्द्रमिश्रः, Eastern Book Linkers, 1992, अङ्कः 1, पृ० 30।
500. तत्रैव, पृ० 11।
501. तत्रैव, पृ० 14 –
502. तत्रैव, पृ० 14।
503. तत्रैव, पृ० 14।

504. तत्रैव, पृ० –17।
505. तत्रैव, अङ्कः–1 पृ०–28।
506. तत्रैव, अङ्कः–3, पृ०–44।
507. तत्रैव, अङ्कः–4, पृ०–58
508. तत्रैव, पृ०–58।
509. तत्रैव, पृ० 60
510. तत्रैव, पृ० 60
511. तत्रैव, पृ० 65
512. मुण्डितमण्डनप्रहसनम्, नाट्यनवार्णवम्, अभिराजराजेन्द्रमिश्र, वैजयन्त प्रकाशन, इलाहावाद, 2010, पृ० 19।
513. तत्रैव, पृ० 20।
514. तत्रैव, पृ० 20।
515. तत्रैव, पृ०–21।
516. तत्रैव, पृ०–22।
517. खोंखीप्रहसनम्, तत्रैव, पृ०–25। –
518. विद्यालयनिरीक्षणप्रहसनम्, तत्रैव, पृ० 33।
519. तत्रैव, पृ०–34।
520. तत्रैव, पृ० 34
521. तत्रैव, पृ० 36।
522. तत्रैव, पृ० –36।
523. तत्रैव, पृ० –39।
524. कलिकौतुकप्रहसनम्, तत्रैव, पृ०–43।
525. तत्रैव, पृ०–48।
526. उपनेत्रप्रहसनम्, तत्रैव, पृ० – 61।
527. तत्रैव, पृ०–62
528. द्विजच्छागीयप्रसहसनम्, तत्रैव, पृ० – 68।
529. तत्रैव, पृ०–72।
530. अद्भुतजौतिषप्रसहनम् – तत्रैव, पृ०–77।
531. मृदङ्गदासप्रसहसनम्, तत्रैव, पृ० 84। –
532. कविसम्मेलनम्, नाट्यपञ्चगव्यम्, अभिराजराजेन्द्रमिश्रः, वैजयन्त प्रकाशन, इलाहावाद, 1984, पृ० 20।
533. तत्रैव, पृ०–20
534. फण्टूसचरितभाणः, तत्रैव, पृ० 42

535. नवरसप्रहसनम्, तत्रैव, पृ० 54।
536. कचाभिशापम्, तत्रैव, पृ०-64।
537. तत्रैव, पृ०-64।
538. तत्रैव, पृ०-70।
539. मण्डूकप्रसहसनम्, नाट्यनवरत्नम्, वैजयन्तप्रकाशन, इलाहावाद, 2007, पृ०21।
540. तत्रैव, पृ०-25।
541. तत्रैव, पृ०-27।
542. प्रतिभापरीक्षणम्, नाट्यनवरत्नम्, तत्रैव, पृ० 35
543. तत्रैव, पृ० 36। .
544. तत्रैव, पृ० 37।
545. वादनिर्णयम्, तत्रैव पृ० 48।
546. बधिरप्रहसनम्, तत्रैव, पृ० 56।
547. तत्रैव, पृ०-58।
548. तत्रैव, पृ०-59।
549. प्रत्यक्षरौरवम्, तत्रैव, पृ० 71।
550. तत्रैव, पृ० 72।
551. तत्रैव, पृ०-73।
552. तत्रैव, पृ० 74।
553. स्वयंवरकेन्द्रम्, तत्रैव पृ० 81।
554. क्रीतानन्दम्, तत्रैव, पृ० - 97।।
555. क्रीतानन्दम्, तत्रैव, पृ० - 99।
556. शारदावमाननम्, तत्रैव, पृ० 104।
557. ईश्वरान्वेषणम्, नाट्यनवग्रहम्, वैजयन्तप्रकाशन, इलाहावाद, 2007, पृ० 201
558. प्रमद्वरा, अभिराजराजेन्द्रमिश्रः, वेजयन्तप्रकाशन, इलाहावाद, 1984, अङ्कः प्रथमः पृ० 1।
559. तत्रैव, पृ० 2।
560. तत्रैव, पृ०-6।
561. तत्रैव, पृ० 7।
562. तत्रैव, पृ० 7
563. तत्रैव, पृ० 10
564. तत्रैव, पृ० - 11।
565. तत्रैव, अङ्कः-द्वितीयः, पृ० - 19।
566. तत्रैव, अङ्कः-तृतीयः, पृ० 39। .

567. तत्रैव, अङ्कः-चतुर्थः, पृ० 48।
568. तत्रैव, पृ० 53।
569. तत्रैव, पृ०-54।
570. तत्रैव, पृ०-54।
571. इन्द्रजालम् चतुष्पथीयम्, पृ०-29।
572. तत्रैव, पृ०-31।
573. अकिञ्चनकाञ्चनम्, अभिराजराजेन्द्रमिश्रः, वैजयन्त प्रकाशन, इलाहाबाद, 1989, पृ०-20।
574. तत्रैव, पृ०-25।
575. तत्रैव, पृ०-26।
576. तत्रैव, पृ०-26।

पञ्चमोऽध्यायः

राजेन्द्रमिश्रस्य रूपकेषु आहार्यसात्त्विकाभिनयौ

आहार्याभिनयः

आचार्य-भरतेन आहार्याभिनयस्यापि प्राधान्यं स्वीकृतवान्। चरित्राणुरूपा वेशभूषा राजेन्द्रमिश्रेण यत् स्वीकृता वर्तते तत् भरतस्य आहार्याभिनयदर्शनानुरूपं भवति। भरतमतेन समग्र-नाट्यप्रयोगः आहार्याभिनयोपरि निर्भरशीलः -

यस्मात् प्रयोगः सर्वोऽयमाहार्याभिनये स्थितः।।2।।

(नाट्यशास्त्रम्, 21/1)

आहार्यव्यवस्था नेपथ्यविधानस्य अंशविशेषा। नेपथ्ये नटाः चरित्राणुरूपं वेषं धारयन्ति। तद् विना सामाजिकानां रसास्वादनं न भवेत्। अतः नाट्यस्य सफलतार्थं नेपथ्ये चरित्राणां विविध-रङ्ग-पट्ट-वस्त्र अस्त्रशस्त्र मुकुटालङ्का-रादिभिः सज्जीकरणं विधेयम् -

आहार्याभिनयो नाम ज्ञेयो नेपथ्यजो विधिः।
तत्र कार्यः प्रयत्नस्तु नाट्यस्य शुभमिच्छता।।3।।

(नाट्यशास्त्रम्, 21/3)

राजेन्द्रमिश्रस्य नाटकेषु यद्यपि चरित्राणां वेशभूषाविषये अधिका सूचना नास्ति तथापि कतिपयेषु स्थानेषु वयमस्याः चिह्नानि प्राप्नुमः। अधस्तात् तेषां सूचना प्रदीयते।

1. प्रविशति प्रथमस्तावल्ललाटाध्यासितरक्तचन्दनतिलको बद्धोष्णीषो गृहीताक्षमाल पीताम्बरधारी ब्राह्मणः। [मोदकं केन भक्षितम्, चतुष्पथीयम्, पृ०-74]

2. द्वितीयस्तु लुञ्चितश्मश्रुको विलम्बिकूर्चश्चतुष्कोणाङ्कितकटिविलम्बिताधोवसनं वसानस्तुरष्कः। [- तत्रैव, पृ० 74]
3. तृतीयस्तु स्फटिकधवलकञ्चुकाच्छन्नवपुर्धृतोपनेत्रः कण्ठोपकण्ठीकृतस्त्रिस्ताङ्कमाल्यो गौराङ्गः। [तत्रैव, पृ०-74]
4. ततः प्रविशति पीतदुकूलालंकृतः परमरमणीयाकृतिः कविकुलगुरुः कालिदासः। [कविसम्मेलनम्, नाट्यपञ्चगव्यम्, पृ०-18]
5. ततः प्रविशति कषायवस्त्रावृतश्चीवरांसः पलितकेशोऽश्वघोषः [तत्रैव, पृ-20]
6. ततः प्रविशति राजकविवेषस्ताम्बूलमुखो बाणभट्टः। [तत्रैव, पृ०-22]
7. ततः प्रविशति राजवेषालङ्कृतस्ताम्बूलपुरितमुखः पण्डितराजो जगन्नाथः [तत्रैव, पृ० 25]
8. ततः प्रविशति म्लेच्छवेषः फटेहालश्च विटो प्रत्यूषो नाम [नवरसप्रहसनम्, तत्रैव, पृ० 52]
9. इति पिण्डोदककूर्चमुन्मुच्य दूरे क्षिपति [पुत्तलिकावेषधारिणः पिण्डोदकस्य परिचयोद्घाटनाय लक्ष्मणस्याभिनयोऽयम्]

   [प्रशान्तराघवम्, अङ्कः-4, पृ० 31]
10. ततः प्रविशति कृष्णवस्त्राच्छादित सशोणितनयनो धृतविविधमाल्य ऐन्द्रजालिकः [- तत्रैव, पृ०-70]
11. ततः प्रविशति धृतपौत्तलिकवेषः पिण्डोदकः पुत्तलिकादम्पतीभ्यां सह [विदूषकस्य पिण्डोदकस्याभिनयोऽयम्]

    [तत्रैव, पृ० 71]
12. अकस्मादेव प्रविशति चन्दनमाल्यपीताम्बरभूषित आर्द्रत्रिपुण्डोपलेपः स्मेराननो राजपण्डितः। [पञ्च सी न मी, नाट्यसप्तपदम्, पृ० 34]
13. ततः प्रविशति विक्षिप्तमहिलावेषधारिणी वृद्धा देहली।

    [देहलीपरिदेवनम्, तत्रैव, पृ०10]

14. ततः प्रविशति गृहकार्यव्यापृतमानसा मलिनवेषा वेपथुमती विनता सुपर्णेन अनुगम्यमाना। [दास्यापनोदनम्, नाट्यपञ्चामृतम्, पृ० 4]
15. ततः प्रविशति विरलदशनो मलिनवेषो गृहस्वामी। [वैधेयविक्रमम्, चतुष्पथीयम्, पृ० 68]

चरित्राणां वेशभूषा यद्यपि राजेन्द्रमिश्रेण वहुधा वहुत्र च न सूचिता तथापि निर्देशकस्य दृष्ट्यनुसारं सा प्रयुक्ता भविष्यति, पाठकानां कल्पनायामपि सा स्वतः चरित्राणां शरीरेषु दृष्टा भविष्यतीति नाट्यकारस्य आशयः स्पष्टः।

सात्त्विकाभिनयः

भरतेन नाट्यशास्त्रस्य षष्ठाध्याये सात्त्विकाभिनयविषये सम्यग् धारणा समुपस्थापिता। तस्य मतेन सत्त्वं नाम मनः प्रभावम्। अतः मनसः समाधौ एकाग्रतायां वा सात्त्विकाभिनयो भवति। अन्यमनस्को भूत्वा कोऽपि नटः सात्त्विकाभिनयं कर्तुं न पारयति। लोकस्वभावस्यानुकरणार्थं ब्रह्मणा नाट्यम् उत्पादितम्। अतः तदर्थं सात्त्विकाभिनयस्यापरिहार्यता वर्तते।[1]

सात्त्विकाभिनयमाध्यमेन अष्टसात्त्विकभावाः अभिनीयन्ते। ते च भावाः इमे भवन्ति-

स्तम्भः स्वेदोऽथ रोमाञ्चः स्वरभेदोऽथ वेपथुः।
वैवर्ण्यमश्रु प्रलय इत्यष्टौ सात्त्विका मताः।।15।।[2]

1. स्तम्भः- स्तम्भः हर्ष-भय-शोक-विस्मय-विषाद-रोषादिभिः उत्पद्यते। स्तम्भस्याभिनयार्थमभिनेता आत्मनः चेतनाहीनतां निष्कम्पतां स्थिरतां शून्यतां जाड्यं कठोरगात्रताञ्च प्रदर्शयेत्।
2. स्वेदः- अयं सात्त्विकभावः क्रोध-भय-हर्ष-लज्जा-दुःख-श्रम-रोग-ताप-घात-व्यायाम-क्लेश-धूप (धर्म) -सम्पीडनादिभिरुत्पद्यते। अस्य सात्त्विकभावस्याभिनयार्थं नटः हस्तव्यजनं सञ्चालयेत् अथवा शरीरात् घर्म-प्रोञ्छनस्याभिनयम् कुर्यात्।
3. रोमाञ्चः-स्पर्श-भय-शीत-हर्ष-क्रोधादिभिः रोमाञ्च उत्पद्यते।
4. स्वरभेदः- भय-हर्ष-क्रोध-जरा-रुक्षता-रोग-मदादिभिः स्वरभेद

उपद्यते। अस्य सात्त्विकाभिनयस्य प्रदर्शनार्थं नटः भावाप्लुतो भूत्वा स्वस्य कण्ठस्वरस्य गद्गदभावं भिन्नताञ्च प्रकुर्यात्।

5. वेपथुः-शीत- भय-हर्ष-रोष-स्पर्श-जरा-रोगादिभिः वेपथोः अभिव्यक्तिर्भवति। शरीरस्य कम्पन- स्फुरण-प्रवेपनैः वेपथु-नामकं सात्त्विकभावं नटः प्रकटयेत्।

6. वैवर्ण्यः- शीत-क्रोध-भय-श्रम-रोग-क्लान्ति-तापादिभिः वैवर्ण्यमुत्पद्यते।

7. अश्रुः-आनन्द-अमर्ष-धूम-अञ्जन-जृम्भण-भय-शोक-निर्निमेषदृष्टि-शीतरोगादिभिरश्रुनामकस्य सात्त्विकभावस्योत्पत्तिर्भवति। अभिनेता अश्रुपूर्णं नयनं प्रदर्श्य नयनाभ्याम् अश्रूणि प्रमार्ज्य वारम्बारम् अश्रुविन्दून् नयनाभ्यां पातयित्वा च अस्य सात्विकभावस्याभिनयं कुर्य्यात्।

8. प्रलयः-श्रम-मूर्च्छा-मद-निद्रा-आघात-मोहैः प्रलयभावस्योत्पत्ति-र्भवति। नट आत्मनः निश्चेष्टतां निष्कम्पताम् अस्पष्टश्वसनं भूमौ पतनञ्च नाटयित्वा प्रलयनामकस्य सात्विकभावस्याभिनयं कुर्य्यात्।

अध्यायेऽस्मिन् वयं राजेन्द्रमिश्रस्य रूपकेषु भरतस्य सात्त्विकाभिनय-निर्देशनानुकूलं प्राप्तानां विविधसात्त्विककर्मणां प्रयोगं विश्लेषयामः। तदनुसारं सात्त्विकाभिनयाः अस्माभिः विभागीकृताः। बन्धन्यभ्यन्तरे सात्त्विकाभिनयस्य प्रसङ्गोऽपि सूचितः। पादटीकामाध्यमेन च राजेन्द्रमिश्रस्य कस्मिन् रूपके स सात्त्विकाभिनयः प्रयुक्तः सोऽपि सूचितोऽस्ति। आधुनिकरूपकम् अधिकतया मनोवैज्ञानिकम्। तद् दृष्ट्या राजेन्द्रमिश्रेण सात्त्विकाभिनयस्य प्रयोगे अधिकः यत्नः कृतः। पुनरपि अस्मिन् प्रसङ्गे नाट्यशास्त्रस्य निर्देशाः रङ्गमञ्चस्य आवश्यकता आधुनिकनाटकानां मनोवैज्ञानिकता च मिश्रवरेण कलात्मकतया विमिश्रिताः। तद् वयं प्रतीकतया अत्र उपस्थापयामः। सात्त्विकाभिनयेषु अमर्षः, अश्रु, आदरः, आनन्दः, आश्चर्यः, उत्कण्ठा, उद्वेगः, कोपः, क्रोधः, दया, दैन्यम्, पुलकम्, भयः, मूर्च्छा, रोमाञ्चः, रोषः, लज्जा, विनयः, विस्मयः, व्यङ्गः, स्नेहः, हर्षश्च प्रमुखाः सात्त्विकाभिनयाः अत्रोपस्थापयामः।

1. अमर्षः

सामर्षम्	[मदगर्वितस्य दुर्योधनस्याभिनयोऽयम्][4]
सामर्षम्	[रत्नानेनाभिनयेन महेशं वदति][5]
सामर्षम्	[दन्दशूकस्याभिनयोऽयम्][6]
सामर्षम्	[तुरष्कोऽनेनाभिनयेन ब्राह्मणं कथयति][7]
सामर्षम्	[ब्रह्मराक्षसेण पृष्ठस्य प्रश्नस्य समाधाने राजपण्डितस्य सामर्थ्यं दृष्ट्वा राज्ञ अभिनयोऽयम्][8]
सामर्षम्	[राजा रुरुरनेनाभिनयेन यमं वदति][9]

2. अश्रु

अश्रूक्लिन्नमुखी	[मानवाई अनेनाभिनयेन मदिरां वदति][10]
अश्रूणि प्रमृज्य	[गायत्र्या अभिनयोऽयम्][11]
अश्रूणि प्रमृज्य	[लक्ष्मणोऽनेनाभिनयेन गुरुवरं वसिष्ठं वदति][12]
अश्रूणि प्रमार्ज्य सधैर्यम्	[गोविन्दसिंहस्याभिनयोऽयम्][13]
अश्रूणि प्रमृज्य	[देवयान्या अभिनयोऽयम्][14]
अश्रूणि प्रमृज्य, गादीभूय	[पुत्रस्यावस्थां दृष्ट्वा दुःखप्राप्ताया: विनताया अभिनयोऽयम्][15]
अश्रूणि पातयन्	[अतीतवृत्तान्तं स्मृत्वा राघवस्याभिनयोऽयम्][16]
अश्रूणि पातयन्ती	[मालविकाया अभिनयोऽयम्][17]
अश्रूणि मुञ्चन्ती	[देवयान्या अभिनयोऽयम्][18]
अश्रूणि विमोचयन्ती	[आलक्या अभिनयोऽयम्][19]
अश्रुपातं नाटयन्ती	[आलोकस्य मातुः लक्ष्म्या अभिनयोऽयम्][20]
आननमुत्थाय सास्फुटरोदनम्	[मलखानोऽनेनाभिनयेन गोविन्दसिंहं वदति][21]
इत्यश्रूणि मार्जयति	[सुतनुकावृत्तान्तं वदन् अग्निमित्रस्याभिनयोऽयम्][22]

इत्यश्रूणि विहरति [कौशल्यानेनाभिनयेन वैदेहीं वदति][23]

इत्यात्मानं प्रदर्श्य सोपगूढं चिरं रोदिति [राज्ञोऽभिनयोऽयम्][24]

इति गायनान्ते साश्रुनयनाऽस्फुटं रोदिति [राज्ञा रूपमत्या अभिनयोऽयम्][25]

इति भयकम्पितसर्वाङ्गः साश्रुनेत्रः विवर्णवदनः तिष्ठति [जम्बुकस्याभिनयोऽयम्][26]

इति रोदिति [देवयान्या अभिनयोऽयम्][27]

इति सवेदनमश्रूणि विसृजति [सुतनुकावृत्तान्तं श्रुत्वा विद्योत्तमाया अभिनयोऽयम्][28]

निर्भत्सितः कुमारभुवः पितरं निरुपायं दृष्ट्वा साश्रुनयनो जायते [सुरुच्या निर्भत्सितः सन् कुमारध्रुवस्याभिनयोऽयम्][29]

निर्भरं क्रन्दती [गायत्र्या अभिनयोऽयम्][30]

नेत्राभ्यामश्रूणि पातयन् सदैन्यम् [उमरावसिंहोऽनेनाभिनयेन आशारामत्यागिनं निवारयितुं चेष्टते][31]

भागिनेयं मुरादं स्मरन् साश्रुनयनः [शाइस्ताखानस्याभिनयोऽयम्][32]

शोभनोऽश्रूणि प्रमार्जयति[33] [प्राध्यापकोऽनेनाभिनयेन निरीक्षकं कथयति][34]

सजलनेत्रस्सन् [अमृतानेनाभिनयेन पुत्रं हेमेन्द्रं वदति][35]

साश्रुनयना स्वगतम् [सत्यकामस्य वचनं श्रुत्वा माता जबाला अनेनभिनयेन तमाश्वासयति][36]

साश्रुवदनः [दीर्घापाङ्गस्य हननसंवादं श्रुत्वा काश्यपस्याभिनयोऽयम्][37]

3. आदरः

इति सादरं प्रयच्छति [डुण्डुभकस्याभिनयोऽयम्][38]

पत्रिकामादाय सादरम् [महेश्वरी अनेनाभिनयेन सेनापतिं वदति][39]

प्रह्वीभूय सादरम् [राजा रुरुरनेनाभिनयेन प्रमद्वरां वदति][40]

समुपसृत्य सादरम् [कञ्चुक्यनेनाभिनयेन चोलराजं वदति][41]

सादरम्	[अनेनाभिनयेन सुपर्ण इन्द्रस्य प्रस्तावं स्वीकरोति][42]
सादरम्	[मेहरुन्निसाया अभिनयोऽयम्][43]
सादरम्	[दौवारिकमुखे कस्यचित् विदुषः आगमनवृत्तान्तं श्रुत्वा राज्ञः भोजराजस्याभिनयोऽयम्][44]
सादरम्	[यङ्लुकस्याभिनयोऽयम्][45]
सादरम्	[कालपुरुषोऽनेनाभिनयेन वृद्धां देहलीं सान्त्वयति][46]
सादरम्	[बलाकानेनाभिनयेन स्वप्नर्षेः मतं स्वीकरोति][47]
सादरम्	[बन्धुरस्याभिनयोऽयम्][48]
सादरम्	[राजराजस्याभिनयोऽयम्][49]
सादरम्	[राजराजोऽनेनाभिनयेन स्थपतिं वदति][50]
सादरम्	[महिलाया उत्तरं श्रुत्वा सोमोऽनेनाभिनयेन तां वदति][51]
सादरम्	[नट्या अभिनयोऽयम्][52]
सादरम्	[विदिशाधिपतेर्महामात्यस्य महेश्वरस्याभिनयोऽयम्][53]
सादरम्	[सन्देशहरस्याभिनयोऽयम्][54]
सादरम्	[देवेदत्तोऽनेनाभिनयेन महिपतिं विक्रमार्कं वदति][55]
सादरम्	[राज्ञः रुरोरभिनयोऽयम्][56]
सादरम्	[डुण्डुभकस्याभिनयोऽयम्][57]

4. आनन्दः

आनन्दविह्वला सती	[यशोदाया अभिनयोऽयम्][58]
आनन्देन गादीभूय	[यशोदाया अभिनयोऽयम्][59]
सानन्दम्	[पितमहोऽनेनाभिनयेन रचनां वदति][60]

सानन्दम्	[रुरुरनेनाभिनयेन विदूषकं वदति][61]
सानन्दम्	[रुरु सैन्धवारण्यं दृष्ट्वा अनेनाभिनयेन वयस्यं डुण्डुभकं वदति][62]
सानन्दम्	[राजा रुरुरनेनाभिनयेन डुण्डुभकं समर्थयति][63]
सानन्दम्	[रक्षकोऽनेनाभिनयेन महाराजं वदति][64]
सानन्दम्	[स्वयंवरकेन्द्रे कश्चित् युवकं प्रविष्टुं दृष्ट्वा पीठाध्यक्षस्याभिनयोऽयम्][65]
सानन्दम्	[महानन्दोऽनेनाभिनयेन छात्रं प्रणवं वदति][66]
सानन्दम्	[कृकलासनामकस्य दैवज्ञरत्नस्याभिनयोऽयम्][67]
आनन्दविह्वला सती	[स्वामिनः वाक्यं श्रुत्वा अरुन्धत्या अभिनयोऽयम्][68]

5. आश्चर्यः

अविश्वासं नाटयन्ती साश्चर्यम्	[भट्टिनीमुखे आलमगीरप्रणयवृत्तान्तं श्रुत्वा मेहरुन्निसाया अभिनयोऽयम्][69]
ऊत्थातुं प्रयतमाना साश्चर्यम्	[अकस्मात् कक्षे आविर्भूतं कञ्चित् युवकं दृष्ट्वा बलाकाया अभिनयोऽयम्][70]
प्रह्वीभूय साश्चर्यम्	[सेनापत्यनेनाभिनयेन राजराजेश्वरं वदति][71]
सव्यथं साश्चर्यम्	[रूरोः संकल्पं श्रुत्वा यमस्याभिनयोऽयम्][72]
स्थिरीभूय साश्चर्यम्	[मानवाई अनेनाभिनयेन मदिरां वदति][73]
सर्वमाकर्ण्य साश्चर्यम्	[ब्रह्मराक्षसदम्पत्यारालापं श्रुत्वा भोजराजस्य राजपण्डितस्याभिनयोऽयम्][74]
स्थिरीभूय साश्चर्यम्	[काश्यपोऽनेनाभिनयेन गौतमीं वदति][75]
स्मृतिं नाटयन् साश्चर्यम्	[राजलक्ष्म्या सह शोभनः परिणयवद्ध इति संवाद श्रुत्वा भूपालस्याभिनयोऽयम्][76]
साश्चर्यम्	[सुपर्णोऽनेनाभिनयेन मातुः दुःखस्य कारणं पृच्छति][77]

साश्चर्यम्	[मातृमुखात् कद्वाः परिचयं ज्ञाते अनेनाभिनयेन सुपर्णः मातरं वदति][78]
साश्चर्यम्	[दुर्योधनोऽनेनाभिनयेन द्रोणं वदति][79]
साश्चर्यम्	[गोविन्दोऽनेनाभिनयेन चतुर्धुरीणं वदति][80]
	[आचार्यवचनं श्रुत्वा हतप्रभस्याभिनयोऽयम्][81]
साश्चर्यम्	[प्राचार्यात् सुमङ्गलस्य प्रकृतपरिचयं ज्ञात्वा शेखरस्याभिनयोऽयम्][82]
साश्चर्यम्	[रामनायकस्य कथां श्रुत्वा पितामहस्याभिनयोऽयम्][83]
साश्चर्यम्	[कालपुरुषस्याभिनयोऽयम्][84]
साश्चर्यम्	[वाङ्कीलोऽनेनाभिनयेन धनीरामं वदति][85]
साश्चर्यम्	[भूपालोऽनेनाभिनयेन मोहनं वदति][86]
साश्चर्यम्	[शोभनोऽनेनाभिनयेन चित्रस्थ-दस्युविषये पृच्छति][87]
साश्चर्यम्	[राजराजोऽनेनाभिनयेन बन्धुरं वदति][88]
साश्चर्यम्	[भोजराजोऽनेनाभिनयेन प्रतिहारीं वदति][89]
साश्चर्यम्	[राजराजस्याभिनयोऽयम्][90]
साश्चर्यम्	[इन्द्रोऽनेनाभिनयेन देवर्षिं नारदं पृच्छति][91]
साश्चर्यम्	[मञ्चे नट्याः प्रवेशं दृष्ट्वा सूत्रधारस्य इयं प्रतिक्रिया][92]
साश्चर्यम्	[बीभत्सकस्याभिनयोऽयम्][93]
साश्चर्यम्	[सूत्रधारस्याभिनयोऽयम्][94]
साश्चर्यम्	[पण्डितस्य गणनादक्षतां दृष्ट्वा भूपतेरभिनयोऽयम्][95]
साश्चर्यम्	[पण्डितोऽनेनाभिनयेन सेविकां जिह्वां वदति][96]
साश्चर्यम्	[राजसभायामुपस्थितस्य वादार्थिनोऽयम् अभिनयः][97]
साश्चर्यम्	[अभिभावकस्याभिनयोऽयम्][98]
साश्चर्यम्	[गोपालनामकस्य छात्रास्योत्तरं श्रुत्वा डॉ. युसुफस्याभिनयोऽयम्][99]

साश्चर्यम्	[सुदर्शननामकस्य छात्रस्योत्तरं श्रुत्वा डॉ. सत्यपालोऽनेनाभिनयेन तं छात्रं वदति][100]
साश्चर्यम्	[सोमनाथ इति आचार्याऽनेनाभिनयेन जीवानन्दं वदति][101]
साश्चर्यम्	[पितामहोऽनेनाभिनयेन रामनायकं पृच्छति][102]
साश्चर्यम्	[गिरिधरस्य समीपम् महिलायाः प्रकृतरूपं श्रुत्वा सोमस्याभिनयोऽयम्][103]
साश्चर्यम्	[विनोदोऽनेनाभिनयेन स्वमातरं वदति][104]
साश्चर्यम्	[रङ्गनाथोऽनेनाभिनयेनाधिकारिणं वदति][105]
साश्चर्यम्	[कन्यायाः कथां श्रुत्वा गृहपतेरभिनयोऽयम्][106]
साश्चर्यम्	[मोहितोऽनेनाभिनयेन रिक्शाचालकं कथयति][107]
साश्चर्यम्	[मोहितोऽनेनाभिनयेन मनिरामं वदति][108]
साश्चर्यम्	[निरीक्षकस्याभिनयोऽयम्][109]
साश्चर्यम्	[धर्माचार्योऽनेनाभिनयेन दृश्यकलिं वदति][110]
साश्चर्यम्	[कृत्तिकानेनाभिनयेन विदूषकं पिण्डोदकं वदति][111]
साश्चर्यम्	[वाल्मीकिमुनेरतीतवृत्तान्तं श्रुत्वा सीतानेनाभिनयेन राघवं वदति][112]
साश्चर्यम्	[राज्ञः रुरोरभिनयोऽयम्][113]
साश्चर्यम्	[नवमालिकाया अभिनयोऽयम्][114]
साश्चर्यम्	[डुण्डुभकस्याभिनयोऽयम्][115]
साश्चर्यम	[शिवलालस्याभिनयोऽयम्][116]
साश्चर्यम् सधिग्भावम्	[शारदाया अभिनयोऽयम्][117]

6. उत्कण्ठा

नयने उन्मील्य सोत्कण्ठम् [राजा रुरुरनेनाभिनयेन डुण्डुभकसमीपम् प्रमद्वराविषयकं विरहवृत्तान्तं प्रकटयति][118]

सोत्कण्ठं पदध्वनिमाकर्ण्य	[राज्ञः रुरोरभिनयोऽयम्][119]
सोत्कण्ठम्	[सुनीतिपुत्रः ध्रुवोऽनेनाभिनयेन स्वमातरं वदति][120]
सोत्कण्ठम्	[मातृप्रदत्तमुत्तरं श्रवणाय सुपर्णस्याभिनयोऽयम्][121]
सोत्कण्ठम्	[ऊर्वशी अनेनाभिनयेन सखीं रम्भां वदति][122]
श्मश्रुणि सारयन् सोत्कण्ठम्	[चतुर्धुरीणोऽनेनाभिनयेन गोविन्दं वदति][123]
सोत्कण्ठम्	[राक्षस्या अभिनयोऽयम्][124]
हर्षनिर्भरस्सन् सोत्कण्ठम्	[राजपण्डितस्याभिनयोऽयम्][125]
सोत्कण्ठम्	[राजपण्डितस्याभिनयोऽयम्][126]
सोत्कण्ठम्	[रुरुरनेनाभिनयेन वयस्यं डुण्डुभकं वदति][127]
सोत्कण्ठम्	[रुरुरनेनाभिनयेन डुण्डुभकं वदति][128]
सोत्कण्ठम्	[तुरष्क–गौराङ्गौ अनेनाभिनयेन ब्राह्मणं वदतः][129]
सोत्कण्ठम्	[सोमोऽनेनाभिनयेन मङ्गलं जनसम्मर्दस्य कारणं पृच्छति][130]
सोत्कण्ठम्	[राज्ञः पुष्यमित्रस्याभिनयोऽयम्][131]
सोत्कण्ठम्	[मालविकानेनाभिनयेनाग्निमित्रं वदति][132]
सोत्कण्ठम्	[मालविकानेनाभिनयेनाग्निमित्रात् देवदत्तवृत्तान्तं शृणोति][133]
सोत्कण्ठम्	[रुरुरनेनाभिनयेन वयस्यं डुण्डुभकं वदति][134]
सोत्कण्ठम्	[रसनानेनाभिनयेन मल्लिकां विद्योत्तमाविषये पृच्छति][135]
सोत्कण्ठम्	[कपित्थकवचनं श्रुत्वा रसनाया अभिनयोऽयम्][136]
सोत्कण्ठम्	[कर्तर्य्या अभिनयोऽयम्][137]
सोत्कण्ठम्	[वसिष्ठपत्नी अरुन्धत्यनेनाभिनयेन स्वामिनं जनकतनयाविषये पृच्छति][138]
सोत्कण्ठम्	[सीताया अभिनयोऽयम्][139]

सोत्कण्ठम् [राघवोऽनेनाभिनयेन सेविकां कृत्तिकां वदति][140]

सोत्कण्ठम् [ललितानेनाभिनयेन वैदेहीं वदति][141]

सोत्कण्ठम् [प्रमद्वराया: सख्या मदालसाया अभिनयोऽयम्][142]

सोत्कण्ठम् [मधुकरिकानेनाभिनयेन प्रमद्वरां वदति][143]

सोत्कण्ठम् [यममुखे प्रमद्वराया पुनर्जीवनप्रापणायोपायं श्रुत्वा राज्ञः रुरोरभिनयोऽयम्][144]

सोत्कण्ठम् [राजा रुरुरनेनाभिनयेन मदालसां वदति][145]

सोत्कण्ठम् गम्भीरस्सन् [राज्ञः रुरोरभिनयोऽयम्][146]

सोत्कण्ठम् [राजा रुरुरनेनाभिनयेन डुण्डुभकं वदति][147]

सोत्कण्ठम् [अनेनाभिनयेन प्रमद्वरा सख्या: समीपं राज्ञः रुरोरागमनवृत्तान्तं शृणोति][148]

7. उद्वेगः

चण्डध्वनिं दारुणपदगतिमाकर्णयन्ती सोद्वेगम् [बलाकाया अभिनयोऽयम्][149]

तथा कृत्वा सोद्वेगम् [आशारामत्यागिन आदेशं प्राप्य उमरावसिंहस्याभिनयोऽयम्][150]

दुरवीक्षणयंत्रेण सम्मुखमवलोक्य सोद्वेगम् [अभितः द्विनालिकागुलिकाया: शब्दं श्रुत्वा आशारामत्यागिनोऽभिनयोऽयम्][151]

पत्नीनिन्दयोद्वेगमनुभूय [मङ्गलाया अभिनयोऽयम्][152]

रूपनिन्दया समुद्वेगमनुभवन्ती [नर्मदाया अभिनयोऽयम्][153]

सर्वं श्रुत्वा सोद्वेगम् [धर्मपालस्याभिनयोऽयम्]154

सोद्वेगम् [ऊर्वश्यानेनाभिनयेनार्जुनं वदति][155]

सोद्वेगम् [लक्ष्म्या अभिनयोऽयम्][156]

सोद्वेगम् [राक्षस्यां ब्रह्मराक्षसेन कृते प्रश्नविषये जिज्ञासितायां ब्रह्मराक्षसस्याभिनयोऽयम्][157]

सोद्वेगम् [निरञ्जनस्य वाक्यं भ्रान्तरूपेण श्रुत्वा पितामहस्याभिनयोऽयम्][158]

सोद्वेगम्	[विमलाया उत्तरं श्रुत्वा देवकी इति आचार्याया अभिनयोऽयम्][159]
सोद्वेगम्	[प्राचार्यस्याभिनयोऽयम्][160]
सोद्वेगम्	[दीवानचन्द्रोऽनेनाभिनयेन विमलां वदति][161]
सोद्वेगम्	[बलाकानेनाभिनयेन स्वप्नर्षिं वदति][162]
सोद्वेगम्	[बलाकानेनाभिनयेन कक्षे आगतस्य पुरुषस्य परिचयं पृच्छति][163]
सोद्वेगम्	[पुत्रस्याभिमतं श्रुत्वा भवानीदत्तोऽनेनाभिनयेन पुत्रं वदति][164]
सोद्वेगम्	[मालवस्याभिनयोऽयम्][165]
सोद्वेगम्	[हेमेन्द्रोऽनेनाभिनयेन स्वपितरं वदति][166]
सोद्वेगम्	[कृपालसिंहस्याभिनयोऽयम्][167]
सोद्वेगम्	[राज्ञः रुरोऽभिनयोऽयम्][168]
सोद्वेगम्	[तुरष्कोऽनेनाभिनयेन ब्राह्मणं वदति][169]
सोद्वेगम्	[पण्डितस्याभिनयोऽयम्][170]
सोद्वेगम्	[डॉ. रत्नमायानेनाभिनयेन निर्मलां प्रश्नं पृच्छति][171]
सोद्वेगम्	[मङ्गलोऽनेनाभिनयेन सोमं वदति][172]
सोद्वेगम्	[रङ्गनाथस्याभिनयोऽयम्][173]
सोद्वेगम्	[रसनाया अभिनयोऽयम्][174]
सोद्वेगम्	[सारिकावाक्यं श्रुत्वा विद्योत्तमाया अभिनयोऽयम्][175]
सोद्वेगम्	[वरदानेनाभिनयेन मातरं वदति][176]
सोद्वेगम्	[रुरुरनेनाभिनयेन डुण्डुभकस्य प्रश्नस्योत्तरं ददाति][177]
सोद्वेगम्	[डुण्डुभकोऽनेनाभिनयेन पुरोचनं वदति][178]
सोद्वेगम्	[ऐन्द्रजालिकस्याभिनयोऽयम्][179]
सोद्वेगम्	[भोजराजस्य सभायामागतस्य राजपण्डितस्याभिनयोऽयम्][180]

8. कोपः

सकोपम् [नट्यनेनाभिनयेन बालकविषये सूत्रधारं वदति][181]

सकोपम् [ऊर्वश्यनेनाभिनयेन देवेन्द्रं वदति][182]

सकोपम् [विदूषकस्य मूर्खतां दृष्ट्वा राजा रुरु तं प्रति वदति][183]

9. क्रोधः

क्रोधमभिनीय [काश्यपस्याभिनयोऽयम्][184]

सकृतकक्रोधम् [मदालसाया अभिनयोऽयम्][185]

सकृतकक्रोधम् [शारदाया अभिनयोऽयम्][186]

जिह्वां पीडयन् सकृतकक्रोधम् [अनेनाभिनयेन ऐन्द्रजालिकः वालकं प्रति क्रोधं प्रकाशयति][187]

सक्रोधावेशम् [जम्बुकवचनं श्रुत्वा अनेनाभिनयेन सिंहो जम्बुकं वदति][188]

सक्रोधम् [महाराजस्योत्तानपादस्य वक्तव्यं श्रुत्वा राज्ञ्याः सुरुच्या अभिनयोऽयम्][189]

सक्रोधम् (भैरवगर्जनं कृत्वा आकाशे दृष्टिं निवद्धम्

[जम्बुकवचनं विश्वस्य सिंहोऽनेनाभिनयेन व्याघ्रमुद्दिश्य वदति][190]

(कक्षे प्रविश्य) सक्रोधम् [स्वगृहे पुत्रस्य सिन्धोः मित्रस्य सोमस्यागमनं दृष्ट्वा महेशस्याभिनयोऽयम्][191]

सक्रोधम् [मातृवचनं मिथ्या इति ज्ञात्वा वैनतेयस्याभिनयोऽयम्][192]

सक्रोधम् [मातुः समीपम् तस्याः दासीभावत्वं केन प्रकारेण जातम् इति वृत्तान्तं श्रुत्वा सुपर्णोऽनेनाभिनयेन वदति][193]

सक्रोधम् [सारिकाया कौतुहलेन विरक्ता मल्लिका अनेनाभिनयेन सारिकां वदति][194]

(लोहितेक्षणा) सक्रोधम् [ऊर्वश्या अभिनयोऽयम्][195]

सक्रोधम् [आलोकस्य पितुः शिरोमणेरभिनयोऽयम्][196]

सक्रोधम् [पितामह्यनेनाभिनयेन पितामहं वदति][197]

सक्रोधम् [भूपालोऽनेनाभिनयेन शोभनं वदति][198]

सक्रोधम् [भवानीदत्तोऽनेनाभिनयेन सिन्धु वदति][199]

सक्रोधम् [कृपालसिंहस्याभिनयोऽयम्][200]

सक्रोधम् [मातलेरभिनयोऽयम्][201]

सक्रोधम् [गृहस्वामिनोऽभिनयोऽयम्][202]

सक्रोधम् [देवयान्यनेनाभिनयेन कचं वदति][203]

सक्रोधम् [श्रवणप्रमादात् पितामहस्य वचनं श्रुत्वा पितामह्या अभिनयोऽयम्][204]

सक्रोधम् [वरदामुखे रिकशाचालकस्याचरणविषये श्रुत्वा गृहपतेरभिनयोऽयम्][205]

सक्रोधम् [गृहपतेरभिनयोऽयम्][206]

सक्रोधम् [गणिकायाः वचनं विश्वस्य यजमानोऽनेनाभिनयेन धर्माचार्यं वदति][207]

सक्रोधम् [ब्राह्मणस्याभिनयोऽयम्][208]

सक्रोधम् [गुरुवचनं श्रुत्वा अर्जुनोऽनेनाभिनयेन गुरुद्रोणाचार्यं वदति][209]

सक्रोधम् [नन्द्यनेनाभिनयेन दशास्यं वदति][210]

सक्रोधम् [केन प्रकारेण विनतायाः दास्यावस्था जाता इति वृत्तान्तं श्रुत्वा सुपर्णोऽनेनाभिनयेन वदति][211]

सक्रोधम् [दशास्यस्याभिनयोऽयम्][212]

सक्रोधम् [महाराजस्योत्तानपादस्य वक्तव्यं श्रुत्वा राज्ञ्याः सुरुच्या अभिनयोऽयम्][213]

सक्रोधम् [पितामह्या अभिनयोऽयम्][214]

सक्रोधम् [गुरुणा वसिष्ठेणाहूते सभायामागतस्य कस्यचित् जनस्य मुखे 'वृद्ध' इति सम्वोधनं श्रुत्वा पिण्डोदकस्याभिनयोऽयम्][215]

10. दया

विलपन्ती सदयम् [मदिरानेनाभिनयेन मानवाईं वदति][216]

सदयम् [ऋषेः गौतमस्याभिनयोऽयम्][217]

सदयम् [गुरुः वसिष्ठोऽनेनाभिनयेन रजकं वदति][218]

सदयम् [न्यायाधीशोऽनेनाभिनयेन गायत्रीमभयं ज्ञापयति][219]

सदयम् [पण्डितस्याभिनयोऽयम्][220]

सहसोत्थाय सान्त्वयन् सदयम् [राजपण्डितोऽनेनाभिनयेन राजानं वदति][221]

11 दैन्यम्

चेतनालेशमवाप्य, उत्थातुमिच्छन् सदैन्यम्

[आशारामत्यागी अनेनाभिनयेन सैन्ययूथमाश्वासयति][222]

सदैन्यम् [सुनीत्या अभिनयोऽयम्][223]

सदैन्यम् [ऊर्वश्या अभिनयोऽयम्][224]

सदैन्यम् [आलोकस्याभिनयोऽयम्][225]

सदैन्यम् [प्राचार्यवाक्यं श्रुत्वा विमलानेनाभिनयेनाचार्यं वदति][226]

सदेन्यम् [गृहस्थपुरुषोऽनेनाभिनयेन पुत्रस्य क्रन्दनस्य प्रकृतं कारणं वदति][227]

सदैन्यम् [शोभन-भूपालयोः विवादकाले उपस्थितस्य कस्यचिद् वालकस्याभिनयोऽयम्][228]

सदैन्यम् [सिन्धुरनेनाभिनयेन पितरं वदति][229]

सदैन्यम् [काश्यपोऽनेनाभिनयेन नारदं वदति][230]

सदैन्यम् [इन्द्रोऽनेनाभिनयेन सारथिं मातलिं वदति][231]

सदैन्यम् [पण्डितपत्न्यनेनाभिनयेन स्वामिनं पृच्छति][232]

सदैन्यम् [पण्डितोऽनेनाभिनयेन स्वपत्न्या प्रश्नस्योत्तरं ददाति][233]

सदैन्यम् [नृपेन्द्रस्याभिनयोऽयम्][234]

सदैन्यम् [विद्योत्तमाया अभिनयोऽयम्][235]

सदैन्यम् [रसनानेनाभिनवेन सखीं मल्लिकां वदति][236]

सदैन्यम् [गृहपतेरभियोगं श्रुत्वा रिक्शाचालकस्याभिनयोऽयम्][237]

सदैन्यम् [प्राचार्यस्याभिनयोऽयम्][238]

सदैन्यम् [ब्राह्मणोऽनेनाभिनयेन वञ्चकं पृच्छति][239]

सदैन्यम् [लक्ष्मणोऽनेनाभिनयेन राघवं वदति][240]

सदैन्यम् [लक्ष्मणोऽनेनाभिनयेन गुरुपत्नीं रजकवृत्तान्तं ज्ञापयति][241]

सदैन्यम् [भगवन् विरञ्चिरनेनाभिनयेन देववृन्दान् वदति][242]

सदैन्यम् [ललितानेनाभिनयेन वैदेहीं वाल्मीक्याश्रमे रामस्यागमन-वृत्तान्तं वदति][243]

सदैन्यम् [राजा रुरुः वयस्यं डुण्डुभकं स्वव्यथाया कारणं वदति][244]

सदैन्यम् [प्रमद्वरानेनाभिनयेन सखीं मदालसां वदति][245]

सदैन्यम् [राज्ञः रुरोरभिनयोऽयम्][246]

सदैन्यम् [राजा रुरुरनेनाभिनयेन डुण्डुभकसमक्षं विलपति][247]

सदैन्यम् [यशोदानेनाभिनयेन पीठाध्यक्षसमीपम् पार्वत्याः पितृपरिचयं वर्णयति][248]

सदैन्यं सजलनयना द्रोणं पश्यति [दुग्धपानाय पुत्रस्य रोदनं दृष्ट्वा दुःखिता माता कृप्यनेनाभिनयेन पतिं द्रोणं वदति][249]

ससीत्कारं सदैन्यञ्च [कस्याश्चित् नार्य्यारभिनयोऽयम्][250]

12. पुलकम्

पुलकमनुभवन्ती [देवेन्द्रवचनं श्रुत्वा ऊर्वश्या अभिनयोऽयम्]251

पुलकमनुभूय [रुरोरभिनयोऽयम्][252]

पुलकमनुभूय [राज्ञः पुष्यमित्रस्याभिनयोऽयम्][253]

सर्वं निशम्य सोच्छ्वासं सपुलकं सरणरणकञ्च [ब्रह्मराक्षसात् प्रश्नस्य समाधानं ज्ञात्वा राजपण्डितोऽनेनाभिनयेन वदति।[254]

सपुलककम् [मालविकाया अभिनयोऽयम्][255]

सपुलकम् [कृत्तिकायाः समीपात् शुभसंवादं श्रुत्वा श्रुतकीर्ति-सेविकाया ज्येष्ठाया अभिनयोऽयम्][256]

13. भयः

अहल्याः नेत्राग्निं दृष्ट्वा सभयम् [इन्द्रस्याभिनयोऽयम्][257]

विरञ्चिं निर्वर्ण्य तच्छापञ्च श्रुत्वा सभयम् [मातलेरभिनयोऽयम्][258]

पत्न्याः दृष्टिमवलोक्य सभयम् [दीवानचन्द्रस्याभिनयोऽयम्][259]

प्रच्छदमवतार्य सभयमुपविष्टः [महिलाया पत्युरभिनयोऽयम्][260]

भयविह्वला सती [बलाकाया अभिनयोऽयम्][261]

भयमनुभूय [मानवाई अनेनाभिनयेन मदिरां वदति][262]

भयं नाट्यन्ती [सन्त्रस्तां मल्लिकां दृष्ट्वा सारिकानेनाभिनयेन वदति][263]

भीतस्सन् [करुणालयस्याभिनयोऽयम्][264]

वार्तालापं श्रुत्वा भयभीता सती, आत्मगतम् [महिलाया अभिनयोऽयम्][265]

सिंहवलेन भीतस्सन् [सिंहेनात्मबधस्य संवादं श्रुत्वा व्याघ्रस्या-भिनयोऽयम्][266]

सर्वं श्रुत्वा भयमनुभवन् परितः पश्यति [पुनरदृश्यकलेः वचनं श्रुत्वा धर्माचार्यस्याभिनयोऽयम्][267]

सभयम् [पुत्रस्य सुपर्णस्य पुरन्दरनगरीं प्रति गमनप्रस्तावं श्रुत्वा अनेनाभिनयेन माता विनता पुत्रं वदति][268]

सभयम् [नकुलोऽनेनाभिनयेन जम्बुकं वदति][269]

सभयम् [वाक्कीलस्य वक्तव्यं श्रुत्वा धनीरामोऽनेनाभिनयेन वाक्कीलं वदति][270]

सभयम् [कुम्भदासस्याभिनयोऽयम्][274]

सभयम् [मृदङ्गदासस्याभिनयोऽयम्][275]

सभयम् [जिह्वाया अभिनयोऽयम्][276]

सभयम् [छात्रस्याभिनयोऽयम्][277]

सभयम् [गृहपतेरभियोगं श्रुत्वा रिक्शाचालकस्याभिनयोऽयम्][278]

14. मूर्च्छा

अकस्मादेव बकानन्दो मूर्च्छितस्सन् भूमौ पतति।[279]

इति मूर्च्छति [राधिकाया अभिनयोऽयम्][280]

इति मूर्च्छति [यशोदाया अभिनयोऽयम्][281]

इति मूर्च्छामापाद्य भूमौ निपतितः [पण्डितस्याभिनयोऽयम्][282]

वाचयित्वा मूर्च्छामभिनीय भूमावुपविशति [पण्डितस्याभिनयोऽयम्][283]

मूर्च्छामनुभवन् धरामाश्रयते [द्विनालिकागुलिकायाः आघातेन वक्षविदीर्णस्यानन्तरमाशारामत्यागिनोऽभिनयोऽयम्][284]

मूर्च्छामनुभवन् स्वगतम् [राजपण्डितस्याभिनयोऽयम्][285]

मृत्युमुर्च्छाप्रलापमभिनयन् [आलोकस्य पितुः शिरोमणेरभिनयोऽयम्][286]

15. रोमाञ्चः

रोमाञ्चमनुभूय [नृत्यपरिवेषणादनन्तरमूर्वशीं दृष्ट्वा पुरन्दरस्याभिनयोऽयम्][287]

रोमाञ्चमभिनीय [अद्भुतिकाया अभिनयोऽयम्][288]

रोमाञ्चमनुभवन् स्वगतम् [कपित्थकस्याभिनयोऽयम्][289]

सरोमाञ्चम् [डुण्डुभकमुखात् प्रमद्वरावृत्तान्तं श्रुत्वा अनेनाभिनयेन तं वदति][290]

16. रोषः

समानरोषम् [वैनतेयः सुपर्णोऽनेनाभिनयेन मातुः समीपं तस्याः दास्यावस्थाविषये ज्ञातुमिच्छति][291]

रोषमभिनयन्ती [पत्युः ब्रह्मराक्षसात् स्वप्रश्नस्योत्तरमप्राप्य राक्षस्या अभिनयोऽयम्][292]

रोषमभिनयन्ती [गृहपतेः कन्याया अभिनयोऽयम्][293]

सकृतरोषम् [नादिराया परिहासं श्रुत्वा मदिराया अभिनयोऽयम्][294]

(अकस्मादेव प्रविश्य) सरोषम् [भयानक्या अभिनयोऽयम्][295]

रोषमभिनयन् [जिह्वाया वचनं श्रुत्वा पण्डितोऽनेनाभिनयेन जिह्वां तिरस्कृतवान्][296]

कपित्थकाभिप्रायमनुमाय सरोषम् [मालविकाया अभिनयोऽयम्][297]

अपटीक्षेपेण प्रविश्य, चापं दक्षिणहस्तेन समुद्यम्य (सरोषम्) [लक्ष्मण-स्याभिनयोऽयम्][298]

सरोषम् [राज्ञा द्रुपदेनापमानितस्य द्रोणाचार्यस्य मनोव्यथामवलोक्य अर्जुनोऽनेनाभिनयेन गुरुमुखात् तदपमानवृत्तान्तं श्रोतुमिच्छति][299]

सरोषम् [दुर्योधनस्याभिनयोऽयम्][300]

(भावं परिवर्त्य) सरोषम् [तस्या उत्तरे असन्तुष्टं सुपर्णं दृष्ट्वा विनता वदति][301]

सरोषमश्रुपूरितमुखी [अर्जुनेन निवृत्तो भूत्वा ऊर्वशी अनेनाभिनयेन तं वदति][302]

सरोषम् [पितामहस्य श्रवणभ्रान्तिं दृष्ट्वा पितामह्याभिन-योऽयम्][303]

सरोषम् [विमलां प्रति प्राचार्यस्याभिनयोऽयम्][304]

सरोषम् [हरिप्रतापात् स्वभर्त्सनां श्रुत्वा भृत्योऽनेनाभिनयेन तमुत्तरं ददाति][305]

(बद्धालापौ खनकावुपगम्य) सरोषम् [देहल्या अभिनयोऽयम्][306]

सरोषम् [वाक्कीलोऽनेनाभिनयेन पत्नी रेवतीं भणति][307]

सरोषम् [पुत्रं प्रति भवानीदत्तस्य कठोरमाचरणं दृष्ट्वा रत्नानेना-भिनयेन स्वपतिं भवानीदत्तं वदति][308]

सरोषम् [मदिराया अभिनयोऽयम्][309]

सरोषम् [सेनापत्यनेनाभिनयेन राजराजं वदति][310]

सरोषम् [नटस्याभिनयोऽयम्]311

सरोषम् [प्रमद्वराया चित्रं दृष्ट्वा महिष्या सुवर्णाया अभिनयोऽयम्][312]

सरोषम् [सख्या मदालसाया उपहासं श्रुत्वा पमद्वाराया अभिनयोऽ-यम्][313]

सरोषम् [निर्मलाया उत्तरं श्रुत्वा डॉ. रत्नमाया इति आचार्याया अभिनयोऽयम्][314]

सरोषम् [शारदानेनाभिनयेन गृहस्वामिनं वदति][315]

सरोषम् [न्यायाधीशोऽनेनाभिनयेन वाक्कीलं वदति][316]

सरोषम् (सभायोजकमवेक्षमाणः) [दम्भपालस्याभिनयोऽयम्][317]

सरोषम् [कमलानेनाभिनयेन पतिं रङ्गनाथं वदति][318]

(अधरं विकुञ्च्य) सरोषम् [देवदत्तस्याभिनयोऽयम्][319]

सरोषम् [कपित्थकोऽनेनाभिनयेन वयस्यमग्निमित्रं वदति][320]

सरोषम् [रसनानेनाभिनयेन कपित्थकं प्रति क्रोधं प्रदर्श्य कथयति][321]

सरोषम् [मेलायामागतस्य कस्यचित् भद्रपुरुषस्याभिनयोऽयम्][322]

सरोषम् [वरदायाः जनन्यनेनाभिनयेन स्वामिनं वदति][323]

सरोषम् [वरदाया जनन्या अभिनयोऽयम्][324]

सरोषम् [विक्रेतुरभिनयोऽयम्][325]

सरोषम् [कस्यचिदपरस्य स्थगकस्याभिनयोऽयम्][326]

सरोषम् [ब्राह्मणस्याभिनयोऽयम्][327]

सरोषम् [कृत्तिकाया अभिनयोऽयम्][328]

सरोषम [लक्ष्मणस्याभिनयोऽयम्][329]

सरोषम् (आत्मगतम्) [धर्माचार्यस्याभिनयोऽयम्][330]

सरोषम् (परावृत्य [सूत्रधारवचनेन रुष्टा नट्यनेनाभिनयेन वदति][331]

सरोषम् [पण्डितस्य शर्तं श्रुत्वा भोजराजे उत्कण्ठां प्रदर्शिते राजपण्डितोऽनेनाभिनयेन राजानं सान्त्वयति][332]

17. लज्जा

(मालविका) लज्जां नाटयति [कपित्थकस्य वचनं श्रुत्वा मालविकाया अभिनयोऽयम्][333]

व्रीडां नाटयति [सूत्रधारस्याभिनयोऽयम्][334]

लज्जां नाटयन् [पीयूषकुम्भप्रदानोद्यतं पुरन्दरं दृष्ट्वा, तस्मात् स्वमातुः दास्यापनोदनोपायं श्रुत्वा वैनतेयस्याभिनयोऽयम्][335]

लज्जाभावं नाटयति [सूत्रधारवचनं श्रुत्वा नट्यनेनाभिनयेन सूत्रधारं वदति][336]

सलज्ज इव [मारिषस्याभिनयोऽयम्][337]

सलज्जम् [अर्जुनसमक्षं गत्वा ऊर्वश्या अभिनयोऽयम्][338]

सलज्जम् [हरिप्रतापोऽनेनाभिनयेनाचार्यं प्रत्युत्तरं ददाति][339]

सलज्जम् [रामनायकोऽनेनाभिनयेन पितामहं वदति][340]

सलज्जम् [प्राचार्यस्याभिनयोऽयम्][341]

सलज्जम् [गणिकावाक्यं श्रुत्वा धर्माचार्यस्याभिनयोऽयम्][342]

लज्जामभिनीय [प्रमद्वराया अभिनयोऽयम्][343]

सव्रीडम् [ऊर्वश्यनेनाभिनयेन रम्भां वदति][344]

लज्जामनुभूय [स्वप्नर्षिमुखात् स्वमुखस्य प्रशंसां श्रुत्वा बलाकाया अभिनयोऽयम्][345]

लज्जामनुभूय [वलाकाया अभिनयोऽयम्][346]

(राजलक्ष्मीवचनेन प्रभावितस्सन्) सलज्जम् [वलाकाऽनेनाभिनयेन राजलक्ष्मीं वदति][347]

पार्वती विदिताऽभिप्राया लज्जां नाटयति [यशोदापौत्र्याः पार्वत्या अभिनयोऽयम्][348]

सकुटिलस्मितं लज्जामभिनीय [मदालसाया अभिनयोऽयम्][349]

18. विनयः

विनयं नाटयन्ती [निर्मलानेनाभिनयेन रत्नमायां वदति][350]

अर्जुनः सविनयं तिष्ठति [अर्जुनोऽनेनाभिनयेन पितुः पुरन्दरस्याज्ञां पालयति][351]

सविनयम् [गुरुवचनं पालनस्यानन्तरमर्जुनोऽनेनाभिनयेन द्रोणाचार्यं वदति][352]

सविनयम् [अर्जुनोऽनेनाभिनयेन गुरु–द्रोणाचार्यं वदति][353]

सविनयम् [गुरुणा गौतमेन पितृपरिचयं पृष्टः सन् अनेनाभिनयेन सत्यकाम उत्तरं ददाति][354]

सविनयम् [अर्जुनोऽनेनाभिनयेन स्वपरिचयं ददाति][355]

सविनयम् [मारीचस्याभिनयोऽयम्][356]

सविनयम् [भगवतः शङ्करस्य सामान्यवलप्रयोगेन दशास्यस्य करुणावस्थां दृष्ट्वा प्रहस्तोऽनेनाभिनयेन दशास्यं वदति][357]

सविनयम् [जम्बुकोऽनेनाभिनयेन सिंहं वदति][358]

सविनयम् [पद्मयोनेः समीपादादेशं प्राप्यानेनाभिनयेन वदति][359]

सविनयम् [आचार्यस्याभिनयोऽयम्][360]

सविनयम् [भविष्यत्कालनामकस्य कस्यचित् छात्रस्याभिनयोऽयम्][361]

सविनयम् [यङ्त्तनामकः कश्चित् छात्रोऽनेनाभिनयेन निरीक्षकमहोदय–स्याज्ञां पालयति][362]

सविनयम् [अनन्तराम इति कस्यचित् प्रत्याशिनोऽभिनयोऽयम्][363]

सविनयम् [कालपुरुषोऽनेनाभिनयेन वृद्धां देहलीं वदति][364]

सविनयम् [वाक्कीलस्य गृहे आगतः कोऽपि आगन्तुकः जनोऽनेनाभिनयन प्रत्युत्तरं ददाति][365]

सविनयम् [रेवत्यनेनाभिनयेन गृहे आगतं पुरुषं वदति][366]

सविनयम् [कुविन्दस्याभिनयोऽयम्][367]

सविनयम् [रक्षकोऽनेनाभिनयेन महाराजं वदति][368]

सविनयम्	[जीवानन्दोऽनेनाभिनयेन प्राचार्यमहोदयं वदति][369]
सविनयम्	[प्रस्तोतुरभिनयोऽयम्][370]
सविनयम्	[सेवकः रामराजोऽनेनाभिनयेन मानवाधिकारायोगसदस्यं कारागारपथं प्रदर्शयति][371]
सविनयम्	[स्वयंवरकेन्द्रे आगताया यशोदा इति कस्याश्चिद् वृद्धाया अभिनयोऽयम्][372]
सविनयम्	[पीठाध्यक्षोऽनेनाभिनयेन यशोदायाः सकाशात् पार्वत्याः पितृपरिचयं पृच्छति][373]
सविनयम्	[विक्रमार्कोऽनेनाभिनयेन पुष्यमित्रं वदति][374]
सविनयम्	[माहेश्वर्यनेनाभिनयेन निरीक्षकं कथयति][375]
सविनयम्	[निर्गुणोऽनेनाभिनयेन दैवज्ञरत्नं कृकलासं वदति][376]
सविनयम्	[कल्पनाया अभिनयोऽयम्][377]
सविनयम्	[कस्यचित् पुरुषस्याभिनयोऽयम्][378]
सविनयम्	[राघवोऽनेनाभिनयेन महर्षिं वाल्मीकिं वदति][379]
प्रविश्य सविनयम्	[दौवारिकोऽनेनाभिनयेन लक्ष्मणं वदति][380]

सत्वरमुपसृत्य, सविनयम् [जयमालानेनाभिनयेन गुरं शुक्राचार्यं वदति][381]

समीपमुपसृत्य सविनयम् [पुरोचनोऽनेनाभिनयेन विदूषकं डुण्डुभकं वदति][382]

समुत्थाय सविनयम् [कृदन्तोऽनेनाभिनयेन निरीक्षकमहोदयं वदति][383]

19. विस्मयः

विस्मयमभिनीय	[काश्यपस्याभिनयोऽयम्][384]
विस्मयविमूढस्सन प्राचार्यं पश्यन्	
	[प्राचार्यस्योत्तरं श्रुत्वा यूसूफमहोदयस्याभिनयोऽयम्][385]
सविस्मयम्	[शिष्याणां विजयं परिलक्ष्य गुरोः द्रोणाचार्यस्याभिनयोऽयम्][386]
सविस्मयम्	[द्रोणाचार्यस्य कूपात् इषीकया कन्दुकमानयनं दृष्ट्वा अर्जुनोऽनेनाभिनयेन वदति][387]

सविस्मयम् [सिंहः रुदन्तं जम्बुकं दृष्ट्वा अनेनाभिनयेन तस्य रोदनस्य कारणं पृच्छति][388]

(दारकं लालयन्ती) सविस्मयम् [रत्नाया अभिनयोऽयम्][389]

सर्वे (सविस्मयम्) परस्परमवलोकयन्ति [हरिप्रतापमुखे तस्य पितामहवृत्तान्तं श्रुत्वा सर्वेषामाचार्याणामभिनयोऽम्][390]

सविस्मयम् [रूपमती आदिलखानं चमत्कारेणोपहारेण पुरस्कृतं करिष्यतीति श्रुत्वा वाजवहादुरस्याभिनयोऽयम्][391]

सविस्मयम् [स्थपतिः कालपुरुषोऽनेनाभिनयेन कर्मविरतान् श्रमिकान् वदति][392]

सविस्मयम् [धनीरामस्याभिनयोऽयम्][393]

सविस्मयम् [राजराजोऽनेनाभिनयेन स्थपतिं वदति][394]

सविस्मयम् [सदस्यस्याभिनयोऽयम्][395]

सविस्मयम् [मानवाधिकारायोगस्य सदस्यस्याभिनयोऽयम्][396]

(श्रुत्वा) सविस्मयम् [पुष्यमित्रस्याभिनयोऽयम्][397]

सविस्मयम् [निरीक्षकस्याभिनयोऽयम्][398]

सविस्मयम् [निरीक्षकोऽनेनाभिनयेन महानन्दं वदति][399]

सविस्मयम् [वारम्वारं दृश्ये किञ्चिद् श्रुत्वा धर्माचार्यस्याभिनयोऽयम्][400]

सविस्मयम् [भोजराजोऽनेनाभिनयेन राजसभायामागतं पण्डितं वदति][401]

सविस्मयम् [त्रिलोचनोऽनेनाभिनयेन दयारामं वदति][402]

सविस्मयम् [पथिकस्याभिनयोऽयम्][403]

सविस्मयम् [निर्गुणोऽनेनाभिनयेन कृकलासं वदति][404]

सविस्मयम् [अरुन्धत्या अभिनयोऽयम्][405]

सविस्मयम् [अरुन्धत्यनेनाभिनयेन लक्ष्मणं पृच्छति][406]

सविस्मयम् (निर्भयं बालकं पश्यन्) [आश्रमे सत्यकामस्य प्रवेशानन्तरं ऋषेर्गौतमस्याभिनयोऽयम्][407]

सविस्मयं सबहुमानम् [वाक्कीलस्याभिनयोऽयम्][408]

सविस्मयं स्वगतम् [भोजराजस्याभिनयोऽयम्][409]

भिषजा सहावतीर्य, सविस्मयं पुरतोऽवलोक्य [नगरनिगमाधिकारी सोमोऽनेनाभिनयेन वदति][410]

20. व्यङ्गः

गिरीशं प्रति सव्यङ्गम् [गिरीशस्याभिनयोऽयम्][411]

नकुलम् आयान्तं दृष्ट्वा सव्यङ्गम् [सिंहव्याघ्रयोविताडनकार्ये सफलस्य जम्बुकस्याभिनयोऽयम्][412]

मदिरामभिलक्ष्य सव्यङ्गम् [नादिरानेनाभिनयेन मदिरां वदति][413]

सव्यङ्गम् [दुर्योधनस्यौद्धत्यं दृष्ट्वा द्रोणाचार्योऽनेनाभिनयेन दुर्योधनं वदति][414]

सव्यङ्गम् [पितामहोऽनेनाभिनयेन भागिनेयं निरञ्जनं वदति]415

सव्यङ्गम् [नादिरानेनाभिनयेन मदिरां वदति][416]

सव्यङ्गम् [भवानीदत्तास्याभिनयोऽयम्][417]

सव्यङ्गम् [मारिषोऽनेनाभिनयेन नटं वदति][418]

सव्यङ्गम् [राजा रुरुरनेनाभिनयेन विदूषकं वदति][419]

सव्यङ्गम् [गृहस्वाम्यनेनाभिनयेन पत्नीं शारदां कथयति][420]

सव्यङ्गम् [पत्न्यनेनाभिनयेन स्वपतिं वदति][421]

सव्यङ्गम् [विद्योत्तमानेनाभिनयेन देवदत्तं वदति][422]

सव्यङ्गम् [चडगुरनेनाभिनयेन साधुं वदति][423]

सव्यङ्गम् [प्राध्यापकोऽनेनाभिनयेन नीरीक्षकं वदति][424]

सव्यङ्गम् [सूत्रधारोऽनेनाभिनयेन नटीं वदति][425]

सव्यङ्गम् [राघवोऽनेनाभिनयेन सीतां वदति][426]

सव्यङ्गम् [निरीक्षकोऽनेनाभिनयेन माहेश्वरीं वदति][427]

सव्यङ्गम् [प्रो० दूधनाथस्याभिनयोऽयम्][428]

21. स्नेहः

सस्नेहम् [उत्तानपादोऽनेनाभिनयेन ध्रुवं वदति][429]

सस्नेहम् [स्वदलगतानां सैन्यानाम् उमरावसिंहस्य च व्याकुलतां दृष्ट्वा आशारामत्यागिनोऽभिनयोऽयम्][430]

स्नेहेन गादीभूय [आचार्योऽनेनाभिनयेन माणवकान् वदति][431]

सस्नेहम् [प्राचार्योऽनेनाभिनयेन अनन्तरामं वदति][432]

सस्नेहम् [प्राचार्यमहोदयोऽनेनाभिनयेन सुमङ्गलनामकं प्रत्याशिनं वदति][433]

सस्नेहम् [रूपमत्यनेनाभिनयेन मदिरां वदति][434]

सस्नेहम् [रूपमत्या अभिनयोऽयम्][435]

सस्नेहम् [दीवानचन्द्रस्याभिनयोऽयम्][436]

सस्नेहम् [विमलानेनाभिनयेन कनिष्ठं पुत्रं टिङ्कुं वदति][437]

सस्नेहम् [नमोवाक् अनेनाभिनयेन स्वपरिचयं ददाति][438]

सस्नेहम् [शोभनोऽनेनाभिनयेन भूपालं वदति][439]

सस्नेहम् [सोमधरोऽनेनाभिनयेन सिन्धुं वदति][440]

सस्नेहम् [कामाक्ष्यनेनाभिनयेन रुचिरां वदति][441]

सस्नेहम् [राजराजस्याभिनयोऽयम्][442]

(मध्येमञ्चमुपगम्य सहृदयजनानभिवाद्य च) सस्नेहम् [सूत्रधारस्याभिनयोऽयम्][443]

सस्नेहम् सास्रम् [अमृताया अभिनयोऽयम्][444]

सस्नेहम् [सूत्रधारोऽनेनाभिनयेन नटीं गातुमनुरुध्नाति][445]

सस्नेहम् [रुरुः अनेनाभिनयेन विदूषकं वदति][446]

सस्नेहम् [रुरुः अनेनाभिनयेन डुण्डुभकं वदति][447]

सस्नेहस्पर्शम् [कपर्दिकां प्रति नवनीतकस्याभिनयोऽयम्][448]

सस्नेहम् [कल्पनानेनाभिनयेन गिरीशं वदति][449]

सस्नेहमम् [प्रमद्वरानेनाभिनयेन सखीं मदालसां वदति][450]

सस्नेहम् [राघवोऽनेनाभिनयेन पत्नीं कथयति][451]

सस्नेहम् [राघवस्याभिनयोऽयम्][452]

स्नेहेन गादीभुय [गुरुः शुक्राचार्योऽनेनाभिनयेन जयमालां कथयति][453]

इत्यर्धोक्त एव स्नेहेन गादीभुय [स्वकाव्ये वर्णितं स्वदेशवर्णनं स्मारं स्मारं महाकवेः कालिदासस्याभिनयोऽयम्][454]

प्रगाढमालिङ्ग्य सस्नेहम् [जयमालानेनाभिनयेन देवयानीं सान्त्वयति][455]

22. हर्षः

सहर्षम् [सुनीत्या अभिनयोऽयम्][456]

सहर्षम् [रामोऽनेनाभिनयेन गुरुवरमगस्त्यं वदति][457]

सहर्षम् [बन्धोः सोमस्य व्यवहारेण प्रसन्नो भूत्वा अनेनाभिनयेन सिन्धुः सोमं वदति][458]

(गवाक्षमवलोक्य) सहर्षम् [स्वप्राणरक्षार्थं पलायनतत्परस्य राजपण्डित-स्याभिनयोऽयम्][459]

सहर्षम् [आदिलखानस्याभिनयोऽयम्][460]

सहर्षम् [सोमधरोऽनेनाभिनयेन भवानीदत्तं वदति][461]

सहर्षम् [राजराजस्याभिनयोऽयम्][462]

सहर्षम् [हेमेन्द्रोऽनेनाभिनयेन गोविन्दसिंहं कथयति][463]

सहर्षम् [काश्यपस्याभिनयोऽयम्][464]

सहर्षम् [गौतम्यनेनाभिनयेन महर्षिं काश्यपं वदति][465]

सहर्षम् [देवराजस्य इन्द्रस्याभिनयोऽयम्]466

सहर्षम् [इन्द्रसारथिः मातलिरनेनाभिनयेन स्वप्रभुं कथयति][467]

सहर्षम् [सुत्रधारस्याभिनयोऽयम्][468]

(प्रविश्य)सहर्षम् [द्रौवारिकस्याभिनयोऽयम्][469]

(स्मृतिमभिनीय) सहर्षम् [विदूषकं प्रति राज्ञोऽभिनयोऽयम्][470]

सहर्षम् [प्रमद्वरायाः सख्या मदालसाया अभिनयोऽयम्][471]

सहर्षम् [सूत्रधारस्याभिनयोऽयम्][472]

सहर्षम् [पण्डितोऽनेनाभिनयेन पत्नीं वदति][473]

सहर्षम् [रक्षकस्याभिनयोऽयम्][474]

सहर्षम् [पण्डितपत्न्या अभिनयोऽयम्][475]

सहर्षम् [चङ्गोरभिनयोऽयम्][476]

सहर्षम् [धर्माचार्यस्याभिनयोऽयम्][477]

सहर्षम् [स्थगकद्वयस्याभिनयोऽयम्][478]

(जनं प्रभावितं दृष्ट्वा) सहर्षम् [कुम्भदासोऽनेनाभिनयेन तस्य समीपमागतं पुरुषं वदति][479]

सहर्षम् [लक्ष्मणस्याभिनयोऽयम्][480]

सहर्षम् [कमलासनस्थो विरञ्चिरनेनाभिनयेन नारदं वदति)[481]

सहर्षम् [वाल्मीकिमुनेरागमनसंवादं श्रुत्वा राघवस्याभिनयोऽ-यम्][482]

सहर्षम् [विशाखाया अभिनयोऽयम्][483]

सहर्षम् [वैदेह्यनेनाभिनयेन ललितां वदति][484]

(पञ्चशतरूप्यकाणि दृष्ट्वा) सहर्षम् [मृदङ्गदासस्याभिनयोऽयम्][485]

सहर्षम् [मालविकाया अभिनयोऽयम्][486]

सहर्षम् [निर्मलाया अभिनयोऽयम्][487]

हर्षेण गादीभूय [रामेन्द्रस्य समीपम् स्नातकोत्तरपरीक्षायां स्वपुत्रस्य साफल्यं श्रुत्वा विमलाया अभिनयोऽयम्][488]

हर्षेण गादीभूय [ऐन्द्रजालिकस्याभिनयोऽयम्][489]

भरतपरम्परानुसारं, नाटकेषु चतुर्विधोऽभिनयः नाट्यकारेण राजेन्द्रमिश्रेण प्रयुक्तः। यद्यपि वस्त्राभरणसम्बन्धीयः आहार्याभिनयः नाधिकं मिश्रवराणां नाटकेषु उपलभ्यते तथापि अन्ये अभिनयाः कलात्मकतया परिसरप्राप्ताः सन्ति। सात्त्विकाभिनये अभिनयस्य सूक्ष्मता यथा व्यञ्जिता भवेत् तथा नाट्यकारेण

व्यवस्थापितम्। चरित्राणां विविधानि भावनानि अभिव्यक्तुं सात्त्विकाभिनयस्य सहायता नीयते। तादृशस्य प्रयोगस्य प्रभावोत्पादकोऽवसरः राजेन्द्रमिश्रस्य नाटकेषु वयं पश्यामः। आङ्गिकाभिनयापेक्षया सात्त्विकस्य प्रयोगः कविना अधिकतरः कृतः, तस्य कारणं भवति मिश्रमहोदयस्य नाटकानि भृशं मनोवैज्ञानिकानि। सर्वाणि चरित्राणि स्व स्व चिन्तनेषु मग्नानि। अतः तेषां चिन्तनानां मतानाञ्चानुभवानां वा अभिव्यक्त्यर्थं वाचिकाभिनयसहितं सात्त्विकाभिनयस्य प्रयोगः स्वीकृतः। अस्मिन्नध्याये एतस्याभिनयस्य प्रकारान् सूक्षभेदान् च एकत्रीकृत्य अस्माभिः मिश्रमहोदयस्य नाट्यकलायां सात्त्विकाभिनयानां गभीरता सूक्ष्मता च समुपस्थापिताः।

पाटीका

1. अत्रोच्यते – इह हि सत्त्वं नाम मनः प्रभावम्। तच्च समाहितमनस्त्वादुच्यते। मनस समाधौ सत्त्वनिष्पत्तिर्भवति। तस्य च योऽसौ स्वभावो रोमाञ्चाश्रुवैवर्ण्यादिलक्षणो यथाभावोपगतः स न शक्योऽन्यमनसा कर्तुमिति। लोकस्वभावानुकरणत्वाच्च नाट्यस्य सत्त्वमीप्सितम्। –नाट्यशास्त्रम्, डॉ० पारसनाथ द्विवेदी, वाराणसी, 1996, द्वितीयः भागः, सप्तमोऽध्यायः, पृ०–313।
2. तत्रैव, श्लोकः 15, पृ० 314
3. क्रोध भयहर्षलज्जादुःखश्रमरोगतापघातेभ्यः।
   व्यायामक्लमघर्मैः स्वेदः सम्पीडनाच्चैव।।96।।
   हर्षभयशोकविस्मयविषादरोषादिसम्भवः स्तम्भः।
   शीतभयहर्षरोषस्पर्शजरारोगजः कम्पः।।97।।
   आनन्दामर्षाभ्यां धूमाञ्जनजृम्भणाद् भयाच्छोकात्।
   अनिमेषप्रेक्षणतः शीताद्रोगाद्भवेदश्रु।।98।।
   शीतक्रोधभयश्रमरोगक्लमतापजं च वैवर्ण्यम्।
   स्पर्शभयशीतहर्षात् क्रोधाद्रोगाच्च रोमाञ्चः।।99।।
   स्वरभेदो भयहर्षक्रोधजरारौक्ष्यरोगमदजनितः।
   श्रममूर्छामदनिद्राभिघातमोहादिभिः प्रलयः।। 100।।
   एवमेते बुधैर्ज्ञेया भावा ह्यष्टौ तु सात्त्विकाः।
   कर्म चैषां प्रवक्ष्यामि रसभावानुभावकम्।।101।
   निःसंज्ञो निष्प्रकम्पश्च स्थितः शून्यजडाकृतिः।
   स्कन्नगात्रतया चैव स्तम्भं त्वभिनयेद्बुधः।।102।।

व्यजनग्रहणाच्चापि स्वेदापनयनेन च
स्वेदस्याभिनयो योज्यस्तथा वाताभिलाषत:।।103।।
मुहु: कण्टकितत्वेन तथोल्लुकसनेन च।
पुलकेन च रोमाञ्चं गात्रस्पर्शेन दर्शयेत्।।104।।
स्वरभेदोऽभिनेतव्यो भिन्नगद्गदनिस्वनै:।
वेपनात्स्फुरणात्कम्पाद्वेपथुं सम्प्रदर्शयेत्।।105।।
मुखवर्णपरावृत्या नाडीपीडनयोगत:।
वैवर्ण्यमभिनेतव्यं प्रयत्नात्तद्धि दुष्करम्।।106।।
बाष्पाम्बुप्लुतनेत्रत्वान्नेत्रसम्मार्जनेन च।
मुहुरश्रुकणापातैरस्त्रं त्वभिनयेद् बुध:। 107।।
निश्चेष्टो निष्प्रकम्पत्वादव्यक्तश्वसितादपि
महीनिपातनाच्चापि प्रलयाभिनयो भवेत्।।108।।
– नाट्यशास्त्रम्, तत्रैव, द्वितीय: भाग:, सप्तमोऽध्याय:, पृ०–315–318

4. गुरुदक्षिणा, नाट्यनवग्रहम्, अभिराजराजेन्द्रमिश्र:, वैजयन्त प्रकाशन, इलाहाबाद, 2007, पृ०–29।
5. गुणा: पूजास्थानम्, तत्रैव, पृ० 74। –
6. नात्मानमवसादयेत्, रूपरुद्रीयम्, अभिराजराजेन्द्रमिश्र:, वैजयन्तप्रकाशन, इलाहावाद, 1986, पृ० – 14
7. मोदकं केन भक्षितम्, चतुष्पथीयम्, वैजयन्तप्रकाशन, इलाहाबाद, 2004, पृ० 80
8. पञ्च सी न भी, नाट्यसप्तपदम्, अभिराजराजेन्द्र मिश्र, Eastern Book Linkers, Delhi, 1996, पृ० 40।
9. प्रमद्वरा अभिराजराजेन्द्रमिश्र:, वैजयन्तप्रकाशन, एलाहावाद, 1984, पृ० 52।
10. कुटुम्बरक्षणम्, रूपरुद्रीयम्, पृ० 63।
11. वादनिर्णयम्, नाट्यनवरत्नम्, पृ०–501
12. प्रशान्तराघवम् अङ्क:–2, पृ० 45।
13. रक्ताभिषेकम्, रूपरुद्रीयम्, पृ० 98।
14. कचाभिशापम्, नाट्यपञ्चगव्यम्, पृ० 65
15. दास्यापनोदनम्, नाट्यपञ्चामृतम्, पृ०–6।
16. प्रशान्तराघवम्, अङ्क:–1, पृष्ठ–33।
17. विद्योत्तमा, अङ्क–3, पृ०–39।
18. कचाभिशापम्, नाट्यपञ्चगव्यम्, पृ० 69।
19. राजराजौदार्यम्, रूपरुद्रीयम्, पृ० 78
20. छलिताधमर्णम्, नाट्यपञ्चामृतम्, पृ० 69।

21. विद्योत्तमा, अङ्क–3, पृ०–39।
22. प्रशान्तराघवम्, अङ्क 5, पृ०–83।
23. प्रमद्वरा, अङ्क–1, पृ०–27।
24. रूपमती, नाट्यसप्तपदम्, पृ०–94
25. सिंहजम्बुकीयम्, नाट्यनवग्रहम्, पृ० 69।
26. कचाभिशापम्, नाट्यपञ्चगव्यम्, पृ० 65/
27. विद्योत्तमा, अङ्क–3, पृ० 44।
28. ईश्वरान्वेषणम्, नाट्यनवग्रहम्, पृ० 21।
29. वादनिर्णयम्, नाट्यनवरत्नम्, पृ० 52।
30. समर्चितमृत्तिकम्, नाट्यपञ्चामृतम्, पृ०–57।
31. प्रीतिनिर्यातनम्, तत्रैव, पृ० 38।
32. रक्ताभिषेकम्, रूपरुद्रीयम्, पृ० 98।
33. पुनर्मेलनम्, रूपरुद्रीयम्, पृ० 45।
34. विद्यालयनिरीक्षणप्रहसनम्, नाट्यनवार्णवम्, पृ० 35।
35. रक्ताभिषेकम्, रूपरुद्रीयम्, पृ० 103।
36. सत्यकामजाबालः, नाट्यनवग्रहम्, पृ० 49।
37. काश्यपाभिशापम्, तत्रैव, पृ० – 112। –
38. प्रमद्वरा, अङ्कः– 2, पृ० 20।
39. विद्योत्तमा, अङ्क–9, पृ०–14
40. प्रमद्वरा, अङ्क 4, पृ० 55।
41. राजराजौदार्यम्, रूपरुद्रीयम्, पृ० –74 7
42. दास्यापनोदनम्, नाट्यपञ्चामृतम्, पृ० 42।
43. प्रीतिनिर्यातनम्, तत्रैव, पृ० 41।
44. पञ्च सी न मी, नाट्यसप्तपदम्, पृ०–27।
45. वाणीघटकमेलकम् – तत्रैव, पृ०–55।
46. देहलीपरिदेवनम्, तत्रैव, पृ० 60 –
47. स्वप्नाज्जागरणं वरम्, रूपरुद्रीयम्, पृ० 24।
48. राजराजौदार्यम्, रूपरुद्रीयम्, पृ० 74।
49. को विजयते नैव ज्ञातम्, तत्रैव, पृ० 91
50. तत्रैव, पृ० 103
51. क्रीतानन्दम्, नाट्यनवरत्नम्, पृ०–95।
52. विद्योत्तमा, अङ्कः–1, पृ०–5
53. तत्रैव, पृ०–12।

54. तत्रैव, पृ०–13।
55. तत्रैव, अङ्क 4, पृ० 66
56. प्रमद्वरा, अङ्कः–1, पृ०–15
57. तत्रैव, पृ० 20।
58. स्वयंवरकेन्द्रम्, नाट्यनवरत्नम्, पृ०–87।
59. स्वयंवरकेन्द्रम्, नाट्यनवरत्नम्, पृ०–87।
60. बधिरप्रहसनम्, नाट्यसप्तपदम्, तत्रैव, पृ० 68।
61. प्रमद्वरा, अभिराजराजेन्द्रमिश्रः, तत्रैव, अङ्कः–1, पृ० 8।
62. तत्रैव, पृ० 10।
63. तत्रैव, पृ० 10।
64. मण्डुकप्रहसनम्, नाट्यनवरत्नम्, अभिराजराजेन्द्रमिश्रः, वैजयन्तप्रकाशन, इलाहावाद, 2007, पृ० 20।
65. स्वयंवरकेन्द्रम्, तत्रैव, पृ० 88। –
66. विद्यालयनिरीक्षणप्रहसनम्, नाट्यनवार्णवम्, पृ०–38।
67. अद्भुतज्यौतिषप्रहसनम्, तत्रैव, पृ०–77।
68. प्रशान्तराघवम्, अभिराजराजेन्द्रमिश्रः, अङ्कः–2, पृ० 47।
69. प्रीतिनिर्यातनम्, नाट्यपञ्चामृतम्, पृ०–41।
70. स्वप्नाज्जागरणं वरम्, रूपरुद्रीयम्, पृ० 25।
71. राजराजौदार्यम्, तत्रैव, पृ० – 77
72. प्रमद्वरा, अङ्कः–4, पृ०–51।
73. कुटुम्बरक्षणम्, रूपरुद्रीयम्, पृ० 63।
74. पञ्च सी न मी, नाट्यसप्तपदम्, पृ० 36।
75. काश्यपाभिशापम्, रूपरुद्रीयम्, पृ० 115
76. पुनर्मेलनम्, तत्रैव, पृ० 45।
77. दास्यमुक्तिः, नाट्यनवग्रहम्, पृ०–35
78. सत्यकामजाबालः, तत्रैव, पृ०–51
79. रत्नप्रत्यभिज्ञानम्, तत्रैव, पृ० 58।
80. समर्चितमृत्तिकम्, नट्यपञ्चामृतम्, पृ०–51।
81. वाणीघटकमेलकम्, नाट्यसप्तपदम्, पृ०–52।
82. वाणीघटकमेलकम्, नाट्यसप्तपदम्, पृ०–52।
83. बधिरप्रहसनम्, तत्रैव, पृ०–64।
84. देहलीपरिदेवनम्, तत्रैव, पृ० 111।
85. द्विसन्धानम्, तत्रैव, पृ०–127।

86. पुनर्मेलनम्, रूपरुद्रीयम्, पृ०-37।
87. तत्रैव, पृ० 40। -
88. राजराजौदार्यम्, तत्रैव, पृ० 75।
89. को विजयते नैव ज्ञातम्, तत्रैव, पृ०-87।
90. तत्रैव, पृ० 91।
91. एकं सद् विप्रा बहुधा वदन्ति, तत्रैव, पृ०-126।
92. अकिञ्चनकाञ्चनम्, पृ०-17।
93. नवरसप्रसहसनम्, नाट्यपञ्चगव्यम्, पृ० 56।
94. कचाभिशापम्, तत्रैव, पृ० 63।
95. मण्डुकप्रसहनम्, नाट्यनवरत्नम्,
96. तत्रैव, पृ०-25
97. तत्रैव, पृ० 30। पृ०-22।
98. प्रतिभापरीक्षणम्, नाट्यनवरत्नम्, पृ० 33।
99. तत्रैव, पृ० 35
100. तत्रैव, पृ० 36।
101. तत्रैव, पृ० 41।
102. बधिरप्रहसनम्, तत्रैव, पृ० 56।
103. क्रीतानन्दम्, तत्रैव, पृ० 96।
104. शारदावमाननम्, तत्रैव, पृ० - 105।
105. तत्रैव, पृ० - 106।
106. खोखीप्रसहसनम्, नाट्यनवार्णवम्, पृ० -26।
107. तत्रैव, पृ० - 29।
108. तत्रैव, पृ०-30।
109. विद्यालयनिरीक्षणप्रहसनम्, तत्रैव, पृ० - 37।
110. कलिकौतुकप्रहसनम्, तत्रैव, पृ०-48।
111. प्रशान्तराघवम्, अङ्क 2, पृ० 41।
112. प्रशान्तराघवम्, अङ्कः-5, पृ० 76।
113. प्रमद्वरा, अङ्कः-2, पृ० - 22।
114. प्रमद्वरा, अङ्कः-4, पृ०-48।
115. तत्रैव, पृ० - 51।
116. निर्गृहघट्टम्, चतुष्पथीयम्, पृ०-54।
117. वैधेयविक्रमम्, तत्रैव, पृ० 67।
118. प्रमद्वरा, अङ्कः-1, पृ०-5।

119. प्रमद्वरा, अङ्कः-2, पृ० - 17।
120. इश्वरान्वेषणम्, नाट्यनवग्रहम्, पृ० 9।
121. दास्यमुक्तिः, तत्रैव, पृ० - 21।
122. अर्जुनोर्वशीयम्, नाट्यपञ्चामृतम्, पृ०-26।
123. समर्चितमृत्तिकम्, तत्रैव, पृ०-50।
124. पञ्च सी न मी, नाट्यसप्तपदम्, पृ०-37।
125. तत्रैव, पृ०-38।
126. प्रमद्वरा, अङ्कः-1, पृ०-9।
127. तत्रैव, पृ० -12।
128. तत्रैव, पृ०-13।
129. मोदकं केन भक्षितम्, चतुष्पथीयम्, पृ० 82।
130. क्रीतानन्दम्, नाट्यनवरत्नम्, पृ० 93।
131. विद्योत्तमा, अङ्कः-1, पृ०-13।
132. विद्योत्तमा, अङ्कः-3, पृ०-36।
133. तत्रैव, पृ० 37।
134. प्रमद्वरा, अङ्कः-1, पृ०-13
135. विद्योत्तमा, अङ्कः-4, पृ०-50।
136. तत्रैव, पृ०-54।
137. अद्भुतज्यौतिषप्रहसनम्, नाट्यनवार्णवम्, पृ० 78
138. प्रशान्तराघवम् - अङ्क 2, पृ० 43।
139. तत्रैव, अङ्क 5, पृ० 75।
140. तत्रैव, पृ० 77
141. प्रशान्तराघवम्, अङ्क 7, पृ० 87।
142. प्रमद्वरा, अङ्कः3, पृ०-34
143. तत्रैव, पृ० 37।
144. प्रमद्वरा, अङ्कः-4, पृ०-53
145. तत्रैव, पृ० 20।
146. तत्रैव, अङ्कः-3, पृ०-33।
147. प्रमद्वरा, अङ्क 2, पृ०-23।
148. तत्रैव, अङ्क 2, पृ०-29।
149. स्वप्नाज्जागरणं वरम्, रूपरुद्रीयम्, पृ०-28
150. समर्चितमृत्तिकम्, नाट्यपञ्चामृतम्, पृ०-56।
151. तत्रैव, पृ० 56।

152. निर्गृहघट्टम्, चतुष्पथीयम्, पृ०–45।
153. स्वयंवरेकेन्द्रम्, नाट्यनवरत्नम्, पृ० 82।
154. वेतालप्रहसनम्, नाट्यनवार्णवम्, पृ० 60।
155. अर्जुनोर्वशीयम्, नाट्यपञ्चामृतम्, पृ०–28।
156. छलिताधमर्णम्, तत्रैव, पृ० 66
157. पञ्च सी न मी, नाट्यसप्तपदम्, पृ० 36।
158. बधिरप्रहसनम्, नाट्यसप्तपदम्, पृ० –67।
159. साक्षात्कारः, तत्रैव, पृ० – 77
160. तत्रैव, पृ०–78।
161. अभीष्टमुपायनम्, रूपरुद्रीयम्, पृ०–5।
162. स्वप्नाज्जागरणं वरम्, तत्रैव, पृ० – 23
163. तत्रैव, पृ०–25। –
164. कन्थामाणिक्यम्, तत्रैव, पृष्ठम 52।
165. को विजयते नैव ज्ञातम्, तत्रैव, पृ०–85
166. रक्ताभिषेकम्, तत्रैव, पृ० – 97।
167. तत्रैव, पृ० – 102
168. प्रमद्वरा, अङ्कः–1, पृ० – 12।
169. मोदकं केन भक्षितम्, चतुष्पथीयम्, पृ०–76।
170. मण्डुकप्रहसनम्, नाट्यनवरत्नम्, पृ० 25।
171. प्रतिभापरीक्षणम्, तत्रैव, पृ०–38।
172. क्रीतानन्दम्, तत्रैव, पृ० – 93।
173. शारदावमाननम् – तत्रैव, पृ० – 104।
174. विद्योत्तमा, अङ्कः–3, पृ० 30।
175. तत्रैव, अङ्कः–3, पृ० 43। –
176. खोंखीप्रहसनम्, नाट्यनवार्णवम्, पृ०–25।
177. प्रमद्वरा, अङ्कः–2, पृ० 23।
178. प्रमद्वरा, अङ्क 4, पृ० 45।
179. इन्द्रजालम्, चतुष्पथीयम्, पृ० 33।
180. पञ्च सी न मी, नाट्यसप्तपदम्, पृ०–39।
181. दास्यापनोदनम्, नाट्यपञ्चामृतम्, पृ०–4।
182. अर्जुनोर्वशीयम्, तत्रैव, पृ०–24।
183. प्रमद्वरा, अङ्कः–1, पृ०–13
184. काश्यपाभिशापम्, रूपरुद्रीयम्, पृ० – 112

185. प्रमद्वरा, अङ्कः-3, पृ०-39
186. वैधेयविक्रमम्, चतुष्पथीयम्, पृ०-66। 187. इन्द्रजालम् तत्रैव, पृ० 32
188. सिंहजम्बुकीयम्, नाट्यनवग्रहम्, पृ०-68
189. ईश्वरान्वेषम्, नाट्यनवग्रहम्, अभिराजराजेन्द्रमिश्रः, पृ० 21।
190. सिंहजम्बुकीयम्, तत्रैव, पृ० - 69।
191. गुणाः पूजास्थानम्, तत्रैव, पृ० 75।
192. दास्यापनोदनम्, नाट्यपञ्चामृतम्, अभिराजराजेन्द्रमिश्रः, पृ० 6
193. तत्रैव, पृ० 7।
194. तत्रैव, पृ० 9।
195. अर्जुनोर्वशीयम्, नाट्यपञ्चामृतम्, पृ०-30।
196. छलिताधमर्णम्, तत्रैव, पृ०-67। -
197. बधिरप्रहसनम्, नाट्यसप्तपदम्, पृ० 70।
198. पुनर्मेलनम्, रूपरुद्रीयम्, पृ०-34।
199. कन्थामाणिक्यम्, रूपरुद्रीयम्, पृ०-52।
200. रक्ताभिषेकम्, तत्रैव, पृ० - 124।
201. एकं सद् विप्रा वहुधा वदन्ति, तत्रैव, पृ०-124।
202. वैधेयविक्रमम्, चतुष्पथीयम्, पृ०-68।
203. कचाभिशापम्, नाट्यपञ्चगव्यम्, पृ०-69।
204. बधिरप्रहसनम्, नाट्यनवरत्नम्, पृ० 55
205. खोंखीप्रहसनम्, नाट्यनवार्णवम्, पृ०-26
206. तत्रैव, पृ०-28
207. कलिकौतुकप्रहसनम्, - तत्रैव, पृ०-47।
208. द्विजच्छागीयप्रहसनम्, नाट्यनवार्णवम्, पृ० 69, पृ०-71।
209. गुरुदक्षिणा, नाट्यनवग्रहम्, पृ० 30
210. नामकरणम्, तत्रैव, पृ० 61।
211. दास्यमुक्तिः, तत्रैव, पृ० 36।
212. नामकरणम्, तत्रैव, पृ० 64
213. इश्वरान्वेषणम्, नाट्यनवग्रहम्, पृ० - 12
214. बधिरप्रहसनम्, नाट्यसप्तपदम्, पृ० 30
215. प्रशान्तराघवम्, अङ्कः-3, पृ०-501
216. कुटुम्बरक्षणम्, रूपरुद्रीयम्, पृ०-63।
217. एकं सद् विप्रा वहुधा वदन्ति, तत्रैव, पृ०-131
218. प्रशान्तराघवम्, पृ० 61।

219. वादनिर्णयम्, नाट्यनवरन्तम्, पृ०–50।
220. मण्डुकप्रहसनम्, नाट्यनवरन्तम्, पृ०–74।
221. पञ्च सी न मी, नाट्यसप्तपदम्, पृ० 41।
222. समर्चितमृत्तिकम्, नाट्यपञ्चामृतम्, पृ०–59
223. ईश्वरान्वेषणम्, नाट्यनवग्रहम्, पृ०–22।
224. अर्जुनोर्वशीयम्, नाट्यपञ्चामृतम्, पृ०–25।
225. छलिताधमर्णम्, तत्रैव, पृ० 30।
226. साक्षात्कारः, नाट्यसप्तपदम्, पृ०–78।
227. नात्मानमवसादयेत्, रूपरुद्रीयम्, पृ० – 17
228. पुनर्मेलनम्, तत्रैव, पृ०–36।
229. कन्थामाणिक्यम्, तत्रैव, पृ० 52।
230. काश्यपाभिशापम्, तत्रैव, पृ०–114।
231. एकं सद् विप्रा वहुधा वदन्ति, तत्रैव, पृ०–125
232. मण्डुकप्रहसनम्, नाट्यनवरत्नम्, पृ०–19।
233. तत्रैव, पृ० –23।
234. प्रतिभापरीक्षण, तत्रैव, पृ० 40
235. विद्योत्तमा, अङ्कः–2, पृ०–26
236. विद्योत्तमा, अङ्कः–3, पृ० 52
237. खोंखिप्रहसनम्, नाट्यनवार्णवम्, पृ०–27
238. विद्यालयनिरीक्षणप्रहसनम्, तत्रैव, पृ० –35।
239. द्विजच्छागीयप्रहसनम्, तत्रैव, पृ०–72।
240. प्रशान्तराघवम्, अङ्कः–1, पृ० 35।
241. प्रशान्तराघवम्, अङ्कः–2, पृ० 46।
242. प्रशान्तराघवम्, अङ्कः–4, पृ० 66।
243. प्रशान्तराघवम्, अङ्कः–7, पृ० 92।
244. प्रमद्वरा, अङ्कः 2, पृ०–22।
245. प्रमद्वरा, अङ्कः–3, पृ०–34
246. तत्रैव, पृ० 42।
247. प्रमद्वरा, अङ्कः–4, पृ०–50।
248. स्वयंवरकेन्द्रम्, नाट्यनवरत्नम्, पृ०–88।
249. रत्नप्रत्यभिज्ञानम्, नाट्यनवग्रहम्, पृ० 55।
250. नात्मानमवसादयेत्, रूपरुद्रीयम्, पृ०–15।
251. अर्जुनोर्वशीयम्, नाट्यपञ्चामृतम्, पृ० –24

252. प्रमद्वरा, अङ्कः-1, पृ० 9।
253. विद्योत्तमा, अङ्कः-1, पृ०-16।
254. पञ्च सी न मी, नाट्यसप्तपदम्, पृ०-38
255. विद्योत्तमा, अङ्कः-3, पृ०-41।
256. प्रशान्तराघवम्, अङ्कः-2, पृ० 37।
257. एकं सद्विप्रा बहुधा वदन्ति, रूपरुद्रीयम्, पृ० - 130
258. तत्रैव, पृ० - 131।
259. अभीष्टमुपायनम्, तत्रैव, पृ०-7।
260. क्रीतानन्दम्, नाट्यनवरत्नम्, पृ०-96।
261. कुटुम्बरक्षणम्, रूपरुद्रीयम्, पृ०-62।
262. प्रमद्वरा, अङ्कः- 2, पृ० 40।
263. नवरसप्रहसनम्, नाट्यपञ्चगव्यम्, पृ०-54।
264. सिंहजम्बुकीयम्, नाट्यनवग्रहम्, पृ०-70।
265. स्वप्नाज्जागरणं वरम्, रूपरुद्रीयम्, पृ०-29।
266. क्रीतानन्दम्, नाट्यनवरत्नम्, पृ०-94
267. कलिकौतुकप्रहसनम्, नाट्यनवार्णवम्, पृ०-43।
268. दास्यमुक्तिः, नाट्यनवग्रहम्, पृ० 37।
269. सिंहजम्बुकीयम्, तत्रैव, पृ० 70।
270. द्विसन्धानम्, नाट्यसप्तपदम्, पृ० - 129
271. कन्थामाणिकपम्, रूपरुद्रीयम्, पृ० 51।
272. वैधेयविक्रमम्, चतुष्पथीयम्, पृ० 68।
273. विद्योत्तमा, पृ० 42।
274. मृदङ्गदासप्रहसनम्, नाट्यनवार्णवम्, पृ० 86
275. तत्रैव, पृ० -88।
276. मण्डुकप्रहसनम्, नाट्यनवरत्नम्, पृ०-24
277. प्रतिभापरीक्षणम्, तत्रैव, पृ० 34
278. खोंखीप्रहसनम्, नट्यनवार्णवम्, पृ०-27।
279. वेतालप्रहसनम्, नाट्यनवार्णवम्, पृ०-63।
280. राधामाधवीयम्, नाट्यपञ्चगव्यम्, पृ० 32
281. तत्रैव, पृ० 34।
282. मुण्डितमण्डनप्रहसनम्, नाट्यनवरत्नम्, पृ०-30।
283. तत्रैव, पृ० - 28।
284. समर्चितमृत्तिकम्, नाट्यपञ्चामृतम्, पृ०-58

285. पञ्च सी न मी, नाट्यसप्तपदम्, पृ० 33।
286. छलिताधमर्णम्, तत्रैव, पृ० 69।
287. अर्जुनोर्वशीयम्, नाट्यपञ्चामृतम्, पृ० 23
288. नवरसप्रहसनम्, नाट्यपञ्चामृतम्, पृ० 23
289. प्रमद्वरा, अङ्कः– 1, पृ०–10।
290. विद्योत्तमा, अङ्कः–2, पृ० 21।
291. दास्यापनोदनम्, नाट्यपञ्चामृतम्, पृ०–6।
292. पञ्च सी न मी, नाट्यसप्तपदम्, पृ० 37।
293. खोंखीप्रहसनम्, नाट्यनवार्णवम्, पृ० –25।
294. रूपमती, तत्रैव, पृ० –99।
295. नवरसप्रहसनम्, नाट्यपञ्चगव्यम्, पृ०–54।
296. मण्डुकप्रहसनम्, नाट्यनवरत्नम्, पृ०–26।
297. विद्योत्तमा, अङ्कः–3, पृ०–35।
298. प्रशान्तराघवम्, अङ्कः–1, पृ० 30।
299. गुरुदक्षिणा, नाट्यनवग्रहम्, पृ०–30।
300. रत्नप्रत्यभिज्ञानम् – तत्रैव, पृ०–56।
301. दास्यापनोदनम्, नाट्यपञ्चामृतम्, पृ०–6।
302. अर्जुनोर्वशीयम्, तत्रैव, पृ० –29।
303. बधिरप्रहसनम्, नाट्यसप्तपदम्, पृ०–66।
304. साक्षात्कारः, तत्रैव, पृ० 78।
305. तत्रैव, पृ० 80
306. देहलीपरिदेवनम्, – तत्रैव, पृ० – 109।
307. द्विसन्धानम्, तत्रैव, पृष्ठण् – 131 –
308. कन्थामाणिक्यम्, रूपरुद्रीयम्, पृ० 52।
309. कुटुम्बरक्षणम्, तत्रैव, पृ० – 62।
310. राजराजौदार्यम्, तत्रैव, पृ० 76।
311. को विजयते नैव ज्ञातम्, तत्रैव, पृ० 84।
312. प्रमद्वरा, अङ्कः 2, तत्रैव, पृ० 30।
313. तत्रैव, अङ्कः–3, पृ०–36।
314. प्रतिभापरीक्षणम्, नाट्यनवरत्नम्, पृ०–38।
315. वैधेयविक्रमम्, चतुष्पथीयम्, तत्रैव, पृ० 68।
316. वादनिर्णयम्, नाट्यनवरत्नम्, पृ० 46।
317. संवाददातृसम्मेलनम्, – तत्रैव, पृ०–65।

318. शारदावमाननम्, तत्रैव, पृ० 103 –
319. विद्योत्तमा, अङ्कः–2, पृ०–28।
320. विद्योत्तमा, अङ्कः–3, पृ०–35।
321. तत्रैव, अङ्कः–4, पृ०–51।
322. मुण्डितमण्डनप्रहसनम्, नाट्यनवार्णवम्, पृ०–19।
323. खोंखीप्रहसनम्, तत्रैव, पृ०–25।
324. तत्रैव, पृ० 26 –
325. उपनेत्रप्रहसनम्, तत्रैव, पृ० 55।
326. द्विजच्छागीयप्रहसनम्, तत्रैव, पृ० 67।
327. तत्रैव, पृ०–69।
328. प्रशान्तराघवम्, अङ्कः–2, पृ० 42
329. तत्रैव, पृ० 47।
330. कलिकौतुकसप्रहसनम्, नाट्यनवार्णवम्, पृ०
331. दास्यापनोदनम्, नाट्यपञ्चामृतम्, पृ०–4।
332. पञ्च सी न मी, नाट्यसप्तपदम्, पृ०–32।
333. विद्योत्तमा, अङ्कः–3, पृ०–34।
334. छलिताधमर्णम्, नाट्यपञ्चामृतम्, पृ०–12।
335. दास्यापनोदनम्, नाट्यपञ्चामृतम्, पृ०–12।
336. प्रमद्वरा, अङ्कः–1, पृ० 3।
337. वाणीघटकमेलकम्, नाट्यसप्तपदम्, पृ०–47।
338. अर्जुनोर्वशीयम्, नाट्यपञ्चामृतम्, पृ०–28।
339. साक्षात्कारः, नाट्यसप्तपदम्, पृ० 82।
340. बधिरप्रहसनम्, नाट्यनवरत्नम्, पृ० 55।
341. विद्यालयनिरीक्षणप्रहसनम्, नाट्यनवार्णवम्, पृ०–38।
342. कलिकौतुकप्रहसनम्, तत्रैव, पृ० 47। –
343. प्रमद्वरा, अङ्कः–3, पृ० 33।
344. अर्जुनोर्वशीयम्, नाट्यपञ्चामृतम्, पृ० 27।
345. स्वप्नाज्जागरणं वरम्, रूपरुद्रीयम्, पृ०–25।
346. तत्रैव, पृ०–25।
347. पुनर्मेलनम्, तत्रैव, पृ०–36।
348. स्वयंवरकेन्द्रम्, नाट्यनवरत्नम्, पृ० – 90।
349. प्रमद्वरा, अङ्कः–3, पृ०–38।
350. प्रतिभापरीक्षणम्, नाट्यनवरत्नम्, पृ०–38

351. अर्जुनोर्वशीयम्, नाट्यपञ्चामृतम्, पृ० 21
352. गुरुदक्षिणा, नाट्यनवग्रहम्, पृ० 31
353. रत्नप्रत्यभिज्ञानम्, तत्रैव, पृ० 50।
354. सत्यकामजाबालः, – तत्रैव, पृ०–51।
355. रत्नप्रत्यभिज्ञानम्, तत्रैव, पृ० – 58।
356. नामकरणम्, तत्रैव, पृ० – 61। –
357. नामकरणम्, तत्रैव, पृ० 61। –
358. सिंहजम्बुकीयम्, तत्रैव, पृ०–67।
359. दास्यापनोदनम्, नाट्यपञ्चामृतम्, पृ०–11।
360. वाणीघटकमेलकम्, नाट्यसप्तपदम्, पृ०–52।
361. तत्रैव, पृ० – 53।
362. तत्रैव, पृ० 55/
363. साक्षात्कारः, तत्रैव, पृ० 76।
364. देहलीपरिदेवनम्, तत्रैव, पृ० 110।
365. द्विसन्धानम्, तत्रैव, पृ० – 133।
366. तत्रैव, पृ० 134।
367. को विजयते नैव ज्ञातम्, रूपरुद्रीयम्, पृ० 88।
368. मण्डुकप्रहसनम्, नाट्यनवरत्नम्, पृ०–19।
369. प्रतिभापरीक्षणम्, तत्रैव, पृ० 41।
370. वादनिर्णयम्, तत्रैव, पृ० 46।
371. प्रत्यक्षरौरवम्, नाट्यनवरत्नम्, पृ०–72
372. स्वयंवरकेन्द्रम्, तत्रैव, पृ० 84।
373. तत्रैव, पृ०–88। –
374. विद्योत्तमा, अङ्कः–4, पृ० 60
375. विद्यालयनिरीक्षणप्रहसनम्, नाट्यनवार्णवम्, पृ० 37।
376. अद्भुतज्यौतिषप्रहसनम्, – तत्रैव, पृ०–77।
377. निर्गृहघट्टम्, चतुष्पथीयम्, पृ०–54।
378. मृदङ्गदासप्रहसनम्, तत्रैव, पृ०–86।
379. प्रशान्तराघवम्, अङ्कः– 7, पृ० 92।
380. तत्रैव, अङ्कः–1, पृ०–31।
381. कचाभिशापम्, नाट्यपञ्चगव्यम्, पृ०–66।
382. प्रमद्वरा, अङ्कः–1, पृ०–15
383. वाणीघटकमेलकम्, नाट्यसप्तपदम्, पृ०–57।

384. काश्यपाभिशापम्, पृ० – 112।
385. प्रतिभापरीक्षणम्, नाट्यनवरन्तम्, पृ०–35
386. गुरुदक्षिणा, नाट्यनवग्रहम्, पृ० 31।
387. रत्नप्रत्यभिज्ञानम्, तत्रैव, पृ० – 57।
388. सिंहजम्बुकीयम्, तत्रैव, पृ० 68।
389. कन्थामाणिक्यम्, रूपरुद्रीयम्, पृ० 51।
390. साक्षात्कार, नाट्यसप्तपदम्, पृ०–82।
391. रूपमती, तत्रैव, पृ० – 100।
392. देहलीपरिदेवनम्, तत्रैव, पृ० – 110।
393. द्विसन्धानम्, तत्रैव, पृ० – 131
394. को विजयते नैव ज्ञातम्, रूपरुद्रीयम्, पृ०–91।
395. प्रत्यक्षरौरवम्, नाट्यनवरत्नम्, पृ०–74
396. तत्रैव, पृ० 76।
397. विद्योत्तमा, अङ्कः–4, पृ०–61
398. विद्यालयनिरीक्षणप्रहसनम्, नाट्यनवार्णवम्, पृ० 35।
399. तत्रैव, पृ०–38। –
400. कलिकौतुकप्रहसनम्, तत्रैव, पृ० 43।
401. पञ्च सी न मी, नाट्यसप्तपदम्, पृ० – 29 402. उपनेत्रप्रहसनम्, – तत्रैव, पृ०–52।
403. तत्रैव, पृ०–56। –
404. अद्भुतज्यौतिषप्रहसनम्, नाट्यनवार्णवम्, पृ०–79।
405. प्रशान्तराघवम्, अङ्कः–2, पृ० 43।
406. तत्रैव, पृ० –46।
407. सत्यकामजाबालः, नाट्यनवग्रहम्, पृ० 50।
408. कलिकौतुकप्रहसनम्, नाट्यनवार्णवम्, पृ०–43।
409. को विजयते नैव ज्ञातम्, रूपरुद्रीयम्, पृ०–88।
410. क्रीतानन्दम्, नाट्यनवरत्नम्, पृ०–96।
411. निर्गृहघट्टम्, चतुष्पथीयम्, पृ०–56।
412. सिंहजम्बुकीयम्, नाट्यनवग्रहम्, पृ० – 70।
413. रूपमती, नाट्यसप्तपदम्, पृ० – 102।
414. गुरुदक्षिणा, नाट्यनवग्रहम्, पृ० 31।
415. बधिरप्रहसनम्, नाट्यसप्तपदम्, पृ०–67।
416. रूपमती, नाट्यसप्तपदम्, पृ० – 99।
417. कन्थामाणिक्यम्, रूपरुद्रीयम्, पृ० 49।

418. को विजयते नैव ज्ञातम्, तत्रैव, पृ०–84
419. प्रमद्वरा, अङ्कः–1, पृ० 12।
420. वैधेयविक्रमम्, चतुष्पथीयम्, पृ०–64।
421. मण्डुकप्रहसनम्, नाट्यनवरत्नम्, पृ०–22।
422. विद्योत्तमा, अङ्कः–2, पृ०–27।
423. मुण्डितमण्डनप्रहसनम्, नाट्यनवार्णवम्, पृ०–22।
424. विद्यालयनिरीक्षणप्रहसनम्, तत्रैव, पृ०–35।
425. अद्भुतज्यौतिषप्रहसनम्, – तत्रैव, पृ०–76।
426. प्रशान्तराघवम्, अङ्कः–5, पृ० 73।
427. प्रतिभापरीक्षणम्, नाट्यनवरत्नम्, पृ०–38।
428. प्रतिभापरीक्षणम्, नाट्यनवरत्नम्, पृ०–40।
429. इश्वरान्वेषणम्, नाट्यनवग्रहम्, पृ० 22
430. समर्चितमृत्तिकम्, नाट्यपञ्चामृतम्, पृ०–59।
431. वाणीघटकमेलकम्, नाट्यसप्तपदम्, पृ०–49।
432. साक्षात्कारः, – तत्रैव, पृ०–76।
433. तत्रैव, पृ० –83
434. रूपमती, तत्रैव, पृ० 62।
435. तत्रैव, पृ०–63। .
436. अभीष्टमुपायनम्, तत्रैव, पृ०–4।
437. तत्रैव, पृ० 7।
438. स्वप्नाज्जागरणं वरम्, रूपरुद्रीयम्, पृ०–27।
439. पुनर्मेलनम्, तत्रैव, पृ० 85।
440. कन्थामाणिक्यम्, तत्रैव, पृ०–57।
441. राजराजौदार्यम्, तत्रैव, पृ० 73
442. तत्रैव, पृ०–75।
443. अर्जुनोर्वशीयम्, नाट्यपञ्चामृतम्, पृ०–17।
444. रक्ताभिषेकम्, रूपरुद्रीयम्, पृ० 103।
445. प्रमद्वरा, अङ्कः–1, पृ० 3
446. तत्रैव, अङ्कः–1, पृ० 9
447. तत्रैव, पृ० 10।
448. अकिञ्चनकाञ्चनम्, पृ०–23।
449. निर्गृहघट्टम्, चतुष्पथीयम्, पृ० 55
450. प्रमद्वरा, तत्रैव, पृ० – 111।

451. प्रशान्तराघवम्, अङ्कः-5, पृ० 35।
452. तत्रैव, पृ०-35।
453. कचाभिशापम्, नाट्यपञ्चगव्यम्, पृ०-66।
454. कविसम्मेलनम्, नाट्यपञ्चगव्यम्, पृ० - 18।
455. कचाभिशापम्, तत्रैव, पृ० 65। -
456. ईश्वरान्वेषणम्, नाट्यनवग्रहम्, पृ०-23।
457. श्वेतोद्धारः, तत्रैव, पृ० 45। -
458. गुणाः पूजास्थानम्, तत्रैव, पृ० 73। -
459. पञ्च सी न मी, नाट्यसप्तपदम्, पृ०-34
460. रूपमती, तत्रैव, पृ० 101।
461. कन्थामाणिक्यम्, रूपरुद्रीयम्, पृ०-56।
462. राजराजौदार्यम्, तत्रैव, पृ० 75।
463. रक्ताभिषेकम्, तत्रैव, पृ० 104
464. काश्यपाभिशापम्, तत्रैव, पृ० 111।
465. तत्रैव, पृ० 116।
466. एकं सद् विप्रा बहुधा वदन्ति, तत्रैव, पृ० 127
467. तत्रैव, पृ० 127।
468. अकिञ्चनकाञ्चनम्, अभिराज राजेन्द्रमिश्रः, पृ० - 18।
469. तत्रैव, पृ० 26।
470. प्रमद्वरा, अङ्कः- प्रथमः, पृ०-6।
471. तत्रैव, अङ्कः-तृतीयः, पृ०-34।
472. नवरसप्रहसनम्, नाट्यपञ्चागव्यम्, पृ० 53
473. मण्डुकप्रहसनम्, नाट्यनवरन्तम्, पृ०-19।
474. तत्रैव, पृ० 20
475. तत्रैव, पृ०-26।
476. मुण्डितमण्डनप्रहसनम्, नाट्यनवार्णवम्, पृ०-20।
477. उपनेत्र, तत्रैव, पृ० 46।
478. द्विजच्छागीयप्रहसनम्, - तत्रैव, पृ०-67।
479. मृदङ्गदासप्रहसनम्, तत्रैव, पृ० 84
480. प्रशान्तराघवम्, अङ्कः-1, पृ० 32।
481. प्रशान्तराघवम्, अङ्कः-4, पृ० 63।
482. तत्रैव, अङ्कः-5, पृ०-77।
483. तत्रैव, अङ्कः-6, पृ० -81।

484. तत्रैव, अङ्कः–7, पृ० – 90।
485. मृदङ्गदासप्रहसनम्, – तत्रैव, पृ०–86।
486. विद्योत्तमा, अङ्कः–3, पृ० 40
487. प्रतिभापरीक्षणम्, नाट्यनवरत्नम्, पृ०–38।
488. अभीष्टमुपायनम्, रूपरुद्रीयम्, पृ०–5।
489. इन्द्रजालम्, चतुष्पथीयम्, पृ०–28।

षष्ठोऽध्यायः

राजेन्द्रमिश्रस्य रूपकेषु प्रायोगिकशब्दानां संकलनम्

आधुनिकयुगे यदा संस्कृतसाहित्यस्य रचना प्रचलति तदा रचयिता आधुनिकयुगे प्रचलितानां वहुवस्तूनां लौकिकशब्दानाञ्च संस्कृतरूपं प्राप्तुं यतते। तदा स लेखकः स्वकल्पनाशक्त्या स्वपाण्डित्यप्रयोगेन च नूतनान् शब्दान् निर्माति। यदा एकस्य लेखकस्य शब्दान् वयं प्राप्नुमः तदा अन्यस्य लेखकस्य शब्दाः अस्माकं मनसि आविर्भवन्ति। पाठका अनुभवन्ति यद् एतादृशाः नूतनशब्दाः लेखकानुसारं भिन्नाः भवन्ति। किन्तु भाषाव्यवहारकाले एकस्य शब्दस्य कृते यदि सर्वेषां रचयितॄणां व्यवहारसम्मतिः तिष्ठेत् तर्हि पाठकानां कृते असौकर्य्यं न स्यात्।

एतस्याः समस्यायाः समाधानं शब्दगवेषका एव कर्त्तुं शक्नुवन्ति। लेखकानां नवशब्दान् एकत्रीकृत्त्य एकस्य वस्तुनः कृते समुचिततमानां शब्दानां चयनं विधाय तस्य प्रख्यापनं कर्तव्यं येन सर्वे लेखकाः पाठकाश्च साहित्ये व्यवहृतानां शब्दानामर्थं ज्ञातुं समर्था भविष्यन्ति, विषयग्रहणे दक्षाश्च भविष्यन्ति।

अस्मिन्नध्याये राजेन्द्रमिश्रस्य रूपकेषु उपलब्धानां कतिपयशब्दानां दिङ्मात्रेण निर्देशं कृत्वा तादृशस्याध्ययनस्य कृते प्रथमं पावच्छं (step) स्थापयामः। वयं केवलं कतिपयानां शब्दानां आङ्गलभाषायाम् अर्थान् विनिर्दिशामः। एतेन आधुनिकसंस्कृतलेखकानां शब्दनिर्माणकौशलं ज्ञातं भविष्यति। अपि च प्रयोगदशायां नवशब्दानाम् अर्थसामर्थ्यञ्च व्यञ्जितं भविष्यति। अधस्तात् वयं अस्मत् संगृहीतानां शब्दानां संकलनमेकं प्रदाय अध्यायमेतं कल्पयामः। अत्र क्रमाङ्काः अस्माभिः पादटीकानामङ्कस्वरूपेण व्यवहृताः सन्ति।

1. अकाण्डप्रथनम्– (Untimely Utterance) हन्त भोः जृम्भाऽपि नाम भवत्यकाण्डप्रथनम्।

2. अग्रहारम्– (Piece of a land given to a Brahmin by a king) तदद्यैव सायंकालेऽग्रहारमिमं परित्यज्य राजधानीं प्रतिष्ठावहे।

3. अङ्कपत्रम्– (Mark sheet) तन्माध्यमेनाऽयं कृत्रिमावेदनपत्राणि कृत्रिमाऽङ्कपत्राण्युपाधिपत्राणि च मुद्रापयति स्म।

4. अधिपत्रम्– (Degree certificate) तन्माध्यमेनाऽयं कृत्रिमावेदनपत्राणि कृत्रिमाऽङ्कपत्राण्युपाधिपत्राणि च मुद्रापयति स्म।

5. अधिवक्ता (Lawyer) जानासि मम पितृचरणो नगरस्य सर्वश्रेष्ठः अधिवक्ताऽस्ति

6. अधीक्षकः (Invigilator / Inspector) अधीक्षकः (सोल्लुण्ठम्) कल्पने! किंकार्यालय.... घटिकायंत्रे

7. अध्ययनकक्षः– (Study room) महान् साहित्यकारो विविधभाषावाङ्मयपण्डितो लब्धाऽनेकपुरस्कारो व्याख्यानवाचस्पतिविरुदालङ्कृतश्श्री–रङ्गनाथशर्मा स्वाध्ययनकक्षे स्थितः समाचारपत्रं पठति।

8. अनुभागाधिकारी– (Section officer) दयारामस्तत्राऽनुभागाधिकारिपदे नियुक्तो वर्तते।

9. अन्तः प्रकोष्ठम्– (Inner-room) आलोकस्तु रामेन्द्रेण सार्धम् अन्तःप्रकोष्ठे तिष्ठति।

10. अपूपः– (Flour-Cake) अपूपं भुङ्क्ष्व, घृतं पिव!

11. अभ्यासपञ्जिका– (Practice book) तात! सोमधरोऽपि तावत् निजाभ्यासपञ्जिकां गणितस्य मह्यं ददाति।

12. अयोदण्डः– (Iron rod) चतुस्सूत्रायोदण्डस्थाने त्रिसूत्रायोदण्डान् प्रयुनक्ति।

13. आख्या- (Report) स्थालीपुलाकन्यायेनैव निरीक्षणं सम्पाद्य यथोचितामाख्यां प्रेषयिष्यामि।

14. आटोपम्- (Pride Arrogance) विपक्षवाक्कील: (साटोप-मुत्थाय)।

15. आढकः- (Ameasure of grain / One 4th of a Drona) पितामही पार्श्वस्थिताऽऽढकीक्किदलानि संस्कुर्वती स्थिता।

16. आततायिन्- (One endeavouring to kill some one) येन दुर्मतिनाऽऽततायिनाऽभयारण्येऽस्मिन् प्रविश्य तपोवनप्राणभूतो मृगशावको निहतस्तस्मै शापोऽयम्मे प्रभवतु।

17. आयकरकार्यालयः- (Income tax office) (a) नायमाय-करकार्यालयो, न व्यवहारसत्राधिकरणं न वा तीर्थपुरोहितगृहपंजिका।

(b) राष्ट्रपतिभवनमिदं न तावदायकरकार्यालयः

18. आयकराधिकारी- (Income tax officer) (a) अयं महाभाग आयकराधिकारी सुप्रतिष्ठश्च।

(b) परन्तु युवती नारी प्राध्यापिका वा स्यात् आयकराधिकारिणी च।

19. आयसम्- (Iron) सुमन्तो! कि भणसि? आयसं चणकम्?

20. आयुधालयः- (Armoury) औषधालयो निर्माणीयो भवेदा-युधालयो वा!

21. आरक्षणम्- (Reservation) वातानुकूलिततृतीयश्रेण्यां द्वितीय श्रेण्यां वा वातायनशायिकायामेते आरक्षणं कारयन्ति ....निभृतं पश्येयुः।

22. आरक्ष्यधिष्ठानम्- (Police station) राजमार्गसमीपस्थितमेक-मारक्ष्यधिष्ठानम्।

23. आसन्दी- (A small coach or oblong chair (a) आसन्दीमुपविश्य रहस्यमुद्घाटयतु)

(b) तद्भार्या रत्नाऽपि पार्श्वस्थमासन्दीमुपविश्य चिन्तां नाट्यति

(c) अलिन्दसंलग्ने एकस्मिन् कक्षे आसन्दिकोपविष्टः समाचारपत्रं पश्यन् गृहपतिगिरीशशर्मा कन्दुकोपनामा विभ्राजते।

24. आहितुण्डिकः- (Snake charmer) मद्वचनाद् विज्ञाप्यतां चतुर्वर्णनिर्विशेषा....कृषकधानुष्कयाष्टीकशौण्डिकरजकरञ्जकैन्द्रजालिकाहितुण्डिकविटचेट..... सभामण्डपे समागन्तुम्।

25. ईषीका- (Dart) (a) लौहेषीकाः कीलय मम धमनीषु।

(b) इषीकाः काश्चन आनयत

26. इष्टका- (Brick) प्रथमश्रेणीष्टका उपेक्ष्य रक्तपेटीष्टकाभिरेव भवनानि निर्माति।

27. उट्टङ्किता- (Written/ Typed) यदि बँगलौरविश्रामगृहपञ्जिकायां विपुलैव भवत्पत्नीत्वेनोट्टङ्किता, तत्र किमपराद्धम्मया?

28. उदरम्भरः- (One who lives to eat / selfish) उदरम्भरोऽयं, स्वजनम्भरोऽयं, गृहम्भरोयं, स्वार्थम्भरोऽयं, किं वा साक्षाद् विश्वम्भरोऽयम्।

29. उदुम्बरः- (Fig tree) उदुम्बरपुष्पतां गतास्य कृते प्रथमा श्रेणी।

30. उद्योगपतिः- (Industrialist) अथोद्योगपतिकुलजं वरं वरीतुकामाः प्रथमतलस्य प्रथमकक्षे....सम्पर्कं साधयन्तु।

31. उपनेत्रः- (Spectacles/glasses) योऽयं शवलवस्त्रा-

च्छादितो धीरप्रशान्तवेषः कर्जनानुकृतश्मश्रुः बुल्गानिनानुकृतकूर्चः उपनेत्रपिहितलोचनस्तिष्ठति मध्यमवृद्धोऽसावेव प्रथमः श्रेष्ठपुरुषः

32. उपाधिपत्रम्- (Degree certificate) तन्माध्यमेनाऽयं कृत्रिमावेदनपत्राणि कृत्रिमाऽङ्कपत्राण्युपाधिपत्राणि च मुद्रापयति स्म।

33. एरण्डम्- (A castor oil plant / A small tree with a scanty number of leaves) अहो बत कल्पतरुं व्याधूय एरण्डं सेवतेऽसावधमः।

34. ऐन्द्रजालिकः- (Magician) नगरोपकण्ठस्थिते ग्रामे कस्मिंश्चित् कोऽप्यैन्द्रजालिकः स्वोपायकौशलं दर्शयितुमागतः।

35. कक्षभित्ति- (Room wall) अम्ब! स्वामिनो विवेकानन्दस्य चित्रमिदं कक्षभित्तौ योजयानि।

36. कजरी- (A type of folk song) यद्वा भिखारिठक्कुरस्य कामपि कजरीं कर्षाणि।

37. कण्डिनी- (Pestle) कण्डिनी, पेषिणी, चुल्ली, उदकुम्भीति सर्वमेवात्र दृश्यते।

38. कन्दरा- (A cave) दीना दरिद्रास्तु निर्गृहाः कन्दरासु निवसन्ति, गृध्द्राणां कृते गृहं निर्मीयते।

39. कन्दुकः- (Ball) अये कन्दुकभ्रातः! सर्वमेव विस्मृतवानसि?

40. कर्गदः- (Paper) कर्गदपर्यैव बन्धा निर्मितास्तत्रैव तेषामस्तित्वमपि वर्तते।

41. कर्जनानुकृतश्मश्रुः- (Kurzon's beard) गुरो! योऽयं शबलवस्त्राच्छादितो धीरप्रशान्तवेषः कर्जनानुकृतश्मश्रुः बुल्गानिनाकृतकूर्चः उपनेत्रपिहितलोचनस्तिष्ठति मध्यमवृद्धोऽसावेव प्रथमः श्रेष्ठपुरुषः।

42. कञ्चुकम्- (Jacket / Bodice) भवानीदत्तः (नीलकञ्चुकमवतारयन्)।

43. कर्णग्राहः- (A helmsman) निषेधं नाटयेच्चेत् कर्णग्राहमानय।

44. कर्णशष्कुलीम्- (Cavity of ear) इति कर्णशष्कुलीं दृढमुष्ट्या निष्पीड्य चपेटाघातैः कपोलमण्डलं विम्बफलाभं विदधाति।

45. कर्णिकः- (Clerk) इदं पत्रं महालेखाकारकार्यालयकर्णिकेन श्रीरमेशशर्मणा प्रेषितम्।

46. कर्तरी- (Scissors) अयमपि दृढलोहकर्तर्या सरसलौह-शृङ्खलां निकृत्य पिटकञ्चाकुञ्च्य..... यात्रिणा।

47. कर्मविपाकः- (Consequence of work) उत्थित एव पुनः कर्मविपाकसंहितेव स्फारीभवति।

48. कर्मान्तविद्यालयः- (Convent) कथन्न भुरिभाग्यः! रूपगर्विता कर्मान्तविद्यालयगामिनी।

49. कलयानम्- (Motor vehicle) कलयानयैव निखिलमपि भूमण्डलं विमोहयितुं समीहे।

50. कलायपनीरम- Matar paneer (paneer & grains curry) इदानीमेव सा ताम्रतरसूपं (Tomato soup) समास्वाद्य कलायप्रनीरञ्च (मटरपनीर) राजाम्बां (राजमा) च तन्द्रारिभिस्सार्द्धं (तन्दुरी) भक्षयति

51. कल्यवर्तः- (Breakfast or small thing) अस्माकं पूर्वपुरुषा नवाब आसफुद्दौलामहोदयाः यावज्जीवनं मोदक-कल्यवर्त कृतवन्तः

52. काकिणीम्- (A quarter of paṅa) न काकिणी नापि वराटिकां वा मुठोऽपि ना मुञ्चति मोहविद्धः।

53. काणेलिका- (Unmarried mother) काचित् काणेलिका भविष्यति

54. कान्दिशीकः- (Fugitive / Run away) दम्भपालः
(a) कान्दिशीकतामुपगत्य (b) कान्दिशीका अर्भकाः।

55. कापिशायनी- (Relating to pale or brown colour) मयि कुपिते सति सर्वोऽपि कापिशायनीप्रभावस्तेऽ-वतरिष्यति।

56. कार्यालयः- (Office) इदं पत्रं महालेखाकारकार्यालयकर्णिकेन श्रीरमेशशर्मणा प्रेषितम्।

57. कार्ष्णायसः- (Made of black iron) यद्वा शरन्मृगाङ्कोपरि कार्ष्णायस-मेघपंक्तिः समाच्छादिता।

58. काष्ठफलकम्- (Wooden table) न्यायाधीशः (लघुमुद्गरेण काष्ठफलकमाहत्य)।

59. कासारः (Lake) कासारे ननु कच्छपोऽपि तनुते मोदं ह्यनातङ्कितः।

60. कीलितुम- (For denting) इति गृहाभ्यन्तरं प्रविश्य टिंकु त्रिपादीमानीय आरुह्य च चित्रं कीलितुं प्रयतते परन्तु असन्तुलनवशात् भूमौ निपतति।

61. क्रीडनकम्- (Toys/ Poppet game) क्रीडनकं दास्ये।

62. क्रीडाशुकः (One who is reluctant to play/a toy of parrot) अपसर भोः क्रीडाशुक!

63. कुक्षि- (Armpit) गुरो! योऽयं ताम्बूलोपरक्ताधरः असितकञ्चुकः कुक्षिस्थपञ्जिको वाक्कीलोऽवाच्चां दिशि दृश्यते स एव द्वितीयः श्रेष्ठपुरुषः

64. कुण्डलिनी- (One type of sweet) गुरो! अस्य लुञ्चितस्य मुखे कुण्डलिनी प्रवेशय निरन्तरालम्।

65. कुविन्दः- (Weaver) भोजराज्ये तु कुविन्दोऽपि कविकर्मणि कुशल आसीत्।

66. कूटः (Fraud Trick) न खल्ववगच्छामि ते कूटव्याहरणम्।

67. कोष्ठागारिकः- (Store-keeper) जाहडोऽपि कोष्ठागारिको दुर्गस्य प्रवञ्चको जातः।

68. क्षुरप्रः- (Horse-shoe shaped arrow) मृद्भित्तिविदारणक्षमलौहक्षुरप्रमात्र सहायोऽहं निभृत निभृतं ग्रामाटिकासु निर्वहन्नासम्।

69. क्षेत्रपुरुषः- (Field teddy / Straw man) क्षेत्रपुरुषा इव निश्चलास्तिष्ठन्ति कक्षायाम्।

70. खण्डविकासाधिकारि- (Block Development Officer (B.D.O.) अद्य कापि ग्रामसेविका केनापि खण्डविकासाधिकारिणा धर्षिता।

71. खट्वम्- (Cot) वाधिर्यदोषग्रस्तः पितामहश्चतुश्शालायामधिखट्वमासीनो दृश्यते।

72. खट्वाकीट- (Bug) गच्छ खट्वाकीट इव गृहकोणे कस्मिंश्चिन्निलीय ग्रन्थवाक्या रट।

73. खरभूक्- (Watermelon) क्षेत्रेऽस्मिन् प्रतिलतावृन्तं खरभुगिव दृश्यते।

74. खलीकृतः- Overruled (विरोधः खलीकृतः Objection over-ruled) - विरोधः खलीकृतः।

75. गलज्जलिका- (Ghazal) कस्यचित् कवेः गलज्जलिकापङ्क्तयः स्मृतिपथमुपयान्ति

76. गंजनम्- (Ganza) गंजः भङ्गाभिश्च (गाँजा भाँग) समुपचितान्यस्य द्राग्यानानि निमिपालदेशसीमानमप्यतिक्राम्य धावन्ति समाहरन्ति चाकुप्यं वसु।

77. गुडः (Mullases) सर्वमपि गुडगोमयं विधाय तूष्णीमुपगतासि?

78. गान्धिकः- (Seller of purfumes) पाश्ववर्तिमिष्टान्नविक्रेतृणां गन्धिकानां श्रेष्ठिनाञ्च आपणाः सन्दृश्यन्ते

79. गृहविज्ञानम्- (Home science) श्रीमन् गृविज्ञानमपि आवयोः पाठ्यविषयः।

80. गैलरी- (Gallery) अपरतश्च मादृशं 'दीनफन्टूसानां सम्प्रदायो वराका: खलु ये आदिवसं लानाल्लानं गैलरीत: गैलरी पर्यटन्ति।

81. गोपानसी- (Beam of a thatch) गोपानसीलम्बमानै: पञ्जारैश्च प्रतीयतेऽस्य गृहस्य कदाचित्पूर्वं पशुपक्षि-संवलितत्वम्।

82. गोमयम्- (Cowdung) सर्वमपि गुडगोमयं विधाय तूष्णीमुपगतोऽसि।

83. गौर्वाहीक:- (Bull) गिरिजापतिवाहनोऽयं गौर्वाहीक:।

84. ग्रामटिका- (Village area Poor village) मृद्भित्तिविदा-रणक्षमलौहक्षुरप्रमात्रसहायोऽहं निभृतनिभृतं ग्रामटिकासु आहिण्डमानोऽसितपक्षरात्रिषु कुक्कुरबुक्कनं परिहरन्.... जीवनं निर्वहन्नासम्।

85. घट्ट:- (River side steps) निर्गृहघट्टोऽस्मि रजकसारमेय इव।

86. घटिकायन्त्रम्- (Watch) घटिकायन्त्रं दशवादनसूचनां प्रकटयति।

87. घरट्टशिला- (Grinding stone) पतिपुत्रयोर्मध्येऽहमेषा घरट्टशिलायुगलावकाशे भिद्यमाना गोधूमततिरिव चूर्णीभवामि

88. चञ्चरिक:- (Black bee) भवच्चरणेन्दीवरचञ्चरीकोऽहं प्रजासेवकमात्रमात्मानं मन्ये।

89. चणकम्- (Pulses / Chick-pea) (a) एकं चणकं भ्राष्ट्रं विदारयितुं न शाक्नोति (b) आयसं चणकम्।

90. चर्चरी- (Hand beats) यूयं सर्वे तिष्ठन्तश्चर्चरीं निभालयथ।

91. चषकम्- (Cup) (a) अपटीक्षेपेण प्रविशति गृहिणी चायचषकहस्ता। (b) किंचिद् भोज्यजातं त्रिचषकं

चायपेयञ्चानय। (c) अन्तः कक्षं प्रविश्य, क्षणानन्तरमेव सुराचषकद्वयेन सार्धं निष्क्रम्य।

92. चतुश्चक्रम्- (Four wheeler) विशेषतः शारदानन्दनाय मारुतियानं चतुश्चक्रं दातुमिच्छाम्यहम्।

93. चतुश्शाला- (Space enclosed by four buildings) बाधिर्यदोषग्रस्तः पितामहश्चतुश्शालाया-मधिखट्मासीनो दृश्यते।

94. चतुष्पथरक्षिणः- (Traffic police) एते रक्तोष्णीषाश्चतुष्पथ-रक्षिणोऽपि नाट्यमिदं सम्यग् जानन्ति।

95. छविल्लभर्तारम्- (Chola bhathora) छविल्लभर्तारं (छोलाभटूरा) विना व्यंजनरुचिरस्या समाप्तिं नेष्यति।

96. छायाचित्रम्- (Photo) बरस्य वरपित्रोश्च छायाचित्राण्यपि प्रकाशयन्ते।

97. छोटिका- (Sounding by thumb and four finger) अक्षिणी प्रमील्य छोटिकां बाद्यन।

98. जङ्घावलः- (Labourer) जङ्घावलाः सर्वे पलायन्ते।

99. जरुथा- (Flesh) जानन्ति भवन्तः महिषीव समुचितजरूथा मन्दगतिर्मदीया गृहिणी सर्वथा बुद्धिहीना।

100. जलमल्लकम्- (Water pot) जलमल्लकं तावदानय।

101. ज्वलनाङ्कः- (Degree of heat for burning) अद्यापि तद्ग्रामपृष्ठे ज्वलनाङ्को द्रष्टुं शक्यते।

102. जाल्मः- (Rouge / Cruel) केन अनुमता युयम्? जाल्माः लुण्ठकाः

103. जिलाधीशः- (District magistrate) किमहं मुख्यमंत्री जिलाधीशो वा यन्मां सादरं स्थातुं प्रार्थयसे।

104. झिल्लिका- (A Cricket) महिता समुज्ज्वला ज्योत्स्ना झिल्लिका चित्करोति च।

105. टङ्कणम्- (Typing) हिन्द्याङ्ग्लटङ्कणमपि साधु जानामि।

106. ठीकेदारः- (Contractor) भद्र! जलकुल्या-सेतु-भवनादि-निर्मातारष्ठीकेदारपदवाच्या यान्त्रिकाय महार्घं धनराशिमयाचितमेव समर्पयन्ति।

107. डिण्डीकः- (Hypocrate) तर्हि डिण्डिका इमे कथमस्मान् मुधा शातयन्ति

108. डिण्डीरः- (Foam on water) स्वर्गङ्गेयं धवलधवलैर्भाति डिण्डीरखण्डैः

109. तक्रम्- (Butter milk) पत्नी (तक्रमल्लकं ददाना, सव्यङ्ग्यम्)।

110. तन्द्रारि- (Tandoori) इदानीमेव सा ताम्रतरसूपं (Tomato soup) समास्वाद्य, कलायप्रनीरञ्च (मटरपनीर) राजाम्बां (राजमा) च तन्द्रारिभिस्सार्द्धं (तन्दूरी) भक्षयति।

111. तस्करः- (Smuggler) गुरो! भैरवतस्करोऽयं वर्तते।

112. ताम्रचूडः- (Cock) परिपुष्टस्ताम्रचूडस्त्वया गृहीतः।

113. ताम्रतरम्- (Tomato) द्राक्षा? द्राक्षा क्व वर्तते श्रीमन्! ताम्रतरमिदम्।

114. तिन्तिडी- (Tamarind) (a) त्वं तावत्तिन्तिडीकं रटसि।
(b) मुष्टौ तिन्तिडीवीजद्वयं संगोप्य।

115. त्रिचक्रिका- (Rickshaw) (त्रिचक्रिकातस्समवतीर्य स्वागतकक्षमासाद्य तत्रस्थमधिकारिणं प्रति।)

116. त्रिपादम्- (Stool) इति गृहाभ्यन्तरं प्रविश्य टिकू त्रिपादीमानीय आरुह्य च चित्रं कीलितुं प्रयतते परन्तु असन्तुलनवशात् भूमौ निपतति।

117. दधिवटकम्- (Lentil ball soaked in curd) कियत् स्वादु वर्तते दधिवटिकम्।

118. दरित्रम्- (Sickle) मां निर्दयं ताड्यमानं दृष्ट्वेव सा स्वगर्भावस्थामचिन्तयित्वा निशितधारं दरित्रमुद्यम्य तान् निर्भत्सितवती।

119. दन्दशूकः- (A type of snake) एष प्रणमति दन्दशूकः।

120. दूरभाषयन्त्रम्- (Mobile phone) अहं दूरभाषयन्त्रेणैव भिषजमाह्वयामि।

121. दृषदुपलः- (Stone slab for pestling) अहमेव कथं तिक्तो भवेयम्। नाहं दृषदुपलः।

122. द्विचक्रिका- (Cycle) शोभनं दृष्ट्वा तौ द्विचक्रिकातोऽवतरतः।

123. द्विदलम्- (Dal) चिन्तय तावद्रोटिकां द्विदलञ्च।

124. द्विनालिका- (Gun) (a) द्विनालिकां दर्शयति / (b) य एव राजनीतिमहावृक्षः क्षुपानभिभूयातिवर्द्धते स एव द्विनालीकगुलिकया सर्वजनसमक्षं निपात्यते।

125. द्राग्यानचालकः- (Tractor driver) गुगूर्षको द्राग्यानचालका मदिराप्रभावैर्निहत चेतनास्सन्तश्चालयंति।

126. धानुष्कः- (Archer/ Bow man) मद्वचनाद् विज्ञाप्यतां चतुर्वर्णनिर्विशेषा समस्ताप्यायोध्यकप्रजाऽमात्यसेनापतिसामन्तकृषकधानुष्कयाष्टीकशौण्डिकरजकरञ्जकैन्द्रजालिकाहितुण्डिकविटचेट सभामण्डपे समागन्तुम्।

127. धारायन्त्रः- (Water spray) धारायन्त्रनिस्सृतजलशीकरार्द्रं वातावरणम्।

128. ध्वनियन्त्रदण्डम्- (Mike stand / Microphone) हस्तेनैकेन ध्वनियन्त्रदण्डमवलमव्य ग्रीवमुन्नमय्य सस्मितम्।

129. ध्वनिविस्तारकयन्त्रम् (Mike) ध्वनिविस्तारकयन्त्रादनुश्रूयते सन्देशः।

130. नासापणवः- (Snoring) खट्वाऽऽरूढ एव नासापणवटङ्कारः प्रतिवेशिनोऽपि पीडयसि।

131. नासारज्जुकटुकः- (Unpleasant) नासारज्जुकटुको बलीवर्दु इव कोऽयमनवसरं हम्भारवमनुनासिकं जनयति?

132. निर्घृणः- (Cruel) पशुमारं मारितोऽयं माणवकस्त्वया निर्घृणेन।

133. निर्वाचनक्षेत्रम्- (Election constituency) विधायकाश्च वर्तन्ते चिन्तामणि-महोदयाः करेलीविधानसभानिर्वाचन क्षेत्रस्य विजयिनः समाजवादिदलनेतारः, किञ्च मुख्यमन्त्रिमहोदयानां नासाबालकल्पा।

134. निवेदनपत्रम्- (Application form) स्वपितरं पिताञ्च भीषयितुं निवेदनपत्रम्मयाऽत्र प्रेषितम्।

135. निष्कुटः- (Pleasure groove near a house) अहमेकमश्वं पार्श्ववर्तिनि निष्कुटे क्वचिदेकान्ते गोपयामि।

136. न्यायाधीशः- (Judge) ततः प्रविशति न्यायासनस्थो न्यायाधीशः ससहायः।

137. पक्वेष्टिका- (Baked brick) सर्वाण्यपि गृहाण्यत्रवसतौ पक्वेष्टिका विनिर्मतानि

138. पञ्जिकः- Astrologic register / पञ्जिका (Register) (a) गुरो! योऽयं ताम्बुलोपरक्ताधरः असितकञ्चुकः कुक्षिस्थपञ्जिको वाक्कीलोऽवाच्यां दिशि दृश्यते स एव द्वितीयः श्रेष्ठपुरुषः। (b) बँगलोरनगरस्थनन्दीश्वर-विश्रामगृहस्य पञ्जिका तु किञ्चिदन्यदेव कथयति। (c) निरीक्षकमहोदयः विद्यालयमुपेत्य सर्वप्रथमं पञ्जिकादिकं निरीक्षते

139. पणकः- (Coin of the value of eighty cowries) पणकमात्रमपि नात्र कलिविडम्बनम्।

140. पर्युषितम्- (Stale) अन्यथा निखिलेऽपि हट्टे पर्युषितान्येव ताम्रतराण्युपलभ्यते।

141. पलालः- (Straw) मुञ्च तावत् पलालास्तरणम्।

142. पाटच्चरः- (Pick-pocket) (a) दन्दशूकस्य पाटच्चरस्य सूत्रधारीकरणं सूत्रधारस्य च दन्दशुकीकरणमित्युभयमपि तस्यापरवेधसो वामहस्तक्रीडा (b) ब्राह्मणाधम! पाटच्चर! भिक्षुक?

143. पादकन्दुकः- (Football) पादकन्दुकप्रतिस्पर्धा वर्तते।

144. पीठाध्यक्षः- (Chairman of a bench) श्रीकान्तः (पीठाध्यक्षं प्रति)।

145. पेषिणी- (Mixture grinder) कण्डिनी, पेषिणी, चुल्ली, उदकुम्भीति सर्वमेवात्र दृश्यते।

146. पौण्ड्रकः- (A kind of sugarcane) आजीवनं शीर्षं घृष्यन् व्याकरणदेहल्यां गुरुरहं गुड एव संवृत्तः शिष्यः पुनरयं पौण्ड्रकशर्करायितः।

147. प्रघुणः- (A guest) सोऽप्यद्य प्रघूणीकृतो नु भवता स्वाधिं दृढं गूहता।

148. प्रतिभटः- (Enemy soldier) यदि नामेयं प्रतिभटभयङ्करी सन्ततिवाहिनी न भवेत् तत्प्राणा अपि संशयिता भवेयुः।

149. प्रत्यायकः- (Convincing) तत्र सन्ति बहुनि प्रत्यायकप्रमाणानि।

150. प्रत्याशी- (Candidate) स्वकीये प्रथमनिर्वाचने स्वतंत्रप्रत्याशी भवानासीत्।

151. प्रत्यूहः- (Impediment / Obstacle) प्रवर्तिते कार्ये समापतन्त्येव प्रत्यूहवरुथा एवंविधाः।

152. प्रपत्रम्:- (Sale deed document) (a) ह्य एव भवन्महाविद्यालयीयं प्रपत्रजातं पठन्नासम्। (b) यदि प्रपत्रोपरि हस्ताक्षरं कुर्वती धनियाऽवयस्काऽ भविष्यत्तर्हि निश्चप्रचं वादमिमं लीलयैवाहमजेष्यम्

153. प्रवक्ता- (Speaker / Lecturer) प्रवाचकः Lecturer (a) प्रवक्तृपदप्राप्त्यर्थं च पञ्चसहस्ररूप्यकाणि स्वीक्रियतेऽनेन (b) तत्र प्राध्यापकवर्याः प्रो. रमाकान्तमहोदया नगरस्य महाविद्यालयेऽर्थशास्त्रस्य प्रवाचकाः।

154. प्रातराशम्- (Breakfast) कल्यवर्तम् गच्छ प्रातराशं स्वपितरमुपनय।

155. प्रावारकः- (Scarf) आवाभ्यां तावद्दन्तसीत्कारकारिणि पौषशीते ऊष्मप्रावारकमप्येकं न प्रयच्छसि?

156. प्रास्थानिकप्रबन्धः- (Preparation before a travel) एषाऽऽत्मानं नियोजयामि प्रास्थानिकप्रबन्धे

157. बरण्ड- (Varenda) उभौ वरण्डमतिक्रम्य कक्षविशेषमासादयते यत्र महामहिमराष्ट्रपतिरुपविष्टः।

158. बुक्कनम्- (Barking) मृद्भित्तिविदारणक्षमलौहक्षुरप्रमात्र सहायोऽहं निभृतनिभृतं ग्रामटिकासु आहिण्डमानोऽसितपक्षरात्रिषु कुक्कुरबुक्कनं परिहरन् सयत्नं क्वचित्सन्धिं विधाय मुष्टिमितमन्नं द्वित्राणि वा विक्टोरियाङ्कितरूप्यकाण्येव बहु मन्यमानो जीवनं निर्वहन्नासम्।

159. भङ्गा- Bhang (an intoxicant) गंजने भङ्गाभिश्च (गाँजा-भाँग) च समुपचितान्यस्य द्राग्यानानि निमिपालदेशसीमानमप्यतिक्राम्य धावन्ति। समाहरन्ति चाकुप्यं वसु।

160. भूगर्भदुर्गम्- (Fort under the Earth) भिन्नानि तेषां भूगर्भदुर्गाणि।

161. भोजनालय- (Dining room)

162. भ्राजिष्णु - (Shinning) अतएव नाऽन्यैरधिष्ठितं सप्तर्षिभिरपि

प्रदक्षिणीकृतं ग्रहर्क्षताराचक्रमण्डितं भ्राजिष्णु स्थिरपदं ते प्रयच्छामि।

163. भ्राष्ट्रम्- (Frying pan) भ्राष्ट्रे गच्छतु ते पक्ववटिका।

164. मञ्चिका - (A chair) उपायधृतमत्कुणा हसति दारुणं मञ्चिका।

165. मञ्जूषा- (Box) अन्ते च पितामहो मे मञ्जूषातो निष्कास्य पञ्चसहस्रमुद्रा मह्यमर्पयन् प्रोवाच-पाटच्चर! त्वरितं गच्छ।

166. मत्कुणः- (Bug) उपायधृतमत्कुणा हसति दारुणं मञ्चिका।

167. मतपत्रम्- (Ballot paper) अयं जननेता बन्धुवान्धवस्नेह-शीलाचारभेत्ता, मतपत्राणां क्रेता, मानपदप्रतिष्ठा-विक्रेता, समाचारपत्राङ्कितकोण-वृत्तैकवेत्ता, राष्ट्रगौरवरज्जुच्छेत्ता, आसन्दिकावधूपरिणेता च।

168. मल्लकः- (Cup) तक्रमल्लकं ददाना, सव्यङ्ग्यम्।

169. मलिम्लुचः- (A robber / A thief) विधायकोऽपि नाम लीलामलिम्लुचः

170. मषीशलाका- (Refill) यतो हि बृहद्दर्शिना अपनेत्रेण यां लेखनीं मत्वा दत्तवानहं साऽऽसीत् मषीशलाका रिफिल नाम्नी

171. मसीहिन्- (Clean) बन्धो मसीहिन्! मदाकांक्षितमेव भणितं भवता।

172. महालेखाकारः- (Acoountant General) इदं पत्रं महालेखा-कारकार्यालय कर्णिकेन श्रीरमेशशर्मणा प्रेषितम्।

173. माक्षिकम्- (Candle) नृत्यगीतवाद्येऽकृतपक्षपातो रूप-सौन्दर्यप्रणयानुभव चोन्मनस्कोऽयमालमगीरस्त्वां दर्शं दर्शं सन्तप्रमाक्षिकमिव यद्द्रवतितरां तत्किमिदम्।

174. मुद्गफलानि- (Kidney beans) पूर्वमेव समागताः केचन छात्रा मुद्गफलानि चर्वन्ति परस्परं सपरिहासं लपन्ति च

175. यान्त्रिकः- (Engineer) यान्त्रिकं पश्यति भवान् मद्दक्षिण-बाहुप्रतिष्ठम्?

176. याष्टिकः- (Expert in using stick) मद्वचनाद् विज्ञाप्यतां चतुर्वर्णनिर्विशेषा समस्ताप्यायोध्यकप्रजाऽमात्यसेनापतिसामन्तकृषकधानुष्कयाष्टिकशौण्डिकरजकरञ्जकेन्द्रजालिक .... सभामण्डपे समागन्तुम्।

177. यौतकम्- (Dowry) कथं न तर्हि यौतुकरूपेण विशालां सम्पत्तिमर्जयेयम्।

178. रक्षायानम्- (Ambulance) यावदेव मध्येमार्गं दुर्घटनामिमाम् अवश्यम् तावदेव सिन्धुमुत्थाप्य रक्षायानेन प्रचलितः।

179. रक्षिणः- (Constable) रक्ष्याधिष्ठाने रक्षिणः सावधानं पर्यटन्तो दृश्यन्ते।

180. रक्षिस्थानम्- (Police station) खण्डितवृत्ताः लम्पटा निर्धनानां भूमिं प्रसह्य हरन्ति, तत्कन्यानां शीलं भञ्जयन्ति, गृहीत्वोत्कोचं यं कमपि निघ्नन्ति, परन्तु रक्षिस्थाने न तेषां व्यथाकथा श्रूयते।

181. रञ्जकः- (Comedian) मद्वचनाद् विज्ञाप्यतां चतुर्वर्णनिर्विशेषा समस्ताप्यायोध्यकप्रजाऽमात्यसेनापतिसामन्तकृषकधानुष्कयाष्टीकशौण्डिकरजकरञ्जकैन्द्रजालिक.....सभामण्डपे समागन्तुम्।

182. रत्नग्रैवेयकम्- (Neck ornament) रत्नग्रैवेयकं पण्डितस्य कण्ठे सम्मेल्य।

183. लघुमुद्गरः- (Small mace) लघुमुद्गरेण काष्ठफलकमाहत्य।

184. लालाटिकः- (Attentive servant) (a) लालाटिक! किमिदं ते जातम्? कीदृशमिदं विसंवदसि। (b) यदाऽहं मन्त्रिपदारूढस्तदा भवन्तस्सर्वे याचका इव, लालाटिक इव मद्वचनं परितश्चङ्क्रमणं कुर्वाणाः परिलक्षिताः।

185. लिपिकः- (Writer/Steno) तावदेव कस्यचिद् ज्ञातिजनस्य साहाय्येन विधायकवर्यस्य कार्यालये लिपिकपदमवाप्तम्मया।

186. लुण्ठकः- (Robber) सर्वथा धिङ् मां परद्रव्यहारिणं लुण्ठाकम्।

187. लोपाकः- (A type of jackle) लोपाकः खखखायते निजबिलानन्वेषमाणो वने।

188. लौहकर्मशाला- (Factory) लौहकर्मशालेव नितरां ते मस्तिष्कं दन्दह्यते।

189. वरटम्- (Jasmine flower) तं वन्दे वरटस्थितं जलजजं देवं त्रिदेवोत्तमम्।

190. वराटिका- (Cowries) (a) वराटिकाऽपि नो वर्तते गृहे। (b) ग्रन्थौ मे वराटिकाऽपि नास्ति। (c) न काकिण नापि वराटिका वा मूठोऽपि न मुञ्चति मोहविद्धः।

191. वरुथा- (Fender / Shield) प्रवर्तिते कार्य समापतन्त्येव प्रत्यूहवरुथा एवंविधाः

192. वाक्कीलः- (Advocate) निर्णयविन्दवोऽयभयपक्षीय-वाक्कीलसहमत्या निश्चिता वर्तन्ते।

193. वागुरिकः- (A hunter) (a) नाऽहं बनमृगी न च भवान् वागुरिकः। (b) रूपकं किमपि सकलजनमनो-हरिणावागुरिकमुपनयतु भवानिति

194. वातानुकुलनः- (Air conditioner) (a) वातानुकुलिततृतीय

श्रेण्यां द्वितीयश्रेण्यां वा वातायनशायिकामेते आरक्षणं कारयन्ति यथा तत्र निषण्णाः समक्षवर्तिशायिकास्थितानां यत्रिणां महार्घमूल्यानि वस्तूनि आदिवसं निभृतं पश्येयुः। (b) तत्र वातानुकूलन-दूरदर्शन-दूरभाषादिसर्वापि नगरोचितव्यवस्था

195. वात्याचक्रम्- (Cyclone / Whirl wind) (a) अद्यागतप्राय एव वात्याचक्रमुत्थापयितुं प्रक्रमसे। (b) शनैः शनैः वात्याचक्रमिव सर्वं सौम्यं जातम्।

196. वादपञ्जिका- (Case-book) वादपञ्जिकायां सर्वमपि वृत्तं सुरक्षितं वर्तते

197. वादपत्रम्- (Document of law-suit) अहं विधिग्रन्थान् सम्यगधीत्य दुर्धर्षं वादपत्रं लिखामि।

198. विधानसभा- (Assembly) विधायकाश्च वर्तन्ते चिन्तामणिमहोदयाः करेलीविधानसभानिर्वाचन-क्षेत्रस्य विजयिनः समाजवादिदलनेतारः, किञ्च मुख्यमन्त्रिमहोदयानां नासाबालकल्पाः।

199. विधायकः- (M.L.A.) दीनबन्धुरेव दीनानामेकमात्रबन्धु। न पुनर्विधायकः सांसदो मन्त्री वा।

200. विधुरः- (Bereaved) उद्योगोपतिकुलजं वरं वरीतुकामाः प्रथमतलस्य प्रथमकक्षे भिषग्वराभिलाषिणो द्वितीयकक्षे प्रवासि भारतीयवराभिलाषिण-स्तृतीयकक्षे, विधुरवराभिलाषिणश्चतुर्थकक्षे सम्पर्कं साधयन्तु।

201. विश्रामगृहम्- (Lodge/Rest-room) बँगलोरनगरस्थ-नन्दीश्वरविश्रामगृहस्य पञ्जिका तु किञ्चिदन्यदेव कथयति।

202. विष्टरम्- (Bed) तदर्धाङ्गिनीरूपेण चैकस्मिन्नेव विष्टरे सुप्तवती विश्रामगृहेषु

203. वृद्धगृहम् - (Old age home) केन्द्रियशासनं प्रतिनगरं वृद्धगृहं निर्मापयिष्यति।

204. वेदिका- (A raised seat) तत्काष्ठवेदिकासमीपमेव प्रियशिष्यो बन्दाबहादुरस्तिष्ठति विनम्रमुद्रः।

205. वैयक्तिकसहायिका- (Personal assistant) पश्चाच्च विधायकमहोदयेन स्ववैयक्तिकसहायिकापद-मारोपिताऽभवम्।

206. व्यलीकः- (False Untrue) व्यलीकनिरक्षर! पदगुम्फप्रवीणोऽसि

207. व्यवहारसत्राधिकरणम्-(Court section proceeding) नायमायकरकार्यालयो, न व्यवहारसत्राधिकरणं न वा तीर्थपुरोहितगृहपंजिका

208. व्यापारी- (Businessman) नाऽहं मदान्धलोचनो व्यापारी, न चापि षड्यन्त्र पापाचारपारगोऽधिवक्ता!

209. शणः- (Jute) शणपिटकः- (Jute stretcher) तत्र च क्रन्दन्तं क्रोशन्तं कुसुमसुकुमारं बालकं कतिपयमित्राणां साहाय्येन हतवान्, शव च तस्य शणपिटके संयम्य काष्ठैस्तृणैश्च दग्धवान्।

210. शम्पा- (Lightening) शम्पावेगादुत्प्लुत्य टैङ्क्यानमा-क्रमते ध्वंसयति च।

211. शम्बरः- (A type of deer) नाहं शम्बरः न वा देवराज इन्द्रः।

212. शष्कुली- (Lentil cake) माम! पूरिकाः शष्कुली, पायसं कुष्माण्डञ्च।

213. शालभञ्जिका- (Wooden doll) शालभञ्जिकेव निश्शब्दा साऽश्रृणोत् सर्वं रुरोद चाऽस्फुटम्।

214. शिलीः- (Mushroom) हे परमेश्वर! शिलीन्ध्रकोमल-मुदाह्रियते नारीहृदयम्।

215. शृङ्गाटकः- (Square) प्रातःकाले दशावादने महानगरशृङ्गाटके विशालजनसम्पर्दोऽवलोक्यते

216. शौण्डिकः- (Wine-seller) मद्वचनाद् विज्ञाप्यतां चतुर्वर्णनिर्विशेषा समस्ताप्यायोध्यकप्रजाऽमात्यसेनापतिसामन्तकृषकधानुष्कयाष्टीकशौण्डिक.......सभामण्डपे समागन्तुम्।

217. श्रेष्ठिचत्वरः- (Civil lines / Businessman's square) (a) इयता कालेनैव सा कालगरला श्रेष्ठचत्वर-हट्टमासाद्य केनचिद्धनिकयूना सार्धं एल्चिकोनाग्नि भोजवेश्मनि पक्वान्नानि अत्तुं प्रवृत्ता। (b) अद्य खलु श्रेष्ठिचत्वरस्थिते पैलेसथियेटरनाम्नि अमर्षिता किंशुकीभवेत्।

218. श्रेष्ठिजनः- (Millionaire) श्रेष्ठिजनाः आगच्छत

219. श्वेतचूर्णम्- (Powder)/ सुधाचूर्णम् सेयं कालगरला.......... श्वेतचूर्णानुलेपनेनैव पार्विकशर्वरीश्वरमुखी, निरर्गलयौवनव्ययेन च सौभाग्यवती

220. संगणकः- (Computer machine) इदमस्ति प्रमाणं यन्मया संगणकोदरादवाप्तम्।

221. संवाददातृसम्मेलनम्- (Press conference) प्रेसकान्फरेंस इति यदुच्यते - आंगलभाषायां तस्मिन् संवाददातृसम्मेलनेऽभिनन्दनं भूयोभूयोऽत्र भवताम्।

222. सत्यापनपत्रम्- (Affidavit sheet) मत्पार्श्वे कानिचन सत्यापनपत्राणि वर्तन्ते।

223. सन्धिभेदकः- (House breaker) स्वातन्त्र्यात्प्राक् सन्धिभेदक आसम्

224. स्थपतिः- (Architect) (क) अनेन स्थपतिना प्रभोर्वैदिकधर्मानुप्राणकत्वं सुष्ठु विजानताऽपि धर्मविरुद्धमाचरितम्। (ख) अहस्मि स्थपतिः कालपुरुषाख्यः।

225. स्नुही- (Common white flower) पारिजातं स्नुहीतरुं घोषयति।

226. समर्चनाकक्षम्- (Chapel / Worshiping room) निजावासे राजज्योतिषी समर्चनाकक्षे दैनिकीं पूजां निर्वर्तयति।

227. समुद्गकः- (Pot/Cup) आदिवसं प्रीतिमुत्पाद्य सर्वामपि सूचनामेते संगृह्णन्ति,....पिटके समुद्गके वा किं किं सुरक्षितं वर्तन्ते

228. साक्षात्कारः- (Interview) साक्षात्कारस्तु केवलं चयननाट्य-सम्पादनार्थं क्रियते

229. साक्ष्यप्रकोष्ठः- (Witness-box) भृत्येन सह प्रविश्य साक्ष्यप्रकोष्ठे वा स्थित्वा

230. सिता- (Sugar) सिताभक्षणमात्रेण म्रियते यो हि पुरुषः

231. सीमन्तचूर्णः- (Cement) अयं सीमन्तचूर्णे समधिकसिकतां मेलयति।

232. सुधाचूर्णम्- (Powder) गृहस्य राजमार्गाभिमुखी भागः सुधाचूर्णलिप्तोऽतिधवलः परिलक्ष्यते।

233. सूचनापीठम्- (Information board) सर्वे पितरः स्वकन्यारूपगुणाभिः रुचिसमनुरूपमेव वरमिच्छन्ति इति सम्यग् पृथक् सूचनापीठानि व्यवस्थापितानि।

234. सूची- (List) किमस्य नाम चयनसूच्यां सम्मेलयानि।

235. सेतुबन्धः- (Bridge) वर्षजीविनः षण्मासजीविनो वा एतन्निर्मिताः सेतुबन्धाः।

236. हरिद्राकन्दली- (Turmeric root / Yellow banana) देवी! अन्यानपि हरिद्राकन्दलीभूतान् प्रश्नान् युगपदेव पृच्छ तावत्।

237. हायनम्- (Ayear) परन्त्वद्यतनयान्त्रिकाणां निर्मितयः पञ्चहायनानि यावदपि निर्विकारा न दृश्यन्ते

238. हैयङ्गवी- (Butter) (क) स्वभावत एव हैयङ्गवीनोपमहृदयः (ख) नोपयाति हीरकं हैयङ्गवीनत्वम्।

239. होरा- (Hour) इतो नगरादर्धहोरावास्तव्ये ग्रामे चन्दनपुरे निवसत्ययम्।

राजेन्द्रमिश्रेण दैनन्दिनजीवने व्यवहृतानां वस्तूनां संस्कृतशब्दाः साधु प्रकल्पिताः। अतः तेषां व्यवहारः आधुनिक-संस्कृतलेखकैः सहजेन भवितुमर्हति। संस्कृतवाङ्मयेऽपि वहवः शब्दाः सन्ति येषां साहित्यिकव्यवहारः क्वचित् भवति स्म। तेषामपि व्यवहारः मिश्रमहोदयस्य नाटके बहुत्र दृश्यते। इदानीन्तनसमये संस्कृतपण्डिताः गद्यपद्यनाटकप्रवन्धादीन् लिखन्ति। आधुनिकजीवने आधुनिकवस्तूनामाविर्भाव, आधुनिकी आवश्यकता, नव्यं चिन्तनं, नव्या काव्यधारा च नूतनशब्दानाम् आवश्यकताम् अनुभावयति। अतः सर्वेषां संस्कृतलेखकानाम् एतादृशाः नूतनशब्दाः एकत्रीकृत्य अनुसन्धेयाः। यतः वयं राजेन्द्रमिश्रस्य नाटकानामुपरि कार्यं कुर्मः, अतः तस्यैव नाट्यकारस्य शब्दाः अस्माभिः संकलिताः। अत्र कण्डिनी (Pestle), मञ्चिका (Chair), गान्धिकः (Seller of perfumes), भ्राष्ट्रं (Frying pan), मतपत्रम् (Ballot paper), लोपाकः (Jackle), वराटिका (Cowries), निष्कुटः (Pleasure groove), लालाटिकः (Attendant), बागुरिक (Hunter), दरित्रम् (Sickle) इत्यादयः शब्दाः नूतनलेखकानां कृते उपादेयाः भवन्ति। एते शब्दाः न नूतनतया निर्मिताः। परन्तु मिश्रमहोदयेन एतेषां व्यवहारो नाट्यप्रयोगदशायां प्रदर्शितः। अतोऽर्धप्रचलिता एते शब्दा आधुनिककाले प्रयोज्या अभवन्।

पादटीका

1. वैधेयविक्रमम्, चतुष्पथीयम्, अभिराजराजेन्द्रमिश्रः, वैजयन्त प्रकाशन, इलाहाबाद, पृ०-63।
2. मण्डुकप्रहसनम्, नाट्यनवरत्नम्, अभिराजराजेन्द्रमिश्र, वैजयन्त प्रकाशन, इलाहावाद, पृ०-18।
3. प्रत्यक्षरौरवम्, तत्रैव, पृ०-74। -
4. तत्रैव, पृ०-74।

5. गुणाः पूजास्थानम्, नाट्यनवग्रहम्, अभिराजराजेन्द्रमिश्रः वैजयन्त प्रकाशन, इलाहाबाद, पृ०–73।
6. निर्गृहघट्टम्, चतुष्पथीयम्, पृ०–56।
7. शारदावमाननम्, तत्रैव, पृष्टम् 103
8. उपनेत्रप्रहसनम्, नाट्यनवार्णवम्, वैजयन्त प्रकाशन, इलाहावाद, 2010, पृ० 52
9. अभीष्ठमुपायनम्, रूपरुद्रीयम्, अभिराजराजेन्द्रमिश्रः, वैजयन्त प्रकाशन, इलाहाबाद, 1986, पृ० 6
10. बधिरप्रहसनम्, नाट्यसप्तपदम्, अभिराजराजेन्द्रमिश्रः, Easterm Book Linkers, Delhi, 1996, पृ० 63
11. कन्थामाणिक्यम्, रूपरुद्रीयम्, तत्रैव, पृष्ठ्म 52
12. इन्द्रजालम्, चतुष्पथीयम्, तत्रैव, पृ० 39।
13. विद्यालयनिरीक्षणप्रहसनम्, नाट्यनवार्णवम् तत्रैव, पृ० 34।
14. वादनिर्णयम्, नाट्यनवरत्नम्, तत्रैव, पृ० 46।
15. बधिरप्रहसनम्, नाट्यनवत्नम्, तत्रैव, पृ० 55।
16. काश्यपाभिशापम्, रूपरुद्रीयम्, तत्रैव, पृष्ठ्म 124।
17. (a) इन्द्रजालम् चतुष्पथीयम्, तत्रैव, पृ० –31।
    (b) शारदावमाननम्, नाट्यनवरत्नम्, पृ०–106।
18. (a) निर्गृहघट्टम्, चतुष्पथीयम् तत्रैव, पृ०–51।
    (b) स्वप्नाज्जागरणं वरम्, रूपरूद्रीयम्, तत्रैव, पृ० 24
19. बधिरप्रहसनम्, नाट्यनवरत्नम्, तत्रैव, पृ०–58।
20. देहलीपरिदेवनम्, नाट्यसप्तपदम्, तत्रैव, पृ०–117
21. प्रत्यक्षरौरवम्, नाट्यनवरत्नम्, तत्रैव, पृ० 75 –
22. पुनर्मेलनम्, रूपरुद्रीयम्, तत्रैव, पृ० 40। 23.
    (a) कन्थामाणिक्यम्, रूपरुद्रीयम्, तत्रैव, पृष्ठ्म 54।
    (b) निर्गृहघट्टम्, चतुष्पथीयम्, तत्रैव, पृ० 45।
    (c) मण्डुकप्रहसनम्, नाट्यनवरत्नम्, तत्रैव, पृ०–28।
24. प्रशान्तराघवम्, अभिराजराजेन्द्रमिश्रः, वैजयन्त प्रकाशन, इलाहावाद, 2008, अङ्कः–2, पृ० 48।
25. (a) देहलीपरिदेवनम्, नाट्यसप्तपदम्, तत्रैव, पृ० 109
    (b) रत्नप्रत्यभिज्ञानम्, नाट्यनवग्रहम्, तत्रैव, पृ० 57।
26. इन्द्रजालम्, चतुष्पथीयम्, तत्रैव, पृ०–39।
27. संवाददातृसम्मेलनम्, नाट्यनवरत्नम् तत्रैव, पृ०–67
28. इन्द्रजालम्, चतुष्पथीयम्, तत्रैव, पृ० 33। –

29. तत्रैव, पृ० 37।
30. स्वयंवरकेन्द्रम्, नाट्यनवरत्नम्, पृ०–83।
31. इन्द्रजालम् चतुष्पथीयम्, तत्रैव, पृ० 36।
32. प्रत्यक्षरौरवम्, नाट्यनवरत्नम्, तत्रैव, पृ०–74।
33. कुटुम्बरक्षणम्, रुपरुद्रीयम् तत्रैव, पृ० 63।
34. इन्द्रजालम्, चतुष्पथीयम्, तत्रैव, पृ०–27।
35. अभीष्टमुपायनम्, रुपरुद्रीयम्, तत्रैव, पृ० –8।
36. प्रशान्तराघवम्, अङ्क–1, तत्रैव, पृ०–27। –
37. अभीष्टमुपायनम्, रूपरुद्रीयम्, तत्रैव, पृ०–8।
38. वधिरप्रहसनम्, नाट्यनवरत्नम्, तत्रैव, पृ०–58। –
39. निर्गृहघट्टम्, चतुष्पथीयम्, तत्रैव, पृ० 45।
40. संवाददातृसम्मेलनम्, नाट्यनवरत्नम्, तत्रैव, पृ० 66।
41. इन्द्रजालम्, चतुष्पथीयम्, तत्रैव, पृ० 36।
42. कन्थामाणिक्यम्, रूपरुद्रीयम्, तत्रैव, पृ०–50।
43. तत्रैव, पृ० 49।
44. वैधेयविक्रमम्, चतुष्पथीयम्, तत्रैव, पृ०–68।
45. निर्गृहघट्टम्, तत्रैव, पृ० 48।
46. प्रत्यक्षरौरवम्, नाट्यनवरत्नम्, तत्रैव, पृ०–75
47. वैधेयविक्रमम्, चतुष्पथीयम्, तत्रैव, पृ० 63।
48. इन्द्रजालम्, चतुष्पथीयम्, तत्रैव, पृ० 39
49. इन्द्रजालम्, चतुष्पथीयम्, तत्रैव, पृ० 41।
50. तत्रैव, पृ० 36।
51. मोदकं केन भक्षितम्, चतुष्पथीयम्, तत्रैव, पृ० 77।
52. प्रशान्तराघवम्, तत्रैव, अङ्क 3, पृ० 55।
53. निर्गृहघट्टम्, चतुष्पथीयम्, तत्रैव, पृ०–47।
54. (a) संवाददातृसम्मेलनम्, नाट्यनवरत्नम्, तत्रैव, पृ०–64।
    (b) देहलीपरिदेवनम्, नाट्यसप्तपदम्, तत्रैव, पृ० 114। –
55. द्विसन्धानम्, नाट्यसप्तपदम्, तत्रैव, पृ० 1933
56. (a) निर्गृहघट्टम्, चतुष्पथीयम्, तत्रैव, पृ०–48।
    (b) क्रीतानन्दम्, नाट्यनवरत्नम्, तत्रैव, पृ० 94।
57. निर्गृहघट्टम्, चतुष्पथीयम्, तत्रैव, पृ०–501 –
58. (a) वादनिर्णयम्, नाट्यनवरत्नम्, तत्रैव, पृ० 48
    (b) द्विसन्धानम्, नाट्यसप्तपदम्, तत्रैव, पृ० 125। –

59. (a) दास्यापनोदनम्, नाट्यपञ्चामृतम्, अभिराजराजेन्द्रमिश्र, पृ०–5
60. अभीष्टमुपायनम्, रूपरुद्रीयम्, तत्रैव, पृ० 8।
61. रत्नप्रत्यभिज्ञानम्, नाट्यनवग्रहम्, तत्रैव, पृ० 55
62. इन्द्रजालम्, चतुष्पथीयम्, तत्रैव, पृ० – 29 –
63. इन्द्रजालम्, चतुष्पथीयम्, तत्रैव, पृ० 37
64. तत्रैव, पृ० 29।
65. की विजयते नैव ज्ञातम्, रूपरुद्रीयम्, तत्रैव, पृ० 85
66. नात्मानमवसादयेत्, तत्रैव, पृ० – 26
67. कुटुम्बरक्षणम्, रूपरुद्रीयम्, तत्रैव, पृ०–63।
68. (a) नात्मानमवसादयेत् तत्रैव, पृ० 11
    (b) तत्रैव, पृ० – 12।
69. तत्रैव, पृ० – 23।
70. तत्रैव, पृ० –24।
71. बधिरप्रहसनम्, नाट्यनवरत्नम्, तत्रैव, पृ० 55।
72. पुनर्मेलनम्, रूपरुद्रीयम्, तत्रैव, पृ०–34।
73. कलिकौतुकप्रहसनम्, नाट्यनवार्णवम्, तत्रैव, पृ०–43।
74. वादनिर्णयम्, नाट्यनवरत्नम्, तत्रैव, पृष्टम् 46।
75. वेतालप्रहसनम्, नाट्यनवार्णवम्, अभिराजराजेन्द्र मिश्रः, वैजयन्तप्रकाशन, इलाहावाद, 2010, पृ० 62।
76. इन्द्रजालम्, चतुष्पथीयम्, तत्रैव, पृ० 36।
77. तत्रैव, पृ० 33।
78. पुनर्मेलनम्, रूपरूद्रीयम्, तत्रैव, पृ० 40।
79. अभीष्टमुपायनम्, तत्रैव, पृ० 7। –
80. फण्टुसचरितभाणः, नाट्यपञ्चगव्यम्, अभिरजराजेन्द्र मिश्रः, पृ० 45।
81. मण्डुकप्रहसनम्, नाट्यनवरत्नम्,
82. इन्द्रजालम्, तत्रैव, पृ० – 17। चतुष्पथीयम्,
83. तत्रैव, पृ० 32।
    तत्रैव, पृ० 33।
84. नात्मानमवसादयेत्, रूपरुद्रीयम्, तत्रैव, पृ० 11।
85. तत्रैव, पृ० 16।
86. निर्गृहघट्टम्, चतुष्पथीयम्, तत्रैव, पृ० 53।
87. छलिताधमर्णम्, नाट्यपञ्चामृतम्, तत्रैव, पृ०–65।
88. श्वेतोद्धारः, नाट्यनवग्रहम्, तत्रैव, पृ० 43।

89. (a) निर्गृहघट्टम्, चतुष्पथीयम्, तत्रैव, पृ०–49।
(b) बधिरप्रहसनम्, नाट्यनवरत्नम्, तत्रैव, पृ०–58।
90. (a) पुनर्मेलनम्, रूपरूद्रीयम्, तत्रैव, पृ० 35।
(b) नवरसप्रहसनम्, नाट्यपञ्चगव्यम्, तत्रैव, पृ०–53।
91. (a) निर्गृहघट्टम्, चतुष्पथीयम्, तत्रैव, पृ० 45।
(b) साक्षात्कारः, नाट्यसप्तपदम्, तत्रैव, पृ०–86।
(c) प्रीतिनिर्यातनम्, नाट्यपञ्चामृतम्, तत्रैव, पृ० 43
92. बधिरप्रसहसनम्, नाट्यनवरत्नम्, तत्रैव, पृ०–59।
93. तत्रैव, पृ० 55।
94. क्रीतानन्दम्, नाट्यनवरत्नम्, तत्रैव, पृ० 97।
95. इन्द्रजालम्, चतुष्पथीयम्, तत्रैव, पृ० 36। तत्रैव, पृ०–81।
96. स्वयंवरकेन्द्रम्, नाट्यनवरत्नम्, –
97. वैधेयविक्रमम्, चतुष्पथीयम्, तत्रैव, पृ०–63।
98. देहलीपरिदेवनम्, नाट्यसप्तपदम्, तत्रैव, पृष्टम् 109।
99. निर्गृहघट्टम्, चतुष्पथीयम्, तत्रैव, पृ० – 51।
100. निर्गृहघट्टम्, चतुष्पथीयम्, तत्रैव, पृष्टम् 53।
101. तत्रैव, पृष्ठम 51।
102. देहलीपरिदेवनम्, नाट्यसप्तपदम्, तत्रैव, पृ० – 109।
103. साक्षात्कारः, तत्रैव, पृ० 83।
104. प्रशान्तराघवम्, तत्रैव, अङ्कः 1, पृ० 28।
105. तत्रैव, पृ० 76।
106. स्वयंवरकेन्द्रम्, नाट्यनवरत्नम्, तत्रैव, पृ० 84।
107. साक्षात्कार, नाट्यसप्तपदम्, तत्रैव, पृष्टम् 75
108. दास्यापनोदनम्, नाट्यपञ्चामृतम्, तत्रैव, पृ० 6
109. मण्डुकप्रहसनम्, नाट्यनवरत्नम्, तत्रैव, पृ०–22।
110. इन्द्रजालम्, चतुष्पथीयम्, तत्रैव, पृ० 36। –
111. तत्रैव, पृ० 26।
112. मृदङ्गदासप्रहसनम्, नाट्यनवार्णवम्, तत्रैव, पृ०।
113. (a) कन्थामाणिक्यम्, रूपरुद्रीयम्, तत्रैव, पृ० 57।
(b) अपनेत्रप्रहसनम्, नाट्यनवार्णवम्, तत्रैव, पृ०–54।
114. (a) निर्गृहघट्टम्, चतुष्पथीयम्, तत्रैव, पृ० 46।
(b) प्रशान्तराघवम्, तत्रैव, अङ्कः– 2, पृ०–38
115. शारदावमाननम्, नाट्यनवरत्नम्, तत्रैव, पृ० 106।

116. अभीष्टमुपायनम्, रूपरुद्रीयम्, तत्रैव, पृ०-8।
117. तत्रैव, पृ०-6।
118. द्विसन्धानम्, नाट्यसप्तपदम्, तत्रैव, पृ० 127।
119. नात्मानमवसादयेत्, रुपरुद्रीयम्, तत्रैव, पृ०-11।
120. कन्यामाणिक्यम्, रूपरुद्रीयम्, तत्रैव, पृ० 56। -
121. मोदकं केन भक्षितम्, चतुष्पथीयम्, तत्रैव, पृ० 75
122. पुनर्मेलनम्, रूपरुद्रीयम्, तत्रैव, पृ० 43।
123. तत्रैव, पृ० -34।
124. (a) तत्रैव, पृ० 44।
(b) समर्चितमृत्तिकम्, नाट्यपञ्चामृतम्, तत्रैव, पृ० 51।
(c) समर्चितमृत्तिकम्, नाट्यपञ्चामृतम्, तत्रैव, पृ० 58
125. कन्थामाणिक्यम्, रूपरुद्रीयम्, तत्रैव, पृ० 55
126. प्रशान्तराघवम्, तत्रैव, अङ्कः 2, पृ० 48।
127. द्विसन्धानम्, नाट्यसप्तपदम्, तत्रैव, पृ० - 124
128. छलिताधमर्णम्, नाट्यपञ्चामृतम्, तत्रैव, पृ०-63।
129. तत्रैव, पृ० 63।
130. वैधेयविक्रमम्, चतुष्पथीयम्, तत्रैव, पृ० 64।
131. नात्मानमवसादयेत्, रूपरुद्रीयम्, तत्रैव, पृ०-14
132. वैधेयविक्रमम्, चतुष्पथीयम्, तत्रैव, पृ० 68।
133. वादनिर्णयम्, नाट्यनवरत्नम्, - तत्रैव, पृ० 45।
134. साक्षात्कारः, नाट्यसप्तपदम्, तत्रैव, पृ० 81।
135. मण्डुकप्रसहसनम्, नाट्यनवरत्नम्, तत्रैव, पृ० 19।
136. वादनिर्णयम्, नाट्यनवरत्नम्, तत्रैव, पृ० 45।
137. नात्मानमवसादयेत्, रूपरुद्रीयम्, तत्रैव, पृ० 15।
138. (a) इन्द्रजालम्, चतुष्पथीयम्, तत्रैव, पृष्ठम-37। -
(b) संवाददत्तात्सम्मेलनम्, नाट्यनवरत्नम्, तत्रैव, पृ०-67।
(c) वाणीघटकमेलकम्, नाट्यसप्तपदम्, तत्रैव, पृ०-51।
139. नात्मानमवसादयेत्, रूपरुद्रीयम्, तत्रैव, पृ०-12। -
140. उपनेत्रप्रहसनम्, नाट्यनवार्णवम्, तत्रैव, पृ०-54।
141. नात्मानमवसादयेत्, रूपरुद्रीयम्, तत्रैव, पृ०-15
142. (a) तत्रैव, पृ०-11।
(b) पुनर्मेलनम्, रूपरुद्रीयम्, तत्रैव, पृ० 34।
143. द्विसन्धानम्, नाट्यसप्तपदम्, - तत्रैव, पृ० - 135।

144. स्वयंवरकेन्द्रम्, नाट्यनवरत्नम्, तत्रैव, पृ० 90।
145. नात्मानमवसादयेत्, रूपरुद्रीयम्, तत्रैव, पृ०–15।
146. वाणीघटकमेलकम्, नाट्यसप्तपदम्, तत्रैव, पृ० 58। –
147. प्रशान्तराघवम्, तत्रैव, अङ्कः–1, पृ०–35।
148. निर्गृहघट्टम्, चतुष्पथीयम्, तत्रैव, पृ० 46। –
149. संवाददातृसम्मेलनम्, नाट्यनवरत्नम्, तत्रैव, पृ०–66।
150. तत्रैव, पृ० 64।
151. वाणीघटकमेलकम्, नाट्यसप्तपदम्, तत्रैव, पृ० 48। –
152. (a) साक्षात्कारः, नाट्यसप्तपदम्, तत्रैव, पृ०–84। –
(b) द्विसन्धानम्, – तत्रैव, पृ० – 130।
153. (a) इन्द्रजालम्, चतुष्पथीयम्, तत्रैव, पृ०–38।
(b) वादनिर्णयम्, नाट्यनवरत्नम्, तत्रैव, पृ० 45। –
154. अभीष्टमुपायनम्, रूपरूद्रीयम्, तत्रैव, पृ०–3।
155. नात्मानमवसादयेत्,– तत्रैव, पृ०–16।
156. मण्डुकप्रहसनम्, नाट्यनवरत्नम्, तत्रैव, पृ०–18। –
157. शारदावमाननम्, तत्रैव, पृ० 107
158. नात्मानमवसादयेत्, रूपरुद्रीयम्, तत्रैव, पृ० – 11
159. इन्द्रजालम्, चतुष्पथीयम्, तत्रैव, पृ० 11। –
160. समर्चितमृत्तिकम्, नाट्यपञ्चामृतम्, तत्रैव, पृ० 58।
161. इन्द्रजालम्, चतुष्पथीयम्, तत्रैव, पृ० 35
162. ईश्वरान्वेषम्, नाट्यनवग्रहम्, तत्रैव, पृ० – 26।
163. (a) कन्यामाणिक्यम्, रूपरुद्रीयम्, तत्रैव, पृ० 49। –
(b) को विजयते नैव ज्ञातम्, तत्रैव, पृ० 102।
(c) संवाददातृसम्मेलनम्, नाट्यनवरत्नम्, तत्रैव, पृ०–56।
164. नात्मानमवसादयेत्, रूपरुद्रीयम् तत्रैव, पृ०–17।
165. साक्षात्कारः, नाट्यसप्तपदम्, तत्रैव, पृ०–81। –
166. नात्मानमवसादयेत्, रूपरुद्रीयम्, तत्रैव, पृ०–17। –
167. इन्द्रजालम्, चतुष्पथीयम्, तत्रैव, पृ० 33
168. मण्डुकप्रहसनम्, नाट्यनवरत्नम्, तत्रैव, पृ०–22।
169. नात्मानमवसादयेत्, रूपरुद्रीयम, तत्रैव, पृ०–12।
170. उपनेत्रप्रहसनम्, नाट्यनवार्णवम्, तत्रैव, पृ०–53।
171. मोदकं केन भक्षितम्, चतुष्पथीयम्, तत्रैव, पृ० 75।
172. निर्गृहघट्टम्, चतुष्पथीयम्, तत्रैव, पृ० 48

173. प्रीतिनिर्यातनम्, नाट्यपञ्चामृतम्, तत्रैव, पृ०–42।
174. पुनर्मेलनम्, रूपरुद्रीयम्, तत्रैव, पृ० 33
175. इन्द्रजालम्, चतुष्पथीयम्, तत्रैव, पृ०–26।
176. प्रशान्तराघवम्, तत्रैव, अङ्कः– 2, पृ०–48।
177. अभीष्टमुपायनम्, रूपरुद्रीयम्, तत्रैव, पृ०–5।
178. गुणाः पूजास्थानम्, नाट्यनवग्रहम्, तत्रैव, पृ० 75।
179. पुनर्मेलनम्, रूपरुद्रीयम्, तत्रैव, पृ० 40। –
180. संवाददातृसम्मेलनम्, नाट्यनवरत्नम्, तत्रैव, पृ०–67।
181. प्रशान्तराघवम् तत्रैव, अङ्कः 2, पृ० 48।
182. मण्डुकप्रहसनम्, नाट्यनवरत्नम्, तत्रैव, पृ० 22।
183. वादनिर्णयम्, नाट्यनवरत्नम्, तत्रैव, पृ०–48।
184. (a) पुनर्मेलनम्, रूपरुद्रीयम्, तत्रैव, पृ०–36।
(b) संवाददातृसम्मेलनम्, नाट्यनवरत्नम्, तत्रैव, पृ०–67।
185. वादनिर्णयम्, तत्रैव, पृ० 49।
186. नात्मानमवसादयेत्, रूपरुद्रीयम्, तत्रैव, पृ०–16।
187. मोदकं केन भक्षितम्, चतुष्पथीयम्, तत्रैव, पृ०–79।
188. अभीष्टमुपायनम्, रूपरुद्रीयम्, तत्रैव, पृ०–4।
189. नात्मानमवसादयेत् तत्रैव, पृ० – 11
190. (a) मण्डुकप्रहसनम्, नाट्यनवरत्नम्, तत्रैव, पृ०–18
(b) रत्नप्रत्यभिज्ञानम्, नाट्यनवग्रहम्, तत्रैव, पृ० 55
(c) प्रशान्तराघवम्, तत्रैव, अङ्क–3, पृ० 55।
191. वाणीघटकमेलकम्, नाट्यसप्तपदम्, तत्रैव, पृ० 48।
192. वादनिर्णयम्, नाट्यनवरत्नम्, तत्रैव, पृ० 45। –
193. (a) शारदावमाननम्, तत्रैव, पृ० – 103। –
(b) राधामाधवीयम्, नाट्यपञ्चगव्यम्, तत्रैव, पृ०–28।
194. (a) प्रत्यक्षरौरवम्, नाट्यनवरत्नम्, तत्रैव, पृ०–74–75।
(b) स्वयंवरकेन्दम्, नाट्यनवरत्नम् – तत्रैव, पृ० 87।
195. (a) कन्थामाणिक्यम्, रूपरुद्रीयम्, तत्रैव, पृ०–50।
(b) द्विसन्धानम्, नाट्यसप्तपदम् तत्रैव, पृ० 129।
196. वादनिर्णयम्, नाट्यनवरत्नम्, तत्रैव, पृ०–46।
197. द्विसन्धानम्, नाट्यसप्तपदम्, तत्रैव, पृ०–131।
198. वादनिर्णयम्, नाट्यनवरत्नम्, – तत्रैव, पृ० 45।
199. (a) तत्रैव, पृ० 45।

(b) देहलीपरिदेवनम्, नाट्यसप्तपदम्, तत्रैव, पृ०–118।
200. स्वयंवरकेन्द्रम्, नाट्यनवरत्नम्, तत्रैव, पृ० 83
201. संवाददातृसम्मेलनम्, नाट्यनवरत्नम्, तत्रैव, पृ० 67। –
202. वेतालप्रहसनम्, नाट्यनवार्णवम्, तत्रैव, पृ०–61।
203. बधिरप्रहसनम्, नाट्यनवरत्नम्, तत्रैव, पृ०–57।
204. रक्ताभिषकम्, रूपरुद्रीयम्, तत्रैव, पृ० 97।
205. वादनिर्णयम्, नाट्यनवरत्नम्, तत्रैव, पृ०–49।
206. की विजयते नैव ज्ञातम्, रूपरुद्रीयम्, तत्रैव, पृ० –89।
207. इन्द्रजालम्, चतुष्पथीयम्, तत्रैव, पृ० –31।
208. शारदावमाननम्, नाट्यनवरत्नम्, तत्रैव, पृ० 103 –
209. प्रत्यक्षरौरक्म् नाट्यनवरत्नम्, तत्रैव, पृ०–72।
210. समर्चितमृत्तिकम्, नाट्यपञ्चामृतम्, तत्रैव, पृ०–58।
211. इन्द्रजालम्, चतुष्पथीयम्, तत्रैव, पृ० 41। –
212. बधिरप्रहसनम्, नाट्यसप्तपदम्, तत्रैव, पृ०–67।
213. द्विसन्धानम्, नाट्यसप्तपदम्, तत्रैव, पृ० 128
214. प्रत्यक्षरौरवम, नाट्यनवरत्नम्, तत्रैव, पृ०–77।
215. क्रीतानन्दम्, नाट्यनवरत्नम्, तत्रैव, पृ० 93।
216. प्रशान्तराघवम्, तत्रैव, अङ्क 2, पृ० 48।
217. (क) इन्द्रजालम्, चतुष्पथीयम्, तत्रैव, पृ० –35।
(ख) फण्टुसचरितभाणः, नाट्यपञ्चगव्यम्, तत्रैव, पृ० 45।
218. इन्द्रजालम्, चतुष्पथीयम्, तत्रैव, पृ० – 26।
219. तत्रैव, पृ०–35।
220. वादनिर्णयम्, नाट्यनवरत्नम्, तत्रैव, पृ०–52।
221. संवाददातृसम्मेलनम्, तत्रैव, पृ० 63।
222. तत्रैव, पृ० 68।
223. नात्मानमवसादयेत्, रूपरुद्रीयम्, तत्रैव, पृ० – 11। –
224. (a) की विजयते नैव ज्ञातम्, रूपरुद्रीयम्, तत्रैव, पृ० – 90।
(b) देहलीपरिदेवनम्, नाट्यसप्तपदम्, तत्रैव, पृ० – 111
225. प्रशान्तराघवम् तत्रैव, अङ्क 2, पृ० 47।
226. मण्डुकप्रहसनम्, नाट्यनवरत्नम्, तत्रैव, पृ० – 26।
227. प्रत्यक्षरौरवम्, नाट्यनवरत्नम्, तत्रैव, पृ० –75
228. साक्षात्कारः, नाट्यसप्तपदम्, तत्रैव, पृ०–75।
229. वादनिर्णयम्, नाट्यनवरत्नम्, तत्रैव, पृ०–49।

230. पञ्च सी न मी, नाट्यसप्तपदम्, तत्रैव, पृ० 30
231. इन्द्रजालम्, चतुष्पथीयम्, तत्रैव, पृ० – 39
232. निर्गृहघट्टम्, चतुष्पथीयम् तत्रैव, पृ० 45।
233. स्वयंवरेकन्द्रम्, नाट्यनवरत्नम् तत्रैव, पृ०–83।
234. प्रतिभापरीक्षणम्, नाट्यनवरत्नम्, तत्रैव, पृ० 37। –
235. इन्द्रजालम्, चतुष्पथीयम्, तत्रैव, पृ० 39।
236. नात्मानमवसादयेत्, रूपरुद्रीयम्, तत्रैव, पृ०–25।
237. स्वयंवरकेन्द्रम्, नाट्यनवरत्नम्, तत्रैव, पृ० –85।
238. (a) मोदकं केन भक्षितम्, चतुष्पथीयम्, तत्रैव, पृ०–77।
(b) पञ्च सी न मी, नाट्यसप्तपदम्, तत्रैव, पृ०–31।
239. स्वयंवरकेन्द्रम्, नाट्यनवरत्नम्, – तत्रैव, पृ० 87।

निष्कर्षः

अभिराजराजेन्द्रमिश्रः चमत्कारि-नाट्यकलार्थमिदानीं विश्वप्रसिद्धः। तस्य नाट्यकलायाः वीजरूपेण विश्वसृष्टिप्रसङ्गो वर्तते। समग्रा सृष्टिः नाट्यकल्पा इति स चिन्तयति। ब्राह्मणग्रन्थेषु उपनिषत्सु च सृष्टि यज्ञात्मिका इति वर्णना विद्यते। आधुनिक-संस्कृत-साहित्यसम्प्रदायस्य मुख्यभूतः राजेन्द्रमिश्रः चिन्तयति सृष्टिः नाट्यात्मिका इति। सांख्यकारिकासु अपि वारम्वारं प्रकृतिपुरुष-मिलनात्मिका-सृष्टिनट्यकल्पा इति उद्घोष्यते। अतः राजेन्द्रमिश्रस्य नाट्यकला एका सृष्टिप्रक्रिया या विश्वसृष्टिरिव सदा रमणीया। स्वस्य नाट्यरचनव्यापारस्य मूलरहस्यं संसूच्य राजेन्द्रमिश्रो वदति- ''मत्कृते तु निखिलसृष्टि प्रपञ्च एव नाट्यकल्पः प्रतिभाति। यज्ञात्मिका सृष्टिरिति यथा बहुशो व्याख्यातं शतपथप्रभृतिब्राह्मणग्रन्थेषु उपनिषद्ग्रन्थेषु च तथैव नाट्यात्मिका सृष्टिरिति साहित्यसम्प्रदायः''। (मदीया नाट्ययात्रा, नाट्यसप्तपदम्, अभिराजराजेन्द्रमिश्रः, Eastern Book Linkers, Delhi 1996, पृ० - 9)।

राजेन्द्र मिश्रस्य नाट्यकला वैचित्रमयी। यतः तेन जीवननाट्ययोः सूक्ष्मं तादात्म्यमाविष्कृतम्। तस्य नाट्यकलया जीवनं पल्लवितम्। अतएव सा कला पाठकहृदयस्पर्शिणी। नाट्यकारो वदति- ''जीवननाट्यस्यास्य प्रत्यङ्कं सहचरा भिद्यन्ते। चारीविधानं भिद्यते। रसचर्वणाऽपि नामापाततो भिद्यत एव।'' (तत्रैव, पृ० 10)।

वाल्यकाले यथा, तथैव परिणतवयस्यपि राजेन्द्र-मिश्रः सुप्रशंसितः संस्कृतमञ्चाभिनेता। मञ्चाभिनयादेव तस्य नाट्यरचनाकौशलं प्रशिक्षितं स्वच्छीकृतञ्च। अतएव सः स्वयं वदति - ''मञ्चाभिनयं कुर्वन्नेवाहं कदा नाट्यरचनाकारः सञ्जात इति सम्प्रत्यपि सुष्ठु नाहं वेद्मि। एतावत्तु सम्यक् स्मरामि यद् डी. फिल् शोधकार्यावधी (1965) कस्मिंश्चिन्मासे मया सर्वप्रथमं

कविसम्मेलनाख्यं प्रथमम् एकाङ्कनाट्यं प्रणीतम् तदारभ्य सम्प्रवृत्ता मम संस्कृतहिन्दीनाट्यप्रणयनपरम्परा प्रायेण दशकत्रयानन्तरं सम्प्रति राष्ट्रव्यापिनी समीक्षाश्रियं मान-सम्मानपुरस्कारसमृद्धिञ्चादधाना पूर्णतायाः काष्ठामधिरूढा सन्दृश्यते।''(तत्रैव, पृ० - 12)।

यथा तस्य रूपकाणि विविधानि तथैव प्राचीन-नूतन-पद्धतिपरिपुष्टानि च कदाचित् तस्य रूपकं मदारी जमूरा परिपाटीमनुसरति। कदाचित् तस्य नाट्यं रेडियो-प्रसारण-विधिमवलम्बते। पुनः कदाचित् पूर्वोन्मेषविधिं स्वीकरोति। गर्भाङ्कनाट्यपद्धतिरपि स्वप्नतत्त्वानुसरणविधिरपि च तस्य नाट्यकलायां पल्लविता दृश्यते। लघुनाट्यानि नवीनप्रहसनानि मुक्तपरम्पराप्रयुक्तानि नाट्यानि लिखित्वा सः संस्कृतनाट्यकलां परिपोषयति- ''विषयविभागदृष्ट्या नाट्यानीमानि ऐतिहासिक-सामाजिक-मनोवैज्ञानिक-साहित्यिकानि शास्त्रावलम्बीनि च वर्तन्ते। शिल्पदृष्ट्याऽपि वर्त्तत एव माहात्म्यमेषाम्। सूत्रधारनटीमारीष सम्मता प्रस्तावनापद्धतिस्तु गृहीतेव नाट्यकारेण। परन्तु नाट्यावतरणस्य नूतनपद्धतयोऽपि प्रथमवारं प्रस्ताविता दृश्यन्ते।

इन्द्रजालाख्यं नाट्यं 'मदारी-जमूरा' परिपाटीमाश्रित्य प्रस्तूयते कविना। समर्चितमृत्तिकं च रेडियोप्रसारणविधिमवलम्ब्य पूर्यते। छलिताधमर्णे शिविरसमारोहमाध्यमेन नाट्यमवतार्यते।'एकं सद् विप्राः बहुधा वदन्ती' त्याख्ये नाट्ये पूर्वोन्मेषविधिः (Flash back System) स्वायत्तीकृतः।'को विजयते नैव ज्ञातम्' इति रूपके गर्भाङ्कनाट्य-पद्धतिस्समाश्रिता। 'स्वप्नाज्जागरणं वरमित्यत्र निखिलमपि नाट्यं स्वप्नाभिनयमाध्यमेन सर्वमुपस्थापितम्। एवं हि प्रकृत्याऽभिनयपटुर्नाट्यकारः स्वानुभवमेव प्रमाणीकृत्य विविधान् मञ्चप्रयोगोपायान् प्रयुज्यार्वाचीनं नाट्यवाङ्मयमुपकुरुते

एषु खल्वेकाङ्किषु कानिचन नाट्यशास्त्रदृष्ट्या प्राक्तनपरम्परां परिपालयन्ति। तानि यथा नवरसप्रहसनम्, बधिरप्रहसनम्, फण्टूसचरितभाणः, रूपमती-नाट्यरासकम् चेति। अन्यानि लघुरूपकाणि स्वतंत्रवृत्तानि (Free Style) वर्तन्ते। नाट्यकारस्य विचारस्वातन्त्र्यं, मुक्तपरम्परामभिनवप्रस्थानप्रवर्तनं, युगापेक्षितं नाट्येतिवृत्तचयनं, राष्ट्रसमाजव्यक्ति-समस्योत्थापनञ्चेति सर्वमपि प्रतिपदमालक्ष्यते लघुनाट्येष्वेषु।''(तत्रैव, पृ०-13-14)।

प्रथमाध्याये कविकाव्यपरिचय-विषयमनुसन्धाय राजेन्द्रमिश्रस्य सारस्वतं जीवनं काव्यजगत् च अस्माभिः अनुशीलितम्। विविधेषु रूपकेषु नाट्यकारः स्वयमेव स्वविषये सूचनां ददाति। तासां सूचनानामध्ययनं कृत्वा अस्माभिः कवेः प्रोन्नतं साहित्यिकजीवनमाविष्कृतम्। महाकाव्यानां खण्डकाव्यानां नवगीतसंग्रहाणाम् एकांकिकानां नाटिकानां नाटकानां कथासंकलनानां समीक्षासाहित्यानां शोधलेखानाञ्च स्रष्टा मिश्रमहोदयः विश्वपाठकानां वन्दनीयः सञ्जातः। नाट्यकारस्य जीवनं तस्यैव नाटकाभ्यन्तरात् आविष्कृत्य वयं पाठकानां समक्षं अस्माकं श्रमफलं निवेदयामः।

द्वितीयाध्याये राजेन्द्रमिश्रस्य नाट्यकलायां श्लोकसंचरनाकौशलस्य सौन्दर्य-महत्वञ्च अस्माभिः अधीतम्। मिश्रमहोदयस्य समग्र नाट्यजगति ये ये श्लोकाः व्यवहृताः सन्ति ते सर्वे रसपेशलाः चरित्रोन्मोचनसमर्थाः कालिदासीय-रीतिप्रभाविताश्च। रूपकेषु श्लोकानां रसमयः प्रयोगः दर्शकानामानन्दाय एव कृतः। वहुषु श्लोकेषु प्राचीनसंस्कृतकवीनां प्रभावः सुस्पष्टः। तथापि श्लोकसंरचनाकौशले राजेन्द्रमिश्रः एक स्वतन्त्रं नाम। तस्य शब्दचयनं शब्दसंस्थापनम् अर्थाशयः व्यङ्गार्थश्च आधुनिकसंस्कृतजगति अनन्यः। कथावस्तुनः अग्रगत्यर्थं दर्शकानां रसास्वादनाय च तस्य श्लोकाः प्राणवन्तः रसालाः स्मरणीयाश्च। अतः अभिनवकालिदासरूपेण इदानीन्तनजगति नाट्यकारः प्रसिद्धः।

तृतीयाध्याये राजेन्द्रमिश्रस्य रूपकेषु वाचिकप्रयोगकौशलम् अस्माभिः सविस्तरम् अधीतम्। संस्कृतनाट्यसाहित्ये वाचिकप्रयोगकौशलस्याध्ययनं प्रायतः न दृश्यते। वाचिकस्य निर्माणकाले नाट्यकारः नाट्यवस्त्वनुसारं दृश्यखण्डानुसारं चरित्राणुसारञ्च शब्दचयनं करोति वाचिकस्य दिशञ्च निर्धारयति। अस्माकं नाट्यकारः वाक्यवक्रोक्तिधुरिणः वाक्चातुर्यप्रदर्शने स्वतःस्फुर्तः प्राचीनसंस्कृत-नाटकानां गभीराध्ययननिष्णातश्च। तस्य रूपकेषु वाचिकानि सरलानि स्पष्टार्थमयानि निर्दोषरूपाणि रसपरिपृक्तानि च। अस्माभिः तस्य वाचिकेषु प्रयुक्तानां वहूनां शब्दानां भावानाञ्च अध्ययनं विहितम्। तेन इदमाविष्कृतं यद् कालिदासस्य वाचिकमिव राजेन्द्रमिश्रस्य वाचिकम् आह्लादकरं गभीरार्थमयञ्च। आधुनिकघटनानुकूलानि वाचिकानि भृशं निर्माय नाट्यकारेण संस्कृतनाट्यजगति

नूतनं परीक्षणं कृतम्। मानवजीवनस्य विविधा अनुभवाः मौलिकतया तस्य वाचिकेषु प्रतिफलिताः सन्ति। यथा पौराणिकचरित्राणां तथैव आधुनिकचरित्राणामपि वाचिकानि कविना मृणालमसृणतया विनिर्मितानि सन्ति। मानवहृदयस्य विविधाः भावाः विविधालङ्काररचातुर्येण तस्य वाचिकेषु प्रस्फुटिताः सन्तः रसनिष्पत्त्यर्थं सहाया भवन्ति।

चतुर्थाध्याये राजेन्द्रमिश्रस्य रूपकेषु आङ्गिकाभिनयस्य कला अस्माभिः परिशीलिता। भरतानुसारं आङ्गिकाभिनयानां प्रयोगः यद्यपि तस्य रूपकेषु दृश्यते तथापि सः प्रयोगः आधुनिकरङ्गमञ्चानां उपयोगी इति अस्माभिरवगतः। नाट्यवस्तुनः परिपोषणाय आङ्गिकाभिनयस्य सूक्ष्मनिर्देशनं कविना यथा कृतं तथा क्वचिदन्यत्र दृश्यते। अतः तद्दृष्ट्या तस्य रूपकाणि परिपूर्णानि इति अनुभूयते।

पञ्चमाध्याये आहार्य–सात्त्विकाभिनययोर्यथा प्रयोगः कविना कृतः तस्य नाट्यशास्त्रीयमध्ययनमस्माभिः विहितः। अभिनयेषु सात्त्विकाभिनयः श्रेष्ठः। यतः नटः मूलचरित्रस्य मनःस्थितिं दर्शकानां समक्षं परिवेषयति। तदनुसारं अष्टसात्त्विक- भावाः तेषाञ्च अन्य विभागाः मिश्रमहोदयस्य रूपकेषु सविस्तरमाविष्कृताः। तेषामध्ययने अस्माभिः इदम् उपसंहृतं यद् आधुनिकनाटकेष्वपि भरतस्य सात्त्विकाभिनयाः प्राणवन्तः प्रभावमयाश्च भवन्ति। राजेन्द्रमिश्रस्य रूपकेषु सात्त्विकाभिनयः नाट्यशास्त्रानुकुल आधुनिकरङ्गमञ्चानुकूलश्चेति अस्माभिर्लभ्यते

अस्माकं शोधनिबन्धस्य अन्तिमे षष्ठे वा अध्याये राजेन्द्रमिश्रस्य प्रयुक्ताः कतिपयाः असाधारणशब्दाः अधीताः। संस्कृतकथानाटकानां लिखनकाले आधुनिकसमाजजीवनस्य चित्रणसमये वहवः शब्दाः स्वीक्रियन्ते येषां व्यवहारः क्वचित् भवति अथवा येषां निर्माणं कविनैव कृतम्। तादृशाः शब्दाः मिश्रमहोदयस्य रूपकेभ्यः संगृह्य अधीत्य च इदमस्माभिः उपलब्धं यत् ईदृशानां शब्दानां स्वतन्त्रकोशस्य आवश्यकता अस्ति येन आधुनिकरचयितॄणां सौकर्यं स्यात्।

अभिराजराजेन्द्रमिश्रः आधुनिकसंस्कृतसाहित्ये उज्ज्वलतमः नक्षत्रविशेषः। संस्कृत–एकाङ्किकानां यथा परीक्षणं तेन विस्तृततया कृतं तथा न केनापि अन्येन नाट्यकारेण कृतमस्ति। तस्य नाट्यकलायां यद् वैदग्ध्यं या सुचारुता या च

वस्तुदृष्टिः प्राप्यन्ते ता आधुनिकसमये नूतनं नाट्यमार्गमाविष्कुर्वन्ति। त्रयोदशरूपकग्रन्थेषु वहूनाम् आधुनिकरूपकाणां स्रष्टा सः चिरकालं नूतनस्य नाट्ययुगस्य आवाहकरूपेण वन्दनं प्राप्स्यति।

अतः यथा गोषु कृष्णा गौः स्वादिष्टं दुग्धं प्रदाय सर्वेषां माननीया भवति तथैव राजेन्द्रमिश्रस्य नाट्यकला कविसमवायेषु आनन्दमुद्वेलयती–

गोषु कृष्णा बहुक्षीरा यथा लोके महीयते।
नित्यम्महीयतां तद्वत् अभिराजसरस्वती।।

(तत्रैव, पृ० 15)

ग्रन्थसूची

उपाध्याय, वलदेव, संस्कृतसाहित्य का इतिहास, शारदानिकेतन, वाराणसी, 2001।

उपाध्याय, रामजी, आधुनिक संस्कृत साहित्यानुशीलनम्, सागर विश्वविद्यालय, 1965।

गुप्ता, पुष्पा, मुद्राराक्षसम्, Eastern Book Linkers, Delhi, 2003।

त्रिपाठी, मिथिलाप्रसाद, रघुवंशम्, कालिदास-संस्कृत-अकादमी, उज्जयिनी, 2008।

दाशः, नारायणः, संस्कृतसाहित्ये पश्चिमवङ्गस्यावदानम्, कथाभारती, कलिकाता 47, 2013।

द्विवेदी, पारसनाथ, नाट्यशास्त्रम्, वाराणसी, 1996।

द्विवेदी, रेवाप्रसाद, रघुवंशम्, कालिदास-ग्रन्थावली, कालिदास, संस्कृत-अकादमी, उज्जयिनी, 2008।

द्विवेदी, शिवप्रसाद, गीतगोविन्दम्, चौखाम्बा, वाराणसी, 2010।

पाठकः, आचार्यः जगन्नाथः, ध्वन्यालोकः, चौखाम्बा, वाराणसी, 2009।

मिश्रः पण्डित श्रीवंशीधरः, श्रीमद्भगवद्गीता, सम्पूर्णानन्दसंस्कृतविश्वविद्यालयः, वाराणसी। मिश्रः, राजेन्द्रः, नाट्यपञ्चगव्यम् (एकांकी संग्रह), वैजयन्त प्रकाशन, 8, वाघम्बरी मार्ग, इलाहाबाद, 1972

–, अकिञ्चनकाञ्चनम् (एकांकी), वैजयन्त प्रकाशन, 8, वाघम्बरी मार्ग, इलाहाबाद, 1974।

–, नाट्यपञ्चामृतम् (एकांकी संग्रह), अक्षयवट प्रकाशन, इलाहाबाद, 1977।

–, चतुष्पथीयम् (नाटक, प्रहसन संग्रह), वैजयन्त प्रकाशन, 8, वाघम्बरी मार्ग, इलाहाबाद, 1983।

–, प्रमद्वरा (नाटिका), वैजयन्त प्रकाशन, 8, वाघम्बरी मार्ग, इलाहाबाद, 1964।

–, रुपरुद्रीयम् (एकाङ्किका संग्रह), वैजयन्त प्रकाशन, 8, वाघम्बरी मार्ग, इलाहाबाद, 1963।

–, विद्योत्तमा (नाटिका), इस्टार्न वुक लिंकर्स, 5825 न्यु चन्द्राबल, जवाहरनगर, दिल्ली 1992।

–, नाट्यसप्तपदम् (एकांकी संग्रह), इस्टार्न बुक लिंकर्स, 5825 न्यु चन्द्रावल, जवाहरनगर, दिल्ली 1996।

–, नाट्यनवरत्नम् (एकांकी संग्रह), वैजयन्त प्रकाशन, 8, वागम्बरी मार्ग, इलाहाबाद, 2006।

–, नाट्यनवग्रहम् (एकांकी संग्रह), वैजयन्त प्रकाशन, 8, वागम्बरी मार्ग, इलाहाबाद, 2006।

–, प्रशान्तराघवम् (नाटकम्), वैजयन्त प्रकाशन, 8, वागम्बरी मार्ग, इलाहाबाद, 2008।

–, नाट्यनवार्णवम् (एकांकी संग्रह), वैजयन्त प्रकाशन, 8, वागम्बरी मार्ग, इलाहाबाद, 2010।

राय, गङ्गासागर, स्वप्नवासवदत्तम्, चौखाम्बा, वाराणसी, 2003।

वाजपेयी, मदनगोपाल, मृच्छकटिकम्, भारतीयविद्याप्रकाशन, दिल्ली, 2007।

शास्त्री मुसलगाँवकर, गजानन, शिशुपालवधम्, चौखाम्बा, वाराणसी, 2006।

शास्त्री, शालीग्राम, साहित्यदर्पणः, मतिलालवनारसीदास, दिल्ली, 1997।

शिरोमणि आचार्यविश्वेश्वर, काव्यप्रकाश, ज्ञानमण्डल लिमिटेड, वाराणसी, 1960।

आङ्गलग्रन्थाः

Apte, V.S., Sanskrit-English Dictionary, Nag Publishers, Delhi, 1993.

De, Sushil Kumar, The Megha-Dūta of Kālidāsa, Sahitya Akademi, Delhi, 1982

Devdhar, C.R., Abhijṇānaśākuntalam, Motilal Banarasidass, Delhi, 1962.

Devdhar, C.R., Mālavikāgnimitram, Motilal Banarasidass, Delhi, 1966.

Kale, M.R., Svapnavāsavadattam, Motilal Banarasidass, Delhi, 1961.

Karmakar, R.D., Mālavikāgnimitram, Pune, 1950.

Lyer, K.A. Subramania, Mālavikāgnimitram, Sahitya Academy, New Dehli, 1978.

Mishra, Arun Ranjan, Contemporary Sanskrit Writings in Odisa, Pratibha Prakashan, Delhi, 2006

Rejmi, Sri Sesaraja Sarma, Uttarrāmcarita, Chaukhamba, Amarabharati Prakashan, Varanasi, 1985.